iHuman
新民说

成为更好的人

SUPERSTITION & FORCE

迷信与暴力

essays on The wager of law,
The wager of battle, The ordeal, Torture

历史中的宣誓、决斗、神判与酷刑

〔美〕亨利·查尔斯·李（Henry Charles Lea）/ 著

X. Li / 译

GUANGXI NORMAL UNIVERSITY PRESS
广西师范大学出版社
·桂林·

迷信与暴力
Mixin yu Baoli

图书在版编目（CIP）数据

迷信与暴力：历史中的宣誓、决斗、神判与酷刑 /（美）亨利·查尔斯·李著；X. Li 译．—桂林：广西师范大学出版社，2016.7（2017.6 重印）
（法律文化文丛）
ISBN 978-7-5495-8266-2

Ⅰ．①迷… Ⅱ．①亨…②X… Ⅲ．①法制史—欧洲—中世纪 Ⅳ．①D909.5

中国版本图书馆 CIP 数据核字（2016）第 116589 号

广西师范大学出版社出版发行
（广西桂林市中华路 22 号　邮政编码：541001
网址：http://www.bbtpress.com）
出版人：张艺兵
全国新华书店经销
桂林广大印务有限责任公司印刷
（桂林市临桂县秧塘工业园西城大道北侧广西师范大学出版社集团有限公司创意产业园　邮政编码：541100）
开本：889 mm × 1 240 mm　1/32
印张：22.875　　字数：720 千字
2016 年 7 月第 1 版　　2017 年 6 月第 3 次印刷
印数：8 001~11 000 册　　定价：108. 00 元

译者说明

本书是研究西方法制进程的重要参考书。作者亨利·查尔斯·李(Henry Charles Lea, 1825—1909),美国历史学会主席,同时也是社会改革者和活动家,尤其精通社会制度、法律和宗教史。《迷信与暴力》(*Superstition and Force*)是其代表作之一。为撰写本书,作者从欧洲购买了数量惊人的古籍、文献和手稿等资料,现由宾夕法尼亚大学图书馆的"亨利·查尔斯·李"分馆珍藏。作者旁征博引,记述了西欧各主要民族和国家的法律中对宣誓断讼、决斗断讼、神判断讼、刑讯逼供等各种古老司法程序的规定,并介绍了相关著名案例,同时对西方法学充斥着迷信和暴力的、不为人知的黑暗过往进行了深刻的反思。尽管作者已逝世多年,但作为历史和法学的重要参考书,本书依然不断被再版和重印,其学术和文化价值可见一斑。译者是以问世于 1878 年、表达更清晰、内容更丰富的英文第三版作为翻译的对象。

在阅读本书之前,宜先了解以下问题,以便更好地理解作者的文义,并更充分地利用译者的劳动成果。

首先,翻译标准。就像意大利人所说的"Traduttore, traditore"——翻译者即背叛者,完全精准的翻译很难做到,尤其是在篇幅较长、内容较复杂的情况下。不过,译者还是力图遵循外语专业翻译"信、达、雅"的传统标准。第一,关于"信",译者旨在还原作者本意和全意,而非单纯还原作者的文句表达结构,同时,避免因词汇的混用造成误解。例如,看似很简单的"custom"一词可以被翻译为"习惯"、"风俗"或"惯例"等,但在法学,尤其是国际法的立场上,它被用于表达特殊的意义,一般应当译为"习惯(法)",表示有必然的、强制性的法律效力的惯例。而未有强制力的惯例做法常常用"usage"或"practice"等来表达。此外,由于原文存在多语种混写的情况,例如"the Abbey of St. Vaast d'Arras",稍不注意就会译成"圣瓦斯特 · 达拉斯修道院",但实际上此处指的是法国北部阿拉斯城的圣瓦斯特修道院,"d'Arras"实际意为"of Arras"——除非熟知地理外加小心翼翼,否则很难避免这类错误。第二,关于"达",译者尽可能用较短的分句连贯地表达,而不是用原文中结构复杂的长句和极多的指代,以避免读者的误解和阅读疲劳。因此在标点符号的使用上,也未必完全符合原文,但为了表达的需要,不得不如此。第三,至于"雅",作者不仅文辞典雅,风趣生动,而且旁征博引,甚至迫使译者不得不面对一些西方古代文艺作品片段的翻译,而这些作品很多都没有现成的中文译本可供参考,译者只好擅自翻译了部分片段,措辞自然不会有原文的优雅或灵动。另外,重要的特殊名词和术语,译者尽量采取约定俗成的传统译法,例如:“Frederic the Great”译为“腓特烈大帝”,而不是“弗雷德里克大帝”;“Heinrich IV”译为“亨利四世”,而不是“海因里希四世”。同理,相信读者也能理解频繁出现同词不同译的现象,比如:“日耳曼民族(German)”和“德意志/德国人(German)”并存。因为译者希望传统译名能够使得读者将自己已有的历史知识与本书链接起来,融会贯通地理解整个相关法律的历史脉络。至于其他不常见的外文名字,译者尽量忠实于其英文发音,进行音译。当然,原文的拼法都会出现在译文后面的括号里,供读者查证。

其次,注释问题。作者学识渊博,举一反三,造成书中历史典故星罗棋布,注释也密密麻麻。如无相关的西方历史、地理、法律等背景知识,可能造成一般读者在理解上发生困难。而本书是一个主要服务于专业研究和普通读者的全译本,并非用于晋升之阶或孤芳自赏,因此译者像作者一样,不吝于注释,以适应不同年龄、不同文化背景的读者需要。为方便起见,原作者的注释用带方括号“[ ]”的较小字体标注于正文之中——因为有时,作者的注释比正文还有趣;译者增加的注释,则用1、2、3……的序号形式列于每一页的下部,供读者参考。尽管“将所有特殊名词保留不译,一概以外文形式出现,夹杂在中文之间”的想法非常诱人——因为工作量会变小、字数却会变多(计算稿酬时有利),但是考虑到对于大多数中国读者而言,“Louis-le-Débonnaire”(19字符)显然没有中文“虔诚者路易”(5字符)那样令人印象深刻,因此译者还是做了音译和意译。对于首次出现的特殊名词,一概将外文原文用括号标识，以便读者查证。其中，如巴黎、伦敦之类通常在读者常识范围之内的特殊名词，不再注释；如贝阿恩、巴达霍斯等，除拥有相对丰富的地理知识或西方文化背景的读者群之外，大多数读者可能无法确知的历史地名、人名、物名等特殊名词，则一一加以脚注，以帮助读者更加透彻而立体地理解文义，或再进行深入研究。不过，有时注释与否令译者犹豫，例如对于古罗马法学家乌尔比安，译者认为不必再注，而对于同为罗马五大法学家之一的莫德斯丁，却又觉得还需要注释——最后，译者采纳年轻朋友们的意见，一视同仁地对他们进行了简单注释。有时，还有为注释加注释的冲动，这大概是职业病，好在及时克制住了。

此外，关于笔名和工时。译者原本不打算署名，不过为免日后争议，还是署了笔名。如果读者觉得“X. Li”崇洋媚外或字母太多——请勿担心，下次也许就换了。译者为这本书花的工作时间，应在1500小时以上，而这些时间，不仅来自译者自己，也来自他人的宽容，包括容忍译者这个毫无信仰的怀疑论者提出无礼问题的各党各教各国友人、以无私的耐心处理着日常繁杂工作而放任我不管不问不懂的可敬同事、努力改造自我和寻求独立的可爱学生们，还有容忍译者忙忙碌碌得能在相亲时当场睡着的开明的父母大人，等等。与他们相比，译者的名字不值一提。然而，由于译者的能力和时间均有限，错误恐怕在所难免，而且无可推卸（因为连密密麻麻的索引都是未假手他人）。不过，鉴于市场现状，译者觉得我国人民大体还是十分宽容的。总之，希望这是一本充实而有趣的书，并且热烈欢迎任何有理有据的批评指正，同时，看在这个译本不受任何“项目”支持，不可能用作晋升阶梯，也没有占用学生们宝贵时间的份上，对我仁慈些吧。

X. Li

2015 年夏 于一庙一庵一祠一寺之间

目 录

II 决斗断讼法

IV 酷刑

自　序

法学的历史，就是一部人类文明的历史。立法者的工作，不仅在于使其时代的行为和习惯融合成为文化，而且将最深刻的思想和信念实体化，坦诚地直面我们的审视，不带一丝遮掩。这为我们提供了对过去景象的最确实可信的概括，而其中细节幽微之处，则有编年史专家们补全。

本书来源于我所试图探究的那组法律和习惯，它们被我们的祖先用于探索争端下隐藏的真相，不仅诠释了人类从原始野蛮向文明开化迈进的过程，而且向我们揭示了人类思想中某些最离奇的迷思。

在这个版本中，我试图通过追根溯源，比以往更加清晰地阐明一些渐趋消亡的旧俗和迷信的来源。在现代理性薄弱的粉饰之下，时而重蹈覆辙恐怕在所难免。

本书中前三篇的论文精缩版已发表于《北美评论》。

1878年6月于费城

Ⅰ　誓言断讼法

雅利安人的社会组织结构

犯罪的概念,即所谓的"危害社会的错误行为",在未开化的社会体制中显得过于抽象而难觅其踪。杀人者或破坏者对于受害者或其同族诸人来说是敌人,而对他们自己的朋党亲故则并非如此;如果社会能为蒙冤受屈之人提供追偿的途径,那么它就算是仁至义尽了,同时也算是实实在在地从野蛮向文明迈出了可贵的一步。我们到了何等晚近之时才步出这个发展阶段,可见于迟至1231年才由圣伯丁修道院(the Abbey of St.Bertin)颁行于阿尔克镇(Arques)[1]的法典条文之中。根据这些法律的规定,当某人被判处故意杀人罪时,他会被交付给受害者的家人,任由他们宰割。[Legg. Villæ de Arkes, §xxviii, (D' Achery Spicileg. III. 608).]这依然是对复仇欲的满足,而不是对公平正义的追求。

可见,在古老时代,做错事的人无须向法律或国家赎罪,而只须向被害者进行补偿。此外,被害者往往不仅仅是一个人而已;人类的一个分支——庞大的雅利安民族,其各族群的发展,贯穿着一种

---

1 阿尔克镇(Arques),法国地名。

普遍的组织结构形式,即一个个的家庭——这个概念有时仅仅指那些亲近的亲属,有时则扩大至整个氏族(gens)或亲族(sept)——一个不同于部落或民族中的其他相近概念的集成单位,在人身权利的问题上,体现着与其土地共有关系相类似的特征。在这样的单位内部,有一条总的法则:每一个个体都要对整体负责,整体又要对每一个个体负责。一个体现此制度特色的例子,就是在杀人犯罪中,通常由杀人者的族人支付给受害者家属赔偿金,或称为"血钱"(wergild,英文相当于 blood-money),通过支付这样的赔偿金,罪行得到宽宥,受害方亦得以获得经济上的补偿。

《阿维斯陀经》(*the Avesta*)[1]的断章残简是我们所知最早的关于雅利安人立法的记录,其中我们发现了宗族共同责任制的确凿证据。[Vendidad, Farg. IV, 24-35 (Bleeck' s Translation, Hertford, 1864, pp. 30-1).] 在印度教徒中,现存最古老的法典《摩奴法典》(*the Manava Dharma Sastra*)[2]展现的高度复杂的社会结构,已被后来呈对抗性的婆罗门教义和种姓制度所完全覆盖,不过它仍然揭示了直接从原始家庭体系中发展而来的村落社会的存在。[Manava Dharma Sastra, VIII, 295 sqq. Comp. Maine' s Ancient Law, pp. 260

---

1 《阿维斯陀经》(*the Avesta*),亦称《波斯古经》,古代波斯琐罗亚斯德教(亦称"拜火教"或"祆教")的经典。

2 《摩奴法典》(*the Manava Dharma Sastra*,亦作 *the Code of Manu*),亦有学者译为《摩奴法论》(北京:中国社会科学出版社,2007 年)。印度教法学和伦理规范的重要典籍。摩奴,是印度教传说中的人类始祖,古印度《摩奴法典》的制定者。

sqq.]而在《摩诃婆罗多》(*the Mahabharata*)[1]一书所描述的俱卢族(Kauravas)和般度族(Pandavas)的冒险中,也保留了表达古代宗族同心同德传统的一些片段。[甚至在雅利安人来到之前,古印度的一些断章残简中,同样习惯的存在也已有迹可循。早在作者所处的世纪之初,萧中尉(Lieutenant Shaw)描述孟加拉以北的拉治马哈(Rajmahal)山地部落时,提到了确认施害者对受害者所负责任的问题;补偿金根据申诉方的意愿估定,而犯法者的亲属被迫分摊,此与占据欧洲的蛮族所作所为如出一辙。Asiatic Researches, Vol. IV.]更清晰的界定,可见于希腊人氏族(patræ)和胞族(phratriæ)组织。[2] 在古希腊英雄赫拉克勒斯(Heracles)因误杀伊菲托斯(Iphitus)而受罚,不得不为翁法勒(Omphale)效命并赚取酬金的故事中[3],杀人者向逝者的亲属支付罚金即为"血钱"制度的体现。而这种制度的存在,可以追溯到历史有所记载的时代,例如,特拉林人(Trallian)[4]的法律规定,向可能

---

1 《摩诃婆罗多》(*the Mahabharata*),也音译为《玛哈帕腊达》,意译为"伟大的婆罗多王后裔"。印度古代两大叙事史诗之一(另一部为《罗摩衍那》),主要描写婆罗多族的两支后裔——俱卢族和般度族争夺王权的斗争。参见黄宝生先生等译,由中国社会科学出版社2005年出版的六卷全译本。

2 氏族(patræ)和胞族(phratriæ),均为古代希腊社会的构成单位。

3 希腊神话中,半神英雄赫拉克勒斯曾因疯狂而杀死自己的孩子们,为摆脱负罪感而受迈肯尼国王欧律托斯的奴役,作出了许多极为艰险的英雄事迹。然而事后欧律托斯仍然嫉恨赫拉克勒斯,诬陷其为偷牛贼。国王的长子伊菲托斯却对这位英雄非常尊敬和信任,不仅为其辩护,还陪同其寻找被偷走的牛群。途中,赫拉克勒斯的疯病再次发作,将伊菲托斯从城墙上推下摔死,因此被罚给女王翁法勒做奴隶,为期三年。

4 特拉林人(Trallian),被古希腊人视为蛮族的一个部落。李维的《罗马史》中也有提及。

惨遭杀戮的列列该斯人(Leleges)和米尼安人(Minyans)[1]家庭支付赔偿。亨利·梅因爵士(Sir Henry Maine)[2]曾精当地指出:在古希腊传说中贻害不浅的世袭制迷信,其雏形就发端于家族团结这一初衷。[Dicsærclii Frag.(Didot, Frag, Hist. Græcor.)—Apollodor. Biblioth II. vi. 2-3.—Diodor. Siculi IV. 31.—Plut. Quæst. Græc. 46. —Maine's Ancient Law, p. 127.]在罗马,拉丁化的洪流力图将其他一切支流兼容并蓄于国体之内,氏族体制以及保护人和受庇护人的关系模式,与刚刚现身于历史中的条顿部落的组织结构有着惊人的雷同:老迈的荷拉斯(Horatius)[3]因儿子杀害其姐(妹)之罪被处罚金,显示了亲戚之间缴纳"血钱"的现象依然残存。[Tit. Liv. I. 26; v. 32.—Appiani de Bell. Hannibal xxviii.—Dion. Halicar. II. 10; XIII. 5.]在早期凯尔特人的立法之中,爱尔兰和威尔士部落都如我们现在看到的那样,将家族合一的原则发展到了顶峰。在斯拉夫人的社会组织结构

1　列列该斯(Leleges)和米尼安(Minyans)均为古希腊时代爱琴海沿岸的城邦。

2　亨利·梅因(Henry S.Maine,1822—1888年),英国历史法学派的奠基人和主要代表人物,英国法学家,古代法制史学家。19世纪历史法学派在英国的主要代表人之一。

3　荷拉斯(Horatius),亦译为"贺雷修斯"或"贺拉斯"等。公元前7世纪,古罗马的老荷拉斯有三子一女,与阿尔巴城的库里亚斯家族结为亲家。但两城间发生争端,为避免战争爆发、生灵涂炭,双方决定由荷拉斯家的三子与库里亚斯三子分别代表双方城市举行决斗以定胜负。罗马方面虽然胜利,却只有儿子小荷拉斯一人幸存,他在恶斗中用计杀死了未来的姻亲。凯旋后,其姐(妹)得知未婚夫被自己的兄弟杀死后,放声大恸。小荷拉斯责怪她只顾私情、不懂大义,一怒之下又将她杀死,他本人亦因此受到审判,面临死刑威胁。老荷拉斯为唯一幸存的孩子做了有力的辩护,虽然使儿子免于一死,但仍活罪难逃,并且付出了一定的财产代价。参见李维《罗马史》第一卷。法国大革命时期的画家大卫曾以此为素材创作了名画《荷拉斯兄弟的誓言》。

中,类似的体制也是一个突出特点。沙俄时代的“米尔”(Mir),或者说“村社”,显然是原本“家庭”观念的延伸。《雅罗斯拉夫法典》(*Ruskaia Prawda*)[1]是一部在11世纪时由雅罗斯拉夫·弗拉多米罗维奇(Yaroslav Vladomirovich)[2]颁行的现存最早的法典。此法典允许被谋杀者的亲属手刃杀人犯,或者向其收取“血钱”;并更进一步规定:杀人罪行所发生的地区有责任缴纳罚金,除非死者是身份不明的陌生人——如果确为陌生人,就没有人能够为他主张赔偿,他不属于任一家庭组织,也就不受法律的保护。[Esneaux, Hist. de Russie, I. 172 sqq.]在波兰,一项直到15世纪末都依然有效的法律规定,除被害者亲友分得“血钱”罚金外,不对谋杀另设他刑;而整个15世纪中,只另加过短期监禁刑而已。[Jo. Herburti de Fulstin Statut. Reg. Polon. tit. Homicid. (Samoscii, 1597, pp. 200 sqq.)然而,在杀害农奴(kmetho)的罪犯也为农奴的情况下,血钱中的一部分会支付给地方司法官。]在南部的斯拉夫人之中,一种被称为“扎德鲁加”(Zadruga)[3]的公社制度,取代了俄罗斯式的“米尔”,它是一种更加绝对和原始的家庭组织。[参见波基希奇(Bojisic)论述南部斯拉夫人

---

1 《雅罗斯拉夫法典》(*Ruskaia Prawda*,也写作 *Russkaya Pravda*),又译为《罗斯法典》《古罗斯法典》等。约在11—12世纪编成,是俄罗斯的前身基辅罗斯公国及封建割据时期古罗斯的法令汇编。

2 雅罗斯拉夫·弗拉多米罗维奇(Yaroslav Vladomirovich,约978—1054年),古罗斯王公,基辅大公雅罗斯拉夫一世,绰号“智者”(the Wise)。

3 扎德鲁加(Zadruga),是6世纪斯拉夫人的一种独特社会组织形式,即建立在氏族血缘基础之上的父权制大家族,包括同父所生数代子孙及其妻室儿女,多达数十人。他们住在一起,共同劳动,共同占有生产资料和剩余产品。男女族长拥有很大权力。扎德鲁加在某些山区一直残存到20世纪初。参见 Max Weber, General Economic History (Cosimo, Inc.,2007) p.12。

习惯的文章摘要，见于《宾州月刊》（*Penn Monthly*）杂志，Phila.，Jan. 1878，pp. 15 sqq。]

为迎合这样一种社会组织形态的普遍趋势，人们推翻了罗马帝国的蛮族部落，在以下两条原则的基础上建立起了自己的体制——自由民个人的独立和家庭群体的合一，以及他们粗野的法学体系。由于罪犯仅向受害方而非国家承担责任，人身自由刑乃闻所未闻之物，法律也无意对其进行规定。他们所能做的，只是提供一个粗陋的法庭以便原告得以陈述案情，并设定一个金钱补偿的价目表来抚慰他的遭遇。[然而，逐渐地，补偿款中的一部分要以“弗莱达姆”（fredum）或者说公共罚金的名义支付给国王或地方司法官，作为将罪犯重新接纳入公共领域的补偿。]如果他不屑于采用这样平和的方式，也可自行选择召集亲友，用剑和斧的方式来血债血偿。更有甚者，犯罪者被召唤去“马勒姆”（the Mallum）或者说“部落司法会议”接受聆讯时，依法不得拒绝出席。他们的法律还规定，如果控方愿意接受规定的金钱补偿，即便他可能证明对方有罪时，也不再有主张采取武力防卫的权利。

这种“血钱”无论从何种意义来说都算不上针对犯罪而施加的惩罚，它只是一种促使受害方放弃行使其报复权的补偿，其中的社会利益不在于抑制犯罪，而在于防止无休止的家族仇杀以维护和平。“忏悔者爱德华”(Edward the Confessor)[1]的法律曾以认同的态度引用了一句盎格鲁-萨克森人的谚语，为“征服者威廉”(William the Conqueror)[2]的律法所吸收：“收买你身边的每一根长矛，否则就要遭它的殃。”[Ll. Edwardi, c. xii. (Thorpe's Ancient Laws, I. 467)]这一体系的适用，体现在细致入微而又非常复杂的犯罪罚金价目表上，它占据了蛮族法典的大量篇幅。每一种侵害人身和财产的以身试法之行为，都被标上了合适的价码，从偷盗一只嗷嗷待哺的猪崽到武力霸占一座庄院，从小手指的轻伤到最为骇人听闻的弑亲惨案。这样的法令最终被推行到了何种程度，在威尔士地区的法典中可见一斑，在那里，每损及一根眼睫毛的罚金标价是一个便士。[Gwentian Code, Bk. II. chap. vii. § 8. (Aneurin Owen's Ancient

1 忏悔者爱德华(Edward the Confessor，约1004—1066年)，英格兰盎格鲁-萨克森王朝君主(1042—1066年在位)，出身于韦塞克斯家族(the House of Wessex)。他推翻了外来的丹麦人的统治，被认为是“征服者威廉”(威廉一世)之前英格兰英明的统治者。他自幼便长期生活在修道院，对基督教有无比的虔诚，生活俭朴而且注重资助穷苦人、外来者和宗教事业，修建了威斯敏斯特大教堂(也译为“西敏寺”，the Westminster Abbey)，被世人冠以“忏悔者”的美名，更于1161年被天主教会册封为圣徒，因此亦称“圣爱德华”。然而，他死后无嗣，造成了继任者根基不稳，使爱德华来自法国的表弟、诺曼底公爵威廉(即“征服者威廉”)有了可乘之机。

2 征服者威廉，又称英格兰的“威廉一世”，法国诺曼底公爵。英格兰第一位诺曼人国王。生于1028年，8岁时继承父亲的公爵位，15岁被封为骑士，开始在领地执政。1046—1055年间多次平息贵族的叛乱。1054—1060年间反对国王亨利与安茹的马特的同盟。1063年征服曼恩。1066年向英格兰开战并于同年9月引兵渡海，首先攻占了佩文西和哈斯丁斯镇。10月，击败了英格兰国王哈罗德的抵抗。圣诞节，威廉在威斯敏斯特大教堂加冕为英格兰国王。为了确保边疆的安定，威廉于1072年入侵苏格兰，1081年入侵威尔士，并在边境设立特殊的居民地。

Laws, etc. of Wales, I. 701.)]

该体制将商业精神引入法律制度之中,颇为奇特地,与我们祖先蛮荒时代流传下来的一般英雄故事大异其趣。达森特先生(Mr. Dasent)翻译的《古冰岛传奇:被焚者的尼亚尔》(*The Old Icelandic Saga of Burnt Njal*)一书,栩栩如生地再现了由这些原则引起的复杂程序,据此案件可以被一方出售或分派给他人,而对赔偿金志在必得的原告可能会与一些心存侥幸的投机者分享所得;抑或如果求偿前景并不乐观,他可能会雇佣一些精明的律师或强悍的勇士代劳。在古老的冰岛法典规定下,任何一方都有权随时发起一场单打独斗从而打断审判程序;或者,一位强力的答辩人可能纠集友人在冰岛的阿尔庭议会(the Althing)[1]上发起一场突袭,从而结束庭审。对于一位海盗百无聊赖的岸上生活而言,诉讼中的这些勾当是一种有利可图的调剂品。

在此项补偿原则的适用中,与选择私斗时同样明显的是:家庭的整体性至关重要。犯人的亲属有责任根据亲缘关系的远近分摊一定比例的补偿金。含冤受害一方的亲属也同样获得相应比例的赔偿。就这样,我们所知最古老的蛮族,即"菲尼人"(the Feini)或者说爱尔兰原住民的法典,精巧地分四部分列举了收缴罚金的有效原则,提示了亲属的责任——"而以下四种事项可以导致被征缴罚金:'亲身犯'(cin,自己本人的犯罪)、'近亲犯'(tobhach,近亲属的犯罪)、'中亲犯'(saighi,亲缘关系介于远近之间的犯罪),以及有

1 阿尔庭议会(the Althing),设于930年的冰岛议会,分上、下两院。

一般意义上的亲缘关系的亲属犯罪。”[Senchus Mor, I. 259 (Hancock’s ed. Dublin, 1865).]此种体系发展的完整例子,可见于12世纪的冰岛立法:到争议双方亲缘关系的第五级或更远时,就逐渐不再被精确收缴的罚金波及,在五级以内,犯罪者每一亲等的亲属向受害方相应亲等的亲属按照比例支付罚金。[Grá gá s, Sect. IV. cap. cxiv.]然而,如果最近的亲属为女性,从而不能出面控诉谋杀罪行时,代行诉权者会获得所得罚金的1/3作为报酬。[出处同上。Sect. VIII. cap. lv.]这种状况一直持续到1270年左右,当时哈科王(King Haco)[1]在他不太成功的法律改革中,贸然规定谋杀案的“血钱”不应在死者的亲属中分配,而应当全部归属于死者的继承人。[Jarnsida, Mannhelge, cap. xxix.—Cf. Legg. Gulathingenses, Mannhelgi, cap. xii.]另外,丹麦的埃里克七世(Eric VII)[2]在1269年,免除了谋杀犯亲属们分担血钱的责任,不过收缴的血钱依然在遇害者的亲属中分配。[Constit. Eric. Ann. 1269, § vii. (Ludewig, Reliq. MSS. T. XII. p. 204).]

威尔士关于收缴和分配罚金的规定几乎与早期冰岛的法律一

1　哈科王(King Haco),指挪威国王哈康四世(Haakon IV,约1204—1263年)。他在位期间曾试图改革本国律法上的陈规陋俗,其子兼继承人是“修法者”马格努斯六世(Magnus VI, the law-mender, 1238—1280年)。原文注释中提到的《古拉廷根法典》(*Leges Gulathingenses*),也是马格努斯六世在1274年颁行的。其名称“古拉廷根”(Gulathingenses)一词,源自早期维京人在挪威古伦(Gulen)地区召开的“古拉廷”(Gulating)年度立法公议。参见Larson, *Laurence Marcellus, The earliest Norwegian laws*, Columbia Vniversity Press, 1935。

2　从时间和原作者的注释上看,此处似乎应为丹麦国王埃里克五世(1249—1286年),而非埃里克七世(Eric VII of Denmark, 1397—1439年在位)。

样复杂，其法律体制竟将罚金责任延伸至第六代堂亲或表亲。[Dimetian Code, Bk. II. ch. i. §§ 17-31—Bk. III. ch. iii. § 4—Anomalous Laws, Bk. IV. ch. iii. §11.] 也许最古怪的亲属责任规定要数：如果受害流血的是戴伏德王国七大学院(the seven houses of Dyved)[1]的住持之一，犯罪者将被征收七镑，而且他亲属中须有一位女性蒙羞忍辱罚作洗衣妇。[Dimetian Code, Bk. II. chap. xxiv. §12.] 迟至14世纪，里尔市(Lille)[2]还有这么一条法律条文，显示出这种家庭合一的观念对欧洲各民族法学的影响，即犯罪之人有权向亲戚收取其所承担"血钱"的一部分；更有详尽的表格列举了每一亲属按其亲缘关系所需承担的比例，责任者范围囊括了三代以内的堂亲或表亲。[Roisin, Franchises, etc. de la ville de Lille, pp. 106-7.] 一个更加有意义的亲属责任范例，可见于1184年阿斯普莱斯(Aspres)[3]的习惯法中，即杀人者的亲属愿意对圣物起誓与罪犯断绝关系，就可不受牵连；但是如果他们拒绝这样做，埃诺[4]伯爵(Count of Hainnault)、圣瓦斯特(St. Vaast)修道院的住持和被害者的亲属就有责任追捕他们，并收缴他们所有的财产。[Charta Balduini Hannoniens. (Martene, Collect. Ampliss. I. 964.)]

基督教的引入，以及随之而来、盛行于世的教会僧侣统治，令针

---

1 戴伏德王国(Kingdom of Dyved，也写作 Dyfed)，建立于410年，是古代英国威尔士地区的一个王国。在"圣者时代"(the Age of the Saints)(约500—700年)，该王国中有七座修道院，分别由七位主教作为住持。该王国于920年为德赫巴思公国(Welsh principality of Deheubarth)所取代。

2 里尔市(Lille)，法国北部城市。

3 阿斯普莱斯(Aspres)，在法国南部地名。

4 埃诺(Hainnault，亦写作 Hainaut)，比利时的一个省。

对古老社会组织形式的改革势在必行,因为教会的纽带打破了传统的家庭关系的连缀。根据加洛林王朝(Carlovingian)[1]的立法,当一位教士遇害时,应向教会支付“血钱”,因为对这样的死者而言,教会比任何亲人都更加亲近。[Capitul, Lib. IV. cap. 15.]不过,后来这项法律被修改为,将赔偿金分为三份,一份给他生前所属的教会,一份给他所侍奉的主教,一份留给他的亲属。[Concil. Tribur. an. 895, can. iv.]因此,作为一项总的规则,神职人员不能因亲属被害而分得“血钱”,也不分担因其亲属杀人而本须承担的赔偿金。[Dimetian Code, Bk. II. chap. i. §32.]尽管根据10世纪时威尔士国王“好人霍尔”(Hoel the Good)[2]统治期间编纂的法律,通过儿童甚至胎儿,责任的链条都能够得以衔接。“神职人员和妇女都不参与‘死亡赔偿金’(galanas)[3]的分配,因为他们都不是复仇者;然而,他们应当为其子女的罪行进行赔付,或者发誓说他们绝对不会有子女。”[Venedotian Code, Bk. III. chap. i. §21.]

因此,除了这样的例外,每一个蛮族部落的每一个家庭,都是社会关系的一个单位,既是控诉的单位,也是辩护的单位,而不论追偿

---

1 加洛林王朝(Carlovingian)是自8世纪中期开始正式统治法兰克王国的王朝。该王朝大力倡导基督教,查理曼是该朝最著名的君主之一。

2 好人霍尔(Hoel the Good,也作Hoel Dda、Hywel Dda、Howell the Good或Hywel ap Cadell等,约880—950年),中世纪英国威尔士地区的一位国王。

3 galana是古代威尔士法律术语中的“死亡赔偿金”。参见*The Dearest Birth Right of the People of England: The Jury in the History of the Common Law* (Hart Publishing, Edited by John W. Cairns, Grant McLeod, 2002), p. 24。

权是否适用于被小心翼翼地保存下来的私斗，也不论受害方是否满足于“马勒姆”或“阿尔庭”等较和平的程序。这种亲属的合一性，是使一些看似无理的法律合理化的关键所在，并且如我们所见，给后来的封建法律和习惯法留下了烙印。

宣誓及其他

在罪行的施行和法庭的证据之间，有着一块宽广的领域，供人类的智谋大显身手，或者说混淆视听。证据学是极度考验人类理性思维的一门科学。在罗马法中，证据（probatio）、推定规则（praesumptio juris）和除非有反证否则成立的法律推定规则（praesumptio juris tantum）之间有着微妙的区别：注释法学派学者没完没了地进行改进，把证据分为不同等级，例如最佳证据（probatio optima）、确凿证据（evidentissima）、显然证据（apertissima）、合理证据（legitima）、充分证据（sufficiens）、不可置辩的证据（indubitata）、清晰证据（dilucida）、未篡改证据（liquida）、明显证据（evidens）、明确证据（perspicua）以及不完整证据（semiplena），这些复杂的规则，令普通法系的学生困惑不已，所有这些都表现了这个课题的重要性，及其登峰造极的难度。这些半野蛮人，对如此严密的逻辑规则感到不耐烦，于是他们走向了一种更简洁、更直接的途径。

一些作者认为，有时候，被告人无可对证的誓言本身就已经足以使他们免受指控。他们热心地对这样英雄的年代大加鼓吹，在那时，谎言被看作怯懦的表现，敢做不敢当的行为被勇悍的武士们嗤之以鼻。这纯粹是种屡见不鲜的通说，而任何原汁原味的蛮族记载都无法为此提供依据。确实，条顿部落丧失了森林民族的固有美德很久之后，缺少支撑的誓言才被接受作为证据，这种习惯的引入可以追溯到罗马法，罗马法中的誓言具有压倒性的重要意义。［"宣誓可以看作罗马法程序方面的基石"——"Dato jurejurando non aliud quæritur, quam an juratum sit; remissa quæstione an debeatur; quasi satis probatum sit jurejurando." L. 5, §2, D. XII. ii.在证据不足的案件中法官总是能够进行"必要的宣誓"（jusjurandum necessarium），而且原告向被告提出"依法宣誓"（jusjurandum in jure）的提议是不容异议的；"Manifestæ turpitudinis et confessionis est nolle nec jurare nee jusjurandum referre." 出处同上 l. 38。］西哥特人（the Wisigoths）[1]根据罗马法理论塑造了自己的法律，他们是唯一容许被告人在没有确切证词的情况下仅仅依靠自己一人的誓言就能逃脱制裁的蛮族。［Ll. Wisigoth. Lib. II. Tit. ii. c. 5.］不过这种例外只是誓言规则的一个佐证。其他民族对西哥特人的此等习惯如此深恶痛绝，以至于在855年的瓦伦斯会议（the council of Valence）[2]上，被最严厉的言辞斥为鼓励作伪证的做法。［Concil. Valentin, ann. 855, c, xi.］与罗马文明的遗民们的接触，使得这种蛮族的原始习俗在很久之后又被认为是可行的；而实际上，要等到12世纪民法研究的复兴，这样的做

---

1 西哥特人（Wisigoth，亦作Visigoth），西部日耳曼民族哥特人的一个支族，5世纪曾入侵意大利、法国和西班牙。

2 瓦伦斯（Valence），法国中部地名。

法才最终获得了尊重。[“明智的阿方索”(Alfonso the Wise)[1]致力通过他的“宣誓意见”(jura de juicio)(Las Siete Partidas, P. III. Tit. xi. 1. 2)将罗马中双方可以彼此提议的“依法宣誓”(jusjurandum in jure)引入西班牙。异常奇怪的是，同样的程序在14世纪法国兰斯(Rheims)[2]的当地法中也被采纳了，很可能是一些热心过度的市民将其引入的；“Si alicui deferatur jusjurandum, necesse habet jurare vel referre jusjurandum, et hoc super quovis debito, vel inter quasvis personas.” Lib. Pract. de Consuetud. Remens. § 15 (Archives Lé gislat. de Reims, P. I. p. 37)。然而，到这个时候，各方的誓言都已经具有了重大意义。在圣路易(St. Louis)[3]的立法中，他们处在一个被鼓励作伪证的地位。就这样，他规定杀人之兽的主人如果蠢到不宣誓对此兽恶性一无所知，就要受绞刑。“Et si il estoit si fox que il deist que il seust la teche de la beste, il en seroit pendus pour la recoignoissance.” -Etablissements, Liv. I. chap, cxxi. 在一些地方法典中，誓言洗脱罪责的力量被推行到荒谬的程度。比如，13世纪，萨克森人的当地法规定，在某些案件中，无论案情何等罪恶昭彰，若没有可采信的相反证据，被告都可以自陈清白，除非是盗窃问题而失窃物品被发现在其控制之下，或是他有前科。(Jur. Provin. Saxon. Lib. I. Art. 15, 18, .39; Lib.II. Art. 4, 72.)这种违背理性的恶劣做法长期盛行，在15

1 明智的阿方索(Alfonso the Wise,1221—1284年),即卡斯蒂利亚国王阿方索十世(Alfonso X),1252年起在位。

2 兰斯(Rheims),法国东北部城市。

3 路易九世(Louis IX,1214—1270年),被尊为“圣路易”(St. Louis),法国卡佩王朝第九任国王,1226—1270年在位。他虔诚信仰基督教,参与过第七和第八次十字军东征,同时重视内政、文化教育工作,为法国的统一打下了良好的基础,被奉为中世纪法国乃至全欧洲君主中的楷模,死后被册封为圣徒。参见[法]雅克·勒高夫著,许明龙译《圣路易》,北京:商务印书馆,2002年。

世纪被巴塞尔（Bâle）[1]的议会宣布废除。（Schiller. Thesaur. II，291）它只在德意志北部流行；适行于德意志北部的《阿勒曼尼省法》（Jus Provin. Alaman）[2]（cap. ccclxxxi. §3）将它作为萨克森人法典独有特征之一而提及。因此，在同一时期，弗兰克尼亚（Franconia）[3]居民拥有一种特殊的权利，借此特权，谋杀犯被允许仅靠自己一个人的誓言反驳证明他有罪的所有证词，除非他不幸被当场抓了个现行。－Jur. Provin. Alaman. cap. cvi. §7. 在1155年一部由"年轻的路易"（Louis-le-Jeune）[4]颁赐给洛里斯（Lorris）[5]居民的宪章，赋予了市民们无需共誓人即可用誓言对缺乏证词支撑的指控进行反驳的特权。－Chart. Ludovic. junior. ann. 1155，cap. xxxii.（Isambert，Anciennes Lois Françaises I. 157.）而且，在相对晚近时的德意志地区，也遵循着同样的规则。"Juramento rei，quod purgationis vocatur，sæpe etiam innocentia，utpote quæ in anima constitit，probatur et indicia diluuntur"；而当没有足够的证据支持适用酷刑时，就采用这种宣誓制度。（Zangeri Tract. de Quæstionibus cap. iii. No. 46.）在1592年，赞格（Zanger）[6]精心创作出一篇论文，论证了这种习惯的弊端。]

确实，有些时候，蛮族的早期立法中有赋予社会某些阶层一些

---

1 巴塞尔（Bâle，亦作 Basel），或译为"巴勒"，瑞士北部地名，位于瑞、法、德三国交界处。

2 阿勒曼尼（Alaman，亦作 Alemanni），德国南部，美茵河至多瑙河一带的古日耳曼民族名。

3 弗兰克尼亚（Franconia），中世纪早期德意志五大公国之一，位于德国中南部地区。

4 年轻的路易（Louis－le－Jeune，1120—1180年），亦称为"路易七世"（Louis VII），法兰克国王，1137—1180年在位。

5 洛里斯（Lorris），法国中北部地名。

6 赞格（Zanger），指约翰·赞格（Johann Zanger，1557—1607年），德国法学家。

特权的例子,但是这些只是基于社会地位而授予的特殊豁免权。如此这般,一部日期标注为7世纪、盎格鲁-萨克森人最古老的法典之一就规定:国王和主教可以单凭一己之词,大领主和有资格主持弥撒的神父可用简单的誓言,推翻一项指控,而大量一般神职人员和普通信众则被迫依照教规,用他人的共同誓言为证,方能洗清自己的罪责,详见下文所述。[Laws of Wihtræd, cap. 16-21. Comp. Ll. Henrici I. Tit. lxiv. §8.] 与此相同的是,在威尔士的立法中,主教、领主、聋人、哑巴、语言不通者和孕妇,都被授予了用誓言免罪的特权。[Anomalous Laws, Book IV. chap. i. § II.—(Owen' s Laws and Institutes of Wales, II. 5.)] 在欧洲整个中世纪的黑暗年代,这种阶层特权的例子随处可见,成为等级特权制度的佐证。同样地,德意志南部的法律规定,对于一个富有产业和名望的权利主张者来说,缺乏佐证的誓言已然足够,否则,他就必须提供两位共誓人。[Jur. Provin. Alaman. cclxiv. 7, 8.] 而在卡斯蒂利亚(Castile)[1],"费乔达尔哥"(fijodalgo)[2]或者说贵族们,得以通过向神发下三项庄严的誓言,并宣称如有违誓此世和彼世都愿受神的报复,以否定民事案件中的诉讼请求。[Fuero Viejo III. ii.]

确实,至今为止,正因为蛮族对同伴的正直怀有毫无保留的信

---

1 卡斯蒂利亚(Castile),也译为"卡斯蒂尔""卡斯提尔"等。西班牙历史地理区,分为北卡斯蒂利亚和南卡斯蒂利亚。在伊比利亚半岛西部,北起比斯开湾南岸,南迄塔霍河,约占西班牙全国领土的四分之一。

2 费乔达尔哥(fijodalgo,也拼为 hidalgo),西班牙语中的贵族。参见 José Antonio Maravall, *Utopía and Counterutopia in the "Quixote"* (Wayne State University Press, 1991) p.41。

心，他们最早期的记录就显示了他们有着人类共同的愿望，即把誓言置于人类智慧所能想到的最有效的保障之下。在其最简单的形式中，誓言是诉诸某个神明或超自然力量，根据宣誓者的诚实性施加或拒不给予恩典。但是雅利安人总是寻求将他们所珍视的具体实物施加在个人之上，这更令人印象深刻。他们把这些实物作为神明怒气的抵押品或牺牲品，相似方式的采取，表明这项习俗可以追溯至其始祖种群分化之前。同此，《摩奴法典》规定，誓言是证据缺失时的充分证据，但是要求誓言应得到适当地补强——

> 在没有证言且法官无法判断哪一方言辞属实的案件中，法官可以完全根据宣誓来判决。
>
> 要向七位神师（Maharshis）[1]和神明们宣誓，才能去疑解惑；当被众友仙人（Viswamitra）[2]指控吞吃了一百个孩童时，甚至连极裕仙人（Vasishtha）[3]都在匹亚瓦纳（Piyavana）之子苏达玛王（King Sudama）面前发下誓言。
>
> 莫让智巧之人白白立下虚假誓言，哪怕是为无足轻重的事物，因为发下如此誓言之人必在此世和彼世中陷于迷惘。

1　神师（Maharshis），来源于印地语，指宣扬神秘主义和精神认知方面的导师。

2　众友仙人（Viswamitra，亦作 Vishvamitra，又译为“妙友仙人”），印度神话中最伟大的仙人之一。他出身于刹帝利，最后靠苦行修为变成了梵仙（意即婆罗门仙人）。

3　极裕仙人（Vasishtha，又译为“至富仙人”），印度神话人物。与众友仙人是印度史诗《罗摩衍那》中两个化敌为友的圣人。前者属婆罗门种姓，后者属刹帝利种姓。

让法官们令婆罗门(the Brahman)以他的诚实起誓;令刹帝利(Kshatirya)以他的马、象或双臂起誓;令吠舍(Vaisya)以他的牛、玉米和金子起誓;令首陀罗(Sudra)以他所有的罪起誓。[1]

[Book VII. 109-13 (after Delongchamps' translation).]

我们看到在希腊也有相同的习俗。在那里,荷马描述了天后赫拉(Hera)为洗脱自己的罪责,以主神宙斯(Zeus)高贵的头颅和他们的婚床起誓,这种做法在凡人夫妇中被效仿为:以孩子、供养人或者国王的头颅起誓。[Iliad. XV. 36-40.—Luciani Philopseud. 5; Cataplus II.] 在罗马法中,被频繁采用的,是以诉讼当事人或其子女的头颅宣誓。[LI. 3, 4, D. XII. ii.] 挪威武士则类似印度的刹帝利种姓,以自己的兵器起誓:

汝须宣誓
谨向我等
以船之甲板
以盾之饰边
以战马之肩

1 种姓(Caste),是印度特有的世袭社会等级制度。按照古印度婆罗门(Brahman)教义的解释,婆罗门(Brahman)是从梵天的口中出生的,被认为最为高贵;刹帝利(Kshatriya)是从梵天的双臂出生的;吠舍(Vaisya)是从梵天的腹部出生的;而首陀罗(Sudra)是从梵天的足部出生的,被认为最为低贱。

以利剑之刃

汝绝不加害

沃兰(Volund)之妻[1]

吾之新娘

背誓即死。

[《渥伦达克维达·31》(*Volundarkvida*)见索普(Thorpe)的《老埃达》(*Sæmund's Edda/Elder Edda*)。[2] 这部书的一个奇特遗迹，可见于13世纪德意志北部的市民法中，其中规定一个人若要取回被偷走的马匹，就必须用右脚踢它的左蹄，而用左手捏住它的耳朵，并以它的头颅发誓说：它的确是他的。-Sachsisches Weichbild, art. 135.]

当不对这些实物宣誓时，宗教的制裁就被援用，以使发誓者对自己的责任之重认识深刻。神明们通过献牲的祭物出现，或者通过使用某些圣物确保神明的参与。古希腊神话中廷达瑞俄斯(Tyndareus)[3]牺牲和埋葬马匹作为祭品，令海伦(Helen)的所有追求者发誓：他们将尊重海伦的选择，并且一同面对一切来敌，保卫她

1　沃兰(Volund，英文中亦作Weyland the Smith)，斯堪的纳维亚以及英、德等地神话中的一位王子，也是一名能工巧匠。

2　《老埃达》(*Sæmund's Edda/Elder Edda*)，关于北欧传说及神话的诗集，共收诗歌三十多篇，包括神话诗和英雄诗。神话诗记录的是有关北欧诸神的传说，有叙事体，也有教谕体。英雄诗都是短诗，内容为古代英雄或北欧海盗时期前的国王和战士。

3　廷达瑞俄斯(Tyndareus)，传说中的斯巴达国王，宙斯情人丽达(Leda)的丈夫。传说中，宙斯曾化身天鹅追求丽达。丽达生下了两枚天鹅卵，分别孵出了引起了特洛伊战争的美女海伦(Helen of Troy)和双子座兄弟。

和她的丈夫。——从这个故事中我们也可以看到类似的做法。[Pausan. iii. xx. 9.]对于生活在意大利南部的古希腊移民来说,此类做法同样盛行,只要誓词之中提到罗马著名的赫拉克勒斯大祭坛(Ara Maxima)[1]即可。相似的做法也为古斯堪的纳维亚人(the Norsemen)所熟悉。他们之中的所谓"戈迪"(the Godi)[2],既是祭司又是法官。法官席邻接神庙席,诉讼各方,包括法官与证人们,都在圣坛上向一枚专用于此的神圣指环庄严宣誓。其上洒了祭品公牛的鲜血之后,宣誓者召唤弗雷尔(Freyr)[3]和尼奥尔德(Niord)[4],以及万能的主神,寻求神明帮助的同时,借神的名义使宣誓者坚持实事求是、仗义执言。[Islands Landnamabok IV. 7; II. 9 (Ed. 1774, pp. 299, 83).]然而所有这些预防措施都没怎么能够阻止狡诈的海洋之王弄虚作假,以至于我们看到《维京人格伦传说》(*Viga-Glums Saga*)[5]中格伦(Glum)架谎凿空,他在三座神庙中宣誓以否认一桩谋杀指控,其间曾经呼唤主神奥丁(Odin)发誓,他巧舌如簧,实质上

---

1 古希腊英雄赫拉克勒斯(Hercules),途径台伯河(Tiber),遇到了残暴的喷火巨人卡库斯(Cacus)。赫拉克勒斯将卡库斯杀死之后,在附近建造了赫拉克勒斯大祭坛(Ara Maxima)。

2 戈迪(the Godi)的意思是"神圣的话"。维京人中结合神职色彩的统治集团称为戈迪。他们主要负责传递维京传统信仰、神之旨意,后慢慢演变成世袭制。古代社会中政权与神权往往交杂,加上戈迪们握有任免地方议会与阿尔辛议会法官的权力,故影响力不容小觑。

3 弗雷尔(Freyr,古英语:frēa),是北欧神话中的丰饶之神,主司收成、生殖和爱情。"猪"和"马"是他的圣兽。

4 尼奥尔德(Niord),北欧神话中的风神及浅海之水神。

5 《维京人格伦传说》(*Viga-Glums Saga*),据说成书于13世纪。讲述的是一个冰岛民间传说,一位杀人后试图掩盖罪行的酋长的故事。

承认罪责,但在当时的情境中,听上去却像否认一般。[Keyser' s Religion of the Northmen, Pennock' s Translation, p. 238.]

基督教时代也是一样。从早期开始,最受崇敬的宗教形式被引入以使誓词庄严圣洁,用各种方式给令人敬畏的仪式添加了更多神圣的色彩。在这件事情上,教会的本性驱使它倾向于遵循雅利安人的传统习俗,这种倾向被犹太教的实践活动强化了。在亚伯拉罕(Abraham)以牲畜为祭品与上帝立约的故事中,耶和华向亚伯拉罕确认了其许诺,犹太人也再次向他立誓,而献祭的仪式令人印象极为深刻,仅在极端重要的场合才会发生。一旦有了永久的朝拜之地,在诉讼当事人宣誓时,神殿中的圣坛就成了耶和华在场见证的象征。这种观念对早期教会的基督徒影响很大,以至于有这样一种广为流传的迷信,认为在犹太会堂内发下的誓言比别处更有拘束力也更有效。[Gen. XV. 9-17.—Jer. xxxiv. 18-19.—I. Kings, viii. 31-2.—Chrysost. Orat. adv. Jud. I. 3.] 这种信念发展成为各种各样的模式,值得更加细致入微地探讨,这远超笔者能够在此备述的范围。

在 6 世纪中期,佩拉吉一世(Pelagius I)[1] 毫不介意他自己通过在讲道台上把头靠在耶稣受难像和福音书上发下免罪誓言,来免除自己与导致前任维吉利乌斯(Vigilius)遭到流放的那些麻烦有牵连的指控。[Anastas. Biblioth. No. LXII.] 大约在同一时期,当图尔的圣

1　佩拉吉一世(Pelagius I),也译为"贝拉基一世""柏拉奇一世"等,罗马教皇,556—561 年在位。

徒格里高利(Gregory of Tours)[1]因对恶名昭著的弗莱德贡达(Fredegonda)[2]直言责难而受到指控时,主教会议决定:他应当通过在三个圣坛上挨个儿做过弥撒之后再分别发誓的方法,来自证清白。他躬行如仪——无疑,他更多地考量了肉身凡胎而非其灵魂的福祉。[Gregor. Turon. Hist. Lib. V. cap. xlix.格里高利抱怨说,这与教规相悖,后文还有详述。]在盎格鲁-萨克森人之中,在各个圣坛前发下相同誓言的方法成为一种既定做法。在一些案件中,他们允许原告通过在四个教堂中起誓的方法表明其所言不虚,而被告需要在十二个教堂发誓否认才能驳斥原告所言。[Dooms of Alfred, cap. 33.]古代威尔士人的法律同样规定,在需要保证人否认其保证地位的案件中,需要七个圣坛。[Dimetian Code, Bk. 11. chap. vi. §17 (Owen, I. 431).]根据他们13世纪的法学作品《弗莱塔》(*Fleta*),[3]当时商人们中曾盛行一种做法,即在九座教堂发誓后可以证明债务已经清偿,但后来因遭到滥用而被废止。[*Fleta*, Lib. II. cap. lxiii. §12. 穆斯林民族的法学有一条颇为类似的、对控方誓言的规定,见于《伊萨姆》

---

1 图尔的圣徒格里高利(Gregory of Tours,约538—594年),亦称"图尔的圣徒格里高利",图尔主教,高卢-罗马史学家,主要著作有《法兰克人史》。

2 弗莱德贡达(Fredegonda,?—597年),法兰克人的墨洛温王朝希尔佩里克一世(Chilperic I)的第三个妻子。她原为第一位王后奥多芙拉(Audovera)的侍女,引诱国王停妻再娶。结果国王娶了另一位女子盖尔思文萨(Galswintha)为第二位王后。据说,心有不甘的弗莱德贡达勒死了盖尔思文萨,终于成为第三任王后。盖尔思文萨的姐妹布伦希尔达(Blunhilda)为此展开了一场长达40年的复仇,最终恶有恶报,成功复仇。

3 《弗莱塔》(*Fleta*),是一部用拉丁文写成的、关于英格兰普通法的古老法学作品,副标题为"英国法评论"(seu Commentarius juris Anglicani),相传成书于13世纪末的爱德华一世时期。

(*Iesamé*) 中，即在没有证词或供词的情况下，被害者 50 位亲属的誓言，可以使谋杀犯被判定为有罪。其中至少有两个人发誓，而 50 个誓言在两者之间根据其承担“第厄”(Dié) 或者说“死亡赔偿金或血钱”的比例进行划分。 -Du Boys, Droit Criminel des Peuples Modernes, I. 269.]

然而,对遗存的圣迹如此热烈的崇拜,导致了这些遗迹被当作最有效的手段运用到宣誓中,以增加誓言的可信度,而单凭誓言即信者寥寥无已。不久之后,原本的附属品反而被看作核心要素,誓词本身倒失去了它们原本的约束力。就这样,在 680 年,勃艮第(Burgundy)[1]王宫的长官埃布罗因(Ebroin)击败了奥斯特拉西亚[2]公爵马丁(Martin, Duke of Austrasia)之后,又想劝诱他离开拉昂(Laon)[3]要塞的避难所,于是派两位主教带着王室圣物箱去见公爵,并指着圣物箱发誓保证公爵的生命安全。可是,埃布罗因早已狡诈地预先把圣物移出了这些圣物箱,并如愿以偿地将敌人置于自己的掌控之中,对他而言,这只是一个为了使马丁公爵耻辱地死去而采取的、情有可原的欠妥举措罢了。[Fredegarii Chron. cap. xcvii.] 这是何等彻底的一个例子啊！说明那个时代的观念在各种教会的教条之中都表现为:评估一项誓言要根据其外在条件而非其本身内容。日期标注为 6 世纪后半期的圣大卫(St. David)的悔罪规则书表明:在教堂里作伪证,应被处以四倍于其造成损失的罚款 [Excerpt. de Libro Davidis No. xvi. (Haddan and Stubbs’s Councils of

---

1　勃艮第(Burgundy),法国南部地名。

2　奥斯特拉西亚(Austrasia),6—8 世纪墨洛温法兰克王国的东北部,包括今法国东北部、比利时和德国的中部和西部地区。

3　拉昂(Laon),法国北部城市。

Great Britain, I. 120).]，但是对于在其他地方发假誓则没有制裁措施。当这种对伪证行为姑息养奸的理论，竟发展到被冒失地宣告为优良的教会法的程度，以坎特伯雷大主教西奥多（Theodore, Archbishop of Canterbury）[1]的名义通过的道德法典规定，在圣十字架前发假誓的人，如想赎罪，需要付出三倍于在非圣十字架前发假誓的忏悔苦修，如果没有神父的服务，那么这个誓言就没有效力，也就没有惩罚背誓者的刑罚存在。[Si in manu episcopi ...aut in cruce consecrata perjurat III. annos pœniteat. Si vero in cruce non consecrata perjurat, I. annum pœniteat; si autem in manu hominis laici juraverit, nihil est.—Theodori Cantuar. Poenit. cap. xxiv. §2.（Thorpe, Ancient Laws, vol. II. p. 29.）] 格里高利三世（Gregory III）[2]的悔罪书也表达了相似的情绪，规定三年的苦修可以抵偿违背在圣十字架和主教或神父面前发下的誓言，七年苦修可以抵偿在福音书和圣物面前的伪誓。[Gregor. PP. III. de Criminibus et Remediis, cap. vii.]

这些原则被威尔士（Wales）采纳作为其全部法律程序的基础。每一次检控和辩护都要用圣物赋予双方的誓言效力，甚至到了15世纪，仍有一系列法律宣称，如果原告不对圣物起誓而来到法院起诉，那么他不仅会输掉官司而且会受到180便士的罚款。同样的潮流还表现在这样的规则中：如果一个人怀疑另一个人偷了东西，他

1 坎特伯雷大主教西奥多（Theodore, Archbishop of Canterbury，亦作 Saint Theodore of Canterbury，约602—690年），第七位英格兰的坎特伯雷大主教，在教会治理和兴办教育方面成就斐然，死后被封为圣徒。

2 格里高利三世（Gregory III，？—741年），731—741年担任罗马教皇，是受到天主教会册封的圣徒。

有权带着圣物与嫌疑人当面对峙，并要求嫌疑人当着证人们的面对圣物发誓没有犯罪，嫌疑人不发誓，就意味着承认所控罪责，而无须进一步审判。［Anomalous Laws，Book IX. chap. v. §3，chap. xxxviii. §I.（Owen，II. 233，303.）然而，圣物的定义却有些模糊——“有三种圣物可以指以为誓：神父的权杖、上帝的名义，以及举以宣誓的手。”Bk. XIII. ch. ii. §219.（出处同上。II. 557.）］本着同样的精神，我们发现教会权威机构甚至认为强烈的动机可以消弭伪证的罪孽。如果故意犯下伪证之罪，7 年的忏悔苦修方可赎罪；如果不是故意，16 个月的忏悔即可赎罪，若为保护生命或肢体而犯，4 个月即可洗清罪责。［Regino de Eccles，Discip. Lib. I. cap. ccc. 亦见于 Gregor. PP. III. de Crimin. loc. cit. and Jur. Provin. Saxon，Lib. III. c. 41。尽管，这些教条松懈得惊人，却并不意味着誓言的真意完全迷失了。比坎特伯雷大主教西奥多略早一些的塞维利亚的圣伊希德尔（St. Isidor of Serville）[1]对此做了精当的表述：“无论用何种言辞宣誓，每一个人都要发誓，上帝在心中就像一个证人，因此你如此宣誓，听誓的那位必深知其意。”而这被后来的教会法令集成采纳了，与以上教条共同作为教会法的箴言存在。（Ivon. Decret P. XII. c. 36.—Gratian. caus. xxii. q. 2 can. 13）.］当这样的教条被接受和遵行后，我们对于国王“虔诚者罗伯特”（King Robert the Pious）[2]效法埃布罗因以拯救他朋友们灵魂的那番苦心，就不必那么惊奇

---

1 塞维利亚的圣伊希德尔（St. Isidor of Serville，亦作 Saint Isidore of Sevilla，约 560—636 年），西班牙塞维利亚大主教和神学家，也是天主教会册封的圣徒。

2 虔诚者罗伯特（King Robert the Pious，约 970—1031 年），即罗伯特二世（Robert II），史称“虔诚者”（the Pious）或“智者”（the Wise），996—1031 年在位。他是法国卡佩王朝开国君主于格·卡佩（Hugh Capet）和阿基坦的阿德莱德（Adelaide of Aquitaine）之子，也是卡佩王朝的第二位国王。

了。此君提供了两个圣物箱，作为指以为誓的对象——一个是为权贵要人们准备的，饰以水晶和黄金，精美绝伦却空空如也；另一个是为普通民众准备的，其貌不扬，里面装了一只鸟蛋。他早已知道自己的臣民不会谨守誓言，所以，虔诚地拯救了他们，使之免因背信弃义而犯下渎神罪孽。他那些一脸苦行僧模样的颂圣者们则乐于一再重提这场神圣的骗局。[Helgaldi Vit. Roberti Regis.]

根据如此信仰，很容易产生这样的推论，即认为对特别神圣的圣物起誓后，伪证行为会立即招致惩罚；故而，随后便有一些圣祠声名鹊起，成为解决争议词讼之地。早在圣奥古斯丁(St. Augustine)[1]时期，就有这样实践的痕迹，而我们的“教会之父”不仅记录，还会模仿[Augustin. Epist. 78, §§2, 3. (Ed. Benedict.)]，后来便有了各种背誓者因发假誓而无缘无故暴毙，或变得身体僵硬而动弹不得的传奇故事。[Gregor. Turon. de Gloria Martyr. cap. 58, 103.]教会像这样主持向圣物发誓的仪式而捞到的好处，解释了其教义之所以如此的原因，也解释了这般做法得以推广的原因。关于他们后来的收益，有一个很好的例子可以说明，那就是威尔士神圣的“卡迪甘细烛”(the holy taper of Cardigan)[2]，来源于一个神异的景象：持烛的圣母像被投射在河岸上，手中拿着一支燃烧的蜡烛。这里因此建造了

1　圣奥古斯丁(St. Augustine，亦作 Saint Augustine of Hippo，354—430年)，基督教历史上的一位主教和最重要的神学家之一，被尊称为“教会之父”(Father of the Christian Church)。

2　卡迪甘是英国威尔士地区西南部城镇，当地教堂中有一尊头戴王冠、怀抱圣子的圣母塑像，其右手持一烛台，烛台上常年插着一支白蜡烛，即卡迪甘细烛。

一座教堂，而这支蜡烛“长明九年，生生不灭，毫无损耗，直到一日，有人于它驾前发伪誓，从此熄绝，再不复燃”。在英格兰国王亨利八世(Henry VIII)[1]镇压抄没修道院时期，身为修道院长的托马斯·霍尔(Thomas Hore)[2]声称：“此物既已不复燃烧，就作为伟大的圣物带走，可以被朝圣者膜拜和亲吻，可以在疑难事务中指以为誓，年深日久必可大获其利，每年都向切尔西修道院的院长交纳22枚诺布勒(noble)[3]作为年金。”[Suppression of Monasteries, p. 186. (Camden Soc. Pub.)卡迪甘小修道院曾是切尔西修道院的附庸，而上述数额显然是修道院长每年分得的红利金额。或许对采用圣物最具有暗示性的诠释，是古代威尔士律法中的一段限制其依法所受保障的话——“如果一个人身上有圣物，而在圣物面前作出了非法行径，那么他就不再受到那些圣物的保障和维护，因为他不配。”–Venedotian Code, Bk. I. chap. x. §7.]

1　亨利八世(Henry VIII，1491—1547年)，英格兰国王(1509—1547年在位)，英国文艺复兴和宗教改革的推动者，使英国逐渐开始脱离罗马教皇和天主教会的控制。在他统治期间，曾任用激进的新教徒托马斯·克伦威尔(Thomas Cromwell)等人，掠夺修道院的财富，并将它们解散，引起了国内外天主教传统势力及国内信众的激烈反应。他常被描述成既敏锐果敢又残暴无常的人物，曾陆续娶了六位王后，两位被遗弃、一位难产而死、两位被处斩，最后一位也只是因他的逝世而逃过一劫。他的得力能臣们，也难逃斩首的命运，其中不仅包括前面提到的克伦威尔，还包括《乌托邦》一书的作者托马斯·莫尔(Thomas Moore)。后世许多文艺作品以他为题材，包括莎士比亚的名剧《亨利八世》。

2　托马斯·霍尔(Thomas Hore)，拥有神奇蜡烛的卡迪甘小修道院的最后一任住持，在亨利八世的改革期间，曾受克伦威尔的审问，承认了王权的至高性。

3　诺布勒(noble)，中世纪后期的英国金币，约合英国旧币6先令8便士或半马克。

共誓者或参誓者

尽管这些教条都要求诚信为先，但我们完全可以相信，既然这些粗野的蛮族能为归还偷得的牲畜而大吵大嚷，这些愤怒的亲戚们如此渴望分得被杀亲人的偿命钱，那么他们就不会介意做点儿伪证以便牟利。我们看到，无论是在皈依基督教信仰之前还是之后，他们都几乎毫不迟疑地用狡黠的欺诈玷污最神圣的誓言，并且面对迷信所能产生的、只能唬人而不能防止伪证的各种最巧妙的办法，他们并不买账。因此，自然而然地，他们保持了祖先的习俗，这些习俗发端于他们的社会结构之中，并从上述所谓家庭的合一性中获得了保障。这是一种值得注意的习俗，后来被称为“牧师住持下的无罪共誓”，并且以“誓言断讼法”（Wager of Law）之名，长期作为英国法的一部分得以保留。在一群同伴，如宣誓者（juratores）、共誓人（conjuratores）、圣职者（sacramentales）、祝颂者（collaudantes）、辩护者（compurgatores）的陪伴下，被告发誓否认被控罪行，这些陪伴者的誓词无关事实真相，只是分担被告的否认誓言而已。

这种奇妙的程序形式的重要性在于，它从性质上来说，并非某一个孤立的部族的誓词，而是谱写欧洲命运的几乎所有民族的誓词。从意大利的东哥特人（Ostrogoths）[1]以及西班牙、法国南部的西哥特人保留下来的法律来看，他们是仅有的未将共誓写入其法典的两个民族，而就像我们在前文中提到的那样，他们早早地全盘接受

1 东哥特人（Ostrogoths），哥特人的东部一支，曾于5世纪在意大利建立东哥特王国。与之相对应的是西哥特人（Visigoth），参见前文第15页注1。

了罗马文明的影响。另一方面,萨利人(the Salians)[1]、里普利安人(the Ripuarians)[2]、巴伐利亚人(the Baiorians)、伦巴底人(the Lombards)[3]、弗里斯人(the Frisians)[4]、斯堪的纳维亚人、萨克森人(the Saxons)、盎格鲁人(the Angli)[5]、瓦累尼人(the Werini)[6]、盎格鲁-萨克森人,以及威尔士人(the Welsh)各族,在最远古时期想必有共同的始祖,他们都在各自的律法中为这种脱罪法留有一席之地,它因而成了从南意大利到苏格兰通行的惯例。

这种习俗比罗马行省各蛮族的争端解决方法还要古老。最早的萨利族法律文本向我们展示了法兰克人未被基督教改变的惯例做法,据此推算它可以追溯到克洛维(Clovis)[7]改信基督教之前。在这部原始法典中,有着关于采用共誓方法的说明,显示出这种程序在当时是一种明确既定的形式。[First Text of Pardessus, Tit.

1 萨利人(the Salians),或译为撒利人,4世纪居住在北海附近莱茵河流域、荷兰地区的法兰克人部族。

2 里普利安人(the Ripuarians),4世纪初移居于莱茵河畔的法兰克人的一支。

3 伦巴底人(the Lombards),日耳曼人的一个分支,生活在古代意大利北部。

4 弗里斯人(the Frisians,或译弗里西人、弗里斯兰人)是古代位于现今荷兰及德国内靠近北海南部地区的一族,是在荷兰、德国及丹麦紧邻北海海岸生活的日耳曼人的一支。

5 盎格鲁人(the Angli,今亦拼作Angles,源于更古老的拉丁文拼法Anglii),古代日耳曼人的一支。一般认为这个民族得名于其故乡来源地安格尔恩(Angeln/Anglia),在今德国北部与丹麦接壤的半岛。有人认为盎格鲁、英格兰等词语均源于此地名。

6 瓦累尼人(the Werini,有各种拼法:Varini,warni,werini,等等),古日耳曼人的一个部落,生活在今德国北部地区。

7 克洛维(Clovis,约466—511年),法兰克王国创始人,建立了墨洛温王朝,征服高卢,率众皈依了基督教。

xxxix. §2, and Tit. xlii. §5 (Loi Salique, Paris, 1843, pp. 21, 23). 有些奇特的是，在后来经过修订的法典中，这个条文被从这些段落中略去了。] 在弗里斯人的法律中亦是如此，尽管编纂于8世纪，它仍揭示了异教徒的习俗和社会的原始状况，无罪誓证的做法显然形成了司法程序的基础。《岛国定居录》(*the Islands Landnamabok*)[1]也记载了野蛮的挪威居民用作一般程序方式的此一习俗。虽然，对于其他各族的法典，我们只有各个部落皈依基督教后的修订版本，但是对这种做法的普遍使用显示出，此一做法起源于更远的东部地区、他们分道扬镳之前共同的雅利安民族祖先。

教会，处理新皈依者的策略颇为杰出，不久就采用了在那个粗野的年代能够较好地维护自己利益的体制。当圣职任命书切断了其他一切社会连缀，当教会被当作一个大家庭时，神职人员迅速为自己攫取和霸占了让同阶层做无罪誓证人的特权，并且由此巩固了彼此的支持，他们在反抗来自四面八方、无孔不入的压迫者时获得了协助。这种权利主张，伴随着各种好处。而且800年查理大帝(Charlemagne)处理对教皇利奥三世(Leo III)的严厉指控时被迫退

1 《岛国定居录》(*the Islands Landnamabok*，亦作 *Landnámabók* 或 *Landnáma*)，一部中世纪冰岛的宗族谱系历史文献，详细描述了9—10世纪古斯堪的纳维亚人在冰岛定居的过程。

让[1]，在查理大帝在场撑腰的情况下，无证人敢指证的尊贵教皇，仍仅凭庄严的宣誓，以及12位神父作为他的无罪誓证人，便澄清了自己被控犯下的所有罪行。[Eginhard. Annal. ann. 800.——撰写编年史的修道士们努力掩盖利奥曾像普通罪犯一样受审的事实，但证据确凿、无法否认。查理大帝在803年的《亚琛宪章》(*Capitularium Aquisgranense*)[2]提到这件事时，用了一种无可争议的口吻。圣加尔（St. Gall）的修士（De Gestis B. Carol. Mag. Lib. I. cap. 28），其工作性质颇具传奇色彩，他描写道：在审判之日，这位教皇将福音书放在头顶，以福音书中的许诺发誓他是无辜的。]3年之后，这位皇帝颁布敕令宣称：在所有的疑难案件中，神父们需要有3、5或7名神职共誓人即可抗辩，并且宣称这决定得到了教皇、元老、主教和所有虔诚信徒的赞同。[Capit. Aquisgran. ann. 803, cap. vii.]确实，几个月之后，看到教皇格里高利二世(Gregory II)[3][Bonifacii Epist. cxxvi. 在那个黑暗时代，神父们的誓言问题相当繁杂。在神权机构所拥有的种种特权之中，就有免于宣誓这么一条豁免权，并有古代罗马习惯法作为其依据："神职人员、维斯塔贞女和

1　查理大帝，或译为"查理曼"(742—814年)，法兰克王国加洛林王朝国王，神圣罗马帝国的奠基人。他建立了囊括西欧大部分地区的庞大帝国。795年，教皇利奥三世遭到罗马一些大贵族的反对，派使者赴法兰克王国向查理大帝求救，得到查理的支持，从而保住了地位。799年4月，利奥三世又被罗马贵族废黜，只身逃离罗马。800年，查理救出利奥三世，并亲自送回罗马，扶其复位。随后，心怀感激的利奥三世为查理加冕，授予他"伟大的罗马人的皇帝"称号。

2　《亚琛宪章》(*Capitularium Aquisgranense*)，查理大帝的一部法令集。"Aquisgranense"来自今德国城市亚琛在罗马时代的旧称"Aquisgranum"。

3　格里高利二世(Gregory II, 669—731年)，罗马天主教会教皇(715—731年在位)，死后被册封为圣徒。

朱庇特的祭司，在我的整个管辖权范围内，我都不会逼迫他们立誓。”（Edict. Perpet. ap. Aul. Gell. x. 15.）早就有人努力逆转这样的特权，而神权权威有时允许、有时反对，关乎承诺、司法以及申辩的誓言都有涉及。教会和国家之间关于这个问题的斗争，在1269年的一个案件中清晰可见。兰斯大主教起诉绍达得（Chaudardre）[1]的一位市民。在应当由各方宣誓的时候，这位高级神职人员要求他的誓言应当由其律师代立。被告对此提出抗辩，指出大主教是必须亲自出庭应诉的。上诉到巴黎高等法院（the Parlement of Paris）[2]，判定被告的论点正确，高级神职人员亲自宣誓是必须的。（Olim，I. 765.）在西班牙，一名主教出席了世俗法庭的庭审，或是作为原告，或是作为被告，并没有得到可以不发誓的豁免权，但是却拥有发誓时不必触摸福音书的特权。–Siete Partidas，P.III. Tit. xl. I. 24.］的教令集规定：教士仅凭自己的誓言即可推翻所有没有证人支持的指控。后来他又修改了这一命令，把这件事留给高级神职人员决定，实际上最后还是悬而未决。823年，教皇帕斯卡尔一世（Pascal I）被指控为谋杀两位教廷要人西奥多（Theodore）和利奥（Leo）的共犯。[3]

---

1 绍达得（Chaudardre），法国北部地名。

2 巴黎高等法院（the Parlement of Paris），法国历史上重要的司法机构。

3 教皇帕斯卡尔一世（Pascal I，亦译为“帕斯加尔一世”），意大利籍教皇（817—824年在位）。823年帕斯卡尔为“虔诚者路易”之子洛泰尔一世加冕称联座皇帝。此次典礼首倡由教皇授剑与皇帝以冀其利用世俗权力斩除邪恶的惯例。此时罗马正酝酿反对法兰克帝国的活动，据说帕斯卡尔参与了其事。他的仆人声言教廷中法兰克派的两名首脑密谋反对教皇而将罗马交由皇帝控制，结果两人被当即处决。路易下令调查此案，帕斯卡尔被迫出庭并发誓表明自己无罪。

为了避免“虔诚者路易”(Louis-le-Débonnaire)[1]派来的委员会的审查,他匆匆忙忙地在委员会到来之前,在一些主教作为无罪共誓人的情况下,起誓以澄清罪责。[Eginhard. Annal. ann. 823.]这是对此程序重要性的一个打击,尽管被害者的不利之处在于倾向帝国一方,尽管教皇是靠武力阻止了对谋杀犯的追缉,但皇帝也无力回天,无法再索求赔偿。于是,教皇帕斯卡尔仍作为一个无罪之人立足于世。

的确,在10世纪时,维切利的阿托(Atto of Vercelli)[2]苦恼地抱怨说,在他那个堕落的世代,人们拒不满足于被指控神父的单独誓言,非要他有同级的无罪誓证人不可[Atton. de Pressuris Ecclesiat. P. I.],在愤愤不平的祭司制度维护者看来,此乃大错特错。然而,在那动荡的年代,神职人员无法再享有凭誓言即得以豁免的特权,而无罪共誓法,以其毋庸置疑的优势,日益强大地向他们逼近。决斗解决争议已被明文禁止,而在11、12世纪,为了避免通过神判洗脱罪名,他们最终接纳了无罪共誓作为审判教会成员的一种特殊模式。在很长一段时间里,从所有宗教法学者的教令和文书中,我们都可以看到对此模式的认可。[Buchardus, Ivo, Gratianus, passim.—

1 虔诚者路易(Louis-le-Débonnaire 或 Louis the Pious,778—840、814—840在位),或称路易一世、法兰克国王、神圣罗马皇帝。查理大帝去世时唯一存活的儿子。他将帝国三分给三个儿子(意大利国王兼同盟皇帝的洛泰尔、法国南部阿基坦国王丕平、巴伐利亚国王路易),后幼子“秃头查理”出生,想重分土地,遭前三个儿子反抗,因此被囚。

2 维切利的阿托(Atto of Vercelli,亦译为“阿图”),法兰克教士和神学家,924年成为意大利西北部维切利地区的主教。

Ivon. Epist. 74.］由此，它也获得了“教规中的辩护程序”（purgatio canonica）的名号。

无罪共誓人的遴选

如上所述，这种习惯法的源头可追溯至家族合一的原则。既然犯罪者可以召集亲属抵抗受害方的武装袭击，同样的，亲属们也可以陪同上庭，用誓言为他辩护。相应地，我们发现有些法典规定提供此项服务的是亲属。但并非所有法典都如此。［L. Longobard. Lib. II. Tit. xxi. § 9; Tit. lv. § 12.—L. Burgund. Tit. vii.—Laws of Ethelred, Tit. ix. § § 23, 24.—L. Henrici I. cap. lxxiv. § I. Feudor. Lib. v. Tit. ii. 这一点得到了拉丁和条顿各民族种种习惯的佐证。 罗马法对在诉讼中采纳当事方亲属提供的证据颇有些排斥。（Pauli Sentent. Lib. v. Tit. xv.—Ll.. 4, 5, 6, 9. Dig. XXII. v.）西哥特人不仅采纳了这项原则，而且将其推行到在一个人与陌生人的争讼案件中，完全排斥采纳此人亲属的作证。（L. Wisigoth. Lib. II. Tit. iv. c. 12）在当时盛行的罗马化的强大趋势影响下，这又被加洛林王朝的立法所采纳。（Benedict. Levit. Capitul. Lib. VI. c. 348）这条规则建立以来，历经封建法和习惯法的宠辱兴衰。（Beaumanoir, Coutumes du Beauvoisis, cap. xxxix. § 38.—Cout. de Bretagne, Tit. vii. art. 161, 162）.］威尔士法律为此提供了良好的诠释，它所谓的“规辞”（raith），或者说无罪共誓取证法，是几乎所有司法程序的基础，这一体制也在那里得到了最大程度的完善。在各种各样的案件中，父系和母系亲属的比例，有着复杂的规定。而死亡赔偿金和亲属间的无罪誓证义务之间的联系，则得到了完全的承认——“因为法律裁断每个案件中最值得裁断的相关之人，除非人们发誓否认谋杀”。因此，无罪共誓者必须是那些“若此人被杀则最有利可图”的亲属。［Anomalous Laws, Bk. IX. chap. ii. §4; chap. v. §2. (Owen, II. 225, 233.) 这部法律总集出现于1430年之后。］在这种情形下，“规辞者”(raithman)即共誓人可能因实非被告的亲人而遭到异议，这时，共誓者誓言与本人誓言足以作为证明其亲属关系的证据。［Anomalous Laws, Bk. v. chap. ii. §117 (出处同上。II. p. 85).］而如果是“外来定居者”(alltud)[1]，或者说外来者，除非确有亲属，否则无权使用无罪共誓法。［出处同上。 §144 (p. 95).］这种规定如何在不可教化的野蛮人中适用呢？艾穆安(Aimoin)[2]重述过一个发生在6世纪后半叶希尔佩里克一世(Chilperic I)[3]统治时期的鲜明案例作为说明：一个受到丈夫怀疑的妻子在圣丹尼斯(St. Denis)教堂的圣坛前，与她的亲戚一同起誓，他们都相信她是无辜的；但丈夫却不满足于此，指责无罪共誓人做了伪证，双方情绪异常激动，武装冲突立刻爆发，于是神圣不可侵犯的庄严教堂被鲜血所玷污。［Aimoini Lib. III.

---

1 外来定居者(alltud)，这个词来自古代威尔士法律中的等级制度。此制度把人们分为几个等级。前三个分别为：国王(king)、自由地主(breyr 或 bonheddig)和半自由的佃农(taeog/villein)，第四个等级就是“外来定居者”。

2 艾穆安(Aimoin，约965—1008年之后)，法国编年史家，也是一位修道士。

3 希尔佩里克一世(Chilperic I，约539—584年)，从父亲克洛泰一世手中继承了位于今法国北部的苏瓦松(Soissons)王国，即后来的纽斯特里亚(Neustria)王国的统治者，561—584年在位。

c. 29.]

然而,在所有的案件中强调亲缘规则,是明摆着不可能的,因为在不同的法典中,对无罪誓证人数目的要求是不同的,但对于大案、刑案、要案却不约而同地都要求大量的无罪誓证人。584 年,当希尔佩里克一世被暗杀时,其子克洛泰(Clotair)[1]还是个只有四个月大的婴儿,他的合法婚生子身份受到质疑,其母后弗莱德贡达的个性和父王希尔佩里克的死状都无法消弭这种质疑。而新逝国王的兄弟龚特兰(Gontran)[2]则毫不迟疑地宣称这王子的父亲实为某个宫廷宠臣,龚特兰的目的毫无疑问是想往自己的头上戴上一顶王冠。然而,弗莱德贡达却依靠 3 位主教和 300 位贵族作为共誓人伴随她登上圣坛,发誓说年幼的王子的合法婚生地位确实无疑,从而修补了她受质疑的名誉,确保了她孩子的王位。之后就没有人再敢贸然质疑这个敏感问题。[Greg. Turon. Lib. VIII. c. 9.]一个相似的案例发生在 899 年的德意志,王后乌塔(Queen Uta)在 82 名贵族的共同宣誓下,用誓言摆脱了对她的不贞指控。[Herman. Contract, ann. 899.]同样,在 824 年,沃塞斯特主教休伯特(Hubert, Bishop of Worcester)和伯克莱大修道院(Abbey of Berkeley)之间关于威斯特贝利修道院(monastery of Westbury)的争议,就是通过在 50 个主祭神父、10 个助祭执事和 150 个其他神职人员的共誓之下,由这位主

1 克洛泰(Clotair 也写作 Clothair,584—629 年),即克洛泰二世,又称"伟大的克洛泰"(Clothair the Great),纽斯特里亚国王,613—629 年为法兰克国王。

2 龚特兰(Gontran,又写作 Guntram,约 532—592/593 年),克洛泰一世之子,勃艮第国王(561 年起在位),是希尔佩里克一世同父异母的兄弟。

教的起誓而解决的。[Spelman. Concil. I. 335.]或许也有例外,不过在威尔士法律的规定中,对许多案件都要求有数量众多的誓证人。例如,杀人的关系者被划分为3组,或是根据罪责轻重划分为9级。其中,第1组要求100位共誓人使他对罪行的否认成立,第2组要200人,第3组要300人。[Venedotian Code, Book III, chap, i. § § 1-10.—Dimetian and Gwentian Codes, Book II. chap, i. § § 10-12. (Owen I. 219-21, 407, 689)——许多犯罪案件中法律所要求的共誓人人数,存在很大程度上的混乱,但对于杀人罪的从犯,规则似乎是绝对确定的。—Cf. Spelman, Glossary s, v, Assath.]更有甚者,想要否认野蛮残杀和毒杀的指控,必须要有600位之多的誓证人。[Venedotian Code, Book III. chap, i. § 18. Anomalous Laws, Book IV. chap. iii. § § 12, 13 (出处同上 I. 231, II. 23).]尽管人数要求如此之巨,人选范围却并未因此得以拓宽,因为法律严明地规定:"否认谋杀、流血冲突、伤害罪行,需要有300位亲属的誓词。"[出处同上。 § 17 (p. 231); cf. Book II. chap, viii, § 4 (p. 137).]而找齐这么多人,只有在所有人都彼此有亲戚关系的氏族或部落之中才有可能。这一点还有进一步的规定来解释,《格温琛法典》(*Gwentian Code*)[1]中规定,面对盗窃指控,在确凿证据面前,盗窃嫌疑人必须有24位来自同一地区(cantrev)、平均分布在各个次级小区(cymwd)的共誓人。[2] [Gwentian Code, Book II. chap. iii. §11. (出处同上 I. 691)]

---

1 《格温琛法典》(*Gwentian Code*,亦作 *Cyfnerth*),古代威尔士地区的法典。

2 地区(cantrev)和次级小区(cymwd),都是中世纪威尔士所采用的行政区划的名称。

在不同的社会组织中,大多数家庭明显不可能有人数如此庞大的亲属,而且即使做了更合理一些的数量要求,同样的困难还是会频繁发生。13—14 世纪的丹麦法律认识到了这一点,它规定亲属誓证,也即"亲族誓证人"(neffn i kyn),是必不可少的,除非嫌疑人能发誓说他没有亲属,那样就会被允许用 12 位其他适宜人选来替代,即所谓"替代誓证人"(lag feste men)。[Leg. Cimbric. Lib. II. c. 9.—Constit. Woldemari Regis §§9, 52, 56, 86. 在整个德意志地区,即使面临可判处死刑的指控,一个未成年的儿子可以仅仅依靠他父亲一个人宣誓来摆脱指控——如果是首次成为法庭上的被告的话。Jur. Provin. Alaman. cap. clxix. §I, Sachsische Weichbild, art. 76.] 因此,一定经常需要不靠血缘连缀的关系,而且这也不是什么毫无风险的事务,但就如同我们日后会看到的那样,这样的人数要求到底是如何得到满足的,往往令人费解。毫无疑问地,在一些案例中能否得到这么多非亲属来担此重任,某些时候可见于发生刑案的城镇所担负的责任。[那些认为"忏悔者爱德华"的十户联保制度(frithborgs)是这种机制最早的例子的人,否认了这一点,但是公社社会的痕迹最早可见于萨利人的法律中:在 6 世纪末时(First text of Pardessus, Tit. XLV.),希尔德伯特(Childebert)[1]和克洛泰二世曾颁布敕令,要求数百人或市镇本身对发生于城中的抢劫案负责。(Decret. Childeberti ann. 595, c. 10—Decret. Chlotarii II. c. I.)就像在所有蛮族之中那样,家庭为其成员的错误行为负责

---

1 希尔德伯特(Childebert),指墨洛温王朝的巴黎国王希尔德伯特一世(约 498—558 年)。他是前文所提到的希尔佩里克一世和龚特兰的父亲克洛泰一世的兄弟,克洛泰二世则是他的侄孙。由于他没有男性继承人,死后由其兄弟克洛泰一世继承了他的王国。

并非不可能，因此，如果罪行针对的是另一个部落的成员，犯罪者的部落或氏族会被追责，而希尔德伯特和克洛泰的敕令仅仅是将这古老规则加以改编以适应当时的社会。我们所知的最完美的古代法典，即古代爱尔兰法，不仅详细表述了每个亲族为其成员行为所负担的责任，而且涵盖了与之有任何联系的人的行为所引起的责任。“而因为四个最亲密的部落，为具有亲缘关系的每一个亲属担负罪责。……而因为以下四者与原被告都利害相关：父亲、首领、教会，以及母亲或养父的部落。……若其成员潜逃，在张贴布告、警告以及合法警告之后，每一个部落都要为此负责。”—Senchus Mor, I. 263-5.］在同业公会中，成员们互相肩负着一种类似亲戚的责任，当其中一个同行被指控时，公会其他成员为其誓证以否认指控几乎成为一种必须。［参见由派克先生（Mr. Pike）[1]所写的一本非常有趣的《英格兰犯罪史》（*History of Crime in England*），Vol.I. pp. 61-2. London，1873。］

假如一一列举各法典对我们能想到的各社会阶层之间争端案件的不同规定，那简直没完没了。这些规定要考虑许多因素：犯罪或诉讼请求的性质、各方的地位、无罪誓证人的阶层，以及选择模式。因此，萨利族法律规定了一种最简单、最古老的方式，即只规定须选出 25 名誓证人，双方对此有平等的选择权。［First text of

1　派克先生(Mr. Pike),全名为卢克·欧文·派克(Luke Owen Pike,1835—1915年),与本书作者同时代的英国律师和历史学家,毕业于牛津大学。其著作《英格兰犯罪史》至今仍重印不衰。

Pardessus, Tit. XLII. §5.]《马科夫斯规条》(*Formulas of Marculfus*)[1]规定,须有3名有永久产业的人(freeholders)和被告的12名友人。[Marculf. App. xxxii.; xxix.]593年,墨洛温王朝(Merovingian)[2]的一道敕令则要求有3位被告的同伴,以及另外3位很可能是由法庭选择的人。[Pact. pro Tenore Pacis cap. vi.]不过,人数上很快就出现了其他不同的规定,取决于确定人选的方法。在阿勒曼尼人(Alamanni)[3]的法律中有如此规定:对于谋杀案件的审理,被告有义务确保20位特定人士的支持,或者由他自行酌定人选,但人数要求相应增加至80人。[L. Alaman. Tit. lxxvi. 与此类似地,922年的科布伦茨(Coblentz)[4]会议规定,要否认亵渎圣物的指控,需要"伴随24名被提名和被选定者……或是72名未被指明但出身更好的人"。(Hartzheim Concil. German. II. 600.)]在803年的法令集中,查理大帝规定,要有7名指定的共誓人,或12名任选共誓人。[Capit. Car. Mag. IV. Ann.

1 马科夫斯(Marculfus),一位生活在墨洛温王朝克洛维时代的巴黎地区的僧侣,他对当时的法律文书和案例进行过总结性的编纂,称为《马科夫斯规条》(*Formulas of Marculfus*),是研究当时欧洲法制发展状况重要的第一手文献资料。

2 墨洛温王朝(Merovingian),法兰克王国的第一个王朝(476—751年),后为加洛林王朝所取代。

3 阿勒曼尼人(Alamanni,也拼作Alemanni),3世纪前期居住在欧洲美茵河至多瑙河一带的日耳曼人部落。

4 科布伦茨(Coblentz,亦写作Koblenz,Coblenz或Coblence),位于今德国西部莱茵河畔的一座古城。

803, cap. x.]这与11世纪中期皇帝亨利三世(Henry III)[1]的规定如出一辙。[Goldast. Constit. Imp. I. 231.]在比戈尔(Bigorre)[2],法律则这样歧视卡果族(Cagots)[3]——一个来源不明的流浪种族:在通常7位共誓人的誓言就足够的情况下,若被要求举证的是卡果族人,则要30名卡果族人方可满足人数要求。[Lagrè ze, Hist, du Droit dans les Pyré né es, p. 47, Paris, 1867.]在一份15世纪的英格兰记录中,我们发现被要求举证的被告有6位邻人或12位陌生人的誓证方可证明他的无辜。[Pike, op. cit. I. 451.]

诸如此类的不同规定源于案件性质的不同和原告身份的差异。12世纪的苏格兰法律就是如此,面对刑事指控,一个人要对抗他的领主、为自己辩护,需要有11个品行良好的人,但是如果控方是国王,就必须有24人才行,而且都必须是与被告同等级的人,若是民事诉讼则只要12人即可。[Quoniam Attachiamenta cap. Xxiv. §§1,

1 皇帝亨利三世(Emperor Henry III,1017—1056年),法兰克萨利王朝(亦称神圣罗马帝国王朝、法兰克尼亚王朝)君主,康拉德二世之子,亨利四世之父,同时兼领德意志、意大利、勃艮第国王以及巴伐利亚、士瓦本公爵等多个头衔。在其统治时期,皇帝掌握了教皇的废立大权,达到帝国对教廷控制力的巅峰,并在对波西米亚人、匈牙利人、洛林公爵等割据势力的轮番斗争中巩固和加强了帝国的权力。

2 比戈尔(Bigorre),法国西南部一个地名,曾经是独立的自治领,后来成为法国的一个省。今主要在上比利牛斯省(Hautes-Pyrénées)境内中西部,另有两小块飞地在比利牛斯-大西洋省(Pyrénées-Atlantiques)境内。

3 卡果族(Cagots,亦写作 Cagots, Gahets, Gafets, Agotes, Gafos, Cacons, Cahets, Caqueux 以及 Caquins 等),比利牛斯山脉一个来历不明的族群,主要生活在法国和西班牙交界处的一些地方。长期因宗教和历史等原因受到歧视、迫害和隔离,直到法国大革命之后,对他们的歧视性政策才从法律上得以废除。

4; cap. lxxv. §§1, 4. 几乎同时代的另一部法典规定，在单纯的偷窃案中，当控诉人没有证人证言来支撑其主张时，必须有30名共誓人，其中3人必须是贵族。 -Regiam Majestatem Lib. IV. c. 21.]类似地，在大卫一世(David I)[1]的市民法中，市民间普通的案件只要提供10位共誓人即可解决；但如果其中一方是国王，或者涉及生命、肢体或其中某人的土地，则需要11人；如果案件发生在市民与乡民之间，各方均须提供各自阶层的共誓人。[Leg. Burgorum cap. xxiv. §§1, 3.]共誓免罪的复杂规则构成了威尔士法律的基础，囊括了不计其数的此类细则。我们在一些刑案中看到要求提供数以百计的誓证人，而一些涉及不动产权的民事案件也类似于此。[Anomalous Laws, Book XIII. chap. ii. §94 (Owen II. 521).]誓证人数依案件的严重程度而定，其中否认致人瘀伤指控的条文是一个很好的例子。如果伤痕到了第9天还在，被告必须以"2位与本人同等特权"的共誓人来推翻指控；如果伤痕存留了18天以上，须有3位誓证人的誓词方可；如果达到24天，就要4位共誓人方可摆脱指控。[*Gwentian Code*, Bk. II. chap. vii. §10.(出处同上 I. 701)]

共誓人的性质也影响对其数量的要求。在15世纪威尔士法律的总集中，就有这样一则明显很奇怪的解释，对盗窃或杀人罪知情不报之人所必须的共誓人，比盗窃或杀人罪本身要求的共誓人数还要多得多。前一种要求大量人选，单纯只要是受认可亲等内的亲属

---

1 大卫一世(David I，约1082—1153年)，历史上最有权势的苏格兰国王之一。借助姻亲关系，支持自己的侄女、英王亨利一世之女同时也是神圣罗马帝国亨利五世遗孀的玛蒂尔达，参与英格兰王位继承权战争。

即可，然而对于后一种，规则复杂得多。譬如，盗窃要有 24 位，某些情况下要有 2/3 是最近的父系亲属，另 1/3 是最近的母系亲属；抑或一半是特别共誓人（nod-men）。［*Anomalous Laws*, Bk. IX. chap. ii. § 4; chap. Xx. § 12; chap. xxi. § 3.—Book XIV. chap, xxxviii. § 16.—Book v. chap. ii. § 112（出处同上 II. 225, 261, 709, 83）. 根据早期《维尼多先法典》（*Venedotian Code*）（Book III. chap. I. § § 13, 19）只要求有 12 个人，其中一半是特别共誓人，2/3 是其父系亲属，而 1/3 是母系亲属；而在《格温琛法典》（Book II. chap. Ii. § 10）以及《戴米先法典》（*Dimetian Code*）[1]（Book II. chap. iii. § 10, Book III. chap. i. § 24）中，规定要有 50 人。而特别共誓人，就像我们会在后文中看到的那样，是一种发下特殊形式誓言的共誓人。］在杀人指控中，也有同样比例的父系和母系亲属的要求，一般共誓人都必须是这个国家中有产业的人，而且必须有三人是曾起誓弃绝亚麻织品、马匹和女人的圣职者，除此之外，还有一定比例的特别共誓人。［*Anomalous Laws*, Book XIV. chap, xxxviii. § 16; Book IX. chap, xx. § 12, chap. xxi. § I.］

对被告品行的证明规定也是一例，其品行决定了共誓人的数目。在威尔士人中，"好人霍尔"的法律规定：一位第一次被控为"不忠贞"的妻子，有 7 位女性共誓人就能否定指控；如果她的行为引起了第二次调查，必须有 14 位；而她第三次受审时，须有 50 位女性共誓人方可脱罪。［Leges Wallice, Lib. II. cap xxiii. § 17（Owen II. 848）. 值得一提的是，《古兰经》（*Korán*）中极少的关于法律程序的指示之

1 《维尼多先法典》（*Venedotian Code*）、《格温琛法典》（*Gwentian Code*）和《戴米先法典》（*Dimetian Code*），指今英国威尔士地区古代法典几经修改的三个版本。

一，就是针对这种性质的案件。第24章6—9条规定，一个丈夫若指控他的妻子不贞，而又没有证人证明，他应当5次对神明赌咒发誓，表明指控属实以支撑其主张；而妻子也可以通过同样的程序推翻指控。然而，由于这章，是由先知在为其最爱的妻子阿耶莎（Ayesha）受指控而辗转反侧了一个月之后揭示的，对这项指控他既无法忽视也不愿听从，这一法律更像是一种事后法（ex post facto），而不是对那个时代或那个民族特殊倾向的表达。］同样的原则还适用于另一类事件：当一个男子承认部分罪行而否认其余指控时，需要更加广泛的誓证来支撑，因为要相信一个供认参与犯罪行为的罪犯的证言更加困难。一般，只须50人来否认杀人罪行，但若被指控者承认自己是从犯之一，那么他对主要罪责的否认，则需要100、200或300人的支持，人数因案件性质而异。另一方面，若无关乎刑事犯罪，部分承认会导致誓证人数要求的减少。例如，在保证关系诉讼中，被告需要6个共誓人的支持；但如果他部分承认了保证关系，则无须他人的支持，仅凭他的誓词就足以反驳其余的部分，这是因为部分的承认使他更值得信任。［*Anomalous Laws*, Book XI. chap. v. §§40, 41（出处同上II. 445）.］在盎格鲁－萨克森法学中，这种被称为“破解誓言”（frangens jusjurandum）的制度，也发展成了一个极其繁复的规则体系，根据犯罪的性质和被告的阶层来规范共誓人的数量和质量。在穷凶极恶的案件中，例如，侵犯陵寝尊严，只有大乡绅（thanes）[1]才有资格出庭作证。［Wealreaf, i. e. mortuum refere, est opus nithingi; si quis hoc

1 大乡绅（thanes），早期英国的贵族，介于伯爵和普通自由民之间，以服兵役而取得国王或封建主的土地。

negare velit, faciat hoc cum xlviii. taynis plene nobilibus.—Leg. Æthelstani, de Ordalio.] 实际上,在盎格鲁-萨克森人中,一个人誓言的价值由他的地位决定,比如一位大领主抵得上7位自耕农。[Sacramentum liberalis hominis, quem quidem vocant twelfhendeman, debet stare et valere juramentum septem villanorum. (Cnuti Secular, cap. 127.) 其中"twelfhendeman"意为"大领主"(Twelfhindus est homo plene nobilis i. Thainus.—Leg. Henrici I. Tit. lxxvi. §4),其身价是1200个索里达(solidi)[1]。法学的架构如此彻底地建筑于血钱制度之上,以至于社会各阶层之人的性命各有标价。佃农(cherleman),也称twyhindus或twyhindeman,其性命价值为200索里达;骑马的随从(radcnicht),也称sexhendeman,值600索里达;而他们誓言的相对司法权重也遵循了类似的比值,这样的规则甚至一直到诺曼征服之后都有效。(Leg. Henrici I. Tit. lxiv. §2.)] 同样的明文规定可见于弗里斯人之中,他们的法律规定共誓人必须与当事人层级相同,在国家中的地位越低,需要的人数就越多。[L. Frision. Tit. I.]

选择共誓人的模式,同样花样百出。在蒙昧的野蛮人中,毫无疑问地,被告从其合法家庭中获得规定人数的誓言就足以脱罪。即使在稍后的时期内,这种原则仍广为流行,而其坏处在9世纪被辛克马尔(Hincmar)[2]一针见血地指出。在拒绝一位犯有过失的教士

---

1 索里达(solidi,单数为solidus),古罗马拜占庭时期和包括英国在内的中世纪欧洲都曾用过的货币单位。

2 辛克马尔(Hincmar,806—882年),兰斯(Reims)的大主教,神学家和政治家。840年受加洛林王朝的西法兰克国王"秃头查理"(King Charles the Bald,843—877年在位)的征召进入宫廷,成为重要顾问。

及其自选僧侣们的共誓宣誓时，辛克马尔声言：思想邪恶之人会合伙互为共誓人，以对抗司法制裁并确保豁免于所犯罪行，因此当被告坚持让其同党为其誓证时，就需要让他们经受严酷的神判以证明其真诚。[*Hincmari Epist.* xxxiv. 也见于他的另一部著作 *Capit. Synod*, ann. 852, II. XXV。] 从他的表述可以看出，在当时的法国，共誓人的遴选尚且是一个悬而未决的问题，而如上所述的人数选择也证明解决此困境的努力并未成功。然而，其他国家却果断地迎难而上。罗萨里斯王(King Rotharis)[1]时代的原始伦巴底法律，赋予原告指定多数共誓人的权利，其余的则由被告选择。[L. Longobard. Lib. II. Tit. lv. §5.] 不过即便如此，家庭的合一性仍然受到认可，因为原告有义务选择对方最近的亲属，因为他们本身对被告显然并无敌意。[出处同上。Tit. xxi. l 9.] 同样的立法精神迟至 1116 年依然可见，譬如佛兰德斯的鲍德温七世(Baldwin VII of Flanders)[2]用誓证程序取代了神判和决斗审制度，以满足伊普尔(Ypres)[3]市民的愿望。据此，控方选择被告的 4 位亲属发誓以证明被告清白，若这些人因人尽皆知的敌意而拒不为证，则须另选亲族 4 人，若无法找到，那么 4 位守法良民即可满足要求。[Proost, Ré cherches sur la Lé gislation des Jugements de Dieu, Bruxelles, 1868, p. 96.] 英格兰法第一个从野蛮荒

---

1 罗萨里斯王(King Rotharis，亦写作 Rothari)，伦巴底国王(636—652 年在位)，编纂颁行了伦巴底人的第一部法令集《罗萨里斯敕令集》(*Edictum Rothari*)。

2 鲍德温七世(Baldwin VII，1093—1119 年)，佛兰德斯伯爵(1111—1119 年在位)。佛兰德斯是中世纪时一个相对独立的封建国家，其领地范围包括今法国北部、比利时和荷兰的部分地区。

3 伊普尔(Ypres)，今比利时西佛兰德省的一座城市。

谬的传统中演化出理性模式,终于能偶尔透出一丝与陪审制度惊人相似的曙光——实际上,它在不知不觉中慢慢发展形成了后者。在克努特(Canute)[1]时代的法律中,在某些情况下,14 个人被指定给被告,被告必须从中找到 11 个愿意一同发誓以证明他清白的人。[Nominentur ei XIV., et adquirat XI., et ipse sit duodecimus.—L. Cnuti c, lxvi. 很可能生活在爱德华二世(Edward II)[2]统治时期的霍恩(Horne)[3],将陪审团审判制度的引入归功于格兰维尔(Glanville)[4]。原文为:"Car, pur les grandes malices que lon soloit procurer en testmonage et les grandes delaies qui se fierent en les examinements, exceptions et attestations, ordeina Randulph de Glanvile celle certeine Assise ou recognitions et juré es se feissent per XII jurors, les procheins vicines, et issint est cest establissement appelé assise."—Myrror of Justice, cap. II. sect. xxv.] 这些有其实而无其名的陪审员们,很可能是由治安官(gerefa)选择的[Laws of Ethelred, Tit. III. c. xiii.];他们可能会因有偏见之嫌或其他原因,被认为不适格而遭否决,除非每一位在每一方面都无懈可击。[L. Henrici I. Tit. xxxi. § 8; Tit. lxvi. § 10.] 古代丹麦法中的"宗族誓证法"(stockneffn)也有非常类似的规定:如果

1 克努特(Canute,亦作 Cunt 或 Kunt,? —1035 年),曾兼任英格兰国王(约 1016—1035 年在位)、丹麦王(约 1019—1035 年在位)和挪威国王(1028—1035 年在位)等,被称为"克努特大帝"(Canute the Great)。

2 爱德华二世(Edward II,1284—1327 年),英格兰国王(1307—1327 年在位)。

3 安德鲁·霍恩(Andrew Horne),法国学者,著有《司法之鉴》(*Mirror of Justice*,不同年代的各版本标题中 mirror 一词亦写作 myrror, mirrour 等)一书,有英文译本。参见 Andrew Horne, *Mirrour of Justices*, London, 1646。

4 格兰维尔(Ranulf de Glanville,也拼作 Glanvil 或 Glanvill,1112—1190 年),中世纪的英格兰法学家,在英王亨利二世统治时期任大法官。

没有传唤亲属，则选择13个人，其中多数人为被告做共誓人即可洗脱被告的罪名。这13人由特定的人指名，若法庭不履行这项职责，则此特权由原告享有。[Constit. Woldemari Regis，§§lii. lxxii.]

北方各国显然不像南部各国那样偏向被告人。在瑞典和丹麦，另外一项规则规定，尽管被告有权决定洗脱罪名的模式，但原告有权选择12人作为共誓人；被告人可以因敌意撤掉其中3人，但他们的位置仍由原告选择填补。[L. Scaniæ Lib. vii. c. 8.—Chart. Woldemari Regis，ann. 1163.（Du-Cange s. v. Juramentum.）]这一逐渐式微的法典，在13世纪末期由哈科·哈孔森（Haco Haconsen）以及其子马格努斯（Magnus）[1]为挪威和冰岛打造，条文上更加注重公平。尽管它将提名共誓人的权利交给了被告人，但这一选择权实质上受限于法庭的权威。这些人必须是邻里乡亲，有良好的名声，与被告人属于同一阶层，而且与他无血缘或任何其他亲属关系。[Jarnsida，Thiofa-Balkr，cap. ix. X.]持续更久的法典由马格努斯颁行于他在挪威的领土，成为挪威沿用五百年的通行法，它规定：在需要11名共誓人的案件中，其中7人要选取成年智者，他们不能与被告有任何亲属关系，但应为乡亲邻人，并且对事实有所认知；而被告可以选出另外4位品性端正之人，加上他自己总共12人。[Leges Gulathingenses，Thiofa-Bolkr，c. xiii.（Ed. Havniæ 1817，p. 547.）]在这里，就像我们在英格兰法学中看到的情况一样，这种共誓程序与陪审制度是多么相近。

1　哈科·哈孔森（Haco Haconsen），指挪威国王哈康四世（Haakon IV，约1204—1263年）。参见前文第11页注1。

对这些分担责任者人选上的顾虑,在较早期的南部族群中并未突显。在伦巴底人中,奴隶和处于被监护人地位的妇女也常可成为责任分担者。[L. Longobard. I. xxxiii. I, 3.] 勃良第人(the Burgundians)要求由被告的妻儿(如果没有,则由被告的父母)来凑足12人[L. Burgund. Tit. viii.],此举显然是为了使家族成员为家主的行为分担更多责任。然而,对这项习惯法的滥用致使它在查理大帝时被禁止,理由是它导致任人摆布的低龄儿童发下不够可靠的誓言。[Capit. Car. Mag. I. ann. 789 c. lxii.] 不过,这位立法者,并不自满于下令规定曾被判处伪证罪的人不得再次作为证人出庭或做共誓人[出处同上];加洛林王朝法律体系对共誓的人选几乎无所顾虑,这体现在"虔诚者路易"下令规定没有土地的自由民应当被允许作为共誓人,虽然他们没有成为证人的资格。[Capit. Ludov. Pii ann. 829 Tit. III. § vi.] 几个世纪之后,一个更加求真务实的司法程序观念见于贝阿恩(Béarn)[1]的法律中,它要求共誓人(seguidors)和证人(testimonis)都必须是能够支付诉讼争议金额以及败诉罚金的人[For. de Morlaas, Rubr. xli. art. 146-7.],抑或是不受自身好恶影响的忠直之士。[Que sien boos et loyaus, et que no sien enemicxs.—Fors de Bé am, Rubr. xxx.]

1 贝阿恩(Béarn),法国西南部地名。

共同誓证的条件

关于在何种条件下才能采用这种模式处理案件的问题，已有许多讨论。一些作者推断，早期，在日耳曼民族残酷的纯粹掺杂上罗马文明的余烬之前，这种方法基于被告的选择而出现在所有案件的描述中，并且其本身就是一种完全而且充分的证据，在各地都不逊于其他任何种类的证据。［Königswarter, Études Historiques, p. 167.］在条顿民族中，我所看到的唯一支持这一推测的表示，出现在伦巴底法典之中，其中罗萨里斯这位该族最早成文法的编纂者，废除了以往既存的“认罪后又发誓予以否认”的特权。［Nam nulli liceat, postquam manifestaverit, postea per sacramentum negare, quod non sit culpabilis, postquam ille se culpabilem assignavit. Quia multos cognovimus in regno nostro tales pravas opponentes intentiones, et hæc moverunt nos præsentem corrigere legem, et ad meliorem statum revocare.—L. Longobard. Lib. II. Tit. lv. §8.］然而，另一方的论据更加强而有力，它是从萨利人最早的法律文本中推论得出的，前文已有提及。在这个问题上，其规定清楚地表示：共誓人只有在缺乏其他证词的时候才适用。［Si quis hominem ingenuo plagiaverit et probatio certa non fuit, sicut pro occiso juratore donet. Si juratores non potuerit invenire, VIII M dinarios, qui faciunt solidos CC, culpabilis judicetur.—Tit. xxxix. §2. 一个类似的规定——“si tamen probatio certa non fuerit”——见于 Tit. xlii §5。］加强此一结论的更有力的证据在于：在之后的法律修订中，这种方式消失了，而基督教文明和罗马文明的影响全然

显现。确实,仅因没有特别说明证人缺乏为必要条件,就横加贬低是不智之举,毕竟,这些古老的法典是用最粗糙的方法拟定的,而且几乎可以肯定这些规则为所有人所熟知,在它们简陋而野蛮的字句中,根本无须我们现代条文中常见的那种锱铢必较和冗长烦琐。阿勒曼尼人的法典中就有这么一段最绝对不过的声明:如果一个人犯有谋杀罪又想要否认罪行,他可以用 12 位共誓人来洗脱自己的罪责。[Si quis hominem occiderit et negare voluerit, cum duodecim nominatis juret.—L. Alaman. Tit. LXXXIX.] 该规定本身仿佛足以证明这样的推断,即共同誓证可以推翻最清晰明了且最有说服力的证言。但是,这仅仅是词句上的疏失而已,因为同一部法典的另一段落就明确规定,如果有适格的证人能够证明事实真相,被告就不能再利用共同誓证的特权。[L. Alaman. Tit. XLII.]

由此可以清楚地看出,即使在最古老的时期,这种作证模式也仅仅是处理疑难案件的权宜之计,其必要与否常要由法官(rachinborgs)来决定。《岛国定居录》清晰地记载着这样一个案例:在粗野的古代挪威人之中,当索罗比昂·底格里(Thorobiorn Digre)指控玛法里德的索拉林(Thorarin of Mafahlid)偷马,并要求对方找来 12 位共誓人时,那个异教时代的“戈迪”或者说祭司兼法官昂柯尔(Arnkell)断定:原告只须简单地对圣坛上的圣环起誓即可摆脱指控,这使得指控徒劳无功,却又引起一场喋血争斗。[Islands Landnamabok II, ix (p. 83).] 这样的自由裁量权属于法官,成为后世普遍接受的规则。这样的例证不必枚举,但是一些参考资料能够为我们稍微展示此惯例的法律地位。[例如,在巴伐利亚法律中,原文为："Nee facile ad sacramenta veniatur. ... In his vero causis sacramenta præstentur in quibus nullam probationem discussio judicantis invenerit。"（L. Baioar. Tit. VIII. c. 16.）在《虔诚者路易法令集》中，原文为："Si hujus facti testes non habuerit cum duodecim conjuratoribus legitimis per sacramentum adfirmet。"（Capit. Ludov. Pii ann. 819，§ I.）在皇帝洛泰尔（Lothair）[1] 的一部法令集中，规定："Si testes habere non poterit, concedimus ut cum XII. juratoribus juret。"（L. Longobard. Lib. I. Tit. IX. § 37.）因此路易二世（Louis II）[2] 在 854 年下令规定，一个人若被指控包庇劫匪，如果被当场拿住，就会立刻受到惩罚；但是如果仅仅是传言而已，那么他有权用 12 名共誓人来洗脱罪名。（Recess. Ticinen，Tit. II. cap. 3.）在后来的时代中也是一样。12 世纪的苏格兰法提到，在没有证词的先决必要条件之下，无罪判决是用这样的方式获得的，对其不利的证人随后可能会出现，但被告似乎不受之后任何程序的追究，原文为"Et si hoc modo purgatus fuerit，absolvetur a petitione Regis in posterum"（Regiam Majestatem，Lib. IV. c，21.）。同此，在 1163 年佛兰德斯伯爵阿尔萨斯的腓力（Philip of Alsace）[3] 颁行于纽波特（Nieuport）[4] 的法律中，原文为"Et si hoc scabini vel opidani non cognoverint，conquerens

1 皇帝洛泰尔(Lothair,亦写作 Lothar),应指法兰克人的国王、神圣罗马帝国皇帝兼意大利国王洛泰尔一世(Lothair I,795—855 年)。"虔诚者路易"之子,查理大帝之孙。

2 路易二世(Louis II),应指洛泰尔一世之子,中法兰克国王、神圣罗马帝国皇帝兼意大利国王。

3 阿尔萨斯的腓力(Philip of Alsace,1143—1191 年),即佛兰德斯伯爵腓力一世(Philip I, Count of Flanders,1168—1191 年在位)。

4 纽波特(Nieuport),又译为"尼尔波特""尼乌波尔特",有时也被意译为"新港",位于比利时西佛兰德省的城市。

cum juramento querelam suam sequeter, et alter se excusabit juramento quinque hominum" (Leg. secundæ Noviportus.), 也见于 the Consuetud. Tornacens. ann. 1187 § xvi (D' Achery, Spicileg. III. 552)。接下来一个世纪的挪威和冰岛的立法甚至更加坚定。原文为 "lis tantum concessis quæ legum codices sanciunt, juramenta nempe purgatoria et accusatoria, ubi legitimi defuerint testes" (Jarnsida, Mannhelge, cap. xxxvii.)。另一方面,这个总原则的一个例外,明显存在于皇帝亨利三世的一部颁布于大约11世纪中叶的宪章中:"Si quem ex his dominus suus accusaverit de quacunque re, licet illi juramento se cum suis coæqualibus absolvere, exceptis tribus: hoc est si in vitam domini sui, aut in cameram ejus consilium habuisse arguitur, aut in munitiones ejus. Cæteris vero hominibus de quacunque objectione, absque advocato, cum suis coæqualibus juramento se poterit absolvere." (Goldast. Constit. Imp. I. 231.)]

然而,威尔士人却是个例外,他们并未授予法官这样的权力。这种共誓脱罪的规辞是他们法学理论体系的基石,几乎适用于所有的诉讼,无论是民法还是刑法,甚至在确定父系血缘的疑案中。"无依无靠"没有法律意义上的亲属的女人,可以对她私生子的父系血统给出证词或发誓。[Gwentian Code, Book II. chap. xxxix. § 40 (Owen I. 787). 因此,在否认与一个孩子的亲子关系时,如果被认为是父亲的那个人已死,其亲族中的首脑和7位亲属的誓言具有决定意义,如果没有亲族首脑,就需要有50名亲属的誓言。(Ibid. § 41)] 这种程序排除并高于其他所有程序。如果被告拒不发誓否认其罪行,那么双方的证词都将被采用,案件将在援引证据的基础上裁决。[Anomalous

Laws, Book IX. chap. li. §9 (Ibid. II. 227).]但是如果他选择采取这种誓证规辞,《赛诺格之书》(*The Book of Cynog*)[1]正式宣称:"证据将不被引入杀人、侮辱、流血、伤害、行凶、剪径、纵火、偷盗、担保、公开袭击、通奸、暴力、应有监护者以及由法律确定规辞的案件,因为证据不能压倒规辞。"[Ibid. Book VIII. chap. xi. §31 (Ibid. II. 209).]确实,我所见的唯一例外,是一位当地神父作证说,看到了一位被指控盗窃的当地居民,在光天化日之下持有被偷财物。显然,这位证人的神圣性压倒了被告一方的抵赖。[Ibid. Book IX. chap. ii. §6 (Ibid. II. 227).]

在其他民族中,那种在没有证据或证据不足的情况下用誓证判断是非的信心,用另外一种形式表达了出来——指逝者为誓(juramentum supermortuum)——这是一种间或为各国长期采用的方式。在盎格鲁-萨克森人最早的立法文献中,我们发现:当被告或重要证人已死时,他本来要发下的誓言或证词,将会移师到其陵寝处,再由特定数目的共誓人按照"如果此人尚在,会如何行事"的原则来发誓。[Dooms of Ine, cap. liii.]两个世纪之后,同样的习惯被引入"好人霍尔"治下的威尔士法中。[Leg. Wallice, Lib. II. cap. xix. §2 (Owen II. 842).]甚至迟至13世纪它还在德意志大行其道。[Ea autem debita cle quibus non constat, super mortuum probari debent, septima manu.—Jur. Provin. Alaman. cap. vii. §2. (Ed. Schilter.)—Sachsische Weichbild art. 67.]

不过,共誓人的采用,常常要考虑到相关犯罪的恶性程度,或涉

1 《赛诺格之书》(*The Book of Cynog*),一部中世纪威尔士法律摘要。

案金额大小。于是,在许多法典中,轻微犯罪或小额争议,会仅仅依据被告一人的誓言来裁处,而更加重要的案件会要求有共誓人的参与,其数量因案件的大小而异。这条原则,在 1111 年亨利五世(Henry V)[1]为威尼斯人颁布的宪章中有明确的体现。在案值 1 银镑以内的诉讼中,有当事人的誓言便已足够作出裁断;但是在案值达到 12 镑或更多的情况下,就必须选出 12 人方能发下否认之誓。[Lü nig Cod. Ital. Diplom. II. 1955.]

后来,在疑难案件中,当其他审判模式因故不可适用时,共誓有时也会作为一种替代模式。例如,那些原本被要求通过决斗来为自己辩护的被告,有时会被法律允许用若干共誓人证替代决斗,以避免高龄之人身陷决斗场。苏格兰的市民法也有与此相同的规定。[Si burgensis calumniatus præteriit ætatem pugnandi, et hoc essoniaverit in sua responsiune, non pugnabit. Sed juramento duodecim talium qualis ipse fuerit, se purgabit.—L. Burgorum cap. 24, §§1, 2.]不过在其他地方,这种情况通常是通过替换决斗者的方式解决。

方式和程序

在言简意赅的法典中,古代的立法者实在太过吝啬于言语表达,以至于我们很难将他们通常的誓词复原。因此,我们没有确定

1 亨利五世(Henry V,1086—1125 年),神圣罗马帝国皇帝,亨利四世的次子。

的证据来证实誓言在最古老时代的形态。但是,在稍晚的时代,誓证的形式却得以留存,而且,在不同的种族中,其重要方面均非常相似,由此我们可以合理地推断:更早之前的誓词也大同小异。我所看到的最古老的一例来自盎格鲁-萨克森法令集,可追溯至公元前900年左右:"谨向我主,发下诚实无欺的誓言。"[On þone Drihten se að is clæne and unmæne þe N. swor.—Thorpe' s Ancient Laws, I. 180-1.] 一个世纪之后,在一部伦巴底人的法律汇编中则写道:"被告谨以诚实起誓,愿我主帮助我。"[Hoc quod appellatus juravit, verum juravit. Sic Deus, etc.—Formul. Vet. in L. Longobard. (Georgisch, 1275.)] 稍后的贝阿恩法律规定的形式既粗糙又武断:"向圣徒们起誓,他所言属实。"[Per aquetz santz ver dits.—Fors de Bé arn, Ruhr. LI. art. 165.] 而直到16世纪都在诺曼底有效的法典对誓词的规定也如出一辙:"威廉誓言真实无欺,愿我主和圣徒们相助。"[Du serment que Guillaume a juré , sauf serment a juré , ainsi m' aist Dieu et ses Sainctz.—Ancienne Cout. de Normandie, chap. lxxxv. (Bourdot de Richebourg, IV. 54)] 从以上种种观察可知,尽管所有这些誓言均与证人的誓词截然不同,它们仍是对本方当事人诚实性的不合格主张,而不仅仅是对信仰的声明或对信念的断言。世俗法律中,最早背离这种肯定性确认行为方式的,是13世纪时哈科·哈孔森在挪威和冰岛不尽成功的立法尝试。这次立法改革指出了此类誓词的不恰当性,规定未来的共誓人只针对其本方当事人主张的事实发誓,言明他对此并无相反的认知。[Nobis adhæc Deo coram periculosum esse videtur, ejus, cujus interest, jusjurandum purgatorium edendo præeunte, omnes (ab eo productos testes) iisdem ac ille conceptis verbis jurare, incerti quamvis fuerint, vera ne an falsa jurent. Nos legibus illatum volumus ut ille, cujus interest, jusjurandum conceptis verbis solum præstet, cæteri vero ejus firment juramentum adjicientes se nequid verius, Deo coram, scire, quam jurassent. —Jarnsida, Mannhelge, cap. xxxvii.——这一段话十分奇特,显现出这种洗脱罪名的方式是何等不受信赖,尽管法律赋予了它一定分量。] 1274 年,其子马格努斯在挪威颁行的类似法典规定:受指控者对其抗辩发下完整的誓言,而共誓人则发下相同的誓言证明其所言属实,且据他们所知真实无比。[Leges Gulathingenses, Thiofa-Bolkr, c. xiii.]

我们将看到,在此习惯被完全废置不用之前,哈科所作的徒劳无功的变革,后来却逐渐被广泛采纳了,主要是作为教会树立的范例。然而,甚至在教皇们正式颁行此例之前,对于誓言的内容,神职人员时常表现得更加谨慎,相对早期时他们引入了一种仅对本方当事人的誓言表达信任的方式。在 1101 年,我们发现两位主教努力使一位高级神职兄弟摆脱"买卖圣职罪"的指控,而他们的共誓誓词不过就是:"愿神助我,我相信欧坦[1]主教诺高德(Norgaud, Bishop of Autun)发誓说真话。"[Credo Norigaudum istum Eduensem episcopum vera jurasse, sicut me Deus adjuvet.—Hugo. Flaviniac. Lib. II.]

不过,在誓词的形式以及其他许多具体方面,威尔士的体系更为复杂,实属特例。普通的共誓人只要求发誓说"在他看来他发誓

---

1 欧坦(Autun),法国中部地名。

的对象极可能是真实的”。但在许多严重犯罪的案件中,一定比例的共誓人——大约一半——必须是特别共誓人,并要求发下更严格的誓言,法律特别规定:“特别共誓人的誓词,必须与罪犯发誓属实的对象相符。”[Anomalous Laws, Book VII. chap i. §18 (Owen, II. 135).]就像我们看到的那样,区别就在于:当要求一部分共誓人为特别共誓人时,找到这类愿意为被告彻底否认指控而发誓的人变得更加困难,并且此种声明的分量也远超过普通共誓人誓词中模棱两可的表达。

在宣誓的过程方面,类似的区别也显而易见。举例来说,阿勒曼尼人的共誓人将手放在圣坛上,而当事人本人则将手放在他们的手之上,独自重复誓言。[L. Alaman. Tit. vi.]而在伦巴底人中,皇帝洛泰尔的法律规定,大家要一个一个单独宣誓。[L. Longobard. Lib. II. Tit. lv. §28.]然而,宣誓总是在宗教场所、当着受法官委派调查案情的代表的面前进行,有时对圣坛,有时对圣物。15世纪的威尔士法律则特别规定:所有的宣誓都必须在被告所属教区的教堂中进行,并且要在神父脱去祭袍或分配圣餐面包之前。[Anomalous Laws, Book IX. chap. vi. §4; chap. xvii. §5.—cf. Book VI. chap. i. §50 (Owen. II. 235, 255, 113).]更早些的《马科夫斯规条》之一规定,圣马丁的长袍(Capella S. Martini)[Marculf. Lib. I. Formul. xxxviii.]——我们或许可以这样总结说,皇家礼拜堂中最受尊崇的圣物——就是惯常用于皇家上诉法院的这种日常业务的。

尽管,这种习惯被普遍采用,而且这种程序产生的裁决具有绝对性,显然对这种习惯的信赖是有颇为严格的限制的,即便在早期也是如此。弗里斯人的原始法律描述了一些异想天开的程序，用于确定聚众杀人的责任。指控方有权选择7个群殴的参与者，每一个都必须有12位共誓人方能否定指控。然而，这也不能使他们免于刑罚，因为他们还必须作为个人受神判的考验，如此才能最终确定他们有罪还是无辜。在这里，共同誓证的价值被减至最低，徒有形式，但是如果不能足额提供这样的人数，就等同于判定有罪；不过最为荒谬至极的是，如果有人扛不住神判折磨，他的共誓人也将被当作伪证犯受到惩罚。［L. Frisionum Tit. xiv.］类似的对这一原则的信心缺失，也体现在盎格鲁-萨克森法律中，对于滥用誓言的(overcythed)被告方誓证人它也有像这样诉诸神判的规定。［Dooms of King Edward, cap. iii.］确实，在信仰异教的古斯堪的纳维亚人中，一方提供共誓人的请求，总是遭遇对方挑起的、压倒其他一切程序的决斗断讼。［Keyser's Religion of the Northmen, Pennock's Transl. p. 246.］至于教会，虽然神职人员之中对誓证的权威使用，要求他们对结果抱有绝对的信心，但是我们已然看到，在9世纪，辛克马尔毫不犹豫地要求在某些案件中仍要用神判来确认。而两个世纪之后，沙特尔主教伊沃(Ivo of Chartres)[1]强烈暗示了对其有效性的怀疑。与此相关，奥尔良主教候选人桑克西奥(Sanctio)被失意

1　沙特尔主教伊沃(Ivo of Chartres，约1040—1116年)，中世纪时的一位高级神职人员、政治家和教会法专家。1090年起担任沙特尔(位于法国巴黎西南约70公里处)的主教。他博学多闻，敢于直言，因公开反对法王腓力一世停妻再娶而入狱。后因教皇乌尔班二世等人的影响而获释，事后仍主张恢复腓力的教籍，以使其重归教廷怀抱。作为一个温和派，曾竭力弥合罗马天主教教廷与神圣罗马帝国之间在主教任免权问题上的矛盾。后被册封为圣徒。

的竞争对手指控犯有买卖圣职罪时,在 7 位共誓人的陪同下发誓否认了罪责,他还表示如此一来被告已尽其所能地洗清了自己在世人眼中的所有罪责。[Quantum in conspectu hominum purgari poterat.—Ivon. Epist. liv.] 这种对被告的偏袒理所当然地受到欢迎,不仅罪犯们欢迎,而且法官们也欢迎,突出表现在兰斯大主教玛纳希斯(Manasses)一案中。玛纳希斯被控买卖圣职以及其他罪名,多次搪塞推托之后,终于在 1080 年被里昂会议(Council of Lyons)传唤受审。在垂死挣扎中,他悄悄以手中 200 盎司黄金等巨额财富及其他大量的赠礼许诺作为交换条件,向教廷大使于格主教(Bishop Hugh)提出享受只要 6 名副主教共同誓证的特权。格里高利七世

(Gregory VII)[1]正忙着与教会中卖官鬻爵的行为进行你死我活的战争,自然不允许他的臣僚接受任何贿赂,无论这些贿赂是多么令人目眩;行贿受到了唾弃,玛纳希斯的缺席等于承认了罪行,并因此被解职。[Hugo Flaviniac. Lib. II.]不过,这样的例子并没有毁灭对这一体制的信心。例如,大约60年后,我们发现英诺森二世(Innocent II)[2]下令,允许同样被控买卖圣职罪的特伦特(Trent)[3]主教只须2

1、格里高利七世(Gregory VII,旧译为"额我略七世",约1025—1085年),罗马天主教会中颇负盛名也颇具争议的一位教皇,1073—1085年在位。后世对此人评述较多,连《不列颠百科全书》也让他占据了数千词的篇幅,本书也多次提到。他原名为"希尔德布兰德"(Hildebrand)(后文中本书作者也常用这个俗家名字称呼他),意大利人,出身低微,自幼进入修道院学习,因信仰虔诚兼才智过人逐级晋升,继位前曾辅佐过多任教皇(包括靠贿赂手段短暂当选教皇的格里高利六世),是天主教会中克吕尼改革派的代表人物。他一方面主张改革教会,抵制教廷腐败,坚持神职人员必须谨守独身禁欲等戒律,而赢得了民众和世俗贵族们的尊重;另一方面积极扩大教会的政治权力,他与神圣罗马帝国皇帝亨利四世(Heinrich IV)就教会官员任免权等问题展开了长期斗争,双方互相宣布废黜对方。1077年,格里高利七世利用德意志诸侯割据势力,迫使年轻的亨利四世徒步赴意大利北部卡诺萨城堡向他屈膝认错,即"卡诺萨之行"。但后来几番交锋之后,格里高利七世最终被羽翼渐丰的亨利四世废黜。他求助于割据意大利南部的诺曼贵族罗伯特·吉斯卡德(Robert Guiscard)公爵。虽然勇悍的诺曼人一度占领了罗马,但其所作所为也使格里高利七世丧失了重登宝座的希望,他很快就在流亡生活中客死于意大利中南部的萨莱诺城。尽管在神权与王权的对抗中一时落败,但格里高利七世的努力重塑了教会的形象,扩大了其影响力;尽管曾被废黜,被反对者们称为"假圣人",但死后仍被天主教会追封为"圣徒"。教皇与皇帝之间的这场斗争,持续了几代,史称"(主教)叙任权之争"(Investiture Controversy),直到格里高利七世和亨利四世都去世之后,才由后代的教皇和皇帝签订了《沃尔姆斯协议》(*Concordat of Worms*,1122年)。这实际上肯定了格里高利七世所主张的权力,自此,罗马教廷和教皇本人的权威走向顶峰。

2 英诺森二世(Innocent II),罗马教皇(1130—1143年在位)。

3 特伦特(Trent),意大利北部城市。

名主教和 3 名修道院院长或修道士的誓言就可洗脱罪责。[Jaffé, Regesta, p. 596.]

缺乏证人或反驳证人时适用誓证法这一规定,时而展现出附加在共誓人誓词上的相对价值。在巴伐利亚法中,一个适格证人的证言被认为胜于 6 位共誓人。[L. Baioar. Tit. XIV. cap. i. §2.] 而伦巴底人规定,谋杀指控需要有 3 位证人,否则,必须提供 12 位共誓人。[L. Longobard. Lib. I. Tit. ix. §37.]

因此,共誓人显然绝非证人,不能指望他们提供证人证言,他们只是明确表达对本方当事人诚实品质的信心而已。结果乍看之下,似乎没有理由让他们因不幸信错了人,而被判为伪证罪并因此受到刑罚制裁。很可能是因为这种一望而知的不公正性,一些学者否认他们与其本方当事人的罪责相关,其中博学多闻的梅耶(Meyer)[1]就掉入了这样的误区中。[Institutions Judiciaires, I. 308.] 然而,证据是清晰明了、无可置辩的。我们已经看出如果毫无保留地允许共誓人免受虚假宣誓的指控,共誓就是对其所支持一方正义性的无条件论断,并且已有一两处文献提及了他们被判伪证罪之后所要承受的刑罚。阿勒曼尼人的法典规定,曾不止一次被判为有罪的人不得享有共誓脱罪的特权,以避免拯救无辜之人的愿望变为伪证罪行,从而肯定了这种情况的可罪性。[Ut propter suam nequitiam alii qui

1 梅耶(Meyer,也写作 Meijer),指乔纳斯·丹尼尔·梅耶(Jonas Daniel Meyer, 1780—1834 年),荷兰法学家,也是荷兰历史上第一位犹太裔律师,曾为争取犹太人的平等权利进行不懈斗争。他还关注身处绝境、不得不犯罪以求生存的贫民,对荷兰法学影响甚大。至今在阿姆斯特丹还有一个以他名字命名的广场。

volunt Dei esse non se perjurent, nec propter culpam alienam semetipsos perdant.—L. Alaman. Tit. xlii. §I.]类似的证据可见之于伦巴底国王利乌特普兰德(Liutprand)[1]颁布的一条伦巴底法律条文,它规定如果被提名为共誓人却推拒的人,必须宣誓说他不敢参与共誓是因为恐怕损害他的灵魂。[Quod pro anima sua timendo, non præsumat sacramental is esse.—L. Longobard. Lib. II. Tit. lv. §14.]关于这一点,有一个案例可供说明。此案发生在圣彭尼法斯(St. Boniface)[2]生活的时代,与他做着相同工作的阿达尔杰(Adalger)临死时将财产遗赠给了教会。死者无耻的兄弟们却质疑这笔馈赠,并提出用若干名共誓人的方法来支撑他们对这些财产的主张。彭尼法斯却命令他们自行发誓,免得累及他们的共誓人,最后仅凭他们缺乏支撑的誓言就放弃了这笔财产。[Othlon, Vit. S. Bonif. Lib. II. c. xxi.— "Vos soli juratis, si vultis: nolo ut omnes hos congregatos perdatis."——然而,彭尼法斯并非真的如此软弱,放弃了教会的立场。他毫无顾忌地诅咒了这些贪婪的兄弟们。对死者兄长的诅咒应验了,导致此君在大难不死之后惊恐万状,于是心甘情愿地放弃了这份危险的继承权。]

法律毫不迟疑地在这样的案例中,对伪证罪施加刑罚。在萨利人的法典中,不走运的共誓人们被处以沉重的罚金。[L. Salic. Tit. I. §§3, 4]弗里斯人则需要缴纳血债赔偿金以免受刑罚——数目按他们的人头算。[L. Frisionum Tit. X.]加洛林王朝的立法则稍微宽

---

1 利乌特普兰德(Liutprand),伦巴底国王,712—744年在位。

2 圣彭尼法斯(St. Boniface,约675—754年),出生于今英国的天主教传道士,使德意志地区坚定归附于教会,是德国的守护圣徒。

松些，他们将被砍去一只手——这是针对伪证罪的一种非常古老的刑罚——除非他们能在受刑前通过神判证明他们进行共誓时，对本方当事人的犯罪事实一无所知；但是，哪怕在无足轻重的诉讼中，当双方接受十字架神判时，如果共誓人做伪证、出了岔子，就会被砍掉一只手，败方可以控告自己这方的共誓人背信弃义、口是心非。[Capit. Pippini ann. 793 § 15.—Capit. Car. Mag. incert. anni c. x. (Martene Ampl. Collect. VII. 7.)] 直到12世纪晚期，我们发现塞莱斯廷三世（Celestin III）[1]仍下令：在关于事实认定问题的案件中采用共誓人，而他们根本就不可能了解事实真相，如果后来证明他们错了，他们将面临伪证罪的刑罚。[Celest. PP. III. ad Brugnam Episc. (Baluz. et Mansi, III. 382.)] 一位同时代的著名法学家，米兰的阿里普兰德斯（Aliprandus of Milan）的论述显示，这种责任制在此时期已经得到完全的承认。他主张保持作伪证的证人必须失去一只手而不能赎回的规则，并且进一步表示，证人作伪证不可能出于无意；但是，共誓人可能是有意识也可能是无意识为之，这种怀疑使他们受益，即如果不是故意犯此罪，他们应当有权赎罪，以免受断手之刑。[Cod. Vatican. No. 3845, Gloss. ad L. 2 Lombard. II. 51, apud Savigny, Geschichte d. Rom. Recht. B. iv.——这条参考注释得益于我的挚友罗森加滕（J. G. Rosengarten）先生。]

这些看起来都极不合理，但是在批评它们使无辜的共誓人处境艰难时，我们必须记住，那时候，整个法律体系仍是一堆文理不通的

---

1 塞莱斯廷三世（Celestin III，也写作 Celestine III，约1106—1198年1月8日），罗马教皇（1191—1198年在位）。

东西。究其起源,这种规则不过是将亲属们聚合在一起抵挡来自法庭的沉重压力,就如同他们在战斗中共同御敌一样;正如他们对于任何犯罪所引起的罚金都共同承担那样——对自由人处以人身自由刑的做法尚未萌生——他们大可以冒着被判处伪证罪、支付罚金的危险,以求避免因亲属被定罪而肩负沉重负担。在之后的时代里,当这种家庭责任弱化或废止,而文明的进程又使得社会利益更加复杂,只能通过把共誓人的工作变成一个无法轻易背负的沉重担子,才能使共誓的习惯做法得以保存。一个试图努力摆脱很有可能成立的谋杀指控的人,或一个试图击退有理有据的竞争者以确认自己对某处产业的权利的人,应当能够提供足以影响中立者想法的担保。只要这种做法存在,就有必要尽一切努力赋予它庄严与神圣,用刑罚作为保障,趋其利而避其害。

由此,我们发现,一个人并不能总是理所当然地用这种方法摆脱指控。古代法典常常规定,不能提供足够共誓人的人须缴纳罚金。并不是只有没有土地和没有亲友之人才会遭遇这样的失利。这表明立法者对此一直有足够的认识。在 794 年,一位彼得主教(Bishop Peter)被法兰克福宗教会议(the Synod of Frankfort)[1]以涉嫌"阴谋反对查理大帝"的罪名起诉,须有两三位共誓人才能脱身,尽管人数要求并不很多,但他还是没能凑足。[Capit. Car. Mag. ann.

---

1 法兰克福(Frankfort,常写作 Frankfurt),这里指德国中西部的"美茵河畔的法兰克福"(Frankfurt am Main),而非德国东北部与波兰界处的"奥德河畔的法兰克福"(Frankfurt an der Oder)。

794 §7.] 同样,1100 年,在普瓦捷(Poitiers)[1]议会上,欧坦的教士们指控他们的主教诺高德有买卖圣职及其他越轨举动,被告提出用图尔大主教(Archbishop of Tours)[2]和雷东主教(Bishop of Rédon)[3]的誓证来免罪。教士们偷偷面见这两位高级神职人员,威胁他们会受到伪证罪的指控,并且会通过火焰神判来证实这一指控。于是,这两位本可做共誓人的主教明智地放弃了原本的意向,而诺高德因此被停职。[Hugo. Flaviniac. Lib. II. ann. 1100. 然而,如上文一样,诺高德也在对方不在场的情况下,通过偷偷地联络两位高级神职人员做共誓人,第二年就官复原职了。] 法律的要求,曾获得过最严格的遵循。1163 年,纽波特城的法律条文就是如此。它规定即使共誓人中只有一个拒绝宣誓,也要处以重罚,并予以谴责。[Et si quis de quinque juvantibus defecerit, accusatus debit tres libras, et percusso decem solidos. —Leg. Secund. Noviportus (Oudegherst).]

共誓制度的衰亡

身处一个有着如此恶劣基本原则的体制之中,立法者最多也只能做些微改善而已,从早期我们就发现有人为限制和废除它而努

1 普瓦捷(Poitiers),法国西部城市。
2 图尔(Tours),法国西部城市。
3 雷东(Rédon),法国南部地名。

力。鉴于大量伪证行为的发生,983年,奥托二世(Otho II)[1]颁布的宪章废止了共誓制度在财产争议中的适用,代之以决斗断讼。[L. Longobaid. Lib. II. Tit. lv. § 34.—Qua ex re mos detestabilis in Italia, improbusque non imitandus inolevit, ut sub legum specie jurejurando acquireret, qui Deum non timendo minime formidaret perjurare.]在英格兰,亨利一世(Henry I)[2]错综复杂而又自相矛盾的法律更加彻底地对其大加谴责,并代之以粗鄙的神判。[L Henrici I. cap. lxiv. § I. "Malorum autem infestacionibus et perjurancium conspiracione, depositum est frangens juramentum, ut magis Dei judicium ab accusatis eligatur; et unde accusatus cum una decima se purgaret per eleccionem et sortem, si ad judicium ferri calidi vadat." 然而,这连"暂时在英格兰废除共誓"都算不上,因为同一部法典中就有许多与此相抵触的、适用共誓的规定。]

我们可以从后来的例子中看出,这些努力是多么无济于事,无法消除这个源于所有欧洲种族的偏见中的、根深蒂固的恶俗。根据西班牙歌谣(the Romancero)[3],对这种规则持续而普遍的信赖,被

---

1 奥托二世(Otto II, 955—983年),东法兰克国王(961—983年在位),神圣罗马帝国皇帝(967年起与父亲奥托一世共治)。

2 亨利一世(Henry I),英格兰国王(1100—1135年在位),"征服者威廉"(威廉一世)的幼子,击败并俘虏其长兄之后,兼领诺曼底公爵头衔(1106年起)。

3 西班牙歌谣(the Romancero),西班牙民间歌谣体裁,多为英雄史诗,适于吟唱。

卡斯蒂利亚的阿方索六世(Alfonso VI of Castile)[1]表露无遗,《熙德之歌》(*the Cid*)[2]记载了他在熙德的执意要求下,发誓未曾参与暗杀他的兄弟即前任国王桑丘二世(Sancho II)[3]的阴谋:

> 我们在此要您
> 发下这般誓言,
> 对您和12个同伴,
> 提出共同问题,
> 关于先王之死
> 不应归罪于……

---

1 阿方索六世(Alfonso VI of Castile, 1040—1109年),莱昂(Leon)国王(1065—1070年),卡斯蒂利亚国王(1072—1109年),被称为"勇敢者"(the Brave),后自封为"西班牙皇帝"(Emperor of all Spain/ Imperator totius Hispaniae)。下文中"熙德"的故事,就发生在这位君王的时代。

2 《熙德之歌》(*the Cid*),全名《我的熙德之歌》(*El Cantar de Mio Cid*),是西班牙文学史上最早的一部骑士传奇长诗,长达3000多行,与《罗兰之歌》齐名。作者已无从查考。"熙德"源于阿拉伯文,是对男子的尊称,即"主人"或"先生"(the Lord),其本名为"比瓦尔的罗德里格·迪亚兹"(Rodrigo Díaz de Vivar,也译为罗德里格·迪亚兹·德·比瓦尔),是一位出身于西班牙比瓦尔的骑士,活跃于从摩尔人手中收复西班牙的"光复运动"时期。诗歌用仆从的视角,描述熙德的丰功伟绩:因为冒犯国王,遭到流放,为找回荣耀,自愿加入对抗摩尔人的战争,赢得了胜利和荣誉,挫败敌人阴谋,让女儿们风光出嫁,自己衣锦还乡。下面这一节诗,是桑丘二世遇刺身亡之后,熙德怀疑阿方索是幕后黑手,于是便要求阿方索与12名共誓人一起发誓否认,可是阿方索辞钝色虚、百般推诿。从此,阿方索对熙德心怀不满,这是主人公厄运的开始。

3 桑丘二世(Sancho II,约1037—1072年),卡斯蒂利亚国王(1065—1072年在位),上文所提到的莱昂国王阿方索之兄,曾通过战争将阿方索逼走,但旋即被暗杀,其王国也被阿方索继承。

也不因此欢欣，

心中毫不知情。

[Romances Antiguos Españoles. Londres, 1825, T. I. pp. 246-7.]

对此规则的类似依赖也体现在“私生子奥德福华”(Audefroi-le-Bâtard)[1]——12世纪著名的游吟诗人(trouvère)——所作的民谣小调中：

美丽的娥伦柏斯(Erembors.)[Le Roux de Lincy, Chants Historiques Français, I. 15.]

“所谓长昼，五月降临”[2]等等

春日明媚悠长，

五月百花盛放，

法兰克人离开王庭

一路风尘返回故乡。

里纳尔多(Rinaldo)引领前行，

路过娥伦柏斯的灰塔，

---

1 私生子奥德福华(Audefroi-le-Bâtard，也写作 Audefroi le Bastart)，中世纪的游吟诗人，来自法国北部阿图瓦(Artois)地区，似乎是一位富贵人家的私生子，故而得了“私生子”这样的外号。生平事迹大多已不可考。他的即兴作品文辞美妙，朗朗上口。有些书中认为他主要活跃于13世纪，与本书作者所说的“12世纪”似有出入。参见 David Colbert, *The Birth of the Ballad: The Scandinavian Medieval Genre*, 1989, p. 231。

2 原文为法文“Quand vient en mai, que l' on dit as lous jors”。

转身离去，不愿仰望
那少女的闺房。
啊，亲爱的里纳尔多！

塔楼的窗棂填上她的倩影
美丽的娥伦柏斯端坐一旁，
骑士与贵妇的相思传说
五彩缤纷地缠绵交织。
她看见法兰克人前行的队伍，
里纳尔多一马当先，
诽谤中伤无计消停，
流言蜚语广播四方。
啊，亲爱的里纳尔多！

“骑士阁下，我牢牢记得
你曾多么忧伤地看到
旧爱娥伦柏斯的城堡
看到我竟无一丝微笑。”
“公主啊，你背信弃义
你的信念轻如鸿毛
你的爱情朝三暮四，
你的举止肆无忌惮。”
啊，亲爱的里纳尔多！

"骑士阁下,我的信念坚不可摧,
谨向圣徒的遗骸发下誓言;
有百名少女并三十位贵妇
可以共誓证我清白。
我从未移情别恋,
我的誓言白璧无瑕。
如果此言为你祛除疑惧,
你将得到亲吻三回。"
啊,亲爱的里纳尔多!

里纳尔多攀上阶梯,
好一位骑士,如我所见,
肩宽而腰窄,
金发配碧眼。
世间没有比他更得天独厚的青年
符合骑士的一切标准;
娥伦柏斯得见他面,
情不自禁喜极而泣。
啊,亲爱的里纳尔多!

里纳尔多在塔楼中
静卧于榻上休憩,

那里巧用花环纹饰
图案是紫罗兰和玫瑰。
美丽的娥伦柏斯在他身旁
柔情蜜意相依相偎，
彼此双眼和双唇中
山盟海誓、重续前缘！
啊，亲爱的里纳尔多！

在英格兰，可能是共誓的衍生物——陪审团审判制度的缘故，与别的地方相比，前者在这里更早地失去了其重要性。12 世纪末，格兰维尔编写了他杰出的小论文《英格兰法》（*De legibus Angliæ*）[1]，这是中世纪历史中第一次出现了令人满意的法律程序规定。这部作品对所有形式的检控和辩护制度都规定得如此完整，提到共誓人制度时，却表示它在整个法律机制中仅有立锥之地，只被用于解决附带问题而不是主要问题。于是，被告想要否认法庭令状的送达而声称未曾收到，须有 12 个共誓人即告成立［Glanville，Lib. I. cap. ix. Also，Lib. I. c. xvi.，Lib. IX. c. i.，Lib. X. c. v.］；如果法庭作出了于己不利的陈述或承认，涉诉一方当事人可以用两个共誓人与自己一同起誓的方法，否认整个法庭的统一记录和记载。［"In aliis enim curiis si quis aliquid dixerit unde eum pœnituerit，poterit id negare contra totam

1　《英格兰法》（*De legibus Angliæ*），全名为《论英格兰的法律和习惯》（拉丁文全名：*Tractatus de legibus et consuetudinibus regni Angliae*，英文全名：*Treatise on the laws and customs of the Kingdom of England*）。

curiam tertia manu cum sacramento, id se non dixisse affirmando."(Ibid. Lib. VIII. c. ix.)——在其他一些法律体系中，这种有欠考虑、妨害公正的模式，得靠坚持雇用律师才能获得，而律师们的主张对客户没有拘束力。同此，在《耶路撒冷法典》(*the Assises de Jerusalem*)[1]中原文为："Et por ce il deit estre lavantparlier, car se lavantparlier dit parole quil ne doie dire por celuy cui il parole, celui por qui il parle et son conceau y pueent bien amender ains que le iugement soit dit. Mais se celuy de cui est li plais diseit parole qui li deust torner a damage, il ne la peut torner arieres puis quil la dite."(Baisse Court, cap. 133)同样的警示可见于 14 世纪的德意志程序法中——其原文是："verbis procuratoris non eris adstrictus, et sic vitabis damnum."(Richstich Landrecht, cap. II. Cf. Jur. Provin. Saxon. Lib. I. art. 60; Lib. II. art. 14.)法国也存在同样的滥用现象，但是受到圣路易的限制，他宣布：律师的主张对当事人有拘束力，除非双方对此另有相反规定。(Établissements, Liv. II. chap. xiv.)] 然而，这种习惯做法仍然被采用。在 1194 年，当理查一

1 《耶路撒冷法典》(*the Assises de Jerusalem*)，关于中世纪耶路撒冷王国和塞浦路斯的法律汇编。

世(Richard I)[1]获释后,试图促成他的总理大臣伊利主教威廉(William, Bishop of Ely)[2]和约克大主教(Archbishop of York)的和解,条件之一就是总理大臣需要与100名神职共誓人共同发誓说:他不是约克大主教遭到逮捕的幕后黑手,也绝对无意使大主教遭受此难。[Roger de Hoveden, ann. 1194.]一个世纪之后,布莱克顿

---

1 理查一世(Richard I of England, the Lionheart, 1157—1199年),英格兰金雀花王朝国王(1189—1199年在位),英格兰国王亨利二世的次子(算上早夭的长兄则为第三子),母亲为著名的"阿基坦的女公爵埃莉诺",曾先后做过法、英两国的王后。受其法籍母亲影响,理查虽受到较好的教育,能文能武,但长年在外,据说英语说得不好。因理查热衷军事,勇猛好战,少年时代便开始卷入父亲和兄弟们的内战,参与过包括第三次十字军东征在内的许多战争,甚至战胜过穆斯林方面著名的统帅萨拉丁,因此又被称为"狮心王"。但理查相对比较缺乏政治远见,在远征中过于贪婪骄横,处事有失审慎,一连得罪了法、德、奥等诸位欧洲君主,加之长期不在国内理政,英格兰动乱频生,理查腹背受敌。1192年理查乔装回国途中,被奥地利公爵利奥波德俘获,后者将其送给了德意志的神圣罗马帝国皇帝亨利六世。此时,理查之弟约翰(即后来的"无地王约翰")与法王腓力二世勾结,趁机在英国国内谋反。理查在德皇处做了两年俘虏后,终于在1194年屈服并承诺缴纳巨额赎金而获释,回国平叛。死后无嗣,只得由弟弟约翰继位。

2 伊利主教威廉(William, Bishop of Ely,? —1197年),本名为威廉·朗伍德(William Longwood),出身法国诺曼底的英国主教。深得理查一世的信任,在理查参加十字军东征期间,作为总理大臣代为管理英格兰,并在理查被德皇囚禁后赴德协商赎金等事宜,同时写过影响甚大的法学论文《实用法律和法令》(*Practica legum et decretorum*)。他执政期间在英格兰权贵中树敌甚多,其中不仅包括他曾试图逮捕的约克大主教乔弗瑞(Geoffrey, Archbishop of York,亨利二世的私生子、理查一世的异母兄弟),而且包括后来的"无地王约翰"。

(Bracton)[1]写到封建领主和臣属之间的徭役纠纷案件时,依然提到了共誓制度被采用,并极其严格和精确地规定了共誓人数和资格[“Tunc vadiabit defendens legem se duodecima manu.”—Bracton. Lib. III. Tract. iii. cap. 37, §I. — “Et si ad diem legis faciendæ defuerit aliquis de XII. vel si contra prædictos excipi possit quod non sunt idonei ad legem faciendam, eo quod villani sunt vel alias idonei minus, tunc dominus incidet in misericordiam.”——出处同上 §3。也见于 Lib. v. Tract. v. cap. xiii. §3。],直到19世纪共誓制度才被正式废除。这一习惯法的副产品之一,就是“名誉审查”(the Inquest of Fame),即“陪审者所知的被告的大致品行,乃是对囚徒有罪或无辜的一种暗示”。[Pike, History of Crime in England, I. 285.]

格兰维尔的时代之后不久,共誓制度受到了一次严重的冲击,这次冲击恰恰来自共誓制度最大的赞助者——教会。如上文所述,在神职人员之间发生的诉讼中,共誓程序曾被普遍地当作解决疑难案件的恰当模式。教皇英诺森三世(Innocent III)[2],他本人曾经殚精竭虑废除同样荒谬的神判法,却又仍然规定在涉及地位崇高的神

---

1 布莱克顿(Bracton,也拼作 Bratton 或 Bretton,? —1268年),即“布莱克顿的亨利”(Henry of Bracton),中世纪著名的英格兰法学家,著有《论英格兰的法律和习惯》(*De legibus et consuetudinibus Angliae*),是最早系统阐述普通法系的著作之一。他以罗马法(民法法系)和教会法扩展了英格兰的普通法传统,影响深远。

2 英诺森三世(Innocent III,约1161—1216年),罗马教皇(1198—1216年在位),承袭上文提到的格里高利七世的思想,他曾表示:“国王的权威来自教会,就像月亮的光辉来自太阳。”在他任内,进一步推行教会改革,加强了教会对欧洲封建王侯的控制,发动了第四次十字军东征,以及针对法国南部阿尔比派教徒的血腥镇压,使罗马教廷的势力达到顶峰。

职人员的案件中沿用共誓制度;但是,为避免此规定被滥用,他小心翼翼地要求共誓人必须拥有良好的品行,与被告的亲近程度也是考量其誓言分量的因素。[Can. vii. Extra, v. 34.]与此同时,为了消除反对使用共誓制度的呼声,他亲手毁掉了共誓受人尊崇的主要理由之一。他下谕规定:共誓人只需要针对自己对本方当事人誓言真实性的信赖发誓。[Illi qui ad purgandam alicujus infamiam inducuntur, ad solum tenentur juramento firmare quod veritatem credunt eum dicere qui purgatur.—Can. xiii. Extra, v. 34. 英诺森还努力终结神职人员之中滥用此做法的现象,这些人罪恶昭彰,却能通过这种脱罪方式逃避应得的制裁。—Can. xv. eod. loc.]如此一来,他动摇了共誓这一制度的根基,使得"不再把誓证人看作被告有罪或无辜的分担者"的观念成为后来的大势所趋。这样的创新,可以被看作撤回了一种亘古长存的保证。一旦把这种制度纯粹作为一项法律规则,就剥夺了它在宗教上的神圣性,使它不再是值得人们信赖的担保,亦不再能够获得司法机构的注目。

在民事管辖权和宗教管辖权旷日持久而又错综复杂的对抗中,无从知晓这样一道教令能有何种权威得以直接贯彻于世俗司法体系中。我们从上文已经看出古代绝对誓言的形式已被毫无改变地照搬了很久,而由一位基督教教会首脑发出如此宣言,其道德影响力无疑是巨大的。而另一种毫不逊色于此的影响力,也在发挥着作用。12世纪中叶罗马法研究的复兴,旋即为半个欧洲的法学理论和原则带来了一场深刻的变革。[学术界民法研究的迅速传播,以及它所得到的热切关注,受到了当时教会人士忿忿不平的攻讦。早在1149

年，我们就看到圣伯纳德（St. Bernard）[1]不无遗憾地表示：查士丁尼（Justinian）[2]的法律已然令上帝的律法相形失色。—“Et quidem quotidie perstrepent in palatio leges，sed Justiniani，non Domini.”（De Consideratione，Lib. I. cap. iv.）更加苦涩的抱怨之词，来自生活在那个世纪末的吉拉度·康布伦锡（Giraldus Cambrensis）[3]。他身居教会人士的顶层，在悲叹当时教士们学养的衰退时，将其归因于查士丁尼法律的独占鳌头，为贪婪和野心提供了最确定无疑的奖赏。为印证这一观点，还引用了他的老师巴黎大学教授梅尼耶（Mainier）的格言："Episcopus autem ille，de quo nunc ultimo locuti sumus，inter superficiales numerari potuit，cujusmodi hodie multos novimus propter leges Justinianas，quæ literaturam，urgente cupiditatis et ambitionis incommodo，adeo in multis jam suffocarunt，quod magistrum Mainerium in auditorio scholæ suæ Parisius dicentem et damna sui temporis plangentem，audivi，vaticinium illud Sibillæ vere nostris diebus esse completum，hoc scilicet ‘Venient dies，et væ illis，quibus leges obliterabunt scientiam literarum.’”（Gemm. Ecclesiast. Dist. II. cap. xxxvii.）与其他学术分支一样，这些在教会人士的口中颇有些夸张，尽管精明勇敢的民法律师中已经有先驱人物出现，并注定要为揭露教会的虚伪矫饰而呕心沥血。有点儿奇怪的是，尽管那是一个神职人员占据最高法律职位的时代，他们却不被允许履行诉讼代

1 圣伯纳德（St. Bernard），指克莱尔沃的圣伯纳德（St. Bernard of Clairvaux，1090—1153年），法国教士和学者。

2 查士丁尼（Justinian），指拜占庭皇帝查士丁尼一世（Justinian I，483—565年），在他授意之下法学家们编纂了《查士丁尼法典》（*Codex Justinianus*）。

3 吉拉度·康布伦锡（拉丁文：Giraldus Cambrensis，英文中常写作Gerald of Wales，约1146—1223年），中世纪时威尔士的高级神职人员，也是著名的编年史家。

理人或法律顾问的职能。参见 Home' s Myrror of Justice, cap. II.. sect. 5。]蛮族的刑事程序曾经极大地依赖否定性证据制度。如果没有确凿的肯定性罪证,有时即便有这样的证据,被告仍然必须用共誓或神判方法证明自己的清白。比较冷峻无情的罗马法体系,看穿了此种努力的徒劳无功,这个体系建立在这样一条无可置辩的格言之上:对某事物的否定实在无法证明——除非这种否定确实与确凿的肯定性证据相矛盾——这样一来,举证责任就被转移到了指控方身上。[Actor quod adseverat, probare se non posse profitendo, reum necessitate monstrandi contrarium non adstringit: cum per rerum naturam factum negantis probatio nulla sit. (Const, xxiii. C. de Probat. IV. 19.) —Cum inter eum, qui factum adseverans, onis subiit probationis, et negantem numerationem, cujus naturali ratione probatio nulla est ...magna sit differentia. (Const. x. C. de non numerat. IV. 30.) 有点儿奇特的是,这与早期英格兰的普通法是多么针锋相对,早期英格兰普通法规定,在债务诉讼中"总是由否定的一方负责举证"(拉丁文:semper incumbit probatio neganti)。—(Fleta, Lib. II. cap. lxiii. § 11).]《法学汇编》(*The Pandects*)[1]的热情崇拜者们不久便认识到此一原则性真理,将其发扬光大。13 世纪中期,西班牙统治者"明智的阿方索"的法典做了几乎与古罗马法学家措辞完全相同的规定。[La cosa que non es non se puede probar nin mostrar segunt natura. —Las Siete Partidas, P. III. Tit. xiv. 1. l.] 不久之后,《耶路撒冷法典》不容置辩地宣称:"无罪

---

1 《法学汇编》(*The Pandects*,也写作 *The Digest*),6 世纪东罗马皇帝查士丁尼下令编纂的罗马法集成。

无须证据证明。”而博马努瓦(Beaumanoir)[1]则在《博马努瓦习惯法汇编》(*Coutumes du Beauvoisis*)中,赞同地引用民法博士们的论述,效果是一样的:“如果不是个案审判员认为必要和必须,否认方无须面对证据问题。”

然而,抽象的原则尽管可供自由采用,却没有足够的力量来根除深植于那个年代的主观感受和偏见之中的传统习惯。以上所引用的三种法律体制,与它们自己的初衷南辕北辙,尤其体现在:多少完整地保留了最荒谬的否定性证据规则——决斗神判,以及不久之后引入的酷刑,使被告人面临最残暴的“自证无罪”的制度。不过,这些法典仍为我们展现了关于共誓程序的显著进展。1262 年左右颁布的《七编法》(*the Partidas*)[2],作为历史文件的意义相对平常,因为它的权威性不够确定,大可看作一位开明统治者根据心中应然之法所做的判决记录,而不是一个民族既存法律体制的记载。此外,共誓制度在西班牙的缺失,是因为对西哥特人法典的直接继承,即对《裁断法典》(*Fuero Juzgo*)[3]的规范沿袭。[尽管西班牙没有普遍适用的法律,但共誓制度被作为偶尔援用的习惯法引入。譬如,在 1202 年《马德里法典》(*the Fuero of Madrid*)规定,一个被指控犯有杀人或其他

---

1 博马努瓦(Beaumanoir,全名 Philippe de Beaumanoir,约 1247—1296 年),中世纪时法国的法学家和王室法律顾问。

2 《七编法》(*the Partidas*,或 *Siete Partidas*),于 13 世纪 50 年代由西班牙卡斯蒂利亚和莱昂的国王阿方索十世(Alfonso X,1252—1284 年在位)制定。这部由七个部分组成的法律,构成了西班牙法律的基础,影响深远,直到 19 世纪才被依拿破仑模式制定的法典所代替。

3 《裁断法典》(*Fuero Juzgo*),卡斯蒂利亚的费尔南多三世在 1241 年颁布的法律集成,内容多是对西哥特人法典的直接继承。

犯罪的人，在缺乏证人证言的情况下，可以通过 6 或 12 名共誓人洗脱自己的罪名，人数多少按照罪行严重程度来确定——“iuret cum xii. uicinos bonos et ille de mays：et pergat in pace”—（El Fuero de Madrid del año de 1202.）（Mem. de la Real. Acad. de Historia，1852.）我们会在后面看到它出现在 1356 年的《古卡斯蒂利亚法典》（*the Fuero Viejo of Castile*）中。]《耶路撒冷法典》更是一部中世纪法学的珍贵遗迹。1099 年，受布永的戈弗雷（Godfrey of Bouillon）[1]之命、为东部的拉丁王国政府制定的法典，被认为保持着我们所讨论的那个年代的形式，并且表现了西方各民族武士的经验集合，它在共誓制度方面一字不提的态度，可谓意味深长。至于博马努瓦在 1283 年的著述，不仅是当时法学最完美的体现，而且很有趣地成为江河日下的封建权力与罗马法理论互相绞杀的里程碑，后者为圣路易所追求的开明集权提供了鲜活而强大的动力；并且，博马努瓦同样对共誓行为保持沉默，仿佛它已不再是现行的制度。所有这些立法文件和法学家们无一例外，均被神圣

---

1 布永的戈弗雷（Godfrey of Bouillon，约 1060—1100 年），布洛涅伯爵的尤斯塔斯二世（Count Eustace II of Boulogne）的次子，中世纪著名的武士，据说武艺超群，虔诚而低调。原本继承舅父爵位成为下洛林公爵，遭到神圣罗马帝国皇帝亨利四世反对，因为皇帝想将这片封地留给自己的儿子，于是改封戈弗雷于布永（今比利时东南部）。他是第一次十字军东征（1096—1099 年）的核心人物之一，在异教环绕的情况下，建立了耶路撒冷王国。这个孤岛般的基督教王国与安条克公国、的黎波里伯国和埃德萨伯国等都是第一次十字军东征的战果，成为后来多次十字军东征的基地和战场。戈弗雷始终保持着僧侣般的宗教虔诚和简朴的独身生活，拒绝了“国王”的头衔，而称“圣墓守护者”（Advocatus Sancti Sepulchri）。耶路撒冷王国建立不久之后，戈弗雷去世，因其未婚无子，其弟鲍德温继位。戈弗雷被后世列为基督教的传奇英雄之一。

罗马帝国皇帝腓特烈二世(Frederic II)[1]所超越,他在1231年颁布了《西西里宪章》(*Constitutiones Sicularum*),用以统治他辖下的那不勒斯(Naples)[2]诸省。无论从教育还是志趣上来看,腓特烈都是拉丁人,而不是条顿族,他的法学体系也比之前所有的都先进许多。可想而知,在他的法律体制中,共誓制度无立锥之地。被称为《圣路易法令集》(*Établissements of St. Louis*)的法律集合,无论如何都算不上一部完整的法典,但是它却有足够充实的内容,使得其中共誓制度的消失显得举足轻重。实际上,对《法学汇编》的大量借鉴,表现出以罗马法取代习惯法的强烈愿望,以及这位君王为废除包括我们所讨论的一切否认性证据规则所付出的努力。皮埃尔·德·方丹(Pierre de Fontaines)[3]的《司法与抗辩之书》(*Livres de jostice et de plet*)[4]以及《大议会》(*Le Conseil*)这两本非官方实用参考书同样如

1 腓特烈二世(Frederic II,也写作 Frederick 或 Friedrich,1194—1250年),也被称为"腓特烈大帝"(Friederic the Great),神圣罗马帝国皇帝,霍亨斯陶芬王朝最有权势的皇帝之一,"红胡子"(巴巴罗萨)腓特烈一世的孙子,是神圣罗马帝国皇帝亨利六世和西西里王国女继承人康斯坦萨的独子。幼年在母亲的扶植下,2岁时加冕为西西里国王,暂时放弃了德意志国王的头衔,转以西西里为帝国统治的中心。双亲过世后,从4岁起受教皇英诺森三世的监护。尽管童年难称幸福,但腓特烈二世在神职人员的教导下,受到了较好的拉丁化教育,能说多国语言,学识渊博,甚至曾用外交谈判而非战争手段,从伊斯兰教徒手中赎回了耶路撒冷,但他终生都与罗马教廷纷争不断。故而本书作者认为他不像勇猛好斗的条顿族人,而更像注重文化教育的拉丁民族。

2 那不勒斯(Naples),意大利南部沿海城市。

3 皮埃尔·德·方丹(Pierre de Fontaines),中世纪的法国法学家。

4 《司法与抗辩之书》(*Livres de Jostice et de Plet*),写于1260年左右的一部法律汇编,受到了教会法、罗马法、奥尔良地区习惯法和法国卡佩王朝诸王立法的共同影响。

此,它们充分展现了13世纪后半期通行的那套程序;法国巴黎高等法院,即国王的高等法院的《案例集》(*The Olim*)[1]显示,为了压制负隅顽抗的封建领主、扩大王室管辖权,该机构在其长期斗争中,始终遵循同样的原则。在1254—1318年的《案例集》记录中,我只发现两个要求采用共誓制度的案例——一个在1279年发生于努瓦永(Noyon)[2],另一个在1284年发生于贡比涅(Compiègne)[3]。由于有无数案件原本同样适用共誓程序最后却并没有用,这两个案例只能作为例外,并且由此可大致推断出,地方习惯法使得某些情况下不可能拒绝这一特权。[Olim. II. 153, 237.]

所有这一切,都是受复兴罗马法学者影响的人们所为。他们的工作,佐证了废除中世纪蛮族制度的风潮,而不是对创新的普遍接受。他们的权威依然被无数法域拒之门外,这些地方墨守成规,不愿接纳逐渐迫近的新形势。于是,1250年,我们看到在皮卡迪(Picardy)[4]的普瓦克斯(Poix)[5]领主修格·泰莱尔(Hugue Tirel)和当地公社之间的争议解决中,市长和39位有产者跪于德·普瓦克斯夫人面前,发誓说从未对她施以侮辱,即使有什么,也只是向德·普瓦克斯阁下致敬。[Actes du Parlement de Paris, T. I. p. cccvii (Paris, 1863).]尽管偶有例子证明中央政权本身也曾允许使用共誓

1 《案例集》(*The Olim*),是巴黎高等法院所裁断案件的记录。
2 努瓦永(Noyon),法国北部城镇。
3 贡比涅(Compiègne),法国北部瓦兹河畔城市,瓦兹省的首府。
4 皮卡迪(Picardy),法国北部省份。
5 普瓦克斯(Poix),法国北部城镇。

制度,这表现出根除世代相传的偏见是多么困难,而即便在精明强干的民法学律师们的大力协助之下,由圣路易和“美男子腓力”(Philippe-le-Bel)[1]两位法国国王所颁行的政策也不总是那么坚持一致。由此,1283年,在巴黎国会上亚眠(Amiens)[2]的司法官员被指控侵犯了教会特权,因为他审判了3位被指控犯罪的教士,裁决要求他与6位证人共誓保证他确实不知道这些罪犯乃是神职人员。[Actes du Parlement de Paris, T. I. p. 382.]同样,在1303年,“美男子腓力”朝廷中一位有权有势的贵族被指控犯下一桩卑劣无耻背信弃义的谋杀罪,被害者的兄弟提出通过决斗断讼来证实。此时腓力正致力废止司法性决斗,被告人也竭力主张避免神判。于是,他被判处须由99位贵族共誓才能洗清罪名,与此同时,用数额巨大的罚金来打消被害人兄弟的复仇之心[Statuunt ... se manu centesima nobilium se purgare, et ad hæc benedicto juveni bis septem librarum milio pro sui rancoris satisfactione præsentare.—Wilelmi Egmond. Chron.]——对于此等辩护体制受信赖的程度,这个判决提供了最现实的注解。

---

1 美男子腓力(Philippe-le-Bel,1268—1314年),腓力四世(Philippe Ⅳ),法国卡佩王朝国王(1285—1314年在位),据说容貌英俊,故有“美男子腓力”之称,然而这只是表象。他在位期间,致力扩大王室领地,加强中央集权。为了有足够财力支撑战争,他没收了法国教会财产并强征什一税,因此与教皇发生冲突。1309年他派兵将当时的教皇软禁于法国南部小城阿维尼翁,史称“阿维尼翁之囚”事件。为了支持同教皇的斗争,他于1302年召开了三级会议,这是法国历史上第一次三级会议。此外,他还用阴谋、欺骗和酷刑等手段,将宗教武装金融集团“圣殿骑士团”一网打尽。

2 亚眠(Amiens),法国北部城市。

甚至在 1353 年的巴黎高等法院中，以及 1357 年“英明查理”（Charles-le-Sage）[1] 的法令中提到共誓制度时，依然把它作为现行有效的制度。[Is qui reus putatur tertia manu se purgabit, inter quos sint duo qui dicentur denominati.—Du Cange s. v. Juramentum.]

然而，由于受到顽固守旧势力的保护，以及长期苦苦抵制中央集权和君主专制的独立精神的庇佑，外省才是如上所述的共誓制度最富于生命力的地方。罗马法将所有权力集中于君主一人，将其臣民限制在绝对服从者的境地。蛮族体制和封建制度的特质，使得权力地域化。这些原则根本就是针锋相对，双方的对抗漫长而复杂，因为彼此都无法在所有案例中确保具体到每一细枝末节的最终结果，尽管各方都已在这场斗争中使尽了浑身解数。

当我们看到，即便相对早熟的城市文明，比如里尔市，尽管文明开化的进程早已使共誓仅仅流于形式，失去了严肃的意义，当地还是将此传统一直保持到 14 世纪中期，便会觉得这般墨守成规是可以理解的。直到 1351 年，一起民事案件中的被告被要求与两位同性别的共誓人一起履行宣誓义务，发誓说出了真相，但言辞轻描淡写，有所保留。[Et li deffendans, sour qui on a clamet se doit deffendre par lui tierche main, se chou est horn II, hommes et lui, se chou est fame II. femmes et li à tierche. ... "Tel sierment que Jehans chi jura boin sierment y jura au mien ensiant. Si m' ait Dius et chist Saint." —Roisin,

1 英明查理（Charles-le-Sage，1337—1381 年），查理五世（Charles V le Sage），法国瓦卢瓦王朝国王（1364—1381 年在位）。他逆转了百年战争第一阶段的战局，因此获得了“英明查理”的绰号。

Franchises, etc. de la Ville de Lille, pp. 30, 35.] 对仪式的最细节规定也被执行如仪,连手指怎么摆放这样的细枝末节也有法律规定。尽管极度形式化,共誓却仅仅作为录取证词和案件审查的引导,但是在这个过程中,当事人犯了即使最微小的错误,也会因此无可挽回地输掉这场官司。[出处同上 p. 51。由于法国国王约翰(King John of France)[1]在1350年3月颁布的特别诏令的影响,这一制度在1351年9月被当地条律所废除。王室诏令宣称:"en langage estraigne et de mos divers et non de legier a retenir ou prononchier。"然而,也规定任一方当事人"par quelconques maniere faloit en fourme ou en langage ou que par fragilite de langhe, huirans eu, se parolle faulsist ou oubvliast, ou eslevast se main plus que li dite maniere acoustumee en requeroit ou quelle ne tenist fermement sen poch en se paulme ou ne wardast et maintenist pluiseurs autres frivoles et vaines chozes et manieres appartenans au dit siermont, selonc le loy de la dite ville, tant em parole comme en fait, il avoit du tout sa cause perdue, ne depuis nestoit rechus sur che li demanderes a claim ou complainte, ne li deffenderes a deffensce"。——出处同上 p. 390。]

诺曼底对古代传统更是忠贞不渝。《习惯法汇编》(*the*

1 法国国王约翰(King John of France),法国国王约翰二世(John II of France, 1319—1364年),瓦卢瓦王朝君主(1350—1364年在位),身处英法百年战争时期,曾被英军俘获,后支付大笔赎金并以儿子为人质,获得释放。

Coutumier)[1]一直适用到1583年亨利三世(Henry III)[2]统治时期才得到修正,其中保留着被称为“戴斯利恩”(desrene)[3]的断章残简,在一些无足轻重的问题上,一个人有2个或4个共誓人就可推翻对他的指控,哪怕有证人证实指控。程序形式如旧,而誓词本身(见本书“方式和程序”一节)也只是对被告方主张的事实的无条件声明而已。[Anc. Coutume de Normandie, chap. lxxxv. (Bourdot de Richebourg, IV. 53-4.)]然而,实际上,我们可以认定这种习惯早已被废弃,亨利三世1577年的诏书就已下令修订法律“大部分已不再适用,本国居民几乎不再遵从”;而且,帕斯奎耶(Pasquier)[4]在1584年之前所写的作品,将共誓制度看作过时的事物,由此也许可以正确地推断:共誓,已是一种被遗忘的做法。[Recherches de la France, Liv. IV. chap. iii. 至于此事的日期,参见 La Croix du Maine, s. v. Estienne Pasquier。]

即使共誓制度在欧洲南部的其他地区都已经过时了,贝阿恩彪悍的山地居民们,却相对缺少这等标新立异的精神,在16世纪的改

1　《习惯法汇编》(*the Coutumier*,也写作 *Countume*),在法国中部和北部地区一直适用到1789年法国大革命时。

2　亨利三世(Henry III),指法国国王亨利三世(1574—1589年在位),又称瓦卢瓦的亨利(Henry of Valois,1551—1589年)。

3　戴斯利恩(desrene),即被告通过自己和同伴的誓言否认指控的法律。参见 Robert Brady, *A Complete History of England: From the First Entrance of the Romans Under the Conduct of Julius Cæsar*, Unto the End of the Reign of King Henry III, T. Newcomb for S. Lowndes, 1685, p. 169。

4　帕斯奎耶(Pasquier),指法国律师和文学家艾蒂安·帕斯奎耶(Étienne Pasquier, 1529—1615年),所著10卷本《法国研究》(*Recherches de la France*),不仅是一部百科全书式的著作,而且有重要的历史价值。

革进步浪潮中保持了他们的封建独立性。因此,在纳瓦拉的亨利二世(Henry II of Navarre)[1]所修订的最晚近的1551年法典中,我们发现共誓的做法作为常规程序得以保留,直到18世纪依然有效。[Fors et Cost. de Bé arn, Ruhr. de Juramentz (Bourdot de Richebourg, IV. 1082).]不过,时代的影响力最终还是显示出来了,体现在对誓词的修改上,誓词不再是对当事人本人陈述的毫无保留的确认,而仅仅是对其信任的声明。[Lo jurament deu seguido se fé Juran per aquetz sanctz bertat ditz exi que io crey.]

在卡斯蒂利亚,1356年由"暴君佩德罗"(Pedro the Cruel)[2]编纂的法典中,这种习惯焕发了新生。它规定在某些案件中,允许被告人通过11名贵族(hidalgos)共誓人来证明自己的清白。[E si gelo negare e non gelo quisier probar, devel' facer salvo con once Fijosdalgo e è l doceno, que non lo fiço. (Fuero Viejo de Castiella, Lib. I. Tit. V. l. 12.) 可以看出这是对否定性证据制度(有罪推定制度)的无条件认可。]但是,这与一个世纪之前的"明智的阿方索"在《七编法》中实行罗马法理论原则的努力背道而驰,并且有悖于《阿尔卡拉法令

1 纳瓦拉的亨利二世(Henry II of Navarre,1503—1555年),位于今法国南部、与西班牙交界处的纳瓦拉王国的国王(1517—1555年在位)。

2 暴君佩德罗(Pedro the Cruel,1334—1369年),西班牙卡斯蒂利亚和莱昂国王佩德罗(1350—1369年在位)。他的对手指责他"残暴",但也有人认为他严格执法、公正严明,因此也称"公正的佩德罗"(Pedro the Just)。

集》(*Ordenamiento de Alcalà*)[1]中一直沿用到15世纪的法律精神,因此只能被看作一时之间的回光返照。

北方民族对罗马法复兴的抵制更加顽固。虽然我们已经看到腓特烈二世在1231年从其统治之下的那不勒斯法典中删除了所有关于共誓制度的规定,但他从未试图在其治下的德意志臣民中废除这个习惯,他在1230年颁行于雷根斯堡市(Regensburg)[2]的一部宪章中就提到了它。[Du Cange, s. v. Juramentum.]在13—14世纪时,德意志南部的当地法典《士瓦本明镜》(*Schwabenspiegel*)[3]规定,在无法采纳直接证词的各种诉讼中,采用各个阶层的共誓人。[Jur. Provin. Alaman. cap. xxiv.; cccix. §4; cccxxix. §§2, 3; cccxxxix. §3. (Edit. Schilteri.)]德意志北部施行的法典,就如我们所见,为仅以被告人的誓词推翻指控提供了极大的便利,在《萨克森明镜》(*Sachsenspiegel*)[4]中很少有对于共誓制度的规定,不过也并非完全没有,它还是规定,无论哪一方都可以通过与6名共誓人一同发誓说他与对方确有亲戚关系,从而拒不参加司法决斗。[Jur. Provin. Saxon. Lib. I. c. 63.]然而,在萨克森的市民法中,共誓规则却常常被

---

1 《阿尔卡拉法令集》(*Ordenamiento de Alcalà*),西班牙卡斯蒂利亚和莱昂国王阿方索十一世(Alfonso XI)制定于1348年的阿尔卡拉城的法律汇编。阿尔卡拉,即"阿尔卡拉-德-埃纳雷斯"(Alcalá de Henares),位于西班牙中部的历史文化名城。

2 雷根斯堡市(Regensburg),德国东南部城市。

3 《士瓦本明镜》(*Schwabenspiegel*),13世纪后期一部德国士瓦本地区的法律习惯汇编。

4 《萨克森明镜》(*Sachsenspiegel*),13世纪早期德国萨克森地区的法律习惯汇编。

援引,从各种文献记载中可以明显看出,一个品行端正的市民只要能够找到另外6个同样的市民一同发誓否认罪行,就不容易被定罪。但是,如果有充分的证据,就不允许采用共誓,并且在杀人案件中,如果被害者的亲属决定进行决斗,那么他的复仇权至高无上,其他的程序就都不能选用了。[Sachsische Weichbild, art. 71, 72, 86, 40, 88.] 在16世纪早期,马克西米利安一世(Maximilian I)[1]为废止共誓制度的使用下了许多功夫。[Meyer, Institutions Judiciaires, V. 221.] 但是他没能斩草除根。后来的查理五世(Charles V)在1548年签署的一部宪章中规定在疑难案件中,该制度仍是一种现存的法律途径,而且这是以公众对它的效用依然抱有信心为基础的,虽然共誓人只被要求发誓说他们相信本方当事人的誓言而已。[Sique accusatus tanta ac tam gravi suspitione laboraret ut aliorum quoque purgatione necesse esset, in arbitratu stet judicis, sibi eam velit injungere, nee ne, qui nimirum compurgatores jurabunt, se credere quod ille illive qui se per juramentum excusarunt, recte vereque juraverint. —Constit. de Pace Publica cap. xv. § I. (Goldast. Constit. Imp. I. 541.)]

---

1 马克西米利安一世(Maximilian I,1459—1519年),神圣罗马帝国皇帝,腓特烈三世之子、查理五世的祖父,亦是哈布斯堡王朝鼎盛时期的奠基者。马克西米利安通过自己和子女们的婚姻,使得其孙查理五世成功地取得了西班牙的王位,再加上马克西米利安自己的神圣罗马皇帝帝位(尽管这个帝位要靠7位选帝侯选举并经教皇加冕),查理五世成为统治德意志、西班牙以及意大利南部等广阔地区的欧洲霸主。

在荷兰，这种制度同样保持了它的地位。丹霍德（J. Damhouder）[1]，在其1554年的著述中描述了基督教法庭（the Court Christian）[2]运用这一制度的案例之后，还表示作为效仿，这一方法在世俗法庭中也时而被用到。［Damhouder. Rerum Criminalium Praxis cap. xliv. No. 6（Antwerp. 1601）.］

在苏格兰，迟至14世纪中叶，这种制度的存在，依旧可见于以下条文中，即，如果一个窃贼逃离监禁处，狱监长官若要摆脱共谋越狱的指控，就必须有30名共誓人，其中至少有3名贵族。［Statut. Davidis II. cap. i. §6.］

斯堪的纳维亚各国更是顽固地因循守旧。哈科·哈孔森在13世纪末颁布的法典显示，作为一种几乎适用于所有刑事案件甚至民事案件的基本辩护程序，共誓方法依然常常被用到，而共誓人的人数则与犯罪性质或争议金额成比例，对执行宣誓的规制细致入微。［Jarnsida, Mannhelge & Thiofa - Balkr passim; Erfthatal cap. xxiv.; Landabrigtha-Balkr cap. xxviii.; Kaupa-Balkr cap. v., ix., etc.］在丹麦，这种制度经历了家族甚至整个行会成员彼此勾结、互相回护等严重的滥用之后，直到17世纪中叶克里斯蒂安四世（Christian IV）[3]时才

---

1 朱斯·德·丹霍德（Joos de Damhouder，其名亦写作Joost、Jost、Josse或Jodocus，1507—1581年），出生于尼德兰联省的安特卫普，著名法学家，著有《刑法的实践》（*Praxis rerum criminalium*，1554年），其著作长久影响了整个欧洲，尤其是在刑事法学方面。

2 基督教法庭（the Court Christian，亦作ecclesiastical court或court spiritual），中世纪的教会法庭，主要管辖范围是宗教和信仰领域。

3 克里斯蒂安四世（Christian IV，1577—1648年），丹麦国王和挪威国王（1588—1648年在位）。

被废除。[参见 Sporon & Finsen, Dissert. de Usu Juramenti juxta Leges Daniæ Antiquas, Havniae 1815-17, P. I. pp. 160-1, P. II. pp. 206-8。]废除该制度的日期无法确定,不过人们抱残守缺的顽固劲头,直到1683 年克里斯蒂安五世(Christiern V)[1]时还是清晰可见:在颁布新法典时,他发现必须正式明文禁止强迫被告人提供共誓人。[Christiani V. Jur. Danic. Lib. I. c. xiv. §8.]在瑞典,共誓制度同样得以苟延残喘。直到 17 世纪,适用这种制度的指南依然存在于法典中。[Poteritque se tunc purgare cui crimen impomtur juramento XVIII. virorum.—Raguald. Ingermund. Leg. Suecorum Lib. I. c. xvi.]古斯塔夫·阿道夫(Gustavus Adolphus)[2]时期的法律中常常提及它。[Legg. Civil. Gustavi Adolphi, Tit. x.]而查理十一世(Charles XI)[3]则在 1662 年的敕令中谴责人们随时准备上场做共誓人的现象,并且要求法官们在准用之前,必须调查人选是否恰当,以及这些人因为什么理由相信本方当事人是无辜的。[Caroli XI. Judicum Regulæ, cap. xxxii.]因此,到这一时期,尽管共誓人仍非证人,却已逐渐趋同。

斯拉夫人公共生活的活跃,自然而然地使他们倾向因循守旧,

---

1 克里斯蒂安五世(Christian V, 1646—1699 年),丹麦及挪威国王(1670—1699 在位)。

2 古斯塔夫·阿道夫(Gustavus Adolphus,或 Gustav II Adolph,1594—1632 年),瑞典国王(1611—1632 年在位),被称为"古斯塔夫·阿道夫大帝"(Gustav Adolf the Great)。他参与了三十年战争,在法国的支持下,对神圣罗马帝国出兵,屡战屡胜,主导了三十年战争的"瑞典阶段",被称为"北方雄狮"(the Lion of the North)。然而,就在战争形势大好之时,古斯塔夫·阿道夫却在吕岑战役中阵亡,导致瑞典丧失主导地位,三十年战争由此开始进入法国阶段。

3 查理十一世(Charles XI,1655—1697 年),瑞典国王(1660—1697 年在位)。

这源于他们关系紧密的家庭；因此，我们丝毫不必惊讶地看到，这种制度在波兰被完全沿用直到 18 世纪，被告总是被要求提供共誓人以证明其无罪辩护誓言的真实性。［Ludewig. Reliq. MSS. T. VII. p. 401.］但是，波兰人对这种制度的信心早已被架空。1368 年，卡西米尔三世（Casimir III）[1]的法令规定：一个具有良好名声的人，若被控偷窃，可以通过自己的誓言摆脱指控；但是如果他的人品成疑，则须提供共誓人，若比规定少一人，就会使控方如愿，但是他不至于因此就声名狼藉。这导致了犯罪的增加，而百年之后卡西米尔四世（Casimir IV）[2]颁布的法律规定，共誓只准使用 3 次，之后反复犯罪者不得再使用，而必须直面法律中最严苛的规定，因为他很可能有罪，并且不配再享有任何逃避的机会。同时，如果任何人被要求提供共誓人，却没有能带着共誓人出现在法官面前，将会“根据事实本身”（ipso facto）被宣告为不名誉之人。从一宗案件的记载来看，须有 12 名共誓人才能推翻指控方的一家之言。［Herb. de Fulstin Statut. Reg. Poloniæ. Samoscii, 1597, pp. 186-88, 465.］在南部的斯拉夫人当中，这种习惯同样延续至相对较晚近的时期。斯拉沃尼亚总

1　卡西米尔三世（Casimir III，又译为卡齐米日三世，或卡西米尔大帝，1310—1370 年），波兰国王（1333—1370 年在位）。

2　卡西米尔四世（Casimir IV，1427—1492 年），波兰国王（1447—1492 年在位）兼立陶宛大公（1440—1492 年在位），在其统治期间，最终镇压了其西部的条顿骑士团（1466 年），收复了失地，维护了波兰和立陶宛的统一。

督赫尔曼(Hermann, Ban of Slavonia)[1]在1416年下达的命令中规定,任何被控无视法令、拒不执行罪犯放逐令的贵族,必须由5名同伴作为共誓人方能摆脱指控,否则将面临20马克的罚款。[Bassani de Sacchi Jura Regni Croatiæ, Dalmatiæ et Sclavoniæ. Zagrabiæ, 1862, Pt. I. p. 182.]

然而,英格兰人对既定形式和习惯法的完全遵从,使得这一野蛮陋俗名义上得以苟延残喘,相对于其他民族的法典,它在普通法中消失得更晚。根据在13世纪时布莱克顿的说法,因合同、买卖、捐赠等事由提出的所有诉讼,如无确凿证据,而原告带着他的"原告证人"(secta)出庭,被告就必须按照2∶1的数量比例提供相应的共誓人,对证据的权衡显然是以数量而非质量为标准。[Et sic major præsumptio vincit minorem. Si autem querens probationem habuerit, sicut instrumenta et chartas sigillatas, contra hujusmodi probationes non erit defensio per legem. Sed si in instrumento contradicatur, fides instrumenti probabitur per patriam et per testes. Bracton. Lib. IV. Tract, vi. cap. 18, §6.] 由上下文可以看出,所谓的原告证人无非就是愿意和他一同发誓的亲友,并非完全意义上的证人。不过,大约25年之后的《弗莱塔》一书中,对证人使用了同样的术语,并且规定债务诉讼中的被告需要提供的共誓人数是原告证人

1　斯拉沃尼亚(南斯拉夫北部一地区名),其中世纪时的统治者由国王指定,被称为"斯拉沃尼亚总督"(Ban of Slavonia)。此处指采列伯爵赫尔曼二世(Hermann II, Count of Celje,约1361—1465年),兼任斯拉沃尼亚总督(1423—1465年)。

人数的两倍［Fleta, Lib. II. c. lxiii. §10.］，如此一来，就为谎言和伪证设置了高额费用。尽管如此，那些赴伦敦的法院或国会出庭的贵族缙绅们，依然被努力向他们讨债的市民弄得不堪其扰。于是，在1363年，爱德华三世（Edward III）[1]废除了布莱克顿拟定的这套规则，规定无论债权人提供怎样的书面证据，只要债务人能提供足够的共誓人即可逍遥法外，而债权人只能另寻其他救济方式，这使贵族们如释重负。［38 Edw. III. St. I. cap. V.（Statutes at Large I. 319. Ed. 1769.）］这一规则具有毋庸置疑的偏向性，倒向封建社会中有权势的一方，正是该制度得以存续的原因。编纂于16世纪早期的《英格兰法律条款释义》（*Les Termes de la Ley*）[2]，把"为提出法律主张，根据法庭的要求，必须有6、8或12名邻人与其共誓"作为一项现行有效的做法来记载；而1596年的条文（38 Eliz. 3, 5）显示，这样的做法在债务诉讼中依然适用。［Jacob's Review of the Statutes, 2d Ed., London, 1715, p. 532.］斯戴尔（Style）[3]发表于1657年的作品《实用记录》（*Practical Register*）中，同样描述了这一程序，可是对"举手宣誓"（jurare manu）这一传统表达的荒谬误用，显示出与其说这是通

1　爱德华三世（Edward III，1312—1377年），英国国王，著名昏君爱德华二世和法兰西的伊莎贝拉之子，1327—1377年在位，被认为是颇有作为的君王，英法百年战争中的重要人物。

2　《英格兰法律条款释义》，又译为《盎格鲁法律词汇解释》（拉丁文为 *Expositiones terminorum legum Angliae*，法文名为 *Les Termes de la Ley*），由英国法学家约翰·拉斯特尔（John Rastell）所编著的法律词典，全书原本用法文和拉丁文写成，后来有了英文译本。此书旨在帮助当时法律专业的青年学生理解晦涩难懂的法学术语。

3　威廉·斯戴尔（William Style，1603—1679年），英国律师和法学家。

常适用的法律程序，不如说是古代法学的遗迹；并且确实，作者明确指出这种做法已经“因人性的邪恶而遭滥用，法律必须另谋他策方能为国家声张正义”。这样的法律未被改变，记载中有一宗发生于1708年的“甘那案”（Gunner's case），“当被告准备好履行法定义务时，原告却自动撤诉”。［出处同上。］雅各布（Jacob）[1]在他稍晚发表的《法条评论》（*Review of the Statute*）一书中，也依然将其视为现行司法程序中的一部分。当誓言断讼法被限于简单的债务纠纷中时，精明的律师们千方百计地通过提起“类案侵害之诉”（trespass upon the case）[2]以及其他要求陪审团干预的间接形式，来避免其适用。但是1792年伯恩（Burn）[3]在都柏林出版的《法律词典》（*Law Dictionary*）一书中，则表示这整个程序及其形式将继续存在。在1799年的一个案例中，被告通过提供共誓人并“一个个举起右手，放在《圣经》上发誓说，他们相信被告誓言为真”，从而成功逃避了

1 吉尔斯·雅各布（Giles Jacob，1686—1744年），英国法学家。

2 类案侵害之诉（trespass upon the case，也译为间接侵害之诉），这是英美法系令状制度的内容之一，指的是侵权行为中的施害者并未直接使用强制力或采取行动，但按当时的情形来看依然构成非法侵害的情况。在今天，它仍有理论和实践上的指导意义。比如，网络侵权案件中，实施具体侵权行为的网络用户是直接侵权人，而网络服务提供商虽未实施具体的侵权行为，却提供了该网络服务并始终控制该网络的使用情况，尤其是在被害人通知了网络服务提供商而未得到应有反馈的情况下，网络服务提供商则类似于间接侵权人，是侵权行为发生损害结果的必要条件。当然，立法上可能不会使用这样一个名词。参见杨明《〈侵权责任法〉第36条释义及其展开》，华东政法大学学报，2010年第3期，第123页。

3 理查德·伯恩（Richard Burn，1709—1785），英国法学家，《法律词典》（*Law Dictionary*）出版于他死后的1792年。

债务。法院努力制止这种闹剧的发生,但是法律就是法律,理性有时只能低头认命。即使如此,也未能引发变革。在1824年的"金诉威廉姆斯"(King v. Williams, 2 Barnewell & Cresswell, 528)一案中,一位不走运的律师为了缺乏证人证言的客户,使得已被遗忘的恶法死灰复燃,他要求法院指定参与辩护的共誓人的人数,但法院并不帮忙,欲使原告为任何可能发生的错误获利。于是,威廉姆斯纠集了11名共誓人随他出庭,当原告意识到多说无益时,便嫌恶地放弃了这场诉讼。[这里的部分参考资料,要归功于1827年3月伦敦的《法学家》(*Jurist*)上的一篇文章,作者将宣誓断讼法作为证明"嫉恨在心和因循守旧将我们的法典变成了博物馆里的老古董和法学奇闻"的证据。]即便如此,对旧俗的崇敬之心还是推迟了势在必行的革新,直到1833年,这种法律上的赌博才被相关条文(3 and 4 William IV., c. 42, s. 13)正式废除。[Wharton's Law Lexicon, 2d ed., p. 758.]

严格地说,誓言断讼法在这个国家可能依然被保存着。1712年,南卡罗来纳州殖民地的一项法案列举了在那里依然有效的英格兰法,特别是对这种辩护模式的规定,而且据我所知他们此时尚未正式将其废止。[Cooper's Statutes at Large of South Carolina, Columbia, 1837, II. 403.]在1811年,马里兰州大法官吉尔蒂(Kilty)把这种宣誓断讼法描述为已被完全弃用,因此他避免了在诉讼中采用这种模式的可能,但是他显然将其视为一种当时尚未被明文废除的规定。[Kilty's Report on English Statutes, Annapolis, 1811, p. 140.]

尽管人们的共识逐渐将这种做法剔除出世俗的法庭,可是教会的因循守旧却令其在教会的怀抱中一息尚存。从上文中我们已经看到,大约在13世纪初,英诺森三世将誓词的形式从无条件的事实确认,改为仅对被告的无辜表示信任。这种改变旋即成了宗教案件的标准模式,很可能是在对阿尔比派教徒(Albigensian)[1]的迫害活动中,早期宗教裁判所规定所有案件均必须提供共誓人来协助,这些异教嫌疑人可以轻易摆脱指控。[Ego talis juro ... me firmiter credere quod talis non fuit Insabbatus, Valdensis, vel pauperum de Lugduno ...et credo firmiter eum in hoc jurasse verum. —Doctrina de modo procedendi contra Hæreticos. (Martene, Thesaur. T. V. p. 1801.)] 而这毫无疑问就是英诺森三世和格里高利九世(Gregory IX)[2]所提到的"一致共誓脱罪",有信奉异教之嫌的人们就是靠它来免受刑罚的。[Conc. Lateran. IV. can. iii.—Decret. Gregor. P. P. IX. (Harduin. VII, 163).] 然而,狂热的宗教判官们几乎没怎么在意这些让受迫害者有机会逃脱的法律形式。这与马尔堡的康拉德(Conrad of Marburg)[3]脱不了干系,18年间,他在德意志散布着恐怖和荒凉,对已经招供的嫌犯,他施以酷刑折磨以及教会所规定的可怕的赎罪苦修,但是

1　阿尔比派教徒(Albigensian),约1202—1250年盛行于法国阿尔比的基督教派别,13世纪被作为异教徒,遭到镇压和迫害。

2　格里高利九世(Gregory IX),天主教会权势在西欧登峰造极时期的罗马教皇,1227—1241年在位,是另一位教皇英诺森三世的侄子。坚持格里高利七世(参见前文第63页注1)的思想,积极干预欧洲政局,对试图控制意大利的神圣罗马帝国皇帝腓特烈二世处以革除教籍的绝罚。他倡导十字军东征,并设立了宗教裁判所,审判和惩罚所谓异端。同时,他也是一位神学家和教育的支持者,授予了母校之一的巴黎大学"治外法权"。

3　马尔堡的康拉德(Conrad of Marburg,或写作Konrad von Marburg,约1180—1233年),一位德籍宗教裁判官,以残暴著称,屠杀了大量的阿尔比派教徒。

如果被告否认自己有罪，就会立刻被送上火刑柱。然而，康拉德的暴行，以及他对身居高位者有失分寸的攻击，最终引发了强烈反抗，共誓程序用一种令人瞩目的方式证明了其正确性。在1233年国王亨利七世（Henry VII）[1]举行美因茨帝国会议（Diet of Mainz）[2]时，康拉德贸然指控并企图将火苗引向塞恩伯爵（Count of Seyne），而此公是朝廷重臣。国王和贵族们立刻群起为其辩护，康拉德的审判过程被庄严地宣布为非法。在离开美因茨的路上，满腹怨恨的康拉德遇刺身亡。而在次年的法兰克福帝国会议（Diet of Frankfort）上，被指控犯有异端罪行的塞恩伯爵和另一位被告人索尔姆斯伯爵（the Count of Solms），极其强势地提供了一长串的共誓人名单，其中包括8名主教、12名西多会修道院长、12名方济会和3名多明我会的修士，以及大量本笃会[3]修道院长、教士和世俗贵族，洗清了对他们的指控。[Trithem. Chron. Hirsaug. ann. 1233. —Hartzheim Conc. Germ. III. 542-50.]德意志终于呼吸到了自由的空气，并为推翻了压迫者而普天同庆。

就这样，宗教裁判所建立之初，便引入共誓制度作为其基石，它被这个可怖的审判组织一直维系到最后。“我们神圣的教会母

1 亨利七世（Henry VII），指德意志和西西里国王亨利七世（Henry VII, King of Germany, 1211—1242年），神圣罗马帝国皇帝腓特烈二世之子。

2 美因茨（Mainz），德国莱茵兰-普法尔茨州的首府和最大城市，它位于莱茵河左岸。在神圣罗马帝国时期，是七大选帝侯之一的美因茨大主教驻地。

3 西多会（Cistercian）、方济会（Franciscan）、多明我会（Dominican）和本笃会（Benedictine）均为当时影响甚大、公认为名门正派而非异端的天主教修会。

亲,"生活在 16 世纪的作家兼巴达霍斯(Badajos)[1]的主教西曼卡斯(Simancas)写道,"绝对不能容忍异端的嫌疑,因而寻求各种救济手段去拯救嫌疑者。有时,她强迫他们自己发誓弃绝异端或洗脱罪责;有时她通过酷刑引出真相,并且她常常使用极为残酷的惩罚对他们加以逼迫。"因此,只要任何人的正统性受到怀疑,而他又不愿澄清自己,依法官指令,就会被判为异端。根据世俗法,他有一年的缓刑期,但是按照教廷的法律,他必须立刻接受惩罚。[Jacob. Simancæ de Cathol. Instit. Tit, lvi. No. 3,4 (Romæ, 1575).]

根据宗教裁判所的规则,依教规洗脱罪名的做法,用于有公开报告质疑一个人而又没有任何确凿证据指证的时候。共誓人的数量由法官裁度,他有权决定缺少一个、两个或是更多共誓人即告罪名成立。共誓人应是与被告同等地位的人;尽管被告有权决定人选,但是他们必须品行良好、信仰正统才有做共誓人的资格,这实际上就将提名权交在了官员们手中——连检察官的惯例性指控本身,都被认为足以构成嫌疑,作为审判的前提条件。然而,嫌疑越大,需要的共誓人数量就越大。

当被告确定人选并为法官所接受之后,这些人会受到传唤,并且每一位都会被宗教裁判官分别单独审查,审查他们与被告相识的情况——显而易见地,通过此一过程,这个神圣机构的阴森恐怖可能轻易使得他们极其不愿意做被告的担保人。然后他们会再度被

1　巴达霍斯(拼作 Badajos 或 Badajoz),今西班牙西南部城市,位于葡萄牙边界附近的瓜迪亚纳河岸边,古时为一处要塞。

集合起来;被告被带入法庭,宣读控诉状后,他发誓否认指控。接着,每一个共誓人都会分别发誓,保证自己信任被告的否定性誓言——并且根据他们对被告诚实性的确认,法庭会作出判决,不是宣告无罪,就是定罪量刑。

共誓程序经过极其精巧的调试,最大程度地降低了无罪判决的概率,或者说将案件结果托付给判官们的意愿。套用前面那位民法和教会法博士的话,这种做法盲目、虚伪而且风险极大。[Simancæ, loc. cit. No. 31.—Villadiego, Fuero Juzgo, p. 318 b. (Madrid, 1600.)——这两位权威都将其描述为"脆弱而危险,盲目且虚伪"。]事实上很容易理解,任何落入宗教裁判所魔掌的人,要想找6、10或者12人,愿意拿他们的身家性命冒险、站出来支持他,是多么困难的一件事。由宗教裁判所散布到四面八方、所有阶层中的那种惶惶不安的气氛,以及害怕被当作异端的共谋者、被指控和逮捕的那种人人自危的心态,在西曼卡斯批驳这种审判模式时,都被下意识地描绘了一番,他发现:"当下人们的道德如此败坏,基督徒的慈悲为怀变得如此冷酷无情,以至于几乎找不到一个人愿意站出来证明邻人的清白,也没有人不会轻易相信其最坏的一面或者不对他疑虑重重。在只要共誓人表示他们不了解或者对被告的无辜性有疑问就足以给被告定罪的情况下,共誓人知道被告人必然深受当局怀疑,他们之中又怎会有人能够毫无疑虑地完全相信被告?"因为这些理由,他表示,那些摩尔人和犹太人族群绝不应适用这样的程序,因为这程序必然对他们不利,而且逼他们用此法自行洗脱罪名,就等于直接将他们送上了火刑架。[Simancæ, loc. cit. No. 12.]

由于以上种种原因，在西曼卡斯的时代，就“用这种方法脱罪，是否就足以获得无罪判决”这一问题发生了激烈的争论。许多宗教裁判官确实遵循了古老的做法，认为被告如果拒不招认，就应当先被大刑伺候；如果他安然熬过这些，就必须发誓弃绝这些他从未被证明的罪行，之后再交由法官裁量施以何等刑罚。[Simancæ, loc. cit. No. 17.] 如此不公正的行为却日复一日地发生，简直不可思议，而西曼卡斯则感到自己有义务进行一场深刻的讨论来证明这种方式的不当性。

在那些尚未被宗教裁判所污染、人们之间的同情心尚未被完全毁灭的国度，这种无罪辩护程序也是可能发生的。譬如，在1527年亨利八世统治时期，对宗教改革者进行的一场早期迫害中，尽管不少人被定罪，其中两名妇女——玛格丽特·考布里奇（Margaret Cowbridge）和玛格莉·鲍佳斯（Margery Bowgas），虽有数位证人明确指证她们，仍被允许用共誓来自证清白。同时，值得注意的是，在这些案件的共誓人中，有一部分同样是女性。[Strype's Ecclesiastical Memorials, I. 87.]

在常规宗教法庭上，这种做法依然在延续。在康斯坦茨会议（Council of Constance）时，尽管改革的努力徒劳无功，但备下了一份深思熟虑的纪律法典，提议严厉管制四处泛滥的买卖圣职的恶行。为了防止兜售圣职俸禄，它规定凡犯此戒者一概剥夺晋升机会，鉴于这种交易往往秘密进行，它还规定只要一份普通的报告就足以为其定罪；不过，它又通过允许被告依教规自证无罪，从而将以上规定无效化。[Reformator. Constant. Decretal. Lib. v. Tit. ii. cap. I, 3. (Von *der Hardt*, *Tom*. *I. P. XII. pp*. 739, 742.)]将近两个世纪之后,朗切洛蒂(Lancelotti)[1]提到共誓时,把它作为证据不足的疑难案件的唯一辩护方式。[Institut. Jur. Canon. Lib. IV. Tit. ii . § 2.]这不仅适用于神职人员之间,而且同样适用于教会管辖之下的世俗事务。格瑞兰杜斯(Grillandus)[2]在1530年提到了宣告婚姻无效程序中须有6名亲属作为共誓人的习惯做法,而且提到他本人亲见的一个案例,一位妇女根据教会法对此类案件的规定,采用了这样的程序,成功地与被巫术弄得阳痿的丈夫离了婚。[P. Grillandi Tract. de Sortileg. Qu. 6, No. 14; Qu. 3, No. 36.—Decret. II. caus. xxx. q. I, can. 2.—Extra, Lib. IV. Tit. xv. can. 7.]上个世纪中几个修会的修士们之间的争议也是通过这种方式解决的。[Du Cange, loc. cit.]

在英格兰,英国国教圣公会在克兰默(Cranmer)[3]手中最终脱胎成型之后,在爱德华六世(Edward VI)[4]统治时期,这种习惯在小心翼翼编纂而成的教会法中出现,却因国王意外英年早逝而未被正式

---

1 卓·帕·朗切洛蒂(G.P.Lancelotti)1598年出版的《宗规法纲要》(*Institutiones juris canonici*),曾作为附录编入《宗规法大全》。

2 保卢斯·格瑞兰杜斯(Paolus Grillandus,也译作"保罗·格瑞兰迪俄斯"),16世纪时的一位宗教审判官。

3 克兰默(Cranmer),指托马斯·克兰默(Thomas Cranmer,也译作"托马斯·克兰麦",1489—1556年),英国著名教士,英国改革教会的首任坎特伯雷大主教。他对英国教会的教义、教规和仪式等方面的改革,为英国国教奠定了基础。英王亨利八世为迎娶安妮·博林,与其原配阿拉贡的凯瑟琳王后离婚。克兰默通过解读教义支持亨利八世离婚,由此备受重用。多年之后,克兰默被凯瑟琳的女儿史称"血腥玛丽"的玛丽一世处死。

4 爱德华六世(Edward VI,1537—1553年),亨利八世之子,英格兰和爱尔兰国王,1547—1553年在位,去世时年仅16岁。

采用。根据这部法律的规定，一个仅依推测、没有充足证据而被指控的人，若要摆脱指控，须提供4名相同阶层的共誓人一同起誓，他们要像英诺森三世的教令集所规定的那样，发誓相信被告是无辜的。[Burnet, Reformation, Vol. II. p. 199 (Ed. 1681).]

控方共誓人

控方誓证人这个问题，尽管在严格意义上不属于我们所讨论的课题范围，但它与原告或控方借助共誓人加强其论点的权利或义务并非毫无联系。在蛮荒时代，几乎没有这种习惯的踪迹，但是在“蛮族法”(Leges Barbarorum)[1]中有一两处有所暗示，认为它是一种偶尔被采用的做法。在萨利人律法的早期文献中有一段规定，在某些案件中，起诉者应当通过提供一定数量的共誓人来支持其诉讼行为，人数依诉讼金额的大小而有所不同；而被告须提供的共誓人数则相应更多一些；估计是由法官权衡双方主张的可能性大小，从而据此作出判决。[Tit. LXXIV. of Herold’s text; Cap. Extravagant. No. XVIII. of Pardessus.] 由于这样的规定在之后的法律修改中被略去了，很可能未被广泛采用，或者未被重视。在巴伐利亚人中，不动产权利的主张者，需要6名共誓人与他一同起誓，然而他们的通力合作，仅凭被告人的一个证人就可能被推翻。[L. Baioar. Tit. XVI. cap,

1　蛮族法(Leges Barbarorum)，区别于罗马法(Leges Romanae)。

i. § 2.] 这些规则如此精确，毫无疑问，作为家族宗室之间团结一心、区别于外人的自然表现，这种习惯在某些部落的有限范围内大行其道。比起法典文献中零落的记载，这种规则或许更加广泛地得到了采用，从其中一起教会伪造案中就可看出，此案诱使查理大帝采纳和发布了这种规定。由此，针对主教的指控须有 72 名证人作证才能定案，而且这些证人必须拥有良好的声望；对神父的指控须有 44 名证人，对教堂执事或助祭的指控须有 37 名证人，而指控低级神职人员则需要 7 名证人。［Capit. Car. Mag. VI. ann. 806，c. xxiii. (Concil. Roman. Silvestri PP. I.)］尽管条文对证人进行了规范，但是人数要求如此巨大，导致了这些所谓证人实际上只能是与起诉者一同发誓的共誓人而已。这种法律的炮制出炉似乎显示，在当时人们的意识中，采用此法定案是司空见惯的事。

对于粗犷的北方人来说，就如我们看到的那样，每一个答辩者，无论是原告还是被告，都有义务在神圣的圣坛祭圈(stalla hringr)前发一个初步的誓言，且为此应当浸泡在献牲公牛的血中。这种做法在英格兰得以保存，除了琐碎的小案件，盎格鲁-萨克森法律要求控诉方发一个“前誓”(fore - oath，forath，ante - juramentum，præjuramentum)，而“征服者威廉”在他对“忏悔者爱德华”法律的整理编纂中，表明这一规定有时会通过要求用额外的共誓人来强化其规定，这些共誓人绝对不是证人，因为他们的誓言无关乎案件事实，而只是针对控方动机的纯粹性。［E li apelur jurra sur lui par VII. humes numez，sei siste main，que pur haur nel fait ne pur auter chose，si pur sun dreit nun purchacer.—Ll. Guillel. I. cap. xiv.］在亨利一世的法律中也可以找到对同样程序的表述。[Omnis tihla tractetur ante-juramento plano vel observato.—Ll. Henrici I. Tit. lxiv. § I. Ante-juramentum a compellante habeatur, et alter se sexto decime sue purgetur; sicut accusator precesserit./出处同上 Tit. lxvi. § 8。]

在一个相对单纯的年代,人们依靠对个人品质的担保,或是煞有介事的迷信形式,而不是诉诸法律程序的精巧,这是自然而然的现象。甚至,就像被告被指望着提供担保其所言属实的担保人一样,原告同样可能被要求证明他自己在邻人中有着正直的声望,从而证明可以相信他不会提出虚假的指控或没有根据的诉求。这两个习惯,看上去出自同样的考量,而且从宗旨上看也如出一辙;但有些奇特的是,当被告的共誓辩护制度消亡时,要求原告以共誓人支撑其诉讼的做法却似乎更加普遍了。在贝阿恩,13 世纪时的法律规定,对于案值 40 个苏(sous)[1]以下的债务案件,若双方均无证词,权利主张者可以通过提供 1 名共誓人来证实其诉讼请求,而被告方可以通过 2 名共誓人来反驳。[For de Morlaas, Rubr. xxxviii. art. 63.]在英格兰,也有一种类似的规则广泛适用于所有合同和买卖诉讼中;[Bracton. Lib. IV. Tract, vi. cap. 18, § 6.]在威斯特伐里亚的索斯特(Soest)地区,编纂于 11 世纪末或 12 世纪初的法律规定,杀人罪的指控可以通过 6 名共誓人与控方一同起誓而证实,如果无法做到,则被告可以通过 11 名共誓人洗脱其罪名。[Statuta Susatensia, No. 10. (Hæberlin, Analecta Medii Ævi, p. 509.) ——后来索斯特法律的修订中保留了同样的规定,显然可以追溯到 13 世纪中期。(Op. cit. p. 520).

1 苏(sou),法国旧铜币。

］在 13 世纪的整个德意志境内，我们发现“控方共誓人原则”被广泛接受，就像“指逝者为誓”以及城市其他法律规则所提到的那样。［Jur. Provin. Alaman. cap. Cccix. § 4. (Ed. Schilter.)—Jur. Provin, Saxon. Lib. III. art. 88.—Sachsische Weichb. art. 115.］确实，在有些地区，这一原则得以被完全地树立起来：在对拦路抢劫、纵火和其他一些犯罪的检控追诉中，控诉方都有权要求法庭上每一个人，从法官到旁听者，通过起誓来帮助自己，或表明对此案一无所知，甚至连被告的辩护人都有义务进行这项仪式。［Jur. Provin. Alaman. cap. cccxcviii. § § 19, 20.］在瑞典，遵循着同样的规则，并称之为“杰夫尼提德”(jeffniteed)。［Du Cange sub voce.］而在 13 世纪兰登(Lunden)[1]大主教安德里亚斯(Andreas)编纂的法律中，有一个关于暗杀的奇特条文规定，控方可以迫使 9 人依次进行烙铁神判，如还不成功，他只要能提供 12 名共誓人起誓被告有罪，就可以迫使第 10 人继续受审——如果最终被告被宣判无罪，这 12 位共誓人将会被判处向被告和教堂各赔偿 3 马克罚金。［Legg. Scan. Provin. Lib. V. c. 57 (Ed. Thorsen, p. 140).］在挪威和冰岛，对某些刑事案件的追责，控方必须提供 10 位同伴，其中 8 人似乎纯粹只是支持者，而另外两人则发誓表明他们曾听说过此案，但对此案情一无所知——至于这等誓言的分量如何，只要看到被告仅须有两名共誓人即可脱身，结论不言而喻。［Ideo manus libro imponimus sacro, quod audivimus (crimen rumore sparsum), at nobis ignotum est verum sit nec

1　兰登(Lunden)，德国北部城市。

ne.—Jarnsida, Mannhelge, cap. xxiv.]

也许对原告方誓言最谨慎的评估在《波尔多习惯法》(*Coutumier of Bordeaux*)中。它规定,在民事案件中,案值4个索尔(sols)[1]以内的,原告须对市政厅的福音书起誓以证实自己的诉求;争议金额在4—20索尔之间的,须对圣普罗哲(St. Projet)或圣安托万(St. Antoine)的圣坛起誓;争议金额在20索尔—50里弗尔之间的,须在圣雪兰(St. Seurin)的墓园内起誓,超过此金额的,则在圣雪兰的圣坛(Fort)前进行。素乏诚实之名声的人在所有的案件中,即使再微不足道的案件,都必须对圣坛(Fort)起誓,而且必须有至少一个共誓人发下同样庄严的誓言,声明相信同伴所言属实。[Rabanis, Revue Hist. de Droit, 1861, p. 511.]

允许控诉方采用共誓证明自己主张的习惯,在欧洲部分地区保留到相对晚近的时期。对这一点的诠释可见于,瓦希特尔(Wachter)[Du Boys, Droit Criminel des Peuples Modernes, II. 595.]记录的一次奇特的审判,同时也可看出被告誓言依然有一定分量。此案发生在1505年的士瓦本(Suabian)[2]法庭上。一位妇女控告三名男性涉嫌谋杀其夫。他们否认了指控,但是到了发下否定性誓言的时候,得到保证:如果他们是士瓦本当地人,只要发誓就可以被宣判无罪。他们表示需要时间考虑。随后,那位孀妇的诉讼代理人前来为其控诉起誓,而且找到了两名共誓人,于是在没有对双方进行进一步调查的情况下,被告就被定罪了。类似的做法也出现在威斯特

---

1 索尔(sol),法国旧币的一种。

2 士瓦本(Suabia),德国西南部历史地名。

伐里亚的维默法庭(Vehmgericht)[1],14—15世纪时这个法庭的管辖权延伸至德意志全境。指控须有共誓人支持,当被告人是一位主审官(Frei-graff)时,原告需要有7名自由法官(Fre-schöppen)与其一同起誓进行指控。[Freher. de Secret. Judic. cap. xvii. §26.]

我所看到对这种性质的既定法律条文的最晚近记载,出现在1539年修订的布列塔尼(Britanny)[2]的习惯法中。这部法律规定,提出财产损害赔偿请求者,必须起誓其主张金额属实,并且前提是他能找到值得信赖的同伴宣誓说"他们相信他的誓言善意而忠实",其请求才会得到采信。[Anc. Cout. de Bretagne, Tit. VIII. art. 168.]在1580年亨利三世下令修订的《习惯法汇编》中,连这样的遗迹也终于销声匿迹了。

---

1 维默法庭(Vehmgericht,又写作Femgericht, Fehmgericht或Fehmic court),中世纪时德国威斯特伐里亚地区的特殊法庭,主要活跃于14—15世纪。这个法庭,掌握着原属于皇帝的生杀之权。其集会等活动,常常是不公开的,因此被称为"神秘的"、"寂静的"或是"被禁止的"法庭,蒙上了神秘而诡异的色彩。最终在1811年,为时任威斯特伐里亚国王的纪尧姆·波拿巴(1807—1813年在位,法国皇帝拿破仑·波拿巴的幼弟)所废止。

2 布列塔尼(Britanny),法国西北部一个半岛。

Ⅱ 决斗断讼法

在人类摆脱野蛮蒙昧的过程中，日益崛起的理性力量与逐渐式微的凶残暴力霸权之间的斗争，可谓机锋处处。我们这一代自作聪明地嘲笑先辈的前后矛盾，其实，那正是人类螺旋式前进道路的一部分，犹如沉默的胜利奖杯般，应当得到尊重，这胜利几乎完全是在不知不觉中依靠渐进方式取得的。因此，在黑暗时代，我们看到正义的实施竟要披着基督教化的迷信外衣、诉诸刀剑和运气的怪现象，但应当记住：相对于过去那种对暴力的普遍依赖，这已经是一种进步了。蛮族部落被引向抽象正义，尽管道路曲折幽暗，却终能修成正果，我们对此不必大惊小怪。无论用何种方法，使强者向弱者屈膝，就已是对人性的伟大征服；而且，如果因人性弱点而必须借助迷信终结斗争，那么，当今天的我们坐享其成时，偏对这样的方式吹毛求疵，就未免有点儿无聊了。对于未开化的民族，就像对未受教育的人一样，感性强于理性，并且不是东风压倒西风，就是西风压倒东风。于是，如果执着于保持不公的现状和凶暴掠夺的武士，能够接受用一场公平的战斗或神判来决断他的诉求，他就已经朝承认公平正义理念、放弃与人类社会生活格格不入的个人孤立迈出了一大步。正是通过这种间接方式,一个个逞强斗勇的个人被粘合起来,逐渐能够适应常设政府,并且形成了有组织的国家,开始珍视人与人之间不可或缺的抽象正义理念。从这样的视角看来,古老的程序形式褪去了它们荒谬的外衣,我们将其想作暴力、信仰和理性的不稳定聚合物,就如同对待瓦特的第一台简陋的发动机或者“克莱蒙特”号(Clermont)[1]一样,当它在哈德逊湾跌跌撞撞地下水起航时——尽管确实笨重而粗糙,但是我们仍将其看作未来成功的宝贵雏形和先驱。

对于人类而言,将疑虑的重担赋予权位较高者,逃避作出决定和探索出路等困难的问题,似乎是一种自然的倾向。在刚果的偶像崇拜者与时常造访勒·诺尔芒小姐(Mlle. le Normant)[2]沙龙的高雅的怀疑论者之间,尽管相距十万八千里,却可以通过这样共同的弱点而彼此相通;而且无论是试图追寻过去还是预测未来,其动力都是相同的。因此,在原始的“马勒姆”(部落司法会议)中,法官智慧的欠缺、证据的缺乏或双方证词势均力敌,都使判决变得非常困难,还有什么比诉诸更高权力者,并将问题推给神来做判决更加自然的做法呢?[就这样,迟至 13 世纪,德意志南部当地法律,在对无法适用证言的案件处以决斗时,表达了天真淳朴的非正义性:“Hoc ideo statutum

---

1 克莱蒙特号(the Clermont),是美国发明家富尔顿(Fulton)在 1807 年利用蒸汽发动机制造的一条木质蒸汽机船,在纽约哈德逊湾下水,成功航行至阿尔伯尼(Albany),并以此开辟了商业旅客运输服务,获得巨大成功。

2 勒·诺尔芒小姐(Mlle. le Normant,1772—1843 年),法国大革命时期和第一帝国时期深受时人追捧的预言家,著有二十部预言集。她曾预言约瑟芬会当皇后,结果后者真的成为拿破仑一世的第一位皇后。

est, quod causa hæc nemini cognita est quam Deo, cujus est eandem juste decidere.”如果其前提成立，这就非常合理了！ 甚至迟至1617年，奥古斯特·维斯彻（August Viescher）在一篇关于司法性决斗的思考深入的论文中，表达了对神明干预的同等依赖：“Dei enim hoc judicium dicitur, soli Deo causa terminanda committitur, Deo igitur authore sigulare hoc certamen suscipiendum, ut justo judicio adjutor sit, omnisque spes ad solam summæ providentiam Trinitaris referenda est.”—（Vischer Tract. Juris Duellici Universi, p. 109.）这部著作是最最奇怪的反潮流之物。 维斯彻是一位博学的法律顾问，在17世纪时致力恢复司法性决斗，为此写了一篇700页的论文阐述其原则和做法。 他引用了不少于671位学者的言论，展示了他研究的广泛性，却只在这个问题上传达了少得难以置信的信息。］考虑到这种对抗类似战争的属性，诉诸战争之神也就没有什么可奇怪的了，无论这个战神是被称为奥丁还是萨巴奥特（Sabaoth）[1]，他们在每一个案例中都特别眷顾无辜之人。在对正义的茫然索求之中，如此奇特的程序混搭，原始的巴伐利亚法律的规定可作为一个具体示例：一个人带着6名共誓人向法庭主张其对某一处产业的权利；而该处产业的占有者也有一位证人为其权利进行抗辩，且这位证人必是附近的一位地主。于是，权利主张者攻击证人的可靠性——“汝以谎言负我。我得以单打独斗，得神昭示，汝等誓言是真是假”［L. Baioar. Tit. XIV. c. i. §2.］；而且，根据决斗所决定的，既包括证人的诚实与否，也包括这片地产的权利归属。

---

1 萨巴奥特(Sabaoth)，万军之王，千军万马，天兵天将。参见《罗马书》9:29，《雅各书》5:4。

在司法性决斗的讨论中,必须记住很重要的一点:决斗断讼是一种司法制度,而决斗的习惯则是一种几乎存在于各个种族和时代的普遍现象,两者之间有着很大区别。当荷拉斯兄弟(the Horatii)遇上库里亚斯(the Curiatii)兄弟,或者安东尼(Antony)剑挑屋大维(Octavius)以决定罗马统治权[1],抑或理查二世(Richard II)[2]在1384年仗着年轻提议与对手查理六世(Charles VI)[3]用一对一格斗结束由瓦卢瓦的腓力(Philippe de Valois)和爱德华三世发动的战争[4] [Pike, History of Crime in England, I. 393, 499.],或者古代印度人为避免战争屠戮,也采用了同样的方式[Ayeen Akbery, II. 324.]——这些都是避免不必要的流血或者泄私愤的权宜之计。当

---

1 公元前44年,罗马的独裁者恺撒遇刺身亡后,其军事领导人安东尼与恺撒的养子屋大维争夺罗马的统治权。屋大维毫无军事经验,却善于施展政治手段赢得人心。好大喜功、沉溺声色的安东尼逐渐失势,逃亡埃及。败局已定时,心有不甘的安东尼提出与屋大维单独决斗,胜券在握的屋大维当然不会同意。公元前30年,安东尼与其情妇埃及女王克利奥帕特拉先后自杀身亡,屋大维获得了罗马的统治权。随后,罗马结束了共和国时期,进入了帝国时代(公元前27年—395年),也开始了一段长达二百年左右的"罗马和平"(Pax Romana)时期。

2 理查二世(Richard II,1367—1400年),爱德华三世之孙,"黑太子爱德华"之子,英格兰国王(1377—1399年),被兰开斯特王朝的首位君主、后来的英格兰国王亨利四世所废黜。

3 查理六世(Charles VI,1368—1422年),法国国王(1380年起在位)。1396年,英王理查二世与法王查理六世签订二十年停战协定,结束了英法百年战争的第二阶段。

4 瓦卢瓦的腓力(Philippe de Valois),即法国瓦卢瓦王朝的第一位君主腓力六世(Philip VI of Valois,1328—1350年在位)。英法百年战争就是在他以及英王爱德华三世(Edward III, 1327—1377年在位)统治时期爆发的。

亨利四世(Henri Quatre)[1]时代的风流雅士,或者今时今日的火爆浪子,想用敌人的鲜血洗雪某种想象中的污点之时,就会进行决斗,它虽与司法性决斗更加相近,但也并非起源于此,而是源自所有古代部落普遍存在的一种私人报复权,以及封建时代绅士阶层独有的、与此相似的私人战争权。[早期的敕令恰当地反对决斗(Ordonn, Charles IX., an. 1566; Henri IV., an, 1602—in Fontanon I. 665)只是针对贵族阶层,以及那些有权携带武器的人,他们对决斗这种事有点欲罢不能,而司法性的决斗,就如我们所见,开放适用于所有阶层,执行起来一视同仁。]由来已久的要求"绅士式"的虚华方式,就这样既成了司法性决斗断讼这一习惯的目的,也成了其起源。私人战争(private war)[2]的废止,刺激了决斗的兴盛,几乎与此同时,司法性决斗慢慢被废弃不用。两者此起彼伏,而且形式上近似,人们曾一度对它们的不同特性感到困惑,这也没有什么好奇怪的。然而,要想给它们之间画一条界线并非难事:一个的目标是寻求报复,获得赔偿;另一个则是探查真相,公正执法。

这样的例子不胜枚举。一位名叫约翰·范·阿克尔(John Van Arckel)的荷兰骑士,跟随布永的戈弗雷参加了第一次十字军东征。

1 亨利四世(Henri Quatre),指法国波旁王朝的第一位君主亨利四世(Henry IV of France,1589—1610年在位)。

2 私人战争(private war),又称"世代血仇"(blood feud),指两个家族或部落之间长期的敌对状态和流血冲突。我们所能想到的最著名的例子,也许就是莎士比亚名剧《罗密欧与朱丽叶》。其故事背景就是男主角所属的蒙泰古(Montague)家族和女主角所属的卡普莱特(Capulet)家族世代为仇,长期处于这种"私人战争"状态。

当一些德意志武装加入这支部队后，一位蒂洛尔的(Tyrolese)[1]贵族看到范·阿克尔的部队在他的帐前列阵，旗帜和自己部队的一样，遂下令将其扯下。这种侮辱不可容忍，但是受到伤害的骑士并未贸然寻求恢复荣誉。他将案件诉至十字军统帅们面前，寻求司法解决。一番调查之后，双方均证明了他们对同样旗帜披挂的世袭权利。为了解决冲突和互相矛盾的主张，法官们下令采取司法性决斗，范·阿克尔杀死了对方并夺取了他的盾，证明了自己对"银底两红杠"徽标的权利主张。为表达对神明的感激，范·阿克尔在巴勒斯坦八年间都扛着这样的旗帜。这不是一场拘泥于细枝末节的争吵，也不是一种反击侮辱的模式，而是一次对法律争端的审理，是那个年代别无选择时允许采用的方法。[Chron. Domin. de Arkel (Matthæi Analect. VIII. 296).] 在西西里晚祷事件(the Sicilian Vespers)[2]之后，诡计多端的安茹的查理(Charles of Anjou)[3]受到高歌猛进的对手阿拉贡的佩德罗一世(Pedro I of Aragon)[4]的强力压

1 蒂洛尔(Tyrol，也写作 Tirol)，奥地利西部、邻近意大利北部的一个地区。

2 西西里晚祷事件(the Sicilian Vespers)，指 1282 年复活节晚祷时开始发动的、西西里人反抗法国统治的武装暴乱。

3 安茹的查理(Charles of Anjou，约 1226—1285 年)，指出身法国安茹王朝的那不勒斯和西西里国王查理一世(Charles I of Naples and Sicily，1266—1285 年在位)。

4 阿拉贡的佩德罗一世(Pedro I of Aragon)，似指阿拉贡国王佩德罗三世(Pedro III of Aragon，1276—1285 年在位)兼巴伦西亚国王佩德罗一世(Pedro I of Valencia)，亦即巴塞罗那伯爵佩德罗二世(Pedro II of Barcelona)。由于欧洲君主们领土、领地、彼此继承关系错综复杂，常常出现同一个人，作为某国君主称为"X 世"，同时作为另一国君主又被称为"Y 世"的情况，例如英国国王詹姆斯一世，同时也作为苏格兰国王，称詹姆斯六世。

制,并且急需时间镇压他半岛上的臣民发起的叛乱,于是他向唐·佩德罗(Don Pedro)派出一位先锋官,指控其恶意不宣而战。急躁的加泰罗尼亚人立刻中计,为了摆脱并非全无根据的指控,唐·佩德罗提出与指控者在决斗场(champ-clos)上碰面。双方都向福音书发誓,用战斗方式裁决这一指控,每方都集结了100人,来到当时尚在英王治下的中立地——波尔多。而这时,查理已经有足够时间腾出手来,轻而易举地设法阻止敌对双方会面。[Ramon Muntaner, cap. lxxi.——在骑士时代,没有什么比蒙泰内(Muntaner)的描述更加栩栩如生的传奇了,唐·佩德罗骑行至波尔多并进入竞技场,那里的执事者却无法为他确保一片公正决斗的净土。]尽管实际上,这样的挑战与安东尼的几乎没有两样——它实质的代价是两西西里王国(the Two Sicilies)[1]的王冠——其形式和目的依然属于司法性决斗,被告提出与控方亲身厮杀,以推翻对他的"不诚信"(mala fides)指控。同样如此的是,当弗朗西斯一世(Francis I)[2]向查理五世(Charles V)[3]挑

1 两西西里王国(the Two Sicilies),包括那不勒斯和西西里的旧王国;1861年与意大利王国联合。

2 弗朗西斯一世(Francis I of France,法文写作François I,因此又译为弗朗索瓦一世,1494—1547年),法国国王(1515—1547年在位),长期与出身哈布斯堡家族的神圣罗马帝国皇帝查理五世(Charles V)争夺欧洲大陆的霸权。同时,他也是法国文艺复兴的热忱赞助者,其最著名的受赞助者之一,是带着《蒙娜丽莎》前往法国的达·芬奇。

3 查理五世(Charles V,西班牙语中写作Carlos,德语中写作Karl,1500—1558年),西班牙国王(1516—1556年在位)兼神圣罗马帝国皇帝(1519—1556年退位),同时还曾有德意志国王、那不勒斯和西西里国王、奥地利大公尼德兰(今荷兰)领主、勃艮第公爵等众多头衔。他是哈布斯堡王朝鼎盛时期的统治者。参见前文第91页注1。

战时,那无聊的虚张声势,并非想使半个欧洲免受战乱之灾,而仅仅是使他自己免受皇帝提出的背誓指控,并且这项指控证据确凿,因为法王确实违背了《马德里条约》。类似地,有一次同样披着司法决斗外衣的私斗,无论动机是否出于个人仇恨都可谓恶名昭彰,从而影响了骑士恶行的最后效仿者。[Du Bellay, Mé moires, Liv. III.]这场有名的决斗,发生在1547年雅尔纳克(Jarnac)和拉·查斯泰那拉耶(La Chastaigneraye)之间,受到诚实的老布兰托姆(Brantôme)[1]如此深切地悲悼,显示出两种决斗自始至终的差异。这次决斗举行了所有的司法仪式,并在亨利二世面前进行,它其实无关荣誉之事,而是使雅尔纳克能够摆脱对方的无耻指控。结果极其出人意料的是,拉·查斯泰那拉耶死去。而他是国王的宠臣,因此这位君王终止了所有合法化的决斗。但是非法的私斗不仅继续而且频繁出现,还史无前例地在接下来的半个世纪中愈演愈烈——亨利四世(Henry IV)在22年的时间里颁发了不少于7000道特赦令,赦免违反王室敕令的决斗行为。这样一种获得“满足”的模式,与我们的时代精神如此大相径庭,以至于我们毫不稀奇地看到,它的拥护者努力使其归于古代的决斗裁断之列。尽管两者都是野蛮的遗迹,都无疑是从原始的习俗和习惯中演化而来的,却有着根本不同而又同时并存的制度;而且,无论多大程度上偶尔被暴力时代的激情混为一谈,它们其实目标各异,采用了不同的程序形式。在这里我们只

1 布兰托姆(Brantôme),指法国的编年史作家皮埃尔·德·布兰托姆(Pierre de Brantôme,约1540—1614年),其文风坦诚质朴,为研究其所生活的年代提供了可靠的材料。

须把决斗当作严格的司法程序,而不是去谈论那些为迎合当代人偏执喜好而大量涌现的奇闻轶事。

司法决斗的起源

中世纪对决斗断讼的过分推崇,旨在通过确认此法与人类本身一样古老,以增强其权威,就如该隐和亚伯,当他们无法用其他方式解决权利冲突时,便同意用一对一的格斗来决一雌雄;但是我们不会进入如此玄奥的思辨之中。对于我们来说,只需要知道:在欧洲定居的所有部族都广泛而一致地如此照做,可见这种做法的起源想必是在一个欧洲各民族分化之前的古老时代,尽管在我们所掌握的、留在亚洲的雅利安人文献中,没有明确的书面记载可寻。[同样信念的一个远僻碎片,可见于古代日本人的做法,他们通过司法性决斗解决繁杂的问题。参见 Griffis's Mikado's Empire, New York, 1876, p. 92。]

神圣的正义用剑说话,这样模糊的见解,必然在古希腊时代就已经存在,这体现在荷马对墨涅拉俄斯(Menelaus)[1]和帕里斯(Paris)[2]之间决斗的精妙描述中。这场战斗,具有司法决斗的一切特征,作出有罪或无辜的判断,裁决美人海伦的归属。首先,祭品被奉献给了宙斯;赫克托尔(Hector)和奥德修斯(Ulysses)[3]丈量了场地;抽签决定哪一方先掷长矛;而集结的军队向宙斯祈祷,恳求他将有罪一方的斗士送至冥王哈迪斯(Hades)那里。[Iliad. III. 276-323.]这不仅仅是终止战士们之间互相屠戮的机制,而且是一种通过武力请求上苍昭示正义的手段。

虽然恺撒并没有提到高卢人中有这样的习惯法,但是在凯尔特部落之中,这显然是一种通行的做法。李维(Livy)[4]描述了西班牙居民如何抓住西庇阿(Scipio)[5]举办角斗士表演的机会,通过决斗

1 墨涅拉俄斯(Menelaus),古希腊传说中的斯巴达国王,著名美人海伦的丈夫,为了夺回被拐走的妻子,联合其他希腊城邦君主,发动了为期十年的特洛伊战争。参见《荷马史诗》,北京:人民文学出版社,1997年。

2 帕里斯(Paris),是古希腊传说中的特洛伊王子之一。容貌俊美,举止轻浮,诱拐了斯巴达王后海伦,导致特洛伊成为众矢之的,遭到希腊诸城邦联军的围攻,最终国破家亡、身败名裂。参见《荷马史诗》,北京:人民文学出版社,1997年。

3 奥德修斯(Odysseus),是希腊神话中西部伊塔卡岛之王,曾参加特洛伊战争,是希腊方面军的英雄之一,《荷马史诗》的主角。罗马神话中,称他为"尤利西斯"或"尤利塞斯"(Ulysses)。赫克托尔(Hector)则是特洛伊一方的英雄,也是肇事者帕里斯的哥哥。参见《荷马史诗》,北京:人民文学出版社,1997年。

4 李维(Livy,拉丁文名字为Titus Livius,公元前59—公元17年),古罗马历史学家,著有《罗马史》100多卷。

5 西庇阿(Scipio),罗马著名贵族的姓氏。这个家族出了数位军政要人,包括击败了迦太基名将汉尼拔的"非洲征服者"大西庇阿(Publius Cornelius Scipio Africanus,约公元前236—前184/183年),以及小西庇阿(Scipio Africanus the Younger,公元前185—前129年)等。

解决各种民事纠纷；而且他特别提到了一个案例，两个堂表亲戚通过这种方式解决了血统法上的争议问题，尽管这位罗马统帅诚恳地抱怨过这种事。[Liv. XXVII. 21.] 当爱尔兰的凯尔特人出现在历史中时，我们发现司法性决斗已经作为一种固定的模式建立起来。《古制全书》(*Senchus Mor*)[1] 据说是一部在圣帕特里克(St. Patrick)[2] 监修之下编纂的法典，其中记载，对一件麻烦事拖延5天的传统，可以用很早以前发生在麦格-因尼斯(Magh-inis)[3] 的一场战斗来解释。"在万事俱备、只差一位证人就可以开始决斗之时，他们在决斗场遇到了一个女人，她要求推迟，并说道：'若换作是我丈夫，我会要求你们推迟。''我愿意推迟，'其中一位战士说道，'但是恐怕这将对起诉我的那人不利；他的诉求将被推迟。''我愿意推迟。'对方战士说道。于是，战斗就推迟进行，但是他们不知道要推迟到何时，直到康楚伯赫(Conchubhur)和森查(Sencha)[4] 对此作出裁判。森查问道：'这位女士叫什么名字？''崔克茜，'(Cuicthi，有'5'的意思)她回答道，'就是我的名字。''那么就让这场决斗推迟吧，'森查说道，'以这位女子的名义，推迟5天。'"[Senchus Mor, I.

---

1 《古制全书》(*Senchus Mor*)，是古代爱尔兰的法律汇编。参见《马克斯恩格斯全集》第16卷的《爱尔兰史》一篇，以及第45卷《亨利·萨姆纳·梅恩〈古代法制史讲演录〉》一篇。

2 圣帕特里克(St. Patrick)，生活在5世纪的爱尔兰的主教和守护圣徒，据说是他将基督教传入爱尔兰。

3 麦格-因尼斯(Magh-inis，亦作Lecale，爱尔兰语中写作Leath Cathail)，今北爱尔兰的一个半岛。

4 康楚伯赫(Conchubhur)和森查(Sencha)是爱尔兰神话传说《阿尔斯特史诗》(*The Ulster Cycle*)中的人物，这是一部讲述乌莱德族英雄时代的传说。

251.]菲尼人的战斗热情是如此强烈,并且如此广泛地采用了决斗断讼,以至于当他们皈依基督教时觉得难以理解,基督神圣的代言人们竟然不被允许用武力来证明他们的权利。圣帕特里克在 456 年的一次宗教大会上,不得不以开除教籍作为惩罚来威胁他的教牧人员,以禁止他们用舞刀弄剑的方式来逃避为异教徒做担保而负有的责任。[Synod. S. Patricii ann. 456, c.8.]

鉴于决斗断讼法在爱尔兰的凯尔特人中的盛行,它很可能也存在于早期不列颠居民中。如果是这样,那么罗马人漫长的统治无疑足以清除其所有痕迹。威尔士的法律要归功于 10 世纪早期的国王"好人霍尔",它在一切法律程序形式方面都极其凝练和精确。的确,一部古老的法律汇编表示,戴文沃尔-莫尔-玛德(Dyvnwal-moel-mud)——不列颠的一位国王,规定了决斗审判、烙铁神判和沸水神判,而霍尔却在他的立法中认为它们有失公允,故而将其废除,转而用人言或者说"共誓辩护法"来取代它们。[Anomalous Laws, Book XIV. chap. xiii. § 4. (Owen II. 623.)]然而,这个传说非常可疑。直到 12 世纪末,威尔士法典中都没有提到此习惯,而且后来汇编中的少许暗示似乎表明,这些与其说是古老制度的复活,不如说是英格兰在外来征服影响下的创新。

在条顿民族的古斯堪的纳维亚分支(the Norræna)中,决斗断讼法可以被追溯至传说中的王国和传统。萨克索·格兰玛提库斯(Saxo Grammaticus)[1]告诉我们,大约在基督教时代,丹麦的弗罗索

1 萨克索·格拉玛提库斯(Saxo Grammaticus),12—13 世纪丹麦历史学家,撰写了《丹麦史》(*Gesta Danorum*),或译为《丹麦人的伟绩》。

三世(Frotho III)或者说“伟大的弗罗索”(Frotho the Great)[1]下令采用决斗来解决所有的争议，他希望自己的勇士们应当习惯于依靠勇气和技能，而不是滔滔雄辩[Saxon. Grammat. Hist. Dan. Lib. v.]；无论当时的年代表如何疑点重重，这一传统都显示：此习惯的起源早已迷失在历史的深渊中。在尚未皈依基督的古斯堪的纳维亚人中，所谓“霍尔姆冈”(holm-gang)[2]或者说单打独斗，确实是非常普遍通行的裁判方法，以至于它被看作一种前所未有的授权。任何一位对自己使用武器时的矫健和敏捷有自信的竞技者，仅须通过挑战财产所有者，迫使其交出土地或者进行决斗，就能大发横财。例如，在定居冰岛的过程中，克拉库·贺雷达尔(Kraku Hreidar)航行到那儿，一看见土地，就向索尔(Thor)[3]祈求把他本可以通过决斗立刻获得的大片土地赐他所有。他在登陆时船只失事，受到了一位名叫哈弗德(Havard)的同胞的亲切接待，并在那里度过了冬季。到了春天，他宣布，为了获得足够的土地，准备向赛蒙德·萨杜雷斯卡(Sæmund Sudureyska)发起挑战。哈弗德劝阻了他，表示这样获得财富的方式往往不能善终；而且当高多罗姆的埃雷克(Eirek of Goddolom)给他足够的土地之后，便成功地息事宁人了。但这些彪悍海盗中的其他人，却没有像克拉库这样受到理性的影响。当霍尔凯尔(Hallkell)来到冰岛和他的兄弟凯特尔比央(Ketelbiorn)一起过

1 弗罗索三世(Frotho III/Frotho the Great)，《丹麦史》中的人物。

2 霍尔姆冈(holm-gang)，中世纪时斯堪的纳维亚人中一种用于解决争议的决斗。

3 索尔(Thor)，北欧神话中的雷神。

冬时,后者向前者提供了安顿下来的土地。但霍尔凯尔对这样和平的提议不屑一顾,宁愿向一位邻近的格里姆(Grim)挑战,令其交出土地,或者“决斗断讼”上见。格里姆接受挑战,随即斗败被杀,于是霍尔凯尔就顺理成章地继承了其财产。这一习惯的嬗变,可见于贺洛雷夫(Hrolleif)案中,此公定居数年之后,对他的财产感到不满足,于是挑战其邻人埃依文德(Eyvind),逼迫其要么交换产业,要么进行决斗,爱好和平的埃依文德选择了前者。[Islands Landnamabok, III. vii.; V. xii. xiii. 也见于II. vi, 以及xiii。]《埃吉尔·斯卡拉格里姆森传奇》(*The Saga of Egil Skallagrimsson*)[1]中提到了一位著名的决斗者,号称“苍白的勒乔特”(Ljot the Pale),这位没有土地的异乡人,通过挑战有地者夺取其土地而致富,但是他命中注定会死于埃吉尔之手。有一次,当勒乔特正要与一位较弱的对手举行决斗时,埃吉尔正好游历至此地。埃吉尔自愿代其与勒乔特决斗,并一举将其击毙。“决斗断讼”之所以称为“霍尔姆冈”,是因为战斗通常在一个小岛或者沙洲(holm)上进行;而且,从胜者离场后用一头公牛献祭的习俗中,我们可以看出,这种方式也被看作一种诉诸神判的方式。[Keyser's Religion of the Northmen, Pennock's Translation, p. 245-7.]

的确,塔西佗(Tacitus)[2]并未提及同时代的日耳曼人有这种习

1 《埃吉尔·斯卡拉格里姆森传奇》(*The Saga of Egil Skallagrimsson*),主人公埃吉尔·斯卡拉格里姆森是一位生活在10世纪维京时代的诗人、武士和农场主。

2 塔西佗(Tacitus),出生于大约公元前55年的著名史学家。

惯法，一段常被引用的、在现实中有这般效果的片段，仅仅是关于一种卜卦模式的描述，即在开战时，先安排一个被俘的敌人与一位选出的勇士决斗，决斗的结果被认为是即将进行的战斗结果的先兆。［Tacit, de Mor. Germ. X. 杜・坎杰（Du Cange）[1] 提到帕特库鲁斯（Paterculus）[2] 的一篇文章，作为日耳曼人中存在司法性决斗的证明（Lib. II. cap. 118），但在我看来，那只是为了体现“弱肉强食”规则。］然而，塔西佗的用意，却并非为了激起同胞们的好奇心，而是用野蛮未开化的日耳曼人的优点对比他们的恶习，而且较之存在于亲族部落之中的确凿肯定性证据，他在这个问题上的沉默，也并非有力的否定性证据。在这样的可能性之下，只要深入探究一下成文法中对他们习惯的记载，我们就会发现决斗断讼得到了普遍的接受。其中最早的是勃艮第人的法典，由国王冈多鲍尔德（King Gundobald）[3] 汇编，在 5 世纪末成书，书中决斗占据了十分显著的地位，以至于被称为“冈多鲍尔德之法”（Lex Gundebalda 或 Loy Gombette），并导致后人将其视作起源于勃艮第。

在萨利人法律的一般文本中，并没有提到决斗断讼，只是在一份手稿中，它被当作一种常规程序形式。［Si tamen non potuerit adprobare ....et postea, si ausus fuerit, pugnet." —Leyden MS.—Capit,

1　杜・坎杰（Du Cange，1610—1688 年），法国哲学家、史学家，主要研究中世纪和拜占庭历史。

2　帕特库鲁斯（Paterculus，约公元前 19—30 年），全名马库斯・维雷乌斯・帕特尔库鲁斯（Marcus Velleius Paterculus），古罗马历史学家，著有《罗马史纲要》（*Compendium of Roman History*）。

3　国王冈多鲍尔德（King Gundobald，亦作 Gundobad 或 Gundibald，约 452—516 年），法国统一之前其南部勃艮第地区的国王，约 474—516 年在位。

Extravagant. No. xxviii. of Pardessus.］但是，仅根据这样的沉默，还不能得出在法兰克人中并未实行决斗断讼的结论。在他们早期的历史中可以找到足够多的案例，显示出这样的做法绝非罕见。［Gregor. Turon. Hist. Franc. Lib. VII. c. XIV.； Lib. X. c. X.—Aimoini Lib. IV. c. ii.］并且，随后一个时期，《查理大帝修订法》（*the Lex Emendata of Charlemagne*）中对此问题同样缄口不言，尽管这位君主的诏令汇编中倒是频繁提及，并将其作为普遍使用的法律程序。萨利人法律的衍生物，即里普利安人、阿勒曼尼人和巴伐利亚人的法典——由克洛维之子蒂埃利（Thierry）[1]编纂，之后又由希尔德伯特和克洛泰二世修订，最后由达戈贝尔特（Dagobert）[2]在630年左右最终定稿——其中对"决斗场"一词的频繁提及，显示出这种习惯在日耳曼人的整个法学体系中被多么彻底地普遍通行。伦巴底人更是有过之而无不及，使用此法简直成瘾。在他们占领意大利76年之后，由国王罗萨里斯在643年编纂的最早法律中，时常提及这种做法，他们津津乐道的是，此法被用于裁断最引人注目的案件，参见冈德波尔佳王后（Gundeberga）[3]的故事，她是阿利奥瓦尔德斯（Ariovaldus）[4]的妻子，也正是罗萨里斯的前任王后。一个名叫阿达

1　蒂埃利（Thierry，约485—533/534年左右），指墨洛温王朝克洛维一世之子提奥德里克一世（Theuderic，Theuderic是Thierry法语化的写法）。

2　达戈贝尔特（Dagobert，605—639年），指达戈贝尔特一世，墨洛温王朝君主。

3　冈德波尔佳王后（Gundeberga），生活于6—7世纪，先后嫁给两位伦巴底国王，阿利奥瓦尔德斯和前文提到过的罗萨里斯。

4　阿利奥瓦尔德斯（Ariovaldus，也写作Arioald），伦巴底国王（626—636年在位）。

鲁尔夫(Adalulf)的人求爱未果,便指控王后与他人共谋不轨,于是阿利奥瓦尔德斯将王后投入监狱,监禁了3年之久,直到她的亲戚“伟大的克洛泰”(Clotair the Great)[1]派遣使节要求将她释放。可外交努力徒劳无功,法兰克国王的特使只能确保她得以通过一场单挑格斗获得裁判,一位名叫皮托(Pitto)的勇士战胜了身为控方的阿达鲁尔夫,冈德波尔佳再度成为王后,而她的无辜也得到了确认。[Aimoini Lib. iv. cap. x.]伦巴底人对这种习惯根深蒂固的崇拜,确实从罗萨里斯及其继任者们为限制和废止其适用所作出的无果而终的努力上可见一斑。他禁止在一些重要案件中使用这种方法,取而代之以共誓人制,并表达了鲜明的怀疑态度,这显示出开明人士对决斗断讼这种方法何等不信赖。[Quia absurdum et impossible videtur esse ut tam grandis causa sub uno scuto per pugnam dirimatur.—L. Longobard. Lib. II. Tit. lv. §§1, 2, 3.]紧随其后的立法者,国王格里姆茂尔德(King Grimoald)[2]则下令,作为被告,占有土地或自由使用权30年以上,即可免于用决斗保持其所有权,并得到使用共誓人的特权。[L. Longobard, Lib. II.. Tit. XXXV. §§4, 5.]在接下来的一个世纪里,国王利乌特普兰德试图将其完全废除,但是发现他的子民成见很深、难以说服,于是在法律典籍中载明他对此做法的蔑视,以及他努力将其废止的声明,然而他能限制其适用范围并减少对败方的刑罚,也就应当感到满足了。[Gravis causa nobis esse

1 伟大的克洛泰(Clothair the Great),即“克洛泰二世”。参见前文第38页注1。

2 格里姆茂尔德(King Grimoald,也写作Grimuald,约610—671年),伦巴底国王(662—671年在位)兼贝内文托公爵(Duke of Benevento)。

comparuit, ut sub uno scuto, per unam pugnam, omnem suam substantiam homo amittat .....Quia incerti sumus de judicio Dei; et multos audivimus per pugnam sine justitia causam suam perdere. Sed propter consuetudinem gentis nostræ Longobardorum legem impiam vetare non possumus.—(L. Longobard. Lib. I. Tit. ix. §23.)穆拉托利(Muratori)[1]声称，更古老的手稿写作“这法律”(legem istam)，而不是“恶法”(impiam)，这可能会削弱利乌特普兰德谴责的力度。]

盎格鲁人、萨克森人和弗里斯人的法律中有着关于广泛使用决斗断讼的大量证据[L. Anglior. et Werinor. Tit. I. cap. 3; Tit. XV. —L. Saxon. Tit. XV. —L. Frision. Tit. v. c. i.; Tit. XI. c. 3.]，但非常奇怪的是，盎格鲁-萨克森人似乎曾经对决斗一无所知。但这种做法在他们祖先的领地内，被他们同源的亲族部落，以及后来与他们合流的丹麦人和挪威人如此大范围地作为合法证据而采用，并且，这与他们自身的普遍习惯及诉讼原则相一致，他们不可能没有类似的做法。我无法解释此等异常现象，只能表明这样单纯的现实：司法性决斗在任何盎格鲁-萨克森或盎格鲁-丹麦法典中都没有提及。[在霍恩的《司法之鉴》(*Myrror of Justice*, Cap. II. sect. 13)中，这是一部被认为可以追溯到爱德华二世统治时期的作品，有一种反叛罪的上诉形式“qui fuit trové en vielx rosles del temps du Roy Alfred”，其中上诉方提出用他的身体证明他指控的真实性，但早期律师的记录的精确性不大值得信赖。一些文物研究者已经倾向于推测：决斗在盎格鲁-萨克森人之中确有

1 拉多维科·安东尼奥·穆拉托利(Lodovico Antonio Muratori, 1672—1750年)意大利学者和历史学家。

实行，但是文本记载的正确性得到了派克先生权威著述所确认（Hist. of Crime in England, I. 448），他对英国法学原始文献深入彻底的研究，使得他的判断基本就是定论。在《奥拉夫·崔戈维森传奇》（*the Saga of Olaf Tryggvesson*）[1]中，曾有记载：他被一位名叫吉达（Gyda）的英格兰女王选为丈夫，这引起了她过去的一位求爱者阿尔芬（Alfin）的极大不满，后者发出挑战，因为“依那时英格兰的风俗，两人为任何事物相争，都必须用单打独斗来解决”（Laing's Heimskringla, I. 400）。然而，斯诺罗·斯特莱森（Snorro Sturleson）[2]在这件事情上实在算不得权威，而且由于吉达被描述为一位“都柏林国王（King of Dublin）的女儿”，因此，这种事即便真的发生过，也可能只是发生在爱尔兰。］**确实，似乎没有理由怀疑，英格兰法学界引入这种做法，只能追溯到威廉征服时代。**［威廉统治早期颁布的一个宪章，为他的法国和萨克森臣民划出了最广泛的适用决斗的范围。—（L. Guillelmi Conquest, II. §§I, 2, 3. Thorpe, I. 488.）不过，另外一部法律规定，被告若为诺曼人，可以拒绝身为萨克森人的申诉者的决斗要求。“Si Francigena appellaverit Anglum.... Anglus se defendat per quod melius voluerit, aut judicio ferri, aut duello. ... Si autem Anglus Francigenam appellaverit et probare voluerit, judicio aut duello, volo tunc Francigenam purgare se sacramento non fracto.” —（Ibid. III. § 12. Thorpe, I. 493.）这样的豁免权，似乎是拥有生性慷慨大度的诺曼血统之人独享的特权。］

---

1 《奥拉夫·崔戈维森传奇》(*the Saga of Olaf Tryggvesson*)，关于挪威国王奥拉夫·崔戈维森(995—1000 年在位)的传奇史诗。

2 斯诺罗·斯特莱森(Snorro Sturleson)，生活于 13 世纪的古斯堪的纳维亚编年史作者。

哥特人，虽然没有受到罗马的影响，但是对司法决斗的热衷丝毫不亚于他们的条顿亲族，尽管狄奥多里克（Theodoric）[1]努力抑制那些留在潘诺尼亚（Pannonia）[2]的臣民采用这种习惯做法，结果却徒劳无功。［Cassiodor. Variar. Lib. III. Epist. xxiii., xxiv.］这种习惯无论是在东哥特人还是西哥特人的现存法律中都无迹可寻，却在他们后来定居意大利、法国和西班牙时成为制度，这是一个很容易解释的现象。正在衰落的罗马文明对入侵者的影响依旧巨大，鉴于东哥特领袖狄奥多里克所受到的拜占庭式的教育，以及他尽可能维持原样以整合意大利的既定政策，他那简洁练达的《狄奥多里克敕令》（*Edict of Theodoric*）法典中没有提及这种做法也就不足为怪了，这部法典表现了开明的征服者多么诚恳地努力使入侵者和被征服者融入同一个政治体系中。［在狄奥多里克写给刚刚被他纳入王国版图的高卢诸省的一封书信中，对他们重回罗马法律和惯例的怀抱表达了祝贺，其实，是他自己命令他们立即采纳的。信的大意表现出，他完全认为王国的法典优于蛮族习惯，以及他对订立法律原则的热望。（Cassiodor. Variar. Lib, III. Epist. xvii）.］至于西哥特人，我们必须记住，及早归化基督教以及与文明的长期交流已经洗去了这个民族的许多原始暴行，在4世纪时还产生了乌尔菲拉斯（Ulphilas）[3]这样的人物。他们是最早

---

1 狄奥多里克（Theodoric，454—526年），又称“伟大的狄奥多里克”（Theodoric the Great），东哥特国王（471—526年在位），后征服了整个亚平宁半岛和西西里，自封为意大利国王（493—526年）。

2 潘诺尼亚（Pannonia），古罗马中欧省份，在多瑙河和萨瓦河之间。

3 乌尔菲拉斯（Ulphilas，约311—383年），又译为“伍菲拉斯”，一位著名的西哥特主教，曾将《圣经》翻译成哥特文，供同胞阅读。

能够成功地永久占领所征服土地的入侵者，而且在罗马的道义影响尚在全盛时，他们就在高卢的纳尔邦地区（Narbonensian Gaul）[1]以及西班牙地区定居，帝国体制对他们的影响比对后来的北方蛮族各部更加深刻。因此，我们发现他们的法典，几乎完全是建立在罗马法基础上的，并且做了一些修改以适用于较粗野的社会状态。他们以精巧权衡的条文和谨慎小心的个性，为后来某些民族奇形怪状的立法提供了鲜明的对照，无论是司法性决斗，还是宗教共誓，都无法立足其中。即使是粗野的神判似乎都直到很久之后的克洛维征服阿基坦（Aquitaine）[2]时才有所闻，而且只比撒拉逊人（the Saracens）[3]颠覆西班牙的哥特人王国略早一点。但是即使在意大利，伦巴底人的统治还是毁掉了狄奥多里克的努力成果；在法国，法兰克元素的引入复活了蛮族本能，在“虔诚者路易”主持下进行的、贝拉伯爵（Count Bera）和萨尼拉（Count Sanila）伯爵[4]之间的那场著名决斗中，双方都是哥特人，我们发现根据哥特人的惯例，“两个人

1 高卢的纳尔邦（Narbonensian Gaul），又译为“纳博讷”“拿邦”“纳尔榜”，位于今法国南部。

2 阿基坦（Aquitaine），法国西南部盆地。

3 撒拉逊人（the Saracens），原为叙利亚和阿拉伯半岛之间沙漠中的游牧民族。后泛指阿拉伯人中的伊斯兰教徒，有时亦泛指阿拉伯人。

4 贝拉伯爵（Count Bera），指巴塞罗那伯爵贝拉（Berá，Count of Barcelona，？—844年）。他在与穆斯林的战争中达成了停战协议，邻近贵族高赛尔姆（Gaucelm）指控他这一举动违背了国家和民族利益。涉案双方均为东哥特贵族，按照惯例，双方在路易一世的主持下采用决斗断讼。高赛尔姆派出手下军官萨尼拉（Sanila）伯爵挑战贝拉伯爵。贝拉被击败，因此败诉。参见Archibald Lewis，*The Development of Southern French and Catalan Society* 718—1050，University of Texas Press，1965。

的决斗”(pugna duorum)被看作该族的一项古老特权,以骑马交锋为特色。而败北的贝拉罪恶昭彰,以至于他的名字成了加泰罗尼亚方言中“背信弃义者”的同义词。[Ermold. Nigell. de Reb. Gest. Ludov. Pii Lib, III.—Astron, Vit. Ludov. Pii cap. xxxiii.—Marca Hispanica, Lib. III. c. 21.]

决斗断讼并非仅限于凯尔特人或条顿人的祖先。斯拉夫部族陆续融入历史洪流中,表现出类似的用刀剑裁断民事和刑事疑难案件的趋势。波西米亚(Bohemia)[1]、波兰、塞尔维亚(Servia)、西里西亚(Silesia)[2]、摩拉维亚(Moravia)[3]、波美拉尼亚(Pomerania)[4]、立陶宛以及俄罗斯的最早记载,都证明了这一制度曾盛行于世。[Königswarter, op. cit, p. 224.]

这一习惯的扩大

决斗断讼就这样在欧洲各部族中成了世代相传的体制的一部分。他们归化基督教信仰时,其所诉诸的神明从异教众神变成了耶和华、基督和圣徒们,可是对刀剑断案的广泛信赖不仅没有消失,反而得到了强化。开明的立法者们不仅多少认同了这种信赖,而且倾

1　波西米亚(Bohemia),古地名,曾为一个王国,包括今捷克中西部广大地区。

2　西里西亚(Silesia),中欧一地区,位于捷克北部。

3　摩拉维亚(Moravia),地名,位于捷克东部。

4　波美拉尼亚(Pomerania),中北欧波罗的海沿岸地区,现分属于波兰和德国。

向于将决斗当作最切实可行的救济方法，弥补随处可见的伪誓犯罪。冈多鲍尔德由此认为，将其引入勃艮第法典中，就是出于这个原因。［L. Burgund. Tit. xlv.——然而这种救济似乎并不充分，因为后来的立法规定向败诉方证人征收大笔罚金（300 索里达），使得他们分担惩罚。原文是："Quo facilius in posterum ne quis audeat propria pravitate mentire." —L. Burgund. Tit. lxxx. §2.在那个不拘礼节的时代，证人身份实在不是什么值得羡慕的东西。］查理大帝推行决斗断讼，因为较之不知羞耻的巧言伪誓，它实在好得多。［Capit. Car. Mag. ex Lege Longobard. c. xxxiv.（Baluze）.］奥托二世在 983 年也因为同样的原因，下令在各种诉讼程序中采用这种方法。［L. Longobard. Lib. II. Tit. iv. §34.］鉴于他们身处那个好战斗勇、对大奸大恶姑息纵容的时代，这也没什么奇怪的，反而这种模式似乎更有优势：可以用誓言的种种恶果来震慑当事人和他们的证人，使得他们冒着决斗的风险，必须字斟句酌、口吐真言，这也让宗教仪式的神圣性倍增。

各种原因的共同作用，使得司法性决斗的适用扩大到了各个级别的案件中。蛮族的原始法典中，并未对民事和刑事法律做任何区分。除对奴隶以外，肉刑简直闻所未闻，几乎所有的违法行为都可以用罚金来处置，所有案件中的争议不是关于金钱就是可以用金钱衡量，没有采取决斗这般高雅方法的必要。于是，我们发现决斗断讼被任意地使用，无论是辩方对抗控方的犯罪指控，还是对于个人动产或不动产的争议解决。不过，某些更早的法典提到了它，只是很罕见。萨利人的律法，就如我们所见，几乎没有承认其存在；里普利安人的法典对它仅提及 4 次；阿勒曼尼人在法典中提及 6 次；而在其他民族的法典中,例如巴伐利亚人(Baioarian)[1],它几乎适用于每个场合,在勃艮第人中,我们也可以根据圣阿戈巴德(St. Agobard)[2]的言论想到,该程序可以压倒所有证据,并使得提供证人的努力成了多此一举。[Lib. adversus Legem Gundobadi cap. X.]这样的差别,与其说是真切的,不如说是表面的,而且,即便在这些法律体系中曾有任何对其适用的实质性限制,它们也适时地消失了,这样一个与时代特征完美契合的习惯做法发扬光大,并非什么难以理解的事。司法程序上的好勇斗狠是何等地几乎无须理性支撑,可见于某个弗里斯人部落法典里的奇特条文,它规定:如果一个人没有证据反驳针对他的杀人指控,则可以任意选择一人,指控是此人犯下了此桩罪行,然后他们两人之间通过格斗来解决问题。[L. Frision. Tit. xiv. §4.]

实际上,决斗借以助长狂暴混乱和寡廉鲜耻的那种弹性,大大促进了它在诉讼中的推广适用。它的这种历史特征在一份有如下记载的文件中显露无遗:888年,当地要人们举行了一次集会,以裁决关于莱辛贡(Lessingon)教堂的赞助问题的争议。一方给出证词之后,对方开始回复,而当大会的领导人持剑起誓他们将在国王阿

---

1 巴伐利亚人(Baioarian),今英文中通常拼作Bavarian。巴伐利亚(Bavaria),今为德国东南部一州,首府是名城慕尼黑。

2 圣阿戈巴德(St. Agobard,769/779—840年),出生于西班牙,加洛林王朝复兴时的法国里昂大主教,也活跃于政坛。

诺尔(King Arnoul)[1]和他的法庭面前用他们的鲜血确认前者证据时,这宗案件据此了结,没有再生枝节。[Goldast. Antiq. Alaman. chart. lxxxv.]在所有的时代,强健和勇猛之人都倾向于成为主导,而在欧洲各国法学发展缓慢、暴力横行到几乎不可遏止的时代尤其如此。

因此,能轻而易举地找到各种途径,拓展决斗断讼的适用范围,也就不足为奇了。其中,成效最为显著的方法,就是挑战证人的习惯做法。决斗被用于判断证人是否做了伪证,而且没有任何方法防止一个眼看情况不妙的原告指控一位难搞的证人做了伪证,而得以要求他上格斗场以自证清白——这个程序会推迟主案件的审理,并且左右其结果。该简易程序当然就把每一桩诉讼都置于武力的管辖范围,并且剥夺了法官的一切权威,而使他们不能阻止其滥用。巴伐利亚法律中就有这么一种程序形式,显示出该做法由来已久,它规定不动产权利的主张者应当与被告的证人,而不是被告本人进行决斗。[L. Baioar. Tit. XVI. cap. i. §2.]在819年"虔诚者路易"的法令汇编中,就正式赋予被指控者一项特权,即可以挑选对方证人中的一位进行决斗,用武力裁决问题。[Capit. Ludov. Pii ann. 819, cap. xv.]由此,要理解某些法典中规定的如下惯例就简单了:证人必须全副武装地出庭,并且在作证之前,让他们的武器在圣坛前接

1 国王阿诺尔(King Arnoul,也写作 Arnulf),指卡林西亚(今奥地利南部)公爵阿诺尔(Arnulf of Carinthia,?—899年),巴伐利亚国王卡罗曼(Carloman)的私生子,曾推翻叔父神圣罗马帝国皇帝查理三世(Charles III)的政权,成为德意志国王,并短暂担任过皇帝。

受祝祷。如果败诉，他们就会被罚款，而且必须按照对方可能因其证言被当真而损失的金额给予对方足额赔偿。[L. Baioar. Tit. XVI. c. 5.]

这也绝不仅仅是暂时的荒唐之举。13世纪末期，在开明的立法者们为限制司法决斗的滥用进行了顽强而并非毫无成效的努力之后，挑战证人依然是最受偏爱的逃脱法律制裁的方式。[Beaumanoir, Coutumes du Beauvoisis, chap. lxi. §58.] 即使到了14世纪，法国兰斯的当地法只在刑事案件中才允许由控辩双方本人进行决斗，但在任何案件中都一律允许挑战证人并且证人必须接受挑战，只有体弱或年长者才有权雇用斗士代劳。[Lib. Pract. de Consuetud. Remens. §§14, 40 (Archives Lé gislat. de Reims, Pt. I. pp. 37, 40).] 在13世纪的英格兰法中，该习惯做法发生了更加诡异的扩张，这是一种极其巧妙的、以压倒常规司法程序为目的的调整，它允许当事人挑战本方的证人。如此一来，在许多种类的刑事案件中，例如盗窃、伪造、伪币等，被告可以召唤一名“担保人”，声称赃物是从此人处获得的，由此构成了控诉的根据。这位担保人不可能为被告提供任何有利证据，否则他自己恐怕要承担罪责。如此一来，如果他拒绝作出有利于被告的证言，被告就有权挑战他；如果他按被告的要求作了证，他就必须接受控方挑战。[Bracton de Legibus Angl. Lib. III. Tract, II. cap. xxxvii. §5.—Fleta, Lib. I. cap. xxii.] 几乎与此同时，在法国广泛适用的另一种模式，是指控主要证人犯有某种罪行，使其不能作证，他为了否认这项指控，不得不亲自或雇佣武士战斗，以使自己的证言被采纳。[Beaumanoir, chap. vi. §16.]

难以想出任何一个案件可以不被置于决斗断讼之下;禁止那些不能强迫其接受决斗的人出庭作证的规定,证明了它的普遍性。由此,在世俗法庭审理的可能诉诸决斗的案件中,妇女和神职人员的证言不能被采纳。[Ibid. chap, xxxix. §§30, 31, 66. —Assises de Jerusalem cap. 169. 在近代中国法学中有一个多少与此类似的原则。女性、10岁以下或80岁以上的人,以及失去一只眼睛或一双手脚的人,有权用金钱抵罪,只有一些重大犯罪除外。因此,这些人不能成为控诉方,因为他们可以利用这条规定逃避伪证罪责。—Staunton, Penal Code of China, Sects, 20-22, and 339.] 而在12世纪,法王下诏特许农奴(serfs)出庭作证,在这种情况下因资格问题而使农奴不能与自由人决斗的法令亦告无效,因为证言只有在证人能够用武力支持的情况下才可以被采用。[这些宪章中最早的一个,是"胖子路易"(Louis-le-Gros)[1]在1109年为巴黎教会的农奴颁布的,帕斯卡尔二世(Pascal II)[2]也在1113年确认了此规定。(Baluz. et Mansi III. 12, 62.)达-彻里(D' Achery)[3]给出了另一个例子,出自同一位君主在1128年为沙特尔的教会所颁布的规定。]

该体制的结果就是根据13世纪的法国法律,不能强迫证人作证,除非本方当事人担保他遭到挑战时也不受伤害,提供雇佣斗士,而且即使败北,也会赔付损失。[Beaumanoir, chap. lxi. §59.] 尽管

---

1 胖子路易(Louis-le-Gros,英文写作 Louis the Fat,1081—1137年),法国国王(1108—1137年在位)。

2 帕斯卡尔二世(Pascal II),罗马教皇(1099—1118年在位)。

3 卢克·达-彻里(Luc D' Achery,1609—1685年),本笃会修士和学者,尤其精通中世纪的手稿研究。

很难理解这种安排怎能尽如人意，因为加在被击败的证人身上的刑罚非常严厉，在民事案件中不是失去一只手就是被判一笔罚金，具体判决由封建领主决定；而在刑事案件中则“随之丧身殒命”。［Ibid. chap. lxi §57.］对这种滥用的唯一制约，就是在案值不足5个苏零1个德尼厄尔（denier）[1]的案件中，证人没有义务接受挑战。［Ibid. chap. xl. §21.］

如果说证人的地位因此不足称羡，那么法官的地位也好不了多少。仿佛决斗获得如上所述的推广还不够似的，另外一种在所有案件中诉诸刀剑的诉讼模式又被发明了出来，它使得败诉一方得以在任何案件中挑战法庭本身，而且通过这种方式获得一个有效的相反判决。必须牢记，这样的做法在当时，并不像对于现代的我们来说那么荒唐，因为在封建制度下，司法权的确是主权中代价最高的权能；而且，除了在王室法官常为神职者的英格兰，封建领地的法庭多为武士们所把持。在德意志就是如此，那里的地方基层法官由选举产生，他们须灵活矫健、身强力壮。［Jur. Provin. Alaman. cap. lxviii. §6.］在12世纪末的英格兰，我们看到，格兰维尔宣布他怀疑法庭能否将这样的争议推给一个决斗的武士，或者作出判决的法官是否应当亲身维护判决，以及法官被击败时判决会被宣布为不公正，那么法院的合法地位到底被置于何地。［“Curia ...tenetur tamen judicium suum tueri per duellum ...Sed utrum curia ipsa teneatur per aliquem de curia se defendere, vel per alium extraneum hoc fieri possit, quero.” —

1 德尼厄尔（denier），法国曾经使用的小额银币。

(De Leg. Angliæ Lib. VIII. cap. ix.)推翻判决的结果很可能是一笔沉重的罚金，以及剥夺法官职权，这是亨利一世的律法中为执法不公规定的制裁措施。 — "Qui injuste judicabit, cxx sol. reus sit et dignitatem judicandi perdat." —(L. Henrici I. Tit. xiii. § 4)——以上基本与博马努瓦时代法国的做法相同。]这些怀疑似乎表明此习惯做法是在相对更晚近时引入英格兰的,而且还没有获得足够的推广,因此也就没有充足的案例作为探寻细节问题的基础。1195 年,圣昆廷(St. Quentin)[1]的习惯法允许败诉方对法官享有不受限制的追索权。[由马尼尔(Marnier)在他所编辑的关于皮埃尔·德·方丹的书中引用过。]直到13 世纪后半叶,我们发现在皮埃尔·德·方丹的《大议会》一书中,这种习惯做法正如日中天,恰在其开始衰落的之前。对于何种案件可诉诸决斗,似乎没有限制,除了它不能凌驾于习惯法之上。[Car poi profiteroient les costumes el païs, s' il s' en covenoit combatre; ne dé pecler ne les puet-om par bataille.—Édition Marnier, chap. XXII. Tit. xxxii.]起诉者从三位作出共同判决的法官中任选一位,一旦发生不利于己的裁决,他在任何时刻都可诉诸决斗;即便不成功,他也只须承担冤枉法官们引起的罚金而已,而法官们即使败北,也不会被受到肉体上的惩罚。[Chap. XXII. Tit. i. vi. viii. x. xxvii xxxi.— "Et certes en fausement ne gist ne vie ne menbre de eels qui sont fausé , en quelconques point que li fausemenz soit faiz, et quele que la querele soit" (Ibid. Tit. xiv.)不过，如果法官被指控受贿并在决斗中被击败，他就会面临没收财产和流放的处罚(Tit. xxvi.)。 对于存在疏忽、失察、或有腐败行为

---

1 圣昆廷(St. Quentin),法国北部地名。

的法官，惩罚依次逐渐加重，表明罗马法影响重大，在法学家们的努力下，罗马法到处渗透入习惯法中，并改变了其特性。德·方丹赞许地引用《法官罚则》(De Pœna Judicis) 这部法典(Lib. VII.Tit. xlix. I. I)作为一种可望而不可求的东西，而在博马努瓦的著作中，我们已然看到，充斥着关于它的规定。] 然而,隶农(villein)[1]却没有这样的特权,除非有特许状。[De Fontaines, chap, XXII. Tit. iii.] 在封建制度至高无上的时代,这种用武力上诉的方式,是唯一推翻原判的方式,而其他任何方式的上诉都是在圣路易统治下王权扩张从而得以引入的创新之举,他为使封建体制遵循罗马法原则,曾呕心沥血且卓有成效地努力修正野蛮的封建体制。确实,德·方丹表示,正是他本人经手了韦芒杜瓦(Vermandois)[2]有史以来的第一起非决斗上诉。[Ibid. chap. XXII Tit. xxiii.—Et ce fu li premiers dont je oïsse onques parler qui fust rapelez en Vermendois sanz bataille.] 同时,他的承认宣扬了更加理性的进步观念:推翻一个明显违法的判决无须通过格斗,而且从另一方面说,不可用决斗来排除法律的适用。

二十年后,我们发现在博马努瓦的著述中,有充足的证据表明圣路易在限制滥用这种做法上取得的成功,尽管其初衷是将其彻底废止。他所列举的限制措施远比德·方丹所提到的那些更为有效。在重大案件中,这种申诉方式不在考虑之列;而在民事诉讼中,若判决的公正性不证自明,审案的封建领主可以拒不受理这样的诉求。

---

1 隶农(villein),欧洲中世纪农奴体制(Serfdom)中一个阶层,隶属于封建领主,向其缴纳地租并服劳役,地位介于自由农民和奴隶之间。

2 韦芒杜瓦(Vermandois),法国北部的城市。

加之，在这些案件中，些许警惕之心是必不可少的，因为未能正确处事而未逞其志的一方，可能会发现自己势必单枪匹马，于是立刻就要与所有的法官们拼命；而且坐在法官席上的都是邻近的贵族士绅，打斗的结果很可能是对原判更加强硬而令人不悦的确认。还有一个重要的变化，即这种上诉中败北的法官，会面临的严酷惩罚，在民事案件中是一笔沉重的罚金和褫夺公职，在刑事案件中则是死刑和没收财产——"他会人财两失"。［Coutumes du Beauvoisis, chap. lxi. §§36, 45, 47, 50, 62. ——然而，应当记得的是，博马努瓦是一名王室法官（bailli），而波格诺（Beugnot）[1] 早已明确指出"法官审案"（assise de bailli）与"骑士断案"（assises des chevaliers）的不同。（Les Olim, T. II. pp. xxx, xxxi.）博马努瓦显然常常描述的是他认为的应然之法。］

然而，王室法庭是一般规则的例外。对它的判决不可上诉，因为没有任何法庭可以进行审理。［Et pour ce ne l'en puët fausser, car l'en ne trouveroit mie qui droit en feist car li rois ne tient de nului fors de Dieu et de luy. —Établissements, Liv. I. chap. lxxviii.］王室法庭的法官们因此幸免于要靠上决斗场来捍卫自己裁断的险境，他们甚至将这种豁免用在自己诉讼中的同伴身上。德·方丹据此建议，可能面临决斗的领主在断案时，可以带上一位王室法官同席而坐；此外还提到一个案例，当一场决斗上诉即将举行时，腓力（很可能是腓力·

---

1 波格诺（Beugnot），指法国政治家和历史学家奥古斯特-亚瑟·波格诺伯爵（Count Auguste-Arthur Beugnot，1797—1865年）。

奥古斯都,Philip Augustus)[1]将他的整个顾问班底送到了科尔比修道院(Abbey of Corbie)的法庭上。[Conseil, ch. xxii. tit. xxi.]

同时代的德国法律也存在用剑推翻判决的特权的规定,但是却伴随着重重障碍,显然是打算用巨大的麻烦和高昂的成本阻挠本想用这种方式达到目的的败诉者们的狂热冲动。同样地,士瓦本人的法律则规定,这种方法只能在君主面前进行,而不是在当地直属的封建主面前;而萨克森人法典要求用扎营决斗的特别方式,双方各派出7人在国王面前进行格斗。这实在太奇怪了,当时所有的上诉都被定期送往封建领主的法庭审理,而同时代的封建法律中反倒绝口不提这一习惯。[Richstich Lehnrecht, cap. xxvii.]

对司法性决斗的信赖

于是,在吸收了每一个时代和国家的偏见和信念之后,司法性决斗被小心翼翼地塑造成型,由此完全可以想象出,司法决斗在日常生活事务中扮演着何等重要的角色。它如此巧妙地与整个法学体系交织在一起,以至于人人自危,因为人们不可避免地随时可能作为原告、被告或证人受到法庭的传唤,不得不依靠自己的武功或者一帮专业人士,甚至很可能是些不可靠的亡命之徒,以保护自己

1 腓力·奥古斯都(Philip Augustus,1165—1223年),亦称腓力二世,法国国王,路易七世之子,卡佩家族的成员。

的财产和生命。这些有组织的暴力行为本身,被认为是合乎教义的爱与和平的拘束,而当时人类的智慧似乎太过迟钝,因而无法意识到事实与设想如此令人震惊地南辕北辙。

实际上,没有任何问题是不能依靠刀剑或枪棒裁决的。如果查理大帝在划分他的庞大帝国时禁止使用决斗断讼来解决领土纠纷,他自己的继承人们也可能面临这种问题 [Carol. Mag. Chart. Divisionis ann. 806 cap. xiv.] ; 那么这种禁止只能表现出此法其实常常在最关键的时刻被使用,而且他的律法也时常提及这种方法,证明了它与查理大帝在司法和礼节方面的一般观念毫无相悖之处。

接下来的一个世纪,有大量的证据表明支持司法性格斗的力量正在增长。在 930 年左右,普罗旺斯和意大利国王于格(Hugh, King of Provence and Italy)因嫉妒同母异父的兄弟托斯卡纳公爵兰伯特(Lambert, Duke of Tuscany),宣布其为抱养来的孩子,命令他以后不得声称彼此之间的亲戚关系。兰伯特是一个"好斗……而且胆大包天"的人,轻蔑地否认了于格对自己身世的诋毁,并提议用决斗断讼来解决相关所有疑义。于是,于格选了一位名叫条丁纳斯(Teudinus)的武士代为决斗,而兰伯特却在接下来的格斗中获得了胜利,并且被公认为是其母之子无疑——虽说他的胜利后来突然之间被非法终结,因为于格迅速将他投入监狱,并弄瞎了。[Liutprandi Antapodos. Lib, III. cap. 46.] 尽管如此,这种习惯做法依然受到一些开明神职人员的谴责,其中代表是维切利主教阿托(Atto, Bishop of Vercelli)[1]。他宣布这种做法完全不能适用于教会人士,并且因其结果的不确定性,也不应准许对世俗人士适用。[De Pressuris Eccles. Pt. II. 此书写于945年左右。]但是这种申述毫无用处。大约10世纪中期,奥托大帝(Otho the Great)[2]登场,用自己的庞大势力支持这种习惯。作为一位宽宏大量而又穷兵黩武的君王,决斗断讼似乎特别能迎合他的骑士本色,而且他在自己的权力范围内尽可能地扩大其适用。他不仅强迫自己的女儿丽乌特佳尔达(Liutgarda)在对抗无耻指控时,摒弃较稳妥的无罪辩护方式,而将她自己托付给一场凶险的格斗来裁决[Dithmari Chron. Lib, II, ann, 950.];而且他也引发了对代表制度理解上的问题,事关能否用同样代表决斗的方法解决的不动产继承纠纷,并且时至今日,在德意志地区,子女和(外)孙子女的继承财产的问题,依然根据900年前在斯泰尔(Steil)凶悍武士们通过持械恶斗所树立的法律来规制。[Widukind. Rer.

---

1 维切利主教阿托(Atto, Bishop of Vercelli,约885—961年),伦巴底人,924年起任意大利北部维切利地区主教,也在意大利国王于格统治时期任大法官(Grand Chancellor)。

2 奥托大帝(Otho the Great,也写作Otto,又译为“奥索大帝”或“鄂图大帝”,912—973年),即神圣罗马帝国第一位皇帝奥托一世(Otto I,962—973年在位)。原为德意志萨克森国王(936—973年在位),之后利用教会力量牵制世俗大封建主,东征西讨加强王权。961年支持被放逐的教皇约翰十二复辟。次年,教皇投桃报李,加冕其为“罗马皇帝”,神圣罗马帝国由此开始。后来奥托一世又废黜约翰十二,改立利奥八世为教皇。教廷与帝国的长期斗争由此肇端。奥托一世长期奉行对外扩张政策,穷兵黩武,南到意大利,东到拜占庭,欧洲战事纷飞。虽然他的举措促进了欧洲各民族的融合与交流,但是也严重影响了社会经济的发展,干扰了德意志的统一进程。

Saxon. Lib. II. cap.x.诚实的编年史家认为，对于贵族而言，用平民的方式解决自己的问题，是一件丢脸的事。“Rex autem meliori consilio usus, noluit viros nobiles ac senes populi inhoneste tractari, sed magis rem inter gladiatores discerni jussit.”在这两起案件中，据说奥托都支持了古老风俗。参见 L. Longobard. Lib. I. Tit. xii. § 2.—L. Alamann, cap. LVI., LXXXIV.; Addit, cap. XXII。]确实在奥托的眼中,没有任何问题不能通过这种方式得到令人满意的解决。就这样,在 963 年,他陷于与教皇约翰十二世(John XII)[1]的相互攻讦中,为后世萨克森皇帝们压制教皇开了先例。他必须送利乌特普兰德主教去罗马以反驳一些针对他的指控,他还下令让他的大使的随员们全副武装,以便用决斗支持他的主张;这个提议遭到教皇的否定,尽管这位教皇本人也善于舞刀弄剑。[Liutprandi Hist. Otton. cap. vii.]实际上,决斗者似乎被看作外交活动的一件必要附属品。例如,在 968 年时,这位利乌特普兰德又被奥托派去君士坦丁堡执行一项联姻任务,在为了迎娶提奥法妮雅(Theophania)而进行谈判时,展开了一场关于导致奥托征服意大利的情形的讨论,这位好战的崇高神职人员为证明自己诚实无欺,提出让他的随员决斗,这个提议成功终结了争论。[Liutprandi Legat. cap. vi.]对决斗的外交价值的更正式表述出现在

---

1 约翰十二世(John XII,约 937—964 年),罗马贵族出身,18 岁左右就开始担任教皇(955—964 年在位),曾为奥托大帝及其妻子加冕。但因胡作非为遭到奥托指责,同时也不满自己从属于奥托的地位,忌惮奥托迅速扩张的权势,于是寻求与奥托的对手结盟。奥托知晓后,围困罗马。这位教皇曾亲自穿上盔甲应战,将帝国军队赶到台伯河对岸,不过随后就带着教廷财宝逃跑了。因此本书作者在后文中谑称他为武艺精熟之士,很可能带有讽刺色彩。通常历史学家都认为,他是历史上最恶名昭著的教皇之一。

1177年，卡斯蒂利亚和纳瓦拉的两位国王的权利争议被提交给了英格兰国王亨利二世（Henry II of England）[1]裁决，双方派驻英格兰的使馆都有决斗武士以及律师，以备万一案件被交付用决斗来裁判。［Benedict. Abbat. Gesta Henrici II. p. 139（M. R. Series）.］

这些依靠单打独斗来解决至高无上的国家问题的例子绝非凤毛麟角。前文已经提到过发生在安茹的查理和阿拉贡的佩德罗之间的挑战，类似的情况还发生在1053年，德皇亨利三世和法王亨利一世（Henry I of France）[2]在伊普斯奇（Ipsch）见面时。［Lambert. Hersfeld. ann. 1056.］往前推100年，948年，在英格海姆（Ingelheim）[3]举行的宗教大会上，"外来者路易"（Louis d' Outremer）[4]借助教会力量与崛起的卡佩王朝（Capet）进行殊死较量，通过向侵略者提议用一对一格斗证明他控诉的真实性，他终结

1 英格兰国王亨利二世（Henry II of England，1133—1189年），"征服者威廉"之子，阿基坦的埃莉诺的第二任丈夫，"狮心王理查"之父（参见前文第76页注1）。他与长兄诺曼底公爵罗贝尔二世（Robert II of Normandy）就王位继承权问题、与旧友坎特伯雷大主教托马斯·贝克特（Thomas Becket）就君权和教权问题、与妻子和儿子们就继承权划分问题都发生了旷日持久、影响深远的斗争。他对英国法律的发展也贡献良多，后文对他还有多处提及。

2 法王亨利一世（Henry I of France，约1008—1060年），法国卡佩王朝君主，"虔诚者罗伯特"二世之子，于格·卡佩之孙。为遏制"征服者威廉"在英、法两地的不断扩张，亨利一世与神圣罗马帝国皇帝亨利三世曾多次会面。

3 英格海姆（Ingelheim），今德国西部地名。

4 外来者路易（Louis d' Outremer），即西法兰克王国加洛林王朝的国王路易四世（Louis IV，936年—954年在位），"傻王查理"（Charles III，le Simple）之子，曾在父亲被俘后随着英籍母亲流亡英格兰，后返回法国继位，故而得名"海外归来者"。

了其在“伟大的于格”(Hugh - le - Grand)[1]掌权时所受冤屈。[Conquest. Ludov. in Synod. Ingilheim. ann. 948.]当决斗神判就这样彻底地与时代特征融合起来时,我们看到,在根据其子奥托大帝命令所撰写的圣玛蒂尔达(St. Matilda)[2]的生平传略中,描述完萨克森人反抗查理大帝的绝望斗争之后,作者竟严肃地告诉我们,战争最终是靠这位基督教英雄和他伟大的对手威提肯(Witikind)[3]之间的一场决斗终结的,宗教信仰和帝国伟业居然都成了决斗胜方的奖品,或者看到虔诚的编年史家颤颤巍巍地将基督教的命运悬系在法兰克人的剑尖上,也没什么好惊讶的。[S. Mathild. Regin. Vit. c. I.]看到了1034年萨利的康拉德(Conrad the Salic)[4]努力平息萨克森人的纷争之后,也就没什么不可能的了。他过问了邻近族群互相破坏的原因,在询问中,实为侵略者的萨克森人提出,用决斗来证明信仰异教的路伊泽人(Luitzes)[5]是过错方,他们相信自己的基督教信仰会掩盖他们行为的不义。然而,他们派出的格斗者被异教对手击

---

1 伟大的于格(Hugh-le-Grand),又称“大于格”(法语:Hugues le Grand,拉丁语:Hugo Magnus,898—956年),是西法兰克王国的贵族和权臣,历仕加洛林王朝三代国王,为卡佩王朝的建立奠定了基础。

2 圣玛蒂尔达(St. Matilda),即“林格海姆的玛蒂尔达”(Matilda of Ringelheim),德意志国王亨利一世的妻子,神圣罗马帝国开国君主奥托大帝(参见前文第146页注2)的母亲。她对宗教事务非常热心和虔诚,被奉为圣徒。

3 威提肯(Witikind,也写作Witukind或Wittekind),萨克森人的领袖,查理大帝的主要敌人之一。

4 萨利的康拉德(Conrad the Salic),指康拉德二世(Conrad II,约990—1039年),神圣罗马帝国皇帝(1027—1039年在位)。

5 路伊泽人(Luitzes),生活在今德国北部易北河东岸的一个部落。

败。这成了上帝公正不阿的难忘例证,而且被认为是对决斗审判价值的强有力的印证。[Wipponis vit. Chunradi Salici.]

第二位奥托(Otho)[1]完全被灌输了他父亲的观点,并彻底地将其贯彻执行,以至于在对伦巴底法律的注释之中,引入决斗竟然真的成了他的政绩。["Nos belli dono ditat rex maximus Otto."]前文中提到了他在983年用司法格斗取代了神圣的誓言,而几乎与此同时,他规定了一个有利于格斗神判的例外,以使所有民族的臣民享受这种远古蛮族的旧政策。在维罗纳会议(Council of Verona)[2]上,所有的意大利贵族,无论是世俗还是神职者,齐集一堂,在他的引导下,采纳了一部法律强制意大利人在这方面遵从其征服者的习惯做法。[L. Longobard. Lib. II. Tit. lv. §38.]连教会都被剥夺了曾经享有的例外特权,而只许拥有用诉讼代理人(advocati)或格斗家代以出庭的特权。[Ibid. §34.]人们仅有很小的机会可以逃脱如此严厉的规定,因为971年奥托一世曾颁布过一项敕令,规定用征没财产来惩罚那些竟敢拒不进行决斗者。[Si non audeat, res suæ infiscentur. —Convent. Papiens. ann. 971.]

君主的大力扶持,加上高涨的骑士精神的刺激,司法性决斗获得了新的重要地位并被前所未有地广泛采用,也就不足为奇了。从皇帝亨利二世的一部宪章措辞来看,甚至可以推定,在11世纪早期,连"被告罪行存疑"这个条件都不再必须,被指控者有权用格斗

1　第二位奥托(Otho),指神圣罗马帝国皇帝奥托二世(Otto II)。参见前文第69页注1。

2　维罗纳(Verona),意大利北部城市。

洗脱罪责，即使是最臭名昭著的罪犯，也有机会诉诸舞刀弄剑的方式逃脱制裁。［Qui vero infra treugam, post datum osculum pacis, alium hominem interfecerit, et negare voluerit, pugnam pro se faciat.—L. Longobard. Lib. I. Tit. ix. § 38.］

如此一来，就产生了几乎所有问题都可以通过决斗断讼得到最终裁决的局面。即使奥托大帝雇佣斗士来决定相关立法的某个争议，也不会比用此法解决宗教仪式争议的西班牙人更怪，他们用同样的方式裁断了一桩关于宗教仪式的教规。当时，性格刚烈而又不屈不挠的希尔德布兰德(Hildebrand)[1]正努力将罗马的圣餐仪式强制引入卡斯蒂利亚和莱昂，以取代哥特民族的或者说“莫扎勒布”(Mozarabic)[2]式的礼仪。就在几年前，历经艰难之后，他已经使得纳瓦拉和阿拉贡愿意遵命改变，但是卡斯蒂利亚人却泥古不化地遵守祖先流传下来的仪式，顽固地拒不从命。在1077年，阿方索一世(Alfonso I)[3]获得了国民议会的赞同，但是人民却群起反抗，经过反复磋商，这个问题最终由刀剑做公断。代表哥特式仪式的斗士获得了胜利，而依传统决定二审采用了火焰神判：双方分别将一本弥撒用书投入火焰中，而国民一方的圣餐祷文成功地毫未受损。

1 希尔德布兰德(Hildebrand)，一个常见的西方男子名，这里指历史上最著名的改革派教皇之一、天主教会册封的圣徒和神圣罗马帝国皇帝亨利四世的宿敌——教皇格里高利七世(Gregory VII，1073—1085年在位)。参见前文第63页注1。

2 莫扎勒布(Mozarabic)，9—15世纪身处信仰伊斯兰教的摩尔人统治下的西班牙基督教徒。

3 阿方索一世(Alfonso I)，应指卡斯蒂利亚和莱昂国王“勇敢者阿方索六世”(Alfonso VI, the Brave)。参见前文第70页注1。

[Ferreras, Hist. Gé n. d' Espagne, Trad. d' Hermilly, III. 245.]

几乎与此同时，一个著名的案件发生在巴伐利亚公爵奥托(Otho, Duke of Bavaria)[1]身上，他也许是最引人瞩目的刀剑诉求者。一位名叫埃格诺(Egeno)的名不见经传的冒险家，指控骄傲而强悍的奥托参与了谋害亨利四世性命的行动。在美因茨举行的会议上，公爵被命令在6个星期内与控诉人决斗以证明自己的清白。根据一些权威说法，他傲慢自负，反感将一位地位远低于他的小人物做为对手；根据另一些说法，他之所以没有进入比武场，仅仅是因为皇帝拒不给他派护卫保驾。尽管如此，定好的时间已过，公爵的拒不出席导致了对他不利的判决，他的公国因此被没收。它被赠与了韦尔伏(Welf)[2]，他是埃斯特的艾佐(Azo d' Este)和库尼贡达(Cunigunda)的儿子，后者是古老的归尔甫人的阿吉洛尔封斯(Agilolfings)家族的后裔和女继承人。就这样，由于一场司法决斗，巴伐利亚的第二个朝代归尔甫(Guelf)建立，这个家族中涌现了许多王室和贵族血脉，还包括出身归尔甫家族的英国国王们。若干年后，皇帝本人提出用同样的方法摆脱对他本人的指控，一个名叫雷金杰(Reginger)的人指控皇帝试图暗杀其政敌士瓦本的鲁道夫公

1　巴伐利亚公爵奥托(Otho, Duke of Bavaria, ?—1083年)，即诺德海姆的奥托(Otto of Nordheim)。在亨利四世与格里高利七世的斗争中(参见前文第63页注1以及后文第356页注4)，倒向教皇和反皇帝的诸侯一方，积极参与对皇帝作战。

2　韦尔伏(Welf)，指巴伐利亚公爵韦尔伏一世(Welf I, Duke of Bavaria, ?—1101年)。

爵(Rodolph of Suabia)[1]。然而,与本案有牵连的柯谢姆的优里克(Ulric of Cosheim),坚持代替皇帝出战;决斗的日子都定好了,却因为雷金杰的"及时"死去而免于举行。[Lambert. Hersfeld. ann. 1070, 1073, 1074.—Conrad. Ursperg. ann. 107 l.—Bruno de Bello Saxonico.]

决斗被赋予了立法和司法的功能,参见发生在1180年用以粉碎过度膨胀的"狮子亨利"(Henry the Lion)[2]势力的决斗断讼,结果令人印象再深刻不过,而其中的决斗行为本身甚至更加值得一提。这位声势烜赫的萨克森和巴伐利亚公爵,长期分裂帝国实力,还公然蔑视"红胡子腓特烈"(Frederic Barbarossa)[3]为惩罚其时常叛乱行动的反复努力。随后的帝国会议宣召他出席,并要求他对自己的叛国行为作出解释,他却以法律要求他在自己的领土内受审为由,屡屡拒绝。最后,在维尔茨堡(Wurzburg)[4]举行的帝国会议上,一位贵族起身宣称他本人准备好了用一对一的决斗形式来证明:皇帝

---

1 士瓦本的鲁道夫公爵(Rodolph of Suabia,也写作 Rudolf of Rheinfelden,约1025—1080年),是神圣罗马帝国皇帝亨利四世的连襟兄弟(他们的妻子是姐妹),也是其最主要的反对者之一,在反对派的拥戴下自立为王,于战争中阵亡。

2 狮子亨利(Heinrich der Lōwe,1129年—1195年)德意志诸侯和统帅。他的封号包括萨克森公爵(称亨利三世,1142—1180年在位)和巴伐利亚公爵(称亨利十二世,1156—1180年在位)。他是霍亨斯陶芬王朝时期最有名的政治人物之一,以其与神圣罗马帝国皇帝腓特烈一世的戏剧性冲突著称于世。

3 红胡子腓特烈(Frederic Barbarossa,约1122—1190年6月10日),即腓特烈一世(Friedrich I),绰号红胡子(Barbarossa),音译为"巴巴罗萨"。他是霍亨斯陶芬王朝的重要人物,身兼神圣罗马帝国皇帝、德意志的士瓦本公爵和意大利国王等多重身份。

4 维尔茨堡(Wurzburg),德国中南部城市。

依法有权在帝国范围内选择任何地点宣召他的王公们前来见驾。当然,没有人回应这样的挑战,而腓特烈借此将这一原则写入有拘束力的法律中。亨利遭到缺席判决,而他被征收的财产,由这出喜剧的编导和参演者们瓜分。[Conrad. Ursperg. ann. 1175.]

实际上,无论什么等级的人都无法免于与同等级者决斗。在1002年,奥托三世(Otho III)[1]驾崩时,德意志的王位经选举由巴伐利亚公爵"瘸腿亨利"(Henry the Lame, Duke of Bavaria)填补,据说一位落选的竞争者士瓦本公爵赫尔曼(Hermann, Duke of Suabia)曾经要求他们的相关权利主张应当由一场司法性决斗来裁决,新任国王也觉得自己有义务接受决斗断讼,于是决定了会面地点,等着对手出现,结果白等一场。[Dithmari Chron. Lib. V.] 就这样,英格兰的勇士出现在威斯敏斯特大教堂的加冕仪式上,成为那个时代的一项遗迹,而那时的决斗可不是让乘马仗剑的骑士挥动金属护手、大声宣称要与任何胆敢挑战新王权威的人战斗的空洞仪式。[从亨利一世开始,国王的格斗勇士之职,成为一个荣衔。参见《斯佩尔曼词典》(*Spelman's Glossary*)[2]。] 还有一个事例有力地证明:即使地位至高无上之人,也有此义务,那就是在1156年由"红胡子腓特烈"授予、1245年经腓特烈二世确认的、关于奥地利公爵领地特权的宣言。[Constit. Frid. II. ann. 1245 cap. 9. (Goldast. Const, Imp. I. 303.)]

---

1 奥托三世(Otho III,980—1002年),神圣罗马帝国皇帝(996—1002年)。

2 《斯佩尔曼词典》(*Spelman's Glossary*),是由英国古文物学者亨利·斯佩尔曼爵士(Sir. Henry Spelman,约1561/4—1641年)开始编纂的一部古文物学词汇大全。

这些特权使得公爵们实际上成为拥有独立主权的君主，而且其中列举了由雇佣的斗士代表执政的公爵奉召参加决斗的权利。更有启发的例子，可以从《莫拉斯法令集》(*For de Morlaas*)中推测出来，这是由贝阿恩的加斯通四世(Gaston Ⅳ of Béarn)[1]在1100年颁赐给他的臣民的。其中的这些特权，由这一条款来确保：如果这位君王侵害了他们的权利，受害的臣民可以仅凭他简单的誓言证实控诉，而不必被迫用司法性决斗来证明这位君主行为的非法性。[For de Morlaas, Ruhr. xxvi.]这也暗示：在此之前，这位君主和他治下的领主们之间存在着决斗断讼。

鉴于对司法性决斗的如此推崇，13世纪的英格兰法律甚至规定，诉讼参与人有时被允许改变其原本的陈述，前提是有人愿意用自己的身体来证明记录的谬误，如此荒唐规定的唯一借口就是：只有在不伤害对方的情况下才允许这样做。[Bracton. Lib. Ⅲ. Tract. ii. cap. 37 §5.]而作恶者想要举报共谋犯时，在他被赦免之前，如果有要求的话，就必须用决斗保证他会证实所有共谋者的罪行。[Bracton. Lib. Ⅲ. Tract. ii. cap. 33 §2；34 §2.]

发生在1100年的一起案件，表现出对决斗的坚定信念。一个名叫安瑟姆(Anselm)的无耻窃贼从拉昂大教堂偷窃了一些圣器，将其卖给了一位商人，并逼其发誓对此保密。失窃教堂当局愤怒谴责，声言要将罪人逐出教会，这位忧心忡忡的商人被吓到了，他说出

---

1 《莫拉斯法令集》(*For de Morlaas*)，是贝阿恩子爵加斯通四世(Gaston Ⅳ, Viscount of Béarn，1090—1131年在位)颁行于他的首都城市、位于法国南部的莫拉斯的一系列法律、条例、特权、敕令等。For是加斯科尼人的方言。

了贼人的名字。安瑟姆否认了指控,提出用决斗解决。他击败了不幸的收赃者,并被宣判为无罪。受到这次侥幸脱罪的鼓舞,他故技重施,之后在冷水神判中,他被判有罪,随后承认了前一次的罪行。然而,这个事件对司法性格斗效果所提出的质疑,却被幸运地解释为:那位商人违背了他对安瑟姆的誓言所以才遭此难,于是决斗断讼法的人气并未因此减损。[Guibert. Noviogent. de Vita sua Lib. III. cap. xvi. —Hermann. de Mirac. S. Mariæ Laudun. Lib. III. cap. 28 —Forsitan, ut multi putarunt, pro fidei violatæ reatu, qua promiserat fidem Anselmo, quod eum non detegeret.]

可想而知,同类性质的案件层出不穷,却并不总能对漏网之鱼提出如此巧妙的解释,法律的诡辩家们认定,在神眼中人皆有罪,但是在凡人眼中却非如此——这种诡辩的精髓,甚至出现在 13 世纪的德意志法典中。[Und diser vor Got schuldig, und vor den luten nit. —(Jur. Provin. Alamann. cap. ccxix. §8.) 这条规定是针对盗窃犯指控收赃者参与和协助犯罪的案件。如果受赃者在双方的格斗中被击败,两个人都会被吊死;如果盗贼本人被击败,那么只有他自己一个人上绞架,而受赃者则可逃过刑事制裁。法国的版本则在某种程度上扩大了相关原则:"Se il puet vancre lautre il est quites et li autre sera panduz. et sera an colpe anver lo munde et anver dex andui. ce avient a assez de genz, que aucons sunt an colpe anver dex et ne mie anver le seigle." —(Miroir de Souabe, P. 11, c. vi.)] 而人们用未来的不幸和惩罚的永恒说服自己,他们现在依然如此。当发生不公正的刑罚时,更直接的解决方法,很可能与安瑟姆击败商人的理由相似——那就是不幸的受难者,在其被指控的罪名上尽管是无辜的,却是因其他的罪孽而受罚。

这个教条甚至受到永远正确的教廷当局的支持,在1212年教皇英诺森三世列举的案例中,圣谢尔盖(St. Sergius)大教堂的附属修道院,通过司法性决斗被不公正地判为犯有盗窃罪,结果其财产立刻被斯伯莱托(Spoleto)[1]的有关权威当局所占据。[Can. Significantibus, Extra, De Purgatione Vulgari.—"Duellum in quo aliis peccatis suis præpedientibus, ceciderunt."]

那些战士们自己在决斗中也并非总是有把握,或者说愿意仅仅依靠其立场的正义性,时而贿赂一下上天,请求其协助正义或者袒护错误。于是,在11世纪,我们发现贝泽(Bèze)[2]的圣彼得修道院享有由口吃者迈尔斯爵士(Sir Miles the Stammerer)向圣徒赠予的一些土地,这位先生努力用这种方法在即将举行的决斗中获得神明相助——这项交易无疑受到可敬的修道士们的高度感激。[Isdem quoque Milo ...monomachi certaturus pugna, attribuit sancto Petro terram quam habebat in Luco, prope atrium ecclesiæ, quo sibi adjutor in disposito bello existerit.—Chron. Besuense, Chart. de Luco.]由于人们信仰虔诚,上天可能会被小一些的贿赂方法而收买。如,海斯特尔巴赫的凯撒利乌斯(Cæsarius of Heisterbach)[3]所亲眼目击并记述的案件,当1196年亨利六世(Henry VI)[4]进入伦巴底时,在其御驾前,一位城

1 斯伯莱托(Spoleto),意大利中部地名。

2 贝泽(Bèze),法国地名。

3 海斯特尔巴赫的凯撒利乌斯(Cæsarius of Heisterbach,约1170—1240年),当地修道院的院长,13世纪广受欢迎的教会历史和传奇的作家。

4 亨利六世(Henry VI,1165—1197年),神圣罗马帝国皇帝,兼任德意志国王和西西里国王。

堡主人被邻人们控诉欺压和掠夺行为，他们提供了一位超大块头的斗士来证实案情。皇帝下令进行格斗，被告的兄弟毛遂自荐为兄弟辩护——这位偏偏是个身材纤瘦，看似最不相称的对手。然而，他通过不懈地忏悔和祈祷为战斗做好了准备，轻易地战胜了他那巨人般的对手。于是，可敬的编年史家放言，仅仅依靠其兄弟谦卑的忏悔就能让一个原本其罪当诛的人逃脱死刑的惩罚。[Cæsar. Heisterbach. Dial. Mirac. Dist. III. c. xviii.] 凯撒利乌斯还提到了另一个案件，是“红胡子腓特烈”下令进行的一场决斗，发生在一位骑士和一位巨人般的斗士之间，而骑士虔诚地接受劝诫，在进入竞技场之前受领了圣餐，将体形的不对等一笔勾销，于是就这样战胜了他的对手。[Ibid. Dist. IX. c. xlviii。]

对决斗断讼的限制

要求在双方当事人之间进行决斗断讼的权利，随着年代和民族的不同而大相径庭。博马努瓦在 1283 年编纂的《博马努瓦习惯法汇编》中写道，这种做法可能被认为进入了衰退期，从圣路易下定决心努力将其废除算起，时光已过去二十年，在法律程序中，已经有了可替换者。而且这位开明的法学家偏爱平和的法律模式的态度表明，对这位君主努力软化其臣民暴虐而展现的文明开化的精神，他是完全赞许的。因此，当在博马努瓦的著述中看到在他那个时代对决斗断讼的限制是多么稀少，我们便可以理解这种习惯在过去的普遍性。在刑事案件中,如果一个控诉者提出格斗,被告必须接受挑战或者招认罪行,除非他能够提供不在场证明;或者控方本人恰因犯有这项罪行而恶名在外,而他这次指控明显只是为了嫁祸于人;或者除非在谋杀案中,被害人在死前已经说出了真正凶手的名字,从而解除了被告的嫌疑。[Coutumes du Beauvoisis, chap. lxi. §2; chap. xliii. §6.]另一方面,如果被告自己要求进行决斗裁判,法官只有在他罪恶昭彰、毋庸置疑的时候,才能予以拒绝。[Ibid. chap. lxi. §2; chap. xxxix. §12。]一个农奴不能挑战一个自由民,一个私生子也不能挑战合法婚生子(虽然诉诸决斗可能导致两个私生子之间的对决),一个为人唾弃的人也不能挑战一个体面可靠的人。[Ibid. chap. lxiii. §§1, 2, 10.]在民事诉讼中,格斗审判不允许被用在继承亡夫遗产的寡妇身上,不能用在未达年龄的孤儿身上[圣·路(St. Lou)[1]规定,21岁是一个男性可以参加格斗的最低年龄。—Établissements, Liv. I. chap. lxxiii., cxlii.],不可用于监护权问题上,不可用在封建法律下亲属对可继承财产出售后的赎回权问题上,也不可用在任何诉讼标的价值少于12第纳尔(deniers)[2]的案件中。[Coutumes du Beauvoisis, chap. lxiii. §§.11, 13, 18.一个第纳尔相当于1/12个索里达斯或苏。]圣路易还在民事案件中禁止了兄弟之间的决斗,不过在刑事案件中却允许这么做。[Établissements, Liv I. chap. clxvii.]这些限制的薄弱,表现出好勇斗狠的诉讼者获得的机会有多么大。

---

1 圣·路(St. Lou),是圣路易(St. Louis)的简称。参见前文第16页注3。

2 第纳尔(denier),法国的旧银币。

在德意志,任一方有权要求进行司法性决斗,是一条普遍适用的法则。[Jur. Provin. Alaman. cap. clxvi. §§13, 27; cap. clxxvii. (Ed. Schilt.) —Jur. Prov. Saxon. Lib. I. clxviii.] 然而,在实践中却受到几条重要的限制。当各方身处不同的阶层时,地位高者有权拒绝挑战,我们在后面将会更加充分地看到这一点。[早在"红胡子腓特烈"时期,就有这样的严格法令。—Feudor. Lib. II. Tit. xxvii. §3.] 对抗双方之间的关系,也是一个障碍,可能对任何一方有利 [Jur. Provin. Alaman. cap. ccclxxxvi. §2. (Ed. Schilteri.) —Jur. Provin. Saxon. Lib. I. c. lxiii.—Sachsische Weichbild xxxv. 6.],而甚至连被告的异乡人身份,也能赋予他拒绝的权利。[Jur. Provin. Alaman. cap. ccxcii. §2. —Jur. Provin. Saxon. Lib. III. c. xxvi. xxxiii.] 不过,我们仍旧可以看到,甚至到了 14 世纪这条原则依然存在:杀人案件不能用其他任何方式来裁决。[Sed scias si de perpetrato homicidio agitur, probationem sine duello non procedere.—Richstich Landrecht, cap. xlix.] 确实,有些情形下,如果原告能够提供 7 名证人支持他的主张,就能够免于决斗;但是,如果他选择用决斗方式来证明自己的控诉属实,盘问和证词就不会被采用了。与此同理,如果一个人在进行偷窃或抢劫时当场被杀,并因此被指控,控方若能提供 7 名证人,便不必提出决斗;但是,如果死者的亲属提出用格斗来证实其无辜,那么其他的一切证据会因此而宣告无效,不进行决斗神判就没有办法作出有罪判决。[Jur. Provin. Alaman. cap. ccclxxxvi. §§28, 29. (Ed. Schilteri.)—Jur. Prov. Saxon. Lib. I. art. 64.—Sachsische Weichbild art. lxxxvii. lxxxviii.] 但是,有一个被明确表述的一般准则:只有在无法获得其他证据的案件中,决斗才是必然,此时结果可以放心地交给全知全能的上帝来判断。[Hinc pervenit dispositio de duello. Quod enim homines non vident Deo nihilominus notum est optime, unde in Deo confidere possumus, eum duellum secundum jus diremturum.—Jur. Provin. Alaman. cap. clxviii §19.(Ed. Senckenberg.)]

说来也怪,东方的拉丁王国[1]以及亚美尼亚人,采用了西方基督教同胞们的习俗,无论在贵族还是平民的法庭中,也无论在民事还是刑事案件之中,原告和控方都不必亲身参加决斗,但是如果其中一位证人提出决斗,被告或嫌犯就不得拒绝接受挑战,否则将付出败诉或被定罪判刑的代价。另一方面,除非被告或嫌犯一方有证人提出愿意决斗,另一方的否认之誓就已足够定案,在刑事案件中控方则受制于同态报复(lex talionis)规则。[Assises d' Antioche, Haute Cour, ch. ix. xi xii; Assises des Bourgeois, ch. vi. vii.(Venise, 1876.)这部法典的存在与否长期受到怀疑,近来其亚美尼亚文版本被发现了,由小亚美尼亚(Armenia Minor)[2]的治安官森帕德(Sempad)制定于1265年,为他的祖国同胞们所适用。它已被圣拉扎卢斯(St. Lazarus)的梅齐塔里斯特学会(Mehkitarist Society)出版,并有法语翻译,为我们展示了十字军习惯法的早期形式,而不是《耶路撒冷法典》的近代文本。]

根据13世纪英格兰的法律,仅在有疑问的案件中,一个被指控

---

1 东方的拉丁王国,指第一次十字军东征(1096—1099年)后,在中东地区建立起来的以耶路撒冷王国为核心,包括安条克公国、的黎波里伯国和埃德萨伯国在内的四个基督教封建领地,它们长期处于伊斯兰教等势力以及拜占庭帝国的绞杀漩涡中,坚持了一百多年,后陆续被消灭。

2 小亚美尼亚(Armenia Minor),指亚美尼亚王国的西北部地区。

犯了罪的人有权选择由陪审团进行审判,还是进行决斗神判。当有重大嫌疑时,他必须由陪审团裁决;但是在被怀疑投毒,而无法获得确凿证据时,嫌疑人只有选择坦白认罪或者决斗。[Bracton. Lib. III. Tract. ii. cap. 18.—Fleta Lib. I. cap. xxxi. §§2, 3.]从另一方面来说,当申诉人要求决斗神判时,在获得准许之前,他不能空口无凭,必须为案件提供大致根据。[Bracton, Lib. III. Tract. ii. cap. 23 §1.]然而,当决斗成为赌注,就不允许退出,而当事方之间任何避免决斗的企图,都会受到罚金和监禁的处罚[Si autem uterque defaltam fecerit, et testatum sit quod concordati fuerunt, uterque capiatur, et ipsi et plegii sui in misericordia.——出处同上。与此相关的习惯,因当地惯例不同而大相径庭。例如,在1270年佛莱兹伯爵(Count of Forez)的一部宪章容忍避免决斗,哪怕是在最后的时刻,只要让对方满意并支付60个苏的罚金即可。—Chart. Raynaldi Com. Forens. c. 4(Bernard, Hist. du Forez, T. I. Preuves, p. 25).根据洛里斯城的习惯法,在1155年,如果定下决斗断讼之后、缴纳保证金之前,双方却另有妥协,那么双方各支付2.5个苏的罚款即可。如果是在缴纳保证金之后,罚款就上升到7.5个苏。—Chart. Ludov. Junior. ann. 1155, cap. xiv.(Isambert, Anciennes Lois Françaises, I. 155.)]——这条规定无疑是为了避免当事人草率地进行决斗,以免使之被滥用而成为敲诈勒索的手段。确实,面对叛国指控,只有君王恩准,才能避免决斗断讼的发生。[Fleta Lib. II. cap. xxi. §2.]如果原告方受到任何身体上的伤害,但凡使他的攻防能力受损,也就剥夺了被告的决斗断讼权,而且这会导致细致入微的甄别,例如损失一颗臼齿不会被判失去资格,然而少了几颗门牙就会被当成充分的理由,因为它们被认为是重要的攻击性武器。[Bracton. Lib. III. Tract. ii. cap. 24 § 4.—Hujusmodi vero dentes multum adjuvant ad devincendum.] 如此一来,在奥特伯恩(Otterbourne)[1]的一场决斗中,一位骑士要求他的对手毁掉一只眼睛,以与他自己的身体缺陷对等,严格地说,这是在法律授予他的特权范围之内的合法要求。根据格兰维尔和布莱克顿两位学者的说法,尽管有各种各样的限制,叛国案却几乎总是由司法性决斗来裁决。[Glanvil. Lib. XIV. cap. i.—Bracton. Lib. III. Tract. ii. cap. 3 § I.] 这与伦巴底人的习惯恰恰相反,在他们那里,这类案件被排除在刀剑审判的范围之外。[Feudor. Lib. II. Tit. xxxix.]

在贝阿恩,谋杀和叛国案中的控方可以选择是否采用决斗,但在民事诉讼中,只有在缺乏证言的情况下才行。[For de Morlaas, Rubr. xxxviii. xxxix.] 在这样的案件中此种做法被普遍采用的状况,可见于11世纪后半期贝阿恩的森图拉一世(Centulla I of Béarn)[2]和索尔子爵(Viscount of Soule)[3]间的一个条约之中,条约规定所有源于他们各自臣民之间的争议问题都采用格斗来解决,外加一个特别的附带条件,那就是格斗者必须是从未涉足战争的男性。[Marca, Hist. de Bé arn, p. 293. (Mazure et Haloulet.)] 然而,在13世纪时出现了一条规定,它大大减少了决斗的数量,因为它对不出席决斗者只

1 奥特伯恩(Otterbourne),英国南部地名。

2 贝阿恩的森图拉一世(Centulla I of Béarn,也写作 Centule 或 Centulle,1131—1134年在位),上文提到的加斯通四世之子。

3 索尔(Soule),法国西南部地名,法国旧时的一个子爵领地,与西班牙接壤。

处以16个苏的罚款，但如果决斗败北则要被处以60个苏的罚金并被没收武器。[For de Morlaas, Ruhr. iv.] 在邻近的比戈尔(Bigorre)[1]地区，勇士的遗孀被允许免于决斗，直到她再婚，或者她的儿子们长到可以战斗的年纪，她都豁免于任何法律程序——这条规定明显旨在使她免于为终结诉讼而卷入决斗。[De Lagrè ze, Hist. du Droit dans les Pyré né es, Paris, 1867, p. 68.]

在一些地区，这种诉诸刀剑的断案方式受到了较大的限制。例如，在加泰罗尼亚(Catalonia)[2]地区，法官有权独立决定是否允许采用。[Libell. Catalan. MS. (Du Cange.)] 而且1228年维罗纳的一部法典中规定，对于疑难案件，地方长官(podestà)也有类似的权利。[Meo arbitrio determinabo duellum, vel judicium judicabo. Lib. Juris Civil. Veronæ, cap. 78 (p. 63).] 这必然能阻止体制中固有的不公正现象的发生。而在蒙彼利埃(Montpellier)[3]地区的一个条文中也展现了同样谨慎的保留态度，它要求诉讼双方都同意方可进行决斗。[Statut. Montispess. ann. 1204, (Du Cange.)] 除此之外，在13世纪初的诺曼底(Normandy)[4]地区，许多与不动产有关的案件首先会受到12名陪审员的初审，如果他们无法达成一致的判决，这个问题才会用决斗来解决，而不论当事人是否情愿。[Établissements de Normandie, passim (Édition Marnier).]

从很早开始，就有对最低案值的限制，当争议金额过低时，即使

---

1 比戈尔(Bigorre)，法国西南部地名。

2 加泰罗尼亚(Catalonia)，西班牙东北部地名。

3 蒙彼利埃(Montpellier)，法国南部城市。

4 诺曼底(Normandy)，法国北部地名。

再好斗的当事人也无法将对方的生命或肢体置于险地。这当然也因民族和时间而异。盎格鲁和瓦累尼人规定允许进行格斗的最低金额是 2 索里达。[L. Anglior. et Werinor. Tit. xv.造币制度的差异是如此之多且不确定，以至于想要在不同的时代和所列举的不同民族之间清楚表示 1 索里达或苏的价值，会占据过多的篇幅。大致而言，加洛林王朝时的索里达相当于 1/12 个银镑，而根据古拉德（Guérard）的研究，相当于作者时代的货币中 36 法郎的购买力。一个马克则相当于半个银镑。] 而巴伐利亚人则限定为案值在一头牛的价值以上。[L. Baioar, Tit. VIII. cap. ii. §5; cap. iii.] 在 10 世纪,奥托二世决定 6 索里达是格斗裁决的最小数目。[L. Longobard. Lib. ii. cap. iv. §37.] 英格兰亨利一世的律法规定在民事案件中,案值达到 10 索里达方可诉诸格斗。[L. Henrici I. cap. 59.] 在法国,“年轻的路易”于 1168 年颁布敕令禁止为案值 5 苏以下的案件举行决斗 [Isambert, Anciennes Lois Francaises, I. 162.见于一条为废除奥尔良城各式各样的陋俗而颁布的敕令。它很可能只是一个地方规则，尽管它已经成为常常被引用的普遍法律。]，而这条规定被有效沿用了至少一个世纪。[Livres de Jostice et de Plet, Liv. XIX. Tit. xvii. §3, Tit. xxii. §4, Tit. xxxviii. §3. 亦见于同时代安茹的惯例法（Anciens Usages d' Anjou, §32.—Marnier, Paris, 1853)。《司法与抗辩之书》是由一位奥尔良人写成的，这可能就解释了他对“年轻的路易”敕令所规定限制的描述。这件事显然是由当地习惯法规定的，因为就像我们看到的那样，他同时代的博马努瓦（cap. lxiii. §II）则指明 12 第纳尔（deniers）或 1 苏是最低限额。] 13 世纪诺曼底人的习惯法则特别规定 10 苏是划定民事诉讼中“显然法”(lex apparens)和“简易法”(lex simplex)的界线。[Cod. Leg. Norman. P. II. cap, xxi.

§7 (Ludewig, Reliq. MSS. VII. 307).上帝的判决常常被说成是“显然法”或“表见证明法”(lex paribilis)。]而同样的规定保留着它在《习惯法汇编》中的有效地位直到16世纪。[Anc. Coutum. de Normandie, cap. 87 (Bourdot de Richebourg, IV. 55).]在十字军建立的东部拉丁国家中,无论贵族还是贫民的案件,案值都最少要达到1个银马克。[Assises de Jerusalem, cap. 149.—Assises d' Antioche, Haute Cour, ch. ix.; Assises des Bourgeois, ch. vi.]1247年,阿拉贡(Aragon)[1]的一部法律则将限额定位在10苏以上。[Laws of Huescar, by Don Jayme I. (Du Cange. s. v. Torna.)]根据差不多同时期的英格兰刑事程序规范,决斗只能用在重刑犯或重要案件中,而禁止适用在琐碎的违法行为中。[Bracton. Lib. III. Tract, ii. cap. 19 §6, cf. cap. 23 §2.]同时代的士瓦本法典规定,对于人身伤害的指控,不允许采用决斗,除非受害方的伤势足以造成永久的肢体残缺。[Jur. Provin. Alaman. cap. clxxii. §20. (Ed. Senckenberg.)]这显示出,司法性决斗与现代荣誉法则之间的精神宗旨存在多么根本性的差异,尽管后者依附在前者之上。

至于社会下层阶级,无数文件表明,农民有权通过格斗神判裁决他们的纷争。根据古老的伦巴底法律,奴隶被允许用这种方式为自己抗辩。[L. Longobard. Lib. I. Tit. xxv. §49.]而且他们甚至可以采用决斗的方式向他们的主子要求自由,因为我们可以从国王格里姆茂尔德的一部法律中看出,法律否认了“能证明自己已连续为同

---

1 阿拉贡(Aragon),西班牙东北部地名,中世纪时是阿拉贡王国所在。

一位主子服务 30 年的奴隶即可要求自由”的这项权利。[Ibid. Lib, I. Tit. ix. §38.]类似地,在弗里斯人中,一个要求自由的奴隶(litus)被允许对主子动武来证明其主张。[L. Frision. Tit. XI. cap. iii.]封建体制加大了社会不同阶层之间的差距,而我们已经看到,在 13 世纪,农奴们被赋予了可以用格斗支撑其证词的权利,但是这只不过是各阶层不平等的结果。然而,在博马努瓦的时代(1283 年),农奴不能对自由民进行申诉,这可以从上下文中可靠地推测出来,但有规定如果双方主子同意,两个农奴之间可以决斗。[Coutumes du Beauvoisis, cap. lxiii. §I.只有主子同意授权,才能接受因其农奴冒险决斗而承担的风险。于是,在一桩发生于 1293 年的奇特案件中,“如无主人应允,德罗厄图斯(Droetus)之身体不能受制于决斗”。—Actes du Parlernent de Paris, I. 446.]而其他同时代的权威表示,一个被宣告占有的农奴,可以对他可能的主人拔剑相向,以捍卫他的自由。[Livres de Jostice et de Plet, Liv. XIXI. Tit. 13.—Tabul. Vindocinens. cap. 159. (Du Cange, s. V. adramire.)]即使是犹太人也有义务诉诸武斗,就像我们在保留于诺曼底巡回法庭登记处的一份 1207 年的裁决中看到的那样[Assises de l' Echiquier de Normandie, p. 174. (Marnier.)],他们无疑靠金钱购买了由“长腿腓力”(Philippe-le-Long)[1]在 1317 年作为特惠措施赐予他们的豁免,除影响恶劣的谋杀案以外。[Laurière, Table Chron. des Ordonnances, p. 105.]

---

1 长腿腓力(Philippe-le-Long,约 1293—1322 年),即法国国王腓力五世(Philip V, King of France,1316—1322 年在位),亦兼纳瓦拉国王称腓力二世(Philip II, King of Navarre,1314—1322 年在位)。

于是，条件的不同成了决斗的一个阻碍，并且成为许多规则的主题，它们因环境和地点的不同而异。如上所见，贝阿恩自由的山地人民秉持王子犯法与庶民同罪的原则，但是这是一个稀有的独立的例子，地位的特权有时会以最恶劣的形式表现出来。例如，在法国，当格斗审判发生在绅士和隶农之间时，如果是绅士受到对方挑战，那么前者将享有骑马并持骑士装备的特殊权利，而挑战者只能徒步，并且仅持盾和棍棒；但如果是绅士屈尊挑战隶农，他们则会在平等的条件下交手。[Beaumanoir, op. cit. cap. lxi. §§9, 10.—Établissements de S. Louis, Liv. I. chap. lxxxii.] 然而，后面这一条规则，却得到了毫无偏私的执行，博马努瓦提到一个案件，是一位绅士挑战一个平民，并骑马执刃出现在决斗场上。被告对这种不合法的优势提出抗议，而法官们裁定这位绅士没有跨马持械参加决斗的权利，如果他想继续这场司法决斗，就必须放弃这些兵械——穿着衬衣，不可穿盔甲，不可带武器，而他的对手则穿戴皮甲，持有小圆盾和棍棒。[Beaumanoir, Cout. du Beauvoisis, cap. lxiv. §3.] 野蛮不公正的一般规则绝不是放之四海皆准的，更有甚者，如皮埃尔·德·方丹曾指出：当平民向绅士挑起决斗时，格斗者们应当徒步决斗。[Conseil. ch. XXI. Tit. xiv.] 而笔者发现在1280年的一个案件记录中，一位名叫爱梅莉·德·罗什舒阿(Aimeri de Rochechouart)的女性，指控德·芒特里彻先生(Sire de Montricher)烧毁了她的房子，当裁定进行决斗时，她请了一位骑马仗剑的骑士作为决斗者出现在比武场里，似乎没有人对此提出任何异议。[Actes du Parlement de Paris, T. I. No. 2269 A. p. 217.]

整个德意志,从南到北,自很早以来,即便微小的出身差异也被用最警惕的态度保护着:13世纪的法典,甚至包括自治市民法都规定,因阶层的不同,允许上位者拒绝下位者的挑战,而后者一旦受到前者的挑战则必须接受。这条原则被执行得如此彻底,以至于想要迫使一位“世代自由者”(Semperfri)[1],或者拥有16个纹章的贵族现身,申诉者必须证明自己有毫不逊色的对等家世背景。[Jur. Provin. Saxon. Lib. I. c. 50, 62. Lib. III. c. 29, 65.—Sachsische Weichbild xxxiii. xxxv. Jur. Provin. Alamann. cap. ccclxxxv. §§ 14, 15. (Ed. Schilter.) 然而,根据某些后来的手稿,这种拒绝下位者挑战的特权,不得适用于杀人案中。 — “Ibi enim corpus corpori opponitur.” —cap. liii. § 4. (Ed. Senckenberg.) 此外,上文曾引述过的“红胡子腓特烈”颁布于1168年的一部宪章,禁止在可能判处死刑的案件中适用决斗,除非对抗双方出身相当。] 本着同样的精神,一个犹太人不能拒绝一个基督徒诉诸决斗的要求,我们也可以肯定地推测出,犹太人是不能挑战基督徒的。[Jur. Prov. Alamann. cap. cclviii. § 20. (Ed. Schilter.)——我们已经看到,这条规则的翻版被“征服者威廉”引入了英格兰,作为处理法国人和英格兰人之间问题的方法。] 所以,在耶路撒冷的拉丁王国,希腊人、叙利亚人和撒拉逊人也不能挑战法兰克人,而在刑事案件中不能拒绝基督徒的挑战,但在民事诉讼中却可以。[“Quia surien et greci in omnibus suis causis, præter quam in criminalibus excusantur a

1 世代自由者(Semperfri),自由公民中地位较高的一个等级。指不仅父母,连祖父母和外祖父母都是世代自由之人。参见 Rudolf Hübner, Paul Vinogradoff, William Emanuel Walz, *A History of Germanic Private Law*, Volume 4, Little, Brown, 1918, pp.95-96。

duello." —Assises de Jerusalem, Baisse Court, cap. 269.] 在阿拉贡,司法性诉讼不得在基督徒、犹太人或撒拉逊人之间进行。[Laws of Huescar, ann. 1247. (Du Cange s. v. Torna.)] 而在卡斯蒂利亚决斗双方都必须是绅士,不同阶层当事人之间的争执由法院解决。[Las Siete Partidas, P. VII. Tit. iii. 1. 3.] 与此相反,在威尔士,阶层的极度差异却会导致决斗成为必然,因为在背叛领主的案件中,领主作为原告方控告他的臣下,而又因为没有人能够跟他的领主讲什么法律,格斗被认为是唯一与他的尊贵身份相宜的指控方式。[Anomalous Laws, Book XIV. chap. xiv. §I. (Owen II. 625.)]

对这三种人——女人、神职人员和残疾人——而言,亲身出现在比武场里似乎不可能。因此,当成为司法性决斗案件中的利害关系人时,他们被赋予了用一位斗士代劳的特权,他顶替他们的位子去为他们的正当权益战斗。立法者们如此小心谨慎地避免这种依习惯而进行的程序遭遇任何失败,德意志北部的法律甚至规定,若受指控者当时已死,可以用人代替出现在格斗场。[Jur. Provin. Saxon. Lib. I. art. 48.] 而《耶路撒冷法典》规定当诉讼人自己无法战斗,又太穷而不能雇佣一位斗士代为决斗时,封建领主须为其负担40天的费用;而当一个被谋杀者没有亲属去控诉谋杀犯时,封建领主同样必须在任何可能发生的审判活动中为斗士提供装备。[Assises de Jerusalem, cap. 266, 267.] 指向同样目的是德意志法律,它规定当一个跛脚的被告拒绝或怠于获得一位替代者时,法官将会没收他一半财产来支付斗士的工钱,其工钱也不可能要得更多了。[Jur. Provin. Alamann. cap. lx. §5.] 更有甚者,妇女和未成年人的监

护人必须代他们为战斗提供装备。[Jur. Provin. Saxon. Lib. I. c. 42, 43.]

不过,女人们并不总是将自己限于战斗的被代理人地位。德意志法律规定,妇女为获公正可以亲赴比武场挑战男性,而且记录中的案例显示事实就是如此,如1228年在伯尔尼发生的一个案件中,一位妇女甚至成了战胜方。[Belitz de Duellis Germanorum p. 9. (Vitembergæ, 1717.)]而这样的例子发生得足够频繁,以至于竟有了一套既定的模式,而这一模式也被那个时代金碧辉煌的手稿巨细无遗地为我们记录了下来。[Jur. Provin. Alamann. cap. ccxxix. § 2. 这一章在《苏维汇人[1]明镜》(*the Speculum Suevicum*)这部法令集的法文版中被略去了。]为平衡在如此不平等的对手之间进行决斗的胜负机会,男性被掩埋至腰部,左手被绑在背后,只有一支钉头锤[2]作为武器,而他曼妙的对手则可以自由运用四肢,并可以手持一柄石头重锤。[Königswarter, op. cit. p. 221——然而,在很多地方,男人要靠战斗洗脱的罪名,若被告是女人,则适用赤烙铁神判或水判。13世纪的西班牙法律规定就是这样,"Muger...salvese porfierro caliente; e si varon fuere legador...salvese por lid." —Fuero de Baeça. (Villadiego, Fuero Juzgo fol. 317ª.)]

神职人员参与决斗的责任,因教会与国家的关系不同而不同。

---

1 苏维汇人(Suevi或Suebi),与阿勒曼尼人、伦巴底人一样,是古日耳曼人的一支,其曾经聚居的区域因他们而得名为士瓦本(Swabia或Suabia)。

2 "mace"在这里可以被翻译为狼牙棒或钉头锤(主要在中世纪使用的一种棍状兵器),钉头锤似乎比狼牙棒杀伤力更小。因为这里强调男性决斗者被刻意弱化,以平衡女性决斗者的劣势,所以译者选择将其翻译为钉头锤。

早在819年,"虔诚者路易"在其对萨利人法典的增补中,规定在世俗人员与神职人员之间发生的疑难案件,应当采用选出证人进行决斗的方法,但是若双方均为神职人员则禁止这样做。[Capit. Ludov. Pii I. ann. 819, cap. X.] 然而,这一限制未被长期沿用。在892年,皇帝盖伊(Emperor Guy)[1]给予教会人士选择用决斗或证人解决他们之间争议的特权。[Ughelli, T. II. p. 122 (Du Cange).] 在大约945年,维切利的阿托抱怨说,审判机构没有赋予教会人士特权使其免受普遍习惯调整。[Addunt insuper, quoniam si aliquis militum sacerdotes Dei in crimine pulsaverit per pugnam sive singulari certamine esse decernendum —De Pressuris Eccles.] 但是,这种方法远远没有被时代的狂暴精神界定为何等艰难困苦之事,而神职人员们屡屡蔑视雇用斗士介入他们维权行动的做法,而且,在好战精神的鼓舞之下,他们勇猛无畏地亲赴决斗场。在1080年,利勒博讷[2]宗教会议(Synod of Lillebonne)批准了一项教令,对那些未获主教特别授权证书而沉溺于决斗的、好战的教会人士处以罚金。[Clericus ... si duellum sine episcopi licentia susceperit ...aut assultum fecerit, episcopis per pecuniam emendetur. —Orderic. Vital. P. II. Lib. V. C. 5.] 大约与此同时,文多姆的修道院长乔弗里(Geoffry, Abbot of Vendôme)在致桑特斯主教(Bishop of Saintes)的一封信中,抱怨自己管辖下的一位僧侣与桑特斯的一名神职人员进行了司法性决斗。[Goffrid.

1 皇帝盖伊(Emperor Guy),891—894年在位。原为意大利斯伯莱托公爵(Duke of Spoleto),889年被加冕为意大利国王,891年成为神圣罗马帝国皇帝。

2 利勒博讷(Lillebonne),法国北部港口城市。

Vindocinens. Lib. III. Epist. 39.] 尽管在1140年遭到教皇英诺森二世禁止[Du Cange.]，但这种做法一直延续到那个世纪末尾，亚历山大三世(Alexander III)[1]和克莱芒三世(Clement III)[2]发现有必要重申这项禁令为止。[Ut clerici non pugnent in duello, nee pro se pugiles introducent. —Chron. S. Ægid. in Brunswig.—Can. I. Extra, Lib. v. Tit. xiv.] 不过，对于一位来自坎帕尼亚大平原(the Campagna)[3]并在决斗中失去了一根手指的神父的申诉，亚历山大裁定：无论是违规决斗的行为，还是肢体的残缺都不影响其教牧职能，而且只令其按照规定以苦修赎罪。[Can. I. Extra, Lib. I. Tit. xx.] 然而，时代的进步呈现于大约30年后，塞莱斯廷三世对交由他裁决的一起类似案件作出了革职的判决[Can. 2 Extra, Lib. v. Tit. xiv.]；并且这项判决在1215年的拉特兰(Lateran)[4]宗教大会上受到了英诺森三世正式而断然的肯定。[Concil. Lateran. IV. can. 18.]

对于虔诚的信众而言，平和的基督代理人们竟亲自用刀剑或请人代为出战以维护他们的权益，是冒天下之大不韪之举。早在9世纪中期，为树立教会至高权威贡献良多的尼古拉一世(Nicholas I)[5]，努力将其从困境中解放出来，并宣布教会法不认可决斗。

---

1 亚历山大三世(Alexander III)，罗马教皇(1159—1181年在位)。

2 克莱芒三世(Clement III)，罗马教皇(1187—1191年在位)。

3 坎帕尼亚大平原(the Campagna)，即“罗马大平原”，位于意大利半岛南部，亚平宁山脉南麓，濒临蒂勒尼安海。

4 拉特兰(Lateran)，通常指曾为神圣罗马帝国皇帝所有，后来交给教会、成为罗马城中教皇居住的宫殿。

5 尼古拉一世(Nicholas I)，罗马教皇(858—867年在位)，死后被封为圣徒。

[Cap. Monomachiam caus. II. q. 5. —Nicolai PP. I. Epist. 148.] 不过,世俗法授予神职人员的至高无上的特权,是雇佣一位斗士参加决斗,这等武断不公之事,自然常常被狂热的教会人士怨恨。[Atton. Vercell. De Pressuris Eccles. Pt. I.] 尽管面临各种抵制,在实践中,它得到了何等彻底的执行,表现在 1024 年匈牙利的圣斯蒂芬(St. Stephen of Hungary)[1]向扎拉的圣阿德里安修道院(Monastery of St. Adrian of Zala)颁布的一部宪章中,宪章规定除其他特权之外,这位虔诚的国王将为针对该修道院提出的任何诉讼提供一名斗士,以避免打扰教士们的清修。[Chart. S. Stephani. (Battliyani, Legg. Eccles. Hung. T. I. p. 384.)] 在那之后不久的 1033 年,坐落于佩斯卡拉(Pescara)[2]的、著名的圣克莱门特修道院(Abbey of St. Clement)卷入了一起土地争议,起因是佩斯卡拉河的改道将这片土地重划,使其转而落入附近地区的几个领主手中。当地权贵们开会决定采用决斗来解决这件事。在举行决斗的前一晚,德高望重的院长吉多(Guido)下令所有修士进行最诚挚的祈祷之后,还独自前往水边,伸出他的权杖,恳求水流自行纠正它们在魔鬼的影响下作出的举动,河流立刻回到了原来的河道。第二天早晨,聚集起来见证决斗的众人,被眼前的奇迹惊得目瞪口呆。那些占据教会财产、不敬神明的人,卑屈地为他们的罪孽请求宽恕,于是修道院仍旧宁静地安享其

1 匈牙利的圣斯蒂芬(St. Stephen of Hungary,约 975—1038 年),匈牙利国王(约 1000—1038 年在位)。他是匈牙利第一位国王,大力推行基督教,在一系列战争后保卫了国家独立和长期和平,死后被封为圣徒。

2 佩斯卡拉(Pescara),意大利中部沿海城市。

权益。[Chron. Piscariens. Lib. II. (D' Achery, II. 951.)]

用肉身武器和血腥杀戮来维护教会权利的丑行,并未立即被压制。在1112年,我们发现,一位名叫纪尧姆·毛玛莱尔(Guillaume Maumarel)的人士,就苏西(Sucy)[1]一地的领地权利与巴黎神职人员公会发生争议,诉至巴黎主教庭前,寄望用决斗解决这个问题,而这桩事最终却止于妥协而非决斗,他的诉讼程序中似乎并未有什么不合常规之处。[Cartulaire de l' Église de Paris, I. 378.]不过,大约同一时间,在一宗发生在安茹的圣奥班修道院(Abbey of St. Aubin)和邻近的一名骑士之间的财产权案件中,修道士们不仅与他们的对手战斗,而且决斗就在另一所修道院的圣堂中举行。[记载这桩诉讼及其结果的文献,见于Baluze and Mansi, Miscell. III. 59。]而1164年,我们发现在蒙扎(Monza),由担任意大利大法官的科隆(Cologne)[2]大主教下令举行的一场决斗,就在一所修道院和一位世俗邻居之间进行。[Ibid. p. 134.]确实,从1195年塞莱斯廷三世的一份特别禁制令可以看出,这种案例绝非罕见。[Can. I Extra, Lib. v. Tit. xxxv.]但是,尽管教皇圣座不懈努力,可要想让教会在这种普遍通行的责任面前置身于外,似乎是不可能的。尽管在1174年,路易七世(Louis VII)[3]授予尤瑟尔斯(Jusiers)的教会及其人员一项豁免特

---

1 苏西(Sucy),法国巴黎东南城镇。

2 科隆(Cologne),德国西部地名,也是天主教重要的主教管区,科隆大主教是能够决定神圣罗马帝国皇帝人选的七位选帝侯之一。

3 路易七世(Louis VII,约1120—1180年),法国卡佩王朝君主,终生与英格兰国王亨利二世争斗不休。同时,他也是亨利二世的王后埃莉诺的第一任丈夫。参见前文第148页注1。

权，约束他有义务废除所有陋俗［Du Boys, Droit Criminel des Peuples Modernes, II. 187.］，但似乎仍然没有行之有效的总体改革。在1239年一位奥尔良（Orleans）[1]的骑士盖伊·德·桑提拉克（Gui de Santillac）在王室会议上声称圣艾尼昂（Saint Aignan）[2]神职人员公会向他发起了决斗挑战。［Actes du Parlement de Paris, T. I. p. cccvii. (Paris, 1863.)］迟至1245年，巴黎圣母院（Nôtre Dame at Paris）神职人员公会的从属者们拒绝了按例本应提供的服务，要求神职人员公会应当用一场决斗断讼来支持其主张。圣职者们不得不恳请教皇进行干预，宣告这些人有合法权利如此作为；而英诺森四世（Innocent IV）[3]由此授予神职人员公会一项特权，鉴于一对一格斗的方式已被教令禁止，他宣布圣母院教会应当有权用证人、契据和其他合法证据来证明其权利，尽管习俗与此相反。［Contraria consuetudine non obstante.—Cart. de l' Église de Paris, II. 393-4.］也许正是对此案的干预，导致他在几年之后的1252年发布教令指出：法国的神职人员在控诉他们的农奴时不得不诉诸决斗，但根据教会法只能因此放弃他们的职位，这显然是强人所难。为了补救这种情况，作为一般规定，他宣布所有通过决斗或者因神职人员拒不决斗而作出的判决一概无效。［Archives Administratives de Reims, T. I. p. 733.］在这个问题上英诺森坚定不移，因为在1245年的里昂会议上

1　奥尔良（Orleans），法国中北部地名。

2　圣艾尼昂（Saint Aignan），法国西部城市。

3　英诺森四世（Innocent IV），罗马教皇（1243—1254年在位），与神圣罗马帝国皇帝腓特烈二世争斗不休。参见前文第83页注1。

为废黜腓特烈二世,他提出的控诉理由之一就是腓特烈强迫教会人员参加决斗,而忽视了神职人员与世俗人士之间的巨大差别。[Harduin. Concil. VII. 384.]但是,在一个世纪之后,当司法性决斗不再流行,一位列日主教(Bishop of Liége)因反复诉诸格斗解决争议问题激怒了鲁汶(Louvain)[1]的市民,布拉邦特公爵约翰三世(John III, Duke of Brabant)[2]被迫诉至皇帝查理四世(Charles IV)[3]处。于是皇帝依惯例写信给特里尔(Trèves)[4]、康布雷(Cambrai)[5]和凡尔登(Verdun)[6]的主教们,希望他们想点办法制止他们这位同侪的好斗倾向。[Proost, Lé gislation des Jugements de Dieu, p. 19.]

这一时代的习惯和偏见显然太顽固而不容易去除。因此,看到高级教士们在行使作为世俗领主的权限时,竟然已经惯于进行决斗就像进行其他任何法律程序一样,也不必大惊小怪。这样的做派,不仅是标榜封建上层的特权之一,而且是附加于收费和刑罚之上的一项收益。这些教会的官员急不可耐地寻求这些权利,并对其严加守护,与那些穷兵黩武的爵爷们毫无二致。几乎没有必要再赘述更多例证,但是我要提到一部由安茹伯爵富尔克·奈拉(Fulk Nera)在

---

1 列日(Liége)和鲁汶(Louvain),均是比利时地名。

2 布拉邦特公爵约翰三世(John III,Duke of Brabant),1312—1355年在位。布拉邦特是今比利时中部一省,首府为布鲁塞尔。

3 查理四世(Charles IV),神圣罗马帝国皇帝(1346—1378年在位)。

4 特里尔(Trèves,德语写作Trier),德国西部古城(1818年卡尔·马克思出生于此)。

5 康布雷(Cambrai),法国北部城市。

6 凡尔登(Verdun),法国东北部城市。

大约1010年颁布的特许令,将这些权利赐予都兰(Touraine)[1]的布留修道院(Abbey of Beaulieu)[Du Cange, s. v. Bellum.],以及1052年皇帝亨利三世的特许令,赐予意大利沃尔泰拉(Volterra)[2]教堂的主教同样的权利。[Muratori, Antiq. Ital. Dissert. 39.——在同一作者所举的各种例子中,有一个发生在1010年,阿雷提诺(Aretino)的主教法庭曾批准举行决斗以裁断一桩发生在一家修道院和一位世俗人士之间的争议。]一些有良心的教会人士反对这种与他们信仰的教义相悖的做法,而宗教才是他们的专业所在,于是他们大声疾呼以阻止这样的滥权行为。于是,在大约11世纪末时,我们发现著名的教会法专家沙特尔的圣伊沃指责奥尔良主教在法庭上命令用格斗裁决一桩重要案件。[Ivon. Epist. cxlviii.]伊沃甚至为执行他的这种原则而牺牲了自己的管辖权,而这在他那个年代,对于高级神职人员是如此弥足珍贵。在另一个案件中,由于必然涉及决斗审判,他拒绝作出判决,而且他为了避免这一负担,将案件移交给了沙特尔女伯爵的法庭。[Ivon. Epist. ccxlvii.]一个世纪之后的名人彼得·坎特尔(Peter Cantor)[3]坚称,作为一位神父,他在任何情况下都不会提供让人们发下初步誓言的圣物,因为神职人员是不可涉足血腥屠戮的。[Pet. Cantor. Verb. Abbreviat. cap. lxxviii.]但这些训令和事例都无一例外地徒劳无功。教会人士继续采用决斗断讼,并且坚决地抵抗着

---

1 都兰(Touraine),法国中西部地名,为古代法国一个省的名称。

2 沃尔泰拉(Volterra),意大利中部托斯卡纳地区的一座古镇。

3 彼得·坎特尔(Peter Cantor,?—1197年),又称为颂圣领唱者彼得(Peter the Chanter),法国天主教神学理论家。

对他们特权的任何侵犯。1150 年,洛桑(Lausanne)[1]的神职人员公会的条文规定所有的决斗都必须在教区长面前进行——而本区的教区长是日内瓦主教阿杜修斯(Arducius, Bishop of Geneva)。[Migne' s Patrologia, T. 188, p. 1287.]即使到了 13 世纪,在兰斯大主教驾前,决斗也是理所当然之事。[Lib. Pract. de Consuetud. Remens. passim. (Archives Lé gisl. de Reims.)]而且,记录中有一宗发生在 1224 年的案件,是关于一座房屋所有权的争议,在圣雷米修道院(Abbey of St. Remy)的法庭中被判用决斗裁决,修道院院长主持了决斗,王室官员们担任护卫。[Archives Adminst. de Reims, T. I. p, 822.]在 1239 年,奥尔良主教向国王抗议说,前者僭越了他的主教区管辖权。[Actes du Parlement de Paris, T. I. p. cccvii. (Paris, 1863.)]1269 年作出的一个判决,是关于巴黎圣母院神职人员公会限制下进行的一次决斗断讼的,我们发现格斗的首先一击,通常被称为"决定性一击"(ictus regis)或者"封喉一击"(les cous lou roi),在这里则被叫作"致命一击"(ictus capituli)。[Cartulaire de l' Église de Paris, III. 433.在第一轮打击之后,双方向法庭缴纳罚金后就可以分道扬镳,这个名字显然源自其罚金的收缴者。[2]]从大量的管辖竞合争议案件的判决之中可以明显看出,这些权利得到了多么热切地维护。比

---

1 洛桑(Lausanne),瑞士西部城市。

2 致命一击(ictus capituli),也可译为"神职人员公会的一击"。因为其中的"致命"(capituli),通常可以理解为拉丁文单词"首"(capitulum)的所属格,英文中相当于"首要的"(of capital)。但在古代拉丁文中,也可理解为"会"(chapter)——可谓语带双关。这也许就是为什么作者会说这个名词是以收钱的人(即神职人员公会)命名的。

如,1193 年的圣昆丁女伯爵和巴黎圣母院神职人员公会的一项关于维利镇(Viry)管辖争议的协议,给了神职人员公会的官员下令决斗的权利,但是将决斗场置于双方监管之下,并且所获收益均分。[Cartulaire de l' Église de Paris, I. 234.] 1199 年的一部关于马恩(Marne)[1]的宪章显示,神职人员公会官吏的审理权大到可以裁断格斗的担保事宜,其后进一步的程序则留给了主教自己在法庭上决断。[Ibid. I. 79-80.] 在 1257 年,当圣路易竭力限制这项习惯做法时,一座修道院卷入了一桩与国王针锋相对的诉讼,它需要证明自己拥有下令进行决斗的权利,而且有权为此收取费用和罚金。[Les Olim, I. 24.] 而 1277 年一场类似的诉讼发生在阿拉斯(Arras)[2]的圣瓦斯特修道院(the Abbey of St. Vaast)身上,它获得了有利的判决。[Actes du Parl. de Paris, T. I. No. 2122, C. p. 197.] 在 1293 年作出的一个判决中,苏瓦松(Soissons)[3]神职人员公会有权下令进行司法性决斗,似乎不容置疑,同时也显示了可敬的神职人员们行使此项特权时的诚心诚意。[Actes du Parl, de Paris, T. I., p. 446.] 更加重要的是一份迟至 1299 年的梅茨(Metz)[4]的授权声明,所有决斗断讼的批准权都归于大主教法庭,这一点得到了该城地方民事法官们的明确接受。[Du Cange, s. v. Arramiatio.] 而在 1311 年,圣布吕克(St. Brieuc)[5]主教甚至命令诉至他庭前的两位乡绅进

1 马恩(Marne),法国东北部地名。
2 阿拉斯(Arras),法国北部地名。
3 苏瓦松(Soissons),法国北部地名。
4 梅茨(Metz),法国东北部城市。
5 圣布吕克(St. Brieuc),法国西北部城市。

行决斗,只因这二人彼此之间言辞过激。由于某些原因,决斗并未发生,而这位基督教高级神职人员没收了双方的武器和马匹作为罚金。当事人上诉至巴黎高等法院,法院下令主教退回被征收的物品,并且对其处以罚金,因为他无视了禁止一对一决斗的王室敕令。[Les Olim, III. 679.]不久之前,博马努瓦已经明确地声称,教会不得卷入涉及决斗的案件,也不能涉足可能造成死亡或肢残的案件。[Voirs est que tuit li cas où il pot avoir gages de bataille ou peril de perdre vie ou membre, doivent estre justicié par le laie justice; ne ne s' en doit sainte Eglise meller.—Coutumes du Beauvoisis, cap. xi. art. 30.]但是教会可不打算承认这种对它管辖权的限制,而且尽管国王对决斗断讼的压制,也剥夺了其他封建领主法院的这项特殊收益,可它还是继续作为贵族领主的种种权能之一,体现着那个时代法律的残酷,经久不衰。[参见 the Registre Criminel de la Justice de St. Martin-des-Champs。(Paris, 1877.)]

有一种法院管辖区对这种盛行一时的蛮族影响保持着距离——那就是海事法院,它囊括了实用商法的一大部分。这是一个很容易解释的现象,不仅从诉讼当事人的性质特点来看,而且从这些法庭为之树立的交易内容以及海商法典的直接源头罗马法来看也是如此,相对其他中世纪法律而言,这部分较少因法学的嬗变而被改变。这些法典,尽管编纂于决斗断讼的鼎盛时期,却没有受到任何影响,《耶路撒冷法典》曾明确地提到:海事法院不采用司法性决斗所炮制的证据[En la cort de la mer na point de bataille por prueve ne por demande de celuy veage.—Assises de Jerusalem, cap. xliii.],英格兰的一份法律文件(12 Edward III.)也记录和印证了同一原则。[Pardessus, Us et Coutumes de la Mer.]然而,当案件涉及盗窃或欺诈时,例如拒绝承认收到货物,那么案件就进入了刑法管辖领域,于是就可合法地以决斗方式审理。[Livres de Jostice et de Plet, Liv, VII. Tit. iv. §2.]

决斗的规则

司法性决斗所采取的形式和仪式,对于骑士文化的爱好者们而言,可以说是一个有趣的考查课题,但是它们在细节中宣扬的,几乎与中世纪的思想习惯和模式毫不相关,而且大部分只单纯地对考古学家有吸引力。尽管细致入微的指南流传到了我们面前,记录在为出席决斗的法官们编写的手册中,几乎不必虚耗篇幅来对其中各种方式一一列举;但是,有一些细节却在法律意义上,对决斗的理论和实践作出了诠释。于是,在战斗开始之前,指导格斗的一般原则得到各方绝对的支持,其诉求的正义性就建立在这些原则之上,并通过对福音书或者公认的圣物发下神圣的誓言加以确认。[根据布莱克顿的说法,申诉者在刑事案件中似乎总是必须为他对案情的亲身了解发誓,所谓"视听证据"(visu ac auditu)。然而,在别的地方却并非如此。对于在某些案件中强迫抗辩者之一作伪证是否合宜,在伦巴底人法律的注释者中存在热烈的争论。这一事项在萨维尼（*Savigny*）[1]的书中有较为详细的论述。（Geschichte d. Rom. Recht, B. IV. pp. 159 sqq.）英国中世纪的法律评论集《弗莱塔》中给出的誓言惯例如下，各方握住对方的手，被告先发如下誓言："Hoc audis, homo quem per manum teneo, qui A. te facis appellari per nomen baptismi tui, quod ego C. fratrem tuum, vel alium parentem vel dominum non occidi, vel plagam ei feci ullo genere armorum per quod remotior esse debuit a vita et morti propinquior; sic me Deus adjuvet et hæc Sancta etc." 然后，申诉者回应："Hoc audis homo quem per manum teneo, qui te R. facis appellari per nomen baptismi tui, quod tu es perjurus et ideo perjurus quia tali anno, tali die, tali hora et tali loco nequiter et in felonia occidisti C. fratrum meum tali genere armorum, unde obiit infra triduum; sic me Deus etc." —Lib. I. cap. Xxxii. §§ 28, 29. 在德意志法律中，誓言相对简单，但是其决绝亦类于此。—Jur. Prov. Saxon, Lib. I. cap. lxii.—Sachsische Weichbild xxxv. 8.] 败北不仅意味着输掉官司，而且意味着伪证罪的判决，败诉的一方还会因此受到惩罚；而在刑事案件中，它也意味着败诉的申诉人被判犯有诬告罪。这被认为比单纯的输掉官司严重得多，如诺曼底人的习惯法条文中就规定：决斗的败方判处伪证罪，说假话的证人和其他名誉扫地者以后不得出庭作证，亦不得充作陪审员。［Cod. Leg. Normann. P. I.

---

1 弗里德里希·卡尔·冯·萨维尼（Friedrich Carl von Savigny，1779—1861 年），德国法学家和历史学家，历史法学派的创建者之一，提出了国际私法上著名的"法律关系本座说"。他主张用分析历史源流和演变的方法研究现存法律体系的内容和意义。曾长期担任柏林大学校长，以及普鲁士王国的法律大臣。其代表作包括 8 卷本的《现代罗马法的体系》（*System des Heutigen Römischen Rechts*）等。

c. lxiv. (Ludewig. Reliq. MSS. T. VII. p. 270.—Anc. Cout. de Normandie (Bourdot de Richebourg, IV. 29).] 据此,我们发现被击败的一方,无论是原告还是被告,都会受到或轻或重的惩罚,因时间和地点不同而各异。与此类似地,在819年,"虔诚者路易"的敕令规定:在双方各执一词、真伪难辨的案件中,各方应当选出一位证人格斗以决出结果,败方会遭受伪证罪的通行刑罚——砍掉一只手;而败方其余的证人们被允许有特权,可以支付法定费来为受难的同侪赎罪。[Capit. Ludov, Pii ann. 819, cap. x. 一个类似的规定见于 L. Burgund. Tit. xlv. et lxxx。]"征服者威廉"公正不阿地对败方处以40苏的罚金。[L. Guillelmi Conquest. III. xii. (Thorpe, I. 493.)——然而,之前的一部法律对一位败诉的诺曼族申诉人处以了60苏的罚金。] 在编纂所谓亨利一世律法时,这个数额被提高到了60苏。[L. Henrici I. cap. lix. §15.] 而且格兰维尔也表述了同样的规则,并加上了败方永远不得再作为证人或格斗者的规定。[Glanvil. de Leg. Angl. Lib. II. cap. iii.] 爱德华二世统治时期,在输掉官司的损失和一小笔"规费"(ruaille)之外,败方还要支付给胜方40苏,重罪案件除外。[Solement ceux vainqus sont quittes ou lour clients pur eux rendre aux combattants vanquishours 40 sous en nosme de recreantise et ruaille peur la bourse a mettre eins ses deniers oustre le jugement sur le principall. —Home's Myrror of Justice, cap. iii. sect. 23.] 根据伦巴底人的习惯法,在11世纪早期,申诉者若被击败,有权赎回他的手;被告若被击败,除了必然因被证明的罪责而受刑罚,还要失去他的手。[Formul. Vetus in L. Longobard. (Georgisch, p. 1276.)] 在大约同一时期,贝阿恩人的立法用一种更温和的方式表达了类似的原则,《莫拉斯法令集》对败方秉公处以66苏的罚金。[For d' Oloron, Art. 21.] 随着时间的推移,这个体制在一些国家被废止不用。13世纪的英格兰法原则上承认“同态报复”规则,但是没有付诸实施,重大案件中败诉的申诉方仅作为诽谤犯受到拘禁而已,而被告若被击败,就会被处决,财产会被没收。[Bracton, Lib. III. Tract. ii. cap. 18, §4.在另一段落中,布莱克顿为此给出了仁慈的理由——“Si autem victus sit in campo ...quamvis ad gaolam mittendus sit, tamen sit ei aliquando gratia de misericordia, quia pugnat pro pace”。(Ibid. cap. 21, §7.)亦见于《弗莱塔》, Lib. I. cap. xxxii. §32。] 同样的特征也见于诺曼底人当时的习惯法中。[Étab. de Normandie, Tit. “De prandre fame à force” (Marnier).] 与此类似,根据1228年维罗纳实行的法典的规定,在刑事案件中地方长官有权下令举行决斗,而且若指控方战败,他可以任意处罚;若被指控方被定案,当然必须按罪量刑。[Lib. Juris Civilis Veronæ, cap. 78 (p. 63).]

然而,中世纪的立法对败诉的申诉者,通常都不是那么宽仁。对诬告者适用“同态复仇”法则而使其受到的刑罚,与若其控诉成立被告将会受到的刑罚相同,这是广泛流行于中世纪的做法。在教会法中,这个原则得到了最广泛和果决的阐释[Qui calumniam illatam non probat, pœnam debet incurrere quam si probasset reus utique sustineret.—Can. Qui calumniam Caus. v. q. vi. (Decreti P. II.)],而且它自然而然地被用以决定决斗断讼参与者们的命运。就这样,布列塔尼的纪尧姆(Guillaume-le-Breton)[1]声称,1203年当腓力·奥古斯都从“无地王约翰”(John Lackland)[2]的虚弱掌控中力夺诺曼底时,其冒险引入此公国当地法的几项变革之一,就是针对失败的申诉方,根据所控罪行的轻重,用征没财产、肢残肉刑或是死刑,取代原本规定的较轻的金钱罚以及法律地位的丧失。[... ad poenas exigat sequas, Victus ut appellans sive appellatus, eadem Lege ligaretur mutilari aut perdere vitam. Moris enim extiterit apud illos hactenus, ut si. Appellans victus in causa sanguinis esset, Sex solidos decies cum nummo solveret uno Et sic impunis, amissa lege, maneret: Quod si appellatum vinci contigeret, omni Re privaretur et turpi morte pern-et.—Guillielmi Brito. Phillippidos Lib. VIII. 我们将会看到,这里描述的既存诺曼习惯法,就像上文中格兰维尔所准确描述的一样。]接着,同样的制度在圣路易的立法中贯穿始终,不论刑罚轻重,双方的责任相等。[E. g. Établissements Lib. I. cap. 27 and 91.— “Cil qui seroit vaincus seroit pendus” (cap. 82).]在可能判死刑的重大案件中,若雇佣了斗士们,而当事人本人关押在监牢中,被绳索捆着,那么败方将会被用这些绳索处以绞刑;而如果其中一方是妇女,则由铲子取代绳索,若败诉,她将被用这铲子活埋。[Beaumanoir, chap. lxiv. §10.]在东部的

1 布列塔尼的纪尧姆(Guillaume-le-Breton,英文中亦写作 William the Breton,约1165—1225年),法国编年史家和诗人。同时也曾是法王腓力·奥古斯都(参见前文第144页注1)的外交官。

2 无地王约翰(John Lackland,1166—1216年),英格兰国王(1199—1216年在位),亨利二世之子,理查一世之弟。参见前文第76页注1和第148页注1。

法兰克人的王国[1]，这种责任对等原则也同样盛行，在对谋杀的控诉中，就像我们看到的那样，起诉方用一位证人决斗，被告则亲自进行决斗。在民事案件中，在市民阶层的法庭上，被击败的一方，包括败诉的原告，如果输了，就永远失去了出庭作证的权利，而且在法庭上再没有一席之地；而重大的刑事案件中，无论在上级还是下级法庭中，无论是哪一方，当其败诉时，都一样会被绞死。［Assises d' Antioche, Haute Cour, ch. xi.; Assises des Bourgeois, ch. vi. vii. 参见 Assises de Jerusalem, cap. 317。］在英格兰，这项规定最终于 14 世纪建立起来，在斯佩尔曼所写的一部关于单人决斗规则的精妙论文中，我们发现它被格洛斯特公爵托马斯（Thomas, Duke of Gloucester）[2]宣布为一项确定的有效规则。［Recta fides et æquitas et jus armorum volunt ut appellans eandem incurrat pœnam quam defendens, si is victus fuerit et subactus.—Formula Duelli, apud Spelman. Glossar. s. v. Campus.］

然而，在德意志，习惯法并不统一。在《萨克森明镜》以及《士瓦本明镜》的一份文本中，这样一条原则被订立下来：败北的申诉人可通过向法官和对手支付罚金逃脱制裁；若是被告人落败，则须受到应得的惩罚，甚至更重的刑罚。［Jur. Provin. Saxon, Lib. I. c. 63.—Jur. Provin. Alamann. cap. ccclxxxvi. §§19, 20. (Ed. Schilter.)］而萨克森市民自治法和士瓦本法典的其他文本则规定，不论哪一方被击

1 参见前文第 161 页注 1。
2 格洛斯特公爵托马斯（Thomas, Duke of Gloucester, 1355—1397 年），英格兰国王爱德华三世的幼子，理查二世的叔父和反对者。

败，都要砍去一只手或者处死，由罪行的轻重决定。[Sachische Weichbild 82.—Jur. Provin. Alamann. cap. clxviii. §20, clxxii. §18.（Ed. Senckenberg.）] 更有甚者，一个特殊的案件显示，案中双方都可能遭受刑罚：当被定罪的窃贼指控收赃者教唆犯罪，后者必须用决斗自保，而且如果他被击败，两位格斗者都将被绞死，没有任何偏向。[Ibid. cap. Ccxix. §6。（Ed. Schilter.）] 这些刑罚绝非纸上谈兵、说说而已，1369 年法兰克福发生的一宗案件表明了这一点，神明的干预成为必需品，不是为了决定胜方，而是为了逃避法律的执行。有两位骑士——齐尔金·冯·沃拉（Zierkin von Vola）和阿道夫·汉彻（Adolf Hanche），因他们的妻子是姐妹而成为连襟，后来为争夺其妻兄弟的遗产发生争吵，并同意用决斗来解决他们的异议。10 月 12 日，约定的日子到了，他们进入比武场一决胜负，准备杀个你死我活。而他们虔诚的妻子们则热切地向上帝祈祷，希望软化他们的心，使他们握手言和。这些祈祷得到了回应。内心忐忑不安的两位武士，跃下马来，互相热烈地拥抱，大声宣称："兄弟，我愿甘败下风。"主持决斗的市政长官却决意不使围观者丧失看热闹的机会，愠怒地宣布决斗法不允许双方都毫发无伤地离开，认输者必须被处死。他还利用神圣的誓言确认了这项判决，誓言宣称进餐前必须看见两者中的一方死去。于是一场令人动容的对抗在昔日的两位对头之间展开，每一方都宣称自己是败方，要求砍掉自己的头。突然之间，神明的报应降临在残暴冷酷的裁判者身上，令他当场倒毙。如此一来，也满足了他那"不死人就不进食"的不敬誓言。[Chron. Cornel. Zanfliet ann. 1369（Mart. Ampl. Coll. V. 293-4.）]

一些地方的习惯法规定，将两具棺木放在比武场上，为其吓得白了脸的占用者们做好准备，这很可能是格斗者所受法定刑罚的一种令人印象深刻的象征。1409 年奥格斯堡(Augsburg)[1] 的一次决斗，发生在名叫马绍克(Marshalck)和哈施森奈科(Hachsenacker)的两个人之间，前者将对手扔在地上，并问他如果是他取胜会如何。哈施森奈科阴沉地答道，他会将敌人杀死。于是马绍克迅速将其了结，并将自己置于棺木之中，被抬到圣优里克(St. Ulric)[2] 大教堂，在那里他为自己的胜利表达了感激。[Chron. Augustan. (Pistor. III. 684, Ed. 1726.)]

然而，对这个制度最可怕的夸大，出现在东方的几个法兰克人王国中，它们保留了一种针对女性的特殊暴行——是中世纪不公正地、习惯性地施暴于较柔弱的性别之上的无数例子之一。当一个女性出现在决斗场上时，无论作为申诉者还是被告，若她的斗士参与格斗而被打败，她都会立刻被烧死，无论决斗是因什么样的犯罪而发生的——因为许多指控只能通过决斗断讼来裁决，她除了冒着这最可怕死法的风险，别无选择。[Assis. Hierosol. Alta Corte cap. cv. (Canciani, V. 208.)]

要求当事人为他们将会在指定时间及时现身提供担保，也是一种习惯做法，缺席者会受到各种罚款和惩罚。德国北部和南部的法

1 奥格斯堡(Augsburg)，德国南部城市。

2 圣优里克(St. Ulric，约 890—973 年)，德国奥格斯堡地区的主教(924 年起在位)和天主教会领袖，死后于 993 年被封为圣徒。他也是第一位被教皇册封的圣徒。

律都规定,当被告缺席时,他被指控的罪行将会因此坐实;而无论作为被告还是申诉者缺席,他都被允许拥有赎回其手或生命的特权,但他会被宣告为不名誉者,不再受法律的保护。根据一些手稿的记载,确实,缺席者的所有财产都会被没收,可能是交给其继承人,或者他的上级封建领主。[Jur. Provin. Saxon. Lib. I. c. 63, 65.—Sachsische Weichbild xxxv. Jur. Provin. Alamann. cap. ccclxxxvi. § 31. (Ed. Schilter.)—Cap. clxxiii. § § 7, 8. (Ed. Senckenb.)] 在 12 世纪发生于埃诺(Hainault)[1] 的一桩案件中,一位封建领主和一个被他称为“农奴”的人之间发生争端,后者要求进行决斗,并获得了许可,但是在约定日的 9 点要求决斗者却没有出现。他的对手从破晓时分就开始等却一直没有等到,于是便要求获得定罪判决,埃诺议会作出了这样的判决。这时候,失踪的那人才姗姗来迟,但是为时已晚,他被作为一名农奴交给了他的主人。根据佛兰德斯的习惯法,缺席的决斗者将被放逐,并且他的全部财产将被没收。[Proost, Lé gislation des Jugements de Dieu, pp. 18, 21.] 不过,这种极端的苛刻并没有得到普遍接受。例如,《莫拉斯法令集》规定在贝阿恩人之中,缺席的罚款只不过是 16 苏。[For de Morlaas, Rubr. IV. art. 5.] 根据英格兰法律,缺席者被宣布为不名誉者。[Horne' s Myrror of Justice, cap. iv. sect. 13.] 古斯堪的纳维亚人通常会树立一个“尼斯唐”(nithstong)[2]——立杆诅咒(pertica execrationis)——一根刻

1 埃诺(Hainault),或译为“艾诺”,今属比利时,在比利时与法国交界处。

2 尼斯唐(nithstong,亦作 nithstang,或 nithing pole,古斯堪的纳维亚语中作 níðstang),一种通过树立标杆来诅咒敌方的古老传统。

着诋毁符号的杆子,而这种侮辱被认为着实不可忍受,以致最终受到法律的禁止,滥用者将面临流放的刑罚。[Schlegel Comment. ad Grá gá s §31.—Grá gá s sect. VIII. cap. 105. 一些富于想象力的词源学者可能将“钉上耻辱柱”(posting a coward)这一表达追溯至此习惯。]

当然,对所有由缺席者引起的、一切法律上的刑罚,保释者都要承担责任,当事人本人出现或被击败时,保释者有时还要分担当事人本人的命运。在德意志南部的法律中,根据一份文本资料,保释人在这种情况下,须以“失去一只手”负起责任的,可以自赎其罪责;然而在另外一个版本中,却又使他必须为当事人本人的行为承担刑罚。[Jur. Provin. Alamann. cap. ccclxxxvi. §32(Ed. Schilter);cap. clxxiii. §13(Ed. Senckenberg).]后一种规则在14世纪的一出传奇剧中得到表现,剧中来自异乡的骑士在巴黎的法庭上为了国王女儿的荣誉而被迫奋战,却无法提供担保。王后和公主自请为人质,得到了接受,但是国王警告她们——

女士们,以天堂之王、神的名义!
汝等虽被接受为人质;
但愿汝明智行事,
最坏结果
阿德莱(Ardré),我怕你引火焚身
终归尘土。

[Un Miracle de Notre-Dame d' Amis et d' Amille.(Monmerqué et Michel, Thé at. Français au Moyen-Age, p. 238.)同一出戏中的另

一段，突显了若被击败，申诉者与被告人所受惩罚的平等性。—Mais quant il seront / En champ, jamais n’ en ysteront / Sans combatre, soiez-en fis, / Tant que l’ un en soit desconfis; / Et celui qui vaincu sera, / Je vous promet, pendu sera: / N’ en doubte nulz.]

至于对武器的选择,不必再对中世纪的习惯多加窥探,从布兰托姆的书中和其他细枝末节的记载中便可以看到十分奇特的轶事。然而,可以大致看出,当双方都雇佣了斗士时,法律似乎将他们的选择大致限制于棍棒和小圆盾,而且规定战斗者必须完全平等。[E. g. Constit. Sicular. Lib. II. Tit. xxxvii. §I.] 腓力·奥古斯都在1215年规定,棍棒不能超过3英尺[1]长。[Laurière, Table des Ordonn. p. 10.] 早期,当事人亲自出面决斗时,似乎申诉方拥有选择武器的权利,这不仅给予其极大的优势,而且纵容他沉溺于自己的品位和幻想所产生的任何奇思,譬如在13世纪时一位来自加斯科尼(Gascon)[2]的骑士在案件中指定战斗者应当各戴一顶玫瑰花冠。由于装备的每一个细节都像这样服从于挑战者的一时之兴,那些富有的人有时会强迫比较穷困的对手们在马匹和盔甲上大费金钱。[Revue Historique de Droit, 1861, p. 514.] 不过,在立法精神开始反对决斗断讼的地方,申诉者被剥夺了这一优势。腓特烈二世似乎第一

1 3英尺约等于92厘米。

2 加斯科尼(Gascon),法国西南部地名,也是大仲马笔下富于浪漫骑士精神的火枪手达达尼昂的故乡。

个宣扬了这样的理性观念,他下令规定以后选择武器的权利属于被告,并将之前的习惯斥责为彻头彻尾的邪恶与非理性。[Constit. Sicular, Lib. II. Tit. xxxvii. §4.] 在这一方面,就如同在许多其他方面一样,他超越了他的时代,普遍规则是敌对双方不应有任何凌驾于对方之上的优势——除了以下这种可怕的不平等,即当一个平民斗胆挑战一位绅士时,这一点我们前面已经提到过。[然而这一点也不为腓特烈所认可(Ubi sup.)。] 在德意志北部的法律中,有着精心的规定:太阳的优势被平分给战斗者们;他们徒步战斗,头部和脚部暴露在外,套着袖子只到肘部的紧身衣,戴着简单的手套,没有盔甲防具,除了一个覆着兽皮、仅嵌着一片铁质浮雕装饰的木质小圆盾;每人拿一把出鞘的剑,不过,双方想在腰带上再别上什么东西都行;如果一名战斗者太穷而买不起剑和小圆盾,法官可以为其提供所需之物。[Jur. Provin. Saxon. I. 63.] 根据厄普顿(Upton)[1]的说法,在15世纪,法官们被要求确认决斗双方在武器上的平等,但是他承认,在许多时候,并没有确定或确切的规则。[De Militari Officio Lib. II, cap. viii.] 在威尔士,一种特别的习惯完全违反了平等原则,即在威尔士法律中,双胞胎被认为是一个人,而且他们在家族遗产分配中只被赋予了一个人的份额,因此他们被允许双双进入决斗场作为一个人协同战斗。[Book of Cynog, chap. xi. §34. (Owen, II. 211.)] 在俄罗斯,每一个格斗者都可依自己的喜好行事。而16世纪时的一位旅行者讲述道,由于莫斯科公国的居民们(the Muscovites)有一种尴尬

1 厄普顿(Upton),指15世纪时的英国教士,纹章学和军事学者尼古拉·厄普顿(Nicholas Upton)。

的习惯,他们所穿的盔甲厚重到了令人几乎无法行动的地步,以至于在与波兰人、立陶宛人和日耳曼人的格斗中他们总是落败,直到本地人与外邦人之间的司法性决斗最终因此被禁止。[Du Boys, op. cit. I. 611.]

职业斗士

上面已提及雇佣斗士决斗这种被广泛采用的战斗方式,其奇特性使它尤为值得一提。我们已经看到,那些没有能力挥舞刀剑或棍棒的人,并不能因此而免于参加决斗,即使最吝于言辞的司法规则也赋予他们将自己的清白寄托在一些更加有能力获得神圣裁决的媒介上的权利。这似乎原本是某个家庭成员的职能,就像同源的圣礼脱罪程序中一样。例如,在阿勒曼尼人中,当一个女人受到指控,可以由亲属“作为后备”(cum tracta spata)出战。[L. Alamann, Add. cap. xxi.]同样的规则亦见于伦巴底法律[L. Longobard. Lib. I. Tit. iii §6, and Lib. II. Tit. lv. §12.]以及盎格鲁人和瓦累尼人制定的法律之中[L. Anglior. et Werinor. Tit. XIV.]。而普遍适用的家庭合一原则,可以合理推出:在其他种族的法典中没有特别提到这类规定,却普遍采用了此做法。至于残疾人的案件,使用斗士为格斗神判所必须。但是在非常早期的时候,这种做法被相当大程度地扩展了,从而与司法性决斗本来的原则发生了冲突,这表现在允许体质尚可的对手们采用替代者,代替当事者本人进行决斗,而不论彼此是否有血缘关系的连缀。关于这一点，在不同的原始蛮族之中似乎有多种多样的做法。法兰克人、阿勒曼尼人以及萨克森人的法律没有提到这一特权，但显然指望着当事者本人自行保护自己的权利。可是在590年发生了一起案件，其中根据龚特兰的命令举行了一场决斗，被告被指控在国王的御苑中杀了一头公鹿，并被允许将诉讼托付给其侄甥，从罪名可以看出，这个人不太可能声称有什么身体上的缺陷。[Greg. Turon. Hist. Lib. X. cap. X.在这个案例中，双方两败俱伤，被告立即被处死，由此可见，这样的结果被认为证明了所控罪名事实成立。]从圣阿戈巴德的措辞，以及他对决斗神判的猛烈抨击中，我们理应可以推定，在“虔诚者路易”的统治之下，在勃艮第法律中，雇用斗士即便不被禁止，至少对被告而言也是不常见的，即使在年龄和体质上不宜格斗的情况下也是如此，而另一方面，申诉者却被允许雇用斗士。[Horum enim causa accidit ut non solum valentes viribus, sed etiam infirmi et senes lacessantur ad certamen et pugnam etiam pro vilissimis rebus. (Lib. adv. Legem Gundobadi cap. vii.) Mitte unum de tuis, qui congrediatur mecum singulari certamine, ut probat me reum tibi esse, si occident. (Lib. contra Judicium Dei cap. i.)]除此之外，巴伐利亚法律比其他同源法律更加偏爱格斗，每次都不免提及雇用斗士的问题，而对于伦巴底人而言，司法性格斗和斗士似乎与被告成为可替换的同义词。[Liceat ei per campionem, id est per pugnam, crimen ipsum de super se si potuerit ejicere.—L. Longobard. Lib. i. Tit. i. §8.]10世纪后半叶法国的一部宪章，记录了采用司法性决斗裁决的一宗财产争议，法官在判处决斗时，要求敌对双方提供技艺娴熟的斗士，在指定的时间和地点来维护他们的诉求,这些显示出法律并不指望当事人本人现身、进行决斗。[Proost, Lé gislation des Jugements de Dieu, p. 82.] 根据德意志北部的法律,选择亲身或斗士代为决斗的权利属于申诉者。如果被告腿瘸了,并因此必须雇佣斗士代为参加决斗,那么申诉方就可以相应地也使用斗士。还有,曾因偷盗或劫掠而被定罪的被告,必须永远亲身参加决斗。当决斗是在法庭的命令下,而不是应申诉方的要求进行时,如果被告能证明控方已经雇用了斗士,就可以拒绝参加。[Jur. Provin. Saxon. Lib. I. art. 39, 48.—Sachsische Weichbild art. XXXV. 2, 4; art. lxxxii. 2.]

在所有这些用人顶替进行决斗的规定中,有些对于决斗断讼所依据的勇猛果敢和自立自强精神而言,是如此南辕北辙,而使用职业角斗士与虔诚求诸神明判决二者背道而驰,后者是决斗断讼这一体制赖以维系的主张,以至于这种做法的引入必须是由某种外部原因引起的。这个原因,无疑就是允许自由挑战证人,上文已经提到过了。这一做法在西欧的盛行,使得当事人各方只要不愿亲身涉险参加致命的缠斗,便可代之以某个凶猛好斗的亡命之徒,他不知廉耻地发着假誓,若依证据,可能会使得他被剑尖顶着押离法庭。[然而,事情并非总是如此。在早期冰岛法律中,我们已经提到了,斗士的程序是通过奇特的买卖词讼的习惯来完成的。]

尽管雇用斗士的习惯很早以前就存在,弗里斯人的法律给使用和付费提供了完全的认可 [Licet unicuique pro se campionem mercede conducere, si eum invenire potuerit.—L. Frision. Tit. XIV. cap. iv.],但我们不能完全根据古早时代的简单记录,就断定他们身份等同于证人。然而,12—13 世纪的细致规定,使这一点更加明显。例如,在英格兰,直到 1275 年爱德华一世颁布威斯敏斯特第一部规约为止,在一桩涉及不动产的诉讼中,受雇的被告方斗士必须被假定处于证人的地位,通过发誓声称他个人亲自到场并看到了对地产的合法占有,或者说他的父亲弥留时嘱咐他尽孝道、遵父嘱保护被告的权利,就如同他自己曾经亲眼见证过一样。[Glanvil. de Leg. Angl. Lib. II. cap. iii.] 这种奇怪的法律拟制在同时代诺曼人的法学体系中也很普遍,在这类案件中,原告的斗士必须发誓说他曾经听到或看到过支持本方诉求的事务,而对方的斗士则发誓说他们是在弄虚作假。[Cod. Leg, Norman. P. II. cap. lxiv. (Ludewig Reliq. MSS. VII. 416.)] 本着同样的精神,诺曼人的一部较早的法典规定:在接受决斗起誓之前,斗士们应当被带去看一看争议标的土地和建筑,就像陪审员一样。[Étab. de Normandie, p. 21, (Marnier.)] 我们看到在《安条克法典》(*the Assises d' Antioche*) 中,原告或控方必须有时刻准备决斗的证人,如果没有,对方仅凭缺乏实证支撑的誓言就足以决定判决。[Assises d' Antioche, Haute Cour, ch, ix, xi. xii.; Assises des Bourgeois, ch. vi. vii.] 随之而来的必然是这样的规定:大多数案件中的证人都是被雇来的斗士,而证人和斗士这两种职能的联系,在《耶路撒冷法典》以及西西里的宪章性文件中得到了进一步的表现,它们规定斗士应当在决斗场上发誓,表明他相信自己在这场争斗中是为维护正义而抗争。[Assis. Hierosol. Bassa Corte, cap. ccxxxviii. (Canciani, II. 534.)—Constit. Sicular. Lib. II. Tit. xxxvii. § 2.] 确实,那时的一部英格兰法学专著推定当事人本人只能够用证人来顶替,而且将其作为民事案件中的决斗总是靠斗士们来解决的理由,因为在这些案件中当事人本人不能够作为自己的证人。[Horne's Myrror of Justice, cap. iii. §23.]与此如出一辙的是,如果一方当事人提供了不能作为证人或不为法庭所接受的斗士去决斗,这个案件可能得出对其不利的缺席判决。[Ibid. cap. iv. §11.]可能出于以上所有这些原因,布莱克顿所定下的规则没有受到多大关注,即一个证人若被怀疑其实是雇来的斗士,他就不能参加这场决斗,而是交由陪审团审判其未遂企图,而且如果被定罪,将会失去一只手或脚。[Lib. III. Tract. 11. c. xxxii. §7.]

从这个角度审视"斗士"这一职业,我们可以了解到,他一旦被击败将被当作伪证犯,面临的是那些沉重的刑罚,若非如此,那些刑罚似乎就是当时野蛮原始的一种漫无意义的表现。就这样,在上文提到过的诺曼人的习惯法汇编中,对于争夺地产的民事诉讼,斗士必须发誓说他代表的本方当事人的诉求是真实合法的,如果他被击败,就会被处以高额罚款并被宣布为不名誉的人,从此之后既不能作为证人也不能作为原告出庭,而对于其所代表的当事方本人的刑罚仅仅是失掉争议财产。[Cod. Leg. Norman. P. II. cap. lxiv. §18. (Ludewig VII. 417.)]而且类似的原则被同时代的英格兰法所认同。[在毁坏名誉的犯罪中,进行了列举:"ceux qui combatent mortelment pur loyer qui sont vanquish en combate joyné per jugement."—Home's Myrror of Justice, cap. iv. sect. 13.]在刑事案件中,从很早以前开始,当事人本人或许能够逃过罚款或监禁,而被雇用的打手则会被绞死,或者最少失去一只手或脚,这是对伪证罪的古老的刑罚。[Et campioni qui victus fuerit, propter perjuriam quod ante pugnam commisit, dextra manus amputetur.—(Capit. Ludov. Pii ann. 819, § x.) —Victus vero in duello centum solidos et obolum reddere tenebitur. Pugil vero conductitius, si victus fuerit, pugno vel pede privabitur.—(Charta ann. 1203—Du Cange.)——亦见于 Beaumanoir, Cout. du Beauv., cap. lxvii. § 10。(以我所见,杜·坎杰似乎对这段文字有所误解。)——亦见于 Monteil's admirable "Histoire des Français des divers États," XVe Siè cle, Hist. XIII。]而耶路撒冷王国的法律规定,在斗士间的格斗中,无论是死是活,败方都将立即被吊上绞架。[Assis. Hierosol. Bassa Corte, cap. ccxxxviii. Alta Corte, cap. cv. (Canciani II. 534; V. 208.)]《安条克法典》多少更合理一些,因为它仅仅规定败北的斗士和其本方当事人本人将会受到同样的刑罚,无论是单纯丧失民事案件中的民事权利,或者是在杀人或其他重罪指控案件中被绞死。[Assises d'Antioche, Haute Cour, ch. xi.; Assises des Bourgeois, ch. vi. vii.]晚些时候,当斗士职位的来源被忽略,而被各方认为纯粹是将自己的技能和勇气卖给出价最高者的亡命之徒时,便发掘出一个更切实际也更加必要的理由以保持其严肃性——即,当事人本人依法必须向斗士支付报酬,即使斗士被击败,也要为其誓言和劳务全额支付约定的对价。[Cod. Leg. Norman. P. II. cap. lxiv. § 19. (Ludewig VII. 416.)]博马努瓦就曾这样为这一制度辩护,理由是斗士可能因受对方当事人收买而被追究责任,于是断手断脚这种"轻微刺激",成为防止斗士们背叛雇主的必须手段。[Et li campions vaincus a le poing copé; car se n'estoit por le mehaing qu'il emporte, aucuns, par barat, se porroit faindre par loier et se clameroit vaincus, par quoi ses mestres emporteroit le damace et le vilonie, et cil emporteroit l'argent; et por ce est bons li jugemens du mehaing.—(Cout. du Beauv., cap. lxi. § 14.)]而且很可能是因为这一点,迟至1372年的一部宪章中,这种严刑峻法依然被完好地保存着,而当时决斗断讼的使用已经开始消亡。[Isambert, Anciennes Lois Françaises V. 387.]秉持同样的精神,皇帝腓特烈二世禁止斗士彼此讨价还价而不用付出他们的牙和手。他命令他们要给敌方施加一切可能的损伤,并且敕令:如果他们被打败,而决斗的裁判官认为他们因胆小怯战或背信弃义而未能奋力作战,则应当与当事人本人分担其遭受的惩罚。[Constit. Sicular. Lib. II. Tit. xxxvii. § 3.]

面对这些风险,可以毫不奇怪地看出,雇用斗士这桩买卖对于诚实的人们并没有多大吸引力,诚实之人无论用其他任何方式都将身体和灵魂融为一体。在远古时期,由于家族的凝聚力,无疑导致在大多数案件中斗士都是从亲属中选出;后来,可能大多数时候从自由民和当事人的依附者中遴选,而且在伦巴底法律中有一项表述,证实了至少在该民族之内这是惯常做法。[Et post illam inquisitionem, tradat manum ipse camphio in manu parentis aut conliberti sui ante judicem.—L. Longobard. Lib. II. Tit. lv. § 11.]在骑士精神盛行的日子里,可能对于慷慨的骑士来说,勇猛投身于决斗场以保卫被迫害者以及无依无靠的无辜者,并没有什么异乎寻常,因为他被他所宣誓效忠的骑士精神的意旨所束缚。[就像这样,教廷特使为荷兰的威廉(William of Holland)[1]主持了接受骑士封号宣誓，就在1247年他加冕为罗马人之王之前，誓言包括如下条款“pro liberatione cujuslibet innocentis duellum inire”。—Goldast. Constit. Imp. T. III. p. 400.]确实，甚至迟至15世纪,在威尔士法律汇编中,一个陌生人获得原属于亲属的权利的情况,被描述为在当事人本人不愿或不能亲自出场的情况下自愿进行决斗的行为。[Anomalous Laws, Book x. chap, ii. §9. (Owen, II. 315.)他后来获得的地位类似于兄弟或侄甥，分享并分担死亡赔偿金。]然而,很大比例的起诉者,必然出于身体不适或主观抵触,极力避免亲自出场,如此一来“收费角斗士”就成了一种正规职业。鲁莽冒失、好勇斗狠的亡命之徒,或者通过毕生无止境的斗殴而刀剑娴熟之人,他们对自己的能力充满信心,可能将这种比他们惯于面对的风险更小一点的活计当作一种营生,就这样,这个职业形成了。这种恶状必已早早出现,因为我们发现查理大帝曾极力反对它,并通过敕令规定抢劫犯不得作为斗士参加决斗,这样的命令需要被频繁重复。[Ut nemo furem camphium de mancipiis aut de qualibet causa recipere præsumat, sicut sæpius dominus imperator commendavit.—Capit. Carol. Mag. ex L. Longobard. cap. xxxv. (Baluze.)]

当罗马法开始发挥出它强大的影响力,将封建习惯法重塑为常规程序之时,同时代心怀仰慕的法学家们也不失时机地利用了新近

1 荷兰的威廉(William of Holland),荷兰伯爵威廉二世(William II, Count of Holland, 1227—1256年),在1247年被选为“反王”(anti-king),即本应成为君王而没有成为君王的人,与实际统治的君主相对立。

发现的法学知识宝藏，无论其适用与否，很容易理解，帝国法学嗤之以鼻和剥夺公民权的对象，从古老的角斗士变为了中世纪决斗士；尽管根据法学理论，后者是挺身保护无辜者的，而前者则卑贱地将自己的生命交付给残暴的群氓。这种奇特而可耻的传承，在亨利·德·方丹的作品中清晰可查。根据罗马法的规定，成为一名格斗士或演员，是被剥夺继承权的一种理由。[Novel. cxv. cap, iii. § 10——更清楚的说明可见于 Lib. III. Cod. Tit. xxvii. I. II。] 其中一个文件的规定，被德·方丹大体上翻译过来，罗马人的“角斗士”(arenarius)成了法国人的“格斗士们”(champions)。[Conseil. chap. xxxiii. tit. 32.] 而在另一个类似的誊本《法学汇编》中，原文的“竞技者”(athleta)被变形成“格斗士”。[同上 chap. xv. tit. 87, 译自 Lib. IV. Dig. Tit. ii. 1. 23, § 2。] 直到 13 世纪，斗士职业变得臭名昭著。教这门课的导师们，被归类为最卑下的犯罪者，与那些倚门卖笑的不幸女子同列，只不过斗士出售的是勇气和技巧。[Percutiat si quis hominem infamem, hoc est lusorem vel pugilem, aut mulierem publicam, &c.—Sachsische Weichbild Art. cxxix. “Plusieurs larrons, ravisseurs de femmes, violleurs d’églises, batteurs à loyer,” etc. —Ordonn. de Charles VII. ann. 1447, also Anciennes Coutumes de Bretagne. (Monteil, ubi sup.)] 他们被认为没有做证人的资格，可奇异的是，众人却以这些被判定为最劣等的人为媒介，让他们现身于诉诸神明庄严裁决、寻求真相的神圣时刻，或者这些人即使捍卫了无辜者，也会因此行为被贴上声名狼藉的标签，而一旦失败就会被截去手脚或者绞死。[Johen de Beaumont dit que chanpions loiez, prové de tel chose, ne puet home apelier à gage de bataille an nul quas, si n' est por chanpion loiez por sa deffansse; car la poine de sa mauvese vie le doit bien en ce punir.—Livres de Jostice et de Plet, Liv, XIX. Tit. ii. § 4.] 根据13—14世纪通行于全德意志境内的法典,他们不仅仅与私生子、戏子、骗子同等,被剥夺了一切法律权益,例如财产继承、出庭作证等,甚至连他们的子女也受到同样的待遇。[Campiones et eorum liberi (ita nati) et omnes qui illegitime nati sunt, et omnes qui furti aut pleni latrocinii nomine satisfecere, aut fustigationem sustinuere, hi omnes juris beneficiis carent.—Jur. Provin. Alaman. cap. xxxvi. § 2. (Ed. Schilter.)—Jur. Provin. Saxon. Lib. III. c. xlv.] 他们所受到的完全的蔑视,甚至通过每一击及伤害的损害赔偿价目表规定巧妙地体现在同样的法典之中。对这些贵族、商人、农民等所受的伤害和侮辱,开出了一份分档次开价的罚款表,作为对他们受损的荣誉的补偿;农奴之下是江湖郎中和术士,他们只能够对攻击者投射在墙上的影子报以老拳;最末一等的是格斗士及其子女,他们所获的救济仅仅是看一眼决斗场上对方盾牌反射在他们身上的阳光。由于被法律认定为没有资格受到侮辱,这些补偿方式只是产生一种荣誉得以修复的错觉而已。[Campionibus et ipsorum liberis emendæ loco datur fulgur ex clypeo nitido, qui soli obvertitur, ortum; hoc is qui eis satisfactionem debet loco emendæ præstare tenetur.—(Jur. Prov. Alaman. cap. cccv. §15.—Jur. Provin. Saxon. Lib. III. art. xlv.)《苏维汇人明镜》的法文版中,这种象征式的赔偿方法后面,还有这样的话"cestes emandes furent estrablies an la vieillie loy per les roys"(P. II. c. lxxxvi.),这可能显示出,在使用这个译本的地区,它们被废置不用了。] 这种诗化的司法形式长期模糊不清,

佐证可见于：14 世纪末或更晚近的《利希斯蒂奇本邦法》(*the Richstich Landrecht*)在介绍因火器使用而造成的意外死亡的同一章节提到了它。[Richstich Landrecht, Lib. II. cap. xxv.]

然而,意大利人采取了一种更加合理和实际的观点。既然已经接受格斗士作为一个阶层,对其态度也就不是一味贬低这一职业,而是提升它。在 1228 年维罗纳的法典中,他们作为一种现行有效的机制出现,由地方法官遴选和指定的个人组成,规定他们履行职责的报酬不得超过 100 苏。[Lib. Juris Civilis Veron. cap. 125, 126. (Veronæ, 1728, p. 95.)]

很明显,雇用格斗士的做法存在邪恶之处,这一点获得了广泛的承认,废止或限制这种做法的努力并不稀奇。奥托二世的法律就曾致力使决斗更加体面,下令斗士们只被允许服务于伯爵、神职人员、妇女、男孩、老人和肢体有残疾者。[L. Longobard. Lib. II. Tit. lv. §38, 40.] 我们可以从一个 1010 年发生在阿雷提诺的主教面前的案件中看出,这条规定在一些地方得到了严格执行。这是一宗财产争议案,一方声称右手残疾,于是有了使用斗士的理由。[Muratori, Antiq. Ital. Dissert. 39.] 然而,在意大利的另一些地区,这一规则很快被熟视无睹,因为与此同时亨利二世发现有必要颁布法律,在弑父弑母或有加重情节的谋杀案件中,禁止身体无恙的被告们雇用斗士代替自己上场。[L. Longobard. Lib. I. Tit. lx. §37; Tit. x. §4.] 200 年后,腓特烈二世在他的那不勒斯领地中,几乎废除了司法性格斗,从他的评述中,我们大致可以推测出雇用斗士之风曾甚嚣尘上。[Vix enim aut nunquam duo pugiles inveniri poterunt sic æquales, etc. —

Constit. Sicular. Lib. 11. Tit. xxxiii.] 他确实曾规定对寡妇、孤儿和贫民这些可能无法自保的人提供公费的斗士。[Ibid. Lib. I. Tit. xxxiii.] 11 世纪早期在德意志,使用斗士似乎是理所当然的事,参见 1017 年在梅泽堡(Merseburg)[1]被以这种方式定罪处刑的抢劫案。[Ibi tunc multi latrones a gladiatoribus singulari certamine devicti, suspendio perierunt.—Dithmari, Chron. Lib. VII.] 从对晚些时候士瓦本法律两个章节的比较中似乎可以看出,虽然法律已努力禁止雇用职业角斗士 [Jur. Provin. Alaman. cap. xxxvi. §2; cap. lx. §I.],但是没有收到多大成效,这一点可以从我们上文提到的这些法律对此阶层的竭力遏制中看出来。

对于这个问题,英格兰法律在不同时期进行了相当不同的规定。1150 年,亨利二世严格禁止在他的诺曼领土上采用斗士进行决斗断讼。[Concil. Eccles. Rotomag. p. 128. (Du Cange.)] 而且我们从格兰维尔处可以了解到,一个斗士若被怀疑是为钱而服务,可能会受到对方的反对,由此引起另一场决斗,来确定他是否适宜进行主要的那场决斗。[De Leg. Angliæ Lib. 11. cap. iii.] 由此看来,很明显地,从晚一个世纪的布莱克顿的表述中也可以推出相似的原则:雇佣唯利是图的斗士在英格兰是不合法的。[Ita posset quilibet in tali facto alium appellare per campionem conductivum, quod non est sustinendum.—Bracton. Lib. III. Tract, ii. Cap. 18, §4.] 不过,这很可能无关现实。有一部布莱克顿时代的宪章保存了下来,曾为"科丁海

1 梅泽堡(Merseburg),德国中东部地名。

姆牧猪人”(Quondam Porcarius de Coldingham)的约翰向科丁海姆的小修道院颁赐了一块土地,那是他因一次胜利的决斗而从亚当·德·里斯顿(Adam de Riston)那里得到的报酬。[这部宪章,近期被发现于达拉谟大教堂(Durham Cathedral)的文献记录中,在1866年11月10日的伦敦《雅典娜神殿》(*Athenæum*)上刊印。上面没有标注日期,但是订阅的见证者名单显示,它应该是在1260年左右施行的。]当约翰用这样的方式宣告自己是一个受人雇用的斗士时,本来是有点危险的,他和他所代表的当事人本人都会面临法律上的不利局面。这一习惯,最终逐渐成为一般规则,在民事案件中,双方都被法律强迫雇用斗士,法律作出理所应当的假设,认为在大多数情况下,必然会雇用替代者。[埃尔顿勋爵(Lord Eldon)在1819年宣告废除格斗审判的讲演中,表示:“在这些案件中,当事人没有遭遇亲身(in propria persona)格斗的痛苦——他们被迫将自己的利益寄托于斗士们身上,原则是:如果其中一方被杀,诉讼将会终止。”—Campbell's Lives of the Chancellors, VII. 279.]然而,在刑事案件中则普遍地反其道而行之;在重刑罪中,被告必须亲自参加,而在轻一些的案件中,他有权选择将一名证人推向决斗场。[Pur felony ne poit nul combattre pur autre; en personal actions nequidant venials, list aux actors de faire les battailes per lour corps ou per loyal tesmoigne come en droit reals sont les combats.—Home's Myrror of Justice, cap. iii. sect. 23.]而当申诉者因为性别或残疾,或者被告基于年龄,而不能亲自进行决斗时,决斗就会被禁止,案件会交由陪审团来裁断。[Bracton. Lib. III. Tract, ii. cap. 21, §§ II, 12.—Ibid. cap. 24.]根据12世纪的苏格兰法律,很明显无论在什么情况下都不允许使用斗士，那些因年龄或伤势而不能格斗的人们，将被迫采取神判，以规避决斗。[Regiam Majestatem Lib. IV. cap. iii.] 这样的严格规制及时得到了放松，尽管雇用斗士的做法似乎从未获得多少鼓励。大约1350年，大卫二世(David II)[1]颁布的法律显示，贵族有特权采用替代者；但是如果一个农民挑战一位贵族，他就必须亲自参战，除非他所属的爵爷为他争吵一番，并自己奉上格斗士代劳。[Statut. David. II. cap. xxviii.根据苏格兰的市民法，因年龄原因而无法亲身上决斗场的，可以通过12名共誓人为自己辩护。—L. Burgor. cap. xxiv. §§1,2.]

英格兰法律中表现出来的区分民事和刑事案件的趋势，在其他地方也出现了。于是，在法国和东方的法兰克人王国中，法律对刑事检控中使用斗士的做法进行了限制[Assises de Jerusalem, Baisse Court, cap. 145, 146.—Beaumanoir, cap. lxi. §6; cap. Lxii. §14.]，而在民事诉讼中，至少在法国，似乎没有任何限制。[Beaumanoir, cap. lxi. §14.] 皮埃尔·德·方丹非常清晰地列举了民事和刑事之间的区别，他表示在对判决的上诉中，刑事案件的上诉方必须表现出雇用斗士的充分理由，而在民事争议中这样做则无须论证。[Conseil, chap. XXII. Tit. xiii.] 然而，在实践中，对它们的使用是否有任何有效限制值得怀疑，因为圣丹尼斯的修道士在赞颂圣路易王对决斗断讼的镇压时，把将其废止的好处之一解释为：制止滥用——富人可能收买邻近的所有斗士，以至于较贫穷的对手不可避免地丧失生命和

1 大卫二世(David II,1324—1371年)，苏格兰国王(1329年起在位)。

遗产。[Grandes Chroniques T. IV. p. 427.] 而且,雇用斗士,被法律确认为有此特权者的必需品。[Il est usage que se aucun demende la cort de bataille qui est juege par champions loé es, il la tendra le jor maimes, et si ele est par le cors des querelé ors il metra jor avenant à la tenir autre que celui.—Coutumes d' Anjou, XIII.e Siè cle, § 74.] 较高的社会阶层,或者一桩诉讼中当事人各方阶层的明显差异,也可成为身居高位者用斗士代战的理由。[Kar haute persone doit bien metre por lui, à deffendre soi, home, honeste persone, se l' an l' apele, ou s' il apele autre. —Livres de Jostice et de Plet, Liv. II. Tit. xviii.] 然而,在规制这些事项时,各地的规定显然多种多样。在 14 世纪,兰斯的当地法不仅要求只在当事人本人因年纪或身体残疾而不能亲自参战的刑事案件中使用格斗士,而且要求被告发誓:被控罪行发生之后,这样的障碍才发生;而如果检方已然在要求诉诸决斗时声称,这种能力不足在之前某个特定时间点就已经存在,那么即使这样也没有用。[Lib. Pract. de Consuet. Remens. § 40. (Archives Lé gisl. de Reims, Pt. I. p. 40.)] 应当通过决斗支撑其证词的证人们,不仅受到相同的限制,而且在雇用格斗士代替自己时,必须发誓说:他们在友人中没有找到自愿承担此一职责的人选。[Ibid. § 14, p. 37.] 这些规定的全部要义,确确实实地表明了一个果断的意图,即为雇用斗士的做法到处设限。在贝阿恩也一样,申诉者在叛国罪的案件中有权决定是否允许被告找人替代,而且从文本中的表达可以推测出,它在斗士的选择方面努力确保年龄、体形和力量上的相称。[For de Morlaas, Ruhr. liii. art. 188.] 这种机会平等,在 1228 年维罗纳法典中得到了完全的贯彻执行,就如我们看到的那样,在那里,斗士们是受到承认的实体,接受国家的规制和掌控。在举行决斗的司法令状下达之前,任何人不得让斗士代为格斗。然后,地方法官负责划定势均力敌的斗士们,再由被告从中遴选其一:这项安排使得战败的斗士所受的肢体损害,只在他卖主变节时才会无可非议地发生。[L. Jur. Civilis Veronæ cap. 125, 126 (p. 95).]在比戈尔,唯一的限制似乎就是斗士们必须是本地人,而不能是外乡人。[Pugiles in Bigorra non nisi indigenæ recipiantur. (Lagrè ze, Hist. du Droit dans les Pyré né es, p. 251.) 根据同一部法典,价目表中付给斗士的金额为 20 苏,以及为他的盾支付 12 苏,为其训练支付 6 苏——总之皆为"准备"(pro præparatione)的费用。]根据 13 世纪的西班牙法律,雇用格斗士受到如下限制,表现出立法者明显想要尽可能降低其发生的可能:被告有权找替代人选参加决斗,但是申诉方只能在取得对方同意的情况下这么做。格斗士被要求与其所代表的诉讼当事人出身相当,而且不能比他本人更有力量和斗志,这就使得雇用斗士几乎成为不可能。女人和未成年人由他们最近的亲属代为参加,神职人员则由其诉讼代理人代劳。[Las Siete Partidas, Pt. VII. Tit. iv. 1. 3.]在俄罗斯,直到 16 世纪,都从没有雇用过斗士,对抗双方总是必须亲自上场。在 1550 年,被称为《法典》(*Sudebtnick*)[1] 的立法文件终于规定,允许在某些案件中雇用斗士。[Du Boys, Droit Criminel des

---

1 《法典》(*Sudebtnick*,俄文 Судебник 的英文直译,其意相当于英文 Law 或 Code of Law),由伊凡三世颁布。它巩固了莫斯科公国的中央集权,对俄罗斯民族国家的统一有重要意义。

Peuples Modernes, I. 611-13.]

然而,有两种诉讼者,对他们而言雇用斗士是必须的,而不受对一般诉讼者的限制:尽管六七十岁的老人、婴幼儿和肢体残疾的人士,可能可以从亲属中找到一位代表人,而女人可以由她的丈夫或者最近的亲属代为出场;教会机构和拥有自己特许宪章的城镇却没有这样的资源。于是,在1164年维罗纳法庭审理的一宗税收案件中,索沃的博努泽诺(Bonuszeno of Soavo)证明索沃的村庄已经免除了他父亲佩德罗巴塔拉(Petrobatalla)作为斗士参与与邻近地区决斗的一切关税,而他对这种豁免的继承权也获得了认可。[Campagnola, Lib. Juris Civ. Veronæ. (Veronæ, 1728, p. xviii.)]就这样,1104年的一份宪章记述道:诺阿耶(Noailles)[1]的修道士们因属于他们修道院的磨坊被占而深受困扰,侵占者是阿基坦公爵威廉(William Duke of Aquitaine)[2]手下的一名官员,直到公爵终于同意用决斗解决这件事,教会的斗士最终获胜,争议财产被判给了修道院。[Polyptichum Irminonis, App. No. 33. (Paris, 1836, p. 372.)]结果,这些族群对斗士的频繁需求,导致了被经常指派的斗士获得雇用,他们为当事人本人奋战,以获取年金,或是其他收益。比如,杜·坎杰就提供了一份协议的文本,是由乔弗瑞·布隆戴尔(Geoffry Blondel)在1256年缔结的,规定他作为博韦(Beauvais)[3]的

1 诺阿耶(Noailles),法国地名。

2 阿基坦公爵威廉(William Duke of Aquitaine,1071—1126年),指阿基坦和加斯科尼公爵威廉九世(1086—1126年在位)。

3 博韦(Beauvais),法国北部城市。

斗士，领取一笔20苏（巴黎铸造）的年金，外加每次出场10里弗尔（图尔铸造）、每一交锋50里弗尔、每一次胜利100里弗尔的好处费。有点儿奇怪的是，几年后，在概述博韦的习惯法时，博马努瓦的说法略有不同，他宣称这种做法古老而过时，他只在过去的传说中听到过。［Une malvese coustume souloit courre anciemment, si comme nos avons entendu des seigneurs de lois.—Cout. du Beauvoisis, cap. xxxviii. § 15.］此后这种做法长期流行，在蒙泰尔（Monteil）[1]笔下有所表现，他援引了几份这种类型的文件，标注的日期最晚迟至15世纪。［Hist, des Français, XVe Siè cle, Hist. xiii.布隆戴尔获得奖金后的税金，以及博马努瓦支持残害战败斗士的论证，对这整个诉诸神明裁断的体制的基本原则提供了强烈而现实的评注——胜利成了正义的证明。］

教会的斗士们拥有较高的地位，而且必须在格斗场、法庭以及竞技场上保卫他们雇主的利益；当受到领主征召参加国家间战争时，他们也领导教会的武装护卫人员参与其中。这个职位既荣耀又有利可图，受到有身份的绅士们的追捧，他们将其当作一种自我强化的机会。而且许多贵族家庭追溯其产业的来源时，都会追溯到此种途径，他们通过支持肥得流油的修道院和富甲一方的主教们，而直接或间接地增加财产，就像9世纪时，靠近卡奥尔（Cahors）的菲雅克（Figeac）[2]的修道院长，以为修道院作战为条件，将60座教堂和500名曼西人（Mansi）[3]赠与了一位邻近的领主。［Hist. Monast.

---

1 蒙泰尔（Amans Alexis Monteil, 1769—1850年），法国历史学家。

2 卡奥尔（Cahors）、菲雅克（Figeac），都是法国西南部地名。

3 曼西人（Mansi），是西伯利亚西部，鄂毕河流域的原著民，以狩猎、捕鱼和游牧为生。

Figeacens.—(Baluz. et Mansi IV. p. I.)]封建主义的影响早早体现了出来,专属斗士(Vidame,或称 Avoué)大多成为世袭职位,这个职位的占有者时常独立于他们的恩主之外,他们的苛捐杂税和巧取豪夺,成了教士们最喜欢谴责的话题,将他们视为自己发誓维护的体制之最坏的敌人。[Abbonis Floriac. Collect. Canon, can. ii,—Histor. Trevirens. (D' Achery Spicileg. II. 223).—Gerohi Reichersperg, de Ædificio Dei cap. vi.]在许多例子中,这个职位被当作为教会获得捐赠的一种酬谢,以至于在一些国家,特别是英格兰,诉讼代理人(advocatus)的头衔逐渐变成了"赞助人"的同义语。由此,安立甘教会最糟糕的滥权之举就源于此处,而中世纪被遗忘的错误是无法抹杀的,至少从语源学角度是这样,而治愈灵魂的受俸圣职推荐权(advowson)[1]过于频繁地成为讨价还价的标的。

司法性决斗的消亡

司法性决斗受到如此多势力的支持,而且如此彻底地被灌输到欧洲各地的判决和偏见之中,以至于需要几个世纪的时间才能根除。实在奇怪的是,最早反对它的决定性举措发生在冰岛,1011年,它在那里被从司法程序中正式废除。[Schlegel Comment. ad

1 受俸圣职推荐权(advowson),英国的一种法律制度,指出资赞助教会的人向本地区主教推荐担任圣职、接受圣俸人选的权利。

Grá gá s, p, xxii.而达森特(Dasent)[1]在他的《冰岛编年史》(*Icelandic Chronology*)(*Burnt Njal I. cciii.*)记述这件事发生在1006年,凯瑟(Keyser)则认为发生在1000年(Religion of the Northmen, Pennock's Trans. p. 258)。]而且尽管"这是因基督教传入而起"的假设已被推翻,然而,这两个事件发生在同一时期,这就允许我们作出这样的结论:即使新皈依的信徒们领受的是如此瑕疵遍布的宗教,它仍然可能施加了某种影响,虽然直接原因是两位杰出游吟诗人冈恩劳格·奥姆斯丹加(Gunnlaug Ormstunga)和斯卡尔德-拉冯(Skald-Rafn)之间爆发的"霍尔姆冈"决斗。[当地引入的基督教教义的性质,可以从冰岛守护圣徒的个性中推知一二。助祭桑布兰德(Thangbrand)是萨克森伯爵维利鲍尔德(Willibald)之子,甚至在他接受圣职之后,都依然没有停止从事他作为维京人或者说海盗的老行当。为了惩罚和除掉他,挪威国王奥拉夫·崔戈维森将使冰岛皈依的任务交给了他,他一手拿《圣经》、一手执剑地完成了任务。——参见Dasent, Burnt Njal, II. 361,—Olaf Tryggvesson's Saga c. lxxx。(Laing's Heimskringla, I. 441.)]挪威不久之后也循例而为,在几乎相同时间,部范首领艾瑞克(Erik)和斯文·哈孔森(Svenn Hakonsen)废除了"霍尔姆冈",然而异教信仰依然广泛流行。[Keyser, op. cit p. 258.]丹麦行动得几乎同样迅速:确实,萨科索·格拉玛提库斯在一篇文章里将其奉为优先考量,声称当965年珀波(Poppo)通过烙铁神判使哈罗德·布拉坦德(Harold

---

1 达森特(Dasent),指乔治·韦伯·达森特爵士(Sir George Webbe Dasent, 1817—1896年),专注于传奇故事的翻译家,以及《泰晤士报》的供稿人。

Blaatand)[1]改宗时,这一事件产生的影响如此巨大,令这种审判方式取代了既存的决斗断讼。[Saxon. Grammat. Hist. Dan. Lib. x.]然而,在之后的一个世纪里,它明显仍未被废止,因为斯文・埃斯特利斯(Sven Estrith)[2]的儿子"单纯的哈罗德"(Harold the Simple)[3]1074年继承王位,才在他推行的法律改革中,引入了共誓制度替代其他所有的抗辩方式,就如萨科索点明的那样,此举终结了决斗断讼制度,并为严重的滥权现象打开了大门。[Ibid. Lib. xi.]

没有比欧洲这些部落更加野蛮凶暴的民族了,而他们在这样早的时间就废除格斗断讼,简直奇怪得不可理喻。然而,这是一次反常的现象,并没有产生超越他们狭小疆域的结果。原因之一是,在人类抛弃祖先偏见束缚之前,其他因素需要多年才能缓慢地、痛苦地发挥作用。另一个重要原因,就是第三等级(Tier-État)逐渐兴起,成为重要的势力。这些不屈不挠的布尔乔亚(bourgeois),虽然已经准备好披坚执锐、捍卫自己的特权,但通常情况下却偏爱采用更加和平的方式来解决私人纠纷。致力和平之术的他们,看清了自己的利益在于对产业和商业利益的追求,享受稳固的常设法庭的服

1　哈罗德・布拉坦德(Harold Blaatand,亦作Harald Blåtand,或Harald Bluetooth),挪威和丹麦国王(约958—985年在位),传说是他引领当地皈依了基督教。一位名叫珀波(Poppo,亦作Poppa)的神父自己手持烙铁而不被灼伤的神迹说服了这位国王。传说哈罗德特别爱吃蓝莓,而让牙齿染上了颜色,获得了"蓝牙"(bluetooth)的绰号,现代电子业中的蓝牙技术,就是以他的绰号命名的。

2　斯文・埃斯特利斯(Sven Estrith,亦写作Sweyn II Estridsson),丹麦国王(1047—1074年在位)。

3　单纯的哈罗德(Harold the Simple),丹麦国王(1074—1080年在位)。

务，同时受到与其往来密切社群的所有人性化和文明化的影响，迅速地形成了进步观念，他们与孤立地生活在野蛮之地的封建贵族或者在主子的城堡周围、拱肩缩背寻求庇护的悲惨农奴们迥然不同。由此，几乎与第一批市镇的建立处于同时，产生了避免通过战斗洗脱罪责的欲望。我所见过的这种趋势最早的例子，在1081年皇帝亨利四世颁赐给比萨（Pisa）[1]的宪章中，他认可了他可能针对市民提起的任何指控，都能够通过12位誓证人，而不是格斗来审理，涉及死刑或断肢之刑的案件除外；在与土地有关的争议中，在能够获得合格证词的情况下，禁止采用决斗。［Lünig Cod. Diplom. Ital. I. 2455.——这部宪章自由的条款表现出这位皇帝的开明思想，并且解释了在与贵族叛逆以及死不退让的教皇的殊死较量中，为何帝国各城邦都表现得对他忠贞无比。］这些让步看上去如此有限，却是对当时偏见的一种重大革新，而且是通向新兴的文明方向的最早暗示。在不久之后的1105年左右，亚眠的市民们收到了他们的主教圣戈弗雷（St. Godfrey）[2]的一纸宪章，其中写道：决斗要受到一些限制——其本身或许并不够称得上多大改革，却清晰地表现出当时的大势所趋。根据这部宪章，如果能有证人证明协议条款，在两位或三位地方法官面前缔结的协议产生的纠纷，就不会判处决斗裁断。［Chart. Commun. Ambianens. c. 44.（Migne' s Patrolog. T. 162, p. 750.）］或许最早的完全免受司法性决斗判决的例子，发生在1116年佛兰德斯

---

1 比萨（Pisa），意大利中偏西部沿海城市。

2 圣戈弗雷（St. Godfrey），指亚眠主教戈弗雷（St. Godfrey of Amiens，1066—1115年）。

的鲍德温七世授予伊普尔镇的宪章中。他用4名共誓人的誓言替代了一切曾经采用的决斗断讼及神判判决。[这部宪章由普鲁斯特(Proost)[1]提供。op. cit. p. 96.]这之后,相似的规定在1132年由那不勒斯国王罗杰(Roger, King of Naples)[2]颁布给巴里(Bari)[3]的居民们。颇为奇怪的是,与此几乎同时,一份相似的免除令被赐予了比利牛斯山(Pyrenees)的粗野山民们。死于1138年的比戈尔的森图拉一世(Centulla I of Bigorre)在《卢尔德特权》(*Privileges of Lourdes*[4])中授权居民们在刑事检控中不使用决斗。[Privilé ges de Lourdes, cap. ii. (Lagrè ze, op. cit. p. 482.)]而他阻止这项习惯的愿望,在后来的一项规定中更加彰显,即他允许挑起诉讼的一方,除城镇机构能够收取的费用之外,仅仅再向领主提交5苏的罚金即可撤诉。[Privilé ges de Lourdes, cap. xiii. (Lagrè ze p. 484.) 这些特权被后世历代所确认,一直到1407年。]更加决绝的是威斯特伐里亚的索斯特城的法律,它规定公民绝对不允许用决斗解决申诉。[Statuta Susatensia, No. 41 (Hæberlin Analect. Med. Ævi. p. 513).这在13世纪后来的法律修订本中,被保留了下来。(Op. cit. p.526.)]而这也见于1187年腓力·奥古斯都颁赐给图尔奈(Tournay)[5]城的宪章中。

---

1 普鲁斯特(Proost),指法国学者让-约瑟夫-尤金·普鲁斯特(Jean-Joseph-Eugène Proost)。

2 那不勒斯国王罗杰(Roger, King of Naples),似指西西里的罗杰二世(Roger II of Sicily,1095—1154年),他在1130年被反教皇阿纳克莱图斯二世(Antipope Anacletus II)加冕为国王,后将那不勒斯并入其领土。

3 巴里(Bari),意大利东偏南部沿海城市。

4 卢尔德(Lourdes),法国西南部城市。

5 图尔奈(Tournay),法国西南部城市。

[Consuetud. Tornacens. ann. 1187, § xxi. (D' Achery Spicileg. III. 552.)]由阿尔萨斯的腓力在1178年颁布给比利时的根特市(Ghent)[1]的法律中,没有提到任何关于类似神判的内容,并且所有的程序似乎都立足于普通的法律程序;而由他在1163年颁赐给纽波特的宪章中,尽管烙铁神判和共誓誓词作为反驳控诉的手段被大量地提及,却没有提到任何关于决斗断讼的内容,可见它已久不使用。[Oudegherst, Annales de Flandre ed. Lesbroussart. T. I. pp. 426 sqq.; T. II. not. ad fin.]路易八世(Louis VIII)[2]在他1223年赐予克莱比(Crespy)[3]城的宪章中,承诺他本人或他的官员们都无权要求居民们进行决斗断讼。[Statuta Commun. apud Crispiacum (D' Achery Spicileg. III. 595).]并且在不久之后的1231年,阿尔克镇的法律对圣伯丁修道院作出让步,规定只有在那个社团的两名成员都同意的情况下,才可下令进行决斗断讼。[Legg. Villæ de Arkes § xxxi. (Ibid. p. 608).]同样的立法精神,还体现在由圣路易的儿子、普瓦捷的阿尔封斯(Alphonse de Poitiers)[4]在1270年颁布的里永(Riom)[5]的法律中,宣布不可强迫该城居民屈从于决斗断讼。[Libertates Villæ Ricomag. §6 (Ibid. p. 671).]在由阿马尼亚克的伯纳德六世(Bernard

---

1 根特市(Ghent),比利时西北部城市。

2 路易八世(Louis VIII,1187—1226年),法国卡佩王朝的国王(1223—1226年在位)。

3 克莱比(Crespy),法国北部城市。

4 普瓦捷的阿尔封斯(Alphonse de Poitiers,1220—1271年),普瓦捷伯爵(1225—1271年在位)。

5 里永(Riom),法国中部城镇。

VI of Armagnac)[1]颁布于1309年的毛博格特(Maubourguet)[2]习惯法,就像上面提到的那样,与卢尔德的特权相似,使得决斗完全成为自愿之事。[E sobre ayso que dam e autreyam als borges de la vielle de Maubourguet que totz los embars pusquen provar sens batalhe etc.—Coutumes de Maubourguet, cap. v. 然而，从其第37章(cap. xxxvii)可以看出，他们并不指望此举能完全根除决斗审判。]甚至在苏格兰,诸如此类有利于市镇的、部分豁免的规定,早在12世纪就已经存在。一位陌生人不能强迫一位自由市民去决斗,除叛乱和偷窃指控之外,而如果一位市民希望迫使一位异乡人决斗,他必须在本城领域之外进行。一项特权授予给了王室自治领(royal burghs),其公民不能被贵族市民或高级神职人员所挑战,但他们有权向后者提出决斗。[L. Burgorum, c. 14, 15. (Skene.)]更有效的是第三部《布鲁日法令》(*Keure of Bruges*)[3],在1304年由佛兰德斯的盖伊伯爵(Count Guy of Flanders)[4]之子菲利普(Philip)颁行,它严格禁止了决斗。任何提出或接受决斗断讼的人,将处以60索尔的罚款,其中一半以本市镇为受益人,其余则收入伯爵囊中。[Warnkœnig, Hist. de la Flandre, IV. 129.]

---

1 阿马尼亚克的伯纳德六世(Bernard VI of Armagnac),即阿马尼亚克伯爵伯纳德六世(Bernard VI, Count of Armagnac,1285—1319年在位)。阿马尼亚克,旧地名,位于法国西南部。

2 毛博格特(Maubourguet),法国西南部市镇。

3 布鲁日(Bruges),比利时西北部城市。

4 佛兰德斯的盖伊伯爵(Count Guy of Flanders,约1225—1305年),1251—1305年在位。

在1127年，威廉·克里托(William Clito)[1]向圣奥默尔(St. Omer)[2]的商人们颁布的特权法令中，实用主义贸易精神对决斗被淘汰产生了特殊的影响，法令宣布在佛兰德斯的所有市场上，商人们都不必采用单打独斗来解决申诉。[In omni mercato Flandriæ si quis clamorem adversus eos suscitaverit, judicium scabinorum de omni clamore sine duello subeant; ab duello vero ulterius liberi sint.—(Warnkönig. Hist. de la Flandre, II. 411.)]本着相同的精神，在1173年，"红胡子腓特烈"希望将佛兰德斯的贸易商们吸引入亚琛(Aix-la-Chapelle)[3]以及杜伊斯堡(Duisbourg)[4]的市场，在为保护可能前来之人而设立的法典中，他特别规定：他们应当享有决斗豁免权。[Nemo mercatorem de Flandria duello provocabit. (Ibid. II. 426.)]甚至连俄国也发现：将这样的豁免施于外国商人是有好处的，于是在1228年密斯提思拉斯·达维多维奇(Mstislas Davidovich)与汉萨同盟(Hansetown)[5]城市里加(Riga)[6]缔结的条约中，他赐予德意志人豁免权，使他们豁免于可能进行的烙铁神判或决斗断讼。[Traité

1 威廉·克里托(William Clito, 1102—1128年)，佛兰德斯伯爵(1127—1128年在位)，名义上的诺曼底公爵。名中克里托(Clito)意为"王室血统者"。他是诺曼底公爵罗贝尔二世之子，也是"征服者威廉"的孙子。

2 圣奥默尔(St. Omer)，法国地名。

3 亚琛(Aix-la-Chapelle，法语中为Aachen)，德国西部与比利时交界处的历史文化名城。

4 杜伊斯堡(Duisbourg)，德国西部鲁尔地区重要的工业城市。

5 汉萨同盟(Hansetown, Hanse town或Hansa town)为14—16世纪间在波罗的海区商业城市间组成的经济与政治联盟。

6 里加(Riga)，今波罗的海三国之一的拉脱维亚的首都，邻近里加湾。

de 1228, art. 3, Esneaux, Hist. de Russie, 11. 272.]

德意志似乎比法国和意大利晚些时候才采取行动,但是其自由市民明显很支持。腓特烈二世,在其西西里宪章中记载了他对决斗的否定,并已准备好促进这种倾向,而且在他给雷根斯堡(Ratisbon)[1]和维也纳的宪章中,他授权居民拒绝决斗,而通过共誓制度澄清自己。[Belitz de Duellis Germanorum, p. 9. Vitembergæ, 1717.]而早在1219年,他就使帝国中的纽伦堡居民们(Nürnbergers)免于用决斗解决申诉。[Constit. Frid II. de Jur. Norimb §4 (Goldast. Constit. Imp. I. 291).]德意志北部自治市的法律,只在刑事案件中提到了司法性格斗,例如暴力犯罪、杀人、侵入民宅和偷盗。[Sachsische Weichbild, Art. xxxv. lxxii, lxxxi.-lxxxiv. lxxxix. xc. xcii. cxiv.]而且在1283年爱森那赫(Eisenach)[2]的法条中也有限制,它规定除杀人案以外,本城不进行决斗,而且即使在杀人案中,也只有当法庭能确定被害人的代劳者时才行。[Henke, Gesch. des Deut. Peinlichen Rechts I. 192 (Du Boys, op. cit. II. 590).]在1291年,哈布斯堡的鲁道夫(Rodolph of Hapsburg)[3]签署了一部宪法,声明帝国自由城市的自由市民们不应在他们所属市镇之外被要求决斗。[Goldast. op. cit. I. 314.]而且在《凯泽权利法》(*Kayser-Recht*)中,通过宣布自由市民们豁免于任何的决斗挑衅,除非是一桩由同为本地

1 雷根斯堡(Ratisbon,亦作Regensburg),德国东南部古城。

2 爱森那赫(Eisenach),德国中部图林根州的市镇。

3 哈布斯堡的鲁道夫(Rodolph of Hapsburg,1218—1291年),哈布斯堡伯爵,德意志国王(称为"罗马人的国王",1273年起)。

居民者提出的案件,使得这种特权被扩大了。[Jur. Cæsar P. IV. cap. i. (Senckenberg Corp. Jur. German. I. 118.)因此,《凯泽权利法》的这个部分很可能是哈布斯堡王朝崛起之后的事。]尽管如此,特别豁免继续被颁赐,体现出概括的法律如果没有民意的支持就毫无意义。就这样,路易四世(Louis IV)[1]在1332年授予了多特蒙德(Dortmund)[2]这样的特权,而且在迟至1355年,查理四世又将它赐予了沃尔姆斯(Worms)[3]的居民们。[Belitz de Duel. German. p. 11.]

然而,所有这些都是针对有限阶层的人们的特权,而且他们当地的规则与普遍立法没有直接关系,除它们的确可以帮助改善他们那一代人的做法,并促进文明的广泛传播。在反对教会的斗争中,需要找到一种更加有效的动因。从伦巴底的利乌特普兰德到腓特烈二世,在5个世纪的时间里,在丹麦以南,似乎没有哪一位世俗立法者已经想要把废除了司法性决斗作为一项普遍政策,而且影响最大的那些人正是最显而易见的决斗断讼倡导者。在整个这一时期,教会一再搅乱、败坏它的信誉,尽管如此,当地利益或神职人员个人的尊严,可能指引他们在其管辖范围内捍卫既有的相关特权。

当国王冈多鲍尔德在吸收勃艮第法律、确定决斗神判形式和情

---

1 路易四世(Louis IV),指神圣罗马帝国皇帝路易四世(Louis IV, Holy Roman Emperor,德文中写作 Ludwig IV,约1283—1347年)。

2 多特蒙德(Dortmund),今德国西部、鲁尔工业区的重要工业城市。

3 沃尔姆斯(Worms),德国西部城市。

状时,维埃纳(Vienne)的主教阿威特斯(Avitus)[1]大声疾呼,抗议这种做法既不公正,也有违基督教义。一个新的争议在贝拉和萨尼拉两位伯爵的决斗中出现了,我们前面已经提到了,这是"虔诚者路易"统治时期的重大事件。里昂大主教圣阿戈巴德利用这个机会向皇帝发表了一篇论文,强烈地反对用舞刀弄剑的方式解决司法纠纷;而且他接着又写了另一本小册子广泛地反对所有神判,大量引用《圣经》,文中夹杂着评议,提出这种非基督教的做法与基督教教义格格不入。["Liber adversus Legem Gundobadi" and "Liber contra Judicium Dei." (Agobardi 0pp. Ed. Baluz I. 107, 301.)这两部著作显示出引人注目的力量,以及开明虔诚的精神,同时处处掺杂着荒谬,显示出阿戈巴德也不是在所有事情上都能领先于他的时代。他最钟爱的论据之一就是格斗神判受到了雅利安异教徒冈多鲍尔德的赞同,他蔑称其为"某位叫作冈多鲍尔德的傲慢而愚蠢的勃艮第国王"(quidam superbus ac stultus hæreticus Gundobadus Burgundionum rex)。]大约35年之后,855年的瓦伦斯议会用最决绝的言辞抨击了决斗断讼,期望皇帝洛泰尔在其统治的全境内将它废除,而采用教令规定:不仅要将这种对抗的战胜者开除教籍,而且受难者也将失去埋葬在基督徒墓地的权利。[Concil. Valentin. ann. 855 can. 12.]此时,教会的权力巩固了教皇体制,这位神的代理人开始向全欧洲发出权威的声音。由此,教皇们对这种习俗的强烈反对没有持续很长时间。尼古拉一世起劲地将

1 维埃纳的主教阿威特斯(Avitus, Bishop of Vienne),生活在5—6世纪的基督教会的高级神职人员和诗人。维埃纳,位于法国西南部的一个省或其省会名称。

其宣布为无效 [Can. Monomachiam caus. II. q. v.] ，而他的继任者们如我们所见的那样，频繁地努力毁坏其威信。在 12 世纪后半叶，彼得·坎特尔辩称，一位进行决斗的斗士或是倚仗超人的力量和技巧，这显得不公平；或是依赖他立场的正义性，这只是一种假设；或是依靠特别的奇迹，这是魔鬼般对上帝的试探。[Pet. Cantor. Verb. Abbrev. cap. LXXVIII.] 这个世纪将近结束时，塞莱斯廷三世下令普遍禁止这种行为 ["In eo casu, vel aliis etiam, hoc non debes aliquatenus tolerare." (Can. I, Extra, Lib V. Tit. xxxv.) 这条教令的红色标题甚至更加决绝—— "Duella et aliæ purgationes vulgares prohibitæ sunt, quia per eas multoties condemnatur absolvendus, et Deus tentari videtur.")] ，而且他进一步断言，这些对抗中的斗士们，跟他们所代理的当事人本人一样，都犯有杀人罪，并且应当被绳之以法，处以一切与此罪相关的宗教刑罚。[Can. 2, Extra, Lib. v. Tit. xv.] 更有甚者，英诺森三世用心确保在 1215 年的拉特兰的宗教大会上，将过去对此方法的所有禁止令都进行了确认。[Concil. Lateranens. IV. can. 18.] 很可能是受教皇的这种影响，西蒙·德·蒙特佛德(Simon de Montfort)这位教会的专属斗士，在他对抗图卢兹(Toulouse)[1] 的伯爵们的征伐中获得的领土上限制决斗的使用。在 1212 年 12 月 1 日的宪章中，他禁止在他统治区内所有的领主庭前使用决斗，除反叛、偷盗、抢劫和谋杀案之外。[Consuetud. S. Montisfortis. (Conlre le Franc-Alleu sans Tiltre, p. 229. Paris, 1629.)] 然而，德·蒙特佛德对罗马的依赖是一

1 图卢兹(Toulouse)，法国南部城市。

种特例,而从大体上来说,整个基督教世界尚未准备好接受教皇们革命性的努力。这些学术理论上的精髓,甚至认为这种做法比其他形式的神判更加不可抗拒,因为,就如同托马斯·阿奎那(Thomas Aquinas)[1]所评述的那样,烙铁或沸水是对神的一种直接诱探,而决斗只是一种机率问题,因为除非斗士们在年龄或力量上非常不对等,否则没有人会期待奇迹降临。[Sec. Sec. Q. 95 art. 8.]不过,对于一般人的头脑而言,这是过于精巧的细微之处,他们无法理解;而对神明干预的牢固宗教信念,在一个案例中明显表露出来,由修道士编年史学家当作伟大的胜利娓娓道来:迟至14世纪,有一次决斗是基于圣母玛利亚本人的直接指示。根据这个传说,在1325年,一个法国犹太人虚情假意地皈依了基督教,为的是给教会抹黑以满足自己的恶念,终于犯下了亵渎之罪。他拿走了圣饼,以帮助他的同伙们举行不知名的邪恶仪式。圣母玛利亚忍无可忍,她在某一位工匠的意念中显圣,命令他将这个不虔诚的犹太人招入决斗场。但接二连三地重复显圣并没有发生效果,直到最后这位工匠在进入教堂时,遭到圣母本人当面质问,他的消极怠慢遭到谴责,并得到了轻松取胜的承诺,而且被禁止踏出教堂大门直到他的义务得到履行。他服从了,找来了官员们。决斗命令下达后,那个不幸的希伯来人(Hebrew)在被带入比武场时,还未被击中,就一头栽倒,双膝着地,招认了他不可饶恕的罪孽,并哭诉说,当他看到成百上千全副武装的人聚集在他的对手身边以武力相威胁时,他实在无法抗拒。据

1 托马斯·阿奎那(Thomas Aquinas,约1225—1274年),意大利籍的神父,基督教历史上最著名的神学家之一,也是受到教会册封的圣徒。

此,他被立即处以火刑,所有的信徒们都对这一判决心满意足。[Willelmi Egmond. Chron. (Matthæi Analect. IV. 231.)普鲁斯特(Proost, Lé gislation des Jugements de Dieu, p. 16))对这个故事的记述略有不同,它发生在蒙斯(Mons)[1],并受到了像教皇约翰十二世这样的大人物的授权。考奈利乌斯·赞弗列特(Conelius Zanfliet)在他的编年史中(Martene Ampl. Collect. V. 182)认为这个故事发生在埃诺的康布隆(Cambron),还说这位犹太人是埃诺伯爵威廉跟前的红人。如此看来,这显然是一个流传甚广的传说。]然而,所有这一切令教会的反对意见由一位接一位的教皇们威严地表达出来,其必然对开启民智产生了重大影响,使人们认识到这种习惯的残酷和不公。[迟至1492年,什未林的宗教会议(the Synod of Schwerin)[2]颁布了一道教令,禁止为死于决斗或竞技的人举行基督教葬礼。—Synod. Swerin. ann. 1492, Can. xxiv,(Hartzheim Concil. German. V. 647.)]

但是,或许最强有力的有效动因,就是始于13世纪破坏了所有封建桎梏的罗马法复兴运动。其王权至上理论,对君主们来说再合意不过了,因为当时他们凌驾于强大的封臣之上的权威几乎仅仅是名义上的;人与人之间完全平等的理念,不可能不对头脑清醒的法学家们散发出诱人的吸引力,其时他们已经对神权、封建权和习惯法上的种种复杂而奇异的特权感到厌烦。如此推崇之下,罗马法复兴进展迅速。君主们不失时机地灌输对他们大大有利的忠君观念,而民法律师们是他们最有用的工具,便迅速成长为国家中的一股势

1 蒙斯(Mons),比利时西南部城市。

2 什未林(Schwerin),德国北部城市。

力。当然，斗争是长期的，因为封建主义是由于时代需要而兴起的，它是欧洲所有现行体制的基础，仅会受到细枝末节的攻击，只有在文明开化的启蒙思想大规模传播使其最终面临淘汰时，它才会被毁灭。法国大革命成了最后的决战战场，为清除一个业已存在了900年的社会形态，这场可怕的剧变是必须的。

新兴势力对决斗断讼的第一波攻击并没有持续很长时间。最早将其废除的有效努力，发生于1231年，在皇帝腓特烈二世的那不勒斯法典中。他宣布决斗断讼不成其为任何合法证据而无效，并认为它只是一种占卜的类型，与所有平等和公正的观念不相符；他禁止今后再适用这种做法，只有证据不可得的谋杀和叛乱案件除外，并且即使在这样的案件中，它也仅被置于控方的选择之中，仿佛这不是一种裁判的方式而是一种刑罚。[Constit. Sicular, Lib. II. Tit. xxxii. xxxiii.— "Non tarn vera probntio quam quædam divinatio ... quæ naturæ non consonans, a jure communi deviat, æquitatis rationibus non consentit." Cf. Lib. I. Tit. xxi. cap. 2.] 编纂于差不多同一时期的德意志帝国法典《凯泽权利法》，包含了类似的对于批判决斗不确定性的内容，但并未贸然将其禁止，仅仅是宣布弃绝它所引起的一切责任，却又承认它是一项固定的习惯法。[Cum viderit innocentes in duello succubuisse, et sontes contra in sua iniustitia nihilominus victoriam obtinuisse. Et ideo in jura imperii scripturn est, ubi duo ex more in duellum procedunt, hoc non pertinet ad imperium.—Jur. Cæsar. P. II. c. 70. (Senckenberg I. 54)] 然而，在致力本地法的部分地区，它们很可能时间上靠后，禁止性规定被更加严格地表达出来，表明某些影响正在发生作用［Quilibet sciat imperatorem jussisse ut nemo alteram ad duellum provocet.... Nemo enim unquam fortiores provocari vidit, sed semper debiliores, et fortiores semper trumpharunt.—Ibid. P. IV. cap. 19.］；但是即使这也被一项几乎就在它前面的段落所反驳。在一个如此严重封建化和贵族化统治的国家中，这些明智的顾问们的影响何其微小，在士瓦本和萨克森的法典中可见一斑，其中决斗扮演了重要的角色。但是逃避决斗的欲望，不完全限于诚实的自由市民们之中，例如在1277年，哈布斯堡家族的鲁道夫，在赐予帝国城镇豁免权之前，向施蒂利亚公爵领（duchy of Styria）[1]颁赐了一部宪章，确保施蒂利亚人拥有特权和权力，并且这部文件禁止在一切可以获得充足证词的案件中使用决斗，而文件的大意表现出，这被视为一种恩惠。［Rudolphi I. Privileg.（Ludewig Reliq. MSS. T. IV. p. 260.）］

迟至1487年，裁判官司布伦格（the Inquisitor Sprenger）[2]，在停止对巫术案件使用烙铁神判时，仍然感到他自己有义务面对那些以决斗申诉合法化为由、急于使同样根源的神判合法化的论据。对此，就像托马斯·阿奎那一样，他天真地回应道，它们本质上不同，决斗中的斗士旨在双方平等角逐，其中一方的被杀只是一个单纯的事件，而烙铁神判或者饮沸水神判，是向神索要奇迹的一种试探行

1 施蒂利亚公爵领（duchy of Styria），在今奥地利南部、斯洛文尼亚北部地区。

2 司布伦格（the Inquisitor Sprenger，1434/1436—1495年），全名为"雅各布·司布伦格"（Jacob/Jakob Sprenger），德意志神父，后成为宗教裁判所的判官。他被认为与海因里希·克拉默（Heinrich Kramer）合著了恶名昭著的宗教迫害之书《女巫之槌》（*Malleus Maleficarum*）。

径。[Malleus Maleficar. Francof. 1580, pp. 527-9.] 这同时显示出,司法性决斗已经多么彻底地从它的原始理论中发生蜕变,诉之于上帝的格斗也变成仅仅是一种几率问题,或者说,是两位职业武士在力量和技巧上的较量。

1248 年,阿拉贡的唐·杰梅一世(Don Jayme I of Aragon)[1],在修订马略卡(Majorca)[2]的特许权法令时,禁止在民事和刑事案件中进行司法性决斗。[Du Cange, s. v. Batalia.] 自此 15 年之内,卡斯蒂利亚的"明智的阿方索"颁布了被统称为《七编法》的法律汇编。在这部法典中,他显然想要尽可能地抑制这种做法,指责它是一项倾向于军队阶层的习惯法,并且既是一种对上帝的不敬试探,又是一种永恒不公的源头,应受到惩罚。[Los sabios antiguos que ficieron las leyes non lo tovieron por derecha prueba: ed esto por dos razones; la una porque muchas vegadas acaesce que en tales lides pierde la verdat e vence lamentira: la otra porque aquel que ha voluntad de se adventurar á esta prueba semeja que quiere tentar á Dios nuestro señor.—Partidas, P. III. Tit. xiv. 1. 8.] 由此,他将其置于非常严格的限制之下。决斗断讼只能由国王本人下令进行,并只能发生在绅士之间,而且只能在带有背信弃义色彩的对人诉讼中,例如不加预警或突然袭击式的谋杀、殴打或者其他不名誉的行为。对财产的侵犯、纵火、掠夺以及其他罪行,就算没有公然对抗,也被特别宣布为不遵循这样的裁决方

1 阿拉贡的唐·杰梅一世(Don Jayme I of Aragon,其名也写作 Jaime 或 James,1208—1276 年),西班牙阿拉贡国王(1213—1276 年在位),绰号"征服者"(El Conquistador)。

2 马略卡(Majorca),西班牙东部的一岛。

法;原告的身体是其唯一使这种方法被认可的正当理由。[Ibid. P. VII. Tit. iii. 1. 2, 3.根据蒙塔尔沃(Montalvo)版本的《七编法》(*Sevilla*, 1491),这些法律一直到费迪南德(Ferdinand)和伊莎贝拉(Isabella)[1]统治时期都依然有效。]即便在这样有限的范围内,双方的自愿也是必不可少的,因为申诉方可以采用常规的法律方法进行刑事指控,而被告若遇到决斗的挑战,可以选择是用证人还是审讯的形式审理此案,就算国王本人也不能否决他的这种权利。[Tres dias dé bese acordar al reptado para escoger una de las tres maneras que desuso dixiemos, qual mas quisiere porque se libre el pleyto.... ca el re nin su corte non han de mandar lidiar por riepto.—Ibid. P. VII. Tit. iii. 1. 4.后来的法令对这其中的细节做了些许变更。]当时,在此之外,还加上初步审判,这是裁断所列罪行是否有叛乱变节性质所必须的步骤,我们将会看到格斗受到重重障碍的包围,使得它在法条书中的出现,不过是对大众偏见的无意义的让步而已;而且如果需要任何东西去证明立法者对决斗断讼毫无保留的轻视,或许在这样的规定里可以觅得:如果嫌疑人死于决斗场而没有招认被控罪行,他会作为一位试图证明真相而惨遭失败的人士,进而被宣告无罪。[Muera quito del riepto; ca razon es que sea quito quien defendiendo la verdad recibió muerte.——同上 P. VII. Tit, iv. 1. 4。(在1491年的版本中得以保留)]同

---

1 费迪南德(Ferdinand)和伊莎贝拉(Isabella),指阿拉贡国王费迪南德二世(King Ferdinand II of Aragon,1452—1516年)和他的妻子卡斯蒂利亚女王伊莎贝拉一世(Queen Isabella I of Castile,1451—1504年),两人的结合被认为极大地推动了西班牙统一的进程。同时因资助航海家哥伦布而著名。然而,他们极端排他地推行天主教的政策也备受诟病。

样将决斗限制在最小可能范围的愿望,表现在前文已经提到过的关于雇用斗士的规则中。尽管《七编法》作为一种立法方案没有获得应得的成功,尽管它遭到极大抵触,这些规定仍然维持着,并产生了设想中的效果。1348 年由阿方索十一世(Alfonso XI)[1]颁布的《阿尔卡拉法令集》,其效力延续将近两个世纪,重申了《七编法》中的限制,但是采用的却是非常粗略的方式,并且更多是一种附加的而非直接的规定,表现出司法决斗在那时已经是一桩不大重要的事务,而且"明智的阿方索"的法令成为全国性法律,作为理所当然的事项得到了接受。[Ordenamiento de Alcalá, Tit. xxxil. 11. vii.-xi.] 事实上,西班牙法学通过西哥特法典和夸张的修订,如此直接地发源于罗马法,其《裁断法典》显示,决斗断讼绝对不可能在这个民族的信仰中扎下像蛮族那样深的根。因此,它更容易被根除。但是迟至 16 世纪,仍有一宗案件在查理五世的命令下采取了司法性决斗,决斗当着他的面举行。[Meyer, Institutions Judiciaires, I. 337.]

开明进步和强化中央集权的势力为一方,骑士制度和封建主义为另一方,它们之间的斗争此起彼伏,在法国得到了极鲜明的展现,而且由于追述它们的材料很丰富,对这一渐进式改革更加详细的诠释可能颇为有趣,描绘了这段从现代欧洲社会崛起的不谐因素中唤起秩序和文明的、漫长而痛苦的纷争。以圣路易的睿智,在具体民事行政管理细节方面鲜有失手。他不仅把决斗看作反基督教的不正当做法,而且是一种扰乱封建制度的象征,因此极尽努力地将其

1　阿方索十一世(Alfonso XI,1311—1350 年),卡斯蒂利亚和莱昂国王(1312 年起在位),被称为"公正的阿方索"(The Just Alfonso)。

压制。他的性格导致他采取了和平的方式，通过法律的方式削弱封建权力基础，而不是像他的先辈们那样尝试用武力将其打垮。罗马式政体的中央集权化，对他和他那些抱有建立秩序良好国家志向的谋士们而言，可能颇为合意，而且王权至上的理念在此时高涨到了一个节点：国王逐渐扩大的司法特权，可能正是挫败那些令君王如芒在背的傲慢封臣的最可靠模式。没有其他法律程序比决斗断讼与封建主义更加紧密相连，或者说更能体现其主旨，而路易因此倾尽全力想废除这种习惯。然而，这种王室权威却受到严格的限制，并且，尽管他著名的《1260 年法令》(*Ordonnance of 1260*)正式禁止了其管辖领域之内的决斗审判［Nous deffendons à tous les batailles par tout nostra demengne, mé s nous n' ostons mie les clains, les respons, les convenants, etc.... fors que nous ostons les batailles, et en lieu des batailles nous meton prueves de tesmoins, et si n' oston par les autres bones prueves et loyaux, qui ont esté en court layo siquos à ore.—Isambert, I. 284. 劳里埃尔（Lauriè re）提到一部日期标注为 1240 年的、主旨相同的敕令（Tabl. des Ordonn. p. 17），我却没有找到其踪迹。在《最高法令列表》(*Table des Ordonnances of Pardessus*)中，也没有提到它（Paris, 1847）。］，他还是不得不承认他无力控制王室领地之外男爵们的法庭。［Se ce est hors l' obeissance le Roy, gage de bataille.（Étab. de St. Louis, Liv. II. chap. xi., xxix., xxxviii.）博马努瓦在二十五年之后，用最精准的表述对它进行了重复："Car tout cil qui ont justice en le conté poent maintenir lor cort, s' il lor plest, selonc l' ancienne coustume; et s' il lor plest il le poent tenir selonc l' establissement le Roy."（Cout. du Beauv. cap. xxxix. § 21.）并一再重复："Car quant li rois

Loïs les osta de sa cort il ne les osta pas des cours à ses barons." (Cap. LXI. §15.)] 即使在这个相对有限的范围之内,我们大致可以根据1270年左右编纂的《法令集》的几个片段推定,他不能完全摆脱这种做法。不论在民事还是刑事案件中,都有允许采用决斗断讼的案件出现,它们的性质都特别棘手,除此之外别无他法。[Liv. I. chap, xxvii., xci., cxiii. etc. 这与普遍看法如此大相径庭,而且如此强烈地影响了《法令集》(*Ordonn of 1260*)的卷首主张,以至于我应当提到:在提到的章节中,格斗指令是绝对的;没有其他可选项,并且没有像在其他段落中那样提到王室法院和男爵们的法院中的通行做法有任何不同。(Liv. I. chap. xxxviii., cxi., etc.)然而在1263年的一部宪章中,路易表示:他在王室领地内,用最毅然决然的方式禁止了决斗。—"Sed quia duellum perpetuo de nostris domaniis duximus amovendum."—(Actes du Parlement de Paris No. 818 A. T. I. p. 75, Paris, 1863.)] 确实,值得注意的是,他甚至授权允许刑事案件中兄弟之间的亲自对战,只有在民事案件中才须雇用斗士。[Établissements Liv. I. chap, clxvii.] 而几乎同一时期的日耳曼法律,就像对婚姻关系一样,禁止了五等以内的亲属之间决斗,并且声言过去一度禁止七等以内的亲属之间的决斗。[Jur. Provin. Alamann. cap. CLXXI. §§10, 11, 12.]

尽管改良有限,却还是引发了坚决的反对。所有傲慢和利益都成了激起抵抗的动机。对出身门第的偏见、封建教条的强大、骑士迷信的力量、自力更生的自豪感,加剧了失去固定税赋收入的恐惧。下令进行决斗断讼,是高级法官(hauts-justiciers)的权利之一,而且受到如此高度的推崇,以至于斗士格斗的画作常常作为一种特权的徽记,用于装饰他们的大厅。为此罗伊塞尔(Loysel)[1]还归纳了这么一句警句:"手镣、绞架、铁枷和相关的斗士画作,是高级司法管辖权的标志。" [Pilori, é cheTe, carquant, et peintures de champions combattans sont marques de haute justice.—Instit. Coutum Liv. II. Tit. ii. Rè gie 47.] 这种权利有相当的经济价值,因为采用决斗断讼的封建主法庭,如果败方是绅士,则向败方收取一笔60里弗尔的罚金;如果是平民,则收取60苏;此外还有使用马匹和武器的额外补贴以及任何要求迟延的罚金 [Beaumanoir, op. cit. chap. LXI. §§11, 12, 13. 在诺曼底,所有高级司法官都享受这些好处。"Tuit chevalier et tuit sergent ont en leurs terres leur justice de bataille en cause citeaine; et quant li champions sera vaincuz, il auront LX sols et I denier de la ré cré andise." —Etab. de Normandie (Ed Marnier, p. 30.) 这些对管辖权细致入微的划分,是中世纪时唇枪舌剑的最大渊源之一,不仅是由于权势和影响,而且是由于它们对收益的瓜分。下令决斗的特权,是这种有利可图的重要权利之一,这一点在腓力·奥古斯都统治时期的一项判决中可见一斑,这项判决是关于诺曼底公爵法院和维农(Vernon)[2]领主法院之间管辖权冲突的决定。其全文被波格诺引用于他的笔记中,the Olim, T. I. 969。],另外还有在收到决斗命令后退出决斗的罚金。[参见 Coutume de Saint - Bonnet, cap. 13。(Meyer, Recueil d' Anciens Textes, Paris, 1874, 1. 175.)] 这些还不是全部,因为在这种习惯存续的若干世纪中,围绕这种习惯形成、集合了难以计数的大量势力和

---

1 罗伊塞尔(Loysel),指法国著名律师和法学者安东尼·罗伊塞尔(Antoine Loysel,1536—1617年)。

2 维农(Vernon),法国北部地名。

特权,它们不遗余力地挣扎以避免覆灭。如此一来,当1260年禁止令刚刚被颁行时,就有一名叫作马修-勒-沃耶(Mathieu-le-Voyer)的骑士,真的为自己所遭受的这种损失起诉国王。他郁闷地表示,他享有在考本(Corbon)[1]的王室法院所有决斗案中保卫决斗场的特权,为此他有权收取每个案件5苏的费用;当他不再占有这种权利,便要求获得补偿,并谨慎地提出:在依新法进行审讯的案件中,他应当被允许收取相应数量的税款。[Les Olim, I. 491. 恐怕不用说了:马修的案子无果而终。 在《巴黎高等法院案例集》中记载了许多案例显示,这个问题令律师们大挠其头,而小气的领主们则拼命努力维护他们的特权。]

这些税源被何等密切地关注着,由发生于1286年的一桩案件可见一斑。当时"美男子腓力"在一宗由图尔的王室法院审理的、发生于两位乡绅之间的案件决斗中,减免了应向他缴纳的罚款数额。因此安茹和都兰的王室总管在巴黎高等法院提起诉讼,要求补偿那少掉的1/3款额,因为他有权就其管辖区范围内的所有诉讼收取这样比例的金额,而且他辩称国王行使自由裁量权时不应对他不利。他的诉求被宣布是合理的,且获得了有利于他的判决。[Actes du Parlement de Paris, I. 407.]

但是金钱的损失,比起以这场改革为先驱的特权损抑和权力收缩,就显得不那么重要了。推进和平与公正影响力的每一步,就如同王室法院的法学家们所解释的那样,都是对封建领主独立性的沉重打击。他们感到自己的世袭权力被侵犯、削弱到极点,而且他们

---

1 考本(Corbon),法国西北部地名。

本能地意识到,王室派遣的地区长官的管辖权越来越大,向巴黎高等法院法庭上诉的案件越来越多,于是领主们的重要性就消失了,而且他们对周围的人们施行种种剥削的手段被削减了。纠结于法典的迷宫中,面对那些天天被愈发崇敬地引用的、罕见的罗马法箴言,冲动的封建领主发现,自己成了曾被自己鄙薄之人的猎物,而且狡黠的律师们一通忙碌,就消解了他的祖先为之奔忙了数个世纪的成果。这些感情充分体现在了当时的一首歌谣中,不久前被勒-罗克思·德·林希(Le Roux de Lincy)[1]发掘出来。它显然是由失意者们写成的,如此真切地展示了13世纪的保守观念,其第一节的译文不容错过:

汝等法国绅士,辛酸而沮丧
我诚心起誓,愿汝身体健康。
绅士们,愿神佑我,悲剧不再上演
汝等是否依然自由如故!
自由在何处?汝辈得受熏陶
自信有质询法律之权柄
在把戏和遁词的地方
汝父惯用之剑实在徒劳
法兰克人的土地!——此名不复
归汝——汝领奴隶之地

1 勒-罗克思·德·林希(Le Roux de Lincy),指安东尼·勒-罗克思·德·林希(Antoine Le Roux de Lincy,1806—1869年),法国中世纪史方面的学者。

还有仆役、蠢夫等可鄙之人

如今却须对其卑躬屈膝！

[Recueil de Chants Historiques Français, I. 218.有理由推断，这些诗行可能记述的是 1256 年著名的昂格朗·德·库西（Enguerrand de Coucy）案。在男爵的抗辩中，他要求采用同侪贵族组成的法院审理，并提出通过决斗断讼为自己辩护。圣路易查明证实：昂格朗所据有的土地并非男爵领地，他用最坚决的态度顶住了来自唇亡齿寒的贵族们的压力。在对德·库西的判决中，布列塔尼伯爵对国王大加谴责，认为国王不应任由他的骑士团成员纡尊降贵、受制于如此审问。—Beugnot, Olim I. 954. —Graudes Chroniques ann. 1256.]

即使法律专家们——德·方丹那样的人们，在任何情况下他们对《法学汇编》的崇拜，都会促使他们在习惯法和帝国法中求同存异、寻求盟友，而博马努瓦，在许多事情上都远远超越了他的时代，他是那么积极地致力协助中央集权化的工作——即使这样开明的律师们都犹豫着，要不要反对决斗断讼所涉及的原则，而在否定这项习惯法时，他们用与半个世纪之前腓特烈二世的极力贬斥大相径庭的言辞，表达了自己的见解。[Et se li uns et li autres est si enreué s, qu' il n' en demandent nul amesurement emrer pueent par folie en pé rill de gages.—(Conseil, chap. xv. Tit. xxvii.) Car bataille n' a mie leu ou justise a mesure.—(Ibid. Tit. xxviii.) Mult a de perix en plet qui est de gages de bataille, et mult es grans mestiers c' on voist sagement avant en tel cas.—Cout. du Beauv. chap. lxiv. § I.) Car ce n' est pas coze selonc Diu de soufrir gages en petite querele de meubles ou d' eritages; mais coustume les suefre è s vilains cas de crieme.—Ibid. chap. vi. § 31.]

这项创新之举遭到多么强大的反对,可见于这样的事实中:当圣路易温厚而坚定的手不再执掌权杖,他的儿子和继任者便不能维持其父的法律。1280 年,在国王法庭中进行了一次决斗,发生在让·德·拉·瓦雷特(Jeanne de la Valete)和芒特里彻阁下(the Sire of Montricher)之间,起因是一起纵火案指控。[Actes du Parlement de Paris, T. I. No. 2269 A. p. 217.]而在大约 1283 年左右,腓力甚至亲自主持了一次司法性决斗,这仅仅在禁止令颁布之后不到 20 年而已。[Beaumanoir, op. cit. chap. lxi. § 63.]下一位君主"美男子腓力",一开始同样犯下了软弱的错误:1293 年阿马尼亚克伯爵(the Count of Armagnac)指控富瓦的雷蒙·伯纳(Raymond Bernard of Foix)犯有叛国罪,被命令举行决斗,而双方被迫在日索斯(Gisors)[1]于国王驾前进行战斗。尽管罗伯特·德·阿图瓦(Robert d'Artois)在战斗开始后进行了干涉,并使得腓力将双方分开。[Grandes Chroniques, T. IV. p. 104.]然而,腓力实在太精明了,不可能看不出:他的利益在于抑制各种形式的封建主义;而国王管辖权的迅速扩张,以及对领主法庭的限制,由律师们如此成功地促成并宣扬,通过巴黎高等法院的途径,由国王的地方官员们实施,这给了国王前无古人的权力,让他将自己的观点付诸实施。精明强干而又无所顾忌的腓力,充分把握了机会,而决斗断讼在他的干预下没有持续多久。

1 日索斯(Gisors),法国北部地名。

不过,腓力仍然必须一步一步来,而他立法的摇摆不定,则显示出他所必须应付的风气是何等顽固不化。在1296年,他禁止在战争期间进行司法性决斗,而在1303年他不得不重申这一禁令。[Isambert, II. 702, 806.]很可能就在不久之后,他完全禁止了决斗[我没有找到这道法令。劳里埃尔提到了它(Tabl. des Ordonn. p. 59),但是他所引用的杜・坎杰的段落只提到了禁止竞技决斗。帕德萨斯(Pardessus)的目录和伊萨博特(Isambert)[1]的文集中都没有此类内容,而是提到这种性质的立法文件实际上显然来自《1306年法令》(*the Ordonnance of 1306*)的序文——“Savoir faisons que comme ça en arriè re, pour le commun prouffit de nostre royaume, nous eussions defendu gé né raument à tous noz subgez toutes manieres de guerres et tous gaiges de batailles, etc.”值得注意的是,腓力的这些法令不再仅仅限于王室领地范围,而是旨在规制整个王国的惯例。]——很可能是由发生在1303年的一个案件所导致的,据说在这宗谋杀案中,他被迫准许在两位贵族间进行决斗,这大大违背了他的意愿,尽管他曾竭力劝阻申诉者。[Willelmi Egmond. Chron. (Matthæi Analect. IV. 135-7.)]

在这种种废除决斗断讼的努力上,“美男子腓力”领先于他的时代。然而,不到三年,他就被迫放弃了原本的立场;而且,对于决斗的恢复,尽管他解释说是因为决斗的消失使得犯罪和奸邪丛生[Dont pluseurs malfaicteurs se sont avancez par la force de leurs corps et faulx engins à faire homicides, traysons et tous autres malé fices, griefz

---

1 帕德萨斯,似指法国学家让・马利・帕德萨斯(1772—1853年);伊萨博特,似指法国历史学家弗朗索瓦-安德烈・伊萨博特(1792—1857年)。

et excez, pource que quant ilz les avoient fais couvertement et en repost, ilz ne povoient estre convaincuz par aucuns tesmoings dont par ainsi le malé fice se tenoit.—Ordonnance de 1306 (Éd. Crapelet, p. 2).],但是与此同时,他特意在书面记录中表达了自己的见解:作为一种寻求正义的途径,它毫无价值。[Car entre tous les pé rilz qui sont, est celui que on doit plus craindre et doubter, dont maint noble s' est trouvé dé ceu ayant bon droit ou non, par trop confier en leurs engins et en leurs forces ou par leurs ires oultrecuidé es. —Ibid. p. 34. 然而,这道法令对当时盛行的迷信作出了让步,其表达了这样一种判断:那些号称他们只是为了获得公正而参与决斗的人,可能是指望上帝介入以偏袒他们的诉求。"Et se l' inté ressé , sans orgueil ne maltalent, pour son bon droit seulement, requiert bataille, ne doit doubter engin ne force, car le vray juge sera pour lui."]然而,在将决斗合法化的《1306 年法令》中,他根本无意从根本上恢复旧制。这种做法被限于仅在涉及死刑的刑事案件中适用,排除了偷盗,而且只有犯罪行为罪恶昭彰、被控罪行很可能属实并且不能取得其他证据时才允许适用。[Ordonnance de 1306, cap. i.]另外,采取这些仪式的费用高得吓人,使得常人无法企及,除了那些最富有的诉讼参与者。因为这份措辞谨慎的法令,仅仅提到了控方要求诉诸这种方法的情况,我们大致可以推断出:被告只能接受这样的挑战,而无权提出。

尽管存在这些局限,在王室领地内,腓力可不会任人摆布而批准这种做法。在第二年(1307 年),我们发现他命令图卢兹的王室总管在其法庭中不得进行任何决斗断案,而要将所有可能发生决斗的案件交由巴黎高等法院裁决。[Isambert, II. 850.]这等于是正式禁止了决斗。在这整个时期,高等法院在全国各种司法管辖区提出的上诉中收到众多关于进行决斗的诉求,从中可以发现一个有趣的现象,那就是拒绝这些请求的有效理由是多么的一致。从1254年到1318年,在记录判决的公共登记簿中,几乎找不到一个准许决斗的例子。[See Les Olim, passim.]我所发现的唯一可疑案例,是发生在1292年的一宗奇案:在苏瓦松地方神职人员公会的法庭上,一个男子指控一位女性犯有杀人罪行,而王室官员们以原告系私生子为由,予以拒绝。因为根据当地的习惯,由此可以说他就是属于国王的一个农奴,他们推论道,没有国王的明文恩准,此人不得以自己的身体冒险。神职人员公会争论申诉方到底是否为婚生子身份,由于记录的缺失无法查明,这个案件变得疑云重重,以至于高等法院最终没有作出任何确切的判决,就敷衍了事地将案件扔出了法院。[Actes du Pailement de Paris, I. 446.]

在1309年的两个判决中,表现出《1306年法令》的有效性,因为尽管他们承认决斗在法律上是可能的,但是可以通过讯问调查取得证据而解决。其中一个案件发生在富瓦和阿马尼亚克两位伯爵的旧日纷争之中,这个判决显示出:自从他们1293年的那次决斗之后,法律迈出了多么重大的一步。雷蒙·德·卡东(Raymond de Cardone),富瓦伯爵的一位亲戚,在国王的法院与阿马尼亚克进行了决斗;阿马尼亚克也对富瓦如法炮制,并声称他的挑战优先于雷蒙,而康明吉的伯特兰(Bertrand de Comminges)也对富瓦提出了挑战。所有这些挑战都出自这些贵族们之间的侵蚀掠夺,而最高法院的判决拒绝批准他们进行任何格斗，命令各方发誓和平相处并为此缴纳保证金，而且更进一步判处富瓦向对方和国王支付沉重的赔偿金，因为他的某一次劫掠也侵犯了国王的领土。富瓦伯爵起初拒不服从判决，但是短暂的牢狱之灾使他恢复了理性。[Les Olim, III. 381-7.—Vaissette, Hist. Gé n. de Languedoc, T. IV., Preuves, 140-44.]无法想象会有什么比这更加彻底的证明，宣告王室管辖权优于强大的封臣割据，而民法律师们的工作似乎尽善尽美、大功告成。各种上诉至最高法院的、涉及决斗的案件，也与此一样。总能找到某个机灵的借口拒绝适用决斗，不论是拒不承认准许决斗的法院的管辖权，还是扯出其他什么多少有些琐碎的理由，所有的判决书中都体现出明显的意图，那就是限制这种习惯法，就如同法令中规定的那样，在重重限制中令它实际上形同虚设。王室法院里的机敏律师们，对自己肩负的工作心知肚明，对此结论不会有任何迟疑。

尽管付出了如此种种努力，改革的进程仍然是缓慢的。1314年，当与佛兰德斯的长期争端爆发时，腓力发现必须重申他在1296年的命令，在战争期间禁止一切司法性决斗，且对正在进行中的案件暂停审理。[Isambert, III, 40.]鉴于这些决斗并不能对他的军事资源造成任何真正重大的损害，很明显，他抓住了这样的时机，运用战争所赋予的权力，达成了他那些个性平和的先人们所无法企及的目标，而这是他在此事项上立场鲜明的一次引人注目的声明，他竟然能够从与佛兰芒人(Flemings)[1]令人筋疲力尽的殊死斗争中腾出

1 佛兰芒人(Flemings)，这里指佛兰德斯的居民们。

手来,关注这件事。但是他的所作所为却没有留下什么印记,而且大众民意依然本能地继续寻求决斗神判,并认为它是所有疑案最可靠的解答,这在当时的韵体编年史的一个段落中得到了很好的诠释。腓力长久而繁荣的统治尾声,因他三位儿媳的可怕丑闻而蒙上阴影,其中两位被判决犯有通奸罪,巴黎的高德弗洛(Godefroy de Paris)[1]写道:第三位,即“长腿腓力”的妻子让娜(Jeanne),立即用决斗来证明她的无辜——

好心的国王,我求您,陛下
听我这被告所言
没有人为我辩护
我的身份如此尊贵
我的心如此纯真
辩护如此诚实
或者找来决斗勇士
好维护我的权益
请相信我的誓言
[Chronique Mé trique, l. 6375.]

在贵族们反抗桎梏的绝望挣扎中,腓力对他们采取的巧妙而无

1　巴黎的高德弗洛(Godefroy de Paris,也作 Geoffrey of Paris),生活在13—14世纪初的法国编年史学家。他所记述的这个丑闻,即腓力四世的三位儿媳因通奸罪受审,史称“奈斯勒塔丑闻”(Tour de Nesle scandal)。

情的铁腕政策被迫不及待地扔在一边。他的儿子——“吵架王路易”(Louis-le-Hutin)[1],王位尚未坐稳,就不得不部分舍弃新近获得的权力。例如,勃艮第的贵族们在其正式的抱怨清单中,就要求恢复刑事案件中的被告采取决斗断讼的权利,而路易不得不承诺他们会根据古老的习惯法享有这项权利。[Et quant au gage de bataille, nous voullons que il en usent, si comme l' en fesoit anciennement.—Ordonn. Avril 1315, cap. I. (Isambert, III. 62.)] 亚眠和韦芒杜瓦的那些贵族们同样大吵大闹,为了这些人的利益,路易重申了《1306 年法令》,允许在证据不足的刑事检控中采取决斗断讼,并且进一步推广,允许在偷盗案中适用此法,这与过去的惯例不同。[Nous voullons et octroions que en cas de murtre, de larrecin, de rapte, de trahison et de roberie, gage de bataille soit ouvert, se les cas ne pouvoient estre prouvez par tesmoings—Ordonn. 15 Mai 1315. (Isambert, III. 74.)] 一份大约编纂于 1325 年的法律记录,描述了皮卜迪的习惯法,一系列案件表现出它依然普遍通行,而且确实是杀人指控中的常规辩护方式。[Ancien Coutumier iné dit de Picardie, p. 48 (Marnier, Paris, 1840.)] 香槟(Champagne)[2]的贵族们要求拥有类似的特权,但是由于母亲“香槟的让娜”(Jeanne de Champagne)的出身,路易兼任香槟伯爵,在这里他的权威比较不容易受到挑战。他没有冒险采

1 吵架王路易(Louis-le-Hutin),即路易十世(Louis X,1289—1316),法国卡佩王朝国王(1314—1316 年在位),纳瓦拉国王(1305 年起)。他是腓力四世即“美男子腓力”的长子。

2 香槟(Champagne),法国东北部地名。

取断然拒绝的态度，而是给出了一个等同于拒绝的含糊其辞的回答［Ordonn. Mai 1315, P. I. chap. 13.（Isambert, III. 90.）］，显示出他之前的让步实为被逼无奈，而不是心甘情愿的举措。由于对此不满，香槟人重复了他们的要求，却只得到一个生硬的回复，指示现存法令应当被遵守。［Ibid. P. II. chap. 8.（Isambert, III. 95.）］

避开了威胁和麻烦，在接下来的年月里，王室法庭管辖权的中央集权化进展迅速。圣路易和"美男子腓力"的成功布局，在"长腿腓力"1318 年和 1319 年颁行的法令和宪章中得到了显著的证明：当承诺对地方官僚和王室总管的诉讼程序以及讯问方式进行改革时，对于决斗问题却不置一词，这就提供了一个明显的暗示——这方面已不再有抱怨之声。［Isambert, III. 196－221.］瓦卢瓦的腓力（Philip of Valois）[1]素来特别热衷于维护王室管辖权，而在 1330 年他被迫限制地方法院向最高法院上诉案件的泛滥，［Ordonn. 9 Mai 1330（Isambert, IV. 369）.］很明显，准许或制止决斗断讼的权利，实际上早已经纳入国王的特权范畴。从颁布于 1396 年的查理六世的

1　瓦卢瓦的腓力（Philip of Valois），即腓力六世（Philippe VI,1293—1350 年），法国瓦卢瓦王朝的第一位国王（1328—1350 年在位），腓力六世为瓦卢瓦的查理之子，1325 年承袭父亲的安茹伯爵爵位。在卡佩王朝的最后一名男性成员查理四世去世后，两个主要的竞争者要求继承王位：安茹伯爵腓力，他是法兰西国王腓力三世的孙子，查理四世的堂兄；英格兰国王爱德华三世，他是查理四世的外甥。由于在严格遵守萨利克继承法的法兰西，女性及其后代无权继承一切封号，安茹伯爵腓力最后获得了王位。但是，爱德华三世一直为此耿耿于怀；他与腓力六世的个人矛盾及两人对领土贪得无厌的追求，成为日后百年战争的导火索。

敕令来看,对证人的挑战必然已经在不久前废弃不用。他下令规定,女性的证词也应当在全国所有的法庭中被当作证据采纳。[Neron, Ré cueil d' Édits, I. 16.]

尽管就这样剥夺了决斗作为常规法律程序的重要性,但它并没有在法国消失殆尽,也没有失去人民心中的信赖。著名的“蒙塔吉义犬”(Dog of Montargis)的故事[1],对此提供了一份颇有教育意义的说明。尽管博学的布利(Bullet)[2]展现了这个传奇的美妙性质,[Dissertations sur la Mythologie Frangaise.]而且将其来源追溯至加洛林王朝的浪漫传说,事实仍然不容置疑:它长久以来被认为发生在1371年,在“英明的查理”治下,而近乎同时代的作者们却将那条狗和骑士的战斗描述为无可置疑的事实,对那聪明智慧的动物表示钦佩,并且将那条灰猎犬的胜利,当作卓越的司法程序和上帝公断之下的必然结果。

在1386年,巴黎高等法院充斥着对这样一个微妙问题的讨论:在涉及决斗的案件中,被告是否必须冒着被认为招认其罪的风险,当面拆穿申诉方的所控不实,最后决定这种虚假不实并不重要。[De Laurifè re, note on Loysel, Instil. Coutum. Lib. VI. Tit. i. Rè gie 22.]

---

1 这是一个中世纪的传奇故事。法王“英明查理”即查理五世(Charles V,1338—1380年)的宠臣,骑士奥布里·德·蒙蒂狄耶(Aubry de Montdidier)被其对手罗伯特·麦凯尔(Robert Macaire)谋杀。唯一的目击者竟是被害人的猎犬。忠勇双全的猎狗成功地将犯罪嫌疑引向凶手。在国王的支持下,这只义犬与凶手进行了决斗断讼,奇迹般地战胜了对方,成功地为主人报仇雪恨。

2 布利(Bullet),指法国学者艾比·让-巴普提斯特·布利(Abbé Jean-Baptiste Bullet,1699—1775年)。

同一年,发生了德·卡罗格骑士(Chevalier de Carrouges)和"灰色雅克"(Jaques-le-Gris)之间的著名决斗,国王为了见证这一事件缩短了一场战役,原告在阵中的位置由黑太子(Black Prince)[1]的女婿圣波尔伯爵瓦勒兰(Waleran, Count of St. Pol)取代。没有什么比傅华萨(Froissart)[2]栩栩如生的描述更令人印象深刻的了。含冤受屈的德·卡罗格夫人身披黑袍,登上了黑色的刑台,观看她病弱的丈夫和强悍的对手之间不平等的决斗中的起伏变化;她带着可怕的预想,如果只论气力,丈夫会耻辱地死去,而她会面临火刑。希望越来越渺茫,一记重创似乎将卡罗格置于对手的刀俎之上,直到最后一刻,就在似乎大势已去的那一刻,她看到复仇天使将剑刃刺入倒地的敌人身上,顷刻之间,妻子的贞洁和立场的正义得到了证明。[Froissart, Liv. III. chap. xlix. (Éd. Buchon, 1846.)] 然而,傅华萨更多的是一位艺术家,而不是历史学家,他不会为了僵硬地忠于事实而拿自己作品的效果冒险,他省去了一些内容;而比较冷静些的尤文那尔·德·优赫桑(Juvenaldes Ursins)[3]却写到了,后来真正的罪

1 即黑太子爱德华(Edward the Black Prince,1330—1376 年),英王爱德华三世长子。在英法百年战争中,他是英国方面的重要统帅之一,先于其父去世,后由其子理查二世(参见前文第 116 页注 2)继承了英国王位。

2 即让·傅华萨(Jean Froissart,1337—1405 年),一位神父,也是法国中世纪著名的编年史家。他著有《编年史》,其著作区别于当时盛行的基督教史学,用了大量的篇幅记述 1326—1400 年间骑士时代的西欧社会风情和骑士们行侠仗义的事迹,以及百年战争的场面。

3 尤文那尔·德·优赫桑(Juvenal des Ursins,1388—1473 年),法国编年史学家,曾任兰斯大主教。

犯在临死前的忏悔,证明了“灰色雅克”的无辜。[Hist, de Charles VI. ann. 1386.] 为了使悲剧更加完整,匿名者德·S.丹尼斯(the Anonyme de S. Denis)添油加醋地写道,悲惨的德·卡罗格夫人因为在不知情的情况下令无辜者含冤而死,感到悲痛得无法自拔,在修道院里了却余生。[Hist. de Charles VI. Liv. VI. chap. ix.] 如此令人震撼的事件,证明了决斗神判的不公正性,据一些作者的说法,它导致了这种做法的废弃;但是,这就像我们所看到的那样,事实并非如此,尽管巴黎的最高法院登记簿中再也没有其他决斗程序的蛛丝马迹。[Buchon, notes to Froissart, II. 537.]

这种方法依然被大众认为是万无一失的办法。就这样,在1390年,两个女人在巴黎的夏特莱城堡(Châtelet)[1]被控告犯有巫术罪。在反复拷打之后,其中一个招认两人都有罪,另一个却坚持否认,于是向她的伙伴提出决斗挑战以否认其证言。在诉讼记录中,这项挑战被按照规定记录在案,但是法庭似乎对此毫不在意,这显示出在这样的案件中决斗不再是一种合法的审判模式。[Registre du Châtelet de Paris, I. 350 (Paris, 1861).]

在1409年,决斗审判受到查理六世的一道法令的实质限制,除非有国王或巴黎高等法院的特别许可,否则禁止采用这种方法。[Que jamais nuls ne fussent receus au royaume de France à faire gages de bataille ou faict d' armes, sinon qu' il y eust gage jugé par le roy, ou la cour de parlement.—Juvenal des Ursins, ann. 1409.] 而且巴黎高等法

1 巴黎的夏特莱城堡(Châtelet),曾经是汇集了法院、警察总署和监狱的一个地区。

院根本不可能行使赋予它的这种特权，国王则偶尔为之，我们发现他在同一时期主持了一位布列塔尼骑士纪尧姆·巴里勒(Guillaume Bariller)和一位英国人约翰·卡灵顿(John Carrington)的司法性决斗。[Monstrelet, Liv. I. chap. lv.] 在亨利五世和摄政王贝德福德(the Regent Bedford)[1]统治下，被英格兰人占领的法国领土上，这种做法死灰复燃，暂时排除了采用这种做法的障碍。在15世纪中期，尼古拉·厄普顿反复提到许多他担任英格兰国王代理、萨利斯伯里伯爵(Earl of Salisbury)的助理时审判的案件；而且在文章中，他致力区分决斗的不同种类，他披露：在当时为恢复荣誉而进行的决斗，以及原始的为司法调查的目的而进行的决斗之间，存在一种奇异的混淆，由此清晰地显示出这个时代的过渡性质。[Nic. Uptoni de Militari Officio Lib. ii. cap. iii. iv. (pp. 72-73).]

大致在这个时候，勃艮第公爵"好人腓力"(Philippe-le-Bon)[2]在他所统治的广大领地上，在他的权限所及范围之内，正式废除了决斗断讼，在他于1459年修订的《勃艮第习惯法》(*the Coutumier of Burgundy*)中，这种做法已经无迹可寻。一直到1539年都有效的布

1 摄政王贝德福德(the Regent Bedford)，指的是兰开斯特家族的约翰(John of Lancaster, 1389—1435年)，亨利四世之子，亨利五世之弟，1414年受封为贝德福德公爵，英格兰政治家和军人，百年战争中曾任英军指挥官。亨利五世在国外作战时其在国内摄政，亨利五世死后，他成为亨利六世在法国的摄政王。其著名事迹还包括花重金将被俘的圣女贞德买下，并以女巫罪将她烧死。

2 勃艮第公爵"好人腓力"(Philippe-le-Bon)，或称腓力三世(Philippe III, 1396—1467年)，英法百年战争后期重要人物，将其妹嫁给了上文提到的贝德福德，通过各种政治经济手段将低地国家纳入其统治范围。正是他俘虏了圣女贞德，并将其卖给了贝德福德。

列塔尼的法典，允许在不动产争议、叛国罪、盗窃和伪证案件中适用决斗断讼——后者一如平常地将其扩展到相当大的民事诉讼领域，这部法典小心翼翼地完善了细节，显示出这种做法绝非司法陈规而已。[Trè s Ancienne Cout. de Bretagne, chap. 99, 129-135 (Bourdot de Richebourg).] 在诺曼底，司法性决斗的合法存在甚至更加经久不衰，不论民事还是刑事领域，直到 1583 年亨利三世修改习惯法时，用这种方法裁决案件的特权才被正式废除。[Ancienne Cout. de Normandie, chap. 53, 68, 70, 71, 73, etc. (Bourdot de Richebourg).] 我们依然可以断定：实际上，这种习惯法早已被废止，只是修改习惯法的冗长程序使它得以在法条之中存续如此之久。在偏远的贝阿恩，勇悍的山地人民对这一习惯更加固执地坚持着，他们在 1552 年修改的法典，直到 1789 年都保持未变，这种做法保持着作为取得证据的合法途径的地位，在没有其他证词的情况下，未在指定时间出现在决斗场的一方将会被处以重刑。[Fors et Cost, de Bé arn, Ruhr, de Batalha (Bourdot de Richebourg, Ⅳ. 1093).]

在这段漫长的时间里，有例证表明，尽管格斗已经被废弃不用，但它依然是一种合法程序，在一些情况下可能被当作一项权利来主张，或者由有权力的司法权威下达法令并执行。在瓦朗谢纳(Valenciennes)[1]城的诸项特权中，其中之一规定，任何避难至此的杀人犯都有权发誓他们的行为是出于自卫，而只能通过格斗对他进行上诉。这引起了 1455 年发生在马霍特(Mahuot)和贾克汀·普罗

---

1 瓦朗谢纳(Valenciennes)，法国北部城市。

维耶(Jacotin Plouvier)之间的决斗。前者杀死了后者的一位亲属。双方都不想进行格斗,但是当地政府坚持举行决斗,并给他们派了指导员,教导他们如何使用被许可的武器——木棍和小圆盾。夏洛莱伯爵“大胆查理”(Counte de Charolois, Charles-le-Téméraire)[1]努力阻止无用的暴行,但是市政府认为任何干涉都是对其宪章权利的侵犯;在长久的磋商之后,“好人腓力”这位封建领主授权进行决斗,并且亲自出席。根据习惯,战斗者们剃了头、剪短了手脚的指甲;他们从头到脚用紧身硬皮甲披挂起来,而且每一位都涂了油膏防止被对方攫住。格斗漫长而绝望,但是终于,申诉方真的将对手的心脏剜了出来。[Mathieu de Coussy, chap. cxii.—O1. de la Marche, ch. xxii.]然而,像这样发生在平民中的事件是罕见的。更常见的是一些热心刚烈的缙绅阶层要求行使决斗的权利以平息纠纷,哪怕搭上自己的性命。于是,1482 年,就在南锡[2]战役(Batter of Nancy)使洛林公爵雷内(René, the Duke of Lorraine)[3]在勃艮第第二王朝的废墟上东山再起时,获胜方有两位绅士为战利品而争吵,要求决斗场上见分晓。决斗被依法批准,在指定那天,申诉方没有来,从而失去了不少保释金。[D. Calmet, Hist, de Lorraine.]1484 年查尔斯·德·阿马尼亚克(Charles d'Armagnac)向国民议会(the States General)控告,他的家庭在路易十一(Louis XI)的授意下遭到了不

1 大胆查理(Charles-le-Téméraire,1433—1477 年),瓦卢王朝最后一位勃艮第大公(1467—1447 年在位),阵亡于法国东北部的南茜。他在南锡战役(Batter of Nancy)中的对手,就是洛林公爵雷内。

2 南锡(Nancy),法国东北部城市。

3 洛林公爵雷内(René, the Duke of Lorraine,1451—1508 年),1473 年起在位。

人道的毁灭,他指控德·卡斯陶瑙阁下(Sieur de Castlenau)毒害了他的母亲德·阿马尼亚克伯爵夫人。被告在议会中出庭,其诉讼代理人否认了指控,并提出用一对一的决斗证明其清白。[Jehan Masselin, Journal des États de Tours, p. 320.]在1518年,纳瓦拉的亨利二世下令双方在波城(Pau)[1]进行司法性决斗,其中的原告方缺席了;被告于是被宣布为无辜,而且有权拖着对手的旗帜和纹章,走过所有的城市、乡村和其他所有他可能经过的地方,对手进一步受到从此禁止携带武器或骑士仪仗的处罚。[Archives de Pau, apud Mazure et Hatoulet, Fors de Bé arn, p. 130. 在这个案件中,或许有些不同寻常之处,因为刑罚远远比上文中提到的16苏的法定罚金沉重得多。(Fors de Morlaas, Ruhr. IV.)]在1538年,弗朗西斯一世恩准了让·杜·普莱西(Jean du Plesis)和高缇耶·德·丁特维尔(Gautier de Dinteville)之间的决斗,基本上似乎是一次司法程序,被告没有在指定时间出现,于是在1538年2月20日被高层会议判处死刑。[D. Calmet, Hist.de Lorraine.]决斗显然是一个法律事项,通过惩罚在刀剑裁决中退缩的不幸一方证明了其权威性。

我们已经提到过1547年发生在查斯泰那拉耶和雅尔纳克之间的著名战斗,前者身为亨利二世的宠臣,其死亡使得这位君主发下重誓,再也不批准举行司法性决斗。两年后,他宫廷中的两位贵族青年——芬狄耶勋爵雅克·德·方丹(Jacques de Fontaine, Sieur de Fendilles)和维埃纳-勒-查泰尔男爵克劳德·德·古赫(Claude des

---

1 波城(Pau),法国西南部城市。

Guerres,Baron de Vienne-le-Châtel),情愿用这种方式解决前者对后者的可怕指控。国王推翻了自己不得恩准这种申诉的禁令,允许在法国元帅兼色当执政亲王罗伯特·德·拉·玛克(Robert de la Marck)的领地上举行这次决斗。芬狄耶对胜利确信无疑,他要求立起绞架且点燃火刑柱,并确定他的对手被击败后将在这里被绞死并被焚烧,否则便拒绝进入决斗场。他们唯一的武器是宽刃剑,在第一回合,芬狄耶在对手的大腿上留下了可怕的割痕。德·古赫看出大量失血会很快将自己的力量消减至极,于是贴近对手,利用自己熟练的摔角技能,迅速将对手撂倒。他只能依靠自己的身体做武器,用拳头出击,而逐渐失去的力气使得成效越来越差,此时被绅士淑女们围绕的绞刑台坍塌,压倒了尖叫的围观者们。利用这混乱的局面,德·古赫的朋友们违反了法律要求"所有人绝对沉默和中立"的规定,对他呼喊着,用沙子使他的对手看不见并窒息。德·古赫立即遵循了他们的提点,而芬狄耶则败给了这种有失骑士精神的武器。他是否正式屈服存在争议。德·古赫声称,对方应当走上原本为自己准备的绞架和火刑柱,但是德·拉·玛克出面干预,双方斗士都被迫和平地告退了。[Brantôme, Discours sur les Duels.1620年时,一份关于此次决斗的记录在色当出版,其描述对芬狄耶而言,结果更加不体面。据说,他正式表示屈服,像一袋玉米似的,被轻蔑地扔出了竞技场,而德·古赫作为胜利者,在鼓号齐鸣中扬长而去。]这是法国最后一宗有据可查的决斗断讼。这项习惯似乎从未被正式废止,而它与宗教改革时代的思想和情感是如此南辕北辙,以至于在1566年,查理九世颁布了禁止决斗的敕令,却没有提到司法性的格斗。他所想要禁止的行为，只是那些绅士们为了荣誉而进行的决斗，被冒犯的一方被命令不得向法院申诉，而是要将案件提交给法国元帅们，或者其本省的省长。[Fontanon, I. 665.] 这项决斗断讼的习惯在那时就已经寿终正寝，不再需要特别法典将其废除；而且，似乎是由于遗忘，国王从未被剥夺举行决斗断讼的权利。但是在1607年，洛林公爵亨利(Henry, Duke of Lorraine)[1]从皇帝鲁道夫二世(Emperor Rodolph II)[2]那里获得了对他旧有特权的确认，即所有发生在莱茵河(the Rhine)和默兹河(the Meuse)之间地区的格斗，都必须在他面前举行。[Belitz de Duellis German, p. 15.]

在匈牙利，直到1492年才有人试图限制司法性决斗。在那一年，弗拉迪斯拉斯二世(Vladislas II)[3]禁止在可以获得直接证词的案件中进行决斗断讼，而在无法取得证据的情况下，无论是在民事还是刑事案件中，则依然允许这种做法；而且他宣布这般限制的理由，是几乎无所不在的雇用斗士卖主求荣的现象。这项法令的言辞，显示出这种做法之前的适用相当普遍，尽管他声称它是一种别处没有的习惯法。[Quia in duellorum dimicatione plurimæ hinc inde fraudes committi possunt; raro enim illi inter quos illud fit judicium per se decertant, sed pugiles conducunt, qui nonnunquam dono, favore, et promissis corrumpuntur.—L. Uladis. II. c. ix. (Batthyani, I. 531.)] 即使在

---

1 洛林公爵亨利(Henry, Duke of Lorraine)，指洛林公爵亨利二世(Henry II, Duke of Lorraine)，1608—1624年在位。

2 鲁道夫二世(Emperor Rodolph II, 1552—1612年)，出身哈布斯堡家族的神圣罗马帝国皇帝(1576—1612年在位)。

3 弗拉迪斯拉斯二世(Vladislas II, 1456—1516年)，匈牙利和波西米亚国王。

拥有早熟文明的意大利，尽管通常倾向于精明智慧而非暴力相向，它还是直到16世纪都无法完全甩开伦巴底法律的传统。在1505年，朱利乌斯二世（Julius II）[1]禁止在最严重的刑罚案件中适用决斗，无论是民事还是宗教案件，从其法令集的表达可以得出这样的结论：直到那时，在教皇国[2]的限制范围内，决斗断讼依然在某些案件中作为一种法律程序被采用。[Duellorum et gladiatorum hujusmodi usum damnamus et improbamus, et in terris Rom. Ecclesiæ mediate vel immediate subjectis .... e quacunque causa, etiam a legibus permissa, fieri omnino prohibemus.—Can. Regis Pacifici, De Duello, in Septimo.]

在佛兰德斯，颇值得注意的是，虽然如上文所见，决斗本来会一直延续到16世纪，但是那个地区的商业精神促使它被早早废除，15世纪时有"好人腓力"致力于此。丹霍德的著述表示，16世纪中期，在与公众利益相关的案件中它依然是合法的；而且虽然他受过严格的民法律师训练，却还是宣称：在这些事务上，决斗断讼是值得称颂的办法。[Reperio tamen indubie vulgarem purgationem sive duellum in casu sine scrupulo admittendum quum publicæ salutis caussa fiat: et istud est admodum laudabile.—Damhouder. Rer. Crimin. Praxis cap. xlii. No. 12. (Antverp. 1601.)] 确实，1563年举行的特伦特会议将决斗斥为魔鬼的工作，并禁止所有的统治者批准决斗，否则开除教籍并剥夺所有封地和财产。[Concil. Trident. Sess. xxv. De Reform, cap. xix.

1 朱利乌斯二世（Julius II，1443—1513年），罗马教皇（1503—1513年在位）。

2 教皇国（pontifical states，亦作 papacy states），教皇辖地，位于意大利中部及北部。

Detestabilis duellorum usus fabricante diabolo introductus.] 但是佛兰德斯国家议会在给帕尔玛公爵夫人(the Duchess of Parma)的议会招待报告中,对此教规提出例外,并且判定统治者不应当被剥夺下令举行格斗的权利。[Anne is usus relinquendus sit arbitrio principis? Videtur quod sic, et respiciendum esse principi quid discernat. —Ap. le Plat, Monument. Concil. Trident. VII. 19.] 那慕尔(Namur)[1]的议会也同意这种观点。[Le Plat, VII. 75.]

在俄国,根据颁布于1498年的《众法之典》(*Ulogenié Zakonof*)[2],在听取控方的证词后,任何犯人都可以要求决斗;并且由于双方都在他们所能聚集的友人伴随下前往决斗场,结果常常是小规模的流血群殴。这样的滥用遭到1550年《法典》的废止,而决斗得以用更加得体的方式规范化,继续合法地流行着,直到最终在1649年被沙皇阿列克塞·米哈伊洛维奇(Czar Alexis Mikhailovich)[3]颁布的《议会法典》(*Sobornoié Ulogenié*)[4]所终结。然而,斯拉夫人中思想更加开通的一支——波兰人,在14世纪时就废除了它;但是马西耶夫斯基(Macieiowski)表示,塞尔维亚和保加利亚的基督教国家中,这种习惯法直到19世纪还被保留着。[这些

---

1 那慕尔(Namur),比利时一省名。

2 《众法之典》(*Ulogenié Zakonof*),俄文 уложение законов 的直译,相当于英文“The Code of laws”。

3 阿列克塞·米哈伊洛维奇(Czar Alexis Mikhailovich,1629—1676年),俄国沙皇(1645—1676年在位)。

4 《议会法典》(*Sobornoié Ulogenié*),俄文 Соборное уложение 的直译,相当于英文“Council Code”。

细节转引自 Du Boys, Droit Criminel des Peuples Modernes, I. 611－17, 650。]

在其他国家,类似的习惯一直苟延残喘到了相对晚近的时代。实际上,苏格兰比她的邻国更加先进。在1400年时,苏格兰国会受到先进文化的影响,表现为在某些重要的特殊案件中限制适用这种做法,如果这样的规定得到严格遵循,必然会使决斗断讼近乎绝迹。它确定了四个基本必要条件:控诉必须是针对死刑案,罪行必须具有隐秘和背信弃义的属性,对被告人的怀疑须有合理根据,必须是在缺乏直接证词和书证的情况下。[Statut. Roberti III. cap. iii.]

"苏格兰人至真至诚的个性"(perfervidum ingenium Scotorum)使之依然故我地执着于刀剑的裁决。诺克斯(Knox)[1]记述道:1562年,在阿兰伯爵(the Earl of Arran)针对博斯威尔的叛国罪指控向他和其他人咨询时,就博斯威尔(Bothwell)[2]曾提出抓捕玛丽女王(Queen Mary)[3]的计划,伯爵表示:"我知道他会向我提出决斗的,但在法国就不会遭这罪,不过我会按照我的提议行事。"同样的,1567年,在博斯威尔因被指控谋杀达恩利(Darnley)而经历的一次

1 指约翰·诺克斯(John Knox,约1514—1572年),苏格兰宗教改革家和政治家。

2 指第四代博斯威尔伯爵詹姆斯·赫本(James Hepburn, 4th earl of Bothwell,约1535—1578年),苏格兰贵族,苏格兰女王玛丽的第三任丈夫,参与谋杀了其第二任丈夫,即下文提到的达恩利勋爵(Darnley)。

3 玛丽女王(Queen Mary),指苏格兰女王玛丽(Queen Mary of Scots,1542—1587年),她也曾短暂兼任法国王后(1559—1560年)。由于数次问题重重的婚姻和不够明智的政策,导致苏格兰贵族叛乱,玛丽逃亡英格兰,却遭到英格兰女王伊丽莎白一世的监禁,因为她被认为是对英格兰王位继承权和宗教独立的威胁,最后被伊丽莎白伺机处决。

模拟审判中,他提出用决斗证明自己的清白。而当支持新教改革的苏格兰贵族(the Lords of the Congregation),以这项谋杀以及针对尚属婴儿的詹姆斯二世(James II)[1]图谋不轨为理由举兵反抗他时,玛丽女王在平叛诏文中却将他的挑战行为视为对他指控的完全否定。当军队在卡伯里山(Carberry Hill)集结时,博斯威尔再次上前重提挑战事宜。早已经答应接受挑战的詹姆斯·莫雷(James Murray)立刻应战,但是博斯威尔却以双方地位相差悬殊为由,拒绝与他会面。莫雷的兄弟杜里巴丁的威廉(William of Tullibardin)提出由自己来应战,但是博斯威尔再次拒绝,因为杜里巴丁的领主并不是这个王国的世袭贵族。于是许多贵族急切地想要顶替上阵,特别是林德赛勋爵(Lord Lindsay)坚持要求,欲将罪行的烙印加在博斯威尔本人身上,但是后者以各种借口一拖再拖,直到玛丽女王能够禁止格斗为止。[Knox's Hist. of Reform. in Scotland, pp. 322, 446-7.]

在英格兰,食古不化的保守主义一直墨守成规到最后,使得决斗断讼的存在持续到其他国家都不再存在决斗断讼的时期。在14世纪末,当法国迅速废弃这种习惯法时,格洛斯特公爵托马斯,向他的侄子理查二世献上了一篇论文,精巧地详述了元帅法庭沿袭的司法性决斗这种做法。[斯佩尔曼(Gloss, s. v. Campus)给出了这份手

1 詹姆斯二世(James II),可能有误,这里应指后来的英格兰国王詹姆斯一世(James I,1556—1625年),苏格兰女王玛丽之子,后因伊丽莎白一世无嗣,基于血统关系,在1603年继承了英格兰和爱尔兰的王位。詹姆斯二世则是查理一世的幼子、查理二世之弟、詹姆斯一世之孙,两者时代相距甚远。

稿的拉丁文译本。] 即使到了一个世纪之后，立法文件依然在一些案件中避免使用它。1333 年的《格洛斯特规约》(*Statute of Gloucester*, 6 Ed. III, cap. 9)，给予了申诉者一年零一天的时间得以提出亡者上诉——这是一种授予未亡人或最近亲属的特权，在公诉判决无罪之后对被告人提出第二次审判——作为一项私人诉讼，通常适用决斗来裁断。在实践中，这种特权被大体上认为是徒劳无益的，只要将公诉拖到上诉期过去才进行，就可以妨碍上诉。然而，在 1486 年，通过了一部法律以消灭频繁发生的谋杀，它要求在这一年零一天的时间过去之前完成审判，而且命令法官们在判决无罪的案件中，仍将被告监禁或要求保释，直到这段时间过去，以便确保被害人遗孀或最近亲属有机会为亡者提出上诉。[3 Henr. VII. cap, I.] 这种习惯流行的另一项证据，是 15 世纪的一项规则：允许神父在一位即将进行决斗断讼的人士忏悔之后宽恕他，而不论依法他可能是谁的教民——

> 即将参战之人，
> 在争取其权利的战斗中，
> 他的忏悔也可由汝主持，
> 哪怕他并非本教区的教民。

[John Myrc' s, Instructions for Parish Priests, p. 26. (Early English Text Society, 1868.)]

随着文明的发展和进步，这种习惯法逐渐消亡了，但是仍没有被废除。在1571年发生了一宗案件，就像斯佩尔曼所说的那样，当要裁决肯特郡(Kent)一处庄园的归属时，“律师们不无厌恶之情”，威斯敏斯特厅(Westminster Hall)被迫休庭，转移到托希尔场(Tothill Fields)[1]，并且所有格斗仪式都被按规定树立起来，尽管各方的和解保住了他们斗士的脑袋。[Spelman, Gloss, p. 103.]

一个对英格兰法学而言颇为奇特的习惯，是允许被控犯有死罪的人去转化“自首并告发同伙的共犯”(approver)，忏悔罪行并指控或申诉他所选择的任何一个人为“共犯”，而这通常只能用单打独斗解决。这样的做法频繁到足以呼唤立法规范的程度，1599年伊丽莎白时代的一条法案(Act 41 Eliz. chap. 3)获得通过，以规范多人对一人以及一人对多人申诉时的种种有趣问题。前一种案例中，被申诉人若赢得第一场决斗的胜利，即宣告无罪；后一种案例中，申诉人则必须与所有的被申诉人交手。[Hale, Pleas of the Crown, II. chap. xxix.根据派克的说法(Hist. of Crime in England, I. 286 sq.)，在被告无罪开释的情况下，“自首并告发同伙的共犯”几乎总是死于狱中或被绞死，很少会有后续的决斗发生。]即使到17世纪，决斗神判还是在上层人士中出现。我相信，在民事诉讼中，最后一宗记录在案的此类案件是克莱克斯顿诉里尔伯恩案(Claxton v. Lilburn)。此案奇特地展示了：此等公认不合理制度的废除，是多么心不甘情不愿的一件事。在达拉谟郡(Durham)[2]有一处珍贵的庄园——据说收益在每

1 托希尔场(Tothill Fields)，17—19世纪位于伦敦中央威斯敏斯特区的一座监狱。

2 达拉谟郡(Durham)，位于英格兰东北部。

年200英镑以上——成为争议的标的物。克莱克斯顿在一次试图夺回它的诉讼中失利,于是又提起了新的诉讼,里尔伯恩作出这样的回应:在1638年8月6日,他的斗士乔治·切尼(George Cheney)出现在法庭上,手执沙袋和短棍严阵以待,把自己装有5个铜板的铁护手扔在法庭上,并要求决斗。克莱克斯顿应之以一位装备类似的斗士,代他进行战斗。法庭犹豫不决,一天又一天地推迟这场决斗,并寻找借口试图拒绝决斗。斗士们受到讯问,都承认是为了钱而来。国王查理(King Charles)[1]要求首席法官和贵族们发表意见,确定这是否足以令决斗程序无效,他们却异口同声地回答道:在决斗已成定局且担保交付之后,这样的坦陈并不能阻止其进行。于是,国王命令他的法官们,如果可能的话,寻求司法途径阻止决斗,但是他们显然无力阻止将此事经年累月地拖下去。1641年,里尔伯恩向"长期国会"(the Long Parliament)[2]请愿,表明他已经反复主张了他的决斗权利,并提供了斗士,法官们却总是借口记录上有什么问题一拖再拖。于是,国会要求出台一个法案,以废除司法性决斗。[Rushworth' s Collections, Vol. I. P. I. pp. 788-90, P. III. p. 356.]

---

1 国王查理(King Charles),指英国国王查理一世(Charles I, 1600—1649年,1625年起在位)。在他统治期间,为对苏格兰用兵,大幅加重了赋税,与国会关系极度紧张,进而发生了英国内战,战败后,这位国王被处死。

2 长期国会(the Long Parliament),英王查理一世统治时期召开的一次国会,会期从1640年开始,直到1653年(被奥利弗·克伦威尔的大军逼散)或1660年(国会成员们终于通过了解散的法案)方才告终。与之相对的是1640年4—5月间的短期国会(the Short Parliament)。

然而,法案未能得到确立,而且马修·黑尔爵士(Sir Matthew Hale)[1]在其写于该世纪末的作品中,感到有责任巨细无遗地描述这种法律的幽微之处,尽管他可以将格斗称为"时至今日难得一见的审判方式"。[Hale, loc. cit.]

在1774年,这个问题偶然引起了注意,其方式却无法归功于英国法学的文明开化。为了惩罚叛乱的波士顿人(Bostonians)毁掉茶叶的可恶行为,一项"马萨诸塞湾省司法行政改革法案"获得通过,它原本包括剥夺新英格兰人亡者上诉权的条款,通过这个条款,它会被铭记:一个受谋杀指控却被宣告无罪的人,可以被死者的近亲属再度指控,而争议将会由断讼格斗来解决。否定这一祖先流传下来的权利,引起了下议院中自由派的愤慨,这个问题受到热烈地争论。后来成为"阿什伯顿勋爵"(Lord Ashburton)的、博学而雄辩的丹宁(Dunning)[2],是反对党的领导人之一,他用最强有力的言辞为古老的习惯辩护。"我站出来,"他说道,"以支持宪法的伟大支柱——亡者上诉权;我恐怕有人想树立这么一个先例,在英格兰和各殖民地将它抹杀。它被称为原始和野蛮的余孽,那么我们的整个宪法恐怕都是野蛮的。……阁下,我希望绅士们能更加警醒一些,并虑及我们为被忽视的殖民地人民打造的枷锁,有一天可能被套在我们自己的脖子上!"甚至有人说,伯克(Burke)也热切地反对创新提议,认为那个可恶的条款必须在内阁形成多数派通过之前被清除

1 马修·黑尔爵士(Sir Matthew Hale,1609—1676年),英国最杰出的法学家之一,即使是在英国内战时期(1642—1651年),依然努力保持司法公正。

2 指约翰·丹宁(John Dunning,1731—1783年),英国律师和政治家。

出去。[Campbell' s Lives of the Chancellors of England, VI. 112.]有些人议论改革整个帝国的法律,却没有付诸实践,而且当19世纪因刑法中的野蛮性死灰复燃而蒙受耻辱时,"宪法支柱"即亡者上诉权的好处突显了出来。1818年的阿什福德诉桑顿案(Ashford vs. Thornton),可谓扣人心弦。阿什福德是遇害女孩的哥哥,他的妹妹死于极其残酷的暴行之下,似乎大有嫌疑的桑顿被指控为施暴者。通过陪审团审判被判为无罪之后,桑顿遭到了阿什福德的上诉,他声称自己"无罪,而且准备好了用自己的身体再次为自己辩护"。在充分辩论之后,艾伦波洛格勋爵(Lord Ellenborough)在其他法官的一致支持下,维持了被上诉人的这项权利作为"通常且合宪的审判模式",用几乎与我们前面提到的布莱克顿和博马努瓦一样的言辞诠释了法律。[I. Barnewall & Alderson, 457.——1867年4月,报章报道:此案上诉人威廉·阿什福德死于伯明翰。桑顿则移民去了美洲,从此难觅其踪。]当上诉人撤诉时,好奇的人群无比失望,而首席法官则庆幸免于主持一场角斗士般的表演。在几乎同时代的爱尔兰,也出现了类似的案件。第二年,乔治三世的法律(the act 59 Geo. III chap. 46)终于为这骑士时代的最后余烬画上了句号。[Campbell, Chief Justices, III. 169.]

美利坚受到了英格兰法律的积极影响,也继承了它的缺陷。殖民地享受了亡者上诉的特权,为了反对在马萨诸塞湾省废除它,丹宁曾经如此竭尽全力地为它辩护着。在这里,至少可以找到一个适用它的例子,在1765年的马里兰州,莎拉·索珀(Sarah Soaper)向一个名叫汤姆的黑奴提出上诉,理由是此人谋杀了她的丈夫。然而，这个黑人很可能不知道自己有权要求决斗断讼，于是听命于陪审团审判，被依法判为有罪并处决。[I. Harris and McHenry's Md. Reps. 227.] 实在多亏波士顿的小约翰·C.格雷先生(John C. Gray, Jr., Esq.)，使我注意到此事，以及此主题的其他一些信息来源，他告诉我这样一项传统：关于新罕布什尔州的两个城镇之间的一条边界争议，曾经通过斗士决斗而解决；但是在这方面最保守的州似乎是南卡罗来纳州，在那块殖民地，1712 年的一项法案列举了依然有效的英格兰法，特别包括了关于亡者上诉的那些部分，并且库珀博士(Dr. Cooper)在他写于 1837 年的《南卡罗来纳法律汇编》(*Statutes at Large of South Carolina*)一书中，似乎认为决斗断讼和亡者上诉仍然在当时当地合法有效。[Cooper's Statutes at Large of S. C. II. 403, 715.] 因此，1811 年吉尔蒂大法官(Chancellor Kilty)在他的《适用于马里兰州的英格兰法律条文报告》中显然认为，这种亡者上诉仍然合法存在，但是鉴于赦免权和其他考量，他仅将其视为无关紧要的事项。[Kilty's Report on English Statutes, Annapolis, 1811, p. 141.]

Ⅲ 神判

决斗断讼,就起源而言,单纯只是一种规范模式,在相对公平的考量之下,是最强者的原始法则。正如我们所见,如此混合交织之下,出现了一种诉诸神权的申诉,人们借此自我催眠,认为神明会进行干涉,并且使格斗事项按照永恒的正义进行。这种信念,在不同时期都是对格斗神判颇为重要的因素,而且是其他神判所倚仗的唯一原则;如要体现这些神判与决斗断讼的区别,则应当将它们分开考查。甚至,我们可以推测,其他神判代表了人类更晚近的进步,蛮力已经多少从最早的野蛮至尊地位上逊退下来,而一种对全知全能的、正义的神性干预的依赖,无论是单一形式还是多种形式,已经成长得足够壮大从而成为指导日常生活的支配性原则。

然而,在能理解"万能之神"概念前,要知道它也只是人类思想进步的一步,它将确定命中注定的结局,并且允许凡人一定限度的自由,以构造森罗万象中他们自己的支离破碎的部分——这是一种如此无限伟大的力量,其良善、慈悲以及公正,足以与其在世间形成的邪恶存在相匹敌,人有完全的自由,可以遵从其较卑劣情感的指令而不至于逃避责任,同时不会干扰由神明的智慧与善举所注定的结局。据此,我们发现在几乎所有种族的宗教历史中,都有一种对神圣存在的信仰,伴之以这样的期待:每当人类在无路可走的情况下,便放弃自己的判断力,以自身有限的理性作为试金石,试探造物主不可思议的力量,他们在任何情况下都指望神明展现力量,而且希望天意的干涉可应请求而发生。如此一来,奇迹被指望着如同日常之事般、理所应当地发生,每当人类选择以正义的承诺和不公的威胁试探神明的时候,自然法的法则就会被搁置一旁。

被广泛采用的所谓神判,都可以归功于人类思想的这种趋势,充满疑问的人们一直都在尝试通过呼唤上天的协助,而使自己免于承担责任。即便这样做时,他们似乎也没有意识到这种做法中暗含的自鸣得意,而是自认出于完全的谦卑,将自己和自己的悲哀置于这伟大裁判者的脚下,这实质上是放弃了虽然有限却可使用且并未被否认的理性。在加洛林王朝的法令集中,有这样一个段落——凭着对神的虔诚信仰而毫不犹豫地裁断——有力地展现了在虔诚信仰掩盖下最恶劣的不虔诚做法:"有疑问的案件让神来裁决吧。法官们可以裁定哪些是他们确知的案件,而那些他们无法确知的,应当留给神判裁决。被神亲自裁判者,不可用凡人方式追责。'因此,不要提前裁断任何事,直到我主降临,他不仅将隐藏的黑暗大白于光天化日之下,而且会为我们指明心之所向。'"[Capit. Lib, VII. cap. 259. (I Cor. iv. 5.)]

我们在这里看到的迷信,被以基督教信仰的形式崇高化后,显示在如此多的种族之中,并且在文明化进程各异的背景下,它可能被看作一种人类进化途中不可避免的现象,只能在最晚近的发展中被淘汰。然而,在这个过程中,就像在许多其他情况下一样,中国成了例外。在基督教时代来临的五百年之前,她引人注目的思想就已在君王和孔夫子的圣贤之书中得以体现,其形式被发现与今日之正统理念相差无几。其中,宗教信仰只是一个冰冷的道德体系,既避免了更有想象力的信仰的谬误,也掩盖了其优点。在最受推崇和最有权威的中国圣书《尚书》(*Shu-King/ Holy Book*)中,我们发现了一种基于终极力量"太极"(Tai-Ki)或者说上天的"至高力量"基础上的哲学理论——它们纯粹是理性的,或者说是受无常命运推动而运行的自然法则和力量的实体化。确实,某些形式的占卜被实行,甚至被命令执行,但是除了穆王(Muh-Wang,生活在公元前1000年左右)[1]对他的法官们审理刑事案件的指示中提及"非天不中,惟人在命。天罚不极,庶民罔有令政在于天下"[Shu-King, Pt. IV. ch. 4, 27 §21 (after Goubil's translation).],对诸如这般做法的直接干涉,从未发现有进一步相信的表示。于是,严格遵循这样的哲学,现代中国法学没有提到任何由证人提供的事实之外的证据,而且甚至没有要求也没有采取"发誓"这样的司法程序。[Staunton, Penal Code of China, p. 364.]

然而,对于普通人而言,这些教条实在太过微妙和高深,而且与官方儒家学说并行的道家和佛教兴盛,涌现了大量的传说和神迹,简直可与条顿民族中世纪时最华丽的幻想传奇相媲美。所以,在大众头脑中,神明的介入可能永远只是被指望着去维护无辜和惩罚罪

1　周穆王,姓姬,名满,周昭王之子,西周的第五代天子。

行,并且历史印证了这种信念存在于一切阶段和每一个普通人可能遇到的事件中,而这些历史很大程度上构成了道德教义。在 1626 年发生了这么一个故事:博学的王仪博士(音译,Dr. Wang-i)有两个仆人,一个愚蠢一个狡猾。后者从主人那里偷了一笔钱,并栽赃于无力自证清白的同事身上。于是无辜者被绑在旗杆上,贼喊捉贼者被安排彻夜看守他。午夜时分,旗杆轰然断成两半,上半段正好砸在真正的罪犯身上,致其死亡,而那位无辜的仆人则毫发无伤。第二天早晨,死者的财物受到检查,从中发现了被偷走的钱,就这样完全证明了他试图嫁祸对象的清白。[Livre des Ré compenses et des Peines, trad. par Stan. Julien, Paris, 1835, p. 220.] 尽管成文法遵循着严格的唯物主义精神,但至少在中国的部分地区,这样的信仰自然而然地体现于非常规司法程序之中,成了一种在缺乏证词的情况下所采用的奇特神判方式。如果一位心灵受创的丈夫将通奸的妻子逮了个现行(flagrante delito),那么他就有权将通奸的双方当场杀死;但是他必须割下他们的头颅带至最近的治安长官处,在其面前证明自己的无辜并说明事实真相。由于在这种情况下,常常缺乏外部证据,通常的审判模式是将两颗人头放在一大缸被用力搅动过的水之中。在漩涡中,人头自然会聚拢到中心,此时,如果他们呈现后脑相对的状态,那么被害二人就会被宣告无罪,而那位丈夫将会被按照谋杀罪论处;但是,如果两颗头颅面对面相碰,则丈夫的陈述就会被采纳,他会被处以温和的杖责,以警戒:妻子应当被更好地看管,而且会被给予一小笔钱,帮助他再购买一位配偶。[W. T. Stronach in "Journal of the North China Branch of the Royal Asiatic

Society," New Series, No. 2, Dec. 1865, p. 176.]

同气连枝的日本文明则更加受到“向神明寻求解疑”做法的诱惑。在古代日本,神明裁判的方法被普遍使用,犹如在中世纪的欧洲一样广为人知,至于决斗断讼和沸水神判,后者在虾夷人(Ainos)或者说土著居民中依然作为习惯采用。直到现在,对抗者双方还是可能被要求将手伸入滚沸的热水中,受伤最严重者会被判为有罪,而无辜者被认为只会伤及皮毛,不日便会痊愈。[Griffis's "Mikado's Empire," New York, 1876, p. 92.]

将目光移向旧世界那些仍旧野性未驯的种族,我们会发现此等迷信思想依然四处盛行。非洲就有大量这样的例子,从最残暴的简单朴素,到最致命的装置设备。例如,在卡拉巴人(Kalabarese)之中,有一种所谓的“阿菲雅-埃戴特-爱伯恩”(afia-edet-ibom),是用蛇弯曲的毒牙来执行,它被巧妙地插入被告的眼睑下方和眼球周围;如果此人是无辜的,只要一转眼球,就能将毒牙挤出,而如果无法做到这样,就得用豹子的尖牙剔除,并会被定罪和制裁。更加粗野并且更能被执行人操控的是“阿菲雅-爱伯诺特-爱迪奥克”(afia-ibnot-idiok),即在一只黑猩猩的颅骨上画一条白线和一条黑线,支在被告面前,如果白线一边明显靠向他就表明他是清白的,而黑线朝向他,则宣告他有罪。比这些更加可怕的是“神判之果”(ordeal-nut),它含有一种致命毒物,会令人口吐白沫、浑身抽搐、麻痹瘫痪并迅速死亡。在可能判死刑的案件中,甚至在阴谋诡计致人生病的案件中,“阿比亚迪翁”(abiadiong)或者说男巫,会决定谁将受审;而且由于这种果实的有效成分能够通过煮沸提炼出来,被选中的人若是精明睿智，就会选择做无害的处理。[Hutchinson's Impressions of Western Africa, London, 1858.]

在非洲西部的广大区域内，最流行的神判方式之一，就是红水神判，或称"基尼格木树皮"(sassy-bark)神判。根据温特博特姆博士(Dr. Winterbottom)[1]的描述，在塞拉利昂(Sierra-Leone)附近的地区，要求被告人禁食12小时，然后吞下一点点米粒，在这之后，再大量摄入这种树皮，有时甚至达到1加仑之多。如果引起了被告的呕吐，吐出了所有的米，就是完全的无罪证据，但是如果做不到这样，或者引起了腹泻，那么被告就会被宣告有罪。它也有麻醉的作用，如果出现这种效果，则很可能出现对受试者不利的判决。在其中一些部落，这会通过下面这样的方法来裁决：在地上隔18英寸[2]插上棍子，或将树枝弯曲到地面，搭建一个拱门，并要求受试者选择其中一条路走，对于在毒物的影响下发晕的人而言，这是一件艰难的事。尽管这种神判本身并不总是导致死亡，但是寄托在这种神判上的信仰如此坚决，以至于根据利文斯顿博士(Dr. Livingston)[3]的说法，受到巫蛊指控的人们热切地要求执行它们，这些人对自己的无辜确信无疑，并且相信只有有罪的人才会遭罪。对于执行红水神判而引起的呕吐效果，通行的解释是，神灵进入药水中，检视被告的内心，如果发现他是无辜的，就会返还米粒作为证据。[Examination

1 温特博特姆博士(Dr. Winterbottom)，似指托马斯·马斯特曼·温特博特姆(Thomas Masterman Winterbottom，1766—1859年)，英国医生和慈善家。

2 18英寸约为46厘米。1英寸为2.54厘米。

3 利文斯顿博士(Dr. Livingston)，似指大卫·利文斯通(David Livingstone，1813—1873年)，英国维多利亚时代著名的探险家和社会活动家。

of the Toxocological Effects of Sassy-Bark, by Mitchell and Hammond (Proc. Biological Dep, Acad. Nat. Sci. Phila., 1859). —T. Lauder Brunton's Gulstonian Lectures, 1877 (Brit. Med. Journ., March 26, 1877).]而在阿尚提(Ashantee)[1]地区却发现了与此截然相反的体制,在那里,病痛被视为无辜的象征,而"同态复仇"法则得到严格遵循。当指控没有足够的证据支撑时,控方必须发誓说他的控诉完全是真实的,而被告则被要求吞下一片奥登姆木(odum)[2],并喝下一罐水。如果没有随之出现任何致病效果,被告会被认定为有罪而处死;如果因此致病,则会被判无罪,而控方反受其刑。[London Athenæum, May 29, 1875, p. 713.]

远在非洲大陆东部,尼安-尼安人(the Niam-Niam)[3]及其邻近的部族,展现了无穷无尽、形态多样的神判模式。对于所有重要事项,这些蛮族诉诸各种神明,它们被平等地采用作为通向未来的指引,及探究被指控者有罪或无辜的方式。其中主要的方式称为"博儒"(Borru),即将两块被抛光的达玛(damma)木片用水滴湿后,互相摩擦。如果它们能在彼此之间轻易滑动,则视为有利证据的征兆;如果它们粘在了一起,则视为不利证据。生与死也被玩弄于股掌之间,只不过替代以受害人作为实验标的物。又比如,取来一只公鸡,将它的头反复浸入水中,直到这家伙变得僵硬而失去知觉。

1 阿尚提(Ashantee),非洲加纳(Ghana)的一个地区。当地人被称为阿尚提人(Anshanti 或 Asante),是加纳的一个少数民族。

2 奥登姆木(odum),又称为绿柄桑或圆盘豆,原产于非洲的柚木的一种。

3 尼安-尼安人(the Niam-Niam),又称为赞德人(Zande)或阿赞德人(Azande),主要分布在非洲中部的扎伊尔东北部、苏丹西南部和中非东南部。

如果它恢复过来,则是有利证据的象征;如果它就此死去,则相反。或是将从“本耶木”(bengye wood)中提炼出来的油脂喂食一只母鸡,根据它的生死得出类似的结论。[Schweinfurth's Heart of Africa, New York, 1874, Vol. II. pp. 32-36.]

在马达加斯加,毒物神判更不那么人道,它采用的是唐吉拉树(Tangena 或 Tanghinia vennifera)的致命果实所煎出的汁液。其适用模式之一,源自与红水和米粒神判同样的理论,故而在实施方法上也颇有相似之处。煮熟一只禽类,将它的三块皮放在肉汤里。然后,将满满一杯唐吉拉果煎汁交给被告人服用,随后是等量的带皮的肉汤。除非毒物迅速导致呕吐,否则会很快引起服用者死亡,这就构成了充分的罪证。如果随之而来的是呕吐,则继续反复灌入肉汤和热水,如果能把肉皮吐出来,被告会被宣告为无罪;但是,如果它们留在体内,他就会被判有罪,并要立刻再喝下一碗这种毒液而死去。在1836年和1849年对马达加斯加的基督教徒的迫害中,许多改宗皈依者都被用唐吉拉树果审判,其中不少人因此丧生。[Philadelphia Evening Bulletin, March 7, 1871.—Ellis's Three Visits to Madagascar, chap. I. VI.]

因同样的信仰而涌现的,还有塔希提岛(Tahiti)[1]居民用于查明盗窃案件的程序。当适用这种程序时,祭司在他小屋的泥地上挖一个洞,注满水,手握一支嫩车前草跨站在这个水坑上,同时祈祷神明降临。于是神明将窃贼的灵魂引至水面上方,而其倒影将被祭司辨

1 塔希提岛(Tahiti),南太平洋社会群岛的主岛,波利尼西亚的最大岛屿。

认出来。[Ellis’s Polynesian Researches, Vol. I. ch. 14.]

东印度群岛的各民族采取同一类方式解决疑难案件。婆罗洲(Borneo)的迪雅克人(the Dyaks)[1]在别无他法时,给诉讼双方各一块盐,他们同时将其抛入水中,谁的盐块最快融化,谁就是败诉方;或者双方各拿一块活着的贝壳,放在盘子上,将柠檬汁挤在上面,在这样温和的刺激之下,谁的贝壳先动,谁就会被宣布为胜诉方。[Königswarter, op. cit. p. 202.—E. B. Tylor, in Macmillan’s Magazine, July, 1876.]

澳大利亚黑皮肤的原住民,奥里萨(Orissa)山区的冈德人(Khonds),也通过可以追溯至史前时期传统的习惯法,验证了这些做法的普世性同样适用于他们。他们不仅常常采用沸水神判、滚油神判和赤烙铁神判——这些可能是借鉴自他们的邻居印度人(Hindu)的做法,而且他们带咒语的司法誓言,也无疑具有神判性质。这种誓言是对着一张老虎皮发誓,作伪证者将被这种动物毁灭;或是对着一只蜥蜴的鳞甲发誓,违背誓言者将生出同样的鳞甲;或是对着一座蚁山念念有词,伪誓者将被化为臼粉。一种更有特色的神判,存在于有关土地的诉讼中,从争议土地中取一些泥土,由主张权利的各方吞下,他们相信弄虚作假者将会因此而被毁灭。在非常庄严的场合,会以可怕的大地女神塔利·潘奴(Tari Pennu)的名义杀一只羊,用它的鲜血淋湿稻米,并且如上这般行事,也要求各方

1 迪雅克人(the Dyaks),居住在马来西亚加里曼丹或沙捞越,使用马来语的土著居民。婆罗洲(Borneo),是加里曼丹的旧称。

吞下稻米，人们完全相信女神会将那位用伪证玷污她权力而不顾后果的当事方置于死地。［Macpherson’s Memorials of Service in India, London, 1865, p. 83.——相似的占卜模式参见 p. 364。］

拉治马哈的山地部落，作为雅利安人时代之前的印度种族的另一个代表，为我们提供了类似原则的进一步发展状况，在细节上，与人类各民族中大多数的做法相当类似。正如我们后面将会看到的那样，安塞姆先生（Master Anselm）[1]提议通过曾揭露亚干（Achan）[2]罪行的那套程序（《圣经·约书亚记》，7：16-18），来辨认偷盗拉昂城圣器的窃贼。在猛兽蹂躏和瘟疫盛行被认为是某些居民的罪孽报应的时代，这并非全无可能，确认罪人就这样成了其他人获得救赎的至关重要的问题。在一种被称为“萨坦恩”（Satane）的程序中，一个人对着一棵大树枝坐在地上，然后以本地区各个村庄的名义给他吃下米粒，当犯人居住的村名被念到时，这人会吐出代表这个村庄的米粒。村庄就这样被识别出来，而同样的方法被采用于其中的各个家庭，而且当这个家庭被识别出来后，也用同样的方法揭发其中犯案的个人。另外一种模式，称为“谢尔林”（Cherreen），与《圣经》和钥匙神判异曲同工，在基督教徒中仍未废止，即用绳子绑缚并悬吊起一块石头，同时村庄、家族和个人的名字被反复念着，通过石头的震颤来指出罪人。窃贼也通过这样的程序被甄别和定罪。此

1 安塞姆先生（Master Anselm），指生活在11—12世纪的法国神学家和拉昂地区的教长。

2 亚干（Achan），《圣经》中犹太部落成员，因偷战利品，在亚割谷里被众人用石头砸死。

外还有另一种被称为“高博林”(Gobereen)的模式,它是对沸水神判的一种改良,即把牛粪、油和水的混合物在一口锅里迅速煮沸,再将一枚戒指扔入其中,让每一位嫌疑人向至高神明祈求之后,徒手寻找并捞出这枚戒指——无辜者被认为不会被灼伤,而有罪者则无法将他的手伸入锅中,因为混合物会翻腾而起以阻挡它。[Lieut. Shaw, in Asiatic Researches, IV. 67, 84.]

追溯更古老的民族时,在埃及古物学者成功地借以重构尼罗河谷文明的破碎遗物中,我们没有找到正式神判的蛛丝马迹,但是因神庙寓言的教诲而被人民虔诚接受的那种人对神明们的极度依赖,以及后者对人类事务的频繁介入,使得我们几乎可以肯定,在司法程序中,当人类的智慧有所不及时,神判以这样或那样的形式被频繁采用,很可能采取了援引在埃及每一个省都大量存在的圣所神谕的形式。希罗多德叙述的一个故事似乎的确可以表明,当证据不足以定罪时,这样的神权质询在刑事指控程序中是一种习惯。阿美斯二世(Aames II)在取得王位之前,以他放荡不羁的生活方式而闻名,并且多次被指控犯有盗窃罪,而被带到最近的神谕圣所前,根据其回应来确定他有罪与否。他一登基,就对曾经责难他的神庙表达了极大的敬意,却完全忽视了所有那些将他无罪开释的圣所,声称前者揭示了真相,而后者的回应则是在撒谎。[Herod. II, 174.]

闪米特民族并没有像雅利安人那样发展神判法,但仍然有足够的迹象可以证明他们那里存在神判法。迦勒底人(Chaldean)[1]和亚

---

1 迦勒底人(Chaldean),美索不达米亚的一个古代民族。

述人(Assyrian)[1]的机制则尚未得到足够的发掘,以至于我们无法确定地宣称神的判决是不是一种得到确认的途径,有没有被迷惑不解的司法官当作一剂良方;但是随着我们对他们司法程序的了解越来越充分,这种程序很有可能得到了发现和证实。频繁地援引神明,乃是楔形文字撰写的铭文的突出特点,表现了人类事务仰赖神明指引的观念,在直接诉求司法正义寻求表达的过程中,这几乎必然得到体现。然而,目前被解译出来的,在合同、捐赠和契约中被普遍表达的最接近这种神判原则的方式,是一则咒语,即祈求神明将诅咒降于那些侵犯受保护的善意履行者或企图进行无根据求偿的人头上。与此类似而更进一步的,是合同中常常写明的罚金,对他们的违法违约行为处以沉重的罚款,其中较大的部分会缴纳给某座神庙的金库。[Oppert et Mé nant, Documents Jurid. de l' Assyrie, Paris, 1877, pp. 93, 106, 122, 136, 191, 197, 209, 238, 242, 246, 250, 253.]

在希伯来人之中,作为律法,耶和华(Yahveh)的直接介入是预期之中的事,而无须人类智慧所发明的那些邀请和确定神明意志的公式化方法。大卫和哥利亚的战斗,依然被解释为司法决斗的一种范例和理由;而《圣经》文字中描述的一些做法,则是严格意义上的神判,在对抗教皇禁令的斗争中,被整个欧洲各地的神职人员躬行如仪。当一个人口出恶言亵渎了主(《圣经·利未记》,24:11–16),被监守起来,"他们将会受到主的意志的明示",而主命令摩西

1　亚述人(Assyrian),源自美索不达米亚的一个民族。

(Moses)让整个圣会的人用石头将其击毙,我们无从得知摩西探明耶和华意志的确切途径,但是这种诉诸神明的做法,与引发中世纪神判盛行的原则如出一辙。更有甚者,抽签被如此频繁地用于裁判最为重大和神圣的事项,不仅仅是一种对运气的依赖,而且成了一种“在我主面前圣会神龛门口”的神圣的仪式表演,借以知晓耶和华的决断。[Numb. xxvi. 55-6; xxxiii. 54.—Joshua xviii. 8-11; xix. l, l0, 17, 24,51.—l. Chron. xviii. 5-18, 31.—Nehem. x. 34; xi. 1.] 抽签,也被用在非常规司法性判决时,在所有不寻常的案件中作为一种揭发罪犯的模式,而且它的结果被毫不质疑地认为是揭示了全知全能的神意。乌陵与土明(Urim and Thummim)[1]极有可能就是抽签,而如亚干和约拿单(Jonathan)[2]的案例中,它们的使用并不少见。[Josh. vii. 14-26,—l. Sam. xiv. 37-45. Cf. Michaelis, Laws of Moses, art. 304.—Ewald's Antiq. of Israel, Solly's Translation, pp. 294-6. —Kuenen's Religion of Israel, May's Translation, l. 98.] 对抽签有效性的广泛信

1 乌陵与土明(出自希伯来语,英语作 Urim and Thummim),原意分别为“光”和“完全”,引申为“启示和真理”,是古代希伯来人在遇到问题或难处时,用以显明上帝旨意的一种预言媒介。

2 约拿单(Jonathan),是《圣经·旧约》中记载的一个人物,以色列国王扫罗之子,著名的大卫王的好友和重要将领,以勇敢正直著称,放弃了王位继承权。这里提到的是这么一则故事:国王扫罗在追击敌军的过程中,让大家向耶和华发誓不击溃敌人绝不进食,但他的儿子约拿单不知此事,在树林中吃了蜂蜜。扫罗发现耶和华不再应答他的请教,知道有人冒犯了耶和华,于是采用抽签神判,发现冒犯者中竟有自己的儿子,本欲处死,幸亏百姓们怜惜立下大功的约拿单,苦劝扫罗免去了他的死刑。

赖,在约拿(Jonah)[1]的历险中可见一斑(《圣经·约拿书》,1:7),当时水手们借助抽签当场查明了带来暴风雨的罪人。然而,神判最正式、最绝对的例子是借以惩戒对婚姻不忠贞者的苦水神判[2](《圣经·民数记》,5:11-31)。这种奇特而煞费苦心的仪式,与毒物神判有着明显的类似之处,在基督教时代前后,已被"拉班"约哈南·本·扎卡伊(R. Johanan ben Saccai)[3]下令废止,这件事是如此众所周知,以至于除一笔掠过之外不必要求引述《哈伽达》(*Haggadah*)[4]中的大量传说,以及它所引起的无穷无尽的争议和揣测。然而,我可以多说一句,阿本·爱兹拉(*Aben Ezra*)[5]和其他犹太评论家坚持认为,当摩西烧毁金牛犊并让以色列人饮下含有其灰烬的水(《圣

1 约拿(Jonah),《圣经》中的先知。耶和华派他去警告尼尼微城的人们,要他们不要再倒行逆施。但约拿心怀偏见,觉得外邦人不必费心拯救,乘船前往别的地方。上帝降下风暴,船上的人们抽签发现是约拿得罪了神。约拿勇敢地承担了责任,要同船的人们将自己扔入海中,随后又被吞入鱼肚,待他回心转意地祷告后,大鱼将他吐了出来。

2 苦水神判,指《圣经·民数记》第五章所记述的内容,其中有这样的规则:丈夫怀疑妻子不忠,应将她带到祭司那里,祭司拿出可导致诅咒的苦水命令妇女喝下,宣称如果这位妇女确实不忠,这苦水会令其肚腹发胀、大腿消瘦。

3 "拉班"约哈南·本·扎卡伊(R. Johanan ben Saccai,或 Zakai),按照《塔木德》的记载,他一生谨遵教义、勤于学习、待人谦和,是犹太教历史上的重要神学家和教育家。"拉班"是"拉比"的尊称,只有出任过犹太公会领袖的才拥有这个称号。

4 《哈伽达》(Haggadah),由犹太教讲解《圣经·旧约》中的各种传奇、逸事、历史、民俗故事和叙述性的布道两部分组成,是一种用来传述逾越节规定的犹太文本,亦被用来对儿童和青少年进行犹太历史教育。

5 阿本·爱兹拉(Aben Ezra,亦作 Rabbi Abraham Ben Meir Ibn Ezra,1089—1167年),也是一位犹太拉比,同时是中世纪时杰出的犹太文学家,精通哲学、占星术、数学、诗歌和语言学等。

经·出埃及记》,32:20)时,他进行的是一项神判,就像苦水神判一样,在某些方面揭发了那些犯有偶像崇拜之罪的人,以便利未人(*the Levites*)[1]将其手刃;而塞尔登(*Selden*)对此的解释,是援引这么一项传统:铸造牛犊的黄金,能够使崇拜过它的人的胡须变红,从而将他们揭露无疑。[Mishna, Sota ix. 9; Wagenseilii Comment, op. cit. vi. 4.(Ed. Surenhus. III. 257, 291.)如有好奇者,欲寻求更多关于这方面的信息,可以翻阅瓦根塞尔(Wagenseil)版的《索塔经》(*Tract Sota*),以及阿尔特道夫(Altdorf)1674年版的艾因·雅各布(Ain Jacob)所作注释详尽的《格玛拉》(*Gemara*)。[2]]

穆罕默德的教条太过直接地源自犹太教义,以至于只要可以援引安拉声明他的权威时,他都不愿在他的法学理论中接纳任何依靠奇迹来实现人和人之间正义的正式体系。然而,就像犹太人一样,他宣扬神权的恒常监督是自发而成的,而他更进一步地反复灌输这样一种信念:一个绝不谋求私利的法官,能够时常得到上天的提点。"要求成为法官的人,是不会得到帮助的;被强制任命为法官的人,神会为他降下一位天使,使得他的行动和判决公正不阿。"对于那些犹豫着是否接受这一职位的人,预言说道:"神会指引你的心灵,并且将你导向公正的道路,并用真理和正义缚住你的唇舌。"此外,当一位法官行事不公时,"他将自己与神的协助和恩典隔绝开来,而有魔鬼如影随形"。当法庭既可能被安拉,也可能被埃布利斯

1 利未人(the Levites),犹太民族的一支,尤指被指定在神殿内协助犹太教神父的利未族人。

2 《格玛拉》(*Gemara*),犹太法典《塔木德》的注释篇。

(Eblis)[1]操控时,诉讼参与者的处境就很艰难了,但他们无计可施,除誓言之外——誓言是穆罕默德的司法制度的基石。在缺乏证据的情况下,被告的誓言就有了最终证据的效力,而且这种对伪证行为的姑息纵容,只能通过神判的质量来抵制虚假誓言。因此,从这时起,他不失时机地坚持,要对在法官席前作伪证者施加刑罚。有时,这也无法阻止积极的诉讼者,而那时,他就安慰败诉方,向其保证敌人即使一时胜利,到头来还是会受惩罚。比如,辛达(Cindah)部落的酋长声称,一个犹太人因不正当占有土地而被起诉时,必会发下虚假的誓言,而穆罕默德答复道,"发誓是合法的,但是发下伪誓之人,将来会有厄运"。然而,历史传统却表明,他常常成功地通过这样的方式吓住那些准备发假誓的人。例如,一个哈德拉姆特(Hadramut)人对一个辛达人所占据的土地提出权利要求,而又没有证据,被告正准备发誓,穆罕默德却插进来说道,"没有人能够通过誓言巧取豪夺他人的土地,这种人将会被神明割掉舌头",而那个辛达人畏惧神,说道:"这地是他的。"在另一起案件中,双方因继承问题发生纠纷,却都没有证人,穆罕默德警告他们说:"如果我将一件东西判给了无权拥有的一方,那么我就等于将他置于一片地狱之火中。"于是各方当事人都立刻呼喊道:"哦,神的使者啊,我放弃自己的权利,愿交给他。"不过,有时,连穆罕默德都求助于一种对至高权力的更直接的诉求。比如在这么一个案件中:两人争夺一头牲畜的所有权,双方都没有证人,于是他让他们指天发誓后,通过抓阄断

1 埃布利斯(Eblis),伊斯兰教中的魔鬼或魔王。

案。[Mishcat ul-Masabih, Matthews' s Translation, Calcutta, 1810, vol II. pp. 221-31.]

即便是这位先知,也存在力有不逮、陷入迷惘的时候,他可以通过向天使吉卜利勒(Gabriel)[1]寻求启示来断案。尽管这种传统并未得到上面这些案例的证实,然而,确实有一个关于他的传说,展现了这样的普遍看法:在疑难案件中,可以依靠神的介入证明清白者的无辜。一个年轻人被指控犯有谋杀罪,并被带到穆罕默德面前,他抗辩说:他的所作所为是出于自卫。先知指示,先埋葬尸体,而推迟审判至第二天。被害者的兄弟们仍然坚持进行报复,却被告知他们只能在施害者身上施加与死者一样的伤害。为确定允许施加报复的程度而掘开坟墓后,他们吓得跑回法官座前,并报告说他们发现里面空无一物,而只有来自欣嫩子谷(Gehenna)[2]的硝烟和恶臭。穆罕默德就此宣布:魔王埃布利斯已经带走了罪人的尸体,而那位被告人则是无辜的。[Loniceri Chron. Turcic. Lib. II. cap. xvii.]尽管法律定下种种原则,诸如此类的迷信的盛行仍可见于一些阿拉伯部落的习惯之中,他们采用巨大的勺子状烙铁进行神判:依律将其加热,然后放到被告人的舌头上,通过他受伤或免于受伤,判定其有罪还是无辜。[Königswarter, op. cit. p 203.]与信仰有关的,更有甚者,是在土耳其人之中普遍流行的一种野蛮的占卜,即在进行某种魔法仪

---

1 天使吉卜利勒(Gabriel),伊斯兰教中的一位重要天使,向穆罕默德传达神的旨意。在基督教中相对应的是大天使加百列(Gabriel)。

2 欣嫩子谷(Gehenna),又译为"哥和拿",《圣经》中记载,在耶路撒冷城外,古希伯来人在此虐杀儿童,以祭火神摩洛。(《列王纪》下 23:10)在伊斯兰教经典中亦有类似地点。

式的时候,通过观察蜡上的标记缓缓融化时的样态,来侦缉盗贼。[Collin de Plancy, Dictionnaire Infernal, s. v. Cé romancie.]

在雅利安人的各部族中,我们要寻找的是这种发展成神判的信仰最完整和最持久的证据,从它存在于游牧民族中的最粗野阶段,一直到它更加精巧和文明的时期。玛兹达教(Mazdeism)[1]完美的二元论中,亚乍塔斯(Yazatas)[2]或者说被创造出来的善良天使们,总是时刻准备着帮助纯良无辜的人们抵御恶神阿里曼(Ahriman)[3]和他的恶魔们(Daevas)[4],他们能够这样做的力量,取决于求助者诉求的正当性。[The Dinkard, translated by Peshotun Dustoor Behramjee Sunjana, vol. II. p. 65, Bombay, 1876.]受到不公正指控的人,寻求获得或保护其权利,因此能够完全信赖他所遭受的审判必然于他无害,为了助他一臂之力,自然的常规将被搁置一旁。就这

1 玛兹达教(Mazdeism),即琐罗亚斯德教(参见前文第4页注1),传统上尚有多种别称:因认为该教主张善恶二元论,视善恶二元论为其教义之核心,故名之为二元神教(Dualism);由于该教所崇拜的最高神为阿胡拉·玛兹达(Ahura Mazda),所以亦称其为玛兹达教(Mazdeism);由于该教的僧侣称为麻葛(Magi),故亦有称为麻葛教(Magism);由于该教以火象征神,以拜火为最突出的特征,故又被教外人称为拜火教(Fire-worship),这也是最为通俗的叫法。该教由波斯流入印度,印度人取波斯的谐音称其为帕尔西教(Parsism)。传统上又把该教比定为中国史籍所记录的祆教、火祆教。参见陈垣《火祆教入中国考》,收入《陈垣学术论文集》第1集,北京:北京中华书局,1980年,第304、308—309页。

2 亚乍塔斯(Yazatas),琐罗亚斯德教中,对一些自然界里面的精灵,或是一些比较次要的各路神祇们的称呼。

3 阿里曼(Ahriman),琐罗亚斯德教的恶魔之王,与教义中奉为至高神的阿胡拉·玛兹达(Ahura Mazda)长期处于斗争中。

4 六大恶魔(the Daevas),原为雅利安时期的古伊朗神灵,在琐罗亚斯德宗教改革后成为阿胡拉·玛兹达的对立者。

样,琐罗亚斯德教(Zoroastrianism)能够很好地解释和维持祖先的做法,《阿维斯陀经注解》(*the Zend*)和在印度的雅利安人分支的家庭对这些做法的广泛使用,指向了有亲缘关系的部落分裂前的源头。《阿维斯陀经》的碎片,向我们展现了古代波斯人的史前法律残余,我们发现其中提到了沸水神判,这貌似是一种为人们所接受的法律程序,同时提到对无法在此程序中为自己做无罪辩护者的确定的刑罚:

> 造物主啊!他知晓并采用了沸腾的金水这一方法,仿佛说的是真话,但是向密特拉(Mithra)[1]撒了谎;
>
> 应当如何惩罚呢?
>
> 于是阿胡拉-玛兹达(Ahura-Mazda)答道:让他们被赶马棒打 700 下,被克劳修-查拉那(craosho-charana)[2]打 700 下!
>
> [Vendidad, Farg. IV. 156-8.如果欧珀特教授(Prof. Oppert)对古米提亚人的贝希斯敦铭文(the Medic Behistun inscription)[3]的解读是正确的,《阿维斯陀经注解》版的《阿维斯陀经》并非初始原版,而

---

1 密特拉(Mithra),波斯神话中的光明之神。

2 克劳修-查拉那(craosho-charana,亦拼作 Sraosho- charana),琐罗亚斯德教律法中规定的一种刑具,类似于鞭子。

3 古米提亚人的贝希斯敦铭文(the Medic Behistun inscription),在今伊朗西部,贝希斯敦山上的一处石刻文字遗迹,据说是大流士一世授权雕刻,记述了这位帝王的相关信息。

是大流士・希斯塔斯佩（Darius Hystaspes）[1]下令从古代大夏语翻译过来的，这将大大提升这份古代雅利安人思想记录的年代久远度。参见“Records of the Past”，VII. 109。]

对于火刑神判的追溯，很可能还能够追溯至那些被编织成琐罗亚斯德(Zoroaster)生平的诸多传奇。据说，婴儿时期的他就被魔法师们抓到，他们预见到自己将会被这孩子毁灭，于是就把他扔到一大堆木头、油和硫磺上，并立刻点燃；但是，经由霍尔米兹德(Hormazd)[2]的介入，“毁灭的火焰变成了水，扎杜什特(Zardusht)[3]犹如一颗明珠酣睡其中”。[The Dabistan, Shea and Troyer's translation, I. 219.]

在巴列维语(Pehlvi)[4]中，司法性神判被称为“瓦・尼让”(var nirang)[5]，并且列举了33种需要采用这种方法的可疑情况。通常的形式，是将融化的液态金属倾倒在受试者的身上，不过有时候，这灼热的物质被使用在舌头和脚上。[Quoted from the Dinkard by Dr. Haug in Arda-Viraf, p. 145.]对于前者，有一个著名的例子，是一则奇怪且非提不可的传说，奇妙地类似于前后文中都提及的珀波主教使

1 大流士・希斯塔斯佩(Darius Hystaspes)，似指波斯帝国的君主或称“大流士一世”(Darius I, the Great，约公元前550—前486年)，阿契美尼德王朝最重要的统治者(Achaemenid dynasty)，信仰琐罗亚斯德教。

2 霍尔米兹德(Hormazd)，琐罗亚斯德教至高神阿胡拉・玛兹达的异体写法。

3 扎杜什特(Zardusht)，古代波斯哲学家，即琐罗亚斯德教的创始人。

4 巴列维语(Pehlvi，亦拼作Pahlavi)，古代伊朗地区使用的字母文字，琐罗亚斯德教的文献大多是用这种语言写成并流传下来的。

5 瓦・尼让(var nirang，英文ceremony of the ordeal)，意为“神判的仪式”。

丹麦人改变信仰皈依天主的故事。这是一个在萨珊王朝(the Sassanids)[1]重新建构波斯君主制度之时被当作玛兹达宗教改革先声的事件。8万名异教徒顽固不化,直到沙普尔一世(Sapor I)[2]统治时期,他与他的琐罗亚斯德教友们急迫地想要推行改宗进程,于是达斯图尔·阿杜拉巴德(the Dustoor Adurabad)提出:如果异议者愿意,他愿承受18磅[3]融化的黄铜倒向他裸露的双肩,来证明正教的真实性,若他毫发无伤,异教徒应当承认自己的错误。这宗交易得到了同意和执行,并获得了最可喜的结局。火热的金属流体,没能灼伤达斯图尔的哪怕一根头发,而曾经拒不服从的人们终于汇入这历史洪流之中。[Hyde Hist. vet. Persar. Relig. p. 280 (Ed. 1760). 也见于 Dabistan, I, 305-6。]

在印度的雅利安人中,神明对日常生活事务的介入是如此的彻头彻尾,以至于根据《摩奴法典》的说法,如果一位证人在作证后的一周之内身患疾病,或是遭受火灾,或是亲人去世,就被当作是神明愤怒的表示,是对他的伪证行为施加的惩罚。[Bk. VII. St. 108.]于是,在《阿维斯陀经注解》中,没有任何理由舍弃古老神判作为所有疑难问题的正确解答。在欧洲的雅利安人中,我们发现了神判以各种形式存在,它就这样在最早的记载中保持了近乎"印度法学中公

---

1 萨珊王朝(the Sassanids),224/226—651年间统治古代波斯、今伊朗地区的王朝。7世纪中期被阿拉伯人所灭。

2 沙普尔一世(Sapor I,英文也作 Shapur I the Great),3世纪中期萨珊帝国的第二位君王,又称为"沙普尔大帝"。他在军事征伐、国内建设和文化保护方面均颇有成就,一方面推行琐罗亚斯德教,另一方面实行宗教宽容政策。

3 18磅约等于8千克。1磅等于0.45千克。

认妙方”的地位,直到不列颠的霸权将其从当代人们的记忆中扫荡一空。在《罗摩衍那》(*the Ramayana*)[1]中,当罗摩(Rama)[2],也就是毗湿奴(Vishnu)[3]大神的化身,从罗刹罗婆那(Rakshasha Ravana)[4]手中救出了他心爱的悉多(Sita)[5],却不相信她的纯洁时,她通过踏上燃烧的柴堆证明了自己的清白。在火神阿耆尼(Agni)的亲自保护下,她毫发无伤。[Monier Williams, Indian Wisdom, 2d ed. p. 360.] 摩奴用最决绝的口气宣布——

> 让法官使受审之人手持火焰,或是跳入水中,或是分别触碰他妻儿的头部。
>
> 不被火灼伤者,非为水深所排斥者,未有不幸立刻降临者,他的誓言将被接受无疑。
>
> 当圣者跋蹉(Rishi Vatsa)受到他的异母兄弟指控,后者污蔑他为一个首陀罗之子,前者发誓说这是谎言,并且从火中走过,证明了他誓言的真实性;火焰,能验证所有人的罪恶与无

---

1 《罗摩衍那》(*the Ramayana*),古印度史诗,标题意为“罗摩的故事”。

2 罗摩(Rama),《罗摩衍那》的主人公,一位遭到流放的阿逾陀国王子。

3 毗湿奴(Vishnu),古印度神话和印度教中的三相神之一,是广施恩德、救人急难的“维护”之神。与之相对的另外两位是主管“创造”的梵天和主掌“毁灭”的湿婆。

4 罗刹罗婆那(Rakshasha Ravana,常写作 Rakshasa Ravana),即印度神话中的罗刹王,史诗《罗摩衍那》中罗摩和众神的强大敌人,曾劫走罗摩的妻子悉多。后来,在智勇双全的神猴哈奴曼的帮助下,罗摩击败敌人,救回了妻子,并回国继承了王位。

5 悉多(Sita),罗摩美丽的妻子。

辜,却连他头上的一根头发都不曾伤及,因为他讲的是实话。

而这条法则的现实适用,在使控辩双方都必须经受神判的训令中可见一斑,甚至是在某些民事案件中也是如此。[Man. Dharm. Sast. VIII, 114-16, 190.值得注意的是：圣者跋蹉和前文提到的托斯卡尼的兰伯特两个案件颇有雷同之处。]

所谓的"婆里凯"(purrikeh)或"帕里克亚"(parikyah),或者说神判,在近代印度法律中被运用于所有案件之中,包括那些不能通过书面或口头证据或者誓言定案的民事或刑事案件,并且,这种方法有时对原告进行,有时针对被告。在它各种各样的形式中,都如此明显地与中世纪欧洲神判相类似,因此对它在印度的适用的进一步考量,可以方便地推到我们后面详细探讨其多样性的章节,除了必须加上这么一点:在婆罗门的见证之下,它就像在基督教法庭一样,总是既富于宗教性同时又是一种司法仪式,呼唤至高力量的介入。[See Halhed' s Gentoo Cede, chap. iii. §§5, 6, 9, 10; chap. xviii. (E. I. Company, London, 1776).—Ayeen Akbery, or Institutes of Akbar (Gladwin' s Translation, London, 1800), vol. ii. pp. 496, sqq. 亦见于印度东北部贝拿勒斯(Benares)的首席地方法官阿里·易卜拉欣·卡汉(Ali Ibrahim Khan)的一篇论文中,由沃伦·黑斯廷斯(Warren Hastings)于1784年提交给亚洲学会(Asiantic Society)(Asiatic Researches, I. 389), 以及《耶若婆佉法典》(*the Code of Yajnavalkya*)[1]的摘要之中(同上 p.

1 耶若婆佉(Yajnavalkya),又译为"加纳瓦克亚"等,公元前7世纪中叶的印度哲学家。

402）。]

佛教自然而然地遵从当时业已建立的法律制度，并且接受了神判，而在宇宙自然循环、善恶因果报应的宏大体系中，如果没有来自32层天堂的监管，它几乎难以成为一件合乎逻辑的事。我们已经看到佛教对中国唯物主义精神的影响，而西藏萨满教（Shamanism）也不太可能幸免。于是，在西藏，我们看到沸水神判获得了一种真真切切的公平形式，而且此举如果得以广泛实施，必将对司法诉讼形成一种抑制。原告和被告都将胳膊伸入一大锅沸水之中，其中装着一黑一白两块石头，谁捞出白色的石头，谁就会获得有利的判决。[Duclos, Mem. sur les Épreuves.]

在史前时代，希腊部落的精神发展，已然达到高于那种以神判为公认司法调查方式的粗劣迷信的程度。然而，他们从东方带回了这种做法，其中一些流传后世，在索福克勒斯（Sophocles）[1]的《安提

1 索福克勒斯（Sophocles），古希腊悲剧作家，代表作有《俄狄浦斯王》和《安提戈涅》。

戈涅》(*Antigone*)[1]中被间接提到。卫士们向克瑞翁(Creon)抗议说,他们在安葬波吕涅刻斯(Polynices)的事件中是无辜的,并且提出用神判来证明:

> 准备好用双手,承受烧红的烙铁,
> 通过烈火的考验,并以众神的名义起誓
> 我们既未做此事,而且一无所知:
> 是谁出谋划策,是谁亲手实施。(264-267.)

祖先流传下来的习惯的残余被庄严地保存下来,诉讼当事方有时以孩子的头颅起誓,或是在本人或家人身上赌咒,抑或是自己穿火而过。[Smith' s Diet, of Antiq. s. v. Martyria.]毒物神判,也没有完全被弃之不用。在"盖穆"(the Gæum),或者说胸怀宽广的大地之母的神庙中,盖亚·尤瑞斯特纳斯(Gæa Eurysternus)在亚该亚

---

1 《安提戈涅》(*Antigone*),索福克勒斯代表作之一,讲述了一个在自然法和成文律令的激烈冲突之下酿成惊心动魄的悲剧的故事。俄狄浦斯王的儿子波吕涅刻斯与兄弟争权,勾结外敌、背叛城邦,其舅父克瑞翁称王后使其曝尸荒野,并且下令:谁敢为这个叛徒收尸,就会被处死。安提戈涅是波吕涅刻斯的妹妹,同时也是国王未过门的儿媳,她冒死安葬了兄长,被判处死刑并收监。国王后悔时,安提戈涅已然在狱中自缢而亡。绝望而愤怒的王子殉情而死,悲愤的王后随后也自尽了,克瑞翁家破人亡。安提戈涅,由此成为反抗不合理实证法则、坚守人类基本道义的伟大女英雄,受到历代学者的反复讨论和称颂。

(Achaia)[1]的爱琴(Ægæ)由女祭司奉侍,女祭司尽管不一定是处女,却被要求在履行她神圣的职责期间严格保持独身。如果她的操守受到任何怀疑,就用一剂公牛的鲜血来检验,如果她有罪,效果立现。这个神庙还采用抽签的方式来确定神明的意愿,当有神职出缺时,若有多位申请者,遴选就要靠运气了。[Pausan. VII. xxv. 8.]

在拉丁民族中,甚至连这些古老习惯的痕迹也消失了,尽管他们完全保留了那些引发神判的思考习惯。这可见于罗马人所知道的最庄严的咒语形式之中,他们将不可逆转的力量注入信誓旦旦的誓言之中——"朱庇特石头之誓"(Jovem lapidem jurare)——无论我们是否进行菲斯缇斯(Festus)所提到的那种一面向朱庇特祈祷一面掷出手中石块的仪式,用与发誓者同样的方式来否认他的誓言有假,或是用李维描述的方式,就像荷拉斯兄弟与库里亚斯兄弟决斗前所做的那样,被害者将以相同的方式被石头击中头部。[Festus s. v. Lapidem.—Liv. I. 24; XXI. 45.—Polyb, III. xxv. 6-9.—Aul. Gell. I. 21.] 即使没有这样的仪式,根据神明聆听凡人的言辞,并据此施加惩罚的信仰,运用诅咒式的誓言,对于发假誓者自身而言,是

1 亚该亚(Achaia),古希腊伯罗奔尼撒半岛北部的一省。

他们自己令邪魔入侵，自作自受。因此，在坎尼（Cannæ）[1]战役之后，大西庇阿（P. Cornelius Scipio）强迫那些谋划离开意大利、抛弃其战略构想的贵族们发誓说，如果证明他们确实弄虚作假，朱庇特将以最可怕的死法惩罚他们，以及属于他们的一切。［Liv. XXII. 53. Cf. Fest. s. v. Praejurationes. 参见整支军队全体发下类似誓言的例子。Liv. ii. 45.］在罗马的传说中，更有甚者，还可以看到众神为了保护他们的信徒，应其诚心所请，异常神奇地介入判断有罪还是无辜的零星案例。这些现象主要是发生在奉祀灶神维斯塔的女祭司们（the Vestals）身上：如果艾美利亚（Æmilia）[2]的弟子们被指控竟然让圣火熄灭，就让她将衣裙置于神坛上，若是圣火自动复燃，她便得到保全；或者是当图卡（Tucca）被诬告为有失贞洁时，用筛子盛水，以证清白；或是当克劳迪娅·昆塔（Claudia Quinta）[3]受到类似指控时，通过祈祷女神来还她清白或是惩罚她的罪行，她顶着台伯河（the

1 坎尼（Cannæ），古代城市名，在今意大利东南部巴列塔附近奥凡托河入亚得里亚海口处。公元前216年曾为罗马和迦太基之间的战场，这次战役迦太基名将汉尼拔（Hannibal）取得了胜利，但罗马名将大西庇阿逃脱。由于战败，罗马元气大伤，人心涣散，一些贵族为求自保，打算逃离。大西庇阿带兵闯入这些人的集会场所，用武力逼迫他们发誓继续为罗马战斗，在元老院的支持下，罗马继续对迦太基作战。在后来的扎马战役中，大西庇阿取得了决定性的胜利，使罗马在第二次布匿战争（Second Punic War）中获胜。参见前文第122页注5。

2 艾美利亚（Æmilia），指一位曾靠虔诚祈祷，仅凭一片衣料便让熄灭的圣火重新燃起的维斯塔圣女。

3 克劳迪娅·昆塔（Claudia Quinta），一位将对女神西布莉（Cybele，古代小亚细亚人崇拜的自然女神）的信仰带入罗马的女性。她曾被流言中伤，通过虔诚祈祷，单手逆流拖动了一条船，从而证明了自己的贞洁无辜。

Tiber)[1]的湍流,用一条细绳拖动一艘因搁浅而动弹不得的船,从而为自己做了有效的辩护,这使得此事与司法性神判的既存形式极为相似。[Val. Maxim. I. i. 7; VIII. i. 5.—Ovid. Faster, IV. 305 sqq.]然而,对基于理性而非迷信的罗马法学的形式和原则而言,这些偶尔发生的案例没有造成多少影响。对此我们后面会看到,除使用酷刑以外,被告并不被要求证明自己的清白。他被推定为无罪,举证责任不在于他,而在于检察官。大陆法系的箴言——"检察官无法证明,被告宣告无罪"——与作为神判基石的整个理论是完全不相符合的。

相对于熬过了古希腊和意大利南部的古罗马文明留存下来的陈规旧俗,占据着欧洲的野蛮的雅利安人带来的古老信仰,更加容易被接纳。菲尼人或者说爱尔兰的凯尔特人,吹嘘他们古老的"布莱洪"(Brehon)们或者说法官们,受到过关于公正判决的、超自然现象的警示。有时候,当他们进行了弄虚作假的判决时,便会在面颊上出现斑疹似的警示。森·马克·爱奇(Sen Mac Aige)就曾受制于这些印记,但当他作出了正确的判决时,它们就消失了;而森查·马克·爱利拉(Sencha Mac Aillila)则没有这么幸运,他每做错一次,就有三块永久的斑疹出现。法赤那(Fachtna)得到"图尔布赖萨其"(Tulbrethach)的姓氏,是因为每当他作出一个虚假的判决,如果正当作物结果的时候,案发当地所有的果子就会一夜落尽;如果是奶牛产奶的时候,母牛会拒绝给小牛们喂奶;但是,如果他作出了一个

1 台伯河(the Tiber),意大利中部的一条河流,流经罗马。

真实不欺的判决,果子就会完好无缺地待在树上。莫兰恩(Morann)宣告判决时,总要在脖子上戴一条链子,如果判决错误就会收紧,如果正确就会松脱而落。这些离奇的传说,作为古代爱尔兰人宣扬刚直不阿地躬行绝对正义的手段,自有其重要意义,并且“超自然力量总是监视着法庭”的信仰由此形成了,但是这些神明显灵来得太迟了,不能阻止不义之行,因为它们未能在罪恶发生之前出现。于是,芬尼人没有抛弃古老的神判方式,如《古制全书》中就有规定,允许一个应受沸水神判的人延期10天。[Senchus Mor. I. 25, 195. Comp. Gloss, p. 199.]莱茵兰(Rhinelands)[1]的凯尔特人也有一种地方习惯,纯粹依靠运气来判断孩子是否婚生子,这成了罗马式文艺作品的常见内容,并且在《诗集》(*the Anthology*)中被这样描述:

Θαζσαλεcι κελτοι ποταμϖ ζηλημονι ʻΡηνωΧ.τ.λ.

在莱茵河不容抗拒的水流之上

狂暴的凯尔特人掷下他们的孩子

仿佛他们并非父亲

直到纯净河水的神力揭露真相

几乎发不出一声孱弱的初啼

丈夫勉强推开初生的婴儿

置于他的盾上推入涛中

直到评判妻子贞操的水流救下婴孩

---

1 莱茵兰(Rhinelands),德国莱茵河西部地名。

证明他确是其父
浑身颤抖的母亲含悲忍辱
明知真相却仍被迫让她的宝贝涉险
悬性命于起伏不定的汹涌波涛之中

［Anthol. IX，125.—Cf. Julian. Imp. Epist. xvi.—Claud. in Rufinum II. 110. 普林尼（Pliny）[1]记载过（Nat. Hist. VII. ii.）：非洲的普塞利（Pselli）部落有一个类似的习俗，释放一种能让巨蛇沉睡的气味。每个新生儿都置于毒蛇之中，如果这孩子是婚生子，毒蛇不会碰他，而如果是通奸所生的孩子，就会被咬。同样故事的另一个版本，见艾利安（Ælian）[2]的著作中（De Nat. Animal. I. lvii.）。］

在条顿部落改信基督教之前，同样显示了神判是一种被认可的司法程序。北欧斯堪的纳维亚人的一支，就像我们所看到的那样，以极大的热情发展出了“霍尔姆冈”或者说决斗，同样也采用热水神判，而且采用一种较温和的所谓“斯科斯拉”（skirsla），即设置一条两头挨地中间拱起的草皮，若发了假誓，则通过时会被草皮砸到头。［Keyser’s Religion of the Northmen，Pennock’s Translation，p. 259.“斯科斯拉”极度简便，在近现代神判中，也可从阿登山区（the

---

1 普林尼（Pliny），古代罗马的百科全书式的作家，代表作为《自然史》，于77年写成，是一部题材广泛多样的学术著作。

2 艾利安（Ælian，拉丁文写作 Claudius Aelianus），生活在2—3世纪的古罗马修辞学教师和学者，尤其精通希腊文，故而有“舌如蜜糖”的绰号。他的主要作品包括这里提到的《论动物的本性》（*De Natura Animalium*），一部简明的、含有道德教化意义的自然史类作品。

Ardennes)[1]以及后文中找到对应者。]在日耳曼部落最早的法律中也有证据表明,他们遵从了从较远的东方带来的习惯。可以确定的是,现存最古老的萨利人法律的校订本与克洛维皈依处于同一时代,没有像后来的版本那样提到任何基督教规则,而沸水神判却在其中得到了作为司法程序被频繁使用的地位。[First Text of Pardessus, Tit. liii. lvi.]在蛮族之中,塔西罗公爵(Duke Tassilo)[2]772年的法令将一种名为"斯塔普弗萨肯"(stapfsaken)的习惯斥为异教仪式的余孽,它在债务争议案件中被使用,从行为方式上看明显是神判的一种,"让我们向神的公正判决伸出我们的右手吧!"[Decret. Tassilon. Tit. ii. §7.]

在继续将神判作为司法程序方面,斯洛沃尼亚人也不落人后。在波西米亚,布热季斯拉夫(Brzetislas)[3]颁布于1039年的法律,在争讼案件中没有提到其他任何形式的证据,而在俄罗斯,那是一切谋杀、盗窃和诬告指控的最终解决方法。[Annal. Saxo ann. 1039.—Ruskaia Prawda, art. 28 (Esneaux, Hist. de Russie, I. 181).]

当蛮族们在罗马帝国的废墟之上立足并接受了基督教义时,即他们以高涨的热情发展了神判体制,不过有个例外。在哥特人的国

---

1 阿登山区(the Ardennes),主要在比利时和卢森堡境内,延伸至法国北部和德国西部的一处山林密布、起伏连绵的高地。

2 塔西罗公爵(Duke Tassilo),指巴伐利亚公爵塔西罗三世(Tassilo III, Duke of Bavaria, 约741—796年),748—788年在位,后领地被表兄弟查理大帝兼并,这位公爵在修道院中度过了余生。

3 布热季斯拉夫(Brzetislas,亦拼为 Břetislav 或 Bretislaus),这里应指波西米亚(今捷克)公爵布热季斯拉夫一世,1037—1055年在位。

家中,可以看到这个例外,就如同我们看到司法性格斗所受到的对待一样,可归结于罗马习惯和法律的影响。他们定居后的近两个世纪,在他们的法律体制中都没有提到任何形式的神判。直到他们在法国南部的霸权土崩瓦解很久之后,在西班牙被撒拉逊人推翻之前不久的693年,经过托莱多大会(Council of Toledo)[1]的批准,国王艾季查(King Egiza)[2]签署了一条敕令,下令采用"欧纽姆"(œneum)或者说沸水神判。[L. Wisigoth. VI. i. 3.]

在其他的部落中,各种各样的原因导致神判受到追捧。至于决斗断讼,我已经把它的前世今生,作为欧洲神判的一种特别形式,追述至大胆而鲁莽的时代,它所带来的益处使它得以在封建社会的早期受到推崇。而其他形式日益流行的原因之一,无疑就是举世通行的蛮族原则,即在后来的裁断中允许所有的民族适用他们自己的法律,而不论在社会上和政治上人们如何混杂而居。这种做法引起的混乱,被圣阿戈巴德详尽地记述下来。他评论说,若找出5个亲朋好友,常常会发现每一位都遵从着不同的法律。他还表示,根据勃艮第的程序规则,任何人不得做对异族人不利的证人。[Lib. adv. Leg. Gundobadi iv. vi.]如此一来,相当多的案件都不可能获得法律上的证据,从而必须仰赖神的判决。即使在此规则没有效力的地方,一个人若为了反驳一个对方证人的证言而想要诉诸上天,他很可能会发现法庭不愿准许他的要求。更有甚者,法官若是涉诉者中某一

1　托莱多(Toledo),西班牙中部城市。

2　艾季查(King Egiza,亦写作Egica或Egicca),西哥特人的国王(687—702年在位)。

方的同族同胞，另一方自然不会相信他的公正不阿，而宁愿将案件交付于全知全能的上帝，神的直接介入被认为是不容置疑的。在这种情况下，神判所谓公正性获得的高度赞赏，这在大约1000年前威尔士和萨克森人的条约约文中获得了证明，它们规定如果各方没有特别约定，两个不同种族的个人之间的一切问题都要用这种方法解决。[Senatus Consult. de Monticolis Waliæ c. ii.]

然而，最有效地促进了神判使用的理由，在于教会。以其一贯的圆滑老练，在使得各蛮族改宗皈依的过程中，教会采纳了他们的这些习惯，而令其适于基督教信仰和实践；而且教会将神判作为确定无疑的诉诸上帝的方式而接受，上帝的回应被认为是无可置疑的，这一点可以轻易从前文所述犹太教的惯例做法中得到保证。异教徒的典礼被塑造成基督教仪式，而最神圣的宗教形式被置于数千年前由大夏(Bactrian)[1]游牧民族发明的粗野行径的境地。神判的执行权由此被保留于神职人员之手，教会作为正义的执行者获得了极大的影响力，更不用说由此增加的税收，以及被暴乱的人群袭击时借以自卫的设施。我们有证据表明，教会采取的方式支持了基督教化的异教信仰，并且将它与基督教教义一起引入之前对此一无所

1　大夏(Bactria)，也译为“巴克特里亚”，中亚古国，今阿富汗北部和乌兹别克斯坦、塔吉克斯坦的一部分。

知的人民之中。就这样，在图兰的(Turanian)[1]马加尔人(Majjars)[2]之中，匈牙利国王斯蒂芬在他皈依基督教之后不久的1016年颁行的法律中没有提到神判，但是在该世纪末拉迪斯拉斯(Ladislas)[3]和科洛曼(Coloman)[4]发布的法律中，却发现它被作为既定的举证方法而以各种方式存在。[Batthyani Leg. Eccles. Hung. T. I. pp. 439, 454.]因此，12世纪哥罗德斯主教(Bishop Geroldus)使得梅克伦堡(Mecklenburg)[5]的斯拉夫人皈依基督教时，他们立刻禁止了像从前那样对树木、泉水和石头发誓，而是将他们的罪犯们带至神父面前，使用烙铁或犁头来审判。[Anon. Chron. Slavic. cap. xxv. (S. R. German. Septent. Lindenbrog. p. 215.)]在十字军治下，神判被带回了它的出生地，它甚至浸染了拜占庭文化，并且被适用于各种案例，根据东罗马帝国(the Lower Empire)历史学家们的记载，一直延续到14世纪中期。

---

1 图兰又译为“突雷尼”、“都兰”、“图拉”或“丢那尼安”，是波斯语中对中亚地区的称呼，本意为图尔人(Tur)的土地，图兰最初的居民为波斯古经时代的伊朗人，从人种上看，属于蒙古人种北亚类型和欧罗巴人种及印度地中海类型之间的混合类型。体质以蒙古人种基本特征为主，略兼欧罗巴人的特征。主要分布在中国新疆、苏联的中亚和阿尔泰地区，包括维吾尔、乌孜别克、哈萨克、柯尔吉孜、卡拉卡尔帕克等民族。

2 马加尔人(Majjars)，是对匈牙利主要民族的一个支系的称呼。

3 拉迪斯拉斯(Ladislas)，似指匈牙利国王拉迪斯拉夫(Ladislav I, King of Hungary, 1040—1094年，1077年起在位)，深受爱戴，死后被封为圣徒。

4 科洛曼(Coloman)，指匈牙利国王科洛曼(Coloman, 也写作Koloman, King of Hungary, 约1070—1116年，1095年起在位)，他是拉迪斯拉斯的侄子，是一个私生子。在对外扩张和稳定内政方面均颇有建树。

5 梅克伦堡(Mecklenburg)，今德国东北部一州名。

相对于我们已经看到的、适用于东方的神判,教会的机敏灵巧和人民的盲从迷信一定程度上增加了神判种类。除决斗断讼之外,确认上天意志的途径可以分为:沸水神判、烙铁神判、火焰神判、冷水审判、天平神判、十字架神判、“康斯诺德”(corsnæd,亦即吞面包或奶酪神判)、圣餐神判、抽签神判、尸棺神判(Brier-right)、圣物起誓神判,以及毒物神判。我们将会看到,适用其中的某些时,案件要靠发生奇迹才能获得无罪宣判,另一些则需要奇迹才能获得有罪判决;有一些完全取决意志力,另一些则纯粹靠运气,而还有一些,则通过对受试者的精神施加影响而发挥作用。

沸水神判

沸水神判[亦称为欧纽姆、沸水判决(judicium aquæ ferventis)、卡卡巴斯(cacabus)、卡尔达利亚(caldaria)],是最古老的法律文本中所经常提到的一种神判形式。这是受到世俗权力和教会权威两者偏爱的方式,是古代雅利安人所采用的异教方式,被教会采纳并成为正统,从9世纪时辛克马尔对它的推崇备至就可以看出这一点。他写道,此法将水元素与火元素融合起来:一个代表了洪水——对过去的邪恶的裁判;另一个则得益于未来的末日之焰——末日审判之时。从两者中,我们都看到正直之士逃脱厄运,而作恶之徒受到惩罚。[Hincmar. de Divort. Lothar. Interrog. VI.] 在具体执行方式上,有些微小的区别,但是与源自东方的初始做法相比,则没有什么值得注意的差别。一大锅水烧到沸腾，被告必须徒手捞回投入其中的小石块或戒指；有时候，后面部分被省略了，而只需要将手伸入其中，在琐碎小案件中浸没至手腕，在重大刑事案件中浸没至手肘；前者算作单倍，后者算是三倍［Dooms of King Æthelstan, iv. cap. 7.］；或是，仍采用石块，把它悬系于一条绳子上，根据案件的重大程度来决定绳子的长度，一掌之长算作单倍，到手肘算作三倍。［Adjuratio ferri vel aquæ ferventis (Baluz. II. 655).］关于这一程序细节的良好范例，是由图尔主教格里高利提供的。他记述道，一名阿里乌斯派(Arian)[1]神父和一位天主教助祭因他们信仰的教义发生争论，谁也不能说服彼此，后者提议采用“欧纽姆”来裁决这个问题，并获得了接受。第二天早晨，这位助祭的热忱冷却下来，他的晨祷混入了不那么神圣的防范措施，他将手臂浸入油脂之中，并涂上保护性药膏。民众们聚集起来见证这场表演，火焰被点燃，大锅烧得滚沸，一枚戒指被投入其中，如龙卷风中的一根稻草般旋转起来。此时助祭礼貌地请对方先进行实验，但遭到了拒绝，根据是挑战者当为先例。助祭心惊胆战地卷起了袖子，当那位阿里乌斯派教徒看到他采取了防范措施，惊呼他使用了魔法，而使这次裁判归于无效。在这一节骨眼上，当正统信仰的荣耀风雨飘摇时，一位陌生人走上

---

1 阿里乌斯教派(Arianism)，是基督教各教派中常被视为异端邪说的一支。由阿里乌斯(Arius)提出。阿里乌斯，生活在3—4世纪的希腊神学家，阿里乌斯教派的创始人。因其对基督教教义的独特理解，例如，否定三位一体，认为耶稣并不是一个完全的神，而是三一中较低的一位，圣父和圣子并不会一直在一起；他和他的信徒(the Arians)被视为异端。

前来——这是一位来自拉文纳(Ravenna)[1]、名叫雅辛图斯(Jacintus)的天主教神父,提出要进行这个试验。他将胳膊放入翻滚的油锅,花了两个小时去捞戒指,而戒指总能神奇地旋转着逃脱他的手掌;但是,最终他向充满仰慕之情的观众们胜利地举起了戒指。他声称,锅底水很冷,而顶部则温暖宜人。受此激励,不幸的阿里乌斯派教徒大胆地伸出了他的手臂;但是信仰的虚假性坑害了这位鲁莽的信徒,不一会儿他的手肘以下就被煮得骨肉分离。[De Gloria Martyrum Lib. I. cap, 81.—Injecta manu, protinus usque ad ipsa ossium internodia caro liquefacta defluxit.]

这是一次自愿的试验。作为一种司法调查的方式,教会将它和其他神判一起采纳,还无所不用其极地以最崇高的仪式赋予其神圣性,无疑就这样在不知不觉中模仿了印度教徒的习惯,他们从最古早的时期开始就已经将神判作为一种由婆罗门主持的、引入神明之力的宗教仪式,受试者须在日出之时、刚刚沐浴之后、进食之前进行。[Yajnavalkya (Asiatic Researches, I. 402).] 带着同样的目的,在欧洲的神判中,前三天需要禁食和祈祷,而仪式以执事神父咏唱的特殊祈祷和立誓开场,以便引入冗长的连祷;然后要进行一场弥撒,而被告发下骇人的誓言之后,必须吃完圣餐,“我主基督耶稣的血肉,今日将对你显灵!”这之后是驱魔之水,其配方有许多记载,细节上各有不同,但是全部都显示出人类自认为能够控制造物主的狂热信仰。对此一个例子便已足够:

---

1 拉文纳(Ravenna),位于意大利东北部沿海。

哦！水之精灵啊，以在万物初始时将汝与陆地分开的真正神圣的上帝之名，我向汝发誓；以将汝从天堂之泉中引领而出、导入围绕世界的四条大河的、真正的神的名义，我向汝发誓；以在加利利的迦南(Cana of Galilee)凭他的意志将汝变成酒、踏在汝身上并将汝命名为西罗亚(Siloa)[1]的那位之名，我向汝发誓；以用汝洁净了叙利亚人乃缦(Naaman)[2]的麻风病的神之名，向汝发誓；——话说，哦！神圣的上帝，哦！被赐福的水，洗刷世间尘埃和罪孽的水啊，我以真正的神的名义向汝发誓，汝将彰显纯净，不留任何假象，而将它一洗而去，以昭显和揭示并且去除所有虚假，使一切真相大白于天下。故而，此人将自己的手置于汝之中，如果他的立场是正义而真实的，将不会受到任何伤害；然而，如果他有伪证行为，他的手就会被火焰灼伤，这样所有人就都会知晓我主基督耶稣的力量，而他将与圣灵一道前来，审判生者和死者，以及这个世界！阿门！

---

1 西罗亚(Siloa)，耶路撒冷城外的一处泉水，《圣经》中有记载：耶稣曾在一位双目失明者的眼睛上抹上泥土，随后引领他到西罗亚水池清洗，使盲人复明。详见《圣经 · 约翰福音》9:7。

2 乃缦(Naaman)，《圣经 · 旧约》中记载，亚兰王国(今中东叙利亚一带)的猛将乃缦患有大麻风病，神托梦于他妻子的以色列籍侍女，令他去邻国以色列的撒玛利亚城，找先知治病。以色列国王以为乃缦是想挑起战端，欲拒绝其入境。先知以利沙阻止了国王，并毛遂自荐。他告诉前来拜访的乃缦：去约旦河中沐浴七次即可痊愈。乃缦本不相信，在仆从的劝说下，终于前去沐浴，大麻风病果然痊愈了。详见《圣经 · 列王纪下》5:1-14。

[Formulæ Exorcismorum, Baluz. II. 639 sqq.巴鲁兹（Baluze）、斯佩尔曼、穆拉托利、哥达斯特（Goldast）和其他搜集者提供了各种其他说辞，全都在不知不觉中表现出对神明的不虔敬。]

手伸入沸腾的大锅中之后，它将被用一块布精心包裹，盖上法官的图章，三天之后打开，通过其伤情来宣示有罪和无辜。[Doom concerning hot iron and water（Laws of Æthelstan，Thorpe，I. 226）；Baluze，II. 644.]

对这种程序模式正当性的最有力辩护者兰斯大主教辛克马尔的说辞，在精神上与这样形式的誓言如出一辙。查理大帝的曾孙国王洛泰尔（King Lothair），[1] 想要除掉他的妻子图特柏佳（Teutberga），便指控她犯有最丧德败行的乱伦罪，并逼迫她招供，可她后来又翻供，通过代理人进行了热水神判以证明她的无辜。但是，洛泰尔还是与他的姘妇瓦尔爪达（Waldrada）结了婚，而这场争端的细枝末节持续困扰了整个欧洲十年，召开了一个接着一个的会议以考量此事宜，来自罗马的雷霆震怒也时有闪现。辛克马尔，作为他那个时代最显赫的神职人员，勇敢地站了出来，为不幸的王后辩护，尽管在那个时代，基本上没有人认真地向神判的权威性发难，但在他的论著《论洛泰尔与图特柏佳的离异》（*De Divortio Lotharii et Teutbergæ*）中，他为了达到目的而坚持所谓的万无一失。他的论辩展示了异教徒的习惯是何等彻底地被基督教化的，而教会人士是多

1 国王洛泰尔（King Lothair），指洛塔林国王洛泰尔二世（Lothair II，King of Lotharingia，835—869年，855年起在位），是皇帝洛泰尔一世的次子，查理大帝的曾孙。

么容易将这种干涉行为归结为神的所为，就像他的祖先曾经将其归结为密特拉（琐罗亚斯德教光明神）、阿耆尼（印度神话中的火神），或是索尔（北欧神话中的雷神和战神）一样。“因为在沸水神判中有罪者被烫伤而无辜者不受伤，因为罗得（Lot）[1]毫发无伤地逃开了所多玛的火焰，而未来的火焰会超越糟糕的法官，不伤及圣者，而灼伤恶人，就像古时候巴比伦人的熔炉[2]一般。”[“Quia in aqua ignita coquuntur culpabiles et innoxii liberantur incocti, quia de igne Sodomitico Lot justus evasit inustus, et futurus ignis qui præibit terribilem judicem, Sanctis erit innocuus et scelestos aduret, ut olim Babylonica fornax, quæ pueros omnino non contigit.” —Interrog. vi.]

在《圣埃塞沃尔德生平》（*the Life of St. Ethelwold*）[3]中记录了一个奇迹，虽然非关司法，但是通过同时代人对它的描述，我们得以探究那种令立法者心甘情愿地将最重大的利益托付于这种判断的轻率信仰。神圣的圣徒，阿宾顿（Abingdon）[4]的修道院长为了测试修

1 罗得（Lot），其事迹详见《圣经·创世记》11-14及19章。所多玛和蛾摩拉两座城的居民罪孽深重，上帝决定毁灭两城，但派出天使救出所多玛唯一的好人——罗得一家。逃亡途中，罗得的妻子没有遵从天使的嘱咐，回头看了家乡一眼，立刻变成了一根盐柱。罗得离开后，上帝从天上降下硫磺及火，把所多玛、蛾摩拉及附近的一切都毁灭殆尽，遍地硫磺，寸草不生。

2 巴比伦人的熔炉，这里应指《圣经·但以理书》中的典故。犹太人四大先知之一的但以理（Daniel），生活在犹太人被巴比伦统治者奴役的时代，但他和他的三位朋友坚守信仰，拒不改宗。巴比伦王尼布甲尼撒二世为了逼迫但以理，将他的三位朋友投入熔炉，可是奇迹发生了，三人不仅没有被烧死，反而在里面行走自如。

3 圣埃塞沃尔德（St. Ethelwold），在10世纪中期担任温彻斯特主教，是英格兰修道院改革运动的领军人物。

4 阿宾顿（Abingdon），英国牛津郡南部城镇。

道院的厨师艾尔弗斯坦(Elfstan)的服从性,命令他徒手从盛着女修道院晚餐的沸腾的大锅底部,拈起一片肉。这位修道士毫不犹豫地将手伸入沸腾的大锅中,毫发无伤地将那小片食物呈给了大惑不解的上司。这样的虔诚信念当然不会无功而返,后来艾尔弗斯坦从他卑微的职位上晋升至温彻斯特(Winchester)的主教之位。[Vit. S. Æthelwoldi c. x. (Chron. Abingd. II. 259. M. R. Series.)]

所有存在"普通脱罪"(purgatio vulgaris)的种族,都使用过这种形式的审判。从远古文献一直到查理大帝修订的法典中都可以看出,这是萨利人的法律中提到的唯一模式。[First text of Pardessus, Tit. liii., lvi.; MS. Guelferbyt. Tit. xiv., xvi.; L. Emend. Tit. lv., lix.] 就像我们已经看到的那样,西哥特人也表达过同样的意思;弗里斯人、盎格鲁-萨克森人的律法,以及伦巴底人的律法,都将案件引向这种决断方式。[L. Frision. Tit. iii.; L. Æthelredi iv. §6; L. Lombard. Lib. I. Tit.xxxiii. §I.] 在冰岛,自最早的时期它便被采用[Grú gú s, Sect. VI. cap. 55.];在俄罗斯人的原始法学中,它适用于无关紧要的案件[Ruskaia Prawda, Art. 28.];而它继续在整个欧洲风行一时,直到普遍的怀疑精神使得这种模式的判决不再被采信,各国才逐渐放弃将神判作为法律程序。在1215年英诺森三世主持召开的第四次拉特兰会议上,横扫整个审判体制的谴责之声列举了数种决断方式,它便名列其中。但是,即便如此,我们还是发现后来在德意志北部和南部,当地法依然规定它在某些案件中有效[Jur. Provin. Saxon. Lib. I. art. 39; Jur. Provin. Alamann. cap. xxxvii. §§15, 16.],而且迟至

1282 年它还被贝阿恩的加斯通(Gaston of Béarn)[1]在一部宪章中提及,赐予一座教堂主持神判的特权。[Du Cange.] 迟些时候,它确实时而以一种不同的、更严肃的形式执行:被告必须吞下沸水。对此,我没有看到任何案件记录,但是由于里齐乌斯(Rickius)反复提及,可见其并非罕见。[Defens. Probæ Aquæ Frigid. §§167, 169, &c.]

在现代印度,这种神判所采取的方式,则是将一块黄金或一个金属指环投入盛着沸腾的"葛黑"(ghee)或者说芝麻油的容器中,其大小和深度均有规定。将祭品献给神明们,一则"曼特拉"(mantra)[2]或者吠陀梵语(Vedic)[3]祈祷倾注到油中,油被加热到能够烧毁一片新鲜的菩提树叶,这时如果受审之人用拇指和另一指拈起戒指,而没有被烫伤,他就会被宣告胜诉。[Ayeen Akbery, II. 498. 这部作品是由阿布尔法泽尔(Abulfazel)[4]在大约 1600 年写成的,他是印度阿克巴皇帝(the Emperor Akbar)[5]手下的"维齐尔"(vizier)[6]。格拉德温(Gladwin)的译本在 1800 年由东印度公司(the East India Company)赞助出版。亦见于 Ali Ibrahim Khan, in Asiatic Researches, I.

1 贝阿恩的加斯通(Gaston of Béarn),指贝阿恩子爵加斯通七世(Gaston VII, Viscount of Béarn),1229—1290 年在位。

2 曼特拉(mantra),尤指四吠陀经典内作为咒文或祷告唱念的。

3 吠陀梵语(Vedic),早期梵语的一种。

4 阿布尔法泽尔(Abulfazel,亦作 Abu'l-Fazl ibn Mubarak),印度莫卧儿帝国阿克巴大帝的重臣。参见后文第 351 页注 3。

5 阿克巴(Akbar,1542—1605 年),印度莫卧儿(Mughal)帝国最重要的统治者之一,著名的政治和宗教改革家。

6 维齐尔(vizier,亦作 vizir),伊斯兰国家的高级官僚或大臣。

398。] 记载中有一宗发生在 1783 年贝拿勒斯城的案件，一个婆罗门指控一个织麻工人偷窃，却没有其他任何方法可解决争议，双方都同意进行神判并接受其结果。那时候，东印度公司正在努力阻止这种迷信，但是不敢贸然使用强制力将其废除，然而劝阻无效，被告被允许进行这场试验，结果是他被判有罪。然而，这样的审判似乎没有获得多少信赖，因为他被判处的罚金没有被执行。[Ali Ibrahim Khan, loc. cit.] 当然，在英式规则的影响下，这种以及其他所有神判都被从法律上废弃了，但是，对它们的普遍信赖却不是那么容易根除的。因此，迟至 1867 年，《孟买公报》(*the Bombay Gazette*) 还记载了一宗发生在贾姆努古尔(Jamnuggur)的案件。当一位名叫查其·苏马尔(Chakee Soomar)的骆驼骑手，被指控对一起相当大数目的失窃案负有责任时，一位当地官员对他处以沸油神判。然而，有关当局迅速采取了措施惩罚这种残酷行为。那位下令采取这种方法的“卡布哈利”(karbharee)[1] 逃脱了制裁，因为他碰巧及时死了。但是这笔失窃财产的所有者因催促过判决被处罚，他必须向这位骆驼骑手支付 100 卢比的终身年金。在 1868 年，《马德拉斯时代》(*the Madras Times*)[2] 记载曾有人企图在特拉凡科(Travancore)[3] 的婆罗门中恢复这种做法。大约 30 年之前，它就被不列颠当局废除了，但是在这之前一直都是将一小颗银珠置于一个 8 英寸深的黄铜容器

1　卡布哈利(karbharee，亦写作 karbhari)，指印度某些封建王公统治领地的行政官长。

2　马德拉斯(Madras)，印度港市和棉市。

3　特拉凡科(Travancore)，印度西南部地名。

之中,其中注满了滚沸的"葛黑"。在种种宗教仪式之后,被告将手浸入,而且有时必须重复几次,才能捞出珠子。那只手会被用柔软的棕榈叶包裹起来,并在三天的间歇期之后接受检视。在1866年,一些面临失去地位之危险的婆罗门,通过以冷油取代沸腾的"葛黑"获准修改这种审判,以期东山再起。当局没有表示反对,但是这个圣明的社会却拒绝考虑将它作为一种有效的辩护方式。

基督教信仰改进了简易的异教徒机制,并且能够通过超凡入圣者的干涉使得上天逆转热水神判的通常方式。达-彻里援引了记载当时神圣的庞塞(Ponce)生活的手稿,庞塞是阿维尼翁(Avignon)[1]附近的安达奥尼修道院院长(Abbot of Andaone)。那是一天早晨的弥撒之后发生的一个奇迹。当他正要渡过罗纳河(the Rhone)[2]时,看到两个人正在为一把犁头争吵,这东西丢失几天之后,被发现埋在地里,两人互相指责对方偷了犁头并藏了起来。当这个问题无法通过人类的智慧解决时,庞塞进行了调解,并让他们将犁头放在河水里容易够到的地方。然后,在上面划了一个十字之后,他命令最受怀疑的嫌疑人将其举出水面。那人依言将胳膊伸入水中,只是想要将它拉出来而已,却惊呼说水在沸腾,并展示了他那被严重灼伤的手,这就成了他最充分的罪证。[D' Achery, Not. 119 ad Opp.

1 阿维尼翁(Avignon),法国东南部地名。

2 罗纳河(the Rhone),流经瑞士、法国,注入地中海的一条河流。

Guibert. Noviogent.] 康明吉主教圣伯特兰(St. Bertrand, Bishop of Comminges)[1],在一宗父系血统争议案中采纳了类似的方法。一位贫困的女子带着一个饥饿的婴孩来到他面前,声称孩子的父亲拒绝承认和供养孩子,唯恐这般罪证会使其失去获选并享受圣职俸禄的机会。主教召唤犯罪者前来,此君顽固地坚决否认前事,直到一钵冷水被端来、一颗石头被投入其中,主教祝祷此水,并命令这位父亲取出石块,表示结果会揭示他所言的真伪。这人信心满满地将手伸入其中并捞出了石头,然而他的手却被烫伤,仿佛那水是滚沸的一般。此君立即承认了自己的罪行,认下孩子,并供养他。[Vit. S. Bertrandi Convenar, No. 15 (Martene Ampliss. Collect. VI. 1029-30).] 与此类似的是那个驱使圣根古尔弗斯(St. Gengulphus)[2]隐居避世的事件。当他仍作为骑士受到国王丕平的恩宠时,在旅经意大利期间,他被路边一处喷泉所吸引,并从所有者手中将其买下,原所有人料想它不可能从此处被移走。而根古尔弗斯一回到法国,就命令仆人去他房子附近的地里,在一处适宜的地点挖掘,就在第二天,那顺从的泉水就喷涌而出,原来,这泉跟着他从意大利回到了家。不久

1 康明吉主教圣伯特兰(St. Bertrand, Bishop of Comminges),11—12世纪法国的高级神职人员。他致力格里高利七世的教会改革运动,严肃教会的纪律,提高圣职者的道德水准。死后被册封为圣徒。他曾重建驻地的大教堂,此地和此教堂后来都以他的名字命名,后者被联合国教科文组织列为世界遗产。

2 圣根古尔弗斯(St. Gengulphus,亦写为Gengoul、Gangulf或Gangolf),传说中死于公元前760年的天主教圣徒和殉道者,出身贵族,曾为勃艮第廷臣,却弃绝财富而成了一个隐修士,但最终仍被其妻做贼心虚的姘夫杀死。像传说中娶了悍妇的苏格拉底一样,圣根古尔弗斯的故事常被引用,视为不幸婚姻的男性牺牲品的代表。

他得知:在他离开期间,他的妻子与一位神父做了有负于他的不贞之事。于是为了检验她的清白,他把她带到喷泉那里,并告诉她,只要她从池底捡起一根放在那里的头发,就能够驳回那些对她的指控她。她大着胆子这般照做了,但是当她退出手来时,却发现手被可怖地烫伤了,皮肤和血肉一片片挂在她的指尖。他宽恕了她,并从俗世隐退。但是,这位妻子却无法就此宽心,反而恩将仇报地煽动情夫谋杀了丈夫。[Pet. Cantor. Verb. Abbrev. Not. in cap. ixxviii. (Migne' s Patrol. T. 205, p. 471.)]

赤烙铁神判

几乎在所有的年代,都存在这样一种信仰:在神明的影响之下,人体能够对抗火焰的力量。即使疑心很重的普林尼似乎也认同这样一种关于"赫丕人"(the Hirpi)[1]的迷信:在索拉克特山(Mount Soracte)[2]一年一度的阿波罗祭祀仪式中,若能在燃烧的火炭上行走而不受伤,那么他们所有的公共义务都将被一道永久的元老院法令(senatus consultum)免除。[Natur. Histor. L. VII. c. 2.]直接或间接适用的火焰应当是对神明的一种诉求,于是也自然而然地得以实行,

---

1 赫丕人(the Hirpi),古代意大利的萨宾人(Sabine)部落语言中的"狼"之意。该部落崇拜一位名叫索拉努斯(Soranus,相当于希腊神话中的阿波罗)的神,这个部落被称为"索拉努斯的狼族"(Hirpi Sorani)。

2 索拉克特山(Mount Soracte),在意大利中部。

而且它能够通过烙铁方式进行的便利条件,使之成为神判的最通常形式。在欧洲,其适用主要有两种执行方式,被冠之以"铁之判决"(judicium ferri)或"测断"(juise)之名。其中之一,名为"火犁头神判"(vomeres igniti)或"足踏测试"(examen pedale),是指以一定间距在地上放6、9个或者有时候是12个烧红的犁头,被告光脚在其间行走,有时还要蒙上眼睛,此时这就成了纯粹靠运气的一种神判,而且有时候还会被迫赤脚踩踏每一个铁块。["Si titubaverit, si singulos vomeres pleno pede non presserit, si quantulumcunque læsa fuerit, sententia proferatur." —Annal. Winton. Eccles. (Du Cange, s. v. Vomeres.)在对圣亨利二世的妻子圣库尼贡达的那场著名审判中,用了6个。(Mag. Chron. Belgic.)而瑞典法律规定采用12个。(Legg. Scan. Provin. Lib, VII. c. 99. Ed. Thorsen. p. 170.)]另一种更常用的方法,是使受试者手持一块烧红的烙铁走上一段距离,通常是9英尺,而烙铁的重量则根据法律以及问题的重要性或该犯罪的重大程度来决定。同此,在盎格鲁-萨克森人之中,"简易神判"(simple ordeal)中的铁块一磅重,"三倍神判"(triple ordeal)中则是三磅重。后者是针对纵火犯和"密谋暗杀者"(morth-slayer)、假币犯以及阴谋弑君者的;晚些时候,在被称为"亨利一世律法"的文集中,我们发现它被推广适用于盗窃、抢劫、纵火和一般的重罪。[Legg Æthelstan. iv. §6; Ætheldred. iii. §7; Cnut. Secular. §58; Henrici I. lxvi. 9.]在瑞典,对盗窃罪,采用的是一种被称为"特拉克斯·易阿恩"(trux iarn)的方式,即被告须搬运一块烧红的烙铁存放到距起点12步远的一个洞里;在其他案件中,神判被称为"斯卡兹·易阿恩"(scuz iarn),被告须将它搬运9步远，然后将其抛开。这些神判在星期三举行，周一和周二须仅食用清水和面包斋戒；手脚清洗之后，不许碰任何东西，直到拿到铁块；事后手脚会被包扎封存至星期六，当着控方和法官的面打开。[Legg. Scan. Provin. Lib. VII. c. 99. (Ed. Thorsen, pp. 170–2.)] 在西班牙，铁块没有特定的重量规定，但是要有一掌加两指长，有四只足够高的脚，以便犯人能够方便地将其举起。[Fuero de Baeça, ap. Villadiego, Fuero Juzgo, fol. 317a.] 必须有主教的祝福，铁块才能神圣化，以用于司法判决。1082年的一部宪章表明，诺曼底的封丹内尔修道院(Abbey of Fontanelle)有一个公认的圣物，因教士的无知，用作了其他目的。院长因此向鲁昂大主教(Archbishop of Rouen)[1]请求另外加持圣化一个，在后者同意之前，该院必须证明它有权利进行神判。[Du Cange, s. v. Ferrum candens.] 将手包扎和封印，并在三天后打开，根据其伤情作出裁断，这是普遍的习惯，源自东方。[Laws of Ethelstan, iv. § 7.—Adjuratio ferri vel aquæ ferventis (Baluz. II. 656).—Fuero de Baeça (ubi sup.)] 这些程序伴随着如上所述同样的庄严仪式，铁块本身受到妥当的驱魔处理，而神的介入则是通过火焰来表达神明的一切仁慈或愤怒——沙得拉(Shadrach)、

1 鲁昂(Rouen)，法国北部的港口城市。

米煞(Meshach)和亚伯尼歌(Abednego)的事迹[1],何烈山(Horeb)燃烧的灌木[2],所多玛(Sodom)[3]的灭顶之灾,以及最后的末日审判。[具体例子参见 Baluze, II. 651-654. 亦见于 Dom Gerbert (Patrologiæ CXXXVIII. 1127); Goldast. Alamann. Antiquitat. T. II. p. 150 (Ed. Senckenberg)。] 有时候,当几个罪犯被一起调查时,同一块烙铁被他们先后承受,最后一个人显然占了便宜,他所需忍受的温度要比他的同伴们低不少。[Petri Cantor. Verb. Abbreviat. cap. lxxviii. (Patrol. CCV. 233).]

7 世纪时,据玄奘法师(Hiouen Thsang)[4]记载,在印度,赤烙铁被用在被告的手掌和脚底,同样也用在其舌头上,他的清白要根据伤情结果来确定。[Travels of Hiouen Thsang (Wheeler, Hist. of India,

---

1 沙得拉(Shadrach)、米煞(Meshach)和亚伯尼歌(Abednego),《圣经》中的人物,是犹太人四大先知之一但以理的三位朋友,生活在耶路撒冷被异教徒侵占、犹太人遭受奴役的年代。他们与但以理一同被选入宫中侍奉巴比伦国王尼布甲尼撒二世。一次,国王命令所有人向一黄金立像跪拜,这违反了犹太人"禁止偶像崇拜"的宗教信仰,遭到了四人的拒绝。于是国王将这三位扔进火窑焚烧以迫其屈服,结果三人在烈火煅烧之下毫发无伤。参见前文第 306 页注 2。

2 何烈山(Horeb),亦作"西奈山",上帝授予摩西十诫之地。摩西在西奈山顶看到一丛灌木上有一团火焰在燃烧,但并不吞噬灌木,于是走过去一探究竟。从这丛荆棘中响起上帝的声音,令摩西领受上帝的旨意。《圣经·出埃及记》3:2-6。

3 所多玛(Sodom),《圣经》中因居民罪恶甚重而被上帝毁灭的城市之一,这个词已成为罪恶之地的代名词。参见前文第 306 页注 1。

4 玄奘法师(Hiouen Thsang,约 602—664 年),中国唐朝时的佛教高僧、翻译家。后世俗称"唐僧"。西行取经,归来后潜心译经,并撰有《大唐西域记》十二卷。

III. 262).]这可能是一种地方性习惯,因为,根据通行了近两千年的《耶若婆佉法典》,受试者要沐浴并进行某种宗教仪式;然后用米麸、7片绿色的菩提树叶、7片颜多(jend)叶、7片达摩草(dharba grass)叶和些许大麦乳液搓揉双手,放在伸出的手掌上,并用生丝捆缚7道。然后,他向火焰恳求道:"你啊,哦火焰!遍布众生;哦纯洁之因啊,赐予美德或罪孽的证据,在我手中宣示真相!"然后,一个烧红的、大约2.75磅的重铁球或矛头被放在他的手中,他要拿着穿过牛粪组成的7个同心圆圈,每圈半径递增16指宽,然后将铁球扔入第9个圈,圈里必须有一些特意放置的草,铁球会灼烧草叶。如果受试者能在手不被灼伤的情况下完成这一切,他就赢得了诉讼。根据早期法律的规定,要在诉讼中合法执行这样一种形式的神判,案值至少要达到1000块白银。[Ayeen Akbery, II. 497.—Yajnavalkya (Asiatic Researches, I. 403).]阿里·易卜拉欣·卡汗讲述过一个1783年他在贝拿勒斯亲眼见证的案件,案中一个名叫桑卡尔(Sancar)的男人被指控犯有盗窃罪,受到了这种方式的审判。法庭反复考量了4个月,并督促各方采取其他方式,但是他们都固执己见,而且双方都声称:作为印度教徒的他们有权采用古老的法律形式,最后法庭让步了。神判在一大群民众面前进行,令每个人都感到惊讶的是,当桑卡尔拿着烧红的烙铁走过7个圆圈时,依照规定将它投入第9圈中,烧着了那里的草,并且他的双手毫无损伤。为了将来不再进行如此试验,控方被处以一周的监禁。[Asiatic Researches, I. 395.]即使在1873年,据《孟买公报》报道,不久之前发生在乌戴珀(Oodeypur)的一个案件中,一位农夫不得不通过手持烧红的犁头来证明他的清白，他也依法用菩提树叶进行了防护，并抬头向着太阳，恳求道："您，太阳神啊，如果我真的犯下了这罪行，惩罚我吧；如果没有，让我免受这神判的伤害吧！"——而在这个案例中，同样的，被告也以无伤而过关。

在孟加拉(Bengal)北部，当一个人认为自己正受到巫术折磨时，拉治马哈的山地部落原住民采用的方式，是对烙铁神判的一种独特修订。他们通过"萨坦恩"和"谢尔林"找出一个巫师，然后判决由被害者的代理人来确认，在某些宗教仪式之后，将嫌犯的舌头放在烧红的烙铁上 9 次，除非中途就被灼伤。如有一处烧伤，就能使被告罪行不容置疑，并且唯一的上诉途径就是再次公开举行这样的审判，如果还是同样的结果，他就必须治好被蛊惑者，或是若后者死去，他也会被处死。[Lieut. Shaw, in Asiatic Researches, IV. 69.]

在欧洲法律的早期，灼热的烙铁被保留适用于特别的暴行。于是，我们看到查理大帝规定这种方法适用于杀害尊亲属罪的指控[Capit. Carol. Mag. II. Ann. 803, cap. 5.]；799 年的里斯巴赫(Risbach)[1]议会则规定它适用于魔法和巫术犯[Concil. Risbach. can. ix. (Hartzheim Concil. German. II. 692.)]；并且在图林根人(Thuringians)[2]之中，有律令规定它适用于涉嫌毒杀或者用其他方式谋杀其夫的女性[L. Anglior. et Werinor. Tit. xiv.]——这是一项几乎在所有法典中都被认为特别严重的罪行。然而，结果是，这种方法变成了一种较之于水的神判更加贵族化的程序，就像爱德华二世

1 里斯巴赫(Risbach，通常拼为 Riesbach)，瑞士苏黎世城东南部一地区名。

2 图林根(Thuringen)，德国中部地区名，现为一州名。

统治时期的法律学者霍恩所说的那样。[Aprè s les serements des parties soloit lon garder la partie, et luy porter a la maine une piece de fer flambant sil fuit frank home, ou de mettre le main ou la pié en eaw boillant s' il ne fuit frank.—Myrror of Justice, cap. III. sect. 23.]不过这并非普遍现象,因为两种神判都被盎格鲁-萨克森人任意地使用[Laws of Ethelred. iv. §6——这里规定控方有权选择神判采取的形式。],而在晚些时候的整个德意志也是一样[The Jus Provin. Alaman. (Cap. xxxvii. §§15, 16; Cap. clxxxvi. §§4, 6, 7; Cap. ccclxxiv.)允许盗窃犯或其他不法之徒选择他们偏好的神判形式。这部萨克森法典(Lib. I. Art. 39)还赋予了他们决斗的特权。];在《耶路撒冷法典》中,烙铁是平民法庭(roturier courts)中所采用的唯一被提及的一种形式[Baisse Court, Cap. 132, 261, 279, 280, etc.];在纽波特,阿尔萨斯的腓力颁布于1163年的法律将其规定为一种适用于平民的神判[Lesbroussart' s Oudegherst, II. 707.];大约同一时期,"红胡子腓特烈"在他第二次意大利远征时制定的军法中,它作为一种卑贱的神判出现[Radevic. de Reb. Frid. Lib. I. cap. xxvi.];并且早在848年的美因茨会议上就表明,它是特地为奴隶设立的["Si Presbyterum occidit ... si liber est, cum XII. juret; si autem servus, per xii, vomeres ferventes se expurget." Concil. Mogunt. ann. 848, can. xxiv. 不过,在895年特里布尔(Tribur)[1]的法律规定中,它适用于有身份有地位的人,"fidelis libertate notabilis"。—Concil. Tribur. c. xxii.]。在11世纪的俄罗斯法律中,争议总金额超过半个金戈比(grivna)的事项

1 特里布尔(Tribur),今德国黑森州一地名。

都通过它来裁判，而水的神判则用于较不重要的诉讼中。[Rouskaïa Prawda, Art. 28.] 在12世纪的冰岛法典中，它被规定专用于男性，而涉案的女性则被要求进行热水神判。[Grá gá s, Sect. VI. c. lv.]

与这些区别无关，我们发现它曾是有地位者在不得不将自己托付于神明判决时，通常会选择的模式。887年，"胖子查理"(Charles-le-Gros)[1]之妻，理查妲(Richarda)皇后，被指控与利乌特瓦尔德主教(Bishop Liutward)通奸，她提出用决斗断讼或赤烙铁来证明自己的清白。[Regino. ann. 886.—Annales Metenses.] 因此，当皇帝圣亨利二世沉溺于对他的处女妻子圣库尼贡达无根无据的怀疑时，她热切地诉诸上帝的裁判，并且通过踩过灼热的犁头而毫发无伤，证明了她的无辜。[Vit. S. Kunegundæ cap 2. (Ludewig Script. Rer. German. I. 346-7.)] 奥托三世之妻玛丽的悲剧，包含着类似的例子，却带着些许特殊性，因为案中是由控方来承受神判以证明自己所言非虚的。在996年，因突然对摩德纳伯爵阿穆拉(Amula, Count of Modena)产生了不可抑止的激情，皇后有了二心，此后的发展简直

1 胖子查理(法文:Charles-le-Gros,英文:Charles the Fat,839—888年),亦称查理二世,加洛林王朝的皇帝,881—888年在位。理查妲(Richarda,又写作Richardis of Swabia或Richarde de Souabe),是"胖子查理"的妻子,出身于士瓦本家族,以宗教虔诚而著称,没有因遭丈夫遗弃而动摇,成为一位女修道院长,后被天主教廷封为圣徒。

是波提乏妻子(Potiphar's wife)故事[1]的翻版。不幸的伯爵因无理指控而丧生。死前向妻子声明了自己的无辜,并恳求她洗刷他的名誉。伯爵被处决后,伯爵夫人寻机觐见皇帝,通过手执赤烙铁而未受伤推翻了诽谤中伤。这次成功的辩护使得奥托意识到了自己的轻率鲁莽,他立即修正了这一不公正的判决,将他的皇后送上了火刑架。[Gotfridi Viterbiensis Pars XVII.,"De Tertio Othone Imperatore." Siffridi Epit. Lib. I. ann. 998. Ricobaldi Hist. Impp. sub Ottone III.这个故事并非来自当时的权威记载,穆拉托利已经充分表明了它的不合理性(Annali d'Italia, ann. 996);尽管他之前也曾为其真实性做过辩护(Antiq. Ital. Dissert. 38)。为了将犯诬陷诽谤之罪的皇后绳之以法,摩德纳伯爵夫人作为控方出庭,通过神判证实了她的指控;但是如果我们把她的举措看作为她丈夫做辩护,那么这个案件算是走了一般的程序。的确,在盎格鲁-萨克森人中有一种特别的规定,即被处决的犯人的朋友,可以通过进行三倍神判恢复死者的名誉,如果失败了则会失去预先缴纳的担保金(Ethelred iii. §6);同样地,在德意志北部城邦的法律中,也有规定:死者的亲属可以通过决斗使其免于承受被指控的罪名。(Sachsische Weichbild, art. lxxxvii.)这绝对不仅仅是什么善良情操所致,而是因为死者的遗产是否被征收就在此一举。]当"忏悔者爱德华"并非毫无道理地反感其母爱玛(Emma)时,急切地听取了对她与温彻斯特主教阿尔温(Alwyn, Bishop of Winchester)有不正当关系的控诉。而她被判处烫犁头神

1 《圣经·创世记》中的典故。约瑟(Joseph)是亚伯拉罕的曾孙,雅各的第11个儿子。他遭到兄弟的嫉妒,被卖到埃及,埃及法老卫队长波提乏(Potiphar)买下了他。波提乏的妻子试图勾引约瑟,遭到拒绝后反诬陷约瑟欲施强暴。波提乏相信了妻子的话,将约瑟关入囚牢。

判,光脚走过却未受伤,不容置疑地证明了指控的虚假性。[Rapin, Hist. d' Angleterre, I. 123——吉尔斯(Giles)[1]声称(note to William of Malmesbury, ann. 1043):迪韦齐斯的理查(Richard of Devizes)[2]是最早记载这个故事的作者。]因此在943年,佛兰德斯的阿诺尔(Arnoul of Flanders)[3]被控指使了在皮基尼(Pecquigny)[4]对诺曼底公爵"长剑威廉"(William Longsword)[5]的暗杀后,向国王"外来者路易"提出通过火焰神判证明他没有参与谋划这场谋杀。"征服者威廉"之子罗贝尔·柯索斯(Robert Curthose)[6]在因他年轻气盛的逆父谋叛行为而被放逐期间,与一位漂亮姑娘有了亲密关系。多年之后,他

1 吉尔斯(Giles),应指约翰·艾伦·吉尔斯(John Allen Giles,1808—1884年),英国历史学家。

2 迪韦齐斯的理查(Richard of Devizes),生活在12世纪的英国编年史学家和修道士。

3 佛兰德斯的阿诺尔(Arnoul of Flanders,亦作Arnulf of Flanders,约890—965年),第三代佛兰德斯伯爵,被称为"伟大的阿诺尔",统治过包括今比利时西北和荷兰西南的地区。在向南扩张的过程中,与邻近其南部的诺曼人发生冲突。在一次和平会议期间,阿诺尔的手下伏击并刺死了另一与会者——诺曼底公爵"长剑威廉",而后南方诺曼人的威胁减弱,阿诺尔开始将重心转向完善佛兰德斯的政府机构。

4 皮基尼(Pecquigny,也写作Picquigny),法国北部一市镇名,位于皮卡第大区的索姆省。

5 诺曼底公爵"长剑威廉"(William Longsword,约893—942年),维京人罗洛(Rollo)之子,为鲁昂伯爵(Count of Rouen),自927年开始统治诺曼底。

6 罗贝尔·柯索斯(Robert Curthose,约1051—1134年),即诺曼底公爵罗贝尔二世(Robert II of Normandy),英格兰国王兼诺曼底公爵"征服者威廉"的长子,也是英王威廉二世和亨利一世的长兄,第一次十字军东征的参与者之一。多次起兵反对他的父亲和兄弟,均以失败告终,最后被亨利一世监禁了近30年后去世。而柯索斯(Curthose)意为"短袜",是他的父亲给他取的外号。参见前文第148页注2。

成了诺曼底公爵,而她带着两个面貌相似的少年来到他面前,声称这是他过去的恋情所造成的结果。罗贝尔并不相信,但是这位母亲持烧红的烙铁而未受伤,迫使他打消了疑虑,并且因此认下孩子,养育了他们。[Order. Vitalis Lib. X. cap. 13.]确实,那时的斯堪的纳维亚人将这样的神判作为亲子关系争议案中的一种合法证据形式[Grá gá as, Sect. VI. cap. 45. 在13世纪早期,兰登的安德里亚斯(Andreas of Lunden)曾提到,它作为一种解决这类案件的方法曾经盛行一时,却在他的时代被弃置不用。(Legg. Scan. Provin. Ed. P. G. Thorsen, Kjobenhavn, 1853, p. 110.)],一个世纪后西班牙也是如此。["E si alguna dixiere que preñada es dalguno, y el varon no la creyere, prenda fierro caliente; e si quemada fuere, non sea creyda, mas si sana escapare del fierro, de el fijo al padre, e criel assi como fuero es." —Fuero de Baeça (Villadiego, Fuero Juzgo, fol. 317a).]多尔切斯特主教莱米(Remy, Bishop of Dorchester)[1]被指控对"征服者威廉"犯有叛国罪,却因一位忠心耿耿的侍从接受了烙铁神判而证明了清白。[Roger of Wendover, Ann. 1085.]在1143年,在一桩发生在哲罗得修道院(the Abbey of Gerode)和赫施堡的伯爵们(the Counts of Hirschberg)[2]之间的争议中,美因茨大主教亨利一世(Henry I, Archbishop of Mainz)[3]下令采用这种方法,并亲自执行。这座修道院发布的一份特别宪章印证了这一判决,据宪章的记录,教会方的

---

1 多尔切斯特(Dorchester),英国西南部港市。

2 赫施堡(Hirschberg),德国地名。

3 美因茨大主教亨利一世(Henry I, Archbishop of Mainz),1142—1153年在位。

斗士的手，不仅没有被滚烫的金属所伤，反而受益于此。[Gudeni Cod. Diplom. Mogunt. T. I. No. liii.] 大约在同一时期，贝阿恩的森图拉四世（Centulla IV of Béarn）[1]将此方法用在了与莱斯卡的主教（Bishop of Lescar）[2]关于谋杀一位教士应判处多少罚金的争端之中，教会方一如既往地获得了胜利。[Mazure et Hatoulet, Fors cle Bé am, p. xxxviii.] 在采用异教习惯方面，教会因其虔诚的信仰而得到的回报，在962年一桩由斯莱斯维克（Slesvick）[3]的珀波主教成功说服丹麦人皈依基督教的案例中可见一斑，就如同根据波斯史学家的记述，三千年前琐罗亚斯德说服国王维斯塔巴（Gushtashp）[4]相信他从霍尔米兹德处得到神启的真实性[Hyde Relig. Vet. Persar. cap. xxiv.（Ed. 1760, pp. 320-1).]，以及7世纪之际，阿杜拉巴德将异教徒渡化为玛兹达的信徒一样。这位杰出的传教士，在与国王哈罗德·布拉坦德共进晚餐时，热忱而有失谨慎地宣布，那些原始诸神都是骗人的恶魔。国王鼓动他证明他对上帝的信仰，并且在他同意后，第二天一早就将一块巨大的铁块加热，而勇敢无畏的珀波抓起铁块走动，直到王室法庭满意为止。随后他展示了自己的手，丝毫没有被烧得火红的大家伙所伤。这个奇迹使丹麦从此成为基督教世界

1 贝阿恩的森图拉四世（Centulla IV of Béarn），指贝阿恩子爵（Viscount of Béarn），1012—1058年在位。

2 莱斯卡（Lescar），法国西南部地名。

3 斯莱斯维克（Slesvick，英文中多作Sleswick），德国与丹麦交界处一地名。

4 国王维斯塔巴（Gushtashp，多作Vishtaspa），生活在公元前10世纪左右，琐罗亚斯德教的标志性人物。因这位大夏国国王的皈依，琐罗亚斯德教得以立足和传播。

的一部分。[Widukindi Lib. III. cap. 65.—Sigebert. Gemblac. Ann. 966.—Dithmari Chron. Lib. II. cap. viii.—Saxo. Grammat. Hist. Danic. Lib. X.特里尔的编年史学家们声称此事归功于他们的珀波大主教，他曾在 1016 年至 1047 年间执教皇权柄。根据他们的说法，珀波不仅戴上了被烧红的铁手套，而且只穿着一件浸过蜡的亚麻长袍进入了火热的熔炉，蜡被火焰烧光了，却没有伤到他分毫。—Gest. Trevir. Archiep. cap. xvi. (Martene Ampliss. Collect. IV. 161.)]除了结果，与此有些类似的是，一个神父与一个犹太人发生神学上的争论，前者无法用论据压服对方，于是就提出用手执一块燃烧的木牌的方式证明基督的神性。这位虔诚的神父一面呼唤着耶稣的名字，一面从火中抽出一块燃烧的木头，并且慢慢地将它拿到一段相当远的距离之外；但是，尽管他胜利地展示了无伤的双手，那些顽固不化的反对者仍拒绝改宗皈依，并声称这个奇迹是魔法作祟。[Guibert. Noviogent. de Incarnat. contra Judæos Lib. III. cap. xi.吉伯特（Guibert）[1]声称，他是从一个目击此事的犹太人那里得知这件事的。]在挪威，用同样的方法验证了国王圣奥拉夫（St. Olaf）[2]的神圣性。在一个星期日，他心不在焉地削下了一根小树枝，他的廷臣们恭敬地提醒他：这样做违反了圣安日规则。经过苦修忏悔，他搜集了一些小木片，放在一只手掌中并点燃，当它们被烧成灰烬后，旁观者惊讶地发现，他的手并未受伤。[Legendæ de S. Olavo (Langebek II. 548).]

---

1 吉伯特（Guibert），应指吉博特·德·诺根特（Guibert de Nogent，约 1055—1124 年），法国本笃派神学家和历史学家。

2 圣奥拉夫（St. Olaf，995—1030 年），挪威国王（1015—1028 年在位）和守护圣徒，去世后获得了“挪威永恒之王”（Rex Perpetuus Norvegiae）的称号。

事实上,对频繁寻求神权干涉的轻率态度几乎没有任何限制。大约在1215年,一些康布雷(Cambray)[1]的异教徒通过烙铁神判被定罪,并判处火刑。其中一人出身高贵,在去刑场的路上,一位主持了前面程序的神父对他进行了劝诫,欲使他感到后悔并改宗皈依。这位重刑犯洗耳恭听,并且开始忏悔他的错误。他一面忏悔,手也一面开始愈合,而当他得到赦免时,烧伤的痕迹已荡然无存。当轮到他被叫到火刑柱上时,那位神父加以干涉,表明他是无辜的,在检查过他的手之后,就将他释放了。大约在同一时期,类似的事在斯特拉斯堡(Strasbourg)[2]也有记载,那里的10名异教徒也如此这般被定罪并判处火刑,而其中一人在最后时刻幡然悔悟,于是烧伤自愈,随后被释放。然而,在这个案件中,当他回到镇子附近的家中时,妻子责备他为了一时消灾避祸而背弃永恒真理实属软弱无能,于是在她的影响下,他故态复萌。他手上的烧伤立刻重新出现,他妻子的手上也出现了类似的伤势,手被烧得见骨,这惨烈的痛苦令他们无法抑制地想要尖叫,但他们害怕暴露,于是去了树林,在那里他们可以如狼般哀嚎。然而,遮遮掩掩已经不可能了。他们被发现并被拖到城里,在那里,他们的共犯们尸骨未寒,他们自己也旋即遭受了同样的命运。[Cæsar. Heisterbach. Dial. Mirac. Dist. III. c. xvi. xvii.]

其他形式的神判都没能像赤烙铁神判这样彻底地被引入整个

1 康布雷(Cambray),法国地名。

2 斯特拉斯堡(Strasbourg),法国东部、邻近德国的城市。

欧洲范围。从西班牙到君士坦丁堡(Constantinople)[1],从斯堪的纳维亚到那不勒斯,它被当作一种确知上天意愿的、万无一失的申诉方式。“判决”(judicium)这个词,终于真的被理解为神判,并且大多是烙铁方式,而它蛮族化的写法“测断”(juise)几乎可以被一概认为是特指这种神判。在13世纪的瑞典法律中,被指控涉嫌犯有谋杀罪的人,总是必须通过拿着烙铁走9步来证明自己的清白;而且如果他没有应传唤出席审判,他可能会被迫进行一项初步神判,以证明他确实是因不可克服的事由被耽搁了。如果他没能做到这一点,就会被判为有罪,但是如果他成功地忍受了它,则会被迫进行第二项神判以证明他没有犯下被指控的罪行;只要没有人在审判中屈服,被害人的继承人可以继续再指控10人;然而,其中最后一人,则须承受9个灼烧的犁头。[Legg. Scan. Provin. Lib. v. c. 57 (Ed. Thorsen, p. 139-40).]在东方的法兰克人王国的法典中,这是除了决斗唯一被提及的一种方式,而且它所得到的权威性,一直延续到其他各地已将其废除。在威尼斯人的殖民地,《耶路撒冷法典》一直到16世纪都有效,而且这部手稿被官方保存于威尼斯的档案之中。根据摩莱利(Morelli)在1436年的描述,它保留了采用“测断”的原始说明。[此文献在1839年由斯图加特的考斯勒(Kausler)提供,同时还包括为尼科西亚(Nicosia)[2]的基层法院编纂的一部更古老的文本。]

1　君士坦丁堡(Constantinople),土耳其最大城市伊斯坦布尔的旧称,位于欧洲和亚洲的交界处,曾先后成为拜占庭帝国和奥斯曼土耳其的首都,具有重要的政治、地理、历史和文化意义。

2　尼科西亚(Nicosia),塞浦路斯首都。在十字军东征时代,曾被威尼斯人占领。

甚至从1531年开始到1536年结束的威尼斯人的翻译工作,也是一样的谨慎,尽管1535年4月10日“十人会议”(the Council of Ten)[1]的一项法案显示,这些习惯已被弃之不用并正式废除。[Pardessus, Us et Coutumes de la Mer, I. 268 sqq.]

这种神判甚至成了希腊人中一种部分归化的方式,这很可能是拉丁文化统治君士坦丁堡的结果。在13世纪中期,皇帝西奥多·拉斯卡利斯(Theodore Lascaris)[2]命令后来夺取了帝位的米凯尔·巴列奥略(Michael Paleologus)[3],应当用这种方式自证清白;但是菲拉德尔斐亚大主教(Archbishop of Philadelphia)[4]收到上诉后,宣布这是一种蛮族习俗,为教规所谴责,除非有皇帝的特别命令,否则不得采用。[Du Cange, s. v. Ferrum candens.]但是乔治·帕齐米尔(George Pachymere)[5]提到这种习惯时,将其作为一种他年轻时并不鲜见的现象,并且比较细致地描绘了这种习惯执行的仪式细节。[Pachymeri Hist. Mich. Palæol. Lib. I. cap. xii.]

---

1 十人会议(the Council of Ten),1310—1797年管理威尼斯共和国将近500年的权力机构。

2 西奥多·拉斯卡利斯(Theodore Lascaris,也写作Laskaris),因首都君士坦丁堡被拉丁人占领(西欧人十字军东征建立的拉丁帝国),拜占庭帝国迁都尼西亚(Nicaea)时期的一位皇帝,亦称为西奥多二世,1254—1258年在位。

3 米凯尔·巴列奥略(Michael Paleologus),拜占庭皇室亲贵,在尼西亚时期曾任雇佣军长官,后刺瞎幼帝西奥多二世之子约翰四世,并将其关入修道院,篡夺了帝位,成为拜占庭帝国末代王朝巴列奥略王朝的创始者,收复了君士坦丁堡,史称米凯尔八世,或迈克尔八世。

4 菲拉德尔斐亚(Philadelphia),与美国著名工业城市费城同名,但这里可能指的是中东的古城。

5 乔治·帕齐米尔(George Pachymere,约1242—1310年),拜占庭希腊史学家、作家。

在欧洲,甚至迟至 1310 年剿灭圣殿骑士团(the Order of the Templars)[1]的行动中,在美因茨,莱茵诸省的骑士团长腓特烈伯爵(Count Frederic)提出通过手持烧红的烙铁来否定对他的指控。[Raynouard, Monuments relatifs à la Condamn. des Chev. du Temple, p. 269.] 在 1329 年的摩德纳(Modena)[2],当巴伐利亚的路易(Louis of Bavaria)[3]的德意志士兵与当地市民发生争端时,德意志人提出通过手执烧红的木棒来解决争议;但是当市民们完成了此一壮举,而且胜利地展示了他们毫无烧伤的双手时,德意志人却否认了这样的证明,声称这是使用魔法的结果。[Bonif. de Morano Chron. Mutinense.—ap. Muratori Antiq. Ital. Diss. 38.]

不过,大约到这个时期,这种方法可能被认为已经从世俗法院的一般程序中消失,却仍然在一类案件中保持生命力达一个半世纪之久。神秘的巫术犯罪是如此难以取证,以至于不得不竭尽司法智慧确保得到有罪判决,而魔鬼总是时刻准备着协助他的追随者,挑

1　圣殿骑士团(the Order of the Templars),中世纪天主教的军事组织,著名的三大骑士团之一,其成员称为“圣殿骑士”,特征是白色长袍绘上红色十字。在罗马教廷的支持下,利用其诸多特权,成为一股庞大的政治、军事和经济势力,成为许多欧洲君主们的债主。法国国王“美男子腓力”(腓力四世,参见前文第 85 页注 1)一面假作怀柔,拉拢圣殿骑士团大团长莫莱(Jacques de Molay),一面密令法国各地长官在 1307 年 10 月 13 日开拆一封密函,函中就是当天同时抓捕圣殿骑士团成员的命令。包括莫莱在内的大量团员被逮捕后,遭到严刑逼供,最终以异端及各种反道德的罪名,被处以火刑。圣殿骑士团遭到毁灭性打击,最终被宣布解散。

2　摩德纳(Modena),意大利北部城市。

3　巴伐利亚的路易(Louis of Bavaria),似指曾任巴伐利亚公爵的神圣罗马帝国皇帝路易四世。

战正义的极限。异端审判所的裁判官司布伦格,在写于 1487 年的文稿中建言:当不能通过祈祷或酷刑强迫一个女巫招认其罪行时,她会被询问是否愿意进行赤烙铁神判;对此,她会热切地同意,她知道自己能够依靠撒旦的协助无伤过关,而这种心甘情愿就是她罪行的铁证。他进一步警告经验不足的法官们,不要让这种审判发生,而使得撒旦有机会获胜,并且举了一个发生在 1484 年弗斯滕堡伯爵(the Count of Furstenberg)[1]面前的案例。一个颇有名气的女巫受到逮捕和审判,但是任何一种酷刑都无法从她嘴里榨出任何招供。最终,她提出通过赤烙铁来证明自己的清白,而年纪尚轻又不谙世事的伯爵接受了这一提议,判她手持烙铁走 3 步。她拿着它走了 6 步,并提出可以拿更长时间,同时还展示了她毫未受伤的手。伯爵被迫将她无罪开释。在司布伦格写作时,她依然活着,对于虔诚信徒们来说这简直是一宗丑闻。[Malleus Maleficar. Francof. 1580, pp. 523-31.]

赤烙铁神判在司法上的适用最终绝迹之后,对它所基于的那种迷信依旧延绵不绝,并且人们依然相信神明会为特殊目的逆转自然法则。大约在 1670 年,乔格·弗莱斯(Goerg Frese),一位以虔诚和正直而著称的汉堡商人,发表了一篇记叙文,其真实性得到了许多值得尊敬的目击证人的担保。作者声称他有一位名叫韦曾多夫(Witzendorff)的朋友,曾发下可怕的誓言效命于一个年轻女子,后来却违背誓言,并导致了她的死亡,于是此君陷入绝望的抑郁之中。

---

1 弗斯滕堡(Furstenberg),德国东北部的勃兰登堡州一镇名。

他控诉自己对圣灵犯下了罪孽,宣布他不可能获得救赎,并且拒绝有任何希望,除非以他的名义发生一项奇迹。弗莱斯细问他想要什么样的奇迹,他回答说他必须看到火焰不焚。勇敢无畏的安慰者——弗莱斯来到一堆燃烧的火焰前,捡起燃烧的木炭以及一枚烧红的指环,并将它们带到那位罪人面前,手却丝毫没有受伤,他终于使罪人相信:通过忏悔可得救赎。叙述者从这些事实中为我们总结出的寓意就是,在神明的庇佑下进行这样的神判,都会受到保护而不受损伤。[博格梅斯特(P. Burgmeister)在他的博士论文中叙述了这个故事(De Probat. per aquam, &c. Ulmæ, 1680),大力主张故事的真实性,反对天主教怀疑论者对其真实性的批评。那时候,这一事件似乎引起了相当大的注意,成为古老教会和路德派教徒(the Lutherans)争论不休的宗教问题。]

尽管像我们所看到的那样,上天有时通过使沸水神判无效而惩罚有罪者,因此,中世纪的狂热信仰在使用烙铁的审判中也类似如此,特别是当撒旦或其他什么神秘影响力使得向上帝申诉之举无效时。13 世纪早期,一个相关案例是,一个农民出于报复,雇了一个流浪僧侣去烧毁邻人的房屋。事后对每一个嫌疑犯都施行了烙铁神判,却没有效果。房屋重建后,那个僧侣再次收了好处,又将房屋烧毁,而神判再次失效。屋主又一次重建了他的房屋,并把神判用的烙铁放在屋内备用。那僧侣得到了新的好处许诺,又来造访,受到了一如既往的热情招待,当看到那块铁时,他好奇心起,便问它是做什么的。主人把它递给他,解释了它的用途,但是这个恶棍一拿到它,就被灼烧到见骨。在场的人看出他就是纵火犯,便逮捕了他。

他被依法审判，招认了自己的罪行，并被处以车轮碾死之刑。[Cæsar. Heisterb. Dial. Mirac. Dist, x. c. xxxvi.]这故事的另一个版本是：一个被控犯有纵火罪的人通过赤烙铁证明了他的清白，他手持此物走了很长一段距离，随后展示了未受损伤的手。此后，这块神判用的烙铁神秘地失踪了，哪儿也找不到，直到一年之后，一个工人在修路时发现它在一层沙土之下。它仍然红光熠熠，而当他试图将其捡起来时，就被严重地灼伤了。旁观者们立刻怀疑是他犯下了那宗罪行，随后对他采取了适当的措施，迫使他招供了自己的罪行，并依法将他处以轮刑。[Godelmanni de Magis Lib. III. cap. v. §19.]一个同样类型的、不那么悲惨的例子，是由时任芒斯特（Munster）[1]主教的“神圣的司韦哲”（the holy Suidger）[2]打造的。他怀疑他的管家偷了一个杯子，而此君固执地否认了他的罪行，司韦哲祝祷一把餐刀之后，命令嫌疑人从桌上拿起这把刀。冰凉的金属仿佛已被烧红一般，灼伤了罪人，于是他立刻招认了罪状。[Annalista Saxo ann. 993.]

1 芒斯特（Munster，德文中写作 Münster），德国西部城市。

2 神圣的司韦哲（the holy Suidger），指司韦哲·冯·摩斯勒本（Suidger von Morsleben）。他出身于德意志萨克森地区的贵族家庭，后成为教皇，称克莱芒二世（Clement II，又译为克勉二世等，1046—1047 年在位）。

火焰神判

火焰神判有时被直接执行,而不用水或铁器作中介。而这种最简单的形式,被认为是“愿以手试火”(法文:J' en mettrois la main au feu)这一表达的来源,亦是对信仰的一种肯定[Thus Rabelais, “en mon aduiz elle est pucelle, toutesfoys ie nen vouldroys mettre mon doigt on feu” (Pantagruel, Lib. II. chap. xv.); and the Epist. Obscur. Virorum (P. II. Epist. I) “Quamvis M. Bernhardus diceret, quod vellet disputare ad ignem quod hæc est opinio vestra.”],表现出这一体制多么彻底地为大众所接受。对于它的期望,可见于希伯来人关于亚伯拉罕的故事中,当他因谴责宁录(Nimrod)[1]的偶像崇拜而被后者投入熊熊燃烧的炉中时,却从烈焰中成功脱逃而没有受伤[Targum of Palestine, Gen. xi. (Etheridge' s Translation, I.191-2). —Shalshelet Hakkabala fol. 8a. (Wagenseilii Sota p. 192-3.)];沙得拉、米煞和亚伯尼歌的经历亦类此例,他们从尼布甲尼撒(Nebuchadnezzar)的怒火下得救。[Daniel iii. 19-28.]这种经验在597年,皇帝阿纳斯塔修斯(Emperor Anastasius)统治时期,被一位天主教主教重演。他与一位阿里乌斯

1 宁录(Nimrod),《圣经·创世记》中出现的人物,挪亚的后代,英勇的猎户,巴比伦国王,传说中大洪水后的第一个立国者。另有传说,他就是那个不自量力建造巴别塔以挑战上帝、最终暴亡的僭越者。相传,宁录为避免预言中的结果发生,下令杀死所有新生儿,亚伯拉罕的母亲只得在荒野中生养他。亚伯拉罕长大后,虔诚敬拜上帝,当面指责宁录的偶像崇拜。宁录欲烧死亚伯拉罕,但亚伯拉罕却毫发无伤。参见《塔木德》和《古兰经》。

派教徒因玄妙的神学理论争议而纠缠不休,随后提出用一同走入燃烧的火焰之中的方法验证他们各自教条的可靠性。那位热诚的天主教徒跳上了燃烧的火堆,而谨慎的阿里乌斯派教徒拒绝了这一提议。于是自那之后,争议持续,而没有再受到哪怕最轻微的打断。[Theodori Lector. H. E. Lib. II.]

这种神判在欧洲最早作为法律被提到,是在里普利安部落的法兰克人的法典中。其中规定它在某些疑难案件中适用于奴隶和异乡人。[Quodsi servus in ignem manum miserit, et læsam tulerit, etc.—Tit. XXX. Cap. i.; also Tit. XXXI.]从这些段落的措辞中,我们可以总结出,在那个时候,它是通过将被告人的手置于火中来进行的。不过,到了后来,它以更大并且更加令人印象深刻的规模得到应用;巨大的柴火堆被建造起来,而经历这种审判的个人,就像字面上所说那样,必须走过烈焰。著名的佩特拉斯·伊格纽斯(Petrus Igneus)[1]正是通过这样一种历险而获得了他的姓氏和声望,在当时引起了极大关注。佛罗伦萨主教佩德罗·迪·帕维亚(Pietro di Pavia)不受市民爱戴,却受到托斯卡纳公爵戈弗雷(Godfrey, Duke of Tuscany)的保护。这位主教被指控犯有买卖圣职和异端邪说罪。在1063年获得罗马会议的无罪宣判之后,控方提出的用火焰神判证明被告罪行的提议被拒绝了,主教竭力用暴政和压迫平息反对之声。终于在

1 佩特拉斯·伊格纽斯(Petrus Igneus),似指死于1089年的圣徒彼得·伊格纽斯(St. Peter Igneus)。他是一位本笃派修士,曾任意大利的阿尔巴诺区枢机主教(Cardinal Bishop of Albano)。他的姓"伊格纽斯"(igneus)是拉丁文中的"火热"之意。

1067年激起了巨大的暴动，在对主教的批评者中居于领军者地位的瓦隆布罗萨(Vallombrosa)[1]的修士们饱受磨难(主教的军队火烧了圣萨尔维奥[St. Salvio]修道院并屠杀了苦行修士们)，他们下定决心用神判来了断此事，鼓动了不少于3000名狂热的佛罗伦萨人(Florentines)为这个目的聚集于此。瓦隆布罗萨的一名修士，佩德罗·阿尔多布兰迪尼(Pietro Aldobrandini)，敦促他的上级——神圣的圣乔万尼·瓜尔伯托(S. Giovanni Gualberto)[2]，并提出自己愿去参加这场审判。在宗教仪式之后，他慢慢地走在两堆10英尺长、5英尺宽、4.5英尺高的熊熊燃烧的木柴之间，其间的通道宽6英尺，并覆盖着1—2英寸厚的烧红的火炭。猛烈的火焰撩动着他的衣摆和头发，但是他毫无损伤地走了出来，甚至连腿上的汗毛都没有烧焦，尽管他是光着腿、赤着脚的。他正想再从火堆中走回去，却被充满景仰之情的人群制止了，他们带着胜利的喜悦涌到他身边，亲吻他的双足和外袍，他们的狂喜几乎危及他的性命，直到他被修士同伴们救走。佛罗伦萨人将一份关于此事的正式声明送到了罗马，教皇廷让步了，主教被免职；而那位以其坚定不移的信仰提供了惊人证明的修士，因此得到了特别擢升，他最终以阿尔巴诺(Albano)[3]红衣主教的身份辞世。[Vit, S. Johannis Gualberti c. lx, -lxiv.]

---

1 瓦隆布罗萨(Vallombrosa)，位于意大利中北部，靠近佛罗伦萨，是著名的旅游胜地和修道院所在地。据说，伽利略曾在此学习过。

2 圣乔万尼·瓜尔伯托(S. Giovanni Gualberto，英文中又写作John Gualbert，985/995—1073年)，意大利神职人员，天主教会册封的圣徒，瓦隆布罗萨修会(Vallumbrosan Order)的建立者。

3 阿尔巴诺(Albano)，罗马附近的一个主教区。

还有一个性质类似的例子发生在1103年的米兰。当时大主教格罗索拉诺(Archbishop Grossolano)被一位名叫利乌特普兰德的神父指控犯有买卖圣职罪,后者却没有证据支持这一控诉,便提出采用火焰神判。利乌特普兰德神父所能筹到的钱都用于购买燃料了,当一切准备就绪时,大主教的狂热支持者却阻挠准备工作并搬走了木柴。民众被剥夺了见证这场表演的权利,于是发生了骚乱,格罗索拉诺不得不同意进行审判,而且被迫协同当局提供必要的物资。在圣安布罗吉奥广场(Piazza di S.Ambrogio),两个火堆被建造起来,均为10肘尺[1]长,高和宽都是4肘尺,之间有一个1.5肘尺宽的通道。当不屈不挠的神父进入燃烧的大火堆时,火焰在他面前分开,随后又在身后合拢起来,使他得以安全通过,尽管有两处轻伤,一处是手上烧伤,是在进入之前被飞溅的火星燎伤的,另一处在脚上,他归结于是被在出口处等待的人群中的一匹马踢伤的。人们接受此结果作为定案证据,而格罗索拉诺被迫退休去了罗马。然而,帕斯卡二世亲切地接待了他,而且米兰的副主教不同意对他们的大主教如此简易定罪,他们自己很可能也都对其罪行负有责任。于是,利乌特普兰德的伤被夸大了,在米兰激起了骚乱,这位神父被迫逃亡避祸,而格罗索拉诺官复原职。[Landulph. Jun, Hist. Mediol. cap. ix., x., xi. (Rer Ital. Script. T. V.) —Muratori, Annal. Ann. 1103.]

据记载,在13世纪早期的巴黎,有与此雷同的奇迹,也是因有人自愿神判而发生。我们可以对此事稍加引述,作为对当时信仰的

1 肘尺(cubit),古代欧洲的长度单位,自肘至中指端,长约0.4—0.5米。

诠释。一个出身贵族豪门的轻浮女人引诱一个年轻的侍从与她通奸,神父告诫了他的主人,并以自己离职相威胁,要让她离开。当这个女人因所犯罪行受到责难时,她反击说,神父之所以指控她,是因为她之前拒绝了他的非礼强求,并提出要证明自己所言非虚。她扮作忏悔者接近神父,试图引诱他作出背德之事,最终她以死相挟,要他接受她绝望的爱情。为了防止她自杀,神父终于同意与她约会。她一面偷偷向贵族宣布胜利,一面去了会面的地点。到了那里,她看到神父爬上厚实的木床板,周围堆着干柴和草,他当着她的面将其点燃,并邀请她前来与他相聚。在火焰包围中,那位无罪之人只感到清风徐来,直到火堆烧尽他也没有受伤,连外袍和头发都完好无损。[Cæsar. Heisteib. Dial. Mirac. Dist. X. c. xxxiv.]

但是,对于鲁莽的狂热分子而言,这种实验并非总是这么成功。在1098年第一次十字军东征期间,基督教徒们攻陷安条克(Antioch)城之后,反而被围困其中,受到猛烈围攻的逼迫和严重饥荒的袭击,几乎陷于绝境。在图卢兹的雷蒙(Raymond of Toulouse)[1]麾下,一位名叫彼得·巴托罗缪(Peter Bartholomew)的无知农夫,声称在幻境中见到圣安德烈(St. Andrew)和救世主(the Saviour)本人,他们向他揭示了存于圣彼得大教堂的那片刺伤基督

1 图卢兹的雷蒙(Raymond of Toulouse),第一次十字军东征的主要将领之一,头衔包括:天主教册封圣徒、图卢兹伯爵雷蒙四世、纳博内(Narbonne)公爵、普罗旺斯侯爵,东征结束后又获得今黎巴嫩境内的的黎波里(Tripoli)伯爵领。

肋下的矛头[1]。在几个人从早到晚在指定地点挖掘无果之后，彼得跃入壕沟，很有方向感地挥了几下他的十字锹，就挖出了那无价的圣物，并呈给了雷蒙伯爵。由此得到鼓励，加上神明各处显灵襄助，基督徒们获得了勇气，奋勇杀敌，血洗异教徒们，获得了胜利。彼得俨然成了一个显赫人物，每到节骨眼上，就获得新的幻象启示。在法兰克人领袖们彼此之间蔓延的嫉妒和倾轧之中，获得圣矛，大大增加了雷蒙的分量，而其他王侯们则声言那只不过是一片生锈的阿拉伯兵器，是事先就藏好了的，并不值得对它进行如此敬拜。终于，几个月之后，在围困阿卡斯（Archas）的空当里，军中执事的神职人员们调查了这件事，而彼得为了制止这些对他诚实性的质疑，提出通过火焰神判证明圣物真身。他的提议获得了批准。在三天的斋戒和祈祷之后，一堆干橄榄枝被堆起来，有 14 英尺（约 4 米）长、4 英尺（约 1 米）高，通道宽为 1 英尺（约 0.3 米）。在等着看结果的 4 万人的热切见证之下，在焦急的祈祷和众人的恳请之下，彼得手持争议之物，只穿了一件束腰长衫就莽撞地冲入烈焰之中。由于编年

1　刺伤基督肋下的矛头，源自《圣经》及其他基督教传说。耶稣被钉十字架之后，有一个罗马士兵为了验明耶稣已死，用一支长枪刺向耶稣肋旁，血水喷涌出来，染红了枪头。传说这名士兵名叫朗基努斯，因此这支染了耶稣鲜血的枪头，被称为“朗基奴斯枪”（Lance of Longinus）或“圣矛”。

史学家们或是倾向那不勒斯王侯们[1]，或是站在图卢兹伯爵一边，因而对此事的记载有所出入：前者称，彼得在火焰中受了致命伤；后者向我们保证，他全身而退，只受了一两处轻微的灼伤，是狂热的人群涌向胜利的他，将他挤倒了，踩踏至重伤，几天后去世，死前用最后一口气还在念叨着他的神启的真实性。雷蒙继续坚称其圣物的神圣性，但是，它随后被遗失了。[Fulcher. Carnot. cap. x.; Radulf. Cadomensis cap. c, ci., cii., cviii.; Raimond. de Agiles (Bongars, I. 150–168). 后面这位作者是图卢兹伯爵的教父，并且是圣矛真实性的坚决维护者。他骄傲地宣称，当圣矛刚刚被掘出的时候，他跳入沟中亲吻其尖。他主持了这场神判，并接受了彼得进入火焰时的宣誓："Si Deus omnipotens huic homini loquutus est facie ad faciem, et beatus Andreas Lanceam Dominicam ostendit ei, cum ipse vigilaret, transeat iste illæsus per ignem. Sin autem aliter est, et mendacium est, comburatur iste cum lancea quam portabit in manibus suis." 另一方面，拉乌尔·德·凯恩（Raoul de Caen）在 1107 年成为富于骑士风范的唐克里德（Tancred）[2]

1 那不勒斯王侯们（Neapolitan Princes），应指安条克亲王博希蒙德（Bohemond I, Count of Taranto, Prince of Antioch，约 1058—1111 年），以及他的外甥唐克里德（Tancred, Prince of Galilee）等人。原为塔兰托伯爵、东征后成为安条克亲王的博希蒙德，是来自意大利南方的诺曼人的首领，因其母被其父吉斯卡德公爵（参见前文第 63 页注 1）抛弃，故虽为长子却无法继承父亲的主要领地，于是参与第一次十字军东征，与雷蒙并列为第一次十字军东征的主要领导人之一。

2 唐克里德（Tancred，约 1075—1112 年），博希蒙德的外甥，第一次十字军东征中著名的勇士，颇有桀骜不驯和特立独行的骑士精神。在博希蒙德止步于安条克之后，随布永的戈弗雷（参见前文第 82 页注 1）一直到收复耶路撒冷，后获封加利利亲王（Prince of Galilee）。

的秘书，于是获得了反方的信息。他毅然决然地批判所谓的显圣。富尔彻·德·沙特尔（Foulcher de Chartres）是耶路撒冷国王鲍德温一世（Baldwin I of Jerusalem）[1]的教父，似乎比较中立，尽管他是个怀疑论者。]

甚至在英诺森三世努力废除神判之后，拉特兰会议的教令言犹在耳，阿西西的圣弗朗西斯（St. Francis of Assisi）却在1219年欲为宣传信仰以身试法。在远赴东方的传教活动中，他发现苏丹对虔诚的滔滔雄辩充耳不闻，他提议通过与一些伊玛目们（imams）[2]一起走入火堆来检验各自的宗教，他们自然对这样的危险实验拒之不理。这位热忱的圣徒毫不气馁，他表示：如果苏丹答应一见胜利的结果就信守诺言、率众皈依，他愿意自己一个人通过火焰。土耳其人比珀波所教化的丹麦人更加小心谨慎，他们拒绝了这个提议，而圣弗朗西斯在他这次徒劳无功的旅程中，身上倒是没一点儿伤。[Raynaldi Annal. Eccles. ann. 1219, c. 56.] 不信基督教的人们之所以礼遇这位充满自我牺牲精神的客人，或许是因为他们习惯于对疯子保持崇敬吧。

在这方面，圣弗朗西斯是对俄罗斯的守护使徒彭尼法斯光辉成就的一次不成功的模仿，根据目前的殉道者列传来看，后者通过这

---

1 鲍德温一世（Baldwin I of Jerusalem），耶路撒冷国的国王。十字军征服耶路撒冷建立基督教化的耶路撒冷王国后，被认为非常虔诚而谦卑的布永的戈弗雷拒绝了国王的头衔，不久去世。由于他没有子嗣，戈弗雷之弟鲍德温继承了耶路撒冷王国，成为国王。

2 伊玛目（imam），伊斯兰教清真寺内带领众人做礼拜的阿訇或受人尊敬的神学家。

样的一种讨价还价和神判,使得俄罗斯国王皈依了真正的信仰。[Martyrol. Roman. 19 Jun.—Petri Damian. Vit. S. Romualdi c. 27.] 有点奇特的是,彼得·坎特尔在他对神明判决的抨击中,以对审判的这种推想作为对该体制无可争辩的反驳——他说道,既然教会决不能同意这样一种试验,因此它也不能被放心地用来解决比较不重要的事务。[Petri Cantor. Verb, Abbreviat. cap. lxxviii. (Patrol. CCV. 229.)]

对此事更加值得注目的一次尝试,发生在很晚近的时期,当这整个体制尘封已久时,尽管它没有得到执行,仍然值得注意,因为可以说它对文明进程发生了不可磨灭的影响。在 15 世纪末叶,先驱萨伏那罗拉(Savonarola)[1]在佛罗伦萨发起的,后来由路德(Luther)完成的宗教改革事业正在起步,并且萨伏那罗拉逐渐对声名狼藉的博尔吉亚(Borgia)家族完全失去了敬意,而该家族当时占据着圣彼得继承人的宝座担任教皇。他向任何反对者挑战,是否敢与他一起进行火焰神判,以验证他关于教廷需要彻底改革的提议的真实性,以及教皇革除他教籍的处罚是完全无效的。在 1497 年,一位激烈的反对者——圣方济会修士弗朗西斯科·迪·普格利亚(Francesco di Puglia)接受了挑战,但他却在前期工作安排妥当之前离开了佛罗伦萨。第二年,他回来的时候,这件事又被提起,但是各方都已经准备好,将危险的代行者职位转嫁给他们热心的追随者。另一位圣

1 吉洛拉谟·萨伏那罗拉(Girolamo Savonarola,1452—1498 年),意大利宗教改革家,信仰虔诚而狂热,主张普遍实行禁欲主义,欲在佛罗伦萨建立神权共和国,反对出身博尔吉亚家族的、以腐败著称的教皇亚历山大六世以及佛罗伦萨的豪门美第奇家族。失败后被处死。

方济会修士朱利亚诺·戎迪内利(Giuliano Rondinelli),同意代他的同伴上场,宣称他期待被活活烧死;而另一方的热情如此高涨,以至于238名多明我会修士以及无数的世俗人士提交了申请,要求自己取代被选作萨伏那罗拉代理斗士的多梅尼科·达·佩斯恰(Domenico da Peschia),通过浴火无伤来成功地证明他们立场的正确性。最终,在大量的准备工作之后,佛罗伦萨执政官指定1498年4月7日为裁判日。一个巨大的平台被搭建起来,上面建起了巨大的木柴堆,填满了火药和其他易燃物,其间有一个狭窄的通道,勇士们要从这里走过。所有佛罗伦萨人都聚集起来,观看这一盛事。但是,当万事俱备时,却发生了挑剔的诡辩,争论是否允许勇士们携带耶稣受难像、能否领圣餐相随、他们外袍的质地,以及其他类似的细节,在争吵中一天就这样过去了,晚祷时分,人群散去,却依然没有结果。各方自然都指责对方为逃避神判而故意刁难,而原本被许诺以观看一场好戏的人民,因受骗而愤怒了,并决定讨回公道。他们轻易赞成了圣方济会修士言论,确定萨伏那罗拉企图烧毁圣餐而犯下了亵渎之罪,这激起了市民们的愤怒。两天之内,发生了一场骚乱,其间萨伏那罗拉的圣马可修道院(convent of San Marco)遭到袭击。尽管修道士们进行了英勇的抵抗,萨伏那罗拉还是成了囚犯,经历了骇人的酷刑之后,被处以绞刑和火刑。一场一度许诺要使意大利重生,并旨在业已腐败不堪的教会中恢复纯洁的运动,就这样被镇压了。[我主要是追踪了一份非常奇异的、特色鲜明的文档"Sperimento del Fuoco",出自帕西菲科·波兰马齐(P. Pacifico Burlamacchi)所著《萨伏那罗拉生平》(*Life of Savonarola*)一书中,来自曼西（Mansi）的作品（Miscellanea of Baluze, I. 530 sqq.）。作为改革派的热情支持者和门徒，波兰马齐理所当然地将毁掉神判的拖延归咎于圣方济会的人，而博尔吉亚家族教皇的司仪官所著的《博查日志》（*Diary of Burchard*），则将此事完全怪罪在对方身上（Diarium Curiæ Roraanæ, ann. 1498）。圭希亚蒂尼（Guicciardini）简略地说明了事实（Lib. III. cap. vi），没有贸然形成观点，只是说这样的结果完全摧毁了萨伏那罗拉的信誉，使得他的敌人能够借机中伤他。]

我们将会看到，在教会事务中火焰审判主要是受到教士们的影响，这或许是因为它有一种令观者印象深刻的特性，而与此同时，它无疑又在许多情况下受细节控制者操纵，以确保产生想要的结果。它有时又以类似的方式被采用在无生命的事物上，以决定信仰或政体方面的观点。就这样，1077 年，是哥特人还是莫扎勒布人取代罗马人的习俗这一问题，激起了西班牙动乱。在一场司法性决斗之后，得出了支持民族性仪式制度的决断，而罗马人的残余势力固执己见，于是火焰神判被适用了。各方都将一本弥撒书投入火焰，令所有爱国的卡斯蒂利亚人（Castilians）感到极大喜悦的是，哥特人的书未被烧毁。[Ferreras, Hist. Gé n. d' Espagne, trad. d' Hermilly, III. 245.这个奇迹的权威性来自正统作者，而马比隆（Mabillon）[1]声称，最早记叙这件事的是托莱多大主教罗德里克（Roderic, Archbishop of Toledo），他生活在 13 世纪中期（Procem. ad Vit. Greg. VII. No 10）。如果真是如此，也只是表明了迷信的时代一直延续了多久。] 更令正统派

1 让·马比隆(Jean Mabillon,1631—1707 年),法国天主教修道士、历史学家和古文物专家。

满意的是，圣多米尼克（St. Dominic）[1]质疑阿尔比教派事业开端时所发生的类似的神判结果。在与异教徒的一次争论中，他写出了信仰观点的论据，并交给他们来检验和回复。那一夜，当他们坐在炉边，拿出那纸来阅读，当时其中一人提议应当将其抛入火焰中，如果它不被烧尽，他们就将其中的内容看作真理。他们立即这样做了，而神圣的文件毫未受损。一个格外顽固不化的人，要求再来一次，后来又要第三次，都得到了一样的结果。然而，这些执迷不悟的异教徒，仍将真理阻挡在他们的心灵之外，并发誓要将这件事保密；要不是他们中的一人，一位隐隐希望皈依正统的骑士行事不周，真正信仰如此光辉的胜利就会永远不为人知了。［Pet. Val. Cernail Hist. Albigens. cap. III.］迟至13世纪末，一个与此有某些类似之处的例子发生在了君士坦丁堡。当安德罗尼科斯二世（Andronicus II）[2]甫一登基，就发现因驱逐了前主教阿森纽斯（Arsenius），这座城市被争夺这块宗主教区的派系斗争弄得四分五裂。一切平息纷争的努力都徒劳无功，最终双方同意将他们各自的声明和论据写出来，将两本册子都投入火焰中，并服从这试验的决断，各方都期望上天的特别介入，以使自己的文稿得以保全。这个仪式被强制进行，令大多数人惊异的是，双方的书册都被烧成了灰烬。这实在够奇怪的，于是各方达成了一种结论：神以此命令他们忘记分歧，和平共处。［Niceph. Gregor. Lib. VI.］

1 圣多米尼克（St. Dominic，约1170—1221年），多明我会的创始人。

2 安德罗尼科斯二世（Andronicus II，约1260—1332年），拜占庭皇帝（1282—1328年在位）。

在上面一例大致同一时期，撒玛利亚人（the Samaritans）[1]记载了这样的传说：关于基利心山（Mt. Gerizim）[2]和圣城（Al-Qods）（耶路撒冷）到底哪一个是崇拜耶和华的中心基地，撒玛利亚人与以犹大支派为主的以色列人发生了争议，双方决定通过火焰审判，在尼布甲尼撒面前确定下来，审判中相应地用了摩西五经（the Pentateuch）[3]和其他后面的犹太教令，参巴拉（Sanballat）[4]代表以法莲支派（Ephraim），[5]而所罗巴伯（Zerubbabel）[6]代表犹大支派（Judah）。后面的经书立刻被烧化了，但是摩西律法两次出现都没有被火所伤。绝望的所罗巴伯于是向目录页上吐了吐唾沫，并第三次将律法书投入火焰中，被污染的书页被烧毁了，但是书本身却没有烧着，而是跳到国王的怀中。由此，国王立刻杀了犹大支派的代

1 撒玛利亚人（the Samaritans），是一个反复出现在《圣经》中的古老民族。他们自称是北国以色列国的后裔，保存有巴比伦之囚以前的古代摩西律法的教义，并以基利心山为他们信仰的敬拜中心。但从巴比伦回归的以色列人（主要是南部犹大部落的人）却不认同他们，认为敬拜上帝的中心应在耶路撒冷，并认为撒玛利亚人的血统和信仰都杂而不纯，对他们颇为歧视。双方长期处于敌对状态，撒玛利亚人阻挠在耶路撒冷重建圣殿的工作。以至于在《圣经·新约》中看到耶稣向一位撒玛利亚妇女讨水喝，他的门徒们都觉得惊奇。参见《圣经·约翰福音》4:1-39。

2 基利心山（Mt. Gerizim），约旦河西岸纳布卢斯附近。

3 摩西五经（the Pentateuch），是《圣经》最初的五部经典——《创世记》、《出埃及记》、《利未记》、《民数记》和《申命记》。

4 参巴拉（Sanballat），撒玛利亚的省长，是被阻挠回归的以色列人在耶路撒冷重建圣殿的人物之一。

5 以法莲（Ephraim）和犹大（Judah），是以色列人分裂后北部王国和南部王国的名称。

6 所罗巴伯（Zerubbabel），是《圣经》中带领被巴比伦王尼布甲尼撒掳走的南部犹大国人返回耶路撒冷的人物。

表,并毫不犹豫地作出了对撒玛利亚人有利的判决。[Chron. Samaritan, c. xlv. (Ed. Juynboll, Lug. Bat, 1848, p. 183.)]

作为司法程序有点不同寻常,却展现了对火焰审判原则的广泛信仰的,是海斯特尔巴赫的凯撒利乌斯 1220 年讲述的几年前发生在阿拉斯的一件事。一位颇有名望的神职人员诱骗一个金匠来到家里,为求钱财谋杀了他,在妹妹的帮助下将其碎尸之后,将残肢留在水沟里。他们的罪行被证实,两人都被判处了火刑。在去刑场的路上,那女孩想要一位忏悔教父,而且全心全意地招认了她的罪孽,但那个兄长却顽固不化、死不悔改。两人被绑在了同一个火刑柱上。兄长很快被烧成了灰烬,而火焰对于妹妹来说却凉爽怡人,只把捆绑她的绳索烧毁了,因此她静静地走下了火堆。于是法官们相信了她的无辜,没有再找她的麻烦。[Cæsar. Heisterbacli. Dial. Mirac, List. III. c. xv.]

在印度,我们看到火刑神判被悉多用来消除罗摩对她贞洁的怀疑。在现代,其形式某种程度上接近火犁头神判:挖一条 9 拃长、2 拃宽、1 拃深的壕沟,在其中填满菩提树叶,然后点燃,被告赤脚走在其中。[Ali Ibrahim Khan (Asiatic Researches, I. 390).] 根据 7 世纪时玄奘法师的描述,在被告过于孱弱而无法进行赤烙铁神判时,做了更加人道的修改:被告简单地向火焰里投入一些鲜花芽,如果它们展开了叶片,他就被判无罪;如果它们燃烧殆尽,他就会被判有罪。[Wheeler' s Hist. of India, III. 262.]

圣物的真伪常常通过火焰燃烧的方式来检验。这种习惯,就像作为一种司法程序的神判本身一样,起源于东方。例如,当佛陀牙齿的遗骸被带给巴嗒厘子城(Pataliputta)的班度王(King Bandu)时,它的神圣性被尼乾陀的信徒们(Niganthas)[1]或是湿婆神(Siva)[2]的崇拜者们质疑,他们将其投入"如同号叫地狱(Roruva)般明亮而可怕"地燃烧着木炭的坑中——牙齿并没有被烧成灰烬,而是脱离了燃烧物,落于一朵车轮般大小的莲花上。[Dathavansa, chap. III. 11-13. (Sir M. Coomara Swamy's translation, London, 1874.)]甚至连罗马的无信仰者都接受了关于国王皮洛士(King Pyrrhus)[3]那多出来的一支拇指的类似信仰,认为它的触碰治愈了脾脏的疾病,并且在吞噬了他身体其他部位的火葬堆上未受损伤。于是这不可摧毁的肢体——很可能是西方世界记载中的第一个圣物——被装入棺木中,并被恭敬地放在一座神庙里。[Plinii Hist. Natur. L. VII. c. ii.]究竟基督教在多么早的时期就采纳了导致这种情况的信仰,可见于某部伪经所记载的基督襁褓的故事中。圣母由于贫穷,无法对前来朝拜初生救世主的东方三博士(the Magi)的馈赠给出任何回礼,便只将一条捆扎襁褓的绳索给了他们。他们在归途中将其放在圣坛的圣火中,尽管火焰热烈地接纳了它,却丝毫没有

1　尼乾陀(Nigantha),与佛教创始者释迦摩尼同时代的苦修教派耆那教的始祖。又译"尼乾子"或"菩提子"等。

2　湿婆(Siva),印度教中与创造神大梵天(Brahma)、保护神毗湿奴(Visnu)并列为三大主神,又译为"大自在天"。

3　国王皮洛士(King Pyrrhus,公元前319或前318—前272年),古希腊伊庇鲁斯国王,出色的军事家,但好大喜功、贪婪骄奢,做事缺乏原则。曾带领希腊人反抗罗马人入侵,一度率兵攻至意大利南部与罗马交战,付出惨重代价后,打败罗马军队,但这胜利局面没有持续多久。"皮洛士式的胜利"(Pyrrhic victory)一词常用来形容代价沉重、得不偿失的胜利。

伤及它,从此三位博士对它非常崇敬,并且将其位列在他们的财富之外。[Gospel of the Infancy, III.]

许多关于圣物的这种超凡耐火性的例子,都被中世纪虔诚的编年史家们记录下来。在1015年,几位僧侣在从耶路撒冷朝圣返回的途中,在卡西诺山(Monte Cassino)[1]得到了热情的接待。于是,他们便在圣本尼迪克(St. Benedict)的圣祠回敬以一条毛巾的碎片,那是救世主曾用来为门徒们洗脚的。一些教士不太相信,将其放在燃烧的炭上,它变得火红,但是一从火中取出,就恢复了本来的颜色,于是对它真实性的一切怀疑都烟消云散了。[Chron. Casininsis Lib. II. c. xxxiv.]在1065年,虔诚的达拉谟主教埃格温(Egelwin, Bishop of Durham)奇迹般地发现了神圣的殉道者、国王奥斯文(King Oswyn)的遗骸,他将其头发给了诺森勃兰伯爵陶斯提(Tosti, Earl of Northumbeerland)的妻子朱迪思(Judith)。而她带着无比的恭敬将其放在烈火之上,当被取出后,这些头发不仅没有被烧毁,还不可思议地增加了一层光泽感。所有旁观者都受到了极大的触动。[Matthew of Westminster, Ann. 1065.]一个类似的奇迹,验证了挪威圣王奥拉夫(King Olaf)[2]的神圣性,他的头发被系在一个被格林柯主教(Bishop Grimkel)祝祷过的、盛着燃烧的炭块的平盘上,以祛除

1 卡西诺山(Monte Cassino),在意大利罗马东南方向卡西诺城的西部,山上有一座本笃会创始人圣本尼迪克本人在529年建立的宏伟修道院,中世纪时是一个宗教、学术和文化中心。

2 挪威圣王奥拉夫(King Olaf),即挪威国王圣奥拉夫二世(St. Olaf II, King of Norway,约995—1030年),挪威的守护圣徒。

阿尔菲珐王后(Queen Alfifa)[1]的疑心。[Olaf Haraldss. Saga, ch. 258. (Laing' s Heiniskringla, II. 349.)]当吉博特·德·诺根特(Guibert de Nogent)的家乡因得到圣阿诺尔(St. Arnoul)[2]的一只胳膊而荣耀万分时,他做了类似的叙述:居民们起初怀疑这珍贵圣骸的真实性,将其投入火中;它不仅不焚烧,而且从炭块处跳开了,这般证据被认为确凿无疑地证实了它的神圣性。[Guibert. Noviogent. de Vita sua Lib. III. cap. xxi.]安德烈斯修道院(the monastery of Andres)的历史学家告诉我们,在1084年,失踪多年的圣女罗楚达(Rotruda)[3]的遗骸被奇迹般地找到了,而圭尼斯伯爵鲍德温一世(Baldwin I, Count of Guisnes)想要把这神圣的宝物带到他的家乡圭尼斯,此物拒绝移动直到他提议将它置于一架四轮马车之内,并让一队由神的力量引领的公牛将其运到它想要落脚的地方。公牛们将圣物载至一座纪念圣梅达(St. Medard)[4]的小礼拜堂,他立刻设法在那里建立了一座修道院。然而,小礼拜堂坐落之地安德烈斯(Andres)的领主鲍德温·勃查德(Baldwin Bochard),是一个宗教信仰不太强的人,他认为一座手握大权的修道院将会是一个麻烦的邻

---

1 阿尔菲珐王后(Queen Alfifa,约990—1040年),即出生于英格兰中部的"北安普顿的阿尔菲珐"(Ælfgifu of Northampton),为英格兰和丹麦国王克努特(King Cnut)的妻子,英格兰国王哈罗德一世(1035—1040年)之母。

2 圣阿诺尔(St. Arnoul),应指德国中世纪时梅茨主教(Bishop of Metz)圣阿诺尔,约580—640年。

3 圣女罗楚达(Rotruda,亦作St. Rotrude),生活在9世纪的一位女圣徒。

4 圣梅达(St. Medard,亦作Saint Medardus of Noyon,约456—545年),法国的一位主教。

居，便散布流言蜚语，责难说这圣物不是真的，而且终于说服了鲍德温伯爵用火焰神判来检验它。如此躬行之后，所有的人都相信了这圣人遗骸的真实性。勃查德和他的后人们积习难改地敌视圣罗楚达修道院和修道士们，却无一例外地被迫在临终时刻将部分财产捐赠出来供奉她。[Chron. Andrensis Monast. (D' Achery Spicileg. II. 782.)]

冷水神判

冷水神判(拉丁文：judicium aquæ frigidæ)，与其他类似神判不同，它要求奇迹发生才能将被告定罪，而按自然规律则可逃避罪责。庄严的初步准备仪式、斋戒、祈祷，以及其他宗教仪式，与前文所述的类似。圣水有时交给被告喝下，接着蓄水器或者水池将会以各种混合展示着信仰与不信的方式受到驱魔处理，然后捆绑被告，用一条绳索拴着浸入水中，以防止有罪者使诈，并避免无辜者溺水。[Hincmar. de Divort. Lothar. Interrog. vi.若执行神判的神职人员想要将被告定罪，巧妙处理之后的绳索，很可能能够轻易制造出受试者浮于水面的假象。] 根据盎格鲁-萨克森人的规则，这条绳索的长度应达到水下1.5 厄尔(ell)[1] [L. Æthelstani I. cap. xxiii.]；但是在执行过程中，出现了“究竟沉下多深才足够被视作无辜”这么个值得讨论的好问

1 厄尔(ell)，西欧旧时量布的单位，从中指顶端至手肘的长度，各地具体长度规定不一。

题。及至12世纪末,我们发现一些博学之士坚持说必须沉入水底方可;另一些人则认为整个人没入水中就足够了;而其他人却理论道,因为头发是身体之外的,或者说衍生物,它可作为特例飘浮水中,而不导致他的主人被定罪,只要他身体的其余部分被完全浸没即可。[Petri Cantor. Verb, Abbreviat. cap. lxxviii. (Patrol. CCV. 233.)]

这种神判的基础,源于一种从雅利安先民中流传下来的信仰,即这种纯洁的元素(指水)不会接受任何被罪行和伪誓玷污的人进入其中。这一信仰的另一种形式见于古老的迷信中:大地会将犯罪者的尸体推出土壤,而不是让它在泥土中安息。教会将这种方法重新纳入正统,辛克马尔清楚地表明了这一点:"企图用谎言遮掩真相的人,不会浸没于水中,因我主对此,声如雷鸣;由于水的纯洁性将其视为不洁,并且视为异物、拒不容纳,人性因洗礼之水被从虚假中释放出来,却又沾染了虚假。"[De Divort. Lothar. Interrog. vi.] 约旦河(Jordan)的洗礼[1]、红海(the Red Sea)中的通道[2]、大洪水(the Deluge)的至高决断[3],都被自如地引用以支持这种理论,尽管这些

1 约旦河(Jordan)的洗礼,似指《圣经·新约》中基督教早期传道者"施洗约翰"的故事。他是耶稣的表兄,在旷野中过着朴素而虔诚的布道者生活,常在约旦河边为众人施洗,后来耶稣到来,他也在约旦河中为耶稣施洗。最后因仗义执言,触怒希律王入狱。在王后的挑唆之下,公主莎乐美向希律王索要约翰的头颅作为自己跳舞的奖品,于是希律王不得不将他处死。

2 红海中的通道,似指《圣经·出埃及记》中的故事。摩西率领以色列人从埃及返回故土,行至红海边时,埃及法老的追兵赶到,于是红海的海水向两边分开,露出一条通道,待摩西率众通过后,红海闭合,摧毁了法老的军队。

3 大洪水,似指《圣经·创世记》中的故事。因地上的人类罪孽深重,上帝决定用大洪水毁灭人类,只留下义人挪亚一家。他们提前造好方舟,逃过一劫,成为后来人类的始祖。

后来成了反对它的直接证据；而最绘声绘色的言辞得到大胆运用，以便多少预示所期待结果的可能性。就这样，在圣登斯坦（St. Dunstan）[1]苦心炮制的公式中，对水的祈祷仿佛就是对那位至高存在的恳求——“若他失去了善良的份量，让水不要接纳他的身体，而被邪恶之风托起。”［Ordo S. Dunstani Dorobern.（Baluze II. 650.）］

在印度，这种神判形式的单纯性，很奇怪地形色各异。根据7世纪时佛教朝圣者玄奘法师的描绘，被告被捆在一个袋子里，另外一个袋子则装着一块石头。然后，两个袋子被系在一起，扔进深深的水流之中，若是那人沉下而石头浮起来，他就被宣告有罪，而如果石头沉下而那人浮起，他就会被宣告无罪。［Wheeler’s Hist. of India, III. 262.］根据《耶若婆佉法典》，下面这种审判更像是一种对持久毅力的考验。受试者站在及腰深的水中，面朝东方，抓住站在身旁的一位婆罗门的大腿发誓：“哦，伐楼拿（Varuna）[2]，揭示真相以保护我吧！”然后，他潜入水中，而与此同时一支没有尖头的芦苇箭脱弦而出，飞过106指宽的长度，如果他能够待在水中直到箭被捡回，他就获得了胜诉。耶若婆佉表示，这一神判形式只适用于首陀罗，或者说种姓制度中最低等的人们；而《阿克巴治则》（*Ayeen Akbery*）[3]则说，它仅限于吠舍，或者说农夫和商人的种姓等级。

---

1 圣登斯坦（St. Dunstan），即坎特伯雷大主教（Archbishop of Canterbury）圣登斯坦（924—988年），英格兰韦塞克斯王国的顾问，修道院改革的推动者。

2 伐楼拿（Varuna），印度教中掌管法律、秩序的天神。

3 《阿克巴治则》（*Ayeen Akbery*，也作 *Ain-i-Akbari*），一部记载16世纪印度莫卧儿帝国阿克巴大帝（参见前文第308页注5）的律法的文件。由他的重臣阿布尔法泽尔（参见前文第308页注4）写成。

[Yajnavalkya (As. Researches, I. 402-4).—Ayeen Akbery, II. 497.——阿里·易卜拉欣·卡汗提供了一些不那么重要的细节差异。(As. Researches, I. 390).]

尽管,如我们所见,就像摩奴所描述的那样,印度原本的冷水神判与欧洲的形式非常相近,相信有罪者会浮起而无辜者会下沉,虽然这种形式流行于整个欧洲,它的顽固存在也使之成为文明进程中最后消失的一种神判,不过,却没有出现在更早期的蛮族法典之中。它首次出现于9世纪,在那时被广泛认为是一种新鲜事物,以至于几乎同时代的文献将其归咎于当时教皇们的发明。一个故事是,799年当利奥三世从叛乱的臣民中逃往查理大帝处,并在后者的保护下重返罗马时,冷水神判被引入以审判那些叛乱者。[Canciani Legg. Barbar. T. I. pp. 282-3.]另外一个版本则宣称,824—827年在位的教皇尤金二世(Eugenius II),应"虔诚者路易"的请求而发明了它,为的是扼制为害甚广的伪证之罪。[Baluze II. 646.—Mabillon Analect. pp. 161-2 (ap. Cangium).—Muratori Antiq. Ital. Diss. 38.—Jureti Observat. ad Ivon. Epist. 74.]更值得注意的是,里昂大主教圣阿戈巴德在他写于尤金登位前数年的、反对神判的论文之中,尽管列举和描述了当时使用的各种方法,却没有提到冷水神判。[Lib. adv. L. Gundobadi cap. ix.—Lib. contra Judic. Dei, c. i.]但是,因为证据表明它先前存在于东方,我们应当有理由推定,它是9世纪时教会的一种创新。[有争议认为,欧洲在更早的时期就采用它了,其根据是图尔的格里高利所记述的一些奇迹(Mirac. Lib. I. c. 69-70),但是这些记载表明无辜之人被不公正地溺水,却得以保命,因此这些案例实际与这件事项无关。格拉提安（Gratian）[1]的使徒书（Epistle in Gratian, C. Mennam caus. 2, q. 5）原本归功于格里高利一世（Gregory I）[2]，现在早已纠正，使之归于它真正的创造者——亚历山大二世（Alexander II）[3]。（Epist. 122.）]

起初，它的复兴被看作必然而暂时的。仅仅在被引入几年之后，它就在829年沃尔姆斯会议上遭到"虔诚者路易"的责难；它的使用被严格禁止，而"钦差"（missi dominici）[4]被命令去确保这条命令的有效执行，路易的儿子，即皇帝洛泰尔也重申了这些规制。[Capit. Wormat. Ann. 829, Tit. II. cap. 12;—L. Longobard. Lib. II. Tit. lv. §31.]但这些禁令简直徒劳无功。这一神判形式得到了大众迷信的支持，而辛克马尔志得意满的叙述则表明，帝王的禁令没有得到权威宗教会议教令的确认。[De Divort. Lothar. Interrog. vi.]冷水神判迅速在欧洲流行开来，而大陆民族则将其置于与其他形式神判相等的地位。确实，它在盎格鲁-萨克森人中的运用，遭到一些现代学

1 格拉提安（Gratian），12世纪时的教会法学家。

2 格里高利一世（Gregory I），即罗马教皇格里高利一世，590—640年在位。他凭借敏锐的政治嗅觉，广建修道院，强制实施了宗教教规，又允许修士从事经济活动，扩大教会资产。极大地提高罗马教皇的地位而削弱君士坦丁堡大主教的地位及职权，使得罗马教皇的地位与皇帝的地位相当。去世后被册封为圣徒，因此称"圣格里高利"（St. Gregory），又称"伟大的格里高利"（Gregory the Great）。

3 亚历山大二世（Alexander II），罗马教皇，1061—1073年在位。

4 钦差（missi dominici），古代欧洲墨洛温王朝和加洛林王朝早期的一种钦差或巡按制度，查理大帝时成为一种固定的制度。这些官员负责审问各种法律案件和宣扬国王的宪法。

者的质疑;但是已在前文中引用的《埃瑟斯坦法令》(*the Dooms of Ethelstan*)[1]和坎特伯雷的圣登斯坦的准则,足以表明"威廉征服"之前,它在英格兰已然存在,而到了12世纪末,它的使用似乎铺天盖地的盛行起来。1166年《克拉兰登的判令》(*the Assizes of Clarendon*)[2],于1176年在北安普顿(Northampton)[3]得到确认,规定审讯在每一个郡内进行,并且所有被指控犯有谋杀、抢劫、窝藏罪犯和其他重罪的人无须进一步审判,直接进行水神判来裁断他们有罪或无辜。[Assisa facta apud Clarendune §§ 1, 2.—Assisa apud Northamtoniam. (Gesta Henrici II. T. II. p. cxlix; T. I. p. 108.—M. R. Series.)]

水神判,无论是热水还是冷水,从早期就被斥为平民做法,而赤烙铁和决斗则是属于贵族的。因此,在9世纪,辛克马尔提到前者适用于处于隶从地位的人[Opusc. adv. Hincmar. Laudun. cap. xliii.];1000年左右,在伦巴底人的法律中,皇帝圣亨利二世(the Emperor St. Henry II)[4]颁行的一部宪章也有类似的表达[L. Longobard. Lib. i. Tit. ix. § 39.];11世纪时的一部阿尔萨斯人(Alsatian)的文献[Recess. Convent. Alsat. anno 1051, § 6. (Goldast. Constit. Imp. II.

1　埃瑟斯坦(Ethelstan,亦作Æthelstan,?—939年),"长者爱德华"之子、阿尔弗雷德大帝之孙,韦塞克斯(Wessex)和默西亚(Mercia)的国王(924年起),后来成为整个英格兰的实际统治者。

2　《克拉兰登的判令》(*the Assizes of Clarendon*),在英格兰国王亨利二世发起编纂的法令集。这部文件促进了后来普通法系陪审团制度的诞生。

3　北安普顿(Northampton),英格兰中部地名。

4　皇帝圣亨利二世(the Emperor St. Henry II,973—1024年),神圣罗马帝国皇帝,亦曾兼任德意志国王和巴伐利亚公爵,死后被罗马教廷封为圣徒。

48.)]，以及12世纪的苏格兰法律,采取了相同的立场[Regiam Majestatem Lib. IV. cap. iii. §4.]；而格兰维尔在12世纪末明确地表明了这种主张。[De Legg. Angliæ Lib. XIV. cap. i. 然而，这里也许存在一些疑问。在1177年，一位可谓“声名卓著而又富甲一方”(nobilissimus et ditissimus)的伦敦居民，被指控犯有抢劫罪，在受到了冷水神判的审判，被判为有罪后，他向亨利二世提出用500马克换取赦免。这数目惊人的贿赂遭到拒绝，他被依法绞死。—Gesta Henrici II. T. I. p. 156.]然而，这是一项创新。因为在最早的法典中,没有这样的特征,萨利人的法律中规定“欧纽姆”或者说热水神判,甚至适用于法兰克王国的国王卫队(Antrustions),他们是这个国家中最受欢迎的阶层。[Text. Herold. Tit. LXXVI.]即使在后来,这条规则在任何意义上都不是绝对的。10世纪时,加斯科尼公爵桑切(Sanche, Duke of Gascony)想要建立纪念圣塞佛(Saint Sever)的修道院,为了实现这个目的,对一些土地主张所有权,被判由冷水神判来裁决。[Mazure et Hatoulet, Fors de Bé am, p. xxxi.]在1027年,意大利和英格兰伟大的归尔甫派(Guelf)[1]的先驱,阿尔托夫伯爵韦尔伏二世(Welf II, Count of Altorf)[2]参与了“年轻的”康拉德(Conrad, the Younger)[3]以

1 归尔甫派(Guelf),亦意译为“教皇党人”,是中世纪时神圣罗马帝国皇帝为代表的君权与罗马教皇为代表的神权相互斗争的产物。与之针锋相对的皇帝一方,称为吉贝林派(Ghibelin)。

2 阿尔托夫伯爵韦尔伏二世(Welf Ⅱ, Count of Altorf,?—1030年),曾反对康拉德二世当选为皇帝未能如愿,随后又参与卡林西亚公爵和士瓦本公爵的反叛皇帝的行动,但在1027年向皇帝屈服。

3 “年轻的”康拉德(Conrad, the Younger and Ernest of Suabia,约1003—1039年),指卡林西亚公爵康拉德二世(Conrad II, Duke of Carinthia)。

及士瓦本的恩斯特(Ernest of Suabia)[1]的反叛,被萨利王朝的皇帝康拉德(the Emperor Conrad)[2]强迫用这种方式证明自己的无辜。[Conrad. Ursperg. sub Lothar. Saxon.]这很可能有侮辱之意,而不是作为一种司法程序,因为韦尔伏在叛乱中的行为实属罪大恶极。但是在大约同一时代,奥思洛努斯(Othlonus)[3]叙述了这么一个事例:一个出身高贵的人被指控犯有盗窃罪,却理所当然地遵从了冷水神判[Quidam illustris vir.—Othlon. de Mirac. quod nuper accidit etc. (Migne' s Patrol. T. 140, p. 242.)],而我们发现,近两个世纪之后,当所有粗野的神判都被弃而不用,水神判在德意志南部的贵族中作为一种解决封邑争议的方式依然通行,而在德意志北部地区,则是解决土地所有权争议的方式。[Juris Feud. Alaman. cap. Lxxvii. § 2.—Jur. Prov. Saxon. Lib. III. c. 21.]

1083年,在亨利四世(Henry IV)[4]和希尔德布兰德,亦即帝国

1　士瓦本的恩斯特(Ernest of Suabia),指士瓦本公爵恩斯特二世(Ernest II, Duke of Suabia),1015—1030年在位。

2　皇帝康拉德(the Emperor Conrad),神圣罗马帝国皇帝康拉德二世(Conrad II, Holy Roman Emperor,1027—1039年在位),兼任德意志、意大利和勃艮第国王。

3　奥思洛努斯(Othlonus,也作Othlo,或Otloh of St. Emmeram),生活在11世纪的德意志地区的本笃派修士和学者。

4　亨利四世(Henry IV),这里指德意志国王和神圣罗马帝国萨利王朝的皇帝亨利四世(1050—1106年),11世纪欧洲最有权势的人物之一。其统治期内战乱频发,他在许多斗争中都扮演了重要角色,例如:帝国和教廷间关于高级神职人员任免权的斗争(Investiture Controversy)、德意志内部的王位争夺战等。在1105年他被迫退位,1106年病逝于今德法边境的洛林地区。参见前文第63页注1。

和教廷之间的殊死较量之中，帝国的支持者高兴地记述道：教皇廷中的一些高级神职人员将自己首领的事业付诸这种神判。在三天斋戒并对水进行适当祝祷之后，他们在水中放了一个男孩代表皇帝。男孩像块石头一样沉了下去，令他们惊恐不已。在向希尔德布兰德报告这个结果后，他命令将这个实验重复一次。后来，又将男孩作为教皇的代表扔进水里，不管怎样努力将他按入水中，他硬是两次都浮起来，所有相关人士都被要求发誓，以确保这个意料之外的结果不为他人所知。［MS. Brit. Mus. quoted by Pertz in Hugo. Flaviniac. Lib. II.］

或许这种形式的神判传诵最广泛的例子，是当时人们记述的拉昂大教堂圣器被盗案。在为这件事召开的会议上，该主教辖区最有学识的博士安塞姆先生，建议效法约书亚（Joshua）[1]在耶利哥城（Jericho）[2]的做法，从该城每一个教区找一个小孩，浸入供奉过神的水中。找出有罪者所在教区后，其中每一户应再选一个孩子来进行同样的程序。就这样，有罪的人家会被发现，所有的同住者应当再进行这种神判，而这渎神行为的始作俑者就会被揭露出来。这个计

1 约书亚（Joshua），《圣经》中的人物，是继摩西之后的以色列人领袖。约书亚攻陷耶利哥城之后，发现有人触怒了耶和华。约书亚便根据神的旨意，一个个支族地排查，排查到犹大支族有问题，再一个个家族、家庭逐级排查，最后查出是亚干，他贪图战利品，没有听从指示，取了“当灭的物”。亚干认罪并交出赃物后，被以色列人用石头打死。详见《圣经·约书亚记》7:1–26。参见前文第276页注2。

2 耶利哥城（Jericho），《圣经·申命记》中以色列人在约书亚的带领下渡过约旦河后所攻陷的第一座城。这是一座非常古老的城市，历经毁弃和重建，今多译为“杰里科”，位于巴勒斯坦和以色列之间约旦河西岸的河谷地区。

划本来真的有可能付诸实施，要不是吓坏了的居民们冲到主教那里，坚称这一实验应当从那些能够进入教堂内并最有机会作案的人开始。于是选出了其中的6个，也包括安塞姆自己。在狱中等候审判的时候，他将手足绑起，浸在装满水的浴盆中，完全沉入盆底，确保他本人应当免于牢狱之灾。审判当天，在被选定为审判地点的大教堂中，在一大群人面前，第一个囚犯下沉，第二个浮起，第三个下沉，第四个浮起，第五个下沉，而作为第六人的安塞姆，与之前的实验不同，他硬生生浮了起来，因此被判为同谋犯之一，尽管他的无罪抗辩是诚实无欺的。[Hermann, de Mirac. S. Mariæ Laudun. Lib. III. cap. 28.]

尽管冷水神判与类似的脱罪方式一起从民事和普通刑事诉讼的法条中消失了，却仍在一类案件中保持了大众的信心直到一个相当晚近的时期。对施行巫术和魔法的指控，构成了中世纪和近现代社会中一种如此奇怪的特色；为了这个目的而适用冷水审判，显然可以追溯至各种原因。对于这些犯罪，一旦失去了自己原始法典中排斥人身刑的特点以及对个人行为自由的尊重后，水浸就成了法兰克人习惯法中的惩罚方式[Lodharius ... Gerbergam, more maleficorum, in Arari mergi præcepit.—Nithardi Hist. Lib. I. Ann. 834.]；并且除了"纯净的元素拒绝接受那些身染罪孽之人"这样的普遍信念，在此类特殊犯罪中还有一种广泛流传的迷信，认为巫术和魔法的高手们会失去他们的应有密度。普林尼提到在尤克森海（the

Euxine)[1]上,有一个巫师种族,他们比水还轻——“更有甚者,在一块布也会下沉的地方,他们却不沉”[Plinii Natur. Histor. L. VII. c. ii.];而拜占庭的斯蒂芬(Stephanus Byzantinus)[2]则将忒拜(Thebe)的居民描绘为魔法师,他们呼吸吐纳就能杀人,被扔入海中时还会浮起。[Ameilhon, de l' Épreuve de l' Eau Froide.]对于这些观念的产生,我们可以归结于这样一个事实:当冷水审判作为常规案件的审判方式,在13世纪被废止时,它却仍旧作为一种特殊模式得到保存,以对付那些由于自己的愚蠢或是邻人的恶意和恐惧而被指为巫师或术士的人们。[在较早的时期,习惯上会采用其他各种形式的证据。在伦巴底人之中,国王罗萨里斯规定采用司法性决斗(L. Longobard. Lib. I. Tit. xvi. §2)。盎格鲁-萨克森人(Æthelstan cap. VI.)采取三倍的赤烙铁神判或沸水神判。]英诺森三世实质上将所有其他形式的粗野神判终结之后,过了一百多年,我们仍发现“争吵者路易”(Louis Hutin)[3]下令在这样的案件中采用它。[Regest. Ludovici Hutini (ap. Cangium).]不过,最终它仍被废止不用,直到16世纪后半期,迷信引起的对巫术的恐慌占据了大众的思维,它才死灰复燃。1487年,司布伦格在处理关于巫术和控诉的所有细枝末节时,提到了赤烙铁神判,而没有提到关于冷水神判或“漂浮之人是巫师”的任何内容,这显示出:作为此类案件的检验方法,无论是在民众之中还是在司

1 尤克森海(the Euxine),今黑海(the Black Sea)的古称。

2 拜占庭的斯蒂芬(Stephanus Byzantinus,也写作 Stephen of Byzantium),生活在6世纪的重要地理学者,著有《人种学》(*Ethnica*)一书。

3 争吵者路易(Louis Hutin),即法国国王路易十世(Louis X, the Hutin, King of France),“美男子”腓力四世的长子,1314—1316年在位。

法界，它早已被人遗忘。[Mall. Maleficarum.] 在1564年，维尔(Wier)对其进行了讨论，似乎它在德意志西部仍作日常使用，并且提到了一个时间较近的案件：一位受到诬告的年轻姑娘被用这种方法测验，结果漂浮水中，之后她遭到了酷刑折磨，直到行刑者都惊讶于她的忍耐力。由于没有获得任何招供，她被释放了，这显示出这种神判何等不受信赖。[Wieri de Præstigiis Dæmonum pp. 589, 581.] 20年后，斯克里波尼乌斯(Scribonius)在1583年的作品中，将其作为一种新奇事物提及，但是，纽瓦德(Neuwald)向我们保证：此前它已在整个威斯特伐里亚地区通行了18年[Scribonii Epist. de Exam. Sagarum. Newald Exegesis Purgat. Sagarum. 这些小册子与里齐乌斯的《冷水神判抗辩》(*Defensio Probæ Aquæ Frigidæ*)一起在莱比锡(Leipsic)[1]重印(I vol. 410)。]，而在1579年，博丹(Bodin)[2]将其作为一种德国式方法提及，尽管他相信其效力，却仍谴责此等依赖怪力乱神的做法。[De Magor. Dæmonomania, Basil. 1581, pp. 372, 385.] 这种犯罪要得到司法上的证明是如此困难，而神判为胆小谨慎的法官的疑问提供了一种如此便捷而令人满意的解决之道，难怪它会死而复生。公认的怪力乱神研究者(Demonographers)——博丹、宾斯菲尔德(Binsfeld)[3]、戈德尔曼(Godelmann)[4]和其他各位，

---

1 莱比锡(Leipsic，常写作Leipzig)，德国地名。

2 即让·博丹(Jean Bodin，1530—1596年)，法国法律和政治学家。最著名的成就是提出了主权理论。

3 宾斯菲尔德(Binsfeld)，即宾斯菲尔德主教彼得(Peter, Bishop of Binsfeld)，主要生活在16世纪后半期的德国主教和神学家。

4 戈德尔曼(Godelmann)，指约翰·乔格·戈德尔曼(Johann Georg Gödelmann，1559—1611年)，德国法学家和神魔鬼怪研究者。

因各种原因反对它的复活，但是它并不缺少辩护者。在1583年，斯克里波尼乌斯在造访莱姆戈(Lemgow)[1]时，看到三个不幸的人被当作巫师烧死，而另外三个女子当天也面临这种神判的考验，以裁断她们被控的罪名。他描述说，她们被剥去衣服、赤身裸体，手和脚被捆在一起，从左到右依次被扔进了河里，她们在河中像圆木一般漂浮着。鉴于此奇迹留下的深刻印象，他在给莱姆戈地方长官的一封信中，表达了对这种程序的热烈赞许，而且试图对它进行解释，并在不信者面前为其辩护。巫师们在与撒旦的交流中，沾染了他的属性；撒旦存在于他们体内，使他们的人类属性向其转变；撒旦是一种无法衡量的精神之气，因此他们同样变得比水更轻飘。两年后，赫尔曼·纽瓦德(Hermann Neuwald)发表了一本小册子来回应这个问题，严厉驳斥了斯克里波尼乌斯提出的论据；而斯氏在1588年用一篇更长篇大论和深思熟虑的论文予以回击，支持神判。这之后不久，宾斯菲尔德主教在他巨细无遗的关于巫术的著作中，表示这个程序是威斯特伐里亚通行的一般做法，并且在莱茵兰地区也时有采用。然而，他谴责冷水神判，因为它带有迷信的印记，而且教皇们禁止了所有的神判，并总结说任何使用它的法官或相信它的人，都罪无可恕。为否定斯克里波尼乌斯的解释，他辩称巫者的漂浮是由于魔鬼本人的直接干预造成的，他偶尔愿意牺牲一个追随者，以便使参与施行教会所谴责之事的那些灵魂们犯罪。[Binsfeldi Tract. de Confess. Malefic, pp. 287-94 (Ed. 1623).他声称，由于这个程序非法，通

1　莱姆戈(Lemgow)，德国北部下萨克森州的城市。

过它获取的供词也没有法律效力。] 维尔不承认巫术,却相信魔鬼的活跃干预,也类似地辩称,那些漂浮者是受到了魔鬼们的鼓励,但是他将其归结于他们欲确保公众对巫术幻想。那个时代的另一个魔鬼研究者戈德尔曼,毫不犹豫地表示,任何诉诸这种方式寻求证据的法官,将使自己面对报复性诉讼;而且他用一个亲身经历的案子,证实了自己的观点,说明了这种神判是多么没有价值。1588 年,他从普鲁士旅行到立沃尼亚(Livonia)[1],当他来到一位统治者的城堡时,主人碰巧提到他第二天将会烧死一个最邪恶的女巫。戈德尔曼想知道证据是否可靠,就询问是否进行过水神判,在得到否定的回答后,便敦促进行这项实验。他的要求被准许了,而那个女巫像块石头一样沉没了。后来,那位贵族写信告诉戈德尔曼,他在 6 名确是巫师无疑的人身上尝试了这种做法,全部都失败了,表明它是一个虚假的提示,可能会蒙蔽轻率的法官们。[Godelmanni de Magis Lib. III. cap. v. §§30, 35.] 另一方面,根据欧登考普(Oldenkop)的记述,他曾亲眼见证过,一些有嫌疑的妇女遭受这种方式的神判,她们全部浮起。事后,为了满足在场一些贵族的好奇心,一位完全无涉此罪的观众自愿受雇,被绑起来扔入水中,也一样浮了起来,无论行刑者如何努力都无法使他下沉。[P. Burgmeister Dissert, de Probat. per aquam, etc. Ulmæ, 1680, §44. 博格梅斯特采纳了宾斯菲尔德的说法,作为巫师浮于水面的解释。] 在 1594 年,一位更有权威性的斗士加入了争论——雅各布·里齐乌斯(Jacob Rickius),来自科隆的博

1 立沃尼亚(Livonia),中世纪后期的波罗的海东岸地区,即现在的爱沙尼亚以及拉脱维亚的大部分领土的旧称。

学多闻的法律专家。作为波恩(Bonn)[1]法院的一名法官,他能够有很多机会考查这个问题,并将他的判决付诸实施。他生动地描述了法官们在罪行的严重性和证据的不可靠性之间的困惑不定,而他对神判支持者的所有论据的深思熟虑的讨论,可以被浓缩为:获取这种罪行的证据是如此困难,以至于除了神判,没有其他的肯定性证据;不用这种方法,我们会缺乏绝对证据,从而无法制裁巫蛊,这就等于承认"魔鬼高于上帝"的迷信,任何其他结果都比这样的结局好。他声称,在证据充分、足以定罪的情形下,他从未实行过这种方式,即便在缺乏可据以采用酷刑的其他证据的情况下,也未用此法;而且在任何情况下,他都是将其作为酷刑的前奏而采用——作为"准备和强化酷刑的方式"——因严刑拷打常常在恶魔的影响下徒劳无功。他洋洋自得地详述那些令人憎恶的实例,作为他的地位无可辩驳的证据,显示出这些案件是何等频发和残忍,但因太过冗长,在此不再赘述。他对《圣经》经文、教皇圣父们、罗马法和教会法的频繁引用,与他行为和说教中带着迷信色彩的残暴不仁形成了诡异的对比。

在法兰西,必须倚仗中央集权才能终止这样的程序。在1588年,一宗香槟省法院的判决要求一个囚犯进行这样的冷水神判实验,被上诉至最高法庭,而最高法院在1601年12月,登记了一部反对这种做法的正式法令;后来认为有必要重申,便又在1641年8月10日发布了一条命令。[Königswarter, op. cit, p. 176.]后者绝非多

---

1 波恩(Bonn),德国西部、莱茵河畔的城市。

此一举,我们可以从著名的纪尧姆·比格浓(Jerôme Bignon)[1]几乎同时代的著作中得知,根据他的亲身经历,在若干年中,法官们仍习惯于用这种方式阐释疑难案件。[“Porro, nostra memoria, paucis abhinc annis, solebant judices reos maleficii accusatos mergere, pro certo habentes incertum crimen hac ratione patefieri.” —Notæ ad Legem Salicam.] 在英格兰,詹姆斯一世通过将神判称颂为这种案件中绝不会失败的证据,以满足他的自负和迷信。他所用的是那个古老的论据,即宣称这纯洁的元素不会接收那些已然背弃了自己所受的洗礼的人 [Tanquam aqua suum in sinum eos non admitteret, qui excussa baptism aqua se omni illius sacramenti beneficio ultro orbarunt.—Dæmonologiæ Lib. III. cap. vi.],而他的权威无疑刺激了无数残暴和压迫案例的发生。在苏格兰,避免了剥光女性的衣服、让她们裸身浸水的下流方式,代之以先将她们用被单包裹起来,再把拇指和脚趾绑在一起;圣安德鲁斯湾(Bay of St. Andrews)的一部分地区依然被称为“巫师池”(Witch Pool),因为它曾被用于审判这些不幸的人。[Rogers' Scotland, Social and Domestic, p. 266. (Grampian Club, 1869.)]

在饱学之士的思想中根除这种观念何其缓慢,从1661年地方法官朗先生(J. P. Lang)为获得巴塞尔大学(University of Bâle)的法律职业证书而提交的一篇旁征博引、无可置辩的论文中可见一斑,

1 纪尧姆·比格浓(Jerôme Bignon,1589—1656年),法国律师和法学家,曾在路易十三还是太子时做过他的老师,后在巴黎高等法院任重要职务,退休后被黎塞留任命为王室图书馆长。

论文附带讨论了针对女巫的冷水神判。他总结道，或许戒绝此道比较好，尽管他无法质疑其作为一种调查方法的有效性。[Dissert. Inaug. de Torturis Th. XVIII. § xi. Basil. 1661.] 在 1662 年，布朗特(N. Brant)在吉森(Giessen)所作的一篇类似的论文中，提到它主要是在威斯特伐里亚被用于一些地方，并针对其不确定性而对它进行了批驳。[N. Brandt de Legitima Maleficos et Sagas investigandi et convincendi ratione, Giessen, 1662.] 1680 年，博格梅斯特在乌尔姆(Ulm)[1]发表的一篇论文中，提到这种做法依然在威斯特伐里亚存在，而且受到许多饱学之士的维护——在他们之中有赫尔曼·康林(Hermann Conring)[2]，当时最杰出的学者之一，他辩称如果祈祷和誓言确实能够获得神明的介入，也就有理由认为在重要的司法案件中也一样——但他不同意他们的观点。[P. Burgmeister Dissert, de Probat. per aquam ferventem et frigidam, § §29, 39-41, Ulmæ, 1680.] 勃拉姆(F. M. Brahm)在 1701 年，将它作为一种不再被使用的方式提及。[F. M. Brahm de Fallacibus Indiciis Magiæ, Halae Magdeburg, 1709.] 但在 1714 年，奈林(J. C. Nehring)将它描述为一种即使没有完全废弃，也近乎废止的方法，他不赞成这种方法但认为它值得深入探讨。他记录了几年前发生的一个案例，一个被控犯有巫术罪的女性，成功越狱脱逃，并自己浸入水中测验，发现无法下潜。尽管如此，奈林宣称即使囚犯自己要求这项神判，批准此事的法官依然罪无可恕，因为魔鬼常常向女巫们承诺用这种方法搭救她们，而且虽

---

1 乌尔姆(Ulm)，德国南部城市，位于慕尼黑和斯图加特之间。

2 赫尔曼·康林(Hermann Conring)，生活在 17 世纪的德国学者。

然魔鬼们很少信守承诺，依然就这样成功地令追随者陷于蒙昧迷信之中。因此，这项神判的成功性无法确定，而奈林的结论是：法律必须是为案件的普遍性，而不是个别案件设立的。[J. C. Nehring de Indiciis, Jenæ, 1714.] 即使在那个世纪的中期，博学而虔诚的穆拉托利在中世纪作者记录的、用这种方式进行的上帝裁判中，申明了自己虔敬的信仰；他进一步告诉我们，他的那个时代，在女巫横行的特兰西瓦尼亚（Transylvania）[1]，这是普遍通行的做法。[Antiq. Ital. Dissert. 38.] 而在西普鲁士，迟至 1745 年，卡尔姆宗教会议（the Synod of Culm）[2]将其描述为一种常见的、被普遍滥用的方式，而且严厉禁止在未来使用。[Qui ex levi suspicione, in tali crimine delatas, nec confessas, nec convictas, ad torturas, supernatationem aquarum, et alia eruendæ veritaris media, tandem ad ipsam mortem condemnare ...non verentur, exempla proh dolor! plurima testantur.—Synod. Culmens. et Pomesan. ann. 1745, c. v. (Hartzheim. Concil. German. X. 510.)]

尽管，在过去的一百年间，冷水神判已经从欧洲认可的合法程序中消失了，但大众的心理依然没有克服这延续多年的迷信和偏见，在某个蒙昧无知的地方偶然发生了一场暴行，向我们展示了：现代文明的胜利之后，中世纪的无知和残暴仍然苟延残喘。在 1815—1816 年，比利时因在不幸的巫蛊嫌疑犯身上施行这种审判而蒙羞

1　特兰西瓦尼亚（Transylvania），罗马尼亚旧省名，位于罗马尼亚中部。

2　卡尔姆（Culm），即波兰城市车尔姆诺（Chelmno）的旧称或德国名，也写作“Kulm”，此地曾是德意志民族和德国的前身条顿骑士团的领地，在二战被纳粹德军占领期间，曾一度恢复旧称。

[Meyer, Institutions Judiciaires, I. 321.]; 而在1836年,但泽(Dantzic)[1]附近的海拉(Hela)民众,两次将一位背负女巫之名的老妇人投入海中,而由于这可悲的人总是浮上海面,她被宣布有罪,并被活活打死。[Königswarter, op. cit. p. 177.]甚至在英格兰,几年以前,就发生过一群轻信的狂徒对他们认为是女巫的女子施行水神判,从而使其受到指控。[Spottiswoode Miscellany, Edinburgh, 1845, II. 41.]

或许,我们可以将某位现代旅行者所描述的、盛行于俄国南部的习惯,归结为这一迷信的残余。当一户人家中发现有窃贼时,仆人们被召集起来,然后请来一位女巫,或者说"渥罗吉雅"(vorogeia)。慑于接下来的讯问,有罪者无须进一步程序便会招供,但是如果不招,这位"渥罗吉雅"会在桌上放一罐水,并揪好与在场嫌疑者人数相同的面包粒。然后,她拿起其中一粒,对最靠近的那位仆人说——"如果你犯下了这偷盗罪,这面包粒就会沉入瓶底,就像你的灵魂堕入地狱一般;但是如果你是无辜的,它会漂浮水上"。这一主张的真伪从未被验证过,因为罪犯总是在轮到他进行这项神判之前就招供了。[Hartausen, Études sur la Russie. (Du Boys, Droit Criminel des Peuples Modernes, I. 256.)]

---

1 但泽(Danzic,亦拼作Danzig),波兰波美拉尼亚省的省会格但斯克(Gdańsk)的德文名,此城是该国北部波罗的海沿岸地区的最大城市和最重要的海港。

天平神判

我们已经在上文中看到存在着这样一种信念：犯有巫术罪的人们会失去他们的体重，而这种迷信自然导致了用天平来揭发和惩罚巫术犯罪，这种犯罪是所有专家们向我们担保的在所有刑事犯中最难以获得证据的一种。然而，天平审判并非欧洲人所创。就像其他几乎所有的神判一样，它可以被追溯至印度，至少早至耶若婆佉时代，就已普遍使用。其被描述为专用于妇女、儿童、老年人、伤残病者、失明、跛脚人士，以及有特权的婆罗门种姓，并且只有在争议金额至少达到 1000 枚银币时方可使用。在适当的仪式之后，受试者被放在一个天平上，另一端放上同样重量的东西以保持平衡，而此项行事的妙处表现在：规定横梁必须有一个盛着水的槽，显然是为了探查两边哪怕最小的偏差。一升起天平，被告人就对它立誓，生动地让我们想起了教会进行神判时采用的基督教方式：

> 哦！天平，汝乃是真理的殿堂；汝为古时神明所制；因此，宣示真相吧，哦！胜利的赐予者，为我洗去一切嫌疑。
>
> 若我有罪，如我自己的母亲一般庄严地，令我下沉吧；但若我是无辜的，举我悬空吧！

如果他下沉，或者天平断裂，就会被判有罪；但是如果他升起，就会被宣告无罪。[Asiatic Researches, I. 402-3.] 这实际上与玄奘法师在 7 世纪所做的描述形式相同；而《阿克巴治则》提供的证据印证了这审判采用的运作模式,它写道:起诉人被称量之后,进行某些宗教仪式,然后再次被衡量。如果两次他都保持了稳定的密度,则会被判有罪,而如果他在这期间重量减轻,就会被宣告无罪。[Wheeler's Hist, of India, III. 262.—Ayeen Akbery, II. 486.]

这里我们将会看到,重量轻是无辜的证据,而在欧洲,神判却逆转为相信巫师们会变得比水轻。1594年,里齐乌斯写道,这种审判形式在许多地方的巫术案中得到广泛使用,并严肃地向我们保证,曾有又大又胖的女人们被发现只有13磅或15磅重[Rickii Defens. Probæ Aq. Frigidæ, §41.];但是即使这样也很难解释某些地区对这项程序的改动:天平一端放着被告,另一端放着一本《圣经》。[Collin de Plancy, Dict. Infernal, s. v. Biblioinancie.]寇尼格斯瓦特(Kœnigswarter)向我们保证,这些情形中曾被使用的天平,在荷兰的奥德瓦特(Oudewater)[1]依然可见;而且他表示,在匈牙利的塞格丁(Szegedin)[2]迟至1728年,还有13个被控犯有巫术罪的人,依法庭令状而被处以冷水神判,然后又进行了天平神判。[Kœnigswarter, op. cit. p. 186.]用《圣经》当作砝码的记载,最晚近可追溯至1759年,在英格兰的埃尔兹伯里(Aylesbury)[3],一位名叫苏珊娜·海诺克斯(Susannah Haynokes)的人,受到巫术罪指控,在教区教堂受到正式称量,所用砝码正是《圣经》。[E. B. Tylor in Macmillan's

---

1 奥德瓦特(Oudewater),位于荷兰乌特勒支的一个小镇,以其中世纪对女巫的奇怪审判而闻名。

2 塞格丁(Szegedin),又译"塞格德",匈牙利南部的重要城市。

3 埃尔兹伯里(Aylesbury),英格兰中南部城市,白金汉郡首府。

Magazine, July, 1876.]

十字架神判

十字架神判(judicium crucis 或 stare ad crucem),是一场单纯的忍耐力的考验。原告和被告,在进行过适当的宗教仪式和准备之后,举着胳膊站立在十字架前,旁边进行着神圣的仪式,胜者是能够维持其姿势最久者。[法庭按照这种方式作出判决的例子可见于 Formulæ Bignonianæ, No. xii.,其中规定的条件是 42 夜。]我所看到最早提到它的文献,是在"矮子丕平"(Pepin-le-Bref)[1] 752 年的一部法令集,规定它适用于妻子提出解除婚姻关系的案件。[Capit. rippini ann. 75, § xvii.]查理大帝似乎对它很是偏爱,不仅在敕令中频繁提到,而且在 806 年分割他那神圣的帝国时,还下令儿子们之间未来所有的领土争议都用这种方法解决。[Chart. Division. cap. xiv. Capit. ann. 779, § x.; Capit. IV. ann. 803, § § iii. vi.; in L. Longobard. Lib. II. Tit. xxviii. § 3; Tit. lv. § 25, etc.]一个发生在他统治时期的例子,展现了这一程序的细节。一项与某些墙的筑造有关的争议,被摆在了维罗纳主教和市民们之间,并被处以十字架神判。

---

1 矮子丕平(Pepin-le-Bref,约 714—768 年),即丕平三世,法兰克国王(751—768 年在位),加洛林王朝的创建者,同时也是查理大帝的父亲,为后来查理建立神圣罗马帝国奠定了基础。由于丕平献土缔造了教皇国,此后历代统治法国的君主都以教皇的世俗庇护人自居。

两名年轻的神职人员被选作代表出战,从弥撒一开始就站在那神圣的象征旁。在耶稣受难曲(the Passion)中段,代表市民一方的阿莱高斯(Aregaus)倒地毙命,而他的对手派希菲克斯(Pacificus)坚持到了最后,获得了胜利,于是就如神职人员们通常习以为常的那样,主教赢了官司。[Ughelli Italia Sacra T. V. p. 610 (ap. Baluz. Not. ad Libb. Capit.).]

当败诉的一方想要解除对他自己的辩护者的信任时,他有权控告他们犯有伪证罪,并且问题会通过这种方式来解决。[Capit. Car. Mag. incerti anni c. x. (Hartzheim. Concil. German. I. 426.)]本着类似的精神,通常证人必须用格斗证实自己的证词,对于太虚弱而无法承受的证人,816年的《法令集》规定允许选用十字架神判,证人在极度虚弱的情况下,会有更多特权,可以用一名亲属或斗士代为参加,他们的健壮令神明的干预更加容易。[Capit. Lud. Pii ann. 816, § I. (Eccardi L. Francorum, pp. 183-184.)]

这种神判的一个轻微变体,是在祭祀仪式时,伸开手臂呈十字架状。一个初生婴孩被溺死于毕肖弗谢姆女子修道院(Abbess of Bischoffsheim)附近的池塘,修道院的名声因而受到威胁,女院长圣理奥巴(St. Lioba)[1]成功地用这种方式证明了她下属的纯洁,并顺藤摸瓜找出了罪人。[Rudolph. Fuldens. Vitæ S. Liobæ cap. xv. (Du Cange, s. v. Crucis Judichim.]

看到十字架被作如此之用,仿佛是故意想要使基督教的圣物蒙

---

1 圣理奥巴(St. Lioba),生活在8世纪的一位修女和圣徒。

羞,“虔诚者路易”那纤细易感的虔诚之心受到了震动,并且在查理大帝死后不久的816年,就在亚琛会议上禁止它被继续使用［Concil. Aquisgran. cap. xvii.］，他的儿子皇帝洛泰尔也重申过这条命令。［L. Longobard. Lib. II. Tit. lv. §32.］然而,巴鲁兹认为,由于显而易见的原因,这条命令仅在莱茵河诸省以及意大利得到了遵循,他的根据是:那些地区的法令集文稿中没有提到十字架神判,而在法兰克帝国其他地区的版本中却予以保存。［Not. ad Libb. Capit. Lib. I. cap. 103.这很可能源自上文刚刚引用过的文献，与这种神判取代决斗相关，这是由厄克哈德（Eckhardt）根据显然属于同一时代的手稿提供的，而且就如我们所见，正是“虔诚者路易”在亚琛会议当年颁行的。这不是一部简单的法令集，而是对萨利人法律的增补，这就赋予了它更重大的意义。林登布鲁克（Lindenbruck）提供了一个不同的版本（Cod. Legum Antiq. p. 355），同样是在816年对这部法律的增补，规定世俗人士之间的疑难案件通过决斗解决，而在教会之内，则通十字架神判裁断。——“in Ecclesiasticis autem negotiis, crucis judicio rei Veritas inquiratur”——并且允许“软弱的、生病的、不足以对抗的人”拥有这样的特权。巴鲁兹的文集没有提到816年有这样的立法，但是提到在819年，有一个篇幅长得多的、对萨利人法典的补充，其中第十章出现了相同的普遍规定，几乎一字不差，只是提到在宗教事务中采用证人证言，只字不提十字架神判。所有种种，显示出立法上的混乱。］最终,路易本人似乎也改变了初衷;在为其诸子分家的最终决定中,他重申了查理大帝的律令作为解决边界争议的方法。［Chart. Divisionis ann. 837, cap. 10.其措辞与查理大帝如出一辙，只是用“十字架为准”（vexillo crucis）取代了“十字架审判”。这个词“vexillum”常常用于签发学位证时作“签署”（signum）或“见证”（testimonium）之意。］不过，这种程序似乎很快失去了民心，并且确实从不曾像其他形式的神判那样获得广泛而深入人心的崇拜，尽管确有保存下来的法则规定不动产权利争议靠此法解决。［Meyer, Recueil d' Anciens Textes, Paris, 1874, p. 12.］我们后来几乎没有再看到它，除了在谚语性表达“交叉实验”（experimentum crucis）[1]之中留下的印迹。

在印度，一种同源的模式被拉姆格（Ramgur）的人民所采纳，用于解决村子之间的争议。当争论和裁断无法达成协议时，各方选出一名勇士，两人站着，各有一条腿被埋在地下，直到疲劳或虫子的叮咬令其中一方认输，而争议土地被判给胜利者所代表的村落。［Sir John Shore, in Asiatic Researches, IV. 362.］

吞食神判

用面包或奶酪进行的神判（拉丁文：judicium offæ，panis conjuratio，以及盎格鲁-萨克森语中的 the corsnæd），是通过在被告面前放一块受过祝祷和加持的、大约1盎司重的面包（通常是大麦制成）或奶酪。［根据由多姆·格伯特（Dom Gerbert）印制的、9世纪时的一份手稿，面包重半盎司（Migne's Patrolog. CXXXVIII. 1142）。］

---

1 交叉实验（拉丁文：experimentum crucis，英文：crucial 或 critical experiment），是指某一类实验对于同一研究对象的不同对立假设，能够起到肯定其一、否定其他的裁决作用。

在包括圣餐在内的适当的宗教仪式之后，吃掉那一小口食物，通过被告吞咽它的能力来决断争议。当然这是基于想象，而我们可以确定地了解到的是，在那个充满信仰的时代中，伴随这种神判的、令人印象深刻的种种仪式必然会影响罪犯。而他自知有罪，却要站在圣堂前受领圣餐，并且将他的救赎寄托于誓言的真实之上。这种获得定罪判决的模式，被认为可能源自驱魔活动的形式，其中数种被保存了下来。

> 哦，主啊，耶稣基督，……以神圣之名，我们祈祷您，对那在思想或事实上有罪之人，当这圣化面包的生灵被呈于他面前以验证真相时，让他的喉咙缩紧，以您的名义让它被吐出而不是被吞食吧。并且不要让魔鬼的恶灵得逞、不要让他用假象颠覆判决吧。那犯下此罪的人，因他在圣餐中摄入我主的血与肉，在他受领神圣的面包或奶酪时颤抖吧，并因颤抖而面色灰白，而他的四肢也全部战栗吧；而让无辜的人安静、健康并且轻易地咀嚼和吞下这以您神圣的名义划上十字的小块面包或奶酪吧，如此一来，所有人便可知晓，您乃是那公正的判官……[Baluze II. 655.]

而且，在这貌似虔诚的不虔诚行为中，甚至有更加异想天开的一面，比如下面这样：

> 哦，至高无上的神啊，居于天堂之中，用您的三位一体和崇

高神圣派遣正义的天使，送来，哦，主啊，您的天使加百列(Gabriel)，贴在那犯下这偷盗罪的人的喉咙上，使他既不能咀嚼又不能吞咽您所创造出来的面包和奶酪。我祈求德高望重的族长们，亚伯拉罕、以撒和雅各，还有12位天使和天使长们。我祈求四大福音书的作者，马太、马可、路加和约翰。我祈求红海开路的摩西和亚伦。他们会限制这偷盗犯或与之同谋者的喉舌。如果他们尝过您制的面包和奶酪，愿他们像风中的树一般颤抖不停歇，也不要让面包和奶酪停留在他们口中；于是所有人便可知晓您乃是独一无二的主！

[Muratori, Antiq. Ital. Dissert. 38.]

但是薄伽丘(Boccaccio)笔下的卡兰德里诺(Calendrino)[1]在吞食神判中，靠沉香和面包的混合物过关，或许对众所期待的奇迹提供了一个更加理性的解释。[Decam. Giorn. VIII. Nov. 6.]

对迷信与此种神判的关系的惊人诠释，可见于大多英格兰编年史家都有记载的一个故事中：关于国王哈罗德(King Harold)[2]之

1 卡兰德里诺(Calendrino)，薄伽丘《十日谈》故事集中的人物，是个头脑简单的粉刷匠，总是被两个同伴布鲁诺(Bruno)和巴法马可(Buffalmacco)愚弄。这两位狡黠的同伴偷走了卡兰德里诺的猪。为遮掩的事实，他们设计令卡兰德里诺进行一项食物测谎实验，并在面包上添加了极为苦口的东西，使得卡兰德里诺一入口就忍不住吐了出来，从而成功地颠倒了黑白。

2 国王哈罗德(King Harold)，指高德温之子、英格兰最后一任盎格鲁-萨克森国王哈罗德二世(Harold II，约1020—1066年)。由于他在1066年的黑斯廷斯战役中兵败阵亡，诺曼底公爵“征服者威廉”开始统治英格兰。

父、权势煊赫的肯特公爵高德温(Godwin, Duke of Kent)[1]之死。在那个时代,高德温是英格兰的“造王者”。一次,在与他的王室女婿、国王“忏悔者爱德华”共进晚餐时,一些琐碎的小状况使得国王将高德温害死他兄弟阿尔弗雷德(Alfred)[2]的旧案重提。年事已高但脾气依旧火爆的公爵,抓起一块面包,嚷道:“如果我曾想过或犯过此罪,愿上帝用这一口食物噎住我的喉咙!”然后国王拿起面包并祝福了它,高德温将其放入口中,果真被噎住喉咙,倒地死去。[对于这件事,温多弗的罗杰(Roger of Wendover, ann. 1054),威斯敏斯特的马修(Matthew of Westminster, ann. 1054),克罗伊兰的编年史(the Chronicles of Croyland, ann. 1053),亨廷顿的亨利(Henry of Huntington, ann. 1053),以及玛尔梅斯伯里的威廉(William of Malmesbury, Lib. II. Cap. 13)[3]都有记述,几个版本略有不同,可见这个传说流传甚广、颇受采信;尽管《盎格鲁-萨克森编年史》(*Anglo-Saxon Chronicles*, ann. 1052)以及罗杰·德·霍夫登(Roger de Hoveden, ann. 1053)在写到高德温之死

1　肯特公爵高德温(Godwin, Duke of Kent,?—1053年),是克努特大帝的重臣,获封韦塞克斯伯爵(Earl of Wessex)头衔。克努特大帝死后,在围绕王位继承权的斗争中,高德温扮演了重要角色,成为“忏悔者爱德华”统治前期不可一世的权力者。所谓“造王者”(the king-maker),是指位高权重、其个人倾向可能决定国王人选的权贵。

2　阿尔弗雷德(Alfred),“忏悔者爱德华”之兄,克努特死后英格兰王位继承人之一的阿尔弗雷德王子。1036年,高德温宴请阿尔弗雷德,公爵表面上热情招待、宣誓效忠,背后却背信弃义地把王子交给了另一王位继承者“兔足王哈罗德”(Harold Harefoot)。哈罗德残忍地弄瞎了阿尔弗雷德的眼睛,使其伤重而亡。事后,做贼心虚的高德温公爵召集亲信,自称清白。但是作为阿尔弗雷德之弟,“忏悔者爱德华”始终不相信高德温。

3　这几位都被认为是编年史学家。

时，并未有这样的表述。无名氏所著的《爱德华生平》(*Life of Edward*, Harleian MSS. 526, p408 of the collection in M. R. Series) 也同样未有提及，尽管这可能是我们研究其统治的最佳依据，但作者对高德温家族的偏袒，使其不无可疑之处。其实不需多少怀疑精神就可以推断，爱德华大概厌倦了做一个受摆布的傀儡，便用毒药除掉了高德温，后来在那轻信好骗的一代人之中以讹传讹，就产生了编年史家所叙述的这个故事。] 一部写作于13世纪、诗体的“忏悔者爱德华”生平，栩栩如生地描绘了公爵之死和国王成功的复仇：

厅中众人全被震惊
他已无法呼吸和言语，
一小口食物喉中黏紧。
残暴的恶棍已然死去；
祝祷的力量何其强大，
赐一口饭食如此威力，
谋杀之案已水落石出。
“现在，”国王喊道，
“将这只臭狗拖出去。”

[Lives of Edward the Confessor, p. 119 (M. R. Series).]

这种神判的形式从不曾获得其他神判模式那样广泛的影响力，而且它似乎基本只在萨克森人之中流行。在英格兰，“诺曼征服”之前，它是限于低层神职人员适用的 [Dooms of Ethelred, IX. § 22;

Cnut. Eccles. Tit. v.]，而且可能被认为是一种粗俗的审判模式，几乎无法上升到具有历史重要性的地位。不过，根据林登布鲁克在1613年的著述，它的生命力到那时依然频繁闪现。[Alium examinis modum, nostro etiamnunc sæculo, sæpe malo modo usitatum.—Cod. Legum Antiq. p. 1418.]

艾穆安记述了这样一个故事，尽管没有司法意味，却也展现了同样迷信的发展。一位叫阿纳斯塔斯(Arnustus)的有声望的骑士不公正地占据了一块原属于本笃会百合修道院(Abbey of Fleury)的土地。一天，他在这块被侵夺的地产上一边吃晚饭，一边吹嘘他对神圣僧侣们的抱怨是何等轻蔑，他拿起一个梨子嚷道——“我要让这梨子作证，不出一年，我就会让他们苦不堪言”。他吃第一口时，就被噎住了，一句话也说不出来，只能被抬到床上，并且未领圣餐就悲惨地死去了，这是对作恶者的一个警告——千万不要得寸进尺地考验圣本尼迪克的耐性。[De Mirac. S. Benedicti. Lib. I. c. v.] 这样的一些故事绝不少见，并且是那些年月的有趣写照，当它们被虔敬地接受，就成了弱者对抗强者的一种武器。在1090年左右，发生了与上述例子性质类似的一件事，当林堡公爵亨利(Duke Henry of Limburg)[1]被卷入了与特里尔大主教恩吉尔伯特(Engilbert, Archbishop of Trèves)之间的纠纷，受到革除教籍的处罚和诅咒，却带着藐视的态度傲然处之。一天晚餐时，当与仆人就此事开起玩笑，他将一小块食物扔给了他的狗，并说道，如果这动物吃下它，他

1　林堡(Limburg)，比利时地名。

们就不必为主教的诅咒而烦心。狗拒绝了这诱人的食物,尽管它显得很饿,还高兴地吃下了别人给它的食物。于是,公爵接受了顾问们的建议,毫不迟疑地与那犹如鬼影随行的敌人重修旧好。这里更加值得一提的是,恩吉尔伯特自己作为一个忠实的帝党,曾被教皇格里高利七世革除了教籍,他对亨利四世言听计从,并与对立教皇(antipope)[1]吉伯托(Guiberto)[2]志同道合。[Gesta Treverorum, continuat. I. (Migne's Patrol. CLIV. 1205-6.)]

在印度,吞食神判采用一种受到各种祝祷、被称为"萨芝"(sathee)的稻米进行。受审的人面向东方,吃下它,然后吐在一片菩提树叶上。"如果口水混着鲜血,或是嘴角肿胀,或是浑身发抖,他就被宣布为说谎者。"[Ayeen Akbery, II. 498.]在有多个嫌疑人的偷盗案中,则采用略微不同的形式。这受祝祷的稻米被发给所有嫌疑人,他们轻轻咀嚼,然后吐在菩提叶上。如果有人吐出来的米是干燥的,或者混着血丝,他就会被判有罪。[Ali Ibrahim Khan (Asiatic Researches, I. 391-2).]

基于相同的理论,雅利安人时代之前,印度的山地部落拉治马哈人,在法官为准备审理案件赌咒发誓时会实行一种仪式。一小撮

1 对立教皇(antipope),亦称"敌对教皇""反教皇""伪教皇"等,是拥护某一教皇者加之于对立的另一教皇的贬称。教皇是由枢机主教选举产生的,但有时针对效力有争议的选举,会有一些其他宗教人士另立一位教皇,从而出现同时有两个人自称教皇的现象,他们彼此称对方为"伪教皇"。

2 对立教皇吉伯托(Guiberto),即对立教皇克莱芒三世(Antipope Clement III, 1080—1100年)。本名吉伯托,曾任拉文纳主教,后因支持皇帝亨利四世、反对教皇格里高利七世而被教皇革除教籍,又被皇帝立为对立教皇,与格里高利七世对抗。

盐被放在一柄“图尔瓦”(tulwar)或者说半月形弯刀上,递到法官嘴边,将誓言向他宣读,“若汝违心胡判,愿这盐致汝死亡!”法官重复这套誓言,并将盐伴水冲服。[Lieut. Shaw in As. Researches, IV. 80.]

圣餐神判

在印度,从古时候起就普遍采用一种被称为“柯莎”(cosha)的神判,用的是洗过神像的水。祭司“向某个神通广大的神明”进行庄严的仪式,然后将他的神像用水清洗。被告喝下其中的3捧水,如果14天之内,他没有受到来自这位神明或国王的可怕灾难,那么“他就必须被毫无疑问地无罪开释”。[Yajnavalkya(同上 I. 404)。]

在将这种神判体制吸纳入基督教教义之中时,用于这种异教仪式的天然替代物,就是圣餐仪式。这确实形成了所有上帝神判准备仪式的一部分,主持者被赋予可怕的誓言:“愿这我主基督耶稣的血肉,今日为汝作出裁决!”使徒曾说:“因为人吃喝,若不分辨是主的身体,就是吃喝自己的罪了。”(见《圣经·哥林多前书》11:28-

29)[1]而当年虔诚的敬拜,都按照其字面意思吸纳了这样的告诫。中世纪文学充斥着关于圣餐揭露罪行、令人悔改的神奇传说,甚至没有任何特别的祈祷。而对这种拜物主义的绝对信仰,甚至连无宗教信仰者也一样,14世纪时图尔高(Turgau)[2]的一个放荡神父可为例释。这个酒鬼、赌徒和通奸者,却每天坚持做弥撒,日日不辍堪称典范。听到这危险的警告后,他如是置身于必须吃完圣餐的境地中,最后终于招认了,他从未祝祷过圣饼,但是他随身带着一小块圆木片,很像是圣饼的样子,他向人们展示以冒充基督的圣体。诚实的编年史学家对此诡计义愤填膺,向我们保证说,当神父成功逃脱一项危险时就掉入了更大的险境之中,因为他使得羔羊们落入了不可饶恕的偶像崇拜之罪中。显然,他教区的教民们也这么想,尽管他们耐着性子忍受了他日常生活中的丑闻,但这把戏一朝拆穿,他们就毫不客气将他驱逐。[Vitodurani Chron. ann. 1336, p. 45. (Thes. Hist. Helvet.)]要不是这投机取巧的计谋,他理应害怕的东西,可见于林迪斯芳(Lindisfarne)[3]的一位不贞的神父身上自动发生的奇迹。此人突然受召去主持一场弥撒,没有时间洁净自己,当他吃完

---

1 使徒,指的应是圣保罗,他在新约福音中说:基督教徒在领受圣餐之前一定要省察自己的罪,省察自己有没有亏欠主、亏欠人的地方。此句也译为:"人应当自己省察,然后吃这饼、喝这杯。因为人吃喝,若不分辨是主的身体,就是吃喝自己的罪了。"意为:基督教徒要分辨,要知道这是主的身体,是主的宝血,这里有神的同在;基督教徒若是先分辨自己,就不至受审,否则,就是吃喝自己的罪了。

2 图尔高(Turgau),今瑞士地名。

3 林迪斯芳(Lindisfarne),位于英国西北海岸,是一个自6世纪起就有历史记载的、凯尔特人的基督教圣地。

圣杯中的食物后,看到酒的颜色变得极黑。他犹豫了一下,饮下了这酒,发现苦得要命。他赶紧去找主教,忏悔了他的罪孽,进行了一番苦修,于是重获新生。[Roger of Wendover, ann. 1051.] 更有教化意义的相关案例,发生在1200年左右的法国。恰在圣诞夜祝祷弥撒之前,一名神父屈服于肉体的诱惑,在奉上“神的血与肉”即圣餐的酒和饼之后,在他用污浊的双唇触及它们之前,出现了一只白鸽,饮下酒水,并衔走了圣饼。恰巧一时找不到其他人取代他在节日仪式中的位置,于是尽管对这样的奇迹感到骇然,这位神父依然掩盖事实,照旧履行了职责,因此他接二连三地以相同的结果完成了几次仪式。最终,他求教于一位修道院长,带着应有的沉痛,忏悔了自己的罪孽。院长将应有的苦修延期到这位神父应当再次履行职责之时,此时鸽子出现了,用喙衔着三块圣饼,并将先前饮用的酒吐回了圣杯之中。看到自己的悔悟得到了接受,神父心中充满喜悦,按照院长的规定,花了三年时间远赴圣地(the Holy Land)[1]朝圣,并在返回后进了修道院。[Cæsar. Heisterbacens. Dial. Mirac. Dist.II. c. v.]

一次更加惊人的,神明通过圣餐为无辜者作证的案例,是关于厄肯保德·德·博班(Erkenbald de Burban)的。厄肯保德是佛兰德斯贵族,因刚正不阿而出名。在他临终卧床时,他最喜爱的侄子兼继承人企图对城堡中的一位婢女施暴。厄肯保德下令将侄子吊死,但他的随从们却害怕执行这样的判决。过了一段时间,这位年轻人来到叔父床边试图重归于好,后者一面用胳膊慈爱地搂住侄子的脖

1 圣地(the Holy Land),通常指约旦河西岸到地中海一带,包括今以色列和巴勒斯坦的部分土地,及著名的耶路撒冷地区。

子，一面用匕首狠狠割断了侄子的喉咙。当厄肯保德做完临终忏悔准备受领最后的圣餐时，他拒绝将这件事列入自己的罪孽之中，声称这是正义之举，而他的主教因此拒绝继续执行圣事。这位垂死之人固执地任由主教离去，随后又命人把主教叫了回来，请他看一看随身圣物匣中还有没有圣饼。主教打开一看，发现自己的匣子空了，而厄肯保德向他展示了含在自己口中的圣饼。被凡人拒绝授予的圣餐，却被神放入了正直的裁判者口中。［同上 Dist. IX. c. xxxviii。］

毕竟，那是一个相信有罪者无法受领在适当宣誓之下被祝祷过圣饼的年代，因此，很容易理解这种迷信，或是相信它一旦被吃下会立刻引起惊厥和暴毙或是其他奇迹般的现象，为确保达到目的，其执行成为一种常规且受认可的神判形式。这在曼西所记录的驱邪形式中得到了形象的说明："我们谦卑地祈祷，以您的无限权能，如果这个神父犯有所控之罪，将不能受领您那为救赎人类而被钉上十字架的儿子的崇高躯体，而对一切邪恶的补救，都将伤害他，充满不幸和痛楚，带着悲伤和苦难。"［Baluz. et Mansi Miscell. II. 575.］在这样的情况下可预期的结果，有案例可做说明。此案发生在 11 世纪早期，由生活在同时代的鲁道夫斯·格雷伯（Rodolphus Glaber）记录。一个修道士被责令接受这种审判，他鲁莽地领受了圣餐，圣体却因被贮存于这样一个作伪证的罪犯体内而愤愤不平，立刻从肚脐滑了出来，纯白如初。这令被告者大惊失色，并立即招认了他的罪行。［Lib. v. cap. i.］

这种审判模式的古老性体现在，6 世纪末它就曾被奥弗涅主教考廷纳斯(Cautinus, Bishop of Auvergne)[1]采用。一位尤拉利乌斯伯爵(Count Eulalius)被大众指控犯有弑亲罪,因此他被暂时禁止参加团体圣餐仪式。他抗议说这是未经审判的惩罚,于是主教依照习惯主持了圣餐仪式,而尤拉利乌斯吃下圣餐却毫发无伤,罪名便得以洗雪。[Greg. Turon. Hist. Lib. x. cap. 8.]然而,就如盎格鲁-萨克森法律所述,它通常是僧侣们洗刷罪名的方式[Dooms of Ethelred, x. §20; Cnut. Eccles. Tit. v.],特里布尔和沃尔姆斯会议的教令也规定了在神职人员受到犯罪指控的所有案件中采用它,使他们免于宣誓义务。[Can. Statuit quoque. Cans, II, quæst. V.—Concil. Vormat. ann. 868. can. 15.]同此,在941年,美因茨大主教弗雷德里克(Frederic, Archbishop of Mainz)公开承受了这种神判,以洗清他参与一场不成功的叛乱的嫌疑。这是一场由巴伐利亚公爵亨利(Henry, Duke of Bavaria)发起、针对其兄奥托大帝的叛乱。[Reginonis Continuat. ann. 941.]而亨利死后,针对其遗孀朱希塔(Juthita)的谣言四起,说她与弗利辛根主教亚伯拉罕(Abraham, Bishop of Frisingen)[2]有亲密关系。当她也死去了,这位主教为她主持葬礼仪式,其间他停下弥撒,对在场的众人说道:"如果她真的犯有受指控那般罪行,愿全能的圣父使圣子的血肉将我毁灭,并使她的灵魂得到永恒的救赎。"——他吃下圣餐后丝毫无伤,人们终于承认自己误信了谣言。[Dithmari Chron. Lib. II.]1050年,施佩尔主教

1　奥弗涅(Auvergne),法国中南部地名。

2　弗利辛根(Frisingen),今卢森堡南部地名。

苏彼柯(Subico, Bishop of Speyer)[1]在美因茨会议上寻求用同样的方法洗清他所受的类似指控,一个版本说他马到成功了,另外一个不那么友好的资料来源则向我们保证,在做这件事时他的下巴麻痹了,并且直到他去世都是如此。[Hist. Archiep. Bremens. ann. 1051. Lambert. Hersfeld. ann. 1050. Hartzheim. Concil. German. III. 112.]

不过,或许施行此神判最为惊人的例子,是关于一项世俗争议,即在869年通过这种方法终结了国王洛泰尔和他的妻子们之间的不幸争议,这件事我们已经提到过了。为了使自己与教会重归于好,洛泰尔在阿德里安二世(Adrian II)[2]面前发下庄严的誓言,表示他已经遵循教会命令,与他的"伪妻"(pseudo-wife)瓦尔爪达完全分手了,他恳请以圣餐神判来证明他的诚意,后来教皇便接纳他参加团体圣餐仪式。洛泰尔在圣餐面前毫不动摇,他的贵族们也没有,他们宣称自己没有支持那姘妇的花招。随后他立即离开了罗马,王室仪仗(cortége)在皮亚琴察(Piacenza)被时疫所阻,瘟疫在侍臣中爆发,与几乎所有的随从一起,洛泰尔也在8月8日死于此地——这个可怕的例子被可敬的编年史家们写了下来,以警示后人。[Regino ann. 869; Annal. Bertiniani.]

这种将圣餐仪式降格到日常生活的做法,是一种亵渎,因此很难不引起虔诚信徒们的反感。于是我们毫不惊讶地发现,国王"虔诚者罗伯特"在11世纪早期,就声言反对它的司法运用,而且威胁

---

1 施佩尔(Speyer),德国莱茵兰-普法尔茨州莱茵河畔的一座城市。

2 阿德里安二世(Adrian II),罗马教皇,867—872年在位。

要将桑斯(Sens)[1]的大主教降职,因为他也这样采用了它,就像他的传记作者告诉我们的,当时这种习惯正日益盛行。[Helgaldi Epitome Vitæ Roberti Regis.]罗伯特的做法,随后迅速得到亚历山大二世的效仿,后者在1061—1073年间担任教皇。[Duclos, Mé moire sur les Épreuves.]然而,接下来的教皇,即那位刚烈的希尔德布兰德(教皇格里高利七世),在一个值得纪念的情况下采用了它。1077年,当不幸的皇帝亨利四世在卡诺萨城堡门前,含辱忍耻并最终屈服于希尔德布兰德的压力之下后,他被剥夺的教籍在小礼拜堂中得到恢复。然后,格里高利提到了皇帝的支持者们加之于他这教皇本人身上的罪名,他说他本可以通过大量的证人轻易反驳这些指控,"但是,为避免使我像是倚仗人势而不是神示,为使我能立刻消除所有的怀疑,看看我即将吃下的我主的圣体吧。今天,让它成为对我的无辜的试炼,如果我是无辜的,今天就让全能的上帝消除对我的一切指控吧,或者如果我是有罪的,就令我暴毙于此吧"。他一面吃下圣饼,一面扭头转向皇帝,命他也用同样的方法反驳德意志王公们对他的指控。亨利对这意料之外的审判又惊又怕,出于畏惧推辞不就,并立即与谋士们商议如何逃避这可怕的试探,最后他借口其敌人和朋友都不在场,而没有他们在场,这结果也证明不了什么,于是拒绝了教皇的要求。[Lambert. Hersfeld. ann. 1077.]在评估那种使得皇帝不接受这提议的、混合着想象力与良心的力量时,我们必须考虑到,像希尔德布兰德这样的一个人物,他的声音和

---

1 桑斯(Sens),法国中北部地名。

眼神能够对他面前的对象所施加的影响力。在1055年,他职业生涯的早期,作为教廷特使主持了为打击倒卖圣职而召开的里昂会议,他即兴创制了一种非常有效的神判。一位有罪的主教贿赂了对方的证人,使得会议无法获得为其定罪的证词。希尔德布兰德对他说:“主教的尊荣,乃是圣灵的恩典。因此,如果你是无罪的,就跟着我念‘荣耀归于圣父,亦归于圣子,并且归于圣灵!’”这位主教大着胆开始念道:“荣耀归于圣父,亦归于圣子,并且归于——”念到这里,他哑然失声,无法念完整个句子;于是,他招认了罪行,并被免职。[这则轶事来源颇为可靠。彼得·达米阿尼(Peter Damiani)表示,他是从希尔德布兰德本人那里得知此事的(Opuse. XIX. Cap. vi.),而加里斯都二世(Calixtus II)[1]也常常提到此事(Pauli Bernried. Vit. Greg. VII. No. II)。]

亨利拒绝圣餐神判的审慎态度,被不幸的奥格斯堡主教英布里科(Imbrico, Bishop of Augsburg)的命运所印证。同样是1077年,这位主教在宣布效忠士瓦本的鲁道夫后,又弃他而去、转投皇帝阵营。不久,在亨利驾前主持弥撒时,为证明自己的忠心耿耿,他宣称:将要以吃下的圣餐,验证他主子的立场的正义性。反皇帝派的编年史家尽职地记录道,他突染重病,旋即死去。[Bernald. Constant. Chron. ann. 1077.]根据弗拉格尼的于格(Hugh of Flavigny)的记述,在乌特勒支主教威廉(William, Bishop of Utrecht)[2]的例子中,与其说圣餐是一种神判,不如说是一种惩罚。他在1076年的乌特勒支会议上,

1 加里斯都二世(Calixtus II),罗马教皇,1119—1124年在位。

2 乌特勒支(Utrecht),荷兰地名。

经亨利四世授意,斗胆开除了教皇格里高利七世的教籍。在这有失虔诚的仪式结尾,他不知死活地吃下圣餐,圣餐在体内变成了一团烈火,他尖叫着“我烧着了!我烧着了!”倒地之后便悲惨地死去了。[Hugon. Flaviniac. Chron. Lib. II. ann. 1080.—Lambert. Hersfeld. ann. 1076.]

根据16世纪一位西班牙神学家的记载,当圣餐被作为一种神判而举行时,前面不会进行祝圣忏悔仪式——大概是不希望被告因此获得宽赦而逃脱罪责的缘故。[Ciruelo, Reprovacion de las Supersticiones, P. II. cap. vii. Barcelona 1628. 第一版出现在1539年西班牙的萨拉曼卡(Salamanca)[1]。] 在宗教改革之后,否定“实在圣体”(the real presence)[2]理论的新教徒自然也拒绝这种形式的神判。但是德耳里奥(Delrio)在1599年的著作中,称他们是蚍蜉撼树;而彼得·克朗茨(Peter Kluntz)在1677年使我们确信,在他那个时候,这种神判依然得到普遍采用。[Delrio Disquis. Magic. L. IV. c. iv. q. 3.—P. Kluntz Dissert. de Probat. per S. Eucharist. Ulmæ 1677.]

抽签神判

诉诸运气的判决,就像在印度所施行的那样,分为几种模式,实

1 萨拉曼卡(Salamanca),西班牙西部地名。

2 实在圣体(the real presence),亦称“真在论”,是天主教神学圣事论学说之一,认为耶稣的肉体、血、灵魂和神性真正存在于在弥撒中经过祝圣的饼和酒内。

质上大体相仿。有一种模式,是在白银和铅块上,或白亚麻布和黑亚麻布上,分别写上“德海莱姆”(dherem)(意为无辜的良知)以及“阿德海莱姆”(adherem)(意义与前者相反),把它们放在一个从未盛过水的容器里。被怀疑的人将手伸入,并掏出其中一片,如果上面恰好写着“德海莱姆”,他的诚实就得到了证明。[Ayeen Akbery, II. 498. 这种方式的神判在所有四个种姓中都适用。]另一种方法,是在铁质或陶土罐子中放入一个正义之神达摩(Dharma)的银像,以及一个阿达玛(Adharma)像;或是将一张绘有达摩的白布和一张绘有阿达玛的黑布卷起并用牛粪裹好,扔进罐子里;被告是无罪开释还是被判有罪,取决于他是否幸运地抽中了达摩的银像或画布。[Ali Ibrahim Khan (As. Researches I. 392).]

为适应基督教对抽签神判的运用,有人试图赋予它类似的神圣象征,但是它没有像其他形式的神判那样适于显示其庄严性。尽管《圣经》经文对这个方法提供了广泛的根据,教会却不那么热衷,在皈依基督教之后,人民对它似乎也没有像对其他形式的神判那般广泛适用和信赖,因此这种方法没有保留下来。的确,作为一种司法程序,只有在蛮族法律和习惯的早期残余中才能发现,后来任何民族的立法中都没有它的痕迹。里普利安人的法典[Ad ignem seu ad sortem se excusare studeat.—Tit. XXXI. §5.],以及某些墨洛温王朝的早期文件提到了它的使用,规定的方式同样简略。[Pact. Childeberti et Chlotarii, ann. 593, §5. “Et si dubietas est, ad sortem ponatur.” 亦见于 §8:“Si litus de quo inculpatur ad sortem ambulaverit.” 同一文本的第四节(§4)中规定,沸水神判适用于自由民,而抽签神判可能专属于奴隶。然而，这在洛泰尔的法令集（Decret. Chlotarii, ann. 595, §6）中并未得到遵循："Si de suspicione inculpatur, ad sortem veniat。"它得到普遍适用，无论阶层如何。］迟至8世纪中期，约克大主教埃格伯特(Ecgberht, Archbishop of York)引用了一条爱尔兰会议的教令，规定它可在亵渎神明的偷窃案中适用，作为决定刑罚的方法［Ecgberti Excerpt. cap. lxxxiv.（Thorpe, II. 108）.］；但是，不久之后，卡耳查斯会议(the Council of Calchuth)[1]谴责在诉讼当事人之间采用这种做法，认为是亵渎神明，属于异教余孽。［Conc. Calchuth. can. 19（Spelman. Concil. Brit. I. 300）.］

史料对这种诉诸运气的程序细节，没有留下任何解释，而且据我所知，如今也没有适用它的方式可供考查；但是在早期弗里斯人的法律中有关于抽签神判的描述，可以合理地被认为向我们展示了这种神判形式的适用方法。若一个人死于过失杀人(chance-medley)，而不知道杀人者到底是谁，那么，死者的友人们有权指控参与斗殴的人中的其中7名为被告。每一个被告都必须有12名共誓人发誓否认罪行，然后进行神判。采用两根几乎完全一样的小树枝，其中一支上面画了十字，然后将它们分别用白色羊毛裹好，放在圣坛上；祈祷上帝揭示当事人有罪还是无辜的祈祷仪式之后，由神父或一个纯洁无辜的少年拿起其中一根。如果那上面有如上记号，被告们就被宣告无罪。如果拿到的是没有画标记的那一根，罪犯必然在他们之中。于是，每一个被告都取一支相似的棍子，并刻上自

1 卡耳查斯(Calchuth，亦写作Culcheth)，英格兰柴郡(Cheshire)一地名。

己的私人标志；它们被像之前一样包裹好，放在圣坛上，一个一个地取走，剥开，每个人查看他自己的。最后被剩下的那一个，就被宣告有罪，并支付谋杀犯的赎金，即“血钱”。［L. Frision. Tit. XIV. §1, 2. 这可能源自古代德意志的占卜方法（Tacitus, De Moribus German, cap. x.）。］在中世纪，各种形式的教会占卜如此频繁地被用以窥探未来，有时也被用作诉诸上天以裁决当前或过去问题的方法。［当用于预知未来时，这些做法受到禁止。就这样，早在465年，瓦纳会议（Council of Vannes）[1]就谴责了那些参与者“sub nomine fictæ religionis quas sanctorum sortes vocant divinationis scientiam profitentur, aut quarumcumque scripturarum inspectione futura promittant”，神职人员但凡参与此事，一概逐出教会。（Concil. Venet. can. xvi.）506年的阿格德会议（Council of Agde）[2]对此进行了重复，认定这种行为是对基督教信仰的极大打击“quod maxime fidem catholicse religionis infestat”（Conc. Agathens. can. xlii.）；一份日期标注为800年的悔罪书规定了为这种行为要做3年的忏悔。—Ghaerbaldi Judicia Sacerdotalia c. 29（Martene Ampl. Coll. VII. 33）。］就这样，当普瓦捷、阿拉斯和欧坦的三位主教，分别主张对圣里奎尔（St. Liguaire）修道院的圣物拥有所有权，而人类的方法无法弥合他们虚荣造作的裂痕时，只得求助于至高权威的判断，在圣坛祭布下遮盖三根小树枝，分别刻着他们的名字，然后进行一番祝祷，从中抽取一支，看到普瓦捷的名字赫然入目，神明的恩宠使他获得了那宝贵的遗物。［Baldric. Lib. I. Chron. Camerac. cap. 21.

---

1 瓦纳（Vannes），法国西北部地名。

2 阿格德（Agde），法国南部、地中海沿岸地名。

(Du Cange, s. v. Sors.)——在这件事情上，主教们倒是并未违犯教规。若是为了正当的目的、用合适的方式进行，这种审判将得到教会法的许可(Gratian, Decret. Caus. 26, q. 2, can. 3, 4.)然而，最不同寻常的适用，是西班牙的西哥特人用这种方法裁断主教职位的选举。599年的第二次巴塞罗那会议(Council of Barcelona)规定，由神职人员和市民们选出2—3位候选人，再由大主教和副主教通过抽签从中选定，"quem sors, praeunte episcoporum jejunio, Christo domino terminante, monstraverit, benedictio consecrationis accumulet."——(Concil. Barcinon. II. can. iii.)这显然从马提亚(Matthias)[1]的选举中得到了启示(Acts. I. 26)。]

至少在表面上,它是一种纯粹取决于运气的方法,根据是:大约在10世纪中叶,它被阿宾顿虔诚僧侣们用以对抗牛津郡居民的主张,裁断他们对贝里(Beri)草地的权利。斋戒和祈祷了三天之后,他们恳请全能的上帝声张他们的权利;然后,在双方同意的情况下,他们将一个盖着一把大麦的圆木盾放到泰晤士河上,上面插着一根点燃的细蜡烛。彪悍的牛津郡人远远地在岸边瞪眼看着这出惊人的表演,而比较谨慎的僧侣们的代表,则紧紧跟随着飘浮的灯光。它顺流而下,在河流两岸间辗转,仿佛一只手指,指明了修道院的财产,直到最后到达争议土地,它奇迹般地脱离了水流流向,挤入了一条窄而浅的河道,在涨潮时这条河道如同一只手臂,挽住了有争议的草地。对这个无法置辩的裁决,人们齐声喊道:"是阿宾顿的,是阿宾顿的!"而这个印象是如此强烈,以至于可敬的编年史家使我们

1 马提亚(Matthias),根据《使徒行传》,犹大背叛耶稣并上吊自杀之后,众人通过抽签,从两名候选人之中推举了马提亚,以补齐十二门徒之位。

确信,此后没有任何国王、公爵或亲王胆敢主张对贝里这片土地的权利;这件事决定性地表现出受到上帝偏爱的修道院的智慧,在于依靠其权利的正当性,而不是依靠陈规旧俗或拖拖拉拉的诉讼程序。[Hist. Monast. de Abingdon Lib. I. (M. R. Series I. 89.)]

这种靠运气的神判的其中一种更加平淡的形式,是用《圣经》和钥匙进行审判,在英格兰依然被广泛采用,仍存在于“偏远地区的农场房舍中”。在偷窃案中,钥匙被夹在《圣经·诗篇》第50章第18条处:“你见了盗贼,就乐意与他同伙,又与行奸淫的人一同有份。”[E. B, Tylor on Ordeals and Oaths (Macmillan' s Mag. July, 1876).]而指望通过这种方法揭露罪行的实例,据伦敦的《泰晤士报》(*Times*)记载,于1867年发生在南安普敦(Southampton)[1]:一个在运煤船上做水手的男孩,因被指控犯有偷窃罪出庭受审。唯一不利于他的证据,是在《圣经·路得记》第一章对页夹上固定一把钥匙,在到处晃动《圣经》的同时,几个嫌疑人的名字被反复念着,念到这位囚犯的名字时,书本掉落在了地上。——即便是印度或中世纪的薄言轻信,也不过如此。

尸棺神判

当杀人凶手靠近时,被害人的尸体会流血,或是以其他形式来

1 南安普敦(Southampton),英国南部港口城市。

指认凶手,这样的迷信由来已久,被称为“尸棺神判”(bier-right)。它已经被当作一种调查和侦测的手段。莎士比亚在《理查三世》[1]中提到了它。剧中格罗斯特(Gloster)打断了亨利六世的葬礼,而安妮夫人高喊道:

> 哦,绅士们,看啊,看啊!死去的亨利的伤痕
> 绽开了它们原本凝结的创口,血迹鲜红如新。

在东部的雅利安人的早远习惯中,我没有发现这种信仰的蛛丝马迹,但是犹太人中存在的类似迷信,可能暗示着它或许源于闪族,并且我们可能是将它从中推导出来的。向尸体请求原谅对其生前的一切冒犯,是或者曾经是一种犹太习俗。在这种仪式中,冒犯者

1　《理查三世》是莎士比亚最出色的历史剧之一,描写了兰开斯特家族和约克家族玫瑰战争晚期,约克家族的爱德华四世加冕称王,其三弟格罗斯特公爵理查为实现个人野心,杀害先王父子(老迈又有疯病的亨利六世及其子爱德华)、陷害谋杀兄长、滥杀无辜、僭登王位,最终受到了出身都铎家族的亨利七世的讨伐,身败名裂。其中的安妮夫人,是已故“造王者”沃里克伯爵的小女儿,此时是已故国王亨利六世的儿媳、已故太子爱德华的遗孀。但后来却被理查花言巧语所骗嫁给了他,成为格洛斯特公爵夫人,后来又成了王后,最后因理查欲另娶他人而死于幽禁之中。不过,也有人认为,历史中的理查三世(Richard III,1452—1485年)既不丑陋驼背,也非穷凶极恶,是个有才干的青年,对其兄爱德华四世的统治颇有贡献。理查三世在镇压都铎叛乱时,由于过度自信和臣下临阵倒戈而阵亡,死时未满33岁,且没有留下男性继承人,这才将英格兰王位拱手交给了都铎家族的亨利七世(爱德华四世的女婿、理查的侄女婿)。莎士比亚为讨好当时英国的统治者——身为亨利七世孙女、都铎王朝女王的伊丽莎白一世,故意歪曲了历史。

被要求抓住躺在棺材中尸体的大脚趾。据说,如果他犯有对死者造成严重伤害的罪行,后者会通过鼻孔流血作出回应,此事并非罕见。[Gamal. ben Pedahzur’ s Book of Jewish Ceremonies, London, 1738, p. II.] 这几乎与一则人尽皆知的故事如出一辙:当"狮心王理查"匆忙赶去参加他父亲亨利二世的葬礼时,在丰特弗洛(Fontevraud)遇到了出殡游行的队列,此刻死去国王的鼻孔中流出鲜血,因为正是理查的悖逆和反叛加速了老国王的死亡。[Roger de Hoveden, ann. 1186; Roger of Wendover; Benedicti Abbatis Gest. Henr. II. ann. 1189.]

在中世纪被当作神判使用时,这项测验似乎在揭露犹太人包藏祸心方面有一种特殊的效用。1261 年,在福希海姆(Forchheim)[1],通过此法揭发了应对一个年轻女孩的死负责的罪犯,女孩是因犹太人令人毛骨悚然的仪式而惨遭屠戮的,于是罪犯也旋即被处以车轮碾死的重刑。[Alphonsi de Spina Fortalicii Fidei Lib. III. consid. vii.] 一次更加值得瞩目的适用,发生在 1331 年士瓦本的于伯林根(Ueberlingen)[2]。一个市民的孩子的尸体,在池塘中被发现,根据其几处伤口的情况,民众认为是犹太教的狂热信徒制造了这起谋杀。于是尸体被抬到各个涉案犹太人的家门口,当伤口开始流血时,任何进一步的证据都被认为没有必要了。不管受了犹太人贿赂的当地法官怎么努力,人们还是立刻着手要将罪犯绳之以法。他们将当地所有的犹太人巧妙地诱骗到一座巨大的石质房屋中,牢牢地锁在了楼上,楼下点起大火,将其付之一炬。那些成功跳出窗外的犹太

---

1 福希海姆(Forchheim),位于德国南部巴伐利亚州的北部。

2 于伯林根(Ueberlingen),德国南部地名。

人，立即被包围着房子的暴民结果了性命，而剩下的多达300名犹太人，葬身于复仇的火海之中。这场审判的公正性，由来自天堂的各种零星奇迹充分证明；然而，倒是不敬神明的皇帝巴伐利亚的路易莽撞地拆除了当地城墙并征收重税，以惩罚这些"虔诚"的镇民们。[Vitodurani Chron. ann. 1331. (Thes. Hist. Helvet.)]

死于1528年的著名法学家希玻利托·戴·玛西格利(Hippolito dei Marsigli，一作 Ippolitodei dei Marsigli)记述道：年轻时，他曾是热那亚(Genoa)[1]附近的阿尔柏加(Alberga)的行政长官，当时发生了一宗查不出凶手的谋杀案。他听从了当地长者的建议，召集所有的嫌疑人一个接一个地从尸体前面走过。当杀人者靠近时，令玛西格利惊讶的是，尸体的伤口重新裂开了。但是即使如此，他也不认为这是足以签发逮捕证的证据，直到他有了其他足够的证据，罪犯未经施刑就供述了罪行。玛西格利将这个案件作为一桩奇案来记述，他明显对神判不予置信，而且对他而言此乃新鲜奇闻。[Marsil. Pract. Criminal. (ap. Binsfeld, de Confess. Maleficar. p. 111-12).]

尽管这位法学家受到过罗马民法体系的逻辑训练，因而对迷信一无所知，但民众可不是这样。自然而然地，这种侦测最恶劣罪行的戏剧性模式深孚众望，同火焰神判一样，作为神判的一种方式，它也被《理查伯爵》(*Earl Richard*)这首歌谣详细描绘，详见于司各特

---

1 热那亚(Genoa)，意大利西北部的州及其首府。

(Scott)[1] 编纂的《苏格兰边区歌谣集》(*Minstrelsy of the Scottish Border*)[2]:

“不要责备我,”她说道,
“是我的侍女凯瑟琳。”
于是他们砍下蕨藤和荆棘,
在其中将少女焚烧。

火焰烧不到她的脸颊,
甚至无法触及她的下巴;
也无法烧到她黄色的头发,
以便净化那致命的罪孽。

少女触碰了冰冷的尸体,
它一滴血也没有滴下;
那贵妇将手置于其上,
瞬间满地殷红一片。

1 沃尔特·司各特(Walter Scott,1771—1832 年),著名的苏格兰历史小说家、剧作家和诗人。最有名的代表作似乎是描写“狮心王查理”时代民族和阶级矛盾的英雄传奇《艾凡赫》(*Ivanhoe*)。

2 《苏格兰边区歌谣集》(*Minstrelsy of the Scottish Border*),沃尔特·司各特编纂并于 1802—1803 年间出版的的三卷本歌谣集。

国王詹姆斯一世赞成这种迷信做法，就像对其他迷信一样，给予了王家认可［Nam ut in homicidio occulto sanguis e cadavere, tangente homicida, erumpit, quasi cælitus poscens ultionem.—Demonologiæ Lib. III. c. vi.］；并且在上述歌谣的注脚中，司各特引述了几个根据这种信仰而进行审判的几个奇特案例，最迟的发生在17世纪。在1611年，由于对一位逝者的死法存疑，他的尸体被挖掘出来，根据习惯，邻人们被召集起来触摸它。谋杀犯所处的阶层和地位使他不被怀疑，得以避免参与其中；但是他的小女儿出于好奇，碰巧靠近了尸体，尸体当即开始出血，罪行便得到了证实。至于这种迷信风行到何种程度，从以下这个故事中可见一斑：一个年轻男子与一位同伴争吵，刺死了他，并弃尸河中。50年过去了，一块遗骨被渔人打捞起来。谋杀犯当时已是垂垂老矣，凑巧触碰到了遗骨，它立刻布满血丝。询问此物是何处寻得之后，他认出这是他犯罪的遗骨，招认了罪行，并受到了应得的处罚。我们可以于一段感人的爱情传奇中，追溯这种迷信的一个更富有诗意的形式。当阿伯拉尔（Abelard）的遗骨被交给爱洛伊丝（Heloise）的20年后，她也同穴而葬。[1]

在著名的菲利普·斯坦兹菲尔德(Philip Standsfield)案中,这位人士在1688年因被指控谋杀其父新密尔尼斯的詹姆斯·斯坦兹菲尔德爵士(Sir James Standsfield of New Milnes)而受到审判。这份指控或起诉状戏剧性地叙述道,尸体在邻近的池塘里被发现,并由一位外科医生解剖后,"一位名叫詹姆斯·罗(James Row)的生意人,抬起了詹姆斯爵士的左侧身体、头和肩膀,而菲利普则扶起父亲尸体的右边。尽管已经仔细清理过了,上面没有一点血迹,尸体身上的伤口却(根据上帝一贯用以揭发谋杀的模式)又开始流血,弄脏了菲利普的双手,这令他大惊失色,立刻松开了手,尸体的头颅和身体重重地落下。他赶紧惊慌失措地从尸体旁边逃开,大喊着'上帝可怜可怜我!',并在(尸体接受检查的)教堂里俯倒在一个座位上,用身上的衣服,将他父亲无辜的鲜血,从自己这双曾犯下谋杀之罪的手上擦去"。被告表示,尸检(post-mortem examination)报告中提到,在脖子上有一处切口,周围存在大量淤血,并引用马特乌斯

1 皮埃尔·阿伯拉尔(Pierre Abelard,1079—1142年)是一位著名的法国经院哲学家和教士。这位才俊却在声望日隆时,爱上了他所寄居的富尔伯特(Fulbert)神父家的侄女——才貌双全的爱洛伊丝。富尔伯特得知后,恼怒万分,将他们拆散。爱洛伊丝未婚先孕,生下了孩子。阿伯拉尔迫于压力,同意娶她为妻。两人秘密结婚了。但是这也意味着,一旦结婚的事实被拆穿,阿伯拉尔在教会之中就会前程尽毁。婚后,爱洛伊丝避居修道院。自觉因此事受到侮辱的富尔伯特拆穿了婚事,并派人将阿伯拉尔强行阉割。万念俱灰的阿伯拉尔遁入修道院隐修,著书立说。爱洛伊丝则被送进修道院真的做了修女。即便如此,他们仍然通过书信交流感情,这些信件被保存了下来,成了经典情书。后来,阿伯拉尔和爱洛伊丝的合葬墓穴移入拉雪兹神父公墓,墓前常有恋人们献上的鲜花以纪念这对不幸的情人。

(Mattheus)和卡普佐夫(Carpzovius)[1]以证明这样的流血,甚至不足以作为采取酷刑逼供的条件。然而,被告还是被判刑处决了,尽管针对他的间接证据毫无确定性可言。[Cobbett' s State Trials, XI. 1371.——类似的事件还可见于克里斯蒂安·威尔森(Christian Wilson)的起诉状中,1661 年他在爱丁堡受到巫术罪指控。(Spottiswoode Miscellanies, II. 69.)]鉴于死亡和神判之间流逝的时间长度,稍微值得注意的是,弗吉尼亚州的阿科马克(Accomac)郡的记录中提到了一宗案件。大约在 1680 年 1 月中旬,"保罗·卡特(Paul Carter)之妻莎拉(Sarah)之女玛丽(Mary)"生下了一个私生子,其子随后死去,并被埋葬。将近 6 个星期之后,才发觉事有跷蹊,由验尸官遴选出 12 名主妇组成的陪审团作出的定罪判决表示,莎拉·卡特被带来触碰尸体时平安无事,但当保罗·卡特"拍打那孩子时,立刻变黑了,所触及之处的伤口重新变红,血液随时能从那孩子的皮肤里喷出来"。鉴于这般结果令人信服的强大说服力,当局曾起草了针对保罗·卡特的控诉状,但是随后的审判结果却没有出现在该郡的记录之中。[我能得到这份文件,要感谢里士满的医学博士乔伊内斯(L. S. Joynes),他告诉我,这是他在检视阿科马克郡的旧卷宗时找到的。]

尽管早期的蛮族法没有提到这种习惯,13 世纪德意志的城邦法也没有提到,但直到 17 世纪它在司法上仍一直被采用,称为"体

1 卡普佐夫(常拼作 Carpzov,拉丁化后写作 Carpzovius 出现在拉丁文著作中),17—18 世纪在德国萨克森地区影响甚大的家族,学者和官员辈出。家族成员中包括杰出的刑法学家本尼迪克特·卡普佐夫(Benedict Carpzov,1595—1666 年)。

液神判”(Bahr-recht)。在1324年,明登(Minden)[1]的教士雷因瓦德(Reinward)被一个酒醉的士兵所杀,正是通过这样的神判,使犯人意识到了自己的罪行。[Swartii Chron. Ottbergens. § xlvii.(Paullini Antiq. German. Syntagma.)]1487年,司布伦格认为它是一种确凿无疑的证据,并将其作为论证无从入手之案的论据。他解释说,其中的原理在于:当伤口形成时,空气进入了伤口,而当杀人者出面摇动尸体时,气体冲了出来,带出了血液。不过,他还提到,基于《圣经》中人类历史上的第一个谋杀犯该隐(Cain)[2]的传说,其他人相信这是来自大地的、针对谋杀犯的血泣。[Malleus Maleficarum, Francof, 1580, pp. 21, 32.]一百年后,博丹完全信服于此[De Magorum Dæmonoman. Basil. 1581, pp. 139-40.],并且在大约1600年,宾斯菲尔德主教提到它时,把它当作一种不容置辩的事实。[Tract. de Confess. Maleficar. p. 110.(Ed. 1623.)]大约在1580年,伯特兰·达让特莱院长(President Bertrand d'Argentré)[3]在他的《布列塔尼习惯法评述》(*Commentaries on the Customs of Bretagne*)中,把它当作有效的证据[“Cujus rei rationem petunt e causis naturalibus, et reddere

---

1 明登(Minden),德国北部地名。

2 该隐(Cain),是人类始祖亚当和夏娃的长子,因弟弟亚伯的供物受到耶和华偏爱而心生嫉恨,杀死了亚伯,被罚四处流离飘荡。《圣经》中耶和华曾对该隐说道:“……你兄弟的血有声音从地里向我哀告。地开了口,从你手里接受你兄弟的血。现在你必从这地受咒诅。你种地,地不再给你效力,你必流离飘荡在地上。”参见《圣经·创世记》4:10-12。

3 伯特兰·达让特莱(President Bertrand d'Argentré,1519—1590年),法国法学家和历史学家。

conatur Petrus Apponensis；quæ qualescunque tandem hæ sint，constat evenisse sæpe，et magnis autonbus tradita exempla"，并且他继而引用了帕里斯·迪·普提欧（Paris di Puteo）以及其他杰出刑法学者的言论。—B. d' Argentré Comment. in Consuetud. Britann. p. 145. Ed. 8，Antverp. 1644.]，尽管在不久之后的1592年，博学的法律顾问赞格，在引用了许多权威著述之后，总结说：它不能作为充分的证据，甚至无法为施用酷刑提供正当的依据。[Zangeri Tract. de Quæstionibus，cap. II. No. 160.] 然而，欧尔斯奈（Oelsner）引用的采用这种方法的案例，分别被记录为发生在1601年、1608年、1626年和1631年。在1607年，两个贵族因谋杀了一位牧羊人，于4月25日被处决，他们一靠近，尸体就流血不止，甚至抬起一只手，指向其中一人。欧尔斯奈还为我们提供了与上文中司各特那个故事略有不同的一个版本。一位奥地利贵族，在去维也纳的路上经过一片森林时，他的狗从地里刨出了一些骨头，那白色令他十分喜爱。于是他带着这些骨头进了城，把它们交给一名工匠，想要做成装饰品。它们一被带到那名手艺人面前，就布满了鲜血。这位贵族将此事实告诉了地方官员们。工匠被逮捕了，并招认说，20年前他谋杀了一名同伴，并将他的尸体埋藏于骨头被发现的那个地方。[C. C. Oelsner Disp. Jurid. de Jure Feretri，pp. 25-27（Jenæ，1735）.] 更有甚者，迟至1714年，奈林还引用权威学者的言论为其辩护，把它当作酷刑逼供的充分证据，并且感到应当详细论证展示它的不足之处。[Joh. Christ. Nehring De Indiciis，Jenæ，1714，pp. 42-3.]

这种神判的一个变体，被称为"申根亨"（scheingehen），在荷兰及北方地区实行:尸体的一只手被切割下来,所有嫌疑人一面自陈无辜一面触摸这只手,当犯罪者触及时,它就会流血。[Königswarter, *op. cit*. p. 183.] 契特拉乌斯(Chytræus)叙述了采用这种神判的一个案例。16 世纪时,案中被害人的一只手被从他的尸体上切割下来,悬挂在监狱里。10 年之后,一个窃贼被捕并凑巧被关进了这间牢房,而那只手立刻开始流血,随后这位囚徒坦白了之前的谋杀罪行。[Nehring, op. cit. p. 19.]

对尸棺神判的信仰转变甚至影响着今日的我们,这强烈体现了迷信的力量。在 1767 年,新泽西州博根郡(Bergen County, N.J.)的验尸官陪审团(the coroner's jury)[1]被召集起来,查验尼古拉·图尔斯(Nicholas Tuers)的尸体,他的死因疑似谋杀。从验尸官约翰内斯·戴马李斯特(Joannes Demarest)的证明中可见,他对尸棺神判毫不信任,并且当陪审团触碰尸体而没有产生任何结果时,他也根本不关心。最后,一名毫无证据却被列为嫌疑人的名叫哈里(Harry)的奴隶,被带上来做相同的实验,却听到一片"他就是犯人"的惊呼声,原来,哈里碰到图尔斯的尸体时,尸体流血了。于是验尸官要求这名奴隶将手放在尸体的脸部,尸体鼻孔中立刻各流出了一勺左右的鲜血,之后哈里坦白了这场谋杀的所有细节。[Annual Register for 1767, pp. 144-5.] 在 1833 年,一个名叫盖特(Getter)的男子因谋杀妻子,在宾夕法尼亚州被处决,而陪审团所审查的证据中,

---

1 验尸官陪审团(the coroner's jury),普通法系的一种特别程序,源自中世纪的英格兰。针对需要查明死者死因的情况,通常由 6—20 人组成。即便是在普通法系国家,这种程序也变得越来越罕见。

有一位女性证人宣誓作证说:“哪怕我的喉咙被割断,我仍能在全能的上帝面前汇报:当他(谋杀犯)碰到她时,死者竟露出了微笑。我在法官面前发誓,她还流了不少血。我被派去为她穿好衣服并让她躺好。他触碰了她两次,没有任何犹豫。我还要在法官面前起誓,房子里的其他人都看到了。”[Dunglison' s Human Physiology, 8th ed. II. 657.]这种信仰依然没有从未受教育的轻信者的头脑中除去。在1860年,费城的报纸提到了一个案件:死者的亲戚怀疑其中有不法行为,在死者入土后几周里,仍对验尸官胡搅蛮缠,要将尸体重新掘出,好让他们怀疑与其死亡有关的一个人来摸摸看。1868年,在弗吉尼亚的弗狄耶斯维尔(Verdiersville),一个谋杀嫌疑犯被强迫触摸在树林里发现的一具女尸;在1869年伊利诺伊州的勒巴侬(Lebanon),两具遇害者的遗体被挖了出来,而两百个邻居排成排,挨个走过并被强迫触摸它们,以期能以此举查出凶手。[Phila. Bulletin, April 19, 1860; N. Y. World, June 5, 1868; Phila. North American, March 29, 1869.]

誓言神判

我们在上文中已经看到了,对誓言的迷信存在于雅利安人的所有分支之中,并且古代印度将诉讼程序中的祈祷提高到了真正的神判的高度,在出现伪证犯罪的情况下,上天会在伪证犯身上降下可怕的灾难。我们也已经看到,在基督教世界中,教会对单纯的誓言并不太重视,却依靠它们所指以为誓的实物的神圣性来评估;并且当这些东西作为具有特殊神性的圣物时,它们被认为有惩罚伪证犯的力量,就这样,指它们为誓成了一种绝对的神判,就像印度人一样。这种信仰在教会早期的历史中自然产生。圣奥古斯丁记述道:在米兰,一个窃贼企图作伪证,指着某一个圣物起誓,他原本打算嫁祸于人,最后却不得不招认了罪行;当手下两名神职人员互相指责对方犯下叛乱罪行而奥古斯丁本人又无法决断时,他把他们送到诺拉的圣菲利克斯(St. Felix of Nola)圣祠中,完全依靠上帝的裁断揭示其中的真相。[August. Epist. lxxvii. §§2, 3. (Ed. Benedict.).—"Ut quod homines invenire non possunt de quolibet eorum divino judicio propaletur."]"伟大的格里高利"(Gregory the Great)提到过,一个主教指着圣彼得(St. Peter)的遗骨发下了洗脱罪名的誓言,并明确表达了若自己有罪,便愿遭重罚,最终他执行了仪式而毫发无伤,足见他实为无辜,这表达了同样的信赖。格里高利在他的其中一本《布道书》(*Homilies*)中更进一步地提到,指着圣徒的遗骨发誓却作了伪证,会受到恶魔附身的惩罚。[Can. Habet hoc proprium, cans. II. quæst. 5.—Gregor. P. P. I. Homil XXII. in Evangel, cap. 6.]

这种信仰恐怕不会因放任不管而自动消亡。在10世纪时,当康波斯特拉主教阿道尔夫斯(Adaulfus, Bishop of Compostella)[1]被指控犯下了一宗不可名状的罪行,国王草率地将他处以牛角顶死之刑。不过他采取了预防措施,在审判之前就穿着全套主教披挂虔诚

1 康波斯特拉(Compostella),西班牙地名。

地举行了弥撒。公牛被狗和号角激怒,发狂地冲向这位圣人;中途却突然停下了,缓慢地向他走去,并轻轻将它的角伸到了他的手心里,无论助手们怎样努力激怒也无法令公牛攻击他了。神明如此保护无辜,令国王和他的廷臣们心生敬畏,纷纷拜倒在这位圣徒脚下。他原谅了他们,并退隐到阿斯图里亚斯(Asturias)[1]最荒凉的地区,以隐士的身份度过了余生。然而,他将他的无袖十字褡留下没有带走,这件衣服从此便具有了神奇的力量,一旦以之为誓,犯了伪证罪的人将无法把它脱掉。[Munionis Histor. Compostellan. Lib. I. cap. 2, §2.]

在另一些案例中,指着圣徒们的祠堂发假誓时,伪证犯会陷于全身痉挛,或是全身僵硬、无法动弹,以此裁断伪证罪。[Gregor. Turon. De Gloria Martyrum cap. 58, 103.] 阿宾顿的僧侣们炫耀说,他们有一个黑色的十字架,是用耶稣被钉的十字架上的钉子制成,据说是君士坦丁皇帝(Emperor Constantine)赠送给他们的,作恶者向它发假誓,铁定会丧命。而可敬的编年史家也向我们保证,它发挥神力、大显身手的案例不胜枚举。[Sancta enim adeo est, ut nullus, juramento super earn præstito, impune et sine periculo vitæ suæ possit affirmare mendacium. —Hist. Monast. Abing. Lib. I. c. xii. (M. R. Series.)] 依附于本笃修会了不起的百合修道院的迪埃(Die)的小修道院,保存有圣毛尔(St. Maur)的一段臂骨,它具有某种与此类似的功效。有一次,小修道院一名叫作乔瑟林(Joscelin)的执事者,被指

1 阿斯图里亚斯(Asturias),西班牙地名。

控犯有侵占公产罪,并且获得了用这段圣毛尔的臂骨起誓以反驳罪证的机会。他因胜利过关而大喜过望,将手从圣物上拿开,抚摸着自己的长胡子高喊道:“以这胡须的名义,我的誓言是真诚的!”这时候,胡须突然脱离了他的手和脸颊,他一下没了胡须。这就是他的罪行以及作伪证的证据。就这样,他和他的后代立刻被宣布为无执事资格之人。[Radulph. Tortarii Mirac. S. Benedicti cap. xxii. (Patrol. T. 160, p. 1210.)]一个结果比较轻微的案子,是一位农夫在里摩日(Limoges)[1]的圣马提雅尔修道院(St. Martial)的圣坛前发下一个伪誓。他由此被剥夺了语言能力,只能像牛一样哞哞地叫,直到他在这位圣徒坟前祷告,并由神父在他的喉咙上划了十字,方才恢复正常。[Gregor. Turon. de Glor. Confess. c. xxix.]直到今日,圣帕特里克的下颚骨都一直保存在贝尔法斯特(Belfast)[2],用于司法程序之外的神判,有人完全相信:哪怕只是对事实做了最微小的歪曲,伪誓者也会立刻遭到惩罚。[Chambers' s Book of Days, I. 384.]在中世纪,这些危险的圣物十分普遍,而且不管我们怎样嘲笑这般天真的薄言轻信,仍大可相信:在许多情况下,在现代法律程序的精妙也无能为力时,它们是诱导出坦白招认的途径。

并不总是只有通过死亡才能获得奇迹发生所需要的神力。就像康明吉的圣伯特兰在世时所验证的那样:一位女子被指控犯有通奸罪,她来到这位圣徒面前,将手放在他身上发誓说她是无辜的,这时,她的手立刻变成了枯骨,成了她通奸罪和伪证罪的一个永久见

1 里摩日(Limoges),法国中西部地名。

2 贝尔法斯特(Belfast),北爱尔兰首府和最大城市。

证。[Vit. S. Bertrandi Convenar, No. 26 (Martene Ampliss. Collect. VI. 1035).]

即使在进行起誓的过程中没有特别提到神性,上天有时还是会保护教会的利益。大约在1200年左右,孔尼格斯温特的凯撒利乌斯(Cæsarius of Königswinter)骑士,从他的兄弟波恩公会的教长赫敏诺德(Hirminold, Dean of the Chapter of Bonn)处借了20马克,但他在兄弟死后否认存在这笔借款。由于这笔钱应当属于教会,波恩公会传唤了这位骑士,如果没有证据,他们就不得不凭他的誓言为证。作了伪证的凯撒利乌斯跨上马往家走去,但是当他走到一半时,马忽然像被钉住一样动弹不得了,他也无法使用自己那根撒了谎的舌头。意识到麻烦的原委后,他向亚伯拉罕祈祷,保证会迷途知返并招认自己的罪孽。然后他立刻就能动了,返回波恩后他不仅偿还了借款,也接受了苦修忏悔的惩罚。他后来进入海斯特巴赫(Heisterbach)[1]的修道院做见习修士,并记述了自己的故事。[Cæsar. Heisterbach. Dial. Mirac. Dist. IV. c. lviii.]

毒物神判

毒物神判,在许多非洲部落中构成了司法程序的基础,尽管它也在其滞留东部的同族中被使用,但似乎并不是由雅利安侵略者带

1　海斯特巴赫(Heisterbach),位于德国西部的西多会(Cistercian)修道院。

回欧洲的。这种方式可能兴起于这样的事实,即在他们迁移的过程中,手头再也没有以往所惯用的物品。在他们熟悉新居所的资源之前,这种方法也可能像其他一些方式一样被弃置不用。它挥之不去的余孽,或许在我们已经提到过的,发生于亚该亚地区对盖穆的女祭司的审判中,但是大体上说,毒物神判在西方可能被看作早已作古的旧例。

然而,在东方,它继续得到采用。耶若婆佉说过,争议案值在1000块银币之上,或者针对国王的犯罪行为,才会适用此法。规定采用的毒药被称为"桑噶"(Sarnga),产于喜马拉雅山区的一种树木,并且被告人要将其视为神的化身——"哦!毒物啊,汝乃梵天(Brahma)[1]大神之子,对公正和真理坚定不移:洗清对我的沉重指控吧!并且,若我所说属实,愿你于我如甘露琼浆!"一面这样说着,一面吞下危险的试剂,若是他将其消化了而没有恶果发生,就会被无罪开释。[As. Researches, I. 402-4.]一个更加晚近的权威,将毒物神判描述为仅适用于被轻视的首陀罗种姓。因剂量的不同而效果不同,一服特定剂量的致命毒物与30倍于其重量的澄清的油混合在一起。受试者面北而立,服下此物,如果在受试者击掌500下的时间内没有对他产生任何影响,那么他会被宣告无罪,并立刻服用解毒剂。[Ayeen Akbery, II. 497.]与此略有不同的方式,由上个世纪的一位作者记录下来:在举行适当的宗教仪式之后,7个大麦粒大小的致命的"毗湿那伽"(vishanaga),或者说砒霜,混合了32倍

1 梵天(Brahma),印度教的三大主神之一,主司"创造"。

剂量的清油，经由一个婆罗门之手让被告人服下。如果它没有发生效果，他就会被无罪释放。［All Ibrahim Khan（As. Researches, I. 391）.］7世纪时，玄奘法师描述了一些更加人道的习惯做法，实验由一头犍牛代劳，而在赤道附近非洲地区的尼安-尼安人甚至使用一只母鸡。这只动物会被喂食毒剂，毒物也被注入为此目的而割开的右腿伤口里，被告的命运就要由这只不幸动物的存亡来决定。［Wheeler' s India, III. 262.］

近现代还有一种方法，似乎是混有沸水神判特色的毒物神判。一条"那噶"（naga）或者说眼镜蛇，与一枚硬币或戒指一起，放到一个很深的砂锅之中，受审的人必须用手将后者从中取出。如果他被咬了，就会被认定为有罪；如果他躲过蛇牙没有被咬，就会被无罪开释。［Ali Ibrahim Khan, ubi sup.］

非常规神判

在神判中表现出的对上天的虔诚依赖，并非局限在上述各种形式中，还显示在其他一些手段中，有时被作为法律程序采用，有时则只是个人的盲从轻信。因此无法将它们当作欧洲公认体制的一部分，但它们如此清晰地展现了人心所向，以至于无法被完全忽视。

这些基本上可以被归类为"求助于上帝来规定与罪行相适的刑罚"。一条或更多的铁丝常被固定在谋杀犯的脖子或肩膀上，他会一直被放逐到通过朝圣之旅和祷告使得铁丝奇迹般地变松，显示出他已改过自新并得到了宽恕,灵魂和肉体都偿付了其所亏欠的东西。[Fratricidas autem et parricidas sive sacerdotum interfectores…per manum el ventrem ferratos de regno ejiciat ut instar Cain jugi et profugi circueant terram.—Leg. Bracilai Boæmor. (Annal. Saxo ann. 1039.) 亦参见于再早一个世纪时，对谋杀一位酋长的惩罚。—Concil. Spalatens. ann. 927, can. 7 (Batthyani, I. 331).] 有一个案例,是一个波兰人两条胳膊各套着一个铁环流浪。其中一个铁环因普鲁士的守护圣徒圣阿达尔贝特(St. Adalbert)的神力而落下,但另一个铁环一直箍到罪人来到图勒(Toul)[1]附近圣希达耳福(St. Hidulf)的圣祠。在那里,他加入到神圣僧侣们的礼拜活动中,那条顽固的铁丝猛然脱落,甚至弹到对面的墙壁上,而被宽恕了的罪犯则昏倒在地,鲜血从他那被解放的胳膊上倾泻而下。一个奇迹就这样被这位圣人的门徒们感恩戴德地记录下来。[De Successoribus S. Hidulfi cap. xviii. (Patrolog. CXXXVIII., p. 218.) 圣曼苏图斯(St. Mansuotus)的神性也受到过类似案件的检验(Vit S. Mansueti Lib. II. c. 17—Martene et Durand. Thesaur. III. 1025)。] 还有一个类似的例子,在细节上同样曲折离奇:一个奥尔良附近普吕奈(Prunay)[2]的居民,因杀害手足兄弟而被戴上了三道铁条。他劳乏的朝圣之旅中,通过在罗马的圣彼得的调停松开了其中两条,第三条的开解则是以最令人动容的方式,这要归功于圣伯丁和圣奥默尔。[Folcardi Mirac. S. Bertin. Lib. I. c. 4.] 如果匈牙利的

1 图尔(Toul),法国东北部城市。

2 普吕奈(Prunay),法国东北部地名。

圣埃莫里克(St. Emeric)[1]的传奇属实,教皇本人并未鄙弃此事,而是要求他经受这种神判,其奇迹般的逃脱使得他立刻在1073年的宗教会议上被册封为圣徒。[Batthyani, Legg. Eccles. Hung. T. I. p. 413. 亦见于 Mirac. S. Swithuni c. ii. § 32.—Mirac. S. Yvonis c. 21 (Pairol. CLV., 76, 91). 还有其他各种例子参见 Muratori, Antiq. Med. Ævi, Diss. 23. 查理大帝似乎认为这是一种应当被法律所禁止的欺骗行为。—Car. Mag. cap. I. ann. 789, § lxxvii.] 悔过自新的罪人们也常常用铁环或铁链绑住自己,当作一种苦修的形式,而这些东西有时会自然毁坏,这被看作上帝已经原谅忏悔者的标志。[Cæsar. Heisterb. Dial. Mirac. Dist. XI. c. xxvii. xxix.]

那个年代的精神就是这样展示在对上天的申诉中。神判在12世纪早期结束了布拉加大主教圣杰拉德(St. Gerald, Archbishop of Braga)[2]与他教区的一位巨头人物关于资助教会的争吵。最后,顽固不化的贵族祷告上帝,让过错方活不过一年,而圣杰拉德同意了;6个月之后,这位不幸贵族的死亡,显示出用这种方式试探一个圣徒是何等危险。[Bernald. Vit. S. Gerald. cap. xv. (Baluz et Mansi I. 134.)] 确实,这可能需要更高权威的担保。在336年,当君士坦丁堡主教亚历山大(Alexander, Bishop of Constantinople)正要介入与异端首脑人物阿里乌斯的论争时,他进行了很长时间的斋戒,并把

1 圣埃莫里克(St. Emeric,约1007—1031年),匈牙利王子。他是其父匈牙利国王圣斯蒂芬一世(St. Stephen I of Hungary)的次子,宗教信仰十分虔诚,原本打算终身从事圣职,但其长兄早逝使得他成了太子,但最终死在一次狩猎活动中。据说他的墓前曾发生过一些奇迹。死后被格里高利七世册封为圣徒。

2 布拉加(Braga),葡萄牙地名。

自己单独禁闭在他的教堂里，向上帝祈祷了许多个日夜，最后还恳求道：如果他的信仰是错误的，将活不到对峙的那一天，而如果阿里乌斯是错误的，对方就会先被带走。几天之内，异端阿里乌斯突然惨死，使得《尼西亚信经》(*Nicene Creed*)[1]的正统性得到了肯定。[Socratis Hist. Eccles. Lib. I. c. 25.]

在510年左右，阿里乌斯派教条关于三位一体的错误由另一个自行发生的奇迹再次宣示出来：当阿里乌斯派的君士坦丁堡主教丢特里乌斯(Deuterius, Bishop of Constantinople)以圣父的名义，通过圣灵笼罩下的圣子给一位皈依者施行洗礼时，洗礼钵中的圣水忽然全部消失不见，这是对这异端做法的责难。[Theodori Lector. H. E. Lib. II.]

瑞典最早皈依基督教之一的赫利加里乌斯(Herigarius)总结性地提出：或许可以将这些例子归纳为一种信仰的审判，尽管并不像珀波主教的例子那么危险。在与他的异教邻人频繁争论之后，有一天，当一场风暴迫近时，他提议他们应当各站在一边，看看谁会被淋湿。大雨倾盆而下，差点儿没把野蛮的异教徒嘲弄者淹死，而赫利加里乌斯和陪伴他的一个男孩则安然地冷眼旁观，一滴雨都没有淋到。[Remberti Vit. St. Anscharii c. xvi. (Langebek I. 458-9).]

在9世纪末期，罗洛(Rollo)[2]和他领导的诺曼人迫使图尔市圣马丁(St. Martin)修道院的僧侣们在欧塞尔(Auxerre)[3]为他们自己

---

1 尼西亚信经(*Nicene Creed*)，指第一次尼西亚会议通过的基督教信仰宣言。

2 罗洛(Rollo)，生活在10—11世纪的诺曼维京人领袖。

3 欧塞尔(Auxerre)，法国地名，在巴黎的东南方。

和他们无价的圣物寻求庇护所，圣马丁的遗骨被存放在圣热尔曼(St. Germain)教堂中，就在后者陵墓的附近。初来乍到者制造的种种奇迹，迅速导致大量献祭的涌入，而外来一方将其纳入自己的囊中。圣热尔曼的僧侣们声称，他们也应分得相等的一份，理由是这些奇迹乃两位圣人共同显圣所致。图尔的僧侣拒绝了这个要求，最终提出这样的解决方案：带来一个麻风病患者，将他置于双方的圣物箱之间。如果第二天早晨，他完全被治愈了，那么他们就同意承认奇迹归功于两位圣徒，并且所受奉献应当分享；但是如果他只有一侧身体痊愈，那么应当归功于靠近那一边的圣物箱，由此所获的财物属于侍奉他的僧侣们。这个提议得到了同意。于是一位麻风病人被放在两个陵墓之间，两方僧侣都彻夜祈祷。到了早晨，他被发现靠近圣马丁一侧的身体强健如初，而靠近圣热尔曼一边的一点都没有好转。为了免去一切怀疑，这位病人被转了个方向，于是另一边也被治愈了。结果再也不容置疑，从此以后，圣马丁的僧侣们得以平静不受打扰地接受信徒的奉献。[Gesta Consul. Andegavens. c. iii. §16 (D'Achery III. 241).]

即便没有采用任何仪式，上天的直接干预也偶尔发生，自动使正义留存在人类笨拙的手中。1219 年，在科隆附近，一个男子被判决犯有偷盗罪并迅速处以绞刑，但是当围观者以为他已安然死去时，他突然高喊："你们所为，徒劳无益；你们不能绞死我，因为我的主人圣尼古拉(St. Nicolas)主教在帮助我。我看到他了。"人们把这当作证明他无辜的可靠证据，立刻砍断绳索将他放下，于是他匆忙赶往布鲁维勒(Bruweiler)的教堂，为他奇迹般的幸免于难表达感激。［Cæsar. Heisterbach Dial. Mirac. Dist. VIII. c. lxxiii.］然而，奇怪的是，目睹圣尼古拉显圣事件的、虔诚的同时代记述者，却小心翼翼地让我们明白：其实，这个人可能是有罪的。挪威的圣奥拉夫曾经用同样的方式进行干预，在命悬一线的9个小时里，救活了一个因被误认为偷窃而不公正地处以绞刑的人。［Legendæ de S. Olavo (Langebek II. 551-2).］

对上天，也可以不经烙铁或沸水的中介，而采取直接申诉。在意大利北部，9世纪时，有一个重要得多的问题就这样得到了裁断：当托斯卡纳的乌贝托(Uberto of Tuscany)[1]被奥托大帝放逐后，过了很长一段时间才回到家中，却发现他的妻子维拉(Willa)带着一个漂亮的小男孩。他拒绝承认自己是这孩子的父亲。在多次会谈之后，这个棘手的问题以如下方式得以解决：他召集了一个主要由神职人员参加的大型集会，乌贝托混坐其中而没有任何区别于他人的标识。那个从未见过他的男孩，被带到中央，在场所有人都进行祷告，祝愿孩子在神明的指引下靠本能找到父亲。祷告立刻得到了回应，男孩毫不犹豫地投入乌贝托的怀中，乌贝托再也无法沉浸于无聊的怀疑之中，而这个名叫乌戈(Ugo)[2]的男孩日后成了意大利最有权势的诸侯。［Pet. Damian, Opusc, LVII. Diss. ii. c. 3, 4.］

为探查四处蔓延的神秘巫术犯罪而进行了近乎疯狂的努力，我

---

1 托斯卡纳的乌贝托(Uberto of Tuscany)，指生活在10世纪的意大利斯伯莱托公爵休伯特(Hubert, Duke of Sploleto)，他也曾任托斯卡纳侯爵(Margrave of Tuscany)。

2 乌戈(Ugo)，指托斯卡纳侯爵于格(Hugh, Margrave of Tuscany)，969年起在位。

们发现许多迷信仪式流行于民众之中,被放在了神判的地位。因此,在16世纪后半期,人们认为来自坟墓的碎土一旦受到弥撒的圣化并置于教堂门槛上时,会阻止任何进入教堂的巫师踏出教堂半步;而将橡木绞刑架的碎片洒上圣水后,吊在教堂门廊上,也被认为拥有相似的功效。[Wieri de Præstigiis Dæmonum, p. 589-90.]

神判的条件

神判是一种彻底和完全的司法程序,由法律规定适用于某些案件,并被法庭作为常规的普通程序实行。从最古老的时代开始,受审的被告人受到这种审判,就如同其受制于其他任何一种法庭令状一样。于是,萨利人的法律规定,拒不服从者将受到王室法院的传唤;而如果依然抗命不遵,就会被宣布为不法之徒,财产也会被征收,就像任何蔑视法庭案的习惯做法一样。[这是一条既定做法,在最早的法律(Tit. I. LVI.)和最晚近的法律中(L. Emend. Tit. LIX.)中都有体现。因此很难理解为何孟德斯鸠(Montesquieu)对其视而不见,以便建立起他的那套"原始法兰克体制不接受消极证据"的理论,他对神判的说法是"这种消极证言,是经双方同意,由法律加以容许,但它并不是法律所规定的"。(Espr. des Loix, Lib. XXVIII. chap. 16))——这种说法与所有对此时代的记载都不符合,无论是历史记载,还是法律记录。他唯一的根据只是萨利法兰克人的一项颇为奇特的习惯,上文已经提到过了。]就像我们所看到的那样,法典的规定通常是严密精确的,不承认任何其他选择。[Si aufugerit et ordalium vitaverit, solvat plegius compellanti captale suum et regi weram suam.—L. Cnuti Sæc. cap. xxx.—See also cap. xli.] 然而,选择的特权偶尔得以出现在这样或那样的共誓证据,以及各种形式的神判中。[Et eligat accusatus alterutrum quod velit, sive simplex ordalium, sive jusjurandum unius libre in tribus hundredis super xxx. den.—L. Henrici I. cap. LXV. §3.根据德意志的城邦法,有时候被告有权从各种各样的神判形式中选择一种。——Jur. Provin. Alaman. cap. xxxvii. §§15, 16. Jur. Provin. Saxon. Lib. I. Art. 39.]

立法因民族和时代的不同而千差万别,法律规定采取这种方法的情形,也有着相当大的差异;而且,为了深入研究法院下令采取此法的权力问题,以及申诉者或抗辩者要求采取此法的权利问题,可能会使得篇幅过于浩大,尤其因为我们已经比较详细地探讨了其中一种形式,即决斗断讼。在印度,如果控方要强迫对方进行神判,那么控方必须承担被处罚金的风险;但是任一方都可以自己主动进行神判,在这种情况下,另一方若失败则会被处以罚金。[Yajnavalkya, 1, 2. (Asiatic Researches I. 402.)] 在欧洲似乎有这么一种习惯,当被告在神判中逃脱罪责时,控方就必须受罚。前文引述司各特《边区歌谣集》中尸棺公断的案件,似乎就是为了验证控方本人是否正是有罪之人。在英雄史诗《老埃达》之中,似乎只有为了揭穿控方的伪证才会诉诸类似的审判。当阿特利(Atli)之妻古德伦(Gudrun)

被姘妇赫尔齐亚(Herkia)诽谤为通奸犯,被迫接受神判[1]时——

她将手伸入锅底
雪白的手
举起了
这些珍贵的石头
"现在看吧,人们,
这证明我无罪
以神明的智慧,
大可将锅鼎煮沸。"
当他见到毫发无伤的
古德伦的手。
阿特利当场大笑
心里安定下来
"现在赫尔齐亚
必须走向大锅,
若依古德伦的愿望

1 古德伦(Gudrun)是一位命运坎坷的公主,日耳曼与斯堪的纳维亚英雄传说中的女主角之一。其兄弟国王古恩纳尔(Gunnar)为娶英雄齐格弗里德(Sigurd)的情人、女武神布伦希尔德,而使用诡计。齐格弗里德中计,忘记旧情人,娶了古德伦,之后被古恩纳尔杀死。一说古德伦亲手为丈夫报了仇,一说她预言了其兄弟的死亡。古德伦后来嫁予阿特利(Atli)。一说阿特利导致了古德伦一家之死。古德伦向阿特利家族复仇后,跳海自杀。海浪将她冲到瑞典,她又嫁给了瑞典国王。

希望此女受伤。”
此等惨状
无人曾见
赫尔齐亚的手
何等受伤。
他们看到那女人
化为一滩烂肉
这就是为古德伦
所受冤屈的复仇。

[Guthrunarkvida Thridja，9，10（Thorpe’s Elder Edda，pp. 106－7）.]

在没有充分证词的情况下案件无法只靠凡人的方法解决，作为种必要的因素被频繁地提到[Si certa probatio non fuerit.—L. Sal. Tit. XIV. XVI.（MS. Guelferbyt.）亦见于 the Pact. Childeberti et Chlotarii §5—Decret. Chlotarii II. ann. 595，§6.—Capit. Carol. Calvi，ann. 873，cap. 3，7.—Cnuti Constit. de Foresta §11："Sed purgatio ignis nullatenus admittatur nisi ubi nuda veritas nequit aliter investigari."—Consuetud. Tornacens. Commun. §ii.（D’Achery Spicileg. III. 551）. Home’s Myrror of Justice，cap. III. Sect. 23："En case ou battaille ne se poit joindre ne nul tesmognage n’avoit lieu .... e le actor n’ad point de testmoignes a prover sa action，adonque estoit en le volunt del deffendant a purger sa fame per le miracle de Dieu." 几乎无须更多例子，因为前文引述的法律中有许多类似的限制。]；并且确实，我们几乎可以断言如

上,即便没有特地提到,法院下达神判指令的审慎程度大致就是如此。然而,这也存在一些例外,在早期的俄罗斯立法中,神判被规定适用于一切案件中的被告,只要有证人证言支撑指控 [Ruskaia Prawda, art. 28.哪怕一个奴隶的证词，也足以使被告面临赤烙铁神判。 如果他逃过一劫，控方就付给他一小笔罚金，但如果证人是自由民，则不存在这样的强制罚金。 然而，在任何以无罪开释为结果的案件中，控方都要付给君王和司法官员罚金。] ；国王埃塞雷德(King Ethelred)[1]的一部法律似乎暗示原告可以要求他的对手经受神判 [Et omnis accusator vel qui alium impetit, habeat optionem quid velit, sive judicium aque vel ferri ... et si fugiet (accusatus) ab ordalio, reddat eum plegius wera sua.—Ethelr. Tit. III. c. vi. (Thorpe II. 516.)] ，不过如上所举的大量例子证实了这样一个结论:若被告一方提出这样的要求,很少会被拒绝,即便存在有力的罪证 [在冰岛的法典中就有这样的规定—— "Quodsi reus ferrum candens se gerere velle obtulerit, hoc minime rejiciatur." ——Grá gá s, Sect. VI. c. 33. 在 1190 年的布鲁日法律中也有这样的规定 (§31)，我们看到被告可以选择赤烙铁或常规讯问—— "Qui de palingis inpetitur, si ad judicium ardentis ferri venire noluerit, veritatem comitis qualem melius super hoc inveniri poterit, accipiet" (Warnkönig, Hist. de la Fland. IV. 372) ——表现出它被看作最绝对的证词。 而在腓特烈·巴巴罗萨的一部宪章中也一样，"Si miles rusticum de violata pace pulsaverit .de duobus unum rusticus eligat, an divino aut humano judicio innocentiam

1 埃塞雷德(Ethelred,也写作 Æthelred),应指埃塞雷德二世(Ethelred II, Ethelred the Unready, 968—1016 年),英格兰国王。

suam ostendat"。 —Feudor. Lib. II. Tit. xxvii. §3.]，尽管这样宽松的做法偶尔还是会受到坚决的抵制。[朱莱塔斯(Juretus)曾引用的一位无名神职人员的书信中，就有如此表示(Observat. in Ivon. Carnot. Epist. 74.)— "Simoniaci non admittuntur ad judicium, si probabiles personæ, etiam laicorum, vel feminarum, pretium se ab eis recipisse testantur; nec aliud est pro manifestis venire ad judicium nisi teutare Dominum."]确实，当这种习惯逐渐衰落时，存在一种变通方法，要求双方都在法庭面前表示同意案件如此裁决。[Duellum vel judicium candentis ferri, vel aquæ ferventis, vel alia canonibus vel legibus improbata, nullomodo in curia Montispessulani rati sunt, nisi utraque pars convenerit.—Statut. Montispess. ann. 1204 (Du Cange).] 在民事案件中，我们可以推定，缺少证词或双方同意足可导致这种方法被采用。[Si accolis de neutrius jure constat, adeoque hac in re testimonium dicere non queant, turn judicio aquæ res decidatur.—Jur. Provin. Alaman. cap. cclxxviii. § 5.—Poterit enim alteruter eorum petere probationem per aquam (wasser urteyll) nee Dominus nec adversarius detrectare possit; sed non, nisi quum per testes probatio fieri nequit.—Jur. Feud. Alaman. cap. lxxvii. §2. "Aut Veritas reperiatur de hoc per aquaticum Dei judicium. Tamen judicium Dei non est licitum adhiberi per ullam causam, nisi cujus Veritas per justitiam non potest aliter reperiri, hoc terminabitur judicio Dei." —Jur. Feud. Saxon. §100 (Senckenberg. Corp. Jur. Feud. Gemian. p. 249).——在后来的一部文献中也是这样，"judicium Domini fervida aqua vel ferro non licet in causa aliqua experiri, nisi in qua modis aliis non poterit veritas indagari"。 —Cap. xxiv. §19. (Ibid p. 337)] 在疑难案件中，这

一体制为懒惰的法官们提供了安慰剂，清晰地体现在各种古代法典的这么一条规则中，即规定一个有犯罪嫌疑的人，即使没有指控者出庭控诉，也要被投入监狱，直到他能够通过水神判证明自己的无辜。[Établissements. de Normandie, Tit. de Prison (Éd. Marnier). 与此完全一致的，还有早期波西米亚法律的一条规则。—Bracilai Leges. (Patrol. CLI., 1258-9.) 而盎格鲁-萨克森法律中也有几乎一模一样的规定。—L. Cnuti Sæc. cap. xxxv. —L. Henric. I. cap. lxi. §5.——亦见于Assises de Jerusalem, Baisse Court, cclix。]

我们从上文已经看到：控方或原告提出诉诸神判证明自己的诚实，这样的案例时有发生。但这是一条关于决斗断讼的既定规则，并不适用于神判的其他那些形式，它们被认为是防御的手段，而不是指控的方式。我看到过的例子中很少有由控方采用它们的一般性规定。在俄罗斯早期的法律中，控方如果没有证人证明控诉属实，就必须经受烙铁神判。[Ruskaia Prawda, Art. 28.] 大主教辛克马尔规定，状告神父行为放荡的案件，必须有 7 名证人，其中一名必须经受神判以证明同伴们的誓言属实。[Hincmari Capit. Synod. ann. 852, II. xxi.] 带着同样的目的，这一位高级神职人员下令，如果被告没有获得法官为他选择的那些人的支持，那么被告自选的共誓人们也要进行神判。[Hincmari Epist. xxxiv.] 伴之而来的，是一条被广泛采纳、关于其适用的规则，即允许被告在一些案件中拥有获得共誓人的特权，仅要求他在无法获得足够数量的支持者时，才经受神判考验。由此，在 794 年，一位名叫彼得的主教，遭到法兰克福宗教会议责难，被要求提供 2—3 位共誓人，以洗刷他参与反对查理大帝的阴谋的罪名。但他无法获得这么多人的支持,于是他的一名仆役自愿经受神判考验,结果成功了,主教因此得以官复原职。[Capit. Car. Mag ann. 794, §7.]这乃严格遵循惯例行事,可见于萨利人法律一份非常早的文本[Se juratores non potuerit invenire, aut ad ineum ambulat aut, etc. —MS. Guelferbyt. Tit. XIV.],亦见于里普利安人的法典。[Quod si ... . juratores invenire non potuerit, ad ignem seu ad sortem se excusare studeat.—L. Ripuar. Tit. xxxi. §5.]在盎格鲁-萨克森人中,自他们的法学最早提到神判起一直到威廉征服时期,它一直存在。[Dooms of Edward the Elder, cap. iii. 亦见于 William the Conqueror, Tit. I. cap. xiv.— "Si sen escundira sei duzime main. E si il auer nes pot, si sen defende par juise." 这部被归于亨利一世名下的法令集,有着类似的规定,cap. lxvi. §3.]有类似趋势的,是"红胡子腓特烈"的法令。它规定一个有偷窃嫌疑的奴隶适用烙铁神判,除非他的主人愿意根据一个誓言就放过他。[Radevic. de Reb. Frid. Lib. I. cap. xxvi.]有时候,在通过誓言或共誓人为自己辩护,把被告骂服时,它也被采用。895年的特里布尔会议颁布了这样一条教令,宣布如果一个人被如此广泛地怀疑以至于无法采用共誓证据,他就必须认罪或者接受烙铁神判。[Concil. Tribur. ann. 895, can. xxii.]即便罪责尚未明晰,相对于被告无法找到人共誓反驳的情况,大众的观念显然可能为控方提供了更加大量的人选,愿意协同发下控方的誓言。在这种情况下,神判是一种最方便的方式。

这些规则决定性地赋予神判惩罚的性质,因为它就这样被加之在那些人身上——他们被如此广泛地认为有罪,以至于在圣坛上无法找到任何朋侪站在他这一方,没有人愿意发誓来否认对他的指控;而且这不是唯一导致我们相信它常常被这样看待的情形。这一见解在古代印度法律中清晰可见,就像我们已经看到的那样,其中某些神判——赤烙铁、毒物和天平神判——不得被采用,除非案值超过1000银币,或是针对国王的冒犯[Yajnavalkya (As. Researches I. 402).];并且以单独或三重神判的层级形态重现于欧洲,适用于重要性各不相同的犯罪中。这样的一种体制如此完全地与"奇迹般的干预保护无辜并惩罚罪人"的理论背道而驰,以至于我们只能将它看作疑难案件中档次各异的惩罚,如此列出某种刑罚,作为对那些希望因罪行隐秘而侥幸逃脱的人的警告(in terrorem)——毫无疑问,有了一种安慰剂般的定罪判决,就像德·蒙特佛德的神职顾问在洗劫贝济耶(Béziers)[1]一事上,上天自有公断。同样的原则还可见于1128年由"胖子路易"颁布的卢丹(Loudun)[2]宪章中的规定,即侵害若发生在当地的特许自由区之外,只需要发下一条简单的神圣誓言,就可以反驳成功;但是如果发生在该区域之内,被告就必须经受神判。[Chart. Commun. Laudun. (Baluz. et Mansi IV. p. 39.)]在图尔奈的习惯法中,我们也看到了它,这是由腓力·奥古斯都在

---

1 贝济耶(Béziers),法国南部朗格多克地区的古镇。此城曾是基督教卡特里教派(Catharism)的要塞,被罗马天主教会视为异端。1209年,因拒不交出"异教分子",全城居民不分教派都惨遭屠戮。其中一个臭名昭著的人物,是西多会修士阿诺德·阿玛尔利(Arnaud Amaury/ Amalric)。当被问及"如何将异教徒鉴别出来"时,这位修道院长答道:"将他们全部杀死,让上帝来拣选吧(Kill them all and let God sort them out)!"其宗教狂热,连他的主君莱斯特伯爵西蒙·德·芒福特(Simon de Montfort, Earl of Leicester)都感到厌恶。

2 卢丹(Loudun),法国中西部地名。

1187年颁赐的，规定被指控犯有尖锐武器伤害罪的人，如果没有证人，而又发生在白天，就被允许用6名共誓人自证无罪，但如果发生在夜晚，就必须进行水神判。[Consuetud. Tornacens. §iii.(D'Achery III. 551.)]对此更进一步的诠释，可见于这么一条交织在各法典中的原则，它规定：初犯可以用共誓人或其他方式进行辩护，而"提奚特-拜席格"(tiht-bysig)，或者说"不名誉者"(homo infamatus)，即恶名昭著的人，其品行之前已经毁坏，就没有这样的特权了，而会立刻遭受烙铁神判或浸水神判。与此类似地，在盎格鲁-萨克森人之中，最早提到神判的是"长者爱德华"(Edward the Elder)[1]，他规定犯有伪证罪的人，或是那些有前科的人，不应有誓言脱罪的资格，而是应当立即交付神判；埃塞雷德，克努特和亨利一世的法律中虽有一些变更，但都重申了这条规则。[Ut deinceps non sint digni juramento sed ordalio.—Legg. Edwardi cap. iii.; Æthelredi cap. i. §I; Cnuti Sæcul. cap. xxii., xxx.; Henrici I. cap. lxv. §3.]加洛林王朝的立法建立了相似的原则[Capit. Car. Mag. I. ann. 809, cap. xxviii.—Capit Ludov. Pii. I. ann. 819.]，而布克哈德(Burckhardt)的教令显示它直到11世纪依然有效。[Burchardi Decret. Lib, XVI. cap. 19.]150年之后，佛兰德斯的立法表现出同样的倾向，1190年颁行的布鲁日的法典规定，第一次被指控犯有偷窃罪，应当通过证人来裁决，而第二次则要面对冷水神判。[Keure de la Chá tellenie de Bruges, §28.(Warnkönig, Hist. de la Fland. IV. 371.)]在13世纪的德意志城邦法之

1 长者爱德华(Edward the Elder)，英国统治者，899—924年在位，阿尔弗雷德大帝之子，是英国摆脱丹麦控制、立国和统一过程中的重要人物。

中,也可以看到同样的原则。一个人若被判偷窃罪或类似犯罪,就不再有资格进行誓证,而之后一旦被指控,就不得不在烙铁、沸锅和委托斗士决斗中选择其一。因此,造币厂的官员发行假币,第一次受到这样的指控,可以靠发誓来证明他的无辜,但是第二次就必须经受神判。确实,在德意志北部的市民法中,之前的嫌疑足以迫使被告进行神判而不能采用誓证。[Jur. Provin. Alaman. cap. clxxxvi, §§4, 6, 7; cap. ccclxxiv.—Jur. Provin. Saxon. Lib. I. Art. 39.—Sachsische Weichbild, Art. xcii. §2. —Richstich Landrecht, cap. lii.] 同时代的西班牙法学也有颇为类似的规定:对一个被指控犯有杀人罪的女人,不会处以神判,除非她能够证明自己完全被遗弃了,对此有一种奇特的标准要求 [Si non fuere provada por mala, que aya yazido con cinco omes.—Fuero de Baeça (Villadiego, Fuero Juzgo, fol. 317 a).],而且更加值得一提的是从这部法典开始,施行了一种妓院老鸨须立刻执行赤烙铁神判方能证明她的无辜的程序。在查理大帝的立法中,有一个精巧的规定,即一个七次被判犯有盗窃罪的人就不能再靠缴纳罚金逃脱,而是会被强制进行火神判。如果他失败了,就会被处死;如果他无伤脱险,也不会被作为无辜者释放,而是允许他的领主为其将来的行为检点支付一笔保证金。[Capit. Car. Mag. III. ann 813, cap. 46.]——这是一种一次性同时解决处罚和确保其死亡符合上天意愿的模式。当我们由此将它视为一种对"因行为不检而丧失同伴信心"之人的处罚时,这种制度就不再荒谬,当然这也是由于它符合其出发点,也就是它当初据以建立的原则。

从另外一方面来看,在那些常识有限的人眼中,神判很可能单纯是一种仰赖神明裁断的诉求。几乎不必怀疑,我们可以发现:它被大量运用于逼供或榨取违心证词的活动中。根据早期法典,例如,古代希腊和罗马法律,刑讯逼供只能用于奴隶,而神判则是一种合法化的酷刑,适用于特别亟待查明真相的情况,并且我们间或发现有使得自由人能够通过共誓脱罪的规则,但奴隶却必须进行神判。[Concil. Mogunt. ann. 847, can. xxiv.—Burchardi Decret. Lib. XVI. cap. 19.—Keure de Gand, §§7, 8, 12(Warnkönig, II. 228. “征服者威廉”的法律(Tit. II. c. 3.—Thorpe, I. 488)规定决斗是专为诺曼人设立的,而萨克森人只配进行粗鄙的神判,可能也是出自相同的考量。然而,在现实中,它可能只是在保留那些民族的古老习惯,给予被告适用其属人法的特权。决斗审判对于盎格鲁-萨克森人而言,闻所未闻,他们习惯于采用神判,而根据颇有权威的霍瓦德(Houard)的说法(Anc. Loix Franc. I. 221-222),诺曼人早在威廉征服之前就只靠刀剑解决问题。]在那些忠于信仰的年代,基督教宣称,充满负罪感的良知,必然实实在在得到强化,能够经受最严酷的宗教仪式,将救赎寄托在他的清白无辜之上,并且知道在这样的情况下,只有上天的直接干预才能使他免于手被煮烂[在执行者中没有受难者的亲友能够解救他时,这种神判的严厉性,可见于以下对于将手置于滚水并包裹三天之后的描述中:“inflatam admodum et excoriatam saniequé jam carne putrida effluentem dexteram invitus ostendit.”(Du Cange, s. v. Aquæ Ferv. Judicium.)在这个案件中,受难者与一所修道院对立,可能是那些修道士操纵了煮水的大锅。],后面还要承受对其罪行的完整刑罚,以及可能还要加上因伪证罪而失去四肢之一的惩罚。面对这样的前景,他必定迫切寻求在诉讼程序的前期就直接、迅速和坦白地招供。在13世纪,这样的想法得以强化，因为当时刑讯逼供被用作司法程序以及获取证词和招供的手段，变得制度化并得以广泛通行，神判落得废止和迅速消失的下场。后者完成了它的使命，而且前者更加适合于那个较多理性、较少信仰的年代，并且与它的前任一样专断而暴力。对这般推想的进一步确认，来自这样一种巧合：唯一排除神判的古代法律——西哥特人的法律——也同样是唯一以使用酷刑为惯例的，[L. Wisig. L. VI. Tit. i. §3.] 他们的法典中唯一提及神判的规定是将它作为常规酷刑逼供之前的初步程序。

事实上，在实践中，那些因思想开明而将神判当作迷信之举的人们，将它看作酷刑的一种。一篇出自史蒂芬五世（Stephen V）[1]和希尔维斯特二世（Sylvester II）[2]的书信谴责了这整个体制，理由是教会法禁止用烙铁和沸水逼供；而且那些不为神父们所允许的事情，也不能用轻率的信仰来制裁。[Ivon. Carnot. Epist. 74 —Can Consuluisti, Caus. II. q. 5.] 因此，在圣巴塞尔会议（the Council of St. Baseul）上，一位名叫阿达尔杰的神父忏悔说，在洛林的查理（Charles of Lorraine）反抗于格·卡佩（Hugh Capet）[3]篡权的过程中，他帮助过兰斯的阿诺尔（Arnoul of Rheims）[4]，他提出通过进行

1 史蒂芬五世（Stephen V），罗马教皇，885—891 年在位。

2 希尔维斯特二世（Sylvester II），罗马教皇，999—1003 年在位。

3 于格·卡佩（Hugh Capet），即“伟大的于格”或“大于格”（Hugh the Great），987—996 年在位的西法兰克国国王，法国卡佩王朝的第一位君主。

4 兰斯的阿诺尔（Arnoul of Rheims，？—1021 年），法国加洛林王朝国王洛泰尔（954—986 年在位）的私生子，担任兰斯大主教。他也是下洛林公爵查理（Charles, Duke of Low Lorraine）的侄子，曾试图协助这位叔父登上王位。

神判证实他的证词,他在言辞之间表示出,他期望这被当作增加证据证明力的一种酷刑——“如果你们中的任何人怀疑这一点,并且认为我不值得信任,那就让他相信这火焰、沸水、烧红的铁犁吧。让这些酷刑说服那些不相信我的话的人们吧”。[Concil. Basol. cap. xi. 阿诺尔的秘书雷纳(Rainer)提出，为证明他所言属实，愿意交出一名奴隶，让他在灼烧的铁犁上行走，以证明他的诚实无欺。]可以看出,他略去了冷水神判,因为那并非酷刑,就像在古代意大利法律中那样,如上所述适用于赤烙铁、毒物和天平神判,而不适用于冷水神判,或者那些采用浸湿过圣像的水进行的神判。[Yajnavalkya, 5. (Asiatic Researches, I. 402.)]

同样的,在欧洲神判中有一些,譬如圣餐神判,面包和奶酪神判,以及尸棺神判,都算不上酷刑,但是他们着重强调这类神判对被告的良心和意念大有影响,被告的麻木不仁、顽固不化无疑常常会在审判中崩溃。在我们自己的国家,而且几乎就在我们生活的时代,上述神判带着这样的目标死灰复燃,而且结果并未令执行它的人失望。1824年,在纽约审判的、针对约翰逊的公诉案(People vs. Johnson)中,谋杀嫌疑犯被从牢房带到躺着被害人尸体的医院,并被要求触摸它。此前泰然自若的虚伪掩饰,在这个可怕的时刻完全崩溃;嫌犯紧绷的神经垮掉了,并且结结巴巴地招认了罪行。这个程序受到法庭的支持,驳回了之后撤回招供的尝试。[Wharton and Stillé’s Med. Jurisp, 2d. Edit. 1860.]这种感性的强大影响力,表现在迟至1815年依然在蒙特贝利亚(Montbelliard)附近的芒德尔(Mandeure)[1]有效的习惯法中,而且据说在较偏远的阿登山区依然被使用着。当一个窃贼被定罪之后,本地居民在星期天的晚祷之后,聚集到审判地点。在那里,市长召唤罪人,要他赔偿并离群索居6个月。如果这个诉求没有成果,追索权就属于审判人员,其中两名地方法官将一根木头抬到空中,每一个人都要从下面走过。据说,从没有哪个犯人胆敢从下面通过,无一例外,总是因此被单独剩下。[Michelet, Origines du Droit, p. 349.—Proost, Jugements de Dieu, p. 80.这似乎源自前文所述古斯堪的纳维亚人的"斯科斯拉"(用草皮搭起地洞的神判)。]由此,很容易想象,在迷信盛行的年代,较古老的神判形式可能有助于揭穿罪行。生命财产悬于一线的人的思想常受神判影响,一个发生在12世纪初的案件很好地诠释了这类情况。安德烈·德·特拉亨特(André de Trahent),一个附庸于桑特斯圣玛丽女子修道院(the convent of St. Mary)的领主,对某些属于修道院的财产提出权利要求。在最终审讯中,他被裁定必须放弃他的权利要求,除非能够用誓言和神判证明它。他同意了,并在指定的日子,带着他的人,准备进行这场审判。由于争议问题涉及两片产业,这就要求两次神判。一大锅水被依法加热了,而安德烈的人准备好进行尝试,此时他的勇气却弃他而去;他突然放弃了他的主张,并将自己交由女修道院的院长处置。[Polyptichum Irminonis, App. No. 34 (Paris, 1836, p. 373.)]

---

1 芒德尔(Mandeure),法国东部地名。

这个体制有两个特点或许值得一提,这可能对“把神判当作酷刑”的说法不利。其中之一,是有时允许替补者或职业斗士们代其上场,水火之灾对他们就像单打独斗一样稀松平常。关于这一习惯的例子如此之多,我们已经附带提到过了,以至于再举更多例子就显得多余而没有必要了,而我只想再说一点:没有任何地方的任何法典允许将它作为一种普遍规则,除了在已经引述过的十字架神判案件中,它是属于年老和孱弱人士的一种特权,而且这可能只是一种地方性习惯。一个人富有到可以雇用一个替代者,或是权势足够强大到可以强迫某个不幸的仆从或属臣代劳,就应当获得并非普遍允许的支持,这当然是社会形成时期的一种现象。因此,我们会看到,上文提到的所有此类例子,都是关于尊贵身份或地位,使他们必定有别于芸芸众生。实际上,这是上述规则的必然结果,在某些地方,自由民被允许适用共誓,而奴隶们则立刻被处以神判,就像他们还会遭受酷刑一样。

另一个对我们假设的反驳是,某种程度上普通神判是平民百姓的程序,贵族阶层则一定要采用决斗断讼。然而,在封建主义兴起、将所有特权赋予强悍而足以掌握它们的人之前,这一区别是几乎不存在的,而且,即使那时,也绝对不是放之四海皆准的。我们已经看到,尽管在11世纪早期,皇帝亨利二世无疑颁布了这样一条规则,格兰维尔在150年后却认为赤烙铁神判才是贵族化的,而13世纪的德意志封建法律规定,绅士之间的土地争议适用“水神判”(德文:wasser-urteyll)。在更早一些的法典中,并未有此区别,因此我们可以合理地推断:从一条出现得如此之晚、适用方式如此不确定的规则中，无法推导出任何普遍原则。

对神判的信赖

神判结果所获得的信赖程度，似乎是某种怪异的臆测课题，对此，很难获得确切的见解。从司法角度看，这种审判大多数是终裁性的；能够合理地沉入水中、在灼烧的犁头上行走而不受伤，或是能将手浸入法律规定温度的大锅中而没有燎泡的人，就能在同侪之中脱颖而出被判无罪。因此，直到现在，陪审席中的 12 个愚人或无赖作出的一致判决可能放过一个罪犯，哪怕他们的决策与最简单的常识相悖；但是没有任何案件的结果会改变群众的感受。虔诚的感情自身就能够赋予这个体制以信仰，似乎很少能和通过控方协商、花钱买清白而与神判妥协的做法兼容协调。在盎格鲁-萨克森人之中，这种调节模式并未被广泛引入，但是它还是存在［Dooms of Ethelstan, I cap. 21.］；而在法兰克人之中，这是一种确立的习惯法，从最早期到最晚近的萨利人法律的所有条文都允许采用它。［First Text, Tit. Liii. and L. Emend. Tit. LV. 孟德斯鸠用这个习惯法支撑了他的“法克兰人的法律没有消极证据”的理论。然而，这个论据的谬误之处，却因盎格鲁-萨克森人法律中类似特权的存在而显现出来，博学的法学家致力借助这一点提出反驳。］据此，被法庭判处进行神判的人，可以通过与受害方进行交易，获取依教规进行共誓以洗刷自己罪名的特权，从而逃脱更加严厉的审判。他只须付给他的控方若他被证明有罪应判罚金的一部分——根据所犯罪行的不同,这个比例在赔偿金的1/4 到1/6之间。审判庭的利益,受到这样一个条款的保护:迫使他付钱给“格拉菲欧”(grafio)或者说法官一笔全额“弗莱达姆”(fredum)或者说公共罚金,如果他受良知教促而遵从于一种比法定百分比更高的安排的话。

查理大帝在其统治之初,似乎对神判不甚推崇,当时他只对琐碎小事的争议判处过神判,重大案件仍通过常规法律程序调查裁断。[Quod si accusatus contendere voluerit de ipso perjurio stent ad crucem. ... Hoc vero de minoribus rebus. De majoribus vero, aut de statu ingenuitatis, secundum legem custodiant.—Capit. Car. Mag. ann. 779 § 10.这被当作法律一般施行,佐证为:100 年后它仍在利未的本尼迪克(Benedict the Levite)[1]的教令集中占据一席之地。(Lib. v. cap. 196.)] 30 年之后,公众的意志似乎苦于同样的怀疑,因为我们发现君主竭力通过他的命令迫使人们对这一制度抱有信心。[Ut omnes judicio Dei credant absque dubitatione.—Capit. Car. Mag. I. ann. 809, § 20.] 在这般艰难的尝试中,他到底有多么成功,我们无法确知;但是,在这种旷日持久的挣扎中,大约 400 年之后英格兰法律的一条规则,可以表现出其结果无论如何绝非终局。1166 年,克拉兰登的立法会议规定所有被指控犯有谋杀、抢劫或其他重罪的罪犯,应当立刻被处以水神判,它规定招认罪行的人,或是被发现持有赃物的人,无权用这种方法自证清白;而且一条更加不敬神明的规则规定,通过神

1 利未的本尼迪克(Benedict the Levite,亦作 Benedict Levita),一部出现于 9 世纪的教令集所署的笔名。

判被宣判无罪的人,如果被众所周知地认为有罪,应当在 8 天之内离开王国,否则会被宣布为违法。[Assisa facta apud Clarendune §§ 12, 13, 14 (Gesta Henrici II. T. II. p. clii.—M. R. Series.)] 10 年之后在北安普敦对这些法律进行了修订,其中规定:除了在谋杀或恶劣重罪的指控中遭到 40 天内放逐的处分,在所有的案件中,那些安然通过神判考验的人应当为他们未来的良好行为支付保证金,有违者则像前面一样被宣布为非法。[Gesta Henrici II. T. I. p. 108.—Cf. Bracton. Lib. III. Tract, ii. cap. 16 §3.]

尽管沙特尔的圣伊沃毫不犹豫地建议并下令进行神判,而且至少有一次宣布其判决结果不得上诉,然而,也有记录显示他对该法的缺陷的判断,以及诉诸上帝却常常纵放罪人、冤屈无辜的经验。[Simili modo, cauterium militis nullum tibi certum præbet argumentum, cum per examinationem ferri candentis occulto Dei judicio multos videamus nocentes liberatos, multos innocentes sæpe damnatos.—Ivon. Carnot. Epist. cccv.] 彼得·坎特尔记述了一个 12 世纪的案例,表现出它作为疑难案件中漫不经心的法官们的救星,被多么肆无忌惮地频繁滥用。两个英格兰人从圣地朝圣之旅中结伴归来,其中一人漫游到康波斯特拉的圣杰戈(St. Jago)圣祠去了,而另一人直接回了家。未回家的那一位的亲属,指控后者谋杀了旅伴;因为双方都没有获得证据,他被仓促地处以神判,定罪并被处决。不久之后,失踪的那个人安然无恙地回到了家乡。[Pet. Cantor. Verb. Abbreviat. c. lxxviii.]

神判所造成的如此明显的不公正判决,给人们的信仰加上了一种严厉限制,而且将他们引向最奇特的诡辩解释。1127 年,佛兰德斯伯爵“好人查理”(Charles the Good,Earl of Flanders)惨遭谋杀,这宗天理不容的案件将恐怖气氛散布到欧洲大地,恶名昭彰的参与者雷登堡的兰伯特(Lambert of Redenberg)成功地通过烙铁神判洗脱了自己的罪责。不久之后,他进行了奥斯特堡(Ostbourg)围攻战,手段十分残暴,他在对方的突围行动中被杀。虔诚的加尔博特(Galbert)[1]推断,兰伯特虽然有罪,但因他的谦逊和悔过而逃脱了神判制裁,并且明智地加上:“就这样,不义之人在战斗中被杀,尽管如果确实悔改了,在水和火的神判中他可能逃脱责罚。”[Vit. Carol. Comit. Flandren. cap. xx.]在14世纪中期约翰·坎塔库曾尼斯(John Cantacuzenes)治下的色雷斯地区(Thrace)[2]迪狄莫泰乔斯(Didymoteichos)[3]的主教,记述了同样的教条。一位娇弱的美人受到她丈夫的严重怀疑,后者要求进行烙铁神判。在如此困境中,她向好心的主教求助,而主教相信她有悔改之意并不会再犯,便抱着这样的想法向她担保,她将会安然无恙地通过审判的考验,而她就这样两次成功地扛着烧红的铁棍绕行于主教的座椅周围,直到她的夫君完全满意为止。[Collin de Plancy, op. cit. s. v. Fer Chaud.]

实际上,这被认为是教会的一条公认教条:忏悔、宽赦和改过,

1 加尔博特(Galbert),似指布鲁日的加尔博特(Galbert of Bruges),生活在11—12世纪的佛兰德斯编年史学家。

2 色雷斯地区(Thrace),古代巴尔干半岛东部地区,后成为罗马的一个省,位于今保加利亚、土耳其和希腊境内。

3 迪狄莫泰乔斯(Didymoteichos),今希腊东北部地名。

能够如此彻底地洗去罪孽,以至于一个先前曾经犯下罪孽的人能够安然扭曲上帝的正义。海斯特尔巴赫的凯撒利乌斯记述过一桩案件,作为最有教育意义的例子,诠释了当时的神学教师们反复灌输的迷信的奇特性。在乌特勒支的主教区,一个渔夫与一个女人维持着臭名昭著的不正当关系,他畏惧受到日益迫近的宗教会议追责,宗教会议很可能会判他进行赤烙铁神判,并强迫他娶这个女人,为此他咨询了神父。这幽灵鬼影般的顾问向他建议:如果他确保不会再犯,在获得宽赦之后,他就能安全地忍受神判并否认事实。事实证实了这个预见。他拿着灼烧的铁器却没有受伤,而且令所有四邻惊讶的是,他就这样被无罪开释了。不久,在他的船上,一个同伴表达了自己的好奇,而那渔人短暂的悔过已然消失,炫耀地用手击打水面,嚷道:"那个跟这个一样伤不了我!"上帝不可思议的公正,使得水流于他变得像烧红的烙铁一样,而当他赶紧把手缩回来时,手上的皮肤开始一片片剥落。[Cæsar. Heisterbach. Dial. Mirac. Dist. x. c. xxxv.]甚至迟至1539年,博学的宗教裁判官瑟鲁罗(Ciruelo)对神判的使用进行了责难,因为尽管被告在争议罪行上是无辜的,却可能因其他的罪行而遭殃;或是,罪犯可能逃脱,因为他已经忏悔并受到了宽赦。而且他声称,他亲眼看到过不止一个案例中,女人们罪有应得地被丈夫们指控犯有通奸罪,并被迫经受神判,却通过这种方法成功地获得无罪判决。[Ciruelo, Reprovacion de las Supersticiones, P. II. c. vii.]

瑟鲁罗的"无辜者有时会为之前的错误而被判犯有此罪"这一教条,同样也是一条古老的信仰。关于这一模糊的观念,有一个令人震惊的例子,由奥思洛努斯记录下来:一个被指控盗窃马匹的人被处以冷水神判,并判定为有罪。他知道自己是无辜的,就向周围的僧侣们求助,却被告知:这必然是其他未悔改的罪孽的结果。他否认了这一点,因为他在神判之前已经忏悔并获得了宽赦。其中一个僧侣指出,他没有像一般世俗之人一样留胡子,而是很不虔诚地将下巴刮得光光的,但那是神职人员的专利。他忏悔了罪行,保证必定悔改,而且发誓再也不让剃刀碰到他的胡须。他再次进行了水神判,此时他已不再受任何未经忏悔的罪孽影响,因此成功地获得了无罪开释的判决。这份记录还加上了这样的记载:此人以所用工具种类不同为借口,再次堕入刮须的罪孽之中,上天表达了其震怒,让此人落入敌手并被挖出双眼。[Othlon. Narrat. de Mirac. quod nuper accidit, &c. (Patrol. CXLVI, 243-4.)]

然而,另一方面,神判有时被认为是最令人满意的一种证据,比其他任何种类的证据都更受推崇。那个年代是不讲究逻辑的,人们的行动更多是出于冲动而非理性,并且律法的形式仍然太过混乱,而无法作为常规的固定规则确定下来。一个发生于12世纪的案件,很好地诠释了大众头脑中存在的混乱。马茂提耶修道院(Abbey of Marmoutiers)的一个农奴,与另一个农奴结婚了,但后者已被布卢瓦子爵(Viscount of Blois)[1]赠与他名叫厄保德(Erbald)的侍从。这位丈夫赎回了他妻子的自由,还另外付了一笔钱,使赎买契约获得了子爵和子爵夫人的确认。若干年过去,这位农奴和他的妻子去世

1 布卢瓦(Blois),法国中部城市。

了，此后他们的儿子也死了，这时他们的财产交到了修道院的手中，直到厄保德和子爵的继承人对它提出权利要求。修道士们出示赎身契约作为证据，子爵夫人也作为唯一尚存于世的证人，证实了契据的真实性。然而均徒劳无功。原告们要求进行决斗断讼，而修道士们因此事与其职责不相适而拒绝了，僧侣们必须找出一个人愿意经受赤烙铁神判以证明契约的有效性。后来，原告们终于停手，但是仍然成功地从修道院榨取了 16 里弗尔，作为在争议契约之后附上他们签名的代价。[Polyptichum Irminonis, App. No. 20 (Paris, 1836, p. 354).]

然而，一般而言，由于结果大多极大地取决于神判执行者，它带来了不负责任的纵容或惩罚的权力，如果指望人们不会频繁屈服于滥用权力的诱惑，那未免太过高估了人性。当西格德 · 托拉克森(Sigurd Thorlaksson)被国王圣奥拉夫指控谋杀了他的养兄弟索拉尔夫(Thoralf)时，便提出愿意用赤烙铁神判的方式自证清白。国王奥拉夫接受了他的提议，并指定第二天在里格拉(Lygra)[1]举行，主教会在那里主持。当西格德夜里回到船上时，他告诉他的同党们，他们前途堪虞，因为很可能是国王自己造成了索拉尔夫的死亡，然后还说道："因为对国王而言，很容易操纵烙铁神判，以至于我怀疑他会对任何敢于尝试此法、反对他的人心生歹意。"有鉴于此，他们趁着黑夜扬帆，企图逃往他们位于法罗群岛(Faroe Islands)[2]的家。[Olaf Haraldssons Saga cxlv. (Laing' s Heimskringla, II. 210.)] 如这般

1 里格拉(Lygra)，挪威的一个岛。

2 法罗群岛(Faroe Islands)，位于北大西洋。

所暗示的不公正,必然经常发生,即便最坚定的信仰也必然遭到动摇,并且这种不信赖的理由得到了支撑,因为结果常常受到质疑,而双方均声称自己获胜。对于这一点,我们已经在圣安德烈显灵昭示圣矛和米兰大主教的事件中看到过实例了,还有一个颇为类似的事件发生在圣斯威辛(St. Swithin)的身上,由博兰德会成员们(the Bollandists)[1]记载下来,因为神力介入,对立的双方在同一场赤烙铁神判中,看到了完全不同的结果。[Enimvero mirum fuit ultra modum, quod fautores arsuram et inflationem conspiciebant; criminatores ita sanam ejus videbant palmam, quasi penitus fulvum non tetigisset ferrum.—Mirac. S. Swithuni c. ii. §37.在这个案件中,受试者是一名奴隶,他的主人发誓说,如果他逃跑,就将他赠与教会。]

当然,时不时地有人作出努力,以保护这种申诉方法的纯洁性,及适用上的公正不阿。在595年,克洛泰二世规定,应分别选出三人监控双方,以防止勾结串通[Ad utramque partem sint ternas personas electas, ne conludius fieri possit.—Decret. Chlotharii II. cap. VII.];而大约400年之后,在盎格鲁-萨克森人之中,埃塞雷德曾下令,控方必须出席否则就会输掉官司,并处以20个奥勒(ores)的罚款,这一法令显然也是为了同一个目的,同时也使判决更加可靠。[Ethelred, III. §4.]同样的,1092年,在匈牙利圣拉迪斯拉斯(St. Ladislas)的法律规定,应有三个发过誓的证人在场见证表明被告无辜或有罪的神判结果。[Synod. Zabolcs can. 27 (Batthyani, Legg.

---

1 博兰德会成员(the Bollandists),比利时天主教耶稣会博兰德会成员,因从事编印《圣徒行传》的工作而出名。

Eccles. Hung. T. I. p. 439).] 12 世纪后半叶,"狮子威廉"(William the Lion)[1]治下的苏格兰国会通过了一部法律,禁止那些执行神判的相关人员收受贿赂而扭曲司法程序[Statut. Wilhelmi Regis cap. 7 § 3. (Skene II. 4.)],可见腐败并非罕见,而进一步的预防措施则是禁止男爵们在没有治安官参与的情况下操控神判,以保证正义和公正的原则得到遵循。[同上 cap. 16。]在赤烙铁的审判中,一个广泛流行的习惯是,受试的手应当被提前三天包裹起来,以防采取保护措施;而在希腊人之中,一则小心翼翼的规定要求那只手应当被彻底清洗后,不允许触碰任何东西,以免有机会被涂抹药膏以抵御烈火。[Du Cange, s. v. Ferrum candens.]这些规则承认了人性中存在的罪恶,但是我们有理由犹豫,是否应当相信这些补救措施的有效性。

教会和神判

我们在上文中看到,教会已经欣然接受了其蛮族皈依者的这种异端做法,而且用最令人印象深刻的信仰神圣性将其包装一新,并给出了信赖它们的新鲜理由。尽管这一政策可能产生某些世俗性的优势,但总有一些人的头脑超越了时代的迷信和同伴的狡黠。早在 6 世纪之初,维埃纳主教阿维塔斯和冈多鲍尔德一起,直率地谴

---

1 狮子威廉(William the Lion, 1143—1214 年),亦称"威廉一世"或"粗暴的威廉"(William the Rough),苏格兰国王,1165—1214 年在位。

责了勃艮第法典对决斗神判的追捧；大约3个世纪之后，里昂大主教圣阿戈巴德用两篇强有力的论著抨击了这整个体制，在很多方面都展现了他那超越时代的开阔眼光和清晰理性。[The "Liber adversus Legem Gundobadi" and "Liber contra Judicium Dei".]此后不久，教皇对神判也采取了反对态度，并且实实在在地坚持如一直到最后。大约9世纪中期，利奥四世(Leo IV)[1]在给英格兰主教们的一封信中，谴责了神判；约30年之后，史蒂芬五世重复了这种不赞成的态度；在10世纪，希尔维斯特二世表达了反对；而接下来的教皇们，如亚历山大二世、亚历山大三世，徒劳地对它表达过抗议。在这件事上，教会的领袖们将自己置于与其下级对立的立场上。没有任何神判可以不经神职人员的协助而进行，如上所见，对神判的频繁使用，显示出教会中的臣属们对于教皇的训示是何等的轻忽不遵。他们不仅仅满足于纯粹的漠视；这种做法是遵循神明的法律，简直成了无须捍卫和证明的真理，而且一再得到地方宗教法院或宗教会议所批准。799年，萨尔茨堡(Salzburg)[2]会议规定，对魔女和巫师的审判采用赤烙铁神判。[Concil. Salisburg. I. can. ix. (Dalham Concil. Salisburg. p. 35.)]810年，巴塞尔主教阿希托(Ahyto, Bishop of Basle)在处理"夫妻间亲缘关系过近"(consanguinity)[3]的疑难案

1 利奥四世(Leo IV)，指罗马教皇圣利奥四世(847—855年在位)。

2 萨尔茨堡(Salzburg)，奥地利西北部城市，萨尔茨堡州首府，著名音乐家莫扎特的诞生地。

3 夫妻血缘过近(consanguinity)，是理论上不允许离婚的传统天主教会允许解除婚姻关系的理由。中世纪西欧封建君主常以此为借口，解除既存的婚姻关系，以便另外嫁娶他人。

件中,也只得采取这种模式。[Ahytonis Capitular. cap. xxi, (D' Achery I. 585.)] 853 年,苏瓦松宗教会议下令沙特尔主教勃查德(Burchard, Bishop of Chartres)通过进行神判证明其担任圣职的适格性。[Capit. Carol. Calvi Tit. XI. c. iii. (Baluze.)] 兰斯大主教辛克马尔用自己的领导力和地位等一切影响大力主张它;888 年的美因茨会议,以及 895 年在美因茨附近的特里布尔举行的宗教会议,都建议使用它;925 年图尔的宗教会议下令,用它解决两名神父间关于什一税的争议 [Concil. Turon. ann. 925 (Martene et Durand Thes. T. IV. pp. 72-3).]; 1028 年美因茨省的宗教会议授权在一起谋杀案中采用烙铁神判 [Annalist. Saxo. ann. 1028.]; 1065 年埃尔恩(Elne)[1] 的宗教会议承认了它;1068 年欧什(Auch)[2] 的宗教会议确认了它的使用;同时期波西米亚的一份悔罪规则书规定,在禁婚亲属间结婚却自称不知情的案例中使用神判 [Höfler, Concilia Pragensia, p. xiv. Prag, 1862.]; 沃尔姆斯主教布克哈德(Burckhardt, Bishop of Worms)的教令集享有很高权威,他在 1023 年出席瑟林根斯塔德(Selingenstadt)[3] 会议,会议规定了神判的采用。1099 年格兰(Gran)[4] 的宗教会议裁定烙铁神判可以在大斋节(Lent)[5] 期间使

1 埃尔恩(Elne),法国南端与西班牙接壤处的古镇。

2 欧什(Auch),法国西南部热尔省首府。

3 瑟林根斯塔德(Selingenstadt),德国地名。

4 格兰(Gran),今匈牙利北部古城埃斯泰尔戈姆(Esztergom)的德文名字。

5 大斋节(Lent),亦翻译为"四旬斋节",通常指自圣灰星期三开始至复活节前的 40 天,在此期间进行斋戒和忏悔。东正教中也有此节,意义类似,但日期不同。

用,除了涉及流血冲突的案件。[Batthyani, Legg. Eccles. Hung, II. 126.] 在12世纪沙特尔的一次宗教会议中,教皇加里斯都二世授权,下令在涉及侵犯教堂避难权[1]的案件中采用赤烙铁神判。[Hildeberti Cenoman. Epist. (D' Achery Spicileg. III. 456.)] 更有甚者,我们发现圣伯纳德赞许地提到通过冷水神判仪式将异端们定罪并处死一事 [Examinati judicio aquæ mendaces inventi sunt .... aqua eos non suscipiente.—In Cantica, Sermon. 66 cap. 12.],对此,吉博特·德·诺根特为我们展示了一个例子:他协助苏瓦松主教,成功地对两个积习难改的罪人施行了此法。[De Vita Sua Lib. III. cap. 18.] 在1157年,兰斯的宗教会议规定,赤烙铁神判适用于迅速蔓延的卡特里派(the Cathari)或者摩尼教派(Manicheans)[2]所有人等,他们的扩张令教会感到紧张 [Concil. Remens. ann. 1157, can. I. (Martene Ampl. Coll. VII. 75.)];而1167年在维泽莱(Vezelai)[3],两名异端在里昂大主教面前受到冷水神判,异常奇怪地逃脱了制裁。[Hist. Vizeliacens. Lib. iv. (D' Achery Spicileg. II. 560.)] 其他案件中更有甚者,由彼得·坎特尔记录下来,案中善良的天主教徒被用这种方式定为异端,而其中一例展示了那时诡异混乱的司法逻辑的奇特观点。一个可怜的家伙声称具有最完整的正统信仰,并且没有任何针

1 教堂避难权,指中世纪时教堂就如同另一个国家或另一个主权者一样,有权对进入其中的、受指控和追责的人提供庇护。

2 卡特里派(the Cathari)或者摩尼教派(Manicheans),又译为"迦他利派"或"清洁派",即中世纪对摩尼教派的一种称呼,主张灵魂高于肉体的二元论,强调苦修。他们是当时天主教人士眼中的异端。

3 维泽莱(Vezelai),法国中部偏北的一座古城。

对他的不利证据,却被下令搬运烧红的烙铁。他拒绝这样做,除非主教大会能够证明他这样做不会导致任何试探神明的不赦之罪。他们无法做到这一点,因此采取了使所有令人不快的怀疑统统消失的措施——将他烧死。[Pet. Cantor. Verb. Abbreviat. cap. lxxviii. (Patrol. CCV. 230.)] 甚至在1215年拉特兰宗教会议之后,海斯特尔巴赫的凯撒利乌斯记述的一些奇迹显示,通过烙铁神判为异端定罪,被认为是理所当然的通例。[Cæsar. Heisterbach. Dial. Mirac. Dist. III. c. xvi. xvii.]

此外,还可以看到,在高级教士们到处恩准的宪章中,包括用这种方法进行审判的特权内容。对教会成员而言,它有时特别合意,他们以"僧侣法"(Lex Monachorum)的名义声称有权采用它,作为某种阶级特权,避免他们落入更加野蛮和不合教义的决斗断讼中。[Theodericus Abbas Vice-Comitem adiit paratus aut calidi ferri judicio secundum legem monachorum per suum hominem probare, aut scuto et baculo secundum legem secularium deffendere.—Annal. Benedict. L. 57, No. 74, ann. 1036 (ap. Houard, Loix Anc. Franç. I. 267).] 并且在1061年,阿弗朗什主教约翰(John, Bishop of Avranches)给圣米歇尔山(Mont S. Michel)修道院院长的一份特许状中,提到热水和烙铁神判是审判被控犯有重罪的神父们的唯一方式。[Judicium ferri igniti et aquæ ferventis Abrincis portaretur, si clerici lapsi in culpam degradationis forte invenirentur.—Chart. Joan. Abrinc. (Patrolog. CXLVII. 266.)] 因此,在百合修道院的圣阿博(St. Abbo of Fleury)和沙特尔的圣伊沃这般精通教会法的学者眼中,神职人员享有豁免的理由很

不充分［Abbon. Floriac. Epist. viii.—Ivon, Carnot Epist. lxxiv.］，就如约克大主教埃格伯特在英格兰之前提出的主张那样，神职人员们对十字架发下的誓言足以免罪，如果他们有罪，其惩罚也必须由上帝进行。［Dialog. Ecbert. Ebor. Interrog. III.（Thorpe, II. 88.）］然而，这种特权几乎没有得到多少认同，迟至1171年，我们看到，亚历山大三世将“全瑞典境内高级神职人员都被迫经受赤烙铁审判”的事实定性为一种不可容忍的滥用。［Alex. PP. III. Epist. ap. Hardouin VI. ii. 1439.］

尽管否认教会人士应当经受神判，伊沃承认它可以适当地在世俗人中运用，甚至宣称其结果具有终局性。［Ivon. Carnot. Epist. ccxxxii., ccxlix., cclii.］在大约相同时期的1119年的兰斯会议上，教皇加里斯都二世本人批准了这种制度。［Du Cange, s. v. Judicium probabile.］也是在几乎同一时代，欧坦博学的神父霍诺里乌斯（Honorius of Autun）[1]指出，对神判中铁块和水的祝福是他的修会的法律功能之一［Gemma Animæ, Lib. I. cap. 181. 至少这是仅存的、弄懂这段文章的字句——“Horum ofificium est ... vel nuptias vel arma, vel peras, vel baculos vel judicia ferre et aquas vel candelas ...benedicere”，这里的“ferre et aquas”显然是“铁与水”（ferri et aquæ）的误写。］，而且在1151年时，甚至格拉提安都犹豫着是否要谴责这整个体制，宁愿将史蒂芬五世的教令看作仅仅是对热水和烙铁神判的禁止。［Hoc autem utrum ad omnia genera purgationis, an ad hæc duo tantum, quæ hie prohibita esse videntur, pertineat, non immerito dubitatur propter

1　欧坦的霍诺里乌斯（Honorius of Autun），生活在11—12世纪的法国神学家。

sacrificium zelotypiæ, et illud Gregorii.—Can. Consuluisti, caus. II. quæst. 5.]

教会政策之所以起伏不定,很容易解释。在10—11世纪,圣彼得的御座常常被一些更常出现在妓院和竞技场的人所占据,而教皇的影响力也就相应地较弱。[在963年,奥托一世召开主教会议,意在罢免约翰十二世,宣称这位教皇已经将住处变成了一座妓院——“sanctum palatium lupanar et prostibulum fecisse”,而且惯于指挥自己的军队烧杀掳掠“incendia fecisse, ense accinctum, galea et lorica indutum esse”. (Liutprandi Hist. Otton, cap. x.)奥托三世在998年重建圣彼得的部分遗产时,提到教皇日益式微的影响和权威,参见“Romam caput mundi profitemur. Romanam Ecclesiam matrem omnium Ecclesiarum esse testamur; sed incuria et inscientia Pontificum longe suæ claritatis titulos obfuscasse.”(Goldast. Constit. Imp. I. 226.)]在文明和道德方面,永恒之城是个藏污纳垢的所在,而教皇们太过忙于维持他们摇摇欲坠的宝座,以至于不会有闲心和好心,也不可能齐心协力地致力扩大他们的权力。萨克森和弗兰克尼亚的皇帝们对意大利的远征,逐渐将意大利带出了孤立处境,在条顿民族的协助下,教皇们的角色因影响的扩大而得以提升。最终,像格里高利七世和亚历山大三世这样的人物,能够获得超越世俗和精神事务的至高尊荣,在与神职人员宏大体系旷日持久的斗争之后,教皇三重冕的威力成功超越了主教法冠。这一时期,教士们在神判的执行活动中发现了权力和收益的源泉,这自然使他们不愿因教皇的严令而放弃权柄。经过许可的特权在其周围累积,就像我们已经在司法性决斗案例中看到的那样,而这些特权由高级神职人员、教堂和修道院参与,或是干脆由他们独享。就这样,在1148年,我们发现香槟的“伟大的蒂堡”(Thibaut the Great of Champagne)[1]向抹大拉的圣玛利亚(St. Mary Magdalen)[2]教堂移交了在沙托丹(Chateaudun)[3]镇采用神判时所必须的、主持宣誓的执行权[Du Cange, s. v. Adramire.];而在1182年,贝阿恩子爵将在贾瓦莱(Gavarret)[4]采用沸水审判的大理石盆税收权授予了拉-索维的修道院(the Abbey de la Seauve)。[Revue Hist. de Droit, 1861, p. 478.]在1099年编纂的匈牙利国王科洛曼的法律条文中,有一条禁止在较小的教堂中进行神判的规定,而将这种特权保留给了大教堂所在地和其他更加重要的建制。[Decret. Coloman. c. II. (Batthyani T. I. p. 454.)]

根据佩雷格林·德·拉韦丹(Péregrin de Lavedan)的批准,位于比戈尔的圣-佩修道院(the monastery of Sant-Pé)有权为实行沸水神判收取5克朗(crowns)的费用,其中两个付给修道院,两个付给塔布(Tarbes)[5]的大教堂,一个付给对水和石头进行祝福的神父。[Lagrè ze, Hist. du Droit dans les Pyré né es, p. 246.]1092年,根据匈牙利的圣拉迪斯拉斯的法律规定,神父主持赤烙铁神判的津贴,

1 伟大的蒂堡(Thibaut the Great of Champagne,其名亦写作Theobald),香槟伯爵,1125—1153年在位。

2 抹大拉的玛丽亚(Mary Magdalen),《圣经》中受基督耶稣的感化而从良的妓女,作为基督的女弟子,一直追随基督到他受难,是公认的女圣徒。

3 沙托丹(Chateaudun),法国北部地名。

4 贾瓦莱(Gavarret),法国南部地名。

5 塔布(Tarbes),法国西南部城市。

要比主持水神判高一倍["Presbyter de ferro duas pensas et de aqua unam pensam accipiat." Synod. Zabolcs, ann. 1092 can. 27 (Batthyani I. 439).];而这些权利得到了多么彻底的使用,可见于12世纪时由彼得·坎特尔记载的一个案件。一个被指控犯罪的人,被判处冷水神判。当坐在水槽边被剥下衣物并绑起时,控方撤诉,但是法庭的官员拒绝释放被告,除非他支付高达9.5里弗尔的费用。接着发生了漫长而激烈的争论,直到被告宣布他不会支付一文钱,而是宁愿经受神判,在成功证明自己的无辜之后,他会捐50个索尔给穷人们。他被扔进水中,并令人满意地沉了下去。但是他一被拉上岸,就收到了一份来自执事神父的新账单,要求他为对水的祝福支付5索尔。[Pet. Cantor. Verb. Abbreviat. cap. xxiv.]

如此一来,有时判定有罪要付费,有时无罪开释也要付费,于是就有了这样的危险:即使没有直接的贿赂行为,人类的自私自利仍可能左右结果。因此,1080年利勒博讷宗教会议颁布的法令规定,通过烙铁神判作出的有罪判决会产生一笔罚金,作为给主教的好处费[Orderic. Vital. Lib. v. cap. v.];而在13世纪时,由兰登大主教安德里亚斯编纂的瑞典法典,显然是为阻止这样的影响而规定:无论是控方还是辩方胜诉,都要支付给执事神父一笔费用——这条规则全然沦落到相信僧侣神权性质的地步。[Leg. Scanicar. Lib. VII. cap. 99. (Ed. Thorsen p. 171.)还有一个规定,在某些谋杀案中,不得强迫被告进行火犁神判,除非控方得到12位共誓人的支持,如果被告经过神判成功摆脱指控,那么每个共誓人都要支付给他3马克,对执事神父也要支付相同的数额。—Ib. L. v. c. 58 (p. 140).令人几乎不可理解的是为什么不允许在任何有教会节庆的那一周进行神判。] 但是,除了这些金钱犯罪,神判对神职人员有一种天然的吸引力,因为它给予了神父一种特殊工具以实现上帝的公正,提供了一种特殊的方法令世俗人士心怀敬畏,每个人都会感到自己随时会在神职人员手中倒下;而对于身轻骨贱的小人,靠着滥用运气,它的吸引力更加强烈。从亚历山大三世的教令集中,我们获得了可靠的依据,通过这种手段从无辜的人手中榨取金钱,是种恶名昭彰的现实状况 [Post. Concil. Lateran. P. II. cap. 3, 11.] ——这得到了埃克哈德斯·朱尼耶(Ekkehardus Junior)[1] 的确认,他比前者早一个世纪就进行了同样的谴责,甚至还忿忿不平地痛骂那些习惯于在冷水神判中通过剥下女性的衣服而满足自己最恶劣本能的神父们。[Holophernicos .... Presbyteros, qui animas hominum carissime appreciatas vendant; fœminas nudatas aquis immergi impudicis oculis curiose perspiciant, aut grandi se pretio redimere cogant.—De Casibus S. Galli cap. xiv.]

所有这些道德和物质上的影响,使得各地神职人员为自身直接利益而竭力维持神判制度,无怪乎他们毅然决然地为保卫它而奋战。然而,在这件事上,就像在其他宗教政策的细节问题上一样,中央集权获得了胜利。当教皇的权威达到顶峰时,为废除这整个制度,1159—1227 年间在位的教皇们付出了持续而有力的努力。其中,以亚历山大三世所发出的禁令最为专横。[Alex. PP. III. Epist. 74.] 大约在同一时代,我们发现著名的彼得·坎特尔诚恳地辩称,

1 埃克哈德斯·朱尼耶(Ekkehardus Junior),生活在 11 世纪的圣加尔(St. Gall)修道院的修士和学者。

它是对上帝的、充满罪孽的试探,并且是司法活动中最缺乏确定性的方式,他用亲见的诸多例子予以强调,通过这种方法许多无辜之人被判处了死刑。而且他宣称,凡是为神判用的铁块或水祝福,或是主持司法决斗前的发誓仪式的神父,都犯下了无可饶恕的罪孽。[Pet. Cantor. Verb. Abbreviat. cap. lxxviii.] 几乎同一时代科隆附近梅克(Mercke)的神父阿尔伯洛(Albero),提出通过走过烈火来证明他的学说正确,即"神圣的仪式都被掌握在罪孽深重的神父们手中",但是他的请求被拒绝了,理由是熟练的巫术可能导致罪恶昭彰的异端反而胜诉。[Anon. Libell. adversus Errores Alberonis (Martene Ampl. Coll. IX. 1265).] 在1181年,卢修斯三世(Lucius III)[1]宣布一名被指控犯有杀人罪,并已经经历过水神判的神父的无罪判决无效,并下令要他通过共誓人证明自己的无辜[Can. Ex tuarum, Extra, Dc purgatione canonica.],后来的教皇们继续打击神判。在英诺森三世治下,1215年的第四次拉特兰宗教会议,正式禁止了在此类审判中采用任何宗教仪式[Nec... quisquam purgationi aquæ ferventis vel frigidæ, seu ferri candentis ritum cujuslibet benedictionis seu consecrationis impendat.—Concil. Lateran. can. 18. 在1227年,特里尔会议重申了这条禁令,但是仅限于赤烙铁神判。"Item, nullus sacerdos candens ferrum benedicat." ——Concil. Trevirens. ann. 1227, cap. ix.];而且由于神判的道德影响力完全取决于其与宗教的关联,对这一教令的严格遵守必然将这整个体制迅速扫入被遗忘的角落。然而,正是此时,宗教裁判官马尔堡的康拉德正在德意志采用赤烙铁神判作

---

1 卢修斯三世(Lucius III),罗马教皇,1181—1185年在位。

为大规模惩戒他那些不幸牺牲品的方式，而且编年史家记述道，无论有罪还是无辜，没有几个人能从如此考验中逃生。[Trithem. Chron. Hirsaug. ann. 1215.] 不过，拉特兰的教令，得到教廷使节们积极不懈的坚持，于是可以认为：这个制度自此正式进入了衰亡期。

世俗立法的抵制

在支持教皇这般努力的问题上，开明的世俗立法者们行动绝不迟缓。除了一些市镇的宪章，也许，最早的直接反对神判的世俗立法，是腓力·奥古斯都在1200年颁布的敕令，它赋予了巴黎大学的学者们一些特权，其中规定：一个被指控袭击了一名学生的市民，无权通过决斗或水神判为自己辩白。[Fontanon, IV. 942.] 在英格兰，亨利三世一份签署日期为1219年1月27日的诏令，规定当时启程去全国巡视的法官们采用其他的证据模式——“鉴于火焰和水的判决已为罗马教廷所禁止”。[Rymer, Fœd. I. 228.] 一些日期再晚几年的宪章和确认文件，提到了执行它的特权；但是在1250年，威斯敏斯特的马修记叙半个世纪以来的重要事件时，特别说到了它的废除，作为值得一写的事件之一 [Prohibitum est judicium quod fieri consuevit per ignem et per aquam. —Mat. Westmon. ann. 1250.]，而我们可以得出结论：从此，它在整个王国范围内遭到摒弃。这一点得到了布莱克顿的确认，他几年之后的论著仅仅将决斗断讼作为一种法律程序提及，而当提到其他形式时则把它们当作前尘往事。大约在同一时间,苏格兰的亚历山大二世(Alexander II of Scotland)[1]禁止在盗窃案件中适用它。[De cetero non fiat judicium per aquam vel ferrum, ut consuetum fuit antiquis temporibus,—Statut. Alex. II. cap. 7 § 3.]皇帝腓特烈二世在颁布于1231年的《那不勒斯法典》中,不仅禁止在一切案件中使用神判,而且有一段十分奇特的文字嘲弄那些信赖它的人。[Leges quæ a quibusdam simplicibus sunt dictæ paribiles .... præsentis nostri nominis sanctionis edicto in perpetuum inhibentes, omnibus regni nostri judicibus, ut nullus ipsas leges paribiles, quæ absconsæ a veritate deberent potius nuncupari, aliquibus fidelibus nostris indicet .... Eorum etinim sensum non tam corrigendum duximus quam ridendum, qui naturalem candentis ferri calorem tepescere, imo (quod est stultius) frigescere, nulla justa causa superveniente, confidunt; aut qui reum criminis constitutum, ob conscientiam læsam tantum asserunt ab aquæ frigidæ elemento non recipi, quem submergi potius aeris competentis retentio non permittit. —Constit. Sicular. Lib. II. Tit. 31.这最后的条款看似提到了某些操作者的诡计,如果想要有罪判决,能使被告在冷水审判中不下沉。大众对奇迹如此广泛的信赖,更多地来自腓特烈,几年前他还蛮横地用火和剑证明耶稣曾穿过的、天衣无缝的外袍(the Holy Seamless Coat),以镇服不信上帝的异教徒。参见他1221年在哥达斯塔(Goldastus)颁行的宪章。Const. Imp. I. 293-4.]然而,我们可以得出结论,这不是有效的治本之法,因为50年后,安茹的查理发现仍有必要重复这条禁令。[Statut. MSS. Caroli I. cap. xxii. (Du Cange, s. v.

---

1 苏格兰的亚历山大二世(Alexander II of Scotland),苏格兰国王,1214—1249年在位。

Lex Parib.)] 在大约相同的时代，丹麦的瓦尔德玛二世(Waldemar II of Denmark)[1]、冰岛和挪威的国王哈科·哈孔森，以及稍晚一些的瑞典的比尔格·雅尔(Birger Jarl of Sweden)[2]，都做了与此相同的事。[Königswarter, op. cit. p. 176.] 在弗里斯(Frisia)[3]，我们了解到居民们依然拒绝遵循教皇的训示，并且坚持保留赤烙铁神判，这一藐视神权的行为，被时任韦特威拉修道院院长的埃谟(Emo, Abbot of Wittewerum)描述为引起 1219 年可怕的洪水泛滥的原因 [Emon. Chron. ann. 1219 (Matthæi Anaiect. III. 72).]；尽管一个世纪之后的阿普斯塔勒布(Upstallesboom)的法律显示，所有种类的神判都已被废止不用。[Issued in 1323.] 在法国，我们没有发现将其废止的正式法令；但是这种制度所受到的蔑视，以下事实足可为证：在那个世纪后半期出版的法令和实践手册中，比如《圣路易法令集》、皮埃尔·德·方丹的《大议会》、博马努瓦的《博马努瓦习惯法汇编》，以及《司法与抗辩之书》，它的存在甚至没有被作为禁止的对象提到，此后，司法性决斗垄断了非常规证据领域。确实，日期标注在 13 世纪中期或更早一点的拉丁文版《诺曼底习惯法》(*the Coutumier of Normandy*)提到它时，将其作为一种曾被采用的证据模式，专用于涉案一方为女性并且无法找到斗士进行决斗断讼的案件中，还说它已被教会禁止，当时这一类型的案件已经是通过审讯来裁断了。

---

1 丹麦的瓦尔德玛二世(Waldemar II of Denmark，也写作 Valdemar)，丹麦国王，1202—1241 年在位。

2 瑞典的比尔格·雅尔(Birger Jarl of Sweden)，瑞典统治者，1248—1266 年在位。雅尔(Jarl)相当于英文中的“伯爵”(Earl)。

3 弗里斯(Frisia)，今荷兰北部一省。

[Cod. Leg. Norman. P. II. c. x. §§2, 3. (Ludewig, Reliq. Msctorum. VII. 292.) 有点奇怪的是，在《习惯法》的真正版本中有一样的措辞，一直到16世纪为止都有效。—Anc. Cout. de Normandie, c. 77 (Bourdot de Richebourg, IV. 32).]

在教会的训令面前,德意志屈服得更迟缓一些。改宗皈依的条顿骑士们在普鲁士的扩张过程中一面挥剑,一面将神判引入其他各种基督教仪式之中;并且在1225年霍诺里乌斯三世(Honorius III)[1]在立沃尼亚的皈依者们的祈祷中,颁布了一道律令,严格禁止在将来使用它。[Can. Dilecti, Extra, De Purgatione Vulgari.] 甚至在1279年,布达(Buda)[2]会议和1298年的维尔茨堡会议不得不重申拉特兰会议的禁令。[Batthyani, Legg. Eccles. Hung. T. II. p. 436.—Hartzheim, IV. 27.] 这些命令没有得到多少尊重,而且帝国的独立精神仍然抗拒着教会的指令。甚至14世纪时,在一本法律实践手册中,自古流传下来的习惯法依然被全副保存,作为常规程序模式。对杀人罪的指控,只能通过司法性决斗来推翻,而面对其他的重罪指控,一个恶名昭著的人除经受沸水或烙铁神判之外别无选择。[Richtstich Landrecht, cap. LII.同样的规定亦见于《苏维汇人明镜》的法文版，它可能编纂于14世纪末，以适用于帝国西部诸省。—Miroir de Souabe, P. I. c. xlviii. (Éd. Matile, Neufchatel, 1843.)]

---

1 霍诺里乌斯三世(Honorius III),又译为“洪诺留三世”,罗马教皇,1216—1227年在位。

2 布达(Buda),匈牙利古代城市名,后来与佩斯市合并,成为今匈牙利首都布达佩斯。

在 1247 年阿拉贡地区的韦斯卡(Huesca)[1] 的法律中,以及 1248 年对马略卡宪章的修正中,唐·杰梅一世禁止了神判。[Du Cange, s. vv. Ferrum candens, Batalia.] 在卡斯蒂利亚和莱昂,1322 年的巴伦西亚(Palencia)[2] 会议不得不以开除教籍来威胁所有与火神判或水神判执行有关的人 [Concil. Palentin. ann. 1322, can. xxvi.],这证明大约在 1260 年由"明智的阿方索"颁行的《七编法》的开明规则是多么收效甚微。如此一来,证明责任被明确地扔给了原告,并且不要求被告提供否定性证据,这就使被告没有举证的必要 [Non es tenuda la parte de probar lo que niega porque non lo podrie facer.—Las Siete Partidas, P. III. Tit. xiv. 1. I.];而且,就算遵循那个时代的骑士精神,决斗神判没有被废除,不过仍受到限制而成了形同虚设的规定,其他的消极证据形式甚至没有被提及。

尽管神判就这样从欧洲法学中消失了,但赋予它生命力的信仰原则如此根深蒂固地存在于大众的头脑中,以致无法一举消除。于是,就像我们已经看到的那样,采用它的例子在几个世纪之内仍然偶有出现,令审判它们的法庭蒙羞。确实,决斗神判,就像前面的论文中表示的那样,一直没有被从法律上废除,直到很久之后;而作为这种制度基础的民众信念的顽固程度,从威廉·斯唐福德爵士(Sir William Staundford)[3] 的话中可见一斑,他是一位博学的法官和可敬

---

1 韦斯卡(Huesca),西班牙阿拉贡地区一地名。

2 巴伦西亚(Palencia),西班牙西北部地名。

3 威廉·斯唐福德爵士(Sir William Staundford,似乎应为"Staunford"),生活在 16 世纪的英国法官和法学家。

的法学权威，对于曾令辛克马尔和珀波心怀激荡的神明干预，他在1557年表达了同样的信赖。对于一宗缺乏证据支持、被告有权进行决斗断讼的重罪刑案，他评论道："因为在那案件中，上诉人要求对被上诉人判处死刑，这就更有理由令他与被告以性命相搏，而不是让当地选民决定……而且把这交给上帝，交给能令一切口吐真言的那位，让他来判决此案，换言之，将双方胜败交由上帝的喜乐判定。"[Plees del Corone, chap. xv. (quoted in I Barnewall & Alderson, 433).] 大约同一时期，在萨拉戈萨(Saragossa)[1]当了30年宗教裁判官的瑟鲁罗提到他亲眼看到的采用决斗断讼的案例，显示出在16世纪中期的西班牙，尽管没有法律规定，它依然普遍适用。[Ciruelo, Reprovacion de las Supersticiones. P. II. cap. vii. Salamanca, 1539. (IV. Ed. Barcelona, 1628.)]

在权衡大众思潮时，我们也不应忽视罗马天主教会不停灌输的"上帝和圣徒们常常干预日常生活事务"的虔诚信仰。不仅病人会被奇迹般地治愈，而且受到诬告的无辜者也会获得证明，甚至连人类司法公正的过程都会被打乱。就这样，一本刊印于16世纪的法国、献给圣母玛利亚的书，虔诚地记叙了如下案件：一个女子因被控犯有近亲通奸罪而被判处火刑，但是由于圣母(Our Lady)的干预，她得救了，而违反了忏悔保密规则、对她提出控告的神父，则被处死。[Heures à lusaige de Renee (Rennes). Paris, Simon Vostre. 虽然没有日期，但是包含了一部1507—1527年的年鉴。Une feme son filz

1 萨拉戈萨(Saragossa)，西班牙东北部地名。

cogneut, Dont elle fist confession. Le prestre celer nela ceut, Mais en fist accusation. Done fut par condamnation, Jugee a bruler droit ou tort. Par la vierge eut remission, Et le Prestre livre a la mort.]

教皇们所发出的禁令无疑大大影响了君主们,促使他们废除神判,不过其他一些因素在这件事上所发挥的作用也毫不逊色。12世纪和13世纪罗马法的复兴,以及在疑难案件中引入屡试不爽的酷刑之法,大大推动了世俗法庭反对一切神判的步伐。由此,我们应当认识到还有一个强大助力,那就是市民社会(the communes)的兴起,他们频频以自己坚定的常识否定荒谬的神判。不过,这些影响在前文中已经得到了比较详细的讨论,几乎无须赘述,除了下面这一点:神判苟延残喘的挣扎,没有像一对一的决斗断讼拖得那么长。

可是,这些从大夏人祖先无尽过去所流传下来的、求助于上天的方法,其确切的消失时间在任何国家的记载中都不可考。我们在上文中已经看到一些神判的形式,例如尸棺公判和冷水审判,尽管早已从法律条文中消失,却苟延残喘地延续到了19世纪后半叶;如果我们将立法者对这一体制的禁止,看作人类心理构造转变的原因或结果,那就大错特错了。未知事物的神秘诱惑,对不可获得之物的孜孜以求,将我们的人性与超自然力量相连的渴望——所有这些混杂的动机,都促使我们对前文已经探讨过的那种迷信执迷不悟。尽管其外部表现可能已经被一扫而空,那些使它们生机勃勃的强大机制却保留了下来,活跃程度可能丝毫未减,因为其运作更加隐秘。一代又一代的丑剧上演,不可思议地彼此依附,焦急地等待着人类的后代们,似乎业已消亡的迷信又以另一种形式永存下去。我们可以从令人生畏而盛行一时的巫术和魔法中,将它那些最粗俗可鄙的形式识别出来,这些把戏折磨了16和17两个世纪;它升华到天堂的边缘,我们看到它在仿若天使的寂静教派(Quietism)[1]理论中再度出现;它又重临尘世,刺激着灾变论者(the Convulsionnaires)[2]疯狂的诡异行为。它披着不同的伪装,将18世纪高雅精纯的怀疑主义引向对魔杖超自然力量的信仰,认为它们不仅能寻找到隐藏的泉水和深埋的矿藏,还能揭发罪行,并洞穿其一切狡猾的逃避伎俩。[在1692年,当雅克·艾玛尔(Jacques Aymar)将公众的注意力引向奇迹的魔杖之后,他被召至里昂协助警方调查一起离奇的谋杀案,此案令当时的执法者困惑不解。在魔杖的帮助下,他水陆兼程地追踪罪犯,从里昂到布凯尔(Beaucaire)[3],在那里他宣布监狱中的一名囚犯是参与者,此人供认了罪行。最终证实,艾玛尔只不过是个狡猾的骗子;而他所造成的狂热一直延续了整个18世纪,直到该世纪末,一个名叫坎佩蒂(Campetti)的骗子同行揭穿了他的伎俩。甚至在几年前,在西宾夕法尼亚勘探油井时,魔杖还死灰复燃地得到了使用。对艾玛尔行当的记录,以及对其影响的探讨,可见于卢比欧·伊·迪亚兹教授(Prof. Rubio y Diaz)的作品"Estudios sobre la Evocacion de los Espiritus",Cadiz,1860,pp. 116-28.]前文种种论述足以验证,甚至在今天仍有一股潜藏的迷信暗流,时而闪现,并显示出我们仍未彻底摆脱过去的弱点。每一个

---

1 寂静教派(Quietism),17世纪基督教中的神秘主义教派。

2 灾变论者(the Convulsionnaires),18世纪基督教的一个教派,与詹森派(the Jansenist)的活动有关。

3 布凯尔(Beaucaire),法国南部地名。

时代，都为自己的罪孽和愚行所累——最值得庆幸的是它们极为成功地隐藏了自己，除此之外几乎无可施为。在此，在我们引以为傲的19世纪[1]，当人类智力压倒自然的力量时，它用新闻出版、蒸汽机和电报刺激着物质繁荣的进程，诱骗我们牺牲心灵换取智能——即使在这之中，我们本质上的两面性仍再度浮现，并且存在于摩门教（Mormonism）[2]可恶的暴行，以及通灵术（spiritism）的奇幻神话中，从中也可看到对纯粹理性专制的抗议。如果我们对自己最高贵属性的如此错乱感到惊讶，必须记得我们身上的原始桎梏反应的强度，并且据此可以知晓，在这个时代的疯癫之中，我们何等彻头彻尾地忘记了那神圣的警示："人不能只靠面包生存！"

1 本书作者生活的年代。

2 摩门教（Mormonism），1830年创立于美国的教派，因主张一夫多妻等原因，至今备受争议。

Ⅳ 酷刑

前面的文章追述了圣餐脱罪和神判的发展进程，它们是人类奇思妙想发明的方法，被不堪其扰的智者们用于应对粗鲁和半野蛮年代过于错综复杂的问题。然而，为了达到相同的目的，还有另一种模式——酷刑，它在这个世界的大多数历史时期都得到了最明智的立法者的认可；而且在人类为了寻求真相而进行的探查中，如果对司法程序中使用的酷刑避而不谈，我们的研究就不完整。事实上，神判和酷刑之间互为替代。我们将会看到，它们很少共存，而且从大致上来说，如果立法上依赖其中一个，就必然排斥另一个，因为大众的头脑不是被盲目的信仰就是被冷酷的理性所占据。

在社会的早期阶段，法官或申辩者的信仰不会使他们仰赖向神明申诉的方法，那么他们自然会转而寻求向不情愿的证人榨取他本想隐瞒的证言，以及从嫌疑犯口中挤出认罪供词的方法。为了达到这个目的，最稳妥的方法似乎就是用痛感来刺激，为了逃脱痛楚，证人可能会牺牲他的朋友，而被告也可能屈服于与其罪名相适的刑罚。于是，循序渐进且行之有效的酷刑施行方法，成了探讨的对象，而其适用的规则也同时发展成为一套常规体制，构成了公认法学原则的一部分。

在最古老的文明中，譬如埃及文明，酷刑似乎与司法程序理论太过抵触而不被采用。如果我们信赖西西里的狄奥多路斯(Diodorus Siculus)[1]对庄严而神秘的法庭的描述，就会看到他是这样记述的：只有书面诉辩得到允许，以免法官们被人声的雄辩左右，而且宣判是在一片鸦雀无声中进行，由首席法官用真理女神(the Goddess of Truth)的神像碰触胜诉的一方。[Diod. Sicul. I. lxxv.——加德纳·威尔金森爵士(Sir Gardiner Wilkinson, Ancient Egyptians, Vol. II.)数次写到了这样的景象。]然而，新近解译的一份纸莎草书为我们提供了一则发生在第二十王朝拉美西斯九世(Rameses IX，大约公元前1200年左右)时期的审判记录，记载了抢劫法老塞巴坎绍夫(Sebakemsauf)陵墓的抢劫犯们在招供之后，又被酷刑折磨要求他们确认，首先是鞭打，然后是碾压手脚，这显示至少在某些时候，这种获得真相的模式曾被采用。[参见此书译本：Amherst Papyrus by Chabas, Mé langes Égyptologiques, III.e Serie, T. II. p. 17 (Sept. 1873)。关于手脚的部分翻译属于推测而知，但是它们无疑意味着某种暴力手段。查巴(Chabas)先生认为这段文字非常重要，是我们所知的关于埃及刑讯逼供的最早证据。这个问题一直有争议，但是之前的证据都不足以得出可靠的结论。]

在闪米特民族中，我们发现亚述人将酷刑作为一种常规司法程序加以采用[Lenormant, Man. de l' Hist. Ancienne de l' Orient, II.

---

1 西西里的狄奥多路斯(Diodorus Siculus，亦作 Diodorus of Sicily)，生活在公元前1世纪的希腊历史学家，曾旅居埃及和罗马。

141.]尽管摩西律法中没有任何记载显示希伯来的法律执行者们曾把酷刑当作合法审讯方式。不过,在18世纪时严刑逼供制度最诚实的拥护者,出于嫉妒毫不犹豫地将苦水神判说成一种酷刑,而将采用拷问台和吊刑架合法化。

在最早的雅利安人的记录中,在我们可以从琐罗亚斯德教律法的断章残简中判断的范围以内,酷刑并没有获得公认的地位。阿斯提阿格斯(Astyages)[1]是米提亚人(Mede),而不是波斯人,而且如希罗多德(Herodotus)所记述的那样,即使他准备采用它来从不配合的证人口中获得真相,也说明不了什么[Herod. I. 116.];但是波斯王大流士所炫耀的、施加在觊觎他王位之人身上的野蛮惩罚[Behistun Inscription, col. II. 25-6. (Records of the Past, VII. 98-99.)值得一提的是,较之若林森(Rawlinson, Records I. 118-19)所翻译的波斯文本而言,古米堤亚文版的这段碑文则对这些惩罚的施行记载更为详尽。],预示着当较为温和的方法不奏效时,他时刻准备诉诸必然包括酷刑在内的、最暴力的威胁方式,作为一种司法之外的调查手段。

对于在印度文明中生根的、雅利安人的另一个伟大分支而言,酷刑似乎也像上文那样没能进入合法程序的范畴,至少从近3000年前流传至今的、字斟句酌的印度法律中,没有它存在的痕迹。在《摩奴法典要义》(*the Institutes of Manu*)中,有对证据的缜密规定,

---

1 阿斯提阿格斯(Astyages),又译为“亚士帖基”,是位于今伊朗西北部奴隶制国家米提亚(Meida,又译为“米底”)王国的末代君主,该国于公元前8世纪建立,公元前6世纪为波斯所灭。

证人证言更受青睐，他们相对的可靠性将得到细致地探讨，当无法取得这样的证据时，就像我们在上文中看到的那样，各方就会被命令起誓，或是通过神判进行审判。时至19世纪，这些原则仍然被沿用而没有多少变化。［Manu Bk. VIII.—Ayeen Akbery, Tit. Beyhar, Vol. II. p. 494.—Halhed' s Code of Gentoo Laws, chap, xviii.］

希腊和罗马

这些雅利安民族法典中酷刑的缺失，并非是出于反对使用它，而是因为采用了神判，在他们法学的任何时期后者都是其中一部分，并且作为疑难案件中的不败方法而被采用。当转回头看在欧洲立足已稳的雅利安人，我们发现他们抛弃了祖先流传下来的神判习惯，很快以酷刑取而代之。就这样，在希腊，酷刑得到彻底的理解并永久建立起来。然而，在希腊共和国境内强力发展起来的寡头政治和贵族统治的趋势，出于维护统治秩序的骄傲和自尊，在其适用上施加了限制。总的法则是，不得对自由民施以酷刑。连自由民都享有豁免权，酷刑只被保留用于不幸的奴隶阶层，以及并不属于该政治体制的外来者。然而也有例外，譬如对罗德岛居民（the Rhodians）[1]而言，他们的法律授权允许对自由公民采用酷刑；在其他城邦中，它也偶尔被用于罪无可赦的政治犯；而人民，以其不负责

---

1 罗德岛（the Rhodes），希腊海岛，在克里特岛东北、雅典东南。

任的至高权威,可以在任何时候下令对任何人采用它,而不顾及其身份特权。于是,当希帕克斯(Hipparchus)[1]被哈莫迪乌斯(Harmodius)暗杀之后,阿里斯托吉顿(Aristogiton)遭受酷刑,逼迫他招出这个内幕,并且瓦莱里乌斯·马克西姆斯(Valerius Maximus)[2]也记述了发生在希腊诸城邦中几个与此类似的讼案。[Lib. III. cap. iii.]当帕尔米尼奥(Parmenio)之子菲洛塔斯(Philotas)[3]被指控阴谋反对亚历山大大帝,受到了惨无人道的酷刑折磨。这显示出当专制君主的安全受到威胁时,人们能得到的保护是何等之少。而人民法令对酷刑的诠释,则可见于涉及毁坏赫尔墨斯(Hermes)神像的诉讼中,以及对福基翁(Phocion)[4]的审判使得最显赫的雅典公民走上了拷问台。

在一个很大比例上由奴隶组成的居民群体中,这些奴隶们大多与他们的主子属于同一种族,常常是些受过教育、富有智慧而被委以重任的人,法律程序必然频繁向他们寻求证据,无论是民事还是刑事案件。然而,他们的证据却不被采纳,除非是通过刑讯逼供获得的,而且由于当时诡异的逻辑混乱,那被认为是最有说服力的一种证词。结果,折磨奴隶就成了雅典司法界的一项重要工作。任一

---

1 希帕克斯(Hipparchus),古希腊雅典的僭主,约公元前527—前514年在位。

2 瓦莱里乌斯·马克西姆斯(Valerius Maximus),大约生活在提比略统治时期的古罗马历史轶闻作家。

3 菲洛塔斯(Philotas),亚历山大大帝手下老将帕尔米尼奥(Parmenio)的长子,其本人亦是深受重用的将领,但作为廷臣因傲慢无礼而失宠,继而受到谋反指控被处死。其父亦受牵连而被处死。

4 福基翁(Phocion,约公元前402—317年),古希腊雅典的政治家和军事领袖。

方诉讼当事人都有权将他的奴隶交给刑讯者，或是要求对方当事人的奴隶受到严刑拷打，而拒绝这样的提议被认为是严重的妥协退缩。当双方各自交出奴隶时，由法官决定其中哪一个须经受酷刑。即便没有向法院提出诉讼，争议各方也可以对他们各自的奴隶刑讯逼供，以便影响和解的结果。

在正式诉讼中，败诉一方为对方奴隶在职业行刑人手中遭受的任何伤害买单，这些处刑人作为这方面的专家，有权为奴隶所承受的损害进行折价评估。如此高度的遵从，引发了一个的奇怪评论，这般证言的取得必须遵守以下规则：当一个人的奴隶们在拷问台上说出不利于他的证词时，面对他随后无所顾忌地任意施加在他们身上的报复，奴隶们不受任何保护。

当希腊法律消亡时，它在其他民族的立法中没有留下多少痕迹，罗马人却将其保存了下来，我们大可以加上一句：他们所认可的主要酷刑模式是轮刑、梯刑或称拷问台、利齿梳刮刑、低位拱曲刑（不幸的承受者身体被推压而对半弯折）、灼烧砖刑、重型猪皮鞭刑，以及鼻孔灌醋汁刑。［阿里斯托芬（Aristophanes，Ranæ，617）对大多数的过程描述颇为模糊。[1]

埃阿科斯（Aiachos） καὶ πῶς βασανίζω;

暹西亚斯（Xanthias） πάντα τρόπον, ἐν κλίμακι
δήσας, κρεμάσας, ὑστριχίδι μαστιγῶν, δέρων,
στρεβλῶν, ἔτι δ' εἰς τὰς ῥῖνας ὄξος ἐγχέων,
πλίνθους ἐπιτιθείς, πάντα τἄλλα—

我所见过对雅典法律中的酷刑最好的概括，是艾斯克巴克（Eschbach）的“Introduction à l' Étude du Droit”， § 268。］

---

1 以下希腊文对话，节自阿里斯托芬的《蛙》(*Ranae*)。

在早期罗马，执行酷刑的大致原则与希腊相同。在共和国时期，自由市民不受其限制，但在向奴隶取证时，它不可或缺。然而，随着专制主义的发展，对自由民的保护被打破了，独裁的皇帝们肆无忌惮地将臣民送上拷问台。

甚至早在“后三头同盟”（the Second Triumvirate）[1]时期，一位名叫加里乌斯（Q. Gallius）的执政官员，在向屋大维致敬时，碰巧在他的托加袍里放了两块写字板，写字板的边角轮廓在外袍包裹下仿佛是一把剑，由于未来的皇帝恐惧地臆想：加里乌斯预谋行刺。于是，他掩饰着自己当时的恐惧，立刻下令在此人主持法庭审判工作时逮捕了他，并且像对待奴隶一样严刑拷打，在没有取得口供的情况下，将其处死。[Sueton. August. xxii.]

这个例子是对未来的预兆，即当国家所有的权力都集中于令人敬畏的皇帝个人之手时会发生什么。他是人民无限主权的代表和化身，不受追责的权威被交到他的手中。然而，由于权力属于人民，曾经制约权力行使的法则和规定，便成了对君主专制的冲动和畏惧的薄弱防线。因此，罗马法中迅速被灌输了这么一个原则，即在所有“针对君王的犯罪”（crimen majestatis）或者说“叛国罪”（high treason）中，自由市民可能受到酷刑逼供。由于袭击统治者，他丧失了所有权利，而皇帝身系国家安全于一身，理应受到不惜一切代价的保护。

---

1 后三头同盟（the Second Triumvirate），相对于公元前60年恺撒、庞培和克拉苏为对抗元老院而组成的“前三头同盟”（the First Triumvirate）而言，指的是公元前43年，由屋大维、安东尼和雷必达组成的政治同盟。

皇帝们急不可待地发掘和行使着他们的权力。当塞扬努斯(Sejanus)[1]的阴谋被发现后,历史学家记述道,提比略(Tiberius)[2]如此完全地沉溺于严刑拷打涉嫌共谋的疑犯们,以至于当一位来自罗德岛的老朋友受到特别邀请前来拜访时,心有余悸的暴君心不在焉地下令将友人送上拷问台,而当皇帝发现这个大错时,默默地将其处死,以塞悠悠众人之口。心惊胆战的居民们指出在卡普里岛(Capri)[3]有一个地方,皇帝纵情于这样的追求,当他在别出心裁的酷刑上的创意耗尽时,其怒火的悲惨受害者们就在那里当着他的面被抛入海中。[Sueton. Tiberii lxii.] 天下之主竟然以人们的痛苦取乐,因此有理由想象法律和习惯并没有为这些无助的臣民们提供多少保护,而提比略并非唯一以非人道的行为为乐的罗马皇帝。几近疯狂的卡里古拉(Caligula)[4]觉得,在晚宴桌边拷打罪犯能使得他的狂欢更加尽兴,而且连胆小却又兽性的克劳狄乌斯(Claudius)都特别在意出席这样的场合。[Ibid. Caii xxxii.—Claud. xxxiv.]

在如此可怕嗜好的刺激下,反复无常和不负责任的残暴使得有

---

1 塞扬努斯(Sejanus),罗马皇帝提比略的亲信,曾执掌禁军,后因被控谋反,在31年被提比略处死。

2 提比略(Tiberius,公元前42—公元37年),罗马帝国的第二任皇帝,14—37年在位。其母改嫁给罗马帝国开国皇帝奥古斯都·屋大维(Augustus Octavius),因而成为屋大维的继子,最后在权力绞杀中幸存,继承了帝位。

3 卡普里岛(Capri),意大利南部一岛。

4 卡里古拉(Caligula,12—41年),罗马皇帝,37—41年在位。他是提比略的侄子兼养子日尔曼尼库斯(Germanicus)的儿子。深孚众望的日尔曼尼库斯英年早逝之后,卡里古拉成了提比略的孙子和继承人,继位后不久开始疯狂地倒行逆施,最终成为暴君的代名词之一,后为禁军统领所杀。他死后,其叔父克劳狄乌斯(Claudius)被立为皇帝,即克劳狄一世。

关反叛的法律大大拓展了其适用范围。如果需要有牺牲品以满足君主的妄诞或是他奴仆们的恨意,就很容易找到一个犯罪者或是设立一种罪名。在提比略治下,一个市民削掉了一尊奥古斯都塑像的头部,想要另换一个。受元老院的审讯时,他支吾其词,于是立刻被处以酷刑。受到这样的鼓励,对已故皇帝应有尊敬的冒犯,得到了最为离奇的诠释。在他的像旁宽衣解带或是殴打奴隶,将印有他神圣形象的硬币或戒指带入公共厕所或一户不名誉的人家,批评他的任何言行,都构成了叛逆之罪;而最终,一位不幸的人,竟然因为在纪念奥古斯都的节庆日允许他农场上的奴隶们向他致敬,就真的被判处了死刑。[Sueton. Tiber. lviii.]

因此,当异教信仰逐渐式微、心有不甘地被新兴的基督教所击败时,酷刑逼供成了报复的手段,轻而易举地将这新的信仰纳入叛国罪的范畴,而且将它的信众置于一切别出心裁的暴行之下。如果尼禄(Nero)[1]想要在"罗马大火"的恶臭中换个口味,他可能会将矛头转向基督教徒,而且能通过规制完好的酷刑获得涉及整个群体的口供,如此大规模地迫害某一人群实属前所未见。除此之外,他还以人形火炬(human torch)[2]为自己新乐趣,令人发指的惨状激发了他非人的狂欲。[Tacit. Annal. xv. xliv.] 戴克里先(Diocletian)[3]甚至正式在敕令中颁布了这样的规则:所有宣传这可恨宗教的人,都必

---

1 尼禄(Nero),罗马皇帝,著名的暴君,被克劳狄乌斯收养后成为其继承人,54—68年在位。

2 人形火炬(human torch),一种惨无人道的酷刑,将人穿在一根木桩上,然后点燃。木桩仿佛蜡烛芯,人体仿佛烛蜡。

3 戴克里先(Diocletian),罗马皇帝,284—305年在位。

须被剥夺与其出身和地位相应的权利，并且受到严刑拷打。[Lactant. de Mortib. Persecut. cap. xiii.] 在出于各种邪恶冲动而迫害他们的人面前，面对这般不分青红皂白的暴行，基督徒们毫无抵抗之力，当然这可能被教会的历史学家们夸大了，但无可质疑的是那些可怕的过激暴行是法律准许的，甚至在相对晚近的时代以及信仰基督教民族之中，政治和宗教的迫害仍在进行。[Tormentorum genera inaudita excogitabantur. (Ibid. cap. XV.)——当基督教徒们被指控企图烧毁皇帝宫殿时，戴克里先“勃然大怒，火烧无辜”。(Ibid. cap. xiv.)——这本小册子的真实作者是拉克坦修斯（Lactantius）或者其他什么人，题记中表明是写给多纳图斯（Donatus）[1] 神父的：“Novies etiam tormentis cruciatibusque variis subjectus, novies adversarium gloriosa confessione vicisti. .... Nihil adversus te verbera, nihil ungulæ, nihil ignis, nihil ferrum, nihil varia tormentorum genera valuerunt.” (Ibid. cap. xvi.) 更多细节可见于 Eusebius, Hist. Eccles. Lib. v. c. I, VI. 39, 41, VIII. passim, Lib. Martyrum；亦见于 Cyprian. Epist X. (Ed. Oxon. 1682)。]

就这样，被指控犯有反对国家和神圣皇帝本人的自由民应受严刑拷打，成为罗马法的一项公认原则。塔西佗对在尼禄时期的“庇索(Piso)阴谋”[2] 的记载中，把酷刑当作情理之中，并且在描述一位遭受最可怕折磨的自由民女子埃琵喀丽斯(Epicharis)史无前例地

1 多纳图斯(Donatus)，4世纪初北非迦太基地区的基督教领袖，多纳图斯教派的创始人。

2 庇索(Piso)阴谋，65年以曾任执政官的盖乌斯·卡尔普尔尼乌斯·庇索(Gaius Calpurnius Piso)为核心，密谋暗杀尼禄，推选庇索为新元首的一场政变。后来计谋败露，相关人员包括知情不报的骑墙派都遭到尼禄的清洗。

咬牙隐忍、拒不招出其实不配受她保护的人时，编年史家愤愤不平地将她的坚毅与罗马贵族的懦弱做了比较，他们仅仅是看了一眼刑讯室，便背叛了自己最亲的亲人和最好的朋友。[Tacit. Annal. XV. lvi. lvii.]

在这些限制之下，自由民的豁免特权被小心翼翼地保护起来，至少在理论上如此。一个奴隶在主张其为自由人时，或是一个人被宣布为奴隶时，都不能被施以酷刑[L. 10 §6, Dig. XLVIII. xviii.]；甚至于面对酷刑、试图主张自己为自由民以躲过一劫的奴隶，也必须证明他的奴隶身份之后，才依法进行严刑拷打。[L. 12, Dig. XLVIII. xviii. (Ulpian.)]然而，在实践中，这些特权一再被侵犯，皇帝们的许多敕令都是为了抑制不断发生的酷刑滥用。于是，我们看到戴克里先禁止对受到指控的士兵或他们的孩子使用酷刑，除非他们已经被可耻地踢出了军队。[Const. 8 Cod. IX. xli. (Dioclet. et Maxim.)]这位皇帝还重新发布了马可·奥勒留(Marcus Aurelius)[1]的法令，重申贵族、帝国高官以及他们第四代以内的婚生后代的豁免权[Const. II Cod. IX. xli.]；并且乌尔比安(Ulpian)[2]的格言主张，什长、地方市镇议员以及他们的子女也享有同样的特权。[Ibid. §

1 马可·奥勒留(Marcus Aurelius,121—180年)，罗马皇帝，罗马五贤帝的最后一位，161—180年在位，是一位少见的帝王兼哲学家，博学多才，为人正直，严于律己。他生于罗马帝国衰亡期，在内忧外患不断的戎马生涯中写成《沉思录》(*Mediation*)一书，此书原本是写给自己看的，后来被人们作为斯多葛学派的经典，至今仍广为传诵。

2 乌尔比安(Ulpian，约170—223年)，古罗马法学家。

I.] 在376年,瓦伦提尼安(Valentinian)[1]不得不重申:什长只有在"叛国罪"(majestatis)审判中才受刑,而在399年,阿克狄乌斯(Arcadius)和霍诺里乌斯(Honorius)[2]发现有必要明确地宣布这一特权是个人的和非官职性的,并且在他们卸任什长职务后仍然保留。[Const. 16 Cod. IX. xli.] 狄奥多西大帝(Theodosius the Great)[3]在385年特别规定,不得通过严刑拷打取得祭司的证词[Const. 8 Cod. I. 3.],而奴隶是不能担任圣职的,可见酷刑的重要性。

这样不断重申法律规定的重要性,体现在瓦伦提尼安369年的一份诏令中,它显示:自由民常常遭受非法酷刑;在叛国案中刑讯可以合法地、不加区别地被所有法庭适用,而在其他指控中,只有皇帝下令才能获得如此授权。[Const. 4 Cod. IX. viii.] 这种权力很早就有,并被频繁地行使。尽管克劳狄乌斯在其统治之初,信誓旦旦地表示他不会使自由民面对这种讯问,但他还是允许了梅萨琳娜(Messalina)[4]和那喀索斯(Narcissus)[5]不分青红皂白地施行酷刑,不仅针对自由市民,甚至还针对骑士和贵族。[Dion. Cass. Roman.

1 瓦伦提尼安(Valentinian),即瓦伦提尼安二世,罗马皇帝,375—392年在位。

2 阿克狄乌斯(Arcadius)和霍诺里乌斯(Honorius),是狄奥多西一世的两个儿子,分别是东罗马和西罗马皇帝。

3 狄奥多西大帝(Theodosius the Great),罗马皇帝,379—395年在位。他宣布基督教为国教,废止了奥运会,临终前将帝国一分为二,交给两个儿子,东部给了阿克狄乌斯,西部给了霍诺里乌斯。

4 梅萨琳娜(Valeria Messalina,约17或20—48年),克劳狄乌斯皇帝的第三位皇后,著名的女色情狂。她的名字后来成了荡妇的代名词。

5 那喀索斯(Tiberius Claudius Narcissus),克劳狄乌斯皇帝的宠臣和秘书。

Hist. Lib. LX. (Ed. 1592, p. 776.)]因此,图密善(Domitian)[1]对一位官员阶层的人士进行了刑讯,理由是此人受到可疑的指控,涉嫌与一名维斯塔贞女[2]私通[Sueton. Domit. cap. viii.历史学家认为图密善还是一种新的不雅酷刑的发明者(Ibid. cap. x.)。],而且几位皇帝颁布了各种法律,规定在某些种类的指控中,酷刑的采用不分阶层。就这样,在217年,卡拉卡拉(Caracalla)[3]授权在妇女涉嫌投毒的案件中采用它。[Const. 3 Cod. IX. xli.]君士坦丁下令规定,反常的情欲应当被处以最严重的酷刑折磨,而不考虑犯罪者的地位尊卑。[Const. 31 Cod. IX. ix.]君士坦丁乌斯(Constantius)用类似的方法迫害了算命者、巫师、魔法师、预言者和占卜师,他们受到刑讯逼供,被一点点折磨致死。[Const. 7 Cod. IX. viii.]查士丁尼也曾下令,在某些情况下,刑讯应当被施用于被指控通奸的双方[Novell, CXVII. cap. xv. §I.]——然而,这是一种在4世纪时已经普遍通行的做法,如果圣哲罗姆(St. Jerome)叙述的这种性质的奇迹故事可信的话。[Hieron. Epist. I. ad Innocent.]君主所掌握的这种权力,显然仅仅受限于他在施行权力时的审慎态度。

然而,若能适宜地维护法治,就还有一个重要的保障存在,这必然会极大地降低酷刑适用在自由民身上的频率。当提出控诉时,控诉人必须正式揭露自己的身份,而且如果他不能证明指控的公正性,就会面对同态复仇的危险。[Const. 17 Cod. IX. ii.—Const. 10 Cod.

---

1 图密善(Domitian,51—96年),罗马皇帝,81—96年在位。

2 维斯塔贞女(vestal virgin),奉祀罗马神话中灶神维斯塔的少女。

3 卡拉卡拉(Caracalla),罗马皇帝,198—217年在位。

IX. xlvi.] 在314年,康斯坦丁的一部法令规定,在欺君犯上的案件中,由于被告人不论其身份阶层都会受到严刑拷打,因此控诉人和他的信息提供者们在无法证明控诉真实性时,也会受到酷刑。[Const. 3 Cod. IX. viii.] 如此开明的立法,被查士丁尼保留了下来,这想必大大冷却了诽谤者和告密者的积极性,而从苏拉(Sylla)[1]的时代开始,这些人就被煽动和豢养起来,直到他们几乎将每一位公民的性命捏在手中。

在所有这些之中,必须记得,罗马法中的自由民是罗马公民,而在公民身份广泛扩大及于帝国臣民之前,有一个巨大的群体被剥夺了这样传统豁免的保护。在耶路撒冷,当犹太人发起暴动并指控圣保罗(St. Paul)[2]而没有指出具体罪名时,保民官立刻下令:"他应当

---

1 苏拉(Sylla),指古罗马统帅、政治家和独裁者卢奇乌斯·科尔涅利乌斯·苏拉(Lucius Cornelius Sulla,约公元前138—前78年)。"Sylla"是"Sulla"的法国式写法。

2 圣保罗(St. Paul,约3—67年),原名扫罗(Soul),早期基督教的传教者,虽然身为罗马人,却精通犹太教义,为基督教成为普世性宗教、摆脱民族和种族的束缚作出了重要贡献。他也是同时受到天主教罗马教廷和东正教尊崇的圣徒。在耶稣和保罗的时代,犹太人长期生活在罗马人的统治下,常常受到歧视,双方时有冲突,这样的状况持续了几百年。这些被占领土地上的犹太人,不具有完全的罗马公民身份。当时,想要拥有罗马籍,必须符合以下条件之一:(1)父母出生在罗马直属领土并有公民权;(2)非罗马直属领土出生者,为国立功,可申请入籍;(3)金钱购买。下文中那位保民官(《圣经》和合本中译为"千夫长")就是第三类。保罗有犹太人血统,他曾说过"我是希伯来人所生的希伯来人",但可能因为他出生于大数(位于基利省,属于罗马领土),并且父母已获罗马公民身份,因此他一出生便拥有了罗马公民身份,他也曾说过"我生来就是罗马人"。正因保罗的"罗马公民"身份,他殉教时是被斩首,而非像耶稣和彼得那样被钉上十字架。参见苏佐扬《新约圣经难题》,香港九龙基督教天人出版社,1994年;以及《圣经·使徒行传》等篇章。

受到鞭刑拷打;他可能会知道他们到底为什么对他如此叫骂。"而当圣保罗宣称他自己是罗马人时,对他施刑的准备工作立刻终止了,然后受到了常规司法程序的调查。[Acts. XXII. 24 sqq.] 从心怀嫉恨的保民官的话中,可以清楚看出这一特权:"我可是花了很多钱,才获得(保罗)这样的自由。"

所有这些法律都是关于如何从被告人那里榨取口供的。回顾证人的待遇,我们发现甚至对他们而言,酷刑也不限于奴隶阶层。对于奴隶,它不只单纯是作为奴隶制度的结果,而是确认和使得原本不足采信者的口供具有证明力的一种模式。于是,君士坦丁统治时期的一位律法专家声称,角斗士和其他类似职业的人不经酷刑便不能作为证人。[L. 21 §2, Dig. XXII. v.] 并且,本着同样的精神,539 年一部查士丁尼的新律令规定,应当使用杖刑使有作伪证或被唆使作伪证嫌疑的身份不明者吐出真相。[Novell. XC. cap. i. §I.]

因此,完全可以想象:当需要奴隶作证时,必然要伴以严刑逼供。确实,奥古斯都宣称,尽管在琐碎小事中并未被明确要求,但在重大要案中,对奴隶施以酷刑,是获得真相最灵验的模式。[Quæstiones neque semper in omni causa et persona desiderari debere arbitror; et cum capitalia et atrociora maleficia non aliter explorari et investigari possunt, quam per servorum quæstiones, efficacissimas esse ad requirendam veritatem existimo et habendas censeo.—L. 8, Dig. XLVIII. xviii. (Paulus).] 当我们考量古罗马世界中奴隶制的地位时,为主子们的利益而担当起一切制造和生产工作的大量奴隶们,以及那些担任抄写员、教师、管家和其他机要职务的奴隶们,往往参与了主子们

的每一桩事务,我们可以充分看出,几乎没有案件不需要奴隶们的证言,于是便都需要适用酷刑。在大多近现代国家之中,它甚至不限于刑事案件。对于它适用在民事诉讼中的恰当性的确曾经存在一些怀疑,但是安东尼·庇护(Antoninus Pius)[1]威严地作出了肯定判断,并且这成了罗马法学的一项固定原则,甚至对于其主子不属于涉诉任一方的奴隶也一样适用。[L. 9, Dig. XLVIII, xviii. (Marcianus.)]

奴隶面临的这种普遍不利局面,仅仅只受一个限制,即不得为取得不利于其主子的证词而对奴隶施以酷刑,无论是在民事还是在刑事案件中[L. 9 §I, Dig. XLVIII. xviii.—L. I §16, Dig. XLVIII. xvii. (Severus)—L. I §18, Dig. XLVIII. xviii. (Ulpian.)];尽管,如果一个奴隶被诉讼一方收买而在法庭之外取得了他的证词,这桩交易就会被宣布无效,价金也要退还,而且在这之后奴隶还要遭受严刑。[Pauli Lib. v. Sentt. Tit. xvi. §7.——同样的原则也见于安东尼的法令。—L. I §14, Dig. XLVIII. xvii. (Severus.)] 这个限制是出于对奴隶主的小心保护,而不是出于善待奴隶的人道情怀。确实,对于奴隶主和奴隶之间的关系报以极大的尊重,以致这个原则后来被推行到了极致。于是,连一位雇主,而非该奴隶拥有者,都同样被保护而不受该奴隶证词的不利影响。[L. I §7, Dig. XLVIII. xvii. "主子" (in

---

1 安东尼·庇护(Antoninus Pius,86—161 年),罗马皇帝,138—161 年在位,哈德良(Hadrian)皇帝的养子,以及上文提到的哲学家皇帝马可·奥勒留的养父。"罗马五贤帝"中的第四位。另外四位依次分别是涅尔瓦(Nerva)、图拉真(Trajan)、哈德良和马可·奥勒留。

caput domini) 这个表达，既适用于刑事领域，也适用于民事领域。 —Pauli Lib. v. Sentt. Tit. xvi. §5.] 当一个奴隶被几个主人共同所有时，不能为获得不利于其中任一人的证词，而对该奴隶施以酷刑，除非其中一人被指控谋杀了其他共有人。［L. 3, Dig. XLVIII. xviii.—Const. 13 Cod. IX. xli.] 在针对主人父亲或母亲甚至其监护人的指控中，除了监护权争议案件，均不能对奴隶严刑逼供［L. 10 §2, Dig. XLVIII. xviii.—Const. 2 Cod. IX. xli. (Sever. et Antonin. ann. 205). ］；然而，丈夫的奴隶可被严刑逼供以获得针对妻子的证词。［L. I §II, Dig. XLVIII. xvii.] 甚至连自由民和他的保护人之间的关系，也足以禁止对前者施刑以取得针对后者的证词［L. I §9, Dig. XLVIII. xvii. ］；据此我们可以推断，在其他案件中，奴隶的解放并没能保护他们不受拷问台和鞭刑威胁。然而，这个问题似乎很有疑问。自由民的豁免似乎得到了一条法令的证明，它规定不能通过释放奴隶而使他们免受酷州，以摆脱不利的证言［L. I §13, Dig. XLVIII. xvii.—Pauli Lib. v. Sentt. Tit. xvi. §9. ］；而另一方面，戴克里先的一项判决规定，在遗嘱欺诈案中，对隶属于继承人的奴隶甚至自由民都可施以刑讯以查明真相。［Const. 10 Cod. IX. Xli, (Dioclet. et Maxim.) ］

这种保护奴隶主免受酷刑之下奴隶指证的法律政策，在不同的时期有所不同。从塔西佗的一条表述看来，它似乎原本不是罗马共和国法学的一部分，而是从元老院的一项特别法令中兴起的。在罗马帝国时代的早期，君主依然试图用法律的形式粉饰他不负责任的极权，并通过逐渐侵蚀而非大胆推翻来显示他对古代权利的推崇。提比略在对利波(Libo)和希拉努斯(Silanus)的指控中，将他们的奴隶转交公诉人所有,就这样为满足报复欲,合法地获得了所需的证据。[Tacit. Annal. II. 30. See also III. 67.主旨有些类似的是,他为规避"不得处死处女"的法律而发明的特色方法。]后来没有哪个皇帝们沦落到采用如此诡计的地步,因为这条原则成了欺君犯上案件的固定原则,甚至连自由民也必须受酷刑,被告的奴隶也会受到严刑逼供,而作出对其不利的证词[这个原则可见于无数法律之中。参见 Constt. 6 §2, 7 §I, 8 §i, Cod. IX. viii。];并且仿佛是为了显示提比略的狡诈是多么完全没必要似的,在一般事项中对主人的尊崇,被推行到了如此地步:不能拷打奴隶以获得不利于他所参与的、前任主人事务的证据。[L. 18 §6, Dig. XLVIII. xviii. (Paulus.)]另一方面,根据乌尔比安的说法,图拉真(Trajan)[1]规定,当一个有罪的奴隶在酷刑之下指证他的主子时,这种证据可以被用于起诉其主子,但这一规定被后来的宪法所取消。[L. I §19, Dig. XLVIII. xviii. (Ulpian.)]实际上,否认一切共谋犯们的彼此指控,成了一项确定的法律原则。

如此一来,在叛国罪案件中,破坏了市民免受其奴隶指证的保护,就不难将这样的负担延伸到其他特殊罪名之中。由此,我们看到,在197年塞普蒂米乌斯·塞维鲁(Septimius Severus)[2]将通奸罪、欺诈性评估和叛国的刑事案件特别圈点出来,作为可以通过刑讯逼供迫使奴隶指证其主子的案件。[Const. I Cod. IX. xli. (Sé ver et Antonin.)]214年,卡拉卡拉以及后来的马克西姆斯(Maximus)重申了关于通奸罪的规定[Constt. 3, 32 Cod. IX. ix.—L. 17, Dig. XLVIII.

1 图拉真(Trajan),罗马皇帝,五贤帝之一,98—117年在位。

2 塞普蒂米乌斯·塞维鲁(Septimius Severus),罗马皇帝,193—211年在位。

xviii.（Papin.）]，而同样的规则也被规定适用于近亲乱伦案。[L. 5 Dig. XLVIII. xviii.（Marcian.）] 这种日见严重的趋势很可能引起了罗马公民的警觉，于是他们大声疾呼要求恢复他们的豁免权，当塔西图斯（Tacitus）[1] 在 275 年被选为皇帝时，他曾努力平息公众提出“立法禁止奴隶在欺君犯上以外的案件中指证主人”的主张。[Fl. Vopisc. Tacit, cap. IX.] 然而，在帝国法律中没有找到这样法律的痕迹，而查士丁尼的法令集显示：过去的规则在 6 世纪时依然完全有效。

但是，基督教化的进程很可能在某种程度上缓解了法律程序的严厉性，为面临暴行的不幸奴隶们提供了保护。在共和国时期，当时父权家长制（paterfamilias）的权威依然屹立不摇，任何人想要从奴隶那里得到证据时，都可以将其交付酷刑拷打。在较早时期，这是由奴隶主自己当着家人的面进行拷问，并且这样获得的证词会被小心翼翼地记录下来，提交法庭采用；但是后来这种程序由公职官员——刑事推事（quaestors）和三人治安委员会委员们（triumviri capitales）来执行。[Du Boys, Hist. du Droit Grim. des Peup. Anciens. pp. 297, 331, 332.] 这一变化的影响到底多么巨大，可见于戴克里先 286 年的宣言之中，奴隶主们在涉及他们自己利害的案件中，不得为了取得证据而让自己的奴隶受刑讯。[Const. 7 Cod. IX. xli.（Dioclet. et Maxim.）.] 只能在冒犯君王和其他例外犯罪中应用，这必然减少了获取奴隶证词的机会，将其限于属于第三方的奴隶作证

1　塔西图斯（Tacitus），罗马皇帝，275—276 年在位。

的案件;甚至在这些案件中,采用它的频率也因为这样一条规则而极大地减少了,即规定提出实行刑讯的一方必须预先缴存奴隶的价金,数额由奴隶主估定,作为奴隶一旦死亡或是受伤残疾而价值减损的补偿。[Pauli Lib. v. Sentt. Tit. xvi. §3.——亦见于 Ll. 6, 13 Dig. XLVIII. xviii。]若奴隶本人因受到诬告而被提审并遭受严刑拷打,一部古老的法律规定奴隶主应当得到双倍于其损失或伤害的赔偿[Const. 6 Cod. IX. xlvi.这条规定似乎得到了戴克里先的重申。];而在383年小瓦伦提尼安(Valentinian the Younger)[1]甚至下令,那些指控奴隶犯下死罪的人,必须将自己的名字登记在册,在针对自由民的案件中,如果他们无法使指控成立,就将面临同样的刑罚。[Lib. IX. Cod. Theod. i. 14.]这是奴隶和奴隶主法律地位平等化进程中的一大进步。但这显然超越了大众的意见,因为查士丁尼的法律汇编中没有重申这样的法律规定,它可能很快就被忽略了。

有一些对酷刑适用的普遍限制,但是基本无力阻止它在残暴不仁、肆无忌惮的法官手中遭到滥用。安东尼·庇护可能是一个近现代法学家们大加效仿的例子,这位皇帝规定,在犯人已经招供之后,不得为了让他指证他人而再加酷刑[L. 16 §I, Dig. XLVIII. xviii. (Modestin.)];同样是这位开明帝王的法令,规定14岁为适用刑讯的最低年龄,针对君王的犯罪除外,就像我们已经看到的那样,法律在此类案件中不会放过任何人,因为在帝国法律中,君主的安全超过其他一切考量。[L. 10 Dig. XLVIII. xviii. (Arcad.)]怀孕期间的女

---

1 小瓦伦提尼安(Valentinian the Younger),即瓦伦提尼安二世,参见前文第474页注1。

性得到了豁免。[L. 3 Dig. XLVIII. xix. (Ulpian.)] 法官们必须依法节制,只能在确有必要的情形下适用如此酷刑,而且是否进一步拷打应按照控方的意愿。[L. 10 §3, Dig. XLVIII. xviii.] 没有正式控诉人的登记在案,不得对任何人施以刑讯,而控诉人则使自己受制于同态复仇原则,除非嫌疑足够明显,能使指控正当化;[L. 22 Dig. XLVIII. xviii.] 而哈德良(Adrian)[1]提醒他的地方官员,它是一种调查真相的手段,而不是惩罚手段。本着同样的精神,他进一步规定,只有当被告罪行已经几乎可以确定,仅仅只需要奴隶证词确认其罪时,才可以诉诸酷刑拷问作为证人的奴隶们。[L. I §I, Dig. XLVIII. xviii. (Ulpian.)] 戴克里先下令,诉讼程序不得通过酷刑逼供发起,但是如果其他证据足以使被告罪行得到理性的确信时,酷刑可以在必要时被采用,以形成完整的证据链条。[Const. 8 Cod. IX. xli. (Dioclet et Maxim.)]

在今天,很难确定靠酷刑获得的证据的证明价值。我们在上文中已经看到奥古斯都宣称它是最佳证据形式,但是其他的立法者和法学家们的想法却不同。莫德斯丁(Modestinus)[2]申明,只有在别无他法查明真相时,它才会被采信。[L. 7, Dig. XX. V.] 哈德良告诫他的法官们,不要迷信对单单一位奴隶的刑讯,而要根据理性和论据来审查所有的案件。[L. I §4, Dig. XLVIII, xviii. (Ulpian)] 根据乌

1 "亚德里安"(Adrian),是罗马皇帝哈德良(Hadrian)的一种变体写法。

2 莫德斯丁(Herennias Modestinus,? —244 年),又译为"墨得斯帝努斯""孟代斯梯安"等。罗马法学家,乌尔比安的学生,古罗马五大法学家中最晚近的一位。另外四位分别是:盖尤斯(Gaius)、帕比尼安(Papinian)、保卢斯(Paulus)和乌尔比安(Ulbian)。

尔比安的说法,帝国基本法规定,酷刑并非总能得到接受,却也不是总被拒绝;以他本人的见解,它是一种不可靠、危险和具有迷惑性的方法,因为有些人的意志如此坚定,无论承受何等酷刑都不会屈服,而另外一些人则是如此懦弱,仅仅出于畏惧就会立刻陷害无辜之人。[L. I § 23, Dig XLVIII. xviii.—Res est fragilis et periculosa et quæ veritalem fallat.] 从西塞罗(Cicero)[1]时而褒扬时而批判的态度来看,我们可以放心大胆地推断,律师们并不将其作为什么普遍原则,而是习惯作为一种在个别案件中可能影响其当事人利益的规则;并且昆体良(Quintilian)[2]评价说,这是一种经常遭到反对的做法,理由是:采用这一做法,相对一个人的坚强不屈而言,说谎反而比较轻松,而一个人的软弱无能使得说谎成了一种必须。[Altera sæpe etiam causam falsa dicendi, quod aliis patientia facile mendacium faciat, aliis infirmitas necessarium.—M. F. Quintil. Inst. Orat. V. iv.] 公众对这些观点的认同,从常被引用的帕布里乌斯·西拉士(Publius Syrus)[3]的箴言中可见一斑——"无辜之人亦会被屈打成招"(拉丁文:*Etiam innocentes cogit mentiri dolor*)——并且在瓦莱里乌斯·马克西姆斯的著作《问题论》(*De Quaestionibus*)中,记录了三个案件,在这些案件中,刑讯取得的证据全都被错误地采信或摒弃了。阿戈里乌斯(M. Agrius)的一个奴隶被指控谋杀了范尼乌斯(C. Fannius)的奴隶

1 西塞罗(Cicero),与恺撒生活在同一时代的古罗马法学家、政论家和修辞学家。

2 昆体良(Quintilian,约35—96年),古罗马修辞学家。

3 帕布里乌斯·西拉士(Publius Syrus),生活在公元前1世纪、出身奴隶阶层的古罗马格言作家。

亚历山大(Alexander)。阿戈里乌斯对他严刑拷打,在他招认罪行后,将其交给范尼乌斯处以死刑。但事后不久,那名失踪的奴隶回到了家中。这位名叫亚历山大的奴隶,显然身体构造更加坚韧,后来他被怀疑参与谋杀一位名叫弗拉维乌斯(C. Flavius)的罗马骑士的阴谋,遭到6次酷刑,依然坚持否认自己的罪行,不过他最后还是招供了,并被依法钉死在十字架上。[Val. Maximi Lib. VIII. c. iv.]另一个有几分类似的案件,给了提亚纳的阿波洛尼乌斯(Apollonius of Tyana)[1]展示他超自然能力的机会。当他在亚历山大港(Alexanderia)看到12名罪犯正走在去刑场的路上,他宣称其中一人是无辜的,而且要求刽子手将他保留到最后,甚至通过谈话延缓了行刑时间。其中8人被处死之后,一名信使火急火燎地赶来宣布,法尼翁(Phanion),也就是被阿波洛尼乌斯指出来的那一位是无辜的,尽管他本人曾为了免受酷刑而自认其罪。[Philostrati vit. Apollon. VII. xxiv.]更有甚者,一宗不算重大却与这种取证方式息息相关的奇怪案例,是福尔维乌斯·弗拉库斯(Fulvius Flaccus)一案,案中全部问题集中于他的奴隶菲利普(Philip)的证词。事实上,这个人被严刑拷打了8次,并一直拒绝指证他主人的罪行。尽管如此,他的主人还是被定了罪。[Valer. Maxim. Lib. VIII. c. iv.]圣哲罗姆记述的一个故事也是同样的结局:一个维切利(Vercelli)[2]的妇女

1 提亚纳的阿波洛尼乌斯(Apollonius of Tyana,约15—100年),来自小亚细亚的古罗马新毕达哥拉斯学派的哲学家和演说家。其事迹多不可考证,但因生活在基督耶稣的同一时代而成为比照对象。

2 维切利(Vercelli),意大利西北部城市。

因受通奸罪指控而遭到反复拷打，尽管她一直坚称自己无辜，最后还是被处以死刑，针对她的唯一证据，就是那个所谓的奸夫在酷刑之下的供词。[Hieron, Epist. I. ad Innocentlum.] 昆塔斯·柯提乌斯(Quintus Curtius)[1]记述了菲洛塔斯因被指控参与谋害亚历山大大帝的阴谋而遭受的可悲酷刑，文中很可能表达了公众在这个问题上的普遍感受。在默默承受了惨无人道的极端折磨之后，菲洛塔斯承诺若能停止酷刑便招供，而当刑讯官们离开后，他对执行调查的姐(妹)夫克拉特鲁斯(Craterus)[2]说道："告诉我，你希望我说什么。"柯提乌斯还写道，没人知道到底该不该相信他最后的供词，因为酷刑会导致谎言淹没真相。[Q. Curt. Ruf. Hist, VI. xi. Anceps conjectura est quoniam et vera confessis et falsa dicentibus idem doloris finis ostenditur.]

从瓦勒里乌斯·马克西莫斯提供的例子中，可以推断出，对于酷刑的适用是没有限制的。进行严刑拷打的程度，似乎取决于法庭的自由裁量，除了上文提到的笼统的限制性法令，我们在保存下来的罗马法律中没有看到任何关于它的执行的规定，除了关于数人被控共谋时的规则，在这种情况下法官按规定先从最年轻和最孱弱的人着手。[Pauli Lib. v. Sentt. Tit, xiv. § 2.—L. 18 Dig. XLVIII. xviii.]

---

1 昆塔斯·柯提乌斯(Quintus Curtius)，古罗马史学家，生活在克劳狄乌斯和韦斯巴芗(Vespasia)统治时期(41—79年)。

2 克拉特鲁斯(Craterus)，亚历山大手下重要将领，战功卓著，他娶了老将帕尔米尼奥(Parmenio)的女儿，即菲洛塔斯的姐妹。

从西古尼乌斯(Sigonius)[1]的时代开始,许多文物研究被指定调查古罗马人所采用的酷刑形式。然而,他们并没有诠释什么原则,而是列举出拷问台、鞭刑、各种火刑以及铁钩撕肉,就足以说明法律普遍认可的审判模式了。基督教史学家通过记述其宗教信仰的可怕迫害,让我们对罗马人刑讯室内的伎俩有了更广泛的认识。同此,普鲁登修斯(Prudentius)[2]在他对圣文森特(St. Vincent)殉教的描述中,提到了若干种类的酷刑,我们可以看到其中一些后来被广泛使用,看来近现代的能工巧匠在酷刑发明方面已无发挥的余地。[Aurel. Prudent. de Vincent. Hymn. v.]

我们在上文中已经详细解析了罗马法中的酷刑,从后文可以看到,这是此方面所有近代立法的基础,并且将它烙印在了更加不人道的欧洲刑事司法之上,几乎延续到我们所处的19世纪的今天。然而,随着罗马帝国的衰亡,它似乎命中注定地从人们的视野中完全消失。

---

1 西古尼乌斯(Sigonius),似指生活在16世纪的意大利人文主义学者卡洛鲁斯·西古尼乌斯(Carolus Sigonius)。

2 奥里利乌斯·普鲁登修斯(Aurelius Prudentius),生活在4—5世纪前后的古罗马后期,著名诗人之一,基督教徒。

蛮　族

在从深思熟虑的帝国法学向简单粗暴的游牧蛮族法律转变的过程中，后者逐渐继承了西方帝国支离破碎的断章残简，我们进入了一个社会和政治上都如此不同的时代，因此自然会期待立法的每一个细节上都针尖对麦芒、格格不入。由于候见室里奴颜媚骨的求见者们，在执掌立法和司法两大权能的君王面前卑躬屈膝，我们有来自德意志森林中的自由民，他坐在首领的顾问席上，他制定的法律双方都必须遵循，并且，他只对那位主君付出其超人精力和智慧能够支撑的那种程度的服从。这样一种社会结构的生动诠释，可见于图尔主教圣格里高利选择记述的一件证明克洛维王者之风的事例中。在克洛维征服高卢的过程中，那时他并未皈依基督教，粗野的手下们毫不客气地洗劫了教堂。一所大教堂遭受大劫，主教向这位国王请求归还一个尺寸特殊、美丽异常的花瓶。克洛维只能承诺，如果信使能跟着他去苏瓦松——那里是分配战利品的地方，而且如果这花瓶能幸运地被分到他本人手中，他一定物归原主。到了抽签分配战利品的时候，克洛维对他的人讲，希望可以特别通融，使花瓶能在分割之前就交给他。但是一个顽固不化的士兵挥舞着他的战斧，一下击碎了那个花瓶，高声叫嚣道："除了抽签分得，汝不可拿走一物。"克洛维对这次抗命事件耿耿于怀了一年，终于，机会一来，他便立刻进行了报复。当检阅部队时，他乘机以武器状况为由，大骂那位曾对他不敬的法兰克人，声称这些武器不堪使用，那把战斧特别令他反感。他将其扔在地上。当战斧的主人弯腰去捡时,克洛维拔出自己的战斧,一面砍进那位士兵的脑袋,一面说道:"这就是你如此对待苏瓦松的那只花瓶的结果。" [Greg. Turon. Hist. Franc. Lib. II. c. xxvii.]

自由民的人身独立性,是所有原始条顿民族体制卓尔不群的一个特点。律法中没有对他们实施肉刑的规定。抑制犯罪的主要方式是授予被害方报复的自由,并规定赎罪罚金的固定金额。如果罪犯能够用剑抵挡住对方的"费达"(faida)或者说宿怨,或是他能够用金钱自赎其罪,那么提出对他刑讯逼供,似乎就成了对他的一切权利的荒谬侵犯。犯罪行为只被认为是对个人的伤害,而将犯罪的揭发、惩罚和防止看作与全社会息息相关的近现代观念,实在太抽象,从而不会对如此蛮荒的时代有任何影响。

由此,菲尼人、里普利安人、阿勒曼尼人、盎格鲁人、瓦累尼人、弗里斯人、萨克森人以及伦巴底人,在任何情况下都从来没有提到采用酷刑;而萨利的法兰克人、勃艮第人和巴伐利亚人的法律中对其适用的规定如此之少,与普遍原则并不矛盾。

对自由民人身不可侵犯权的保护,在奴隶身上则毫无体现。奴隶仅仅只是一件财产,并且如果他涉嫌犯罪,就会对他采取最容易和最迅速的定罪方法。他的否认不足采信,也不能使用神圣的仪式脱罪或司法决斗。如果他被指控在家中偷窃,其主人无疑能够将他捆起来,并鞭打到他招认为止;而这样的罪行若是针对他人,同样的程序必然会被法庭所采用。对于无依无靠之人犯罪,在揭发和抑制的模式方面,野蛮的逻辑只能如此,这类人的地位似乎使得一切道德责任都得以解除。

对于古代高卢人的体制，我们所知甚少，只能看到同样的原则向某种不同方向发展的图景。恺撒宣称，当一个有身份的人死亡时，他的亲属们会聚集起来调查其死亡情况。若是妻子们有嫌疑，将会像奴隶一样受到酷刑拷打，而且如果她们被判定有罪，就会受尽各种折磨而死。［De Bell. Gall. VI xix.］

因此，遵循这样的立法趋势，我们发现：各个蛮族拷问奴隶的法律规则，都仅仅是为了保护奴隶主的利益。当一个奴隶被指控犯罪，他的主人不能拒绝将他交给刑讯人，除非愿意为其支付一个自由民的死亡赔偿金，而且如果奴隶在严刑拷打之下招供，主人便无权要求为这个奴隶的受罚或残障而获得补偿。［只有萨利人的法律中做了这样特别的规定（First Text of Pardessus, Tit. XL. §§6, 7, 8, 9, 10.—L. Emend. Tit. XLII. §§8, 9, 10, II, 12, 13），但是它们无疑体现了其他部族的做法。］然而，当法庭无法强迫一个奴隶招供而将其无罪开释时，主人有权要求损害赔偿，尽管对于不幸的受难者本人并无任何补偿。颁布于471年的勃艮第人的原始法律，是现存最早的条顿民族法典。其中我们发现，控方若无法取得供词，就必须赔付给奴隶主另一名奴隶，或是支付其价金。［L. Burgund. Tit. VII.此法典中另外一处提到酷刑是在Tit. XXXIX. §§1, 2, 以及Tit. LXXVII. §1, 2,也只提到奴隶、佃农（coloni）[1]以及原住居民（originarii）[2]。涉嫌身为逃亡

1 佃农(coloni，单数形式为colonus)，古罗马和中世纪早期一种租地耕种的农民，与地主的人身依附关系较弱。

2 原住居民(originarii)，其原本就定居在土地上，人身固着在土地上，构成与地主的人身依附关系。

奴隶的人，总是受到严刑拷打以弄清其事实身份，这与罗马法的原则完全相反。]巴伐利亚人的法律同样小心地处置奴隶主的权利，但是似乎进一步增加了对过度刑讯可罪性的规定，它规定如果奴隶死于酷刑而没有招供，控方就必须向奴隶主支付两名价值相当的奴隶，而如果他做不到，那么他自己就会被罚为奴隶。[L. Baioar. Tit. VIII. c. xviii. §§1,2, 3.]另一方面，萨利人的法律在保护奴隶主利益方面，只是限定刑讯最多只能是用一个小指粗细的棍棒抽打120下。如果这样无法得到口供，而控诉人依然不满意，他可以向奴隶主缴存这个奴隶的价金，然后自己承担继续拷打的风险和乐趣。[L. Salic. First Text, Tit. XL. §§1,2, 3, 4.—L. Emend. Tit. XLII. §§1, 2, 3, 4, 5. 然而，大约在593年，希尔德伯特与克洛泰的一份条约中，有一个条款似乎表明，在疑难案件中，奴隶并不受到严刑拷问，而是在神判中碰运气。"Si servus in furto fuerit inculpatus, requiratur a domino ut ad viginti noctes ipsum in mallum præsentet. Et si dubietas est, ad sortem ponatur."(Pact. pro Tenore Pacis cap. v. —Baluz.)这很可能只是防止边境纠纷和报复行为的临时国际规则。显然这份文件并不具有永久的法律效力，因为包括查理大帝的修订法在内，后来所有的法兰克人法律文本中都保留了刑讯逼供的程序。]

可以看到，所有这些规则仅仅是为了从被指控的奴隶那里逼出口供，而不是从证人那里取得证据。确实，蛮族法律对自由民的证据制度性质如此不同，似乎从未想过要为取得证据而拷打证人。唯一提及这种可能之处，反而显示了蛮族的思考模式与这种做法完全不兼容。在萨利人律法的手稿中，偶尔出现一些表述，如：当一个被指控的奴隶遭受酷刑时，如果他的招供指证了他的主人，那么就不能被采信以定案。[First Text, Tit. XL. §4.—MS. Monaster. Tit. XL. §3.—L. Emend. Tit. XLII §6.]

这就是蛮族的原始立法,尽管原则上源远流长,实践中则迅速被那些掌握了超越法律的、不负责任的权力者所无视。在其所征服领土上生活的罗马人,被普遍地允许生活在他们的旧体制之下。实际上,各地的法律都是属人的,而不是属地的,每一个种族和部落,无论多么混杂地居住在同一片土地上,都各自遵循他们自己的法律体制。罗马人日常实行的逼供和取证的简易程序,对于激情满满而未被教化的蛮族而言,必然非常有吸引力。他们的政治制度太松散、太不确定,无法在富饶的高卢平原维持希坎布里族的(Sicambrian)[1]森林居民们的自由。而君王在莱茵河以外地区原本几乎只是一个军事领袖,却迅速变成了独裁者。他统摄周围人等的权力仅仅受限于对暗杀的恐惧,而对于距离较远的臣民的权力,则受限于他们揭竿而起的可能。

当时这一切都取决于暴力,最强大者的法律很少受到成文法典的干预,很容易想象,人身权的不可侵犯性很快不再能够为自由民提供任何保护。甚至在依然未受刑讯逼供等文明思想影响的野蛮部落中,无亲无友、没有保护的人常受酷刑拷打的威胁;而且在《老埃达》中,我们发现冰霜巨人的国王盖尔罗德(Geirröd)对主神奥丁进行了8天的火刑折磨,后者是为了试探他的热情好客程度而披着伪装前来拜访的。[Grimnismal, Thorpe's Sæmnnd's Edda, I. 20.]

1 希坎布里(Sicambrian),古罗马时代生活在莱茵河右岸、靠近德国和荷兰边界的日耳曼民族的一支。

因此，在高卢的法兰克人之中，我们不必惊讶于看到无所顾忌的权力者牢牢抓住这些方法，以满足其怨恨和野心。例如，在弗莱德贡达和布伦希尔达（Brunhilda）[1]漫长的殊死争斗中，敌对双方激烈的情感使得他们为探查对方的计谋而毫不犹豫地采用了最残暴的酷刑。[Greg. Turon. Hist. Franc. Lib. VII. c. xx.; Lib. VIII. cap. xxxi. Also, Lib. V. cap. xxxvii.—Aimoin. Lib. III. c. xxx. xlii. li. lxiv. lxvii. —Flodoard. Hist. Remens. Lib. ii. c. ii.—Greg. Turon. Miraculorum Lib. I. cap. 73.] 单有一个案件值得重述，以显示在疑难问题中严刑拷打彻底成为理所当然的首选调查方法。在580年左右，当柳达斯特（Leudastes）想要陷害虔诚的图尔主教格里高利时，他向希尔佩里克一世指控主教诋毁王后弗莱德贡达的美名，并且为了定罪而提出拷打主教的朋友普拉托（Plato）和加列努斯（Gallienus）。柳达斯特显然不觉得需要更多证据以证实指控，格里高利本人也不觉得，他在阐述这件事时，似乎也认为这个提议毫无特殊之处。加列努斯和普拉托遭到逮捕，但是由于某些理由而被释放未受伤害。作为柳达斯特的同谋者，里库尔福斯（Riculfus），邪恶堕落。他曾受到一位名叫莫德斯图斯（Modestus）的人的谴责，因此便向弗莱德贡达指控莫德斯图斯。王后立刻下令严刑拷打这个不幸的家伙，却没有获得任何信息，他一直被监禁到圣梅达显圣相助才被释放。最后，格里高利按照教规证明了自己的清白。于是，情势发生了逆转。柳达斯特为求自保而逃跑了。里库尔福斯就没有这么幸运了。格里高利求情留他一命，但

---

1 布伦希尔达（Brunhilda），因姐姐盖尔思文萨（Galswintha）被弗莱德贡达害死，而展开了长达40年的复仇行动，终获成功。参见前文第24页注2。

无法使他免受严刑逼供。这个卑鄙小人双手被绑在背后,吊了6个小时,随后在拷问台上被拉扯骨肉,受到棍棒和皮鞭的殴打,以及所有其他酷刑,直到——就像格里高利天真无邪的评论所述——铁打的人也受不了那样的酷刑。最终,临死之前,意志力弃他而去,他招认了意在除掉希尔佩里克和弗莱德贡达、再推举克洛维上位的整个阴谋。[Gregor. Turon, Hist. Franc. Lib. V. c. xlix.]普拉托、加列努斯和莫德斯图斯很可能是出身高卢的罗马人,但里库尔福斯显然属于条顿民族;再加上里库尔福斯是一个神父,而普拉托是领班神父(仅次于主教),整个事件显示出:罗马法和法兰克人的法律简直无力抗拒墨洛温王朝肆无忌惮的强烈好恶之情。

哥特人

在所有蛮族中,没有哪个像哥特人那样接受了罗马文明的影响。他们有相对固定的习惯,早早皈依了基督教,而且在成为帝国的征服者之前就已是帝国的盟友,这些使得在国王阿拉里克(Alaric)统治下的他们,远不像克洛维时代的法兰克人那么野蛮未开化。西哥特人对塞普提曼尼亚(Septimania)[1]和加泰罗尼亚的永久性占领,也发生在罗马帝国尚未完全沦落的时期。并且,当时罗

1　塞普提曼尼亚(Septimania),古地名,今法国南部、地中海沿岸的一个地区。

马之名的力量依然具有传承已久的影响力，当西哥特人努力适应他们发现自己所处的新环境时，罗马必然改变了初来乍到者的法律制度。因此，若是看到他们的法律反映了较周围部族更高等的文明的状况，看到罗马法学在他们之中留下了人类智慧杰作的痕迹，而哥特人开明通达足以坐享其成，都无须惊讶。

东哥特人的民族性只保持了很短一段时间，他们更多地暴露在罗马文明的影响下。他们的领袖——狄奥多里克，是在君士坦丁堡受教育的，完全就像许多在皇帝们手下升至高位甚至王位的蛮族军人一样。他致力在其各族臣民间建立协调机制，而且以他的聪明睿智，不可能看不出罗马政体具有明显的优越性。

他的王国太过迅速地烟消云散，因而不能巩固和完善其体制，也不足以积累并建立起包罗万象的法学体系。然而，虽然没有多少留存下来的东西，却显示了那个时代蛮族部落精神与世界霸主意志的妥协。狄奥多里克的敕令没有提到对自由民的酷刑，而且自由的东哥特人很可能不会在法律上受制于刑讯。至于奴隶，它的规则似乎主要借鉴了罗马法的规定。除非告发者或控诉方能按照奴隶主自己对奴隶的估价进行补偿，否则不能拷打奴隶以获得针对第三方的证据。不得为使奴隶指证其主人而拷打他，但是，为使奴隶证言不合法而购买奴隶的行为将被宣布为无效，价金会被返还，而且奴隶会受到严刑逼供。自由民的豁免，也类似地体现在“为避免刑讯取证而释放奴隶的行为无效”的规定中。［Edict. Theodor. cap. c. ci. cii.］不过，狄奥多里克允许他的罗马臣民采用他们自己古老的法律，而且在酷刑得以合法实施时，他显然并不反感。他似乎特别热衷于嗅探并惩罚巫师,在写给罗马地方官员和伯爵的信中,敦促他们逮捕一些有嫌疑的人,并用常规司法程序进行审理,就像我们已经看到的那样,根据君士坦丁乌斯和他继任者们的敕令,他特别强调在这样的案件中采用酷刑,既作为调查方法又作为惩罚手段。

[Cassiodor. Variar. iv. xxii. xxiii.]

另一方面,西哥特人建立了长久的国家,由于他们是唯一从定居一直到近现代时期采用酷刑而未被打断的民族,并且由于他们在这个问题上的立法很大程度上为其他民族树立了范例,因此可能更加值得进行较为细致的检视。

西哥特人最早的法典,被认为是由欧里克(Eurik)[1]在5世纪中期编纂的,随后有过修订和增补,并在大约7世纪中期由琴达斯温德(Chindaswind)[2]和雷卡斯温德(Recaswind)[3]重新雕琢,流传到我们手中的最新版本,在记述诸法作者为谁方面,手稿之间的差别如此之大,以至于几乎无法准确可信地推定它们的年代。琴达斯温德甚至在颁布他的修订版法典时,禁止继续使用罗马法,此前根据阿拉里克二世(Alaric II)[4]特别为他们准备的法典,罗马法一直在罗马臣民中有效施行。这样,就我们所见,西哥特法律不是像其他蛮

1 欧里克(Eurik,亦写作 Euric,420—484 年),曾统治西班牙大部和法国西南部的西哥特人的国王。以其法典《欧里克法典》(*the Code of Euric*)而著称。

2 琴达斯温德(Chindaswind,亦写作 Chindasuinth),西哥特国王,642—653 年在位。

3 雷卡斯温德(Recaswind,亦写作 Recceswinth),西哥特国王,649—672 年在位,琴达斯温德之子。

4 阿拉里克二世(Alaric II),西哥特国王,484—507 年在位。

族法典那样的属人法,而是由熟知罗马和他们自己古老法律的人们为了整个国家精心设计的属地法。

因此,丝毫不必惊讶于此:他们某种程度上依照帝国立法的方式,将酷刑的适用合法化,不过,加入了一些人道的修改和限制。面临指控,奴隶们会遭受酷刑,但是控诉方必须先发誓表示他的指控是正确的,既非欺诈也不是受到怨恨驱使而胡乱指控;并且他还必须提供一名奴隶作为担保,如果被告奴隶被宣判无罪,这名作为担保品的奴隶就会交给被告奴隶的主人。如果无辜的奴隶被酷刑致跛,控诉人必须提供两名同等价值的奴隶给奴隶主,而受害的奴隶则会得到自由。如果被告奴隶因酷刑致死,冷酷无情且有失审慎地准许刑讯的法官,也会被处以相当于一个奴隶价值的罚款,这样一来受难奴隶的主人会得到3倍的赔偿。对于合理价值的估定方法有着细致的规定。如果控诉方不能够担负起由此引起的责任,他本人就会被罚作奴隶。更有甚者,奴隶主总有权利通过其他可能的途径证明其奴隶的无辜,以使其免受酷刑;而如果他成功了,控诉方就会被罚交给他一个相等价值的奴隶,而且必须支付这场诉讼的所有费用。[L. Wisigoth. Lib. vi. Tit. i. 1. 5.]

自由民得到了更好的保护。只有在涉案金额达到一定数额的情况下,被告才会受到刑讯逼供,数额依被告人的自由程度而异。如果没有得到招供,而被告却因酷刑致跛,法官和控诉人都必须向他支付高额罚金,如果他死了,罚金则支付给他的家属。[同上。]

本来对于作为证人的奴隶不会施行多少酷刑,因为大体上他们的证据不能被采信以指证包括他们主人在内的自由民,哪怕是在严刑拷打之下取得的奴隶证言。然而,王宫中的奴隶却能像自由民一样提供证言[L. Wisigoth, II. iv. 4.],而且在罗马法中,有一些例外犯罪,例如叛国、通奸、杀人、巫术和制造伪币,在对这些犯罪的指控中,奴隶可以被严刑拷打以取得不利于他们主人的证据,而且不能通过释放奴隶来保护他们免受这样的对待。[Ibid. VI. i. 4; VII. vi. I.; VIII. iv. 10, 11.]

至于自由民,法典不同部分的规定似乎并不完全和谐一致,但是都相当大程度上提高了酷刑施行程序方式的难度。一部早期法律规定,在盗窃和欺诈案件中,没有人会受到酷刑,除非控诉人交出告密者,或是有 3 名保证人担保他自己在被告被证明无罪时会受到同样的对待。甚至在没有获得口供的情况下,就需要交出告密者。如果控诉人做不到,他就必须向法官报上名字,法官随后会将其逮捕,除非他受到司法权威无法控制的过高权力者的保护。在这种情况下,法官有责任传唤这名权威者前来协助,如果没有这么做,法官就必须自行对该案件引起的一切损害负责。因此,被带到法庭控制范围内的告密者,如果是自由民,就会被宣布为不名誉的人,而且必须支付涉案争议金额 9 倍的罚款;如果是奴隶,须支付 6 倍罚金,并受 100 下鞭打。如果自由民太贫穷而无力支付罚金,他就会被判为奴隶,归控诉方和被告人共有。[Ibid. VI. i. I.]

稍后的一部由琴达斯温德颁布的法律,更加小心翼翼地订立了非常奇特的规定。控诉方不能强迫地位比他高的人受酷刑逼供,只有以下情况例外,即允许对被指控犯有叛国、杀人和通奸罪的贵族施刑,而对于处于较低地位的自由民,则会被处以至少 500 索里达的罚金。在这些案件中,首先必须进行一场公开审判。如果审判无果,想要推进案件进程的控诉方,在自己败诉的情况下会被罚作被告人的奴隶,可能受到被告除杀害其性命以外的任意折磨,或者按照被告自己对所受损害的估价而支付赔偿以求和解。于是,酷刑可能持续3天。控诉方就是施刑人,受到法官的监督,而且能够根据自己的精心设计施行任何程度的拷打,只要不造成永久伤害或死亡即可。如果导致对方死亡,控诉方将被交给死者的亲属处死;因通谋或腐败而放任此事发生的法官,也会面临相同的命运,但是如果他能够发誓说他从未接受控诉方的贿赂,就会被处以500索里达罚款而逃过一劫。更有甚者,还有个值得一提的规则:不得通过酷刑榨取不实的招供。控诉方必须拟出他控诉的每一个细节,并且秘密将其交给法官。在酷刑之下取得的任何招供中,与其所提交内容不相符合的,都会被撇开不论,并且既不能对被告定罪,也不能使控诉方免于他所应负的责任。[L. Wisigoth. VI. i. 2.]

在得到严格执行的这般体制之下,没有几个人会顽固不化到为让对方上拷问台,而以身犯险的。然而,对于西哥特王国中的法兰克人,法律的力量不够强大,无法确保得到遵守。国王们的权威逐渐变得虚弱,更加无力压制野心勃勃的高级神职人员和桀骜不驯的王公显贵们,并且很容易想象:在长期不断的斗争中,各方都寻求通过习惯性地无视法律来巩固和增强他们的地位。在683年的第13次托莱多会议上,国王厄尔维格(King Erwig)[1]在他的公开讲话中,

1 国王厄尔维格(King Erwig),西哥特国王,680—687年在位。

提到了非法滥用的酷刑,并承诺将进行改革。与会者轮流谴责反复发生的冤假错案以及"亵渎神权的狡诈倒退"所造成的苦难,并且进一步下令,此后不得对自由民、贵族和神父进行刑讯逼供,除非他们经常受到检控和揭发,而且要妥善地进行公开审判;而这条教令也依法受到了王室的确认。[Concil. Toletan. XIII. ann. 683, can. ii.]

被撒拉逊人征服之后,当哥特人再次出现在历史之中,我们发现古老的法律依然在这些聚集于唐·佩拉约(Don Pelayo)[1]周围的流亡者后代中有效。拉丁语的使用逐渐在他们之中衰亡,而到了十二三世纪,西哥特人的法典被翻译成了通用语言,这一传奇版本被称为《裁断法典》,成了伊比利亚半岛长期使用的法律渊源。在这个法典中,早期哥特人的君王关于酷刑的规定被原原本本保留下来,只有两个微不足道的例外,大可以当作抄写时的微小笔误。[See the Fuero Juzgo, Lib. I. Tit. iii. 1. 4; Tit. iv. l. 4.—Lib. III. Tit. iv. ll. 10, 11.—Lib. VI. Tit. i. ll. 2, 4, 5.—Lib. VII. Tit. i. 1. l; Tit. vi. 1. l. 这些古代法律只有一点区别(在 Lib. VI. Tit. i. l. 2 中),通奸罪控诉中,也不能对贵族使用酷刑,且控诉人不亲自施行刑讯。在 Lib. VII. Tit. i. l. l 中,没能成功地使被告被判有罪的告密者,仅仅被处以 1 倍的罚金,而不是 9 倍;不过,就像在原始版本中一样,他会被宣布为不名誉者,即"拉多罗"(Ladro);如果是奴隶,刑罚与西哥特人一样。]酷刑就这样在西班牙被保留了下来,成为坚不可摧的古老传统,而在大约 13 世纪中期,

1 唐·佩拉约(西班牙文:Don Pelayo,约 685—737 年),英文拼法为 Pelagius,因此也译为"贝拉基",西哥特人的领袖,在西班牙西北部阿斯图利亚斯(Asturias)建立了王国。

当“明智的阿方索”试图修正他领土内的立法时，他颁布的被称为《七编法》的法典只是简化并改进了程序，而没有废除这种做法。尽管他宣称人类之身是大地上最高贵的东西（La persona del home es la mas noble cosa del mundo）[Partidas, P. VII. Tit. i. 1. 26.]，但他仍坚称，鞭打和其他依法施加的酷刑，即使对于西班牙人纤细敏感的神经而言，也不算什么冒犯。[Ibid. P. VII. Tit. ix. 1. 16.] 他宣称酷刑常常是探知隐藏真相所必不可少的 [Ca por los tormentos saben los judgadores muchas veces la verdad de los malos fechos encubiertos, que non se podrian saber dotra guisa.—同上 P. VII. Tit. XXX. 1. I.]，这么一来他发现自己站在了教会的对立面，就像我们在后文中将会看到的那样，教会却教育民众：严刑逼供取得的证据是无效的。对于这一教条，他表示了完全的赞同 [Por premia de tormentos ó de feridas, ó por miedo de muerte ó de deshonra que quieren facer á los homes, conoscen á las vegadas algunas cosas que de su grado non las conoscerien: e por ende decimos que la conoscencia que fuere fecha en alguna destas maneras que non debe valer nin empesce al que la face.—Ibid. P. III. Tit. xiii. 1. 5.]，然后为了弥合如此显而易见的分歧，他部分采纳了不久之前腓特烈二世提出的权宜之计，后来这样的做法风行整个欧洲，由此避开了通过刑讯逼供获得有罪判决的做法。在刑讯逼供之后，受监禁者被关押在囚房中候审。随后被带到法官面前，他将再度受到审问，如果当时他坚持招认，就会被定罪，如果他翻供，就会再次遭受酷刑，而且如果罪名重大，这个过程可能被重复第三次；但是，自始至终，没有不加拷打而获得的口供，他都不能被定罪。甚至在定罪之后，如果法官认为有理由相信口供是因为害怕刑讯，或是因刑讯而精神错乱，或是因发疯而作出的，被监禁者就会获得无罪宣判。[Partidas, P. VII. Tit. xxx. 1. 4.—Porque la conoscencia que es fecha en el tormento, si non fuere confirmada despues sin premia, non es valedera.]就这样，教会出于人道主义精神而进行的干预，反而造成了反反复复的暴行；而且这种体制一旦引入，往往会迅速打破加在它身上的限制。在阿方索死后半个多世纪之内，法官们就不再满足于施刑3次的限制，只要囚犯在拷问台上招认罪行而随后收回口供，他们就继续拷打。[Alvari Pelagii de Planctu Ecclesiæ, Lib, II. Art. xli.]

阿方索对罗马法的崇拜，使得他更多的是借鉴了罗马法而不是哥特人的法典，尽管两者都在他建立的法律规定中得以重现。于是，除了叛国罪指控，凡有贵族血统者、法律博士或其他学者、国王的御前会议成员、一城或一镇的议会成员（除了伪造文书的官员）、怀孕妇女或14岁以下的儿童，一概不受刑讯逼供。[Partidas, P. VII. Tit. xxx. l. 2. 除了对学有所长的专业人士有所偏向（这种倾向后来盛行于全欧），这些条文都可以在罗马法中找到。—Const. 4 Cod. IX. viii.; L. 3, Dig. XLVIII. xix.; L. 10, Dig. XLVIII. xviii.; Const. II Cod. IX. xli.]因此，当几位同谋者受审时，刑讯人被要求从最年轻和最不经事的开始，因为很可能从他那里更容易得到真相。[Partidas, P. VII. Tit. xxx. 1. 5.——效仿了L. 18, Dig. XLVIII. xviii。]还有规定，当一位先生或夫人或他们的孩子被发现死在家中时，这户人家所有的奴隶都必须受到拷打，以找出谋杀犯，这与罗马人的严刑峻法十分相似，按照规定如果查不出结果,他们就都会被处死。[Partidas, P. VII. Tit. xxx. 1. 7. Cf. Tacit. Annal. XIV. xliii.–xlv.]

拷打奴隶的规则,基本是以罗马法为基础的,鲜有变化。这样一来,奴隶提供的证据,只有通过拷打取得,才能被采信,而且不能为了证明其现任或以前主人的罪行而拷打奴隶,也不能在关于自由民的保护人的案件中拷打自由民,至于例外情况,我们在前文中已经提到过了。阿方索列举的例外犯罪有 7 种,分别是:通奸、税吏侵占王室税款、叛国、杀妻或杀夫、奴隶共有人之间的谋杀、遗产受赠人谋杀立遗嘱人以及伪币犯罪。无论是奴隶还是自由民,他们在酷刑之下的证词,都必须进行事后确认。[Partidas, P. VII. Tit. xxx. 1. 16.]

不过,《七编法》中有一个值得瞩目的创新之处,随后被广泛引入欧洲关于酷刑的法典中,而且至少从理论上极大地扩大了酷刑的适用范围。此创新之处就是关于作为证人的自由民受刑的规定。当一个人提供的证据摇摆不定且前后矛盾时,只要达到了合理可疑的程度,他就会被判定犯有伪证罪,所有的刑事法官都有权将他付诸刑讯,以便查明事实真相,通常规定此人须地位低下,并且不属于特权阶层。[Ibid. P. III. Tit. xvi. 1. 43.—P. VII. Tit. xxx. 1. 8.]

从所有这些规定看来,显然阿方索的本意其实在于限制而不是扩大酷刑的使用,而且如果他的一般性指示能够得到执行,那么根据他的法典,原本不会有多少采用酷刑的机会。在一个段落中,他规定:当没有充分证据证明指控时,被告如果品性良好,就必须无罪开释;而在另一个段落中,他命令,酷刑的适用只限于公众报告不利于囚犯,尤其发现被告是个名誉败坏之人的时候。[Ibid. P. VII. Tit. i. 1. 26, “Home mal enfamado.” —P. VII. Tit. xxx. l. 3, “Et si fuere home de mala fame ò vil.”] 除此之外,不能成功举证的控诉人总是受制于同态复仇原则,除非他所指控的是针对他本人人身的犯罪,或是起因于血缘不远于侄甥的亲戚遭受谋杀。[Partidas, P. VII. Tit. i. 1. 26.] 不只如此,法官被严令禁止逾越法律的严格规定,也不能实行危及生命或可能造成肢残的酷刑。如果他违犯了这些限制,或是根据个人的好恶行事,就会受到与他施加的酷刑类似的刑罚,或是受到比一个非公职人员更重的刑罚。[Ibid. P. VII. Tit. XXX. 1. 4; Tit. ix. 1. 16.] 证人的刑讯被进一步地限定,那就是在肉刑相关的案件中,不能强迫与当事方有四代以内直系或旁系血缘关系甚至较近姻亲关系的证人作证,例如在涉及岳父、公公、继子女等的案件中。[Ibid. P. VII. Tit. XXX. 1. 9.] 甚至,施行刑讯的命令,是为数不多的几种可以提前上诉的程序之一。[Ibid. P. III. Tit. xxiii. 1. 13.] 这些限制中有几种被欧洲各国广泛采用。然而,我们会看到,这不能为被告提供多少真正的保护,并且他们在西班牙受到的保护,很可能就像在其他任何地方一样少。

那时,有许多种形式的酷刑都在被使用,但是阿方索告诉我们只有两种被普遍采用,那就是鞭打和吊刑,或者说把囚犯的胳膊捆住、吊起,同时在他的背和腿上绑上重物。[Ibid. P. VII. Tit. XXX. 1. l.] 然而,前者似乎是唯一贯穿这部法典的酷刑。

作为一个整体,《七编法》太过深谋远虑,超越了时代的需求,以至于无法成为一部成功的立法杰作。阿方索一死,它们就遭到了摒弃,但是依然有一定权威性;而且百年之后,在阿方索十一世颁布于1348年的《阿尔卡拉法令集》中,它们作为对后来法典中所有缺失的补充。[Ordenamiento di Alcalà ,Tit. xxviii. 1. l.16世纪后半期,巴达霍斯主教西曼卡斯引用《七编法》作为酷刑这一课题的权威作品。(De Cathol. Instit. Tit. LXV. No. 24,37.)]

很可能在刑讯体制中,明智的阿方索仅仅是将在他领土上盛行的习惯法进行规制和定型,因为在后来三四个世纪中,它发生的变化仅仅用罗马法的复兴,以及刑事方面宗教裁判所规则的引入就可以解释。按照杰出的法律学家维拉迭戈(Villadiego)写于1600年的著作描述,在西班牙当存在有力的证据但仍不足以定罪时方才采用酷刑。虽然维拉迭戈没有提到对证人的刑讯,但谴责了某些法官的残忍,他们将酷刑划分为3天执行,以便更加有效,因此,在一段漫长的折磨之后,四肢逐渐失去知觉,隔一段时间又恢复了,而在第二天和第三天,痛楚比第一天更加敏感。他宣称这样做与其说是持续的折磨,不如说是反复拷打,而除了出于获得新证词的必要,重复酷刑是非法的。[不过,西曼卡斯表示,单纯的重复施刑一次是允许的。De Cathol. Instit. Tit. LXV. No. 76.]在13世纪,贵族、法律博士、孕妇和14岁以下的儿童一般不受此刑讯,除了叛国或其他罪大恶极的犯罪案件。在这一时代,神职人员也得以豁免,除非之前曾被宣布为不名誉的人,而且诉求的提出者也享有类似特权。然而,随着宗教裁判所的发展和蔓延,异端罪此时发展成了一种严重到无视一切特权的犯罪,因为人们认为它是对上帝神权而不仅是人类王权的冒犯,因而更加罪无可赦。[De Cathol. Instit. Tit. LXV. No. 44-48. Cf.

Recopilacion, Lib. VI.Tit. ii. leis 4. y 5. (Ed. 1775).]《七编法》允许在相对琐碎轻微的犯罪调查中使用酷刑,但是维拉迭戈表示,它只应当被用于重大犯罪案件之中,同时肉体刑罚应当比刑讯逼供本身更加严厉,而酷刑要比失去双手更糟。于是,当只涉及放逐、罚款或监禁时,就不能使用它。法官们过度或不合理的适用引起的刑罚,几乎与阿方索的规定一模一样,还有不得危及承受者性命或造成肢残的限制,只有在叛国案中才能破例,而在叛国案中最严厉的措施都会被允许。[Villadiego, Gloss. ad Fuero Juzgo, Lib. VI. Tit, i. 1. 2, Gloss, c, d, e, f, g.] 在 1489 年,费迪南德和伊莎贝拉规定过,任何案件都必须有不少于三名市政官员或法官组成合议庭审理,而酷刑逼供只有在三人一致同意签署正式裁定时,才能被采用。在 1534 年,令人瞩目的是,查理五世无视了这条规则,从此剥夺了被告上诉的权利,并且下令今后将严格依法而行——只要刑讯依然被施行,这些规则就依然在法条书中保有位置。[Recopilacion, Lib. II. Tit. vii, leis I y 13.]

许多种类的刑讯得到使用,最常见的是吊刑和灌水刑,鞭刑也并非罕见;但是当被告太过虚弱以至于这些都显得太危险时,就对其脚底施以火刑。在古代法律中,当奴隶受到不公正的刑讯逼供时,奴隶主有权获得补偿。如果没有理由能将刑讯合理化,奴隶主会得到两倍于估价的补偿;如果法官超越了刑讯的合理限度,他必须向奴隶主另外再赔付一个奴隶。[Villadiego, op. cit. Lib. VI. Tit. i. l. 5, Gloss, b, c.]

然而,无论理论上将什么样的限制加在酷刑上,实践中很可能都得不到多少遵循。只比维拉迭戈略早一点的巴达霍斯主教西曼卡斯，提到酷刑的时候将它作为一项被普遍接受的公理——很少有什么犯罪指控能够不经过严刑逼供而得到适当的审判。[Simancæ de Calhol. Instit. Tit. LXV. No. 8.] 这也确认了最近勃艮罗斯(Bergenroth)[1]在唐·卡洛斯(Don Carlos)[2]被处决的秘史中的发现，无论是真是假，都显示出酷刑的使用是多么彻底地渗透到西班牙的司法体系之中。当腓力二世决定将他的不肖子以煽动尼德兰叛乱的罪名交付审判，而王子却否认罪行时，施用了酷刑直到王子晕厥，而且他一恢复知觉，就同意招供，以求免于反复遭受酷刑。很难相信，哪怕是西班牙人，竟能编出这样黑暗可怕的凄惨故事；而且即便这不是真的，它的作者也一定觉得，这样的一个事件太有可能发生了，非常具有真实感。

同时，在最恶劣的滥权做法面前，西班牙司法系统也能保持自己不受影响，那就是我们将会在后文中看到的东西，它从酷刑中生长出来，几乎被普遍用于秘而不宣的刑事诉讼程序中。阿方索十一世颁布于 1325 年的法律断然规定，不应当剥夺被告人知晓对他审判的内容的权利，而且应当告诉他证人们的名字，以便能够自由地为自己辩护，并能用尽一切他有权采用的途径以证明他的清白。更有甚者，费迪南德和伊莎贝拉在 1480 年下令，所有想要获得律师咨

---

1 勃艮罗斯(Bergenroth)，与作者同时代的德国历史学家古斯塔夫·阿道夫·勃艮罗斯。

2 唐·卡洛斯(Don Carlos，1545—1568 年)，西班牙国王腓力二世的长子。因参与尼德兰的叛乱而被其父逮捕，不久即死于囚禁中。有传说是腓力二世毒死了自己的儿子。

询的人，都应当被允许拥有如此特权，那些贫穷的人则由国家补助，而且在这条规定被履行之前，不得进行任何刑讯。这些法律，与其他地方的立法相比，如此值得称赞，而且一直保持有效，并体现在《法律汇编》(*the Recopilacion*)之中。[Recopilacion, Lib. II. Tit. vi. lei 6; Lib, VIII. Tit. i. lei 4. 据说，在酷刑的使用方面，阿拉贡是个例外。(Gomez Var. Resolut. T. III, c. 13—ap. Gerstlacher. de Quæst, per Torment. p. 68)]

加洛林王朝和封建法

在回顾其他继承了罗马帝国碎片的蛮族部落立法时，我们发现，酷刑逼供作为公认合法的调查模式被引入，发生在很久之后。就像我们已经看到的那样，在墨洛温王朝的统治下，它的采用尽管并不少见，却只是作为一种例外，而且缺乏法律依据。当社会秩序终于开始缓慢地重建，酷刑第一缕淡薄的痕迹出现在针对巫术和魔法犯罪的规定中。这些犯罪遭到特别鄙夷地看待，都是对上帝和人类不可饶恕的冒犯。无怪乎，自由民在一般司法程序模式下受到的保护，在这些违反了一切神和人的法律的案件中会被无视。确实，总的来说，查理大帝的立法无论如何也不能说是仁慈的。他的任务是在可能的情况下，将组成他帝国的野蛮和狂暴的民族文明化，至于在完成此任务的方法上，他并不太讲究。尽管他想要，却仍然不敢贸然规定酷刑作为一种调查手段，除了在涉及巫师嫌疑的案件中——即使对于他们,酷刑也是被间接曲折地规定,而不是开诚布公。[Capit. Carol. Mag. II. ann. 805, § xxv, (Baluz.). 对于 "duugebtussune examinatione constringantur si forte confiteantur malorum quæ gesserunt. Sed tali moderatione fiat eadem districtio ne vitam perdant." 没有更好的诠释。] 然而,到了这时,自由民的人身不可侵犯性不见了。关于鞭刑和可怕的断肢之刑的规定,频繁地在《法令集》(*the Capitularies*)中出现,而且刑讯和终身放逐甚至都被规定为侮辱教堂中的主教和神父们所应受的刑罚。[Capitul. Lib. VI. cap. cxxix.]

这种明显的前后不一致,只是对我们已经在波斯和印度体制中看到的东西的一种重复,在那里,酷刑在其他形式的证据面前是多余的,而在希腊和罗马,它只在没有那些形式的证据时才出现。尽管理论上没有否定酷刑作为一种调查程序的意义,但是它也并非不可或缺。对于当时的人们而言,在重大事项中使用它,显然并非罕见,因为我们发现:在817年由意大利国王伯纳德(Bernard, King of Italy)[1]发起、针对"虔诚者路易"的叛乱活动的共谋者们遭到逮捕之后,未经刑讯就招认了他们的阴谋。[Non solum se tradunt sed ultro etiam non admoti quæstionibus omnem technam hujus rebellionis detegunt.—Goldast. Constit. Imp. I. 151.] 然而,这样的例子纯粹只是例外。在一般事项中,有一套完整的控辩制度,在所有缺少证词的

---

1 意大利国王伯纳德(Bernard, King of Italy),指伦巴底国王伯纳德(810—818年在位),曾阴谋反对皇帝"虔诚者路易",阴谋败露后,被路易弄瞎作为惩罚,因伤势过重,不久死去。

疑难案件中作为补充。圣礼脱罪、断讼决斗，以及其他粗野的神判形式，不仅是适于该民族情感和思考模式的原始习俗，而且与教会所灌输的轻率信仰协调一致，时至此刻，教会暂时拥有了万事万物的至高权威，使得它的影响如此之强大，从而塑造了欧洲社会体制。由于以上种种原因，宗教仪式成为必须，而很多时候，其中看不见的力量可能被证明是具有决定性作用的。另一方面，禁止教会人士以任何方法干涉流血审判的人道训令，排除了其对刑讯室的任何干涉；而且事实上，酷刑仍在墨洛温王朝统治下被频繁采用，各种宗教会议的教令都禁止神职人员出席执行酷刑的场合。[Non licet presbytero nec diacono ad trepalium ubi rei torquentur stare. —Concil. Autissiodor. ann. 578, can. xxxiii. Ad locum examinationis reorum nullus clericorum accedat.—Concil. Matiscon. II. ann. 585, can. xix.] 因此，每一个考量都会使9世纪时的教会倾向于采用较温和的调查方式，并且利用自己强大的影响力保持公众对它们的信赖。就像我们将会看到的那样，教会作为封建基督教王国的精神领袖，发现神判没有必要、而酷刑是维护稳定的绝对服从和信仰纯洁性的最可行工具的时候尚未到来。

更有甚者，在9世纪，当每一个自由民都为他的宗族承担一份社会责任时，酷刑与流传至此的法律遗迹并不匹配。刑事程序到这时仍是开放和公开的。尽管神秘的宗教裁判所后来成了如此受律师欢迎的一种制度，但在那时却不存在。"马勒姆"，或者说法院，可能也不再公开举行审判［似乎在查理大帝和"虔诚者路易"统治之下，法庭审判开始变得遮遮掩掩。就这样查理大帝"Ut in locis ubi mallus publicus haberi solet, tectum tale constituatur quod in hiberno et in aestate observandus esse possit." —(Capit. Carol. Mag. II. ann. 809, § xiii.) 亦见于 Capit. I. cod. ann. § xxv "虔诚者路易" 禁止在教堂中进行审判，还表示 "Volumus utique ut domus a comite in locum ubi mallum tenere debet construatur, ut propter calorem solis et pluviam publica utilitas non remaneat." —Capit. Ludov. Pii. I. ann. 819, § xiv.)]，而当地的自由民也不再像过去那样被强迫出席 [在 769 年，我们发现查理大帝下令，要求所有自由民出席一年两次的司法大会，"Ut ad mallum venire nemo tardet, unum circa æstatem et alterum circa autumnum." 对于其他不那么重要的司法集会，只要求他们在受到召唤时出席，"Ad alia vero, si necessitas fuerit, vel denunciatio regis urgeat, vocatus venire nemo tardet." —(Capit. Carol. Mag. ann. 769, § xii.) 在 809 年，他不再强迫任何人出席，除非他是涉案人员，"Ut nullus ad placitum venire cogatur, nisi qui caussam habet ad quærendam." —(Capit. I. ann. 809, § xiii.) 在 819 年，路易下令自由民每年至少必须出席法庭 3 次，"et nullus eos amplius placita observare conipellat, nisi forte quilibet aut accusatus fuerit, aut alium accusaverit, aut ad testimonium perhibendum vocatus fuerit." —(Capit. Ludov. Pii. v. ann. 819, § xiv.)] 它对所有人而言依然是自由的。控方和他的证人们须与被告对峙，而且宣判时罪犯必须到场。[Placuit ut adversus absentes non judicetur. Quod si factus fuerit prolata sententia non valebit.—Capitul. Lib, v. § cccxi.] 无罪辩护的宣誓要在本教区的教堂圣坛上进行，神判则是一个公开的场面，司法决斗使得人们像罗马市民一样热衷于见证流血场景。这些自古流传下来的习惯，激发了盲从心理，而且构成了社会公共生活的一部分。想

要废除它们,代之以在那阴郁的、受害者尖叫无法穿透的深牢大狱中,仅凭匿名的指控或身份不明证人的证言,冷酷无情的法官们漠然通过难以承受的严刑拷打榨取供词,只有靠社会结构发生根本变化。

这个变化迟迟不来。封建主义兴起,并在加洛林帝国的余烬上巩固了它的力量,而没有改变刑事管辖的基础原则。由于地方豪强占据封地并使其成为世袭财产,因此他们也硬生生瓜分了曾经属于中央政权的司法管辖权,但是他们的法庭依然对所有人开放。审判按照众所周知的当地法律和习惯规则公开进行;辩护方得到了最全面的辩护机会;如果司法裁判不公,臣属有权宣布他的封建宗主的管辖权无效,而寻求更高级别的法庭管辖。[这种上诉权不合封建领主的口味,他们显然预见到这将导致他们的灭亡。建立这种上诉权的过程十分漫长,经历了封建领主的猛烈抵抗。于是,兼任阿基坦公爵的英格兰国王们,有时会绞死提供必要文件的公证人,以求抑制其法国领地上的臣民上诉于法国国王的法庭。—Meyer, Instit. Judiciaires, I. 461.]

在墨洛温王朝统治下,尽管没有受到法律承认,酷刑依然时常被看作一种司法调查的特别要素,同时也是一种刑罚手段,以迎合不负责任和冷酷凶残的暴君们的报复欲,他们的绝对统治扫平了下属的卑微贵族。在那个时代的文献和编年史中有若干这样的案例,但是从措辞上看,它们被作为一种非常规做法。

据说,波西米亚公爵温塞斯拉斯(Wenceslas, Duke of

Bohemia)[1]在10世纪早期曾捣毁过绞刑台和可怕的刑具,他的法官们曾利用它们滥施淫威,而他再未允许恢复使用。[Annalist. Saxo. ann. 928.]1017年发生的一个案例,由于结局的传奇性而流传至今,是一位圣徒获得册封的故事。一位据说有苏格兰王室血统的虔诚朝圣者,在巴伐利亚和莫拉维亚(Moravia)[2]之间徘徊时,遭到居民抓捕,他们怀疑他是个间谍,而且为了获得口供,对他施加了一系列酷刑直到把他吊死在一棵枯树上。他不断生长的头发、指甲和不停从伤口涌出的鲜血,以及那棵死树居然突然长出了绿叶鲜花,这一切证明了指控的虚假性,以及受害者的圣洁无辜。巴伐利亚侯爵亨利(Margrave Henry of Bavaria)心怀敬意地埋葬了他,而他也被理所应当地列入了圣徒名册。[Dithmari Chron. Lib. VII. ad. fin.]1025年,康布雷主教杰拉德(Gerard, Bishop of Cambrai)在一封信中记述,某些有异教徒之嫌的人即使受到严刑拷打也无法迫使他们招供,这表明:尽管有教会的禁令,但神职人员们已经做好了准备,在别无他法时诉诸这样的方法以保护信仰的纯洁性。[Multa dissimulatione renitebant, adeo ut nullis suppliciis possent cogi ad confessionem.—Synod. Atrebatens. ann. 1025 (Hartzheim III. 68).]同样的,1100年左右,在著名的拉昂教堂抢劫案中,嫌疑犯在经由冷水神判定罪后,又依主教的命令受到了拷打,为的是使他招出失窃圣器的藏匿之处。将其涂抹上滚热猪油后,却并不奏效。于是他被从颈脖处吊起,断

---

1 波西米亚公爵温塞斯拉斯(Wenceslas, Duke of Bohemia),指波西米亚公爵温塞斯拉斯一世(Wenceslaus I, Duke of Bohemia),921—935年在位。

2 莫拉维亚(Moravia),捷克东部地区名。

断续续吊了一整天，当被折磨得奄奄一息时，他的意志力崩溃了，同意招供出隐藏宝物的地点。[Hermannus de S. Mariæ Lauden. Mirac. Cf. Guibert. Noviogent. de Vita Sua, cap. xvi.] 当英格兰的理查一世从十字军征途中试图穿越德意志返回本国时，人们就是通过拷打他的侍从，才发现了这位王室血统旅行者的真实身份，然后他被送到了他的敌人奥地利公爵手中。[Radulf. de Coggeshale Chron. Anglic. ann. 1192.]

这些显然是零星的例外情况，并不代表这种做法已被体制化地引入。然而，一处更重要的记载，出现在大约 1125 年左右。勒芒[1]主教希尔德伯特(Hildebert, Bishop of le Mans)斥责了他手下的一位神父，后者涉嫌对一名盗窃嫌疑犯进行刑讯逼供。希尔德伯特辩称，为求招供施加酷刑，是一种司法决定，而不是出于教会的原则，因而神职人员不适于参与。[Hildebert. Cenoman. Epist. XXX.] 这似乎显示，在当时的世俗法庭，酷刑有时被公认为是获取证据的手段，尽管不受教会认可。即使有充足的证据证明酷刑被用作一种刑罚以及榨取金钱的方法，但是并没有保留下任何记录表明它曾被引入，也没有任何证据证明它是习惯做法。

我们发现，作为一种被依法施加的刑罚，在 1168 年，"红胡子腓特烈"规定可以用于轻微的偷窃案案件中 [Feudor. Lib. ii. Tit. xxvii. § 8.]，而在后面一个世纪中则被腓特烈二世列为叛国罪的刑罚。[Fred. II. Lib. Rescript. II. § § I, 6. (Goldast. Constit. Imp. II. 54.)] 特

---

1 勒芒(Le Mans)，法国西北部城市。

殊案件也可作为例子,其中对这种刑罚大规模地适用,显示出人们的意识中已对它见怪不怪。于是在1125年,当埃尔福特(Erfurt)[1]的居民们罪大恶极地侵犯帝国的权威,并且该城镇被皇帝洛泰尔包围和占领时,编年史家记述道:大量的市民不是遭到杀害或被刺瞎,就是被怀恨在心的征服者施以各种酷刑折磨[Erphurdianus Variloquus ann. 1125.],并且在1129年,对哈雷市(Halle)[2]的市民也施行了同样的待遇。[Annal. Bosovienses, ann. 1129.]

即使到了13世纪末,我们还是发现哈布斯堡的鲁道夫曾经介入,以支持一名被其手下贵族严刑拷打的囚犯。不过,皇帝并未贸然下旨,而仅仅是恳求暂停拷打,直到他能与犯事者见上一面。[Cod. Epist. Rudolphi I. p. 216-7 (Lipsiæ, 1806).]

因此,作为一种强迫无依无靠的弱者支付赎金的模式,它是这般简洁有效,在如此暴力的时代,不可能被忽略。而且,尽管法外施用的酷刑并不在我们的讨论范围之内,然而,为了展示人们在采用此法时是如何自我催眠的,或许也值得简略提一下这方面的问题。就这样,波西米亚的斯万托普拉克公爵(Swantopluck of Bohemia)[3]在1108年的一次远征劫掠中与匈牙利交战,对于付不起沉重赎金的俘虏们,一概送上拷问台或者处死。[Cosmæ Pragens. Lib. III. ann. 1108.]同一时代的德意志被一位目击者描述为:到处都是依靠折磨

1 埃尔福特(Erfurt),德国中部城市。

2 哈雷(Halle),德国莱比锡东北部城市。

3 波西米亚的斯万托普拉克公爵(Swantopluck of Bohemia),1107—1109年在位。

缺水少食、几乎难以自足的可怜小人物而过上奢侈生活的封建领主。[Annalist. Saxo ann. 1123. 亦见于几乎同一时期的 Chron S. Trudon. Lib. XII. (D' Achery II. 704); and the Epist. Friderici Episc. Leodiens. in Martene, Ampliss. Collect. I. 654.]。在西班牙，同样的方法得到了那个蛮族时代的野蛮贵族们的理解和采用。[Gerardi Hist. Compostellan. Lib. II. cap. 80.] 在英格兰，在国王斯蒂芬(King Stephen)[1]的统治下，混乱无序的可怕状况刺激了同样的事态发生。迅速增多的男爵城堡，成了抢劫犯们的巢穴，专门劫掠那些不幸拥有富翁之名的人们。从这些人身上，他们用酷刑榨干了最后一分钱。编年史家详细记述了他们挖空心思发明的各种可怕酷刑：系住双脚倒吊在小火上慢烤；系住手指吊着；用打结的绳索绞住头部；"砾石房"(crucet-houses)——在箱子里装上尖利的石块，再将受害者放在其中碾压；"不倒翁"(sachentages)——用尖锐的铁领圈使得戴它的人不能坐、不能躺也不能睡的牢笼；放满蟾蜍和蝰蛇的地牢；慢慢用饥饿来折磨；等等。[Anglo-Saxon Chronicle, ann. 1137.] 即便在亨利二世统治尾声这样稍微安定的时期，还记载了这么一个案例，是对某个非法捉拿和折磨一位女性的男人，处以一笔沉重罚金 [Pike, History of Crime in England, I. 427.]；在理查一世统治时期，

1 国王斯蒂芬(King Stephen,1135—1154 年在位)，原为布卢瓦伯爵，是"征服者威廉"一世的外孙。英王亨利一世原本欲立自己的女儿、曾为神圣罗马帝国皇后玛蒂尔达为继承者，但遭到斯蒂芬的抗议。长期内战之后，斯蒂芬成为英格兰国王，但是由于他没有子嗣，最终将王位传给了玛蒂尔达与安茹伯爵金雀花家族的乔佛里再婚后的儿子，即后来的英王亨利二世(参见前文第 148 页注 1)，开启了英国的金雀花王朝。

克莱芒三世的一封书信提到了一位骑士,此君忏悔说他曾经拷打一位神父,并强迫其支付一笔数额巨大的赎金[Jaffé Regesta p. 884.];而在1210年,约翰王逮捕了英格兰所有的犹太人,并且拷打他们直到他们为自己支付沉重的赎金。[Matt. Paris. Hist. Angl. ann 1210.]

然而,在这一切之中,没有证据证明酷刑作为一种司法调查方式而再度复活。这个社会满足于古老的野蛮审判形式,而教会依然忠于人道主义的本能,不失时机地为整个酷刑逼供理论盖上他们"不赞同"的印戳。在早期,甚至有这样的争议:一个皈依基督教的地方法官,在受洗之后,是否可以自由使用酷刑和宣判死刑。384年的罗马宗教会议曾宣称:基督徒不可能行使世俗权力而免于罪孽,因为他必须违背教会的教义而下令在司法诉讼中适用酷刑[Synod. Roman. ann. 384, can. 10.];而且如果英诺森一世在405年已经裁定这样的程序合法,也仅仅是基于:教会无权抗拒法律,或是反对按照上帝意志获得的权力。[Innocent PP. I. Epist. III. cap. iii.]大约在同一时代,圣奥古斯丁以几乎无可企及的雄辩和凝练,揭露了酷刑的残暴荒谬,并且将它打上了声名狼藉的印记,正如它应得的那样。[De Civ. Dei Lib. XIX. cap. vi.]6世纪时,对享有盛名的格里高利一世的记载显示,他曾宣称通过监禁和饥饿获得的招供毫无价值。[Gregor. PP. I. Lib. VIII. Epist. xxx.]当致力构建教会权力和影响的尼古拉一世在866年写给保加利亚人的著名书信中,声言要协助和指引他们皈依正统教义,文中说道:他得知,在悬而未决的盗窃案中,他们的法庭通过鞭刑和尖锐的铁刺逼供。他宣布这些完全违背了法律，无论是世俗的还是神的法律，因为招供必须是自主自发的；而且他在某种程度上论述了酷刑体制的不确定性，以及其所导致的不公正，总而言之，他果断地禁止了它的继续适用。[Nicolai PP. I. Epist. xcvii. §86.]

在同一个世纪的前半期，《伪教令集》(*the False Decretals*)[1]的炮制者们将一封旨在保护教会免受掠夺和压迫的使徒书信说成是亚历山大一世所写，其中教皇不得不用万世骂名和革除教籍来威胁那些为从神职人员处获得供词或其他文书而使用暴力或恐吓的人，并定下了总的规则：招供必须是自愿作出的，而不能强制获取。[Pseudo-Alexand. decret. "Omnibus orthodoxis."] 对此点的权威性，沙尔特的伊沃主教在12世纪之初，宣布对领受了神品的人不可使用暴力逼供[Ministrorum confessio non sit extorta sed spontanea.—Ivon. Panorm. IV. cxvii.]；而半个世纪之后，格拉提安订立了更加普遍、也更加明确的规则，那就是不可通过酷刑手段榨取口供。[Quod vero confessio cruciatibus extorquenda non est.—Decreti Caus. XV. q 6, can. I.] 这个立场被一直坚持到罗马法的复兴使得人们熟知帝国的司法程序为止，后来教会的政策也发生了变动，屈服于这样一种有用的手段，为的是处理那些别无他法探知和证明的异端犯。

1　《伪教令集》(*the False Decretals*)，9世纪时一些教会僧侣和学者为保护教会免受世俗权威的拨弄、保持独立而作的一系列文件，并伪称为早期教皇们所写。尽管是伪作，但这些文件影响重大。

酷刑的重现

12 世纪后半期见证了研究民法体系的热情，而在 13 世纪之初，英诺森三世给了神判和共誓仪式的野蛮体制致命一击，他禁止教堂为前者举行仪式，并改变了后者所习惯的誓言形式。学校所教授的亚里士多德逻辑以及辩证法技巧，使得人们能够注意到：仅因罪犯能乞求或收买 2、5、11 个人发誓相信他就将其无罪开释，实属荒谬绝伦；在这样的理念面前，作为神判特殊工具的大锅滚水、灼烧铁犁或训练有素的斗士，也不再受到毫无理由的信赖。

不过，尽管受到这些影响，自古流传下来的习惯长久而顽固地保留着它们的一席之地。直到 13 世纪后半期，第一个将酷刑合法化的微弱痕迹出现在法国。巴黎大学对《法学汇编》超过一百年的研究，成为时兴的课题，并且日益增长的王权发现民法律师们是最宝贵的工具，而且是对抗封建割据、扩张王室管辖权的最有力武器。在德意志，这个进程甚至更加缓慢。“红胡子腓特烈”死后，中央权威的衰落使得任何普遍的变化不再可能，而帝国法律的绝对主义原则尤为不合那些封建王侯们的口味，他们的特权最为倚仗的是长久保持有组织的无政府状态。故而，规定了条顿民族从 13 世纪到 15 世纪司法程序的早期法典，如《萨克森明镜》、《士瓦本明镜》、《凯泽权利法》以及《利希斯蒂奇本邦法》之中，除了圣餐洗罪和各种形式的神判，似乎不存在任何其他裁判疑难案件的模式。在这个时期的后段，千真万确地，酷刑开始出现了，但它是一种创新。［海斯特尔巴赫的凯撒利乌斯在 1221 年写到了一个发生在 1184 年的故事，如果它不是后来誊写者夸大美化出来的，那么它似乎说明：在文中所写时间之前，酷刑就已经得到了司法上的使用。一名女扮男装的少女，被渥尔玛（Wolmar）[1]的游击队派去给卢修斯三世送信，当时他正与鲁道夫争夺特里尔的主教任免权。在奥格斯堡附近，少女遇到一名强盗与她同行，当强盗听到追捕者临近，便将他的袋子交给她拿着，而自己借故藏身于灌木丛中。由于在身上发现了赃物，她受到了指控，在忏悔时她向一名神父说出了原委。树丛被包围了，强盗落网。强盗遭到严刑拷打，直到吐出实情。然后，他又翻供。根据神父的建议，两人之间的争议通过烙铁神判解决，强盗的手被灼伤，少女的手却安然无事。这个故事篇幅较长，细节之处颇有浪漫主义色彩，很有可能受到了后世誊写者的雕琢。—Cæsar. Heisterb. Dial. Mirac. Dist. I. c. xl.]

近现代使用酷刑初露端倪，特别表现出：其根源在于民法体系。在东方的拉丁王国中，条顿民族得以与残存的古老文明接触，后者即便已经衰落不堪依然令人印象深刻。自然而然地，在统治杂居的希腊人、叙利亚人以及法兰克人的过程中，他们因需要而订立的律法，想必采纳了在新臣民中发现现行有效的体制，而且唯一令人惊讶的是：酷刑并未成为他们法典中特别突出的特点。现存最早的《耶路撒冷法典》文本，不会早于13世纪，并且单单在一个例子中就显示出：它所认可的使用酷刑的、粗糙可疑的方式对于作为封建领主的男爵们而言，是多么新奇的理念，而且他们对于控制其施行的原则所知甚少。当一个谋杀犯被两个证人撞个正着，如果他们与他无亲无故，他就可能因他们的证词而立即被吊死。然而，如果他们

1 渥尔玛（Wolmar），今拉脱维亚的瓦尔米耶拉（Valmiera）的德文名。

有亲属关系，他们的证词就会被列为存疑，并且必须要有被告的招供才能定罪量刑。为了达到这个目的，他会受到三天的严刑拷打；如果他招认，就会被吊死；如果顽固不化，会被监禁一年零一天，其间允许他采用赤烙铁神判证明自己的清白。如果他不这样做，而且如果在被监禁期间没有获得其他证据，他会被无罪开释，并且不得因同一起谋杀再对他提出上诉。［Assises de Jerusalem, Baisse Court, cap. cclix.］

这显示了此问题状态的转变。罪犯被抓了个现行，并且罪证充分，只是证人可能有利害关系，招供就成了必要条件；然而漫长的酷刑之后仍然无法榨取供词，也无法让被告摆脱指控，诉诸神判，就成了对严刑逼供的补充，从而解决后者无法消除的疑问；并且最终，尽管罪犯不信任神明的裁断，尽管酷刑所造成的案件不确定性并未消除，罪犯却仍被宽赦。

意大利是罗马法对全欧洲影响的辐辏中心，而且正如预期的那样，我们要寻找近现代刑事程序法最早采用酷刑者，就必须研究意大利。1228 年间有效实行的维罗纳法律所展示的讼案，已经像《耶路撒冷法典》一样，混合着那种正在发生的异变。在疑难案件中，地方长官被赋予了通过讯问、酷刑或决斗确定证词真实性的权力。［Lib. Juris Civllis Veronæ cap. 75 (p. 61).］这表明那时酷刑的采用得到了某种程度上的认可，可是，尽管法典内容充实，却只有一处提及此事，显然它还没有成为常规司法程序。因此，在颁行于 1231 年腓特烈二世为他治下的那不勒斯诸省制定的立法中，规定了这一模式，表明刑讯仍然仅被有所保留地采用，而并未成为常规法律程序。

由于腓特烈是最早不赞成和限制各种神判的世俗立法者之一，以他的教养和性情，自然会借机让他如此崇拜的罗马法体制取而代之。

当一宗神秘的谋杀案或其他十恶不赦的严重犯罪发生，且即使最严格的调查也无法给作恶者定罪时，那么，如果嫌疑人是身份低微、微不足道的人，他们就会受到刑讯逼供。如果拷打、折磨仍无法从他们那儿挤出一份承认有罪的声明，或是如果像经常发生的那样，即"我们所知的最常见的情况"（prout accidere novimus in plerisque），他们的坚毅精神在无法忍受的折磨之下崩溃，接着俯首认罪，那么惩罚以罚金的形式落在发生犯罪的那个地区上。[Constit. Sicular. Lib. I. Tit. xxvii.] 从这一规定，可以清晰地看出酷刑并非完全的新鲜事物，至此它只被当作碰运气的方法使用于最底层和最不受保护的阶层身上，而且受刑期间招供也不足以定罪，除非后来仍然坚持。

在这个世纪剩下的时间里，意大利许多城市的法律条文显示：酷刑被引入，并逐渐取代并非本土产物的蛮族程序［Du Boys, Droit Criminel des Peup, Mod. II. 405.］，而且意大利城邦对"特德斯奇"（the Tedeschi）[1] 由来已久的憎恨，也不大可能使它受人欢迎。确实，到这个世纪中期，对酷刑的现实适用显然已经有过深刻的研究，并且其所有最不人道的分支也得到了完全地理解，这些均可见于我

1 特德斯奇（the Tedeschi），即德国人（German）的意大利语复数阳性形式。

们所掌握的资料中,如罗马的埃泽里诺(Eccelino di Romano)[1]这样心狭量窄的暴君的骇人暴行。[Monach. Paduan. Chron. Lib. II. ann. 1252 - 3 (Urstisii Script. Rer. German, p. 594).—Quotidie diversis generibus tormentorum indifferenter tarn majores quam minores a carnificibus necabuntur. Voces terribiles clamantum in tormentis die noctuque audiebantur de altis palatiis... Quotidie sine labore, sine conscientiæ remorsione magna torn enta et inexogitata corporibus hominum infligebat, etc.]

那个时候,我们在欧洲既存习惯法的基础上附加使用酷刑的方法,在吕贝克(Lubeck)[2]的法律中清晰可见。中世纪的商事法律,就像我们所看到的那样,无视所有的非常规证据,例如神判、司法性决斗等,它自然也不会青睐酷刑。因此,作为汉萨城市联盟领袖的吕贝克,在其立法中保留了商法的原则,但是不久,这些规则遭到被灌输了帝国法律观念的律师们的解释,原本法典的古老单纯性所剩无几。于是,后者在处理通奸案时,简单地规定被告必须通过发誓自清其罪自证清白,不然就会被认为有罪;但是写于1664年的一条评论推断:当犯罪有特殊秘密性、而犯罪嫌疑似是而非时,必须立即诉诸刑讯。[Mevii Comment, in Jus Lubecense, Lib. IV. Tit. vi. Art. 4 (Francofurt. 1664).]

---

1 罗马的埃泽里诺(Eccelino di Romano),应指罗马的埃泽里诺三世(Eccelino III di Romano,1194—1259年),意大利贵族,维罗纳、维琴察和帕多瓦的统治者,神圣罗马帝国皇帝腓特烈二世的女婿和盟友。他的铁腕统治给他带来了暴君的声名。譬如,但丁就曾在《神曲》中将他描述为堕入地狱的暴君之一。

2 吕贝克(Lubeck),德国北部城市,汉萨联盟的中心。

大约就在这个时期,我们还发现了宗教裁判所在其日益严厉且逐渐体系化过程中,处理案件时对酷刑依赖加剧,以及扩大并促进酷刑引入的有力因素。教会活跃地参加到反对和根除神判的活动中,并且将它的巨大权威投入到对刑讯逼供新程序的支持之中。腓特烈二世在1221年发布于帕多瓦(Padua)[1]的三部反对异端的宪章,尽管的确残暴不仁,却没有包含酷刑,哪怕是作为深思熟虑后的调查方式。根据1215年拉特兰会议的规定,有犯罪嫌疑却证据不足的当事人,被规定须通过某种固定形式的澄清证明自己的无辜,而且格里高利九世在1235年颁布了相同的教令。[Concil Lateran. IV. can. iii.—Goldast. Constit. Imp. I. 293-5.—Harduin, Concil. VII. 164. See above p. 81.] 然而,在1252年,当英诺森四世颁布他为指导托斯卡纳和伦巴底的宗教裁判所而精心定制的规定时,命令地方民事法官不仅必须通过酷刑得出异端们对自己罪行的供认,而且必须让他们供出所有共谋者;并且由于他将审问盗窃和抢劫犯的相似程序作为惯例提及,这条规定就显得更加重要。[Teneatur præterea potestas seu rector omnes hæreticos quos captos habuerit, cogere citra membri diminutionem et mortis periculum, tanquam vere latrones et homicidas animarum et fures sacramentorum Dei et fidei Christianæ, errores suos expresse fateri et accusare alios hæreticos quos sciunt, et bona eorum, et credentes et receptatores et defensores eorum, sicut coguntur fures et latrones rerum temporalium accusare suos complices et fateri maleficia quæ fecerunt.—Innocent IV. Leg. et Const, contra Hæret.

---

1 帕多瓦(Padua),意大利北部城市。

§26.］它体现了这四分之一世纪中的进步，并且这新体制的便利性获得了教会的极高认可。

然而，至此为止，这种做法都还没有超越意大利国境。现存的一本写于这不久之后的小册子，包含了已确立的处置所谓“里昂的可怜人”（Poor Men of Lyon）即瓦勒度派教徒（Waldensian）[1]的详细规则。它规定通过单独监禁、忍饥挨饿以及恐吓威胁摧毁他们力量、征服他们意志，但是，它丝毫没有采取绝对和直接酷刑的意思，而它的规定是这么丰富翔实，以至于如此缺漏，足以从反面证明这样的方法在那时候并非通常惯例。［Trac. de Hæres. Paup. de Lugd.（Martene Thesaur. V. 1787）. 在这本小册子中，死于1250年的腓特烈二世被称为“先帝”（quondam imperator）。但是我看到过圣多米尼克（St. Dominic）的一封标注日期为1217年4月7日的书信，如果是真品，则表明：许多酷刑，如拷问台、钳刑、轮刑等，当时已经被用于镇压阿尔比派教徒（Albigenses）。——见 Fra Paolo Sarpi，Venezia，Ottob. 27，1869。］

不过，宗教裁判所的整套制度，使得刑讯逼供在所难免。它的程序是秘密的；囚犯被小心地瞒住，不知道自己究竟被控何罪，而且

1 瓦勒度派（Waldensian），也有译为“华尔多派”等，是由彼得·瓦勒度（Peter Waldo 或 Pierre Valdo）创立的一个基督教教派。彼得·瓦勒度原是一个富商，却自愿散尽家财，在里昂附近过一种贫穷简朴的布道、传教生活——这显然与那时的“正统”风尚格格不入。12世纪70年代后半期以法国里昂为势力中心，因其对福音书的解释与罗马天主教会不同，他在1215年被宣布为异端，遭到迫害，被称为“里昂的可怜人”（Poor Men of Lyon）。

也不知道这些指控是基于什么样证据。他被推定为有罪,而且法官使尽浑身解数迫使他招供。为了达到这个目的,任何卑劣和残暴的方法都无所谓。根据上文刚刚引述过的小册子,虚情假意的同情者被放入地牢,其装模作样的友谊可能使囚犯陷入不知不觉中招供的陷阱;官员们受命带着虚构的证据去吓唬他,并假称有证人们提供了指控他的证词;而且为折服这可怜之人的警惕心和毅力,任何欺诈或奸猾的诡计都在所不惜,而他,就像我们看到的那样,早已被孤独、苦难、饥饿和恐惧消磨殆尽。从这些到拷问台,再到绞刑架的步骤,轻易就可更进一步,没有多少迟疑。在1301年,我们发现,甚至连"美男子腓力"都在抗议多明我派宗教裁判官富尔克的残暴,而且施加干涉以保护他的臣民免受只要有轻微异端嫌疑就会遭遇的各种酷刑。[Clamor validus et insinuatio luctuosa fidelium subditorum ... processus suos in inquisitionis negotio a captionibus, quæstionibus et excogitatis tormentis incipiens personas quas pro libito asserit hæretica labe notatas, abnegasse Christum .... vi vel metu tormentorum fateri compellit.—Lit. Philip. Pulchri (Vaissette, Hist. Gen. de Languedoc, T. IV. Preuves p. 118).] 然而,几年之后,当这位君主决心摧毁圣殿骑士团的时候,他将宗教裁判所作为他灵巧的工具加以利用,理所当然地、无尽地拷打、折磨德·莫莱(De Molay)[1]及其骑士们迫使其认罪,以便吞占骑士们广大的领地和积累的财富来充实他消耗殆尽的国库。

---

1 指雅克·德·莫莱(Jacques de Molay,?—1314年),圣殿骑士团最后一任大团长,1307年突遭法国国王"美男子"腓力四世逮捕和审讯,并被处以火刑。参见前文第85页注1和第328页注1。

［雷诺德（Raynouard）[1]所搜集的、关于刑讯的可怕细节（Raynouard, Mon. Hist. rel. à la Condamnation des Chev. du Temple）表明此时刑讯逼供已然完全被宗教裁判所用于此类事务。］

但是,宗教裁判所的历史,是一个太过宽广的课题,此处不宜冗述,而只能为表现它对世俗法律的影响而略写一笔。它的影响十分巨大。努力根除封建习惯的法律学家,无法指望当时的社会认同他们对罗马法的崇拜,自然就会急切地抓住引述教会机构案例所赋予他们的优势。在为新制度奠定基础时,他们几乎无法避免照抄在万无一失的教会权威下呈现出来的、被认为在揭发最隐秘罪行时运作得如此成功的、源自信念和信仰的那些规则。［Simancæ de Christ. Instit. Tit. LXV. No. 19.——另外一项巨大的不公正，也是源自宗教裁判所——不允许被告获得律师的协助。在封建法庭的习惯法之中，可以自由雇用律师，但是这种权利与无须证据就可定罪的专制程序显然不兼容。格里高利九世颁布于1235年针对异教徒的教令集，禁止任何法官、律师或公证人帮助有异教徒嫌疑的人，违者永远开除公职——“Item, judices, advocati, et notarii nulli eorum officium suum impendant; alioquin eodem officio perpetuo sint privati”（Harduin. Concil. VII. 164）；在1248年瓦伦斯会议（cap. xi.）和1254年的阿尔比（Alby）[2]会议（can. xxiii.）也颁布了同样的命令“ne Inquisitionis negotium per advocatorum strepitum

---

1 雷诺德(Raynouard),似指生活在18—19世纪的法国学者、剧作家和法兰西学院院士,弗朗索瓦·加斯特·马利·雷诺德(François Just Marie Raynouard),著有《关于圣殿骑士覆亡和解散的历史文献集》(*Monuments historiques relatifs à la condamnation des chevaliers des temples et à l' abolition de leur ordre*)以及戏剧作品《圣殿骑士》(*Les Templiers*)。

2 阿尔比(Alby,亦写作 Albi),法国南部古城。

retardetur"（Harduin. VII. 426，461）。] 因此，当人们得到这样的教导：在这些案件中，常规审判形式和法律的保护，不能阻碍公共利益的实现，这是一个可以经阐释而衍生出无尽可能的原则。

几乎在英诺森四世规定在意大利使用酷刑的同时，我们第一次看到了法国当局使用酷刑作为常规司法程序的证据。1254 年的 12 月，在巴黎举行的一次该国贵族集会上，通过了一部特别法典，规定了许多司法措施的要点。其中，有这么一道命令：拥有良好名誉的人，即使贫穷，也不能因为一个证人的证言而受到酷刑，以免从一方面来说，他们可能会被屈打成招，或者从另一方面而言，可能会被迫花钱以使自己免受折磨。[Person as autem honestas vel bonæ famæ, etiam si sint pauperes, ad dictum testis unici, tormentis seu quæstionibus inhibemus, ne ob metum falsum confiteri, vel suam vexationem redimere compellantur.—Fontanon, Edicts et Ordonn. I. 701. 一个有所不同的解读，参见 Isambert, Anciennes Lois Frangaises I. 270。]

这仿佛暗示司法上的刑讯逼供体制已经被如此完整地建立了起来，以至于其邪恶和泛滥已然开始自曝其短，并呼唤着立法上的限制。然而，同时期法学的遗迹并未显示存在这样的习惯法，而其中一些篇章使得这种沉默成为颇有分量的否定性证据。例如，现存最早的、由路德维希（Ludewig）发布的诺曼底习惯法就属于这个时期，而它没有提到酷刑。颁行于 1288 年，近来被马祖瑞（Mazure）和哈托莱特（Hatoulet）印刷出来的《贝阿恩法令集》（*For de Béarn*）也是如此，尽管它记述了许多司法程序的细节。圣路易的法律集成，被称为《法令集》（*the Établissements*），也一样没有任何规定和指导规定酷刑的适用,如果它已经成为那个时代法学被接受的一部分,就不太可能被忽略。确实,可以辩称:这些法典和法律都假设了酷刑的既存状态,因此才没有提到它,但是关于这些实践手册的这般论点并不成立,因为它是由精明而老练的律师们为指导法院工作、从古代封建法和入侵的民法法系争斗不休的动荡时代开始起草。例如,没有哪本课本能比写于1260年左右的《司法与抗辩之书》更加巨细无遗了,它是由一位奥尔良学派的律师写成的,那时候他们被尊为帝国法律研究的领军者。几乎每页纸都显示出他对民法和教会法的熟知,并且,如果在他曾出席的法庭上酷刑确实已经成了偶尔被采用的方法,那他绝不可能对其避而不提,可是,他确实没有提及。

同样的结论也可以从菲利普·德·博马努瓦写于1270年左右的《博马努瓦习惯法汇编》中得出。身居皇家大法官的职位,博马努瓦是最有可能全面地熟知他那个时代世俗法学实践的人,并且他的意向自然倾心于圣路易正努力用以打破封建习惯的新体制。然而,只要是能被诉上法庭的案件,无论是民事还是刑事案件,他都非常详细地写到了所有案件的每一步骤,却都没有提到将酷刑作为取证手段。不过在一个段落中,他仿佛有所暗示:一名囚犯在关押期间被强迫自证其罪,但是所采用的言辞很明白地表现出,并没有将严刑拷打包括到其中。[Cil qui est pris et mis en prison, soit por meffet ou por dete, tant comme il est en prison il n’est tenus à respondre à riens c’on li demande fors es cas tant solement por quoi il fu pris. Et s’on li fet respondre autre coze contre se volenté, et sor ce qu’ il allige qu’ il ne veut pas respondre tant comme il soit en prison; tout ce qui est fait contre li est de nule valeur, car il pot tout rapeler quand il est hors de prison.—Beaumanoir, cap. LII. § xix.] 甚至,在其他方面,对于抢劫犯们,他指出所有的嫌疑人应当受到长期和严密的监禁,但是如果他们不能通过外部证据被定罪,最终就会被释放。[Quant tel larrecin sunt fet, le justice doit penre toz les souspeçonneus et fere moult de demandes, por savoir s’ il porra fere cler ce qui est orbe. Et bien les doit en longe prison tenir et destroite, et toz cex qu’ il ara souspechonneus par malvese renommé e. El s’ il ne pot en nule maniere savoir le verité du fet, il les doit delivrer, se nus ne vient avant qui partie se voille fere d’ aus acuser droitement du larrecin.—Ibid. cap. XXXI. § vi.] 所有这些显然与酷刑理论格格不入。

皮埃尔·德·方丹的《大议会》一书,写于1260年左右,对当时所有法律程序进行了完备的说明,其中同样提供了否定性的证据。尽管圣路易试图改革,在这三部著作中,面对证言不足的案件,这位法律学家似乎仍然想不出除断讼决斗之外还有什么方法能解决疑难案件。在封建领主和王室的法庭中,审判依然采取公开的形式,而且控辩双方都被给予了一切机会。此外,方丹写于变革年代之始的著作,恰巧提供了又一个证据,证明在这个时期酷刑已被引入使用。在被认为可追溯至1260—1280年间的他作品的最古老手稿中,有一个段落写道,被判为有罪的人如果还没有招认,或是由于某些协议而招认,则有上诉的权利。在后来的14世纪早期被转抄的手稿中,“协议”(covent)这个词被“折磨”(tourmenz)所取代 [Si li hons n' est connoissans de son mesfet, ou s' il l' a coneu et ce a esté par covent, s' en li fait jugement, apeler en puet.—Conseil, ch. xxii. art. 28. (Édition Marnier, Paris, 1846.)]这不仅显示出其间引入了酷刑,而且表明通过它所取得的有罪判决并不具有终局性。

确实,《1254年法令》(*Ordonnance of 1254*)记述了酷刑,但一些现代批评家认为只适用于朗格多克(Languedoc)[1]。[Tanon, Registre Criminel de la justice de S. Martin-des-Champs, Introd. p. lxxxvi. (Paris, 1877).——鲁瓦塞勒(L' Oiseleur, Les Crimes et les Peines, Paris, 1863, p.113)表示,对于博韦和卡奥尔城的裁判官们,酷刑已有规定,但是我们已经从博马努瓦那里看到,酷刑在博韦并未得到使用。]我不知道这一看法基于什么样的事实,但是可以看出,1255年在贝济耶议会注册的文件中,没有关于酷刑的章节[Baluz. Concil. Gall. Narbon. p. 75.],而这似乎显示,即便在持续受到罗马法影响的南部地区,酷刑也依然被认为是一种不受法律认可的新发明。

然而,当对这所有种种进行权衡时,我们绝不能忽视这样一个事实,那就是由王室法令和法学课本设置的法律和规则,只对一部分人适用。所有非贵族人士,即那些没有从其封建领主的宪章中承袭任何特权的人,依然面临野蛮残暴且不负责任的权力者的反复无常。封建法律有一句箴言:只有上帝方能干预领主和隶农间的关系("Mès par notre usage n'a-il, entre toi et ton vilein, juge fors Deu")[Conseil ch. xxi. art. 8.]——隶农绝不等于农奴;还有一条规定,绝对禁止隶农对其领主的判决进行上诉。[Ibid. art. 14. Et encor ne

---

1 朗格多克(Languedoc),法国南部的古代省名。

puisse li vileins fausser le jugement son seignor.] 在这样一个体制的法律之外，虽然没有得到习惯法典籍和特别法令的授权，却习以为常地存在着大量这样的案件，在疑难案件中，不耐烦的领主可能会通过拷问台或鞭刑的强大力量寻求解决，而不是将时间或尊严浪费于交叉盘问，奢望从狡黠的罪犯那儿寻求真相。

引入酷刑作为受承认的法律程序，依然是一个循序渐进的过程。《案例集》或者说"巴黎高等法院案件登记册"，从 1255 年到 1318 年间歇性地增长了，并且缺少使用酷刑的事件记载，这表示在这一期间，它不曾被习惯性地采用。确实，第一个例子发生在 1283 年，当时亚眠的主教抱怨当地法官无视教士豁免于世俗管辖的特权，而对三位教士进行审判和严刑拷打。这位法官声称不知晓他们的教士身份，而且他的辩解被认为是充分的，得到了接受。[Actes du Parlement de Paris, I. 382 (Paris, 1863).] 下一个使用酷刑的例子是在 1299 年，当时森利斯(Senlis)[1] 的王室法官在议会面前援引当地市长和地方法官的话，因为在一宗盗窃案中，他们对一个嫌疑犯适用了这个有争议的方法；而且尽管盗窃在他们的管辖权限之内，这位法官仍然辩称，酷刑乃"高等法院"(haute justice)的事项，而当地机构没有这等权限。判决结果是那个市镇胜诉。[Olim. T. II. p. 451.] 次年(1300 年)，我们看到，一名神职人员穿着修道服、剃着修道士的发型，抱怨卢埃格(Rouergue)[2] 维伦纽夫(Villeneuve)镇的王室官员用各种方式对他进行酷刑逼供，他们采用了绳索和重物、烧

1 森利斯(Senlis)，法国北部地名。

2 卢埃格(Rouergue)，法国中南部一古代省名。

烫的鸡蛋和火焰，以至于把他弄成了跛子，他还被迫花费了 300 个图尔的里弗尔（livre tournois）[1] 延医施药。他祈求这些和其他合理损失一起，能得到来自作恶者的充分赔偿，于是巴黎高等法院的判决（arrêt）是将他们羁押并扣押其所有的财产，以确保这笔赔偿金能够在他们之间得到适当的分摊。[Olim. III. 49-50.]“美男子腓力”，尽管与教皇争斗得你死我活——或许正是因为如此——他在处置教士的权利和特权时总是小心翼翼，其中免受世俗管辖和因此免受酷刑的豁免权最为显著。案件显然依此裁断。

第四个案例直到 1306 年才姗姗来迟。两名犹太人被他们的同胞指控犯有盗窃罪。他们抗辩称，他们曾遭到布日尔的法官的非法刑讯，而且尽管其中一人在拷打之下招认了共谋罪行，但他又将这一供述撤回，并要求获得 3000 图尔的里弗尔的赔偿。另一方面，法官坚称，他采取的程序是合法的，并且要求申诉人按照其供述而受到惩罚。巴黎高等法院采取了中庸的做法，宣判那两个犹太人无罪，但没有判给他们任何赔偿，显示出刑讯逼供是合法的，而被撤回的供词则没有价值。[Ibid. III. 185-6.]

第五个案件，发生在 1307 年，很有趣味，因为其告发者不是别

---

1 图尔的里弗尔（livre tournois），法国的古代货币单位名称之一。又译作“锂”或“法镑”，后为法郎所取代。

人,而是一个地位不亚于那位俘虏了彭尼法斯八世(Boniface VIII)[1]的纪尧姆·德·诺加雷(Guillaume de Nogaret)[2]的人物。一位叫吉罗·德·费里埃(Guillot de Ferrières)的人士,被指控犯有抢劫罪,受到维伦纽夫的法官和奥日尔山(Mont-Ogier)王室管领尼古拉·布日尔(Nicolas Bourges)的审判。后者对他反复而残暴地施以酷刑折磨,使他永久地跛足,而他的父辈尊长蒙托邦(Montauban)的城堡主埃狄安·德·费里埃(Etienne de Ferrières)要求损害赔偿。尼古拉·布日尔被判处了1000图尔的里弗尔的罚金,一半付给吉罗作为对其遭遇的补偿,一半付给斯蒂芬作为他的报偿,此外还要付给国王一笔罚金。[Olim. III. 221-2.]显然,法官不被允许任意无限制地采用严刑拷打。

第六个案件,发生在1310年,可以一笔带过,因为酷刑并未被作为司法措施,而仅仅是被一名粗野狂暴的骑士滥用,蹂躏了一位反抗其强暴的高贵少女;尽管它可能因他被处以罚金而被提及,而1500图尔的里弗尔交给了国王,受害人只得到100图尔的里弗尔。

---

1 彭尼法斯八世(Boniface VIII),罗马教皇,1294—1303年在位。一方面主张神权至上,企图压倒正在迅速扩张势力的西欧封建君王们,另一方面靠阴谋上台,迫害不谙政务、辞职后过上隐修生活的前教皇塞莱斯廷五世(Celestine V),残酷地将老人折磨致死,而且彭尼法斯自身行为不检、腐化堕落,不得人心——诗人但丁就在《神曲》中描写过他身陷地狱的耻辱景象。他还对法王腓力四世等封建君王处以革除教籍的绝罚,结果反而被腓力的手下绑架、羞辱和囚禁,获释后不久,就像老教皇预言的那样“像狗一样死去”。参见前文第85页注1。

2 纪尧姆·德·诺加雷(Guillaume de Nogaret,1260—1313年),法王腓力四世的掌玺大臣。

[Ibid. III. 505-6.]

第七个案例,发生在 1312 年,迈克尔·德·蒲雷(Michael de Poolay)被指控从鲁昂的尼古拉·洛凯提耶(Nicolas Loquetier)那里偷窃了一笔钱。迈克尔·德·蒲雷在林考特的新堡(Chateau-Neuf de Lincourt)受到长期监禁和酷刑拷打,而后被带到了巴黎的沙特莱,在那里,他再次被讯问,却没有获得任何口供或有罪判决。同时,真正的犯人招认了偷窃罪行,尼古拉向巴黎高等法院申请释放迈克尔,并依法得到了批准。[Ibid. III. 751-2.]

接着是一个漫长的间隔期,我们直到 1318 年才再次看到了酷刑的适用。当年一位巴黎的钱币兑换商纪尧姆·尼瓦德(Guillaume Nivard)被指控制造假币,而且遭到沙莱特的监狱长的严刑拷打。他抗议说这不合法,而监狱长声称他的管辖权赋予了他这么做的权力。巴黎高等法院调查了这个案件,并且将纪尧姆·尼瓦德无罪开释,但是没有判给他任何赔偿。[Ibid. III. 1299.]

这些案件的司空见惯和琐碎无聊的性质表明:能向巴黎高等法院上诉的,不仅限于重大事项,而且在这样的上诉中涉及酷刑的几个例子,能够为这期间鲜少实施的酷刑提供一个不错的索引。在我看来,这些案件也值得重述,因为它们诠释了在新的法学体系中酷刑适用的基础原则,而欧洲各种族原始习惯法逐渐受到复兴的罗马法的补充,而这个进程充满实验性和不确定性。

更有甚者,有一些案例记录显示,刑讯被用在了国家事务中。

我们发现,在1304年瓦卢瓦的查理(Charles of Valois)[1]严刑拷打了一位被指控试图毒害他的佛兰德斯的贝居安修会(beguine)[2]修女。刑讯采用的模式是用火焰燎烤受难者的脚底,并且据说,尽管她已然招供,他还是在短暂的监禁之后释放了她。[Guill. de Nangis Continuat. ann. 1304.]同样,1314年,在"美男子腓力"的儿媳们的可怕丑闻中,尽管酷刑似乎未被用于讯问几位主犯,不论是王妃们还是她们的情人,却被任意地用在许多被指控为从犯的人们身上。[Ibid. ann. 1314.]1315年,昂古朗·德·马里尼(Enguerrand de Marigny)[3]在漫长的审判中,成为"美男子腓力"死后、心怀怨恨的瓦卢瓦的查理的牺牲品,酷刑被自由地用来在他的从属者中获得证据。[Ibid. ann. 1315.]而且在同一年,拉乌尔·德·普雷斯勒(Raoul de Presles)被指控谋害了已故的国王,遭到刑讯逼供而没有吐出任何口供,最终得到释放。[Grandes Chroniques, T. v. p. 221. (Ed, Paris, 1837.)]

对古老习惯法的如此挖掘,必然不断受到抗议和抵制,因而无法持续。在"美男子腓力"统治的最后日子里,法国的封建权力者们忽然警醒,认识到之前半个世纪君主特权的扩张对他们是一种威

1 瓦卢瓦的查理(Charles of Valois,1270—1325年),瓦卢瓦伯爵,法国卡佩王朝腓力三世之子,法王腓力四世之弟。除了父亲和兄长,他的三个侄子(路易十世、腓力五世和查理四世)和他自己的一个儿子(腓力六世)都是法国国王。

2 贝居安修会(beguine),12—16世纪流行于低地国家的一种天主教半世俗女子修道会。

3 昂古朗·德·马里尼(Enguerrand de Marigny,1260—1315年),法王腓力四世的廷臣。

胁。于是成立了一个联盟,似乎对这个被圣路易及其继承者小心翼翼地呵护着的国家体制形成了威胁。不过,太迟了。尽管风暴降临到了新任而缺乏经验的国王“争吵者路易”身上,但对于王国中联合起来的封建领主们而言,王室的律师们已经太过强大。当各省纷纷陈述其重新恢复旧秩序的诉求时,他们得到了些许巧妙的回避、些许精巧的承诺、些许后来被从容不迫地撤回的让步,以及被似是而非的谨慎措辞伪装得仿若“赞同”的否定。

在这些抱怨中,我们发现对酷刑的引入,被列为一种对臣民既定权利的创新,但是草拟国王批复的律师们却小心翼翼、尽可能少地施予,他们的法律训练使他们认为这是程序方面的巨大进步,尤其因为它能够取代断讼决斗,后者被他们合理地认为是封建割据的最重要标志。

贵族们的活动从国王那里为几个省份获得了一系列宪章,国王通过宪章尽可能模糊地限定了王室管辖权所主张的范围,并且他承诺将会解决他们的某些积怨。这些宪章中的一些,例如那些赐予布列塔尼、勃艮第、亚眠以及韦芒杜瓦的宪章中,都没有提到酷刑。[Isambert, Anciennes Lois Françaises, III. 131, 60, 65.]在后两者中,对断讼决斗的权利作出了让步,这也许能解释为什么那些省份的贵族们疏于自我保护,没有避免使自己受制于原本如此轻易就能通过刀剑摆脱的程序。在朗格多克的宪章中,路易愿意同意的,仅仅只是一种特别豁免权,享有者是那些曾经享有图卢兹议员、领事以及什长(decurion)荣誉的人以及他们的孩子,而且连这微不足道的让步都没有在“欺君犯上”(lèse-majesté)案或法律特别规定的其他事项中兑现。这整个条款实际就是从罗马法中借鉴而来的，它或许已经俘获了路易的法律顾问们的心，特别是当法国法学第一次承认了“欺君犯上”罪时，这标志着民法体系压倒封建法获得了胜利。[Ordonnance, I[ier] Avril, 1315, art. xix. (Ibid. III. 58).] 诺曼底人只获得了一个模棱两可的承诺：自由民不受酷刑逼供，除非他涉嫌可能判处死刑犯罪的重大犯罪，而且酷刑应当受到规制而不至于危及性命或造成肢残；并且尽管诺曼人对这样的宪章不满意，几个月后又弄到了另一部，但他们在这一点上一无所获。[Cart. Norman I. Mar. 1315, cap. xi. Cart. II. Jul. 1315, cap, xv. (Ibid. 51, 109).]

关于查理大帝的官方文件被保存了下来，为我们提供了更多的细节。外省贵族们抱怨，王室管领和高级律师进入他们的土地、逮捕并拷打他们的仆人和平民百姓，违背了习惯法和特权。对于这一点，路易承诺将会制止。贵族们进一步声称，与查理大帝古老惯例和习惯法相抵触，王室官员们擅自对有犯罪嫌疑的贵族们施行刑讯，哪怕并非当场逮捕的现行犯，哪怕没有获得口供。对于这一点，路易模模糊糊地回复道，以后将不允许拷打贵族，除非依法律和理性推定为恰当合理，以免造成对犯罪者的姑息纵容；在经刑讯而招供之后足够长的时间内，依然坚持招供，方能据此定罪。[Ordonn. Mai 1315, art. v. xiv. (Bourdot de Richebonrg, III. 233-4)] 当然，这根本无法令人满意，香槟省的人们不太乐意接受它，但再次上书谏言后，也只得到简单的重复承诺：除非被指控犯有可处死刑的犯罪，贵族不受刑讯。[Ordonn. Mars 1315, art. ix, (Ibid. p. 235.) 这道法令标注的日期有误。 它是在 5 月末颁布于上面所提的那部之后。] 1319 年，争斗似乎仍在继续，因为我们发现“长腿腓力”在其赐予佩里戈尔(Périgord)[1]和盖尔西(Quercy)[2]的一部宪章中，承诺实施酷刑之前的程序应当在双方都在场的情况下进行，这无疑是为了平息对刑事调查秉持的秘密性的抱怨。[Ordonn. Jul. 1319, art. xxii. (Isambert, III. 227).]

酷刑的采用，就这样长久地在法国司法机制中建立起来了，成为摧毁封建割据的重大革命性事件之一。然而，即便如此，它依然不是放之四海皆准的，特别是在那些有能力保存其特权的人群中。波格诺伯爵已经出版了一本被称为《圣狄希尔普适法》(*Tout Lieu de St. Disier*)的文集，作为巴黎高等法院《案例集》的一个附录，它是由圣狄希尔的地方法官们向伊普尔推送的 314 个疑难案件的判决组成的，因为根据宪章的规定，他们必须这么做。这本书特别规定，此处没有提供答案的所有案例，应当根据伊普尔的习惯法裁断，结果，250 年间，每当这个查理大帝治下的小镇的助理地方长官感到疑惑时，他们就引用佛兰德斯高贵市民的做法，作为法庭解决问题的最后一招。在这本《普适法》中，案件日期大多是在 14 世纪中期的 30 多年时间里，它们被遴选出来作为一系列既定的案例法。这整个系列自始至终都没有提到酷刑。这一事实显示出，它作为一种程序形式，不为圣狄希尔的助理长官们所采纳，而且对上级封建主即丹皮耶尔(Dampierre)[3]的司法官也一样。这些案件中的许多环节，似乎

---

1 佩里戈尔(Périgord)，法国东北部地名。

2 盖尔西(Quercy)，法国西南地名。

3 丹皮耶尔(Dampierre)，法国地名。

格外适应新的审讯体系。于是,在 1335 年,有人夜里在街上遇袭受伤。他的叫喊声引来一群人,他指认了袭击者。没有什么规则比“必须有两个无利害关系的证人以证明罪责”更加根深蒂固了,而圣狄希尔的权力者们在不知所措的情况下,一如既往地按照伊普尔的地方法官们的指导行事。后者将法律规定为:法庭应当造访卧床不起的伤者,敦促他说出实情以获救赎。如果在这样的情况下,他点出了任何人的名字随后死去,那么被指控者应当被宣布为有罪。另一方面,如果他恢复了健康,被告应当按照他的声望获得相应的处置;也就是说,如果声望良好,他应当被无罪开释,如果恶名昭彰,他就应当被放逐。[Tout Lieu de Saint Disier, cap. cclxxii. (Olim. T. II. Append. p. 856.)] 在酷刑理论下,想象不出有任何案件更加诱人,但无论是圣狄希尔的诚实市民们,还是伊普尔有权有势的要人们,似乎都没有适用它的意思。因此,当前者讯问:当一个人被控盗窃时什么样的证据足够定罪? 答案是:没有证据能够导致有罪判决,除非在被告处发现了失窃的物品。[Ibid. cap. cclxxiii.] 富饶的里尔城同样否定了刑讯程序。1350 年左右,那里实行的法律规定,在杀人案件中,有罪判决应当基于绝对证据作出,但是当无法获得这样的证据时,法官可仅依其一己之见进行判决,因为无法确定的事就是无法确定。[Roisin, Franchises, Lois et Coutumes de Lille, p. 119.于是,“on puet et doit demander de veir et de oir,” 但是当这不可能时,“on doit et puet bien demander et enquerre de croire et cuidier. Et sour croire et sour cuidier avoec un veritet aparent de veir et d’ oir, et avoec l’ omechide aparant, on puet bien jugier, lone l’ usage anchyen, car d’ oscure fait oscure veritet"。] 在这样一种立法架构之中,刑讯逼供以定罪的做法显然无立锥之地。

在阿基坦明显已试图引入酷刑,但是似乎遇到了抵制。《波尔多习惯法汇编》记载,14 世纪时有一个重要的申明,宣称先贤们并不曾想要剥夺人们的自由和特权。因此,禁止对任何人施用酷刑,除了那些恶名昭彰而被宣布为不名誉者。与酷刑最接近的,是允许将被告两手绑缚在身后,不用滑轮而直接悬空吊起。[Rabams, Revue Hist. de Droit, 1861, p. 515.—No volgoren los savis antiquament qu' om pergossa sa franquessa ni sa libertat.]

然而,到这个时期,不采用酷刑的地方已是凤毛麟角。圣马丁-德-夏普修道院(Priory of St. Martin-des-Champs)的法庭登记显示,它已不仅限于王室管辖区,而且成为被高等法院所承认的事。[Registre Criminel de la Justice de St. Marlin-des-Champs, p. 50.] 根据 1359 年的 份文件显示,对被带到巴黎的夏特莱城堡的所有罪犯使用酷刑已经成了一种习惯 [Du Cange s. v. Quæstiotiarius.],而且尽管特权人士不断试图免受如此对待,比如 1371 年维伦纽夫的执政官们 [恩准维伦纽夫的执政者们免受刑讯的文件颁布于 1371 年 (Isambert, V. 352)。这些恩典的例外情形是叛国罪案件。],以及 1385 年达耿顿爵士(Seigneur d' Argenton) [他主张他的男爵爵位应使他免受酷刑拷打,但是被拒绝了。然而,杜摩兰 (Dumoulin) [1] 承认有贵族血统的人不应当像下层人士那样轻易地遭到刑讯。——Desmaze, Les

1 杜摩兰(Dumoulin),生活在 16 世纪的法国法学家,法国法则区别说的代表人物。

Pé nalité s Anciennes, d' apris des Textes inedits, p. 39 (Paris, 1866).], 但另外一些特权人士则努力获得施用它的权力,例如米约(Milhaud)[1]颁行于1369年的宪章所显示的那样,那个市镇的议员们获此殊荣:如果他们想要出席的话,所有的刑讯都必须在他们面前进行。[Du Cange s. v. Qiæstio No. 3.] 的确,到该世纪结束时,在被告人否认罪行的案件中施用酷刑的权利被常规化地确立起来,作为高等法院法官们的特权之一。[Pour denier mettre à question et tourment.—Jean Desmarres, Dé cisions, Art. 295 (Du Boys, Droit Criminel II. 48).]

时至于此,刑事程序被认为完全可以分割为两个等级——普通程序(procès ordinaire)和特别程序(procès extraordinaire)。其中前者通过讯问进行,后者则通过常常采取酷刑拷打的严格纠问程序进行。没有确切的规则规定任何给定的案件会被交付哪一种程序审理,尽管在14世纪之初普通程序顾名思义地被用作审判刑犯的一般模式,但对这两者的选择权逐渐落入法官手中;而且这种裁量如此频繁地倾向于特别程序,以至于在该世纪末,它反而成了常规而非例外。[L. Tanon, Registre Criminel de la Justice de S. Martin-des-Champs, Introd. p. lxxxv. (Paris, 1877).]

这在巴黎的夏特莱堡从1389年到1392年的记录中清晰可见[Registre Criminel du Châtelet de Paris. Publié pour la premiè re fois par la Socié té des Bibliophiles Français. 2 torn. 8vo. Paris, 1864.],使得我们能够对这一时期刑事程序中酷刑所占据的地位有一个相当清楚

1 米约(Milhaud),法国南部地名。

的认识。它事实上已经成为常规的做法以及法庭主要依赖的办法，没有采用它的案件似乎仅仅是例外情况。即使有贵族血统也不能得到豁免，绅士们像平民百姓一样，只因轻微犯罪就会被送上拷问台。[Ibid. I. 9, 14.] 可悲的囚犯无路可逃。如果他否认被指控的罪行，就会立刻受到刑讯逼供，而且似乎没有定则确定合法的刑讯需要符合什么样的必要条件。就这样，在一个案件中，某人在拷问台（tresteau）上叙述他罪恶人生中的累累恶行时，碰巧提到另一个人的名字，将其说成职业窃贼。后者将立刻遭到逮捕，而且尽管没有针对他具体罪行的指控，他仍然会受到反复拷打，直到榨出了足够的口供将他判处死刑。[Ibid. I. 143. 亦见于与此类似的拉乌兰·杜·普莱（Raoulin du Pré）一案（p. 149），此人在绞刑台上撤回招供，并抗辩称自己是无辜的，“sur la mort qu'il attendoit à avoir et recevoir presentement”，但他还是被处死了。亦参见佩兰·杜·奎斯诺伊（Perrin du Quesnoy）一案（p. 164）。] 另一方面，如果囚犯固执地否认他的罪行，没有任何对酷刑重复次数的限制，并且即便这样无法取得任何口供，口供缺失也并不总能使他免受刑罚。[参见博豪特·莱斯塔隆（Berthaut Lestalon）一案（同上 p. 501），此人被指控犯有各种小额盗窃罪行，受到严刑拷打却没有结果。法庭判断，鉴于失窃财产价值甚微，而且都已经物归原主，囚犯应当再次被拷打，如果他招供，就会被吊死，如果他依然否认，他将被割去右耳，并被逐出巴黎。这个合情合理的判决得到了执行。在没有认罪的情况下，他遭到了这般惩罚。与此颇有些类似的是吉安·德·沃卢斯（Jehan de Warlus）一案（同上 p. 157），她被拷打了 5 次，依然没有招供，却受到了刑罚；亦见于杰奎特·德·丹（Jaquet de Dun）一案（同上 p. 494）。] 如果他撤回了从他那里拷问出的口供,他会被一而再、再而三地拷打,直到他不再主张自己无辜,因为这是定罪所必须的肯定性要件,即拷问所得出的口供应当得到囚犯在不受强制情况下的确认——“囚徒应不受任何强制力羁缚”——当判决被交付到身在拷问室之外的他的手中时。

同样地,如果这个不幸的囚犯招认他被指控的罪行,他仍然会迅速遭到进一步的拷打,以查明他此前是否犯有的其他罪行。我们之后将会看到,这到最后成为酷刑逼供体制最恶劣的滥用现象之一,已然持续了至少半个世纪之久[在《圣马丁-德-夏普刑事案例集》(*the Registre Criminel de St. Martin-des-Champs*)中,案件记录过于简明,以至于对过程的细节没有多少记载,只是载明指控的罪名和判决结果。然而,经常发生的是,一个被指控犯有轻微盗窃罪的人,却招认了以前所犯的更加严重的罪行,这必然暗示着他的供词来自刑讯。例如,参见吉安宁·梅西(Jehannin Maci)一案,他在1338年遭到逮捕,因为发现他有两只黄铜罐,他不仅承认这是偷来的赃物,而且承认了许多其他罪行,他被依法用木篱笆拖拽上了绞刑台。(Op. cit. pp. 120-1)菲利珀特·德·莫宁恩(Phelipote de Monine)一案(p. 178)也有如此暗示。]而且它已经变得如此习以为常以至于几乎不值得援引具体例子,不过,杰维斯·考苏瓦(Gervaise Caussois)的案子可能还是因其离奇性而会被简略提及。此人因偷窃了一些铁器而遭到逮捕后,立刻招认了罪行。为弄清他是否犯有推想出的其他罪行而使用了酷刑,理由之中包括一条卓绝的借口——“他长有疥疮”(attendu qu'il est scabieux)。拷打之下,这可怜的家伙自认犯有其他一些轻微的盗窃罪。但即使这样也无法让审问他的人满意。第二天,他再次被带到了他们面前,并被绑在了拷问台上,这时他又招认了一些琐碎的盗窃罪。这样显然已经获得了能让法官们良心安逸的证据,他们“慈悲为怀”地将他绞死,而没有再继续拷打。[Registre Criminel du Châtelet de Paris, I. 36.]实际上,这件事明显非常仰仗法庭的自由裁量,而对被带到他们面前的不幸之人追根究底的好奇心,似乎不曾受到任何阻挠和限制。

自由裁量权被多大程度地践行,可能可以从富勒朗·德·圣-娄(Fleurant de Saint-Leu)一案判断出来,他在1390年1月4日被交付审讯,被指控偷窃了一只银质皮带扣。他否认了这项指控,而后被拷打两次,一次比一次严厉,直到他承认这项罪行,但是声称自己是初犯。1月8日,法庭判定:由于轻微的盗窃罪不足以判处死刑,他应当被反复用刑以确认他是否曾犯有其他值得判处极刑的罪行。于是在那一天,对他进行了更加严厉的第3次拷问,但徒劳无功。13日,他又一次遭受了两次拷打,审问者却只得到3年前他曾在森利斯与一个妓女结婚的供述。这不同寻常的顽固不化似乎震惊了法庭。他随后被关押在地牢中直到4月9日,他的案子受到了慎重的考量,并且尽管自他首次招供以来一无所获,他依然被判有罪,并在4月9日当天被吊死了——这就证明了他所遭受的可怕折磨是多么纯粹的毫无道理,而仅仅是为了满足无情的法官们的好奇心或是安抚他们的良心。[Ibid. I. 201-209.与此有些类似的，还有玛格丽特·德·拉·派奈勒(Marguerite de la Pinele)一案(同上 p. 322)，她被控偷窃了一枚戒指，拷打之下她供认了罪行。然而，她没有为在她身上发现的钱给出一个令人满意的解释，尽管其他一些证据部分证明了她的罪行，她又被拷打了两次。这显然是为了满足法官们的好奇心，因为虽然没有得到进一步招供，她还是被活活烧死了。对于男性来说必须处以绞刑或斩首的罪名，发生在女性身上则变成活埋或火刑。犹太人则从脚踝被吊起，吊死在两条后腿倒吊的大狗之间——一种可怕的死法，对它的恐惧有时甚至引起受刑者在绞刑台上临阵改宗皈依并受洗。(Ibid. II. 43.)]

然而,很少有罪犯像富勒朗那样造成了那么多麻烦。“大大小小的拷问台”(petit et grand tresteaux),酷刑被习惯性地施行于其上,它们就像快刀斩乱麻一般,使得夏特莱牢城犀利而迅捷,保护法院免于身陷困境。被告在一天之内被审讯、受刑、定罪和处决 [Ibid. I. pp. I, 268, 289; II. 66, etc.] ,并且不少被告的供词都是编出来的,只为用死亡来逃避他们所遭受的无止境的折磨,这是屡见不鲜的事。在长长的罪案目录中频繁可见的共同之处,似乎暗示着这一点,但是在法国北部、被告被指控在水井中投毒的某些个案中,特别值得注意的是,当有关当局显然必须拉来一些牺牲品以平息激动的民心时,那些不幸的小人物因嫌疑而被逮捕,并被拷打直到他们愿意自认任何罪名。[Registre Criminel du Châtelet de Paris, I. 419 - 475.——同样的结果显然也出现在一宗奇特的案件中，一位老女巫和她年轻的女儿被指控向一对新郎和新娘施了巫术，那女孩疯狂地爱上了新郎。6 次拷打之后，面临第 7 次用刑的威胁，她招出了咒语，这为我们提供了窥视那时迷信的有教益的机会。(Ibid. I. 327.)] 确实,在一个案件中,囚犯声称他知道有人在夏特莱受到拷打而死于刑讯者之手,而他自己在一两次受刑后宣称,只要能使他不再次承受这般酷刑,他愿意招认任何事。[Ibid. I. 516.]

但是，带着这种完全漠视最平易的司法原则的态度，酷刑程序依然并未尽数除去对古老习惯法的记忆。就如我们将会在后面看到的做法那样，囚犯并非对其所受指控和对方证词浑然不知。他总是会被告知指控的内容，并且当证人受到盘问时，记录会小心翼翼地特别说明：这是在他在场的情况下所为。［Ibid. I. 151, 163, 164, 173-77, 211, 269, 285, 306, 350, etc.］法庭会私下深思熟虑，但囚犯会被带上法庭以接收酷刑或死刑的裁断。囚犯也获得了一些途径以便提供有利于自己的证据，夏特莱行动迅捷的司法官可能会允许他们拥有这样的辩护机会，因为他的朋友们被允许在审判的间隙到监狱中来看望他。［例如，参见皮埃尔·富奈（Pierre Fournet）一案（Ibid. I. 516）。］

就这样，在首都，王权在民法律师的帮助下，迅速席卷了臣民的一切自由，但是在外省，依然有某种更加顽固的抵抗持续着。在编纂《布列塔尼习惯法典》(*the Coutumier of Britanny*)之后不久，我们发现其中存在酷刑逼供的内容，尽管完全是作为一种司法上的权宜手段，而且有更大的局限性。一名囚犯被指控犯有可判死刑的罪行，而他否认这项指控，如果无法获得确凿的证据，只要他在之前五年内曾受到指控，他就会受到严刑拷打。更有甚者，如果他承受了三次酷刑而仍未招供，他会被当作受到上帝特殊眷顾的奇迹而无罪开释［Très Ancienne Cout. de Bretagne, cap. CI.（Bourdot de Richebourg IV. 224-5）— “Et s’il se peut passer sans faire confession en la gehenne, ou les jons, il se sauveroit, et il apparestroit bien que Dieu montreroit miracles pour luy.”］——这显示在大众头脑中，对酷刑接纳到何等程度,已然被吸收到由它所取代的神判程序中。这种情况下逃脱一劫,确实很可能被看作奇迹,因为那个时代的鲁莽残暴几乎毫不犹豫地将刑讯推向极端严厉。大约在同一时期的1408年,兰斯议会起草了一系列关于本省主教巡访其教区的指导性规定;而且在其所列举的调查权滥用行为中,就有法官们"是否在斋戒期间习惯性折磨囚犯并致死"这么一条。[Concil. Remens. ann. 1408, cap. 49 (Martene Ampliss. Collect. VII. 420).]教会所反对的,不是残忍暴虐,而是亵渎神明。

甚至在德意志,这个封建主义的要塞,新观念的发展和罗马法的影响也已经传播到这样的程度,以至于在1356年查理四世(Charles IV)[1]的《金玺诏书》(*the Golden Bull*)[2]中有一个规定,允许对奴隶施加酷刑,以使他们在煽动叛乱反对帝国任何王公的案件中指证他们的主人[Bull. Aur. cap. xxiv. §9 (Goldast. I. 365).];而且所采用的表述形式显示这是一项创新之举。当时已成为帝国一部分的列日给我们提供了一个发生在1376年的案件,它显示出酷刑当时不仅已成为一种程序上的惯用方法,而且就如同我们看到巴黎的情况一样,它被不合理地适用。某天早晨,一个名叫吉勒·瑟莱(Gilles Surlet)的市民的年轻妻子被掐死在床上。丈夫似乎自知无辜,立刻到有关当局那里发下重誓,称自己绝非凶手。于是他家

---

1 查理四世(Charles IV,1316—1378年),德意志和波西米亚国王(1346—1378年),后兼任神圣罗马帝国皇帝(1355—1378年)。

2 《金玺诏书》(*the Golden Bull*),查理四世颁布于1356年的诏书,因盖有金色的印章而得名。旨在消除罗马教廷对德意志地区的政治影响,承认德意志诸侯,特别是7名选帝侯的重要性。

里的一名帮佣姑娘被逮捕了，还没有对她用刑，她就立刻承认了自己是谋杀犯。但是法官们却不满足于此，而是把她交付审讯，这时她却不屈不挠地否认自己的罪行。于是丈夫成了嫌疑犯，拷打之后没有招供，不过他同时宣称，那个姑娘也是无辜的。被带回囚室之后当夜，他自缢而死。编年史家并未记录这个姑娘后来的命运，但是吉勒的尸体却被当作谋杀犯的尸体来处置——它被拖到处刑台上，并被轮刑碾碎，而迷信者还注意到，在这个凄惨的过程中，有一只黑猪相伴而行，赶都赶不开，直到到达绞刑架为止。[Chron. Cornel. Zantfleit, ann. 1376 (Martene Ampl. Coll V. 308-9).]

在同时代的科西嘉(Corsica)[1]，我们发现酷刑逼供已被完全确立，尽管受到了谨慎的限制。在普通案件中，只有总督才有权采用，想要采用它的法官们须将案件所有事实向他汇报；然后总督按照自己的判断，签发命令，规定可以采用的刑讯模式和限度。[Statut. Criminali cap. xiv. (Gregorj, Statuti di Corsica p. 101).] 不过，叛国案不遵循这些限制，被告将会遭到严刑拷打，其程度和频率都以足以达到目的为准。[Statut. Criminali cap. lx. (p. 163).]

威尼斯文明的特殊性，使得酷刑几乎成了必需品。环绕此城邦共和独裁制一举一动的怀疑和秘密氛围、那种至死不变的神秘性，以及立法上的冷酷无情性，使得酷刑成为一种必不可少的手段。它能够多大程度上被自由地实施，尤其是在政治事务中，从国家审讯机构(the State Inquisition)中可见一斑，条文规定，仅仅有嫌疑就足

---

1 科西嘉(Corsica)，在法国东南地中海中。

以实施刑讯。据此,如果一位参议院秘书花销大手大脚,超过其薪俸水平,就立刻会遭到合理的怀疑,认为他可能受了某外国官员的好处,并派出密探跟踪他。只要他被发现在不合理的时间离开家门,就会立刻遭到逮捕并被严刑拷打。因此,如果审讯机构派出的无数密探中的任何一位,被呼为密探而受辱,那么冒犯者会被逮捕和接受刑讯,以弄清他是怎么猜到这位密使的身份的。[Statuts de l' Inquisition d' État, I^{e} Supp. §§20, 21 (Daru).]在亚德里亚海门户之地的那些政策缔造者冷酷而狡诈的眼中,人类的性命和苦难一文不值。

瓦尔泰利纳(Valtelline)[1]地区粗犷的山地民,将其对古代法律固有的尊崇保留到了更晚近的时期。在他们修订于1548年的条文中,确实准许了酷刑,但是仅限于指控犯下应处肉刑的案件中。在比较不那么罪大恶极的犯罪指控中,以及在涉及金钱的事项中,它被严格禁用;而且即便在允许采用它的案件中,没有当地中央当局的认可,也不得采用。而且,当审讯机构采取措施时,所有的证据会被提交给被告人,并给予他一段充分缓冲的时间,在下令处刑之前,他可以利用这段时间准备辩护。就这样,当周围所有地区早已在酷刑面前卑躬屈膝时,这里却避免了对这一制度最糟糕的滥用。[Li Statuti de Valtellina Riformati nella Città di Coira nell' anno del S. MDXLVIII. Stat. Crimin. cap. 8, 9, 10 (Poschiavo, 1549).]

---

1 瓦尔泰利纳(Valtelline,亦拼作 Valtellina),意大利北部伦巴底地区的一处山间谷地,靠近瑞士边境。这片谷地过去曾经是连通意大利和德意志地区的重要通道。

其他种族带着几乎相同的犹疑不定,采用了新的制度。于是,在匈牙利,1514 年时酷刑首次在法律上被实体化,而尽管采用的措辞显示:它在此之前已被某种程度上使用,但设下的限制表现出对其滥用的极为戒备的心态。要使它的适用合法化,仅仅有嫌疑是不够的,必须有几乎足以定罪程度的证据,而且证据的性质在这一规定中得到了完善的解释:如果一个法官亲眼目击了一宗谋杀,他不能下令对杀人者施行酷刑,除非有其他足够的证词,因为他不能既当法官又当证人,而且他对这一犯罪的认知,属于作为个人的他,而不是作为司法公职人员的他。[Synod. Reg. ann. 1514, Proœm. (Batthyani Legg. Eccles. Hung. I. 574.)根据某些权威说法,有一条总的原则——"Judex quamvis viderit committi delictum non tamen potest sine aliis probationibus reum torquere, ut per Specul. etc"——Jo. Emerici a Rosbach Process. Criminal. Tit. V. cap. V. No. 13 (Francof. 1645)。]有了这样的限定,这种习惯做法就不太会有扩张的危险。

在波兰,酷刑直到 15 世纪方才出现,而且是被逐渐引入的,并附有法庭使用时必须极为小心谨慎的严格规定。[Du Boys, Droit Criminel, I. 650.]颁布于 14 世纪的"伟大的卡西米尔"(Casimir the Great)[1]的法律至少直到 17 世纪仍然有效,禁止任何不正当的控诉人提出的指控,只有在正当的控诉人面前才能对案件进行聆讯,这就显示出:在波兰的法院中,秘密审讯程序没有立足之地。[Jo. Herb, de Fulstin. Statut. Reg. Polon. (Samoscii, 1597, p. 7.)]在俄罗

1 伟大的卡西米尔(Casimir the Great),即波兰国王卡西米尔三世(参见前文第 94 页注 1)。

斯,第一次正式提到它是在《众法之典》中。这是一部由伊凡三世(Ivan III)[1]颁布于1497年的法典,不过它仅仅是规定:被指控犯有抢劫罪的人,如果恶名昭彰,就可能遭到刑讯逼供以弥补证据的不足;但是因为被告人仍可自由采用决斗,使用酷刑必然只是个别情况。[Esneaux, Hist. de Russie, III. 236.]在另一个日期标为1530年的法律渊源中,我们看到:自高处用一小股冷水从头浇到巫师们身上以逼取供词的习惯做法;而在罪犯抗命不遵和顽固不化的案件中,会用木楔将他的指甲生生拔下。[Pauli Jovii Moschovia.——这是一部编纂于1530年左右的俄罗斯概述,作者是保卢斯·乔维乌斯(Paulus Jovius),取材自他与德米特里的对话。德米特里是瓦西里五世(Vasili V)[2]派往教皇克莱芒七世(Clement VII)[3]处的大使,前者是俄国的第一个皇帝。奥劳斯·马格努斯(Olaus Magnus)[4]出于他那北方血统的骄傲,将文中所示看作对苍凉俄罗斯的诽谤中伤——"hoc scilicet pro terribili tormento in ea durissima gente reputari, quæ flammis et eculeis adhibitis, vix, ut acta revelet, tantillulum commovetur"——他大方地暗示,这是狡

1 伊凡三世(Ivan III,1440—1505年),亦称"伟大的伊凡"(Ivan the Great),莫斯科大公国的大公(1462—1505年),通过各种方式大力扩张领土。后娶拜占庭帝国末代公主索菲亚,获得了在政府和宫廷建制方面的先进经验,塑造了俄罗斯作为独立国家的雏形。

2 瓦西里五世(Vasili V),从时间上看,似乎应为瓦西里三世(Vasili III),1505—1533年在位。

3 克莱芒七世(Clement VII),出身意大利美第奇家族的罗马教皇,1523—1534年在位。他经历了西欧宗教改革的开端——马丁·路德发表《九十五条论纲》,以及英王亨利八世为离婚而脱离罗马教廷控制、开始创立英国国教圣公会。

4 奥劳斯·马格努斯(Olaus Magnus,1490—1557年),瑞典乌普萨拉的大主教(Archbishop of Uppsala)和学者。

黠的大使阁下在戏弄心软的意大利人以自娱："Sed revera vel ludibriose bonus præsul a versuto Muscovitici principis nuntio Demetrio dicto, tempore Clementis VII. informatus est Romæ."（Gent. Septent. Hist. Brev. Lib. XI. c. xxvi.）可敬的大主教所言无疑是根据他对俄罗斯使用拷问台和火刑架的了解，但是他对冷水酷刑的蔑视缺乏根据。在我们的监牢中，以水淋头之刑能在很短时间内使最顽固不化的犯人屈服，在文明的年代，对它这般不可理喻的严厉性的认知，可能来自它所时常造成的致命结果。就像这样，1858 年位于奥本（Auburn）的纽约州立监狱中，有一名强健的犯人，名叫塞缪尔·摩尔（Samuel Moore），在经历了半小时到 45 分钟的水刑之后，几乎一出拷问室就立刻毙命。更没有人性的一种施刑方法，是将犯人卷在一张毯子里，仰置于地，再从 6 英尺高处用一只不带蓬头的常用水壶将水浇在他的前额上。根据专家的说法，这能在几秒之内使最强悍的罪犯跪地求饶。在我们近期的战事中，当新兵赏金普遍言过其实而导致有组织的逃兵现象出现时，对于这种迅速耗尽国家资源的现行犯，由于恶性极大，似乎采取任何方式都不为过。由此，当无法取得合法证据时，水淋之刑时常被军方采用，以审讯有逃兵嫌疑者，此法被认为格外有效。]

酷刑在接下来的法典中仍然几乎没怎么出现，例如颁布于 1550 年的《法典》，以及 1648 年的《议会法典》。[Du Boys, op. cit. I. 618.] 实际上，这些地区依然过于蛮荒，而不能施行如此"文明开化"的司法程序。

纠问式审讯程序

在这个时期,当欧洲中部和西部地区已经大踏步走向文明开化时,基于酷刑基础上的秘密审讯程序已经成为所有刑事程序的基石,而且伴随着刚愎自用的阵阵剧痛,每一个细节都逐渐得到详细说明。

我们已经提到了宗教裁判所对引入酷刑的影响。它的影响并未止步于此,伴随着酷刑的引入,作为非公开审讯制度重要部分之一的纠问式程序体制,逐渐否定了被告人一切公平的自我辩护机会。在旧式封建法庭上,控方和辩方亲自出席。各方都提供各自的证人;涉案双方都进行辩论,而且直到断讼决斗或神判介入为止,有罪判决都是在依法对证据进行适当权衡之后作出的,而双方都有雇用律师和向封建领主上诉的自由。圣路易努力废除决斗并用审讯制度取而代之,这在某种程度上必然有片面性,他无意撤销被指控者的合法抗辩权,而且在《1254 年法令》中,他明确规定:他的官员们除了因绝对的必要,不得拘禁被告人,而所有的审讯程序都应当被毫无保留地告知于他。[Statut. S. Ludov. ann. 1254, §§20, 21 (Isambert, I. 270).]这一切,随着时间的流逝以及司法当局采用酷刑而改变了。宗教裁判所的理论,即嫌疑人应当像一头野兽般受到穷追猛打和陷阱包围,他应被推定为有罪,而且法官们的努力仅仅应当是为了获得足够证据来指控他,确保能够逼出口供而不允许他有任何办法辩护——这种理论被接受成为刑事法学的基础。这些宗教裁判式程序的纠问性,甚至剥夺了被告在罗马法刑讯规则下所受到的那种有力保护。那一法律,就如我们已经看到的那样,要求有正式的登记在册,据此控方若无法证明其指控就会承受同态复仇的惩罚,而用酷刑进行调查的刑事案件中,他就会依法受刑。这一点被西哥特人所效仿,而且在引入宗教裁判所制度而改变政策之前,它的原则被教会接受和实施［格拉提安在 12 世纪中期,就是这样做的——“Qui calumniam illatam non probat pœnam debet incurrere quam si probasset reus utique sustineret.”——Decreti P. II. caus. v. quæst. 6, c. 2.］;但是近现代欧洲,在借用罗马的酷刑时,将其与纠问程序混合,而且如此一来,在文明的基督教世界,它迅速得到比以往在异教徒中的任何时候都更加不顾后果和残暴无情的利用。

1498 年,一个在布卢瓦举行的贵族会议起草了一份关于法国司法改革的思虑周密的法令。其中,纠问程序的秘密性,被坚持作为所有刑事程序中的第一要务,得到详细阐述。整个调查掌握在政府官僚手中,他们亲自秘密盘问每一个证人,而囚犯根本不知道发生了什么事,也没有任何机会安排辩护事宜。在这样单方面地取得所有可以取得的证词之后,法官们与被提名参与的其他人士一起开会讨论,由他们决定是否要对被告使用酷刑。他只能被拷打一次,除非得到新的、对他不利的证据,而且他的供述第二天会向他宣读,以便他进行确认或否认。同一帮人再次召开会议,秘密审议以决定他的命运。［Ordonnance, Mars 1498, §§ 110-116 (Isambert, XI. 365.—Fontanon, I. 710).水刑似乎是这道法令所规定的唯一刑讯方式,因为法庭书记员受命记录“施加在受刑者身上的水量”。施刑时,堵住受刑者的嘴，将水导入他的喉咙直到身体明显膨胀起来。 施行方式有时会有变化，例如通过猛击受刑者的腹部使其大量喷出水来(Fortescue de Laudibus Legg. Angliæ，cap. xxii.)，有时会用一片布料起到引流作用，将水导入他的喉咙。 对于这一点，维隆（Villon）[1]的上诉中曾有提及。 Se fusse des hoirs Hue Capel / Qui fut extraict de boucherie，/ On ne m' eust，parmy ce drapel，/ Faict boyre à celle escorcherie.]

这个残暴的制度被弗朗西斯一世(Francis I)进一步完善,他在1539年的一道法令中,明确废除了圣路易赋予被告的那些时而仍有人主张的、麻烦的特权,规定在任何情况下,被告都不能够获知自己被控何罪,或是指控基于什么样的事实,或是听取他的辩护。在检视单方面证词时,不听取囚犯所言,法官们根据指控的严重程度下令采取相应的酷刑,而且它会得到立刻适用,除非囚犯上诉,那样的话,他的上诉就需要当地高级法院的立刻裁断。[Ordonn. de Villers Cotterets，Août 1539，§§ 162 - 164（Isambert，XIII. 633 - 4）. "Ostant et abolissant tous styles，usances ou coutumes par lesquels les accusés avoient accoutumés d'être ouïs en jugement pour sçavoir s'ils devoient être accusés，et à cette fin avoir communication des faits et articles concernant les crimes et délits dont ils étoient accusés."]
这整个制度显然都基于这样的判断:宁可让100个无辜者遭殃,也

---

1 指弗朗索瓦·维隆(François Villon,1431—1463年之后),生活在15世纪的、法国最著名的抒情诗人之一。他虽熟知当时社会虚华的文学情趣,却特立独行地咏唱平民和社会底层的生活。他作风放浪形骸,与中世纪法国的司法机构时有冲突,甚至曾在1463年被判处死刑,后减刑为放逐,此后不知所踪。参见Henry De Vere Stacpoole, *François Villon*: *His Life and Times*, 1431—1463, Hutchinson and Company, 1917。

不可放过任何一个罪犯，很难再设想出比这更能使酷刑通用化的程序途径。的确，存在一些保护被告的措施，至少理论上是这样，在没有足以使酷刑合法化的证据的情况下，法官若使无辜者受到刑讯，应当承担责任；但是这么一条公平合理的好规定，却常常得不到执行，并且与那个时代的总体精神格格不入，以至于不久便遭到废止。就这样，在或许是法国最独立的一个省——布列塔尼，那里修订于1539年的《习惯法汇编》，保持了这样一个规则［Anc. Cout. de Bretagne, Tit. I. art. xli.——达让特莱对这条法律不遗余力的阐释，可悲地显示出：他对于能处以刑讯的初步证据存在着极大的困惑。Comment. pp. 139, sqq.］，但是它在1580年法律修订版中消失了。

不过，这还不是全部。酷刑，就这样被用于给被告人定罪，它被称为预先讯问（question préparatoire）；并且，无视于只能适用一次的古老规则，第二次适用，被称为确定性或先决性讯问（question définitive or préalable），成为惯常做法；因此，在定罪之后，囚犯会再次遭到极度拷打，以便探知他是否有共谋者，而且，如果有就要指认出来。在这样可恶的做法中，我们发现了另一个罗马法受到宗教裁判所的不幸影响而发生变异的例子。罗马法明确而且明智地规定，不得为了盘问他人的罪行而对已经招供者再加审讯［Nemo igitur de proprio crimine confitentem super conscientia scrutetur aliena.—Const. 17 Cod. IX. ii.（Honor. 423）.］；而在9世纪，《伪教令集》的作者们强调性地采纳了这个原则，使之在教会法中得以实体化［Nemini de se confesso credi potest super crimen alienum, quoniam ejus atque omnis rei professio periculosa est, et admitti adversus quemlibet non debet.—

Pseudo-Julii Epist. II. cap. xviii.—Gratian. Decret. P. II. caus. V. quæst. 3, can. 5.]，直到宗教裁判所搜捕异端的狂热激情，使得连“将被告定罪”都被视为无益的胜利，除非能够迫使他指证可能的同谋们。

酷刑，一般也被划分为普通讯问(question ordinaire)、特别讯问(question extraordinaire)——这是一个粗略的分类法，使得施用酷刑的轻重与罪名的大小或案情的缓急成比例。于是，在最寻常的酷刑种类中，吊刑，也常被称为“卡恩僧侣”(Moine de Caen)，普通形式是将囚犯双手绑在背后，两手之间夹一根铁棍，然后将一条绳索绑在他的腕间，用滑轮通过这条绳索将他吊起来，并在他的脚上坠上125磅的重物。在特别刑讯中，重量被增加到250磅，而当被拉到足够的高度，他会被颠簸晃动，这将令其关节脱臼，这个过程要进行三次。[Ché ruel, Diet. Hist, des Institutions, etc. de la France, p. 1220 (Paris, 1855).]

就这样，在1549年，我们看到这个制度在雅克·德·库西(Jacques de Coucy)一案中完全得到实行。雅克·德·库西在1544年投降，将布伦(Boulogne)[1]拱手让给了英国人。这被认为是一项叛国行为，但他在1547年得到了赦免。可是，尽管被赦免，他随后还是受到审判，被判有罪、处斩并分尸，并且受到了特别讯问，目的是获得共谋者的名单。[Isambert, XIV. 88. 贝卡利亚(Beccaria)[2]对

1 布伦(Boulogne)，法国北部港市。

2 指切萨雷·贝卡利亚(Cesare Beccaria，1738—1794年)，著名的意大利刑法学家，著有《论犯罪与刑罚》(1764年)，至今仍是各国法学院刑法课程的重要参考书。

此等荒谬程序发表了评论——要一个已自证其罪的人去指证他人又有何难？——“Quasi che l’uomo che accusa sè stesso, non accusi più facilmente gli altri. E egli giusto il tormentare gli uomini per l’altrui delitto?”——Dei Delitte e delle Pene，§XII.对囚犯适用它的徒劳和残酷，可见于据记载发生在1647年鲁昂的一次审判。一位名叫吉安·勒马里涅（Jehan Lemarinier）的人因谋杀被判死刑，并承受了确定性讯问。受刑者的指尖缠绕着绳索，受到藤条的鞭打，吊刑中两只脚上各挂了50磅的重物，随后还遭到拧拇指之刑，这一切不仅没有得出口供，反而激发此人大声抗辩，声称自己是无辜的。最后，官僚们精疲力尽，将其打回牢中。但回到牢中后，他请来法官们，并安静地当面详述了他的罪行，声称完全是他自己一个人所犯，他特别要求他们载明：他的招供是自愿作出的，是为了使他的良心得到解放，而不是酷刑拷打的结果。—Desmaze，Les Pénalités Anciennes，p. 159. Paris，1866.］

路易十四在柯尔博（Colbert）[1]的启发下重塑法国法律的时候，各种改革措施被引入刑法之中，而在实施酷刑方面，变革有好有坏。《1670年法令》（*the Ordonnance of 1670*）是由当时最有能力和最开明的法学家委员会所起草的，被认为是拉莫尼翁（Lamoignon）[2]、塔隆（Talon）和普索特（Pussort）这般人物制造出来的一场人类智慧的悲壮展示。残酷、可笑而徒劳的先决审问程序被保留了下来；而在主要程序问题上，一切机运都不站在囚犯这边。所有的先决证词都

---

1 柯尔博（Cdbert）指让-巴蒂斯特·柯尔博（Jean-Baptiste Colbert，1619—1683年），法国“重商主义”政治家，路易十四的重臣，曾任财政总监（1668年）。

2 拉莫尼翁（Lamoignon）指纪尧姆·德·拉莫尼翁（Guillaume de Lamoignon，1617—1677年），法国法学家和政治家，对路易十四时代的立法工作贡献良多。

依然是单方的。被告的意见会被听取,但是依然受到纠问审问。拉莫尼翁徒劳地努力为其争取获得法律咨询的机会,但是柯尔博顽固地拒绝作出这样的让步,而且辩方被赋予的最高权利,仅仅是经法官自由裁量获准与对方证人进行对峙。在初步审问方面,酷刑被保留用于死刑案件,在证据强而有力但仍不足以定罪时采用。在适用的时候,酷刑可以因法官的意愿而停止或重启,但是,如果被告一旦被松绑或从拷问台上移下,酷刑就不能再重复进行,哪怕后来又取得了新的证据。[Ordonnane Criminel d' Août 1670, Tit. xiv, xix. (Isambert, XIX. 398, 412).]

该法令尽管篇幅很小,还是很好地规定了一些限制,但是在实践中却发现:它们无法实行,并且没能为被告提供多少真正的保护,当法官们为了定罪而曲意行事时,会选择对这些限制视而不见。一位生活在那个时代并因其职位而拥有一切确知真相的机会的人评论道:"他们发明了一套玩弄词汇的戏法,并假装尽管可能有规定不允许重复使用酷刑,但他们依然有权继续,不过可能有一个为期整整 3 天的间隔期。然后,如果受刑者因好运或奇迹在反复的痛苦后存活下来,他们就会探索出值得瞩目的新的应对办法,使他再受酷刑,永无止境。法律给他们的残暴设定了一些限制,而且要求刑讯逼供不成或者酷刑之后供词得不到确认,就要释放被告,他们却用这些方式背离了法律的本意。"[Nicolas, Dissertation Morale et Juridique sur la Torture, p. III. (Am sterd. 1682).] 实践中,这些也不是缩减囚犯本已稀少的权利的唯一模式。在 1681 年,一份王室公告表明,在格勒诺布尔(Grenoble)[1]的司法管辖区,法官们习惯于拒绝听取被告的意见,而且不经聆讯就给被告定罪,这种滥用权力的行为受到禁止。然而,其他法庭后来断定这种禁止只对格勒诺布尔法院适用,而在1703年国王不得不再次发布声明,以使这条规则在整个王国境内生效。[Dé claration du 13 Avril, 1703 (Ordonnances d' Alsace, I. 340).]

更有甚者,在《1670年法令》中,对另一项同样粗暴且不合理的滥权进行了正式明文规定——即采用酷刑的同时对证据进行保留。当法官决定这样做时,被告人在严刑拷打之下的缄默不能使他被宣告无罪,尽管讯问的整个理论都是建筑在招供的必要性上的。他只是逃过了死刑,而且可能在法官自由裁量之下而判处任何其他刑罚,如此展现出一个人既非有罪也非无罪的异常状况,它从罪刑法定的规定中解放出来,而可以处以其他形式的刑罚,却没有任何法定罪名。这种因嫌疑而制裁的做法,不是什么新鲜的东西。在酷刑逼供大行其道之前的14世纪早期,阿布维尔(Abbeville)[2]一位名叫艾斯蒂文尼·李·巴比尔斯(Estevenes li Barbiers)的人,因涉嫌破坏和平而遭到死缓放逐,随后受到审判,被宣告无罪,并被允许返回当地。[Coutumier de Picardie, Éd. Marnier, p. 88.]大约在同一时期,阿内(Anet)[3]的一位理发师和其子遭到圣马丁-德-夏普修道院修士们的逮捕,他们被怀疑杀害了一位看管干草的守卫人员。由于罪

1 格勒诺布尔(Grenoble),法国东南部城市。

2 阿布维尔(Abbeville),法国北部城市。

3 阿内(Anet),法国北部地名。

证不够充分,他们被送上了绞刑架,作为一种那时常用的精神上的酷刑。他们仍然拒不招供,于是遭到永久驱逐,若违反驱逐令就会被吊死,因为正如那份记载直白的表述,他们的罪行没有得到充分证实。[Registre Criminel de la Justice de S. Martin-des-Champs. Paris, 1877, p. 229.] 因此,在巴黎高等法院的记录中,有一项于1402年作出的、针对议会的一位律师吉安·杜博(Jehan Dubos)和他妻子伊莎贝莱(Ysabelet)的判决,因为他们涉嫌毒害了另一位律师吉安·勒·夏隆(Jehan le Charron),他是伊莎贝莱的第一个丈夫,杜博因此被处以绞刑,而他的妻子受到了火刑。[Desmaze, Pé nalité s Anciennes, p. 204.] 16世纪最清醒的知识分子之一,让·博丹确定了这样的一条规则,即刑罚应当与证据成比例;他将"证据不足以定罪则应释放"的原则当作一种过时的做法来嘲弄,而且提到了鞭打、罚金、拘禁、罚做船工以及降级革职,作为只有大胆推测而没有确凿证据时死刑的替代品。他用亲身经历的一个勒芒贵族的案件对此做了阐释,此人因有严重的谋杀嫌疑而被罚做船工9年。[Bodini de Magor. Dæmonoman. Basil. 1581, pp. 325, 334, 390.] 除非有证据证明其无辜,否则适用刑讯程序而不放过一人的决断,导致了不合逻辑的"证据保留"(réserve des preuves)制度。

法律博士们籍以行事的理论根据是:如果有足够的证据定罪,法官却仍然过度拷打而没有获得招供,被告就不能够因其所犯罪行而被判处最高刑,因为酷刑本身削弱了外部证据的证明力,因此罪犯必须被判处较轻的刑罚——这项限定颇值得各学派进行无关紧要的逻辑辩证。[Scialojæ Praxis torquendi Reos c. i. No. 12 (Neap.

1653).]这个制度在实践中制造的残酷荒唐事,可以通过一个发生在16世纪那不勒斯的案件得到良好的诠释。苏莲托(Sorrento)[1]的马克·安东尼奥·马莱斯卡(Marc Antonio Maresca)因涉嫌在集市上谋杀米阿尼(Miani)的一个农民,而受到了海事法院的审判。强有力的证据指向了他,却没有目击证人,而他在经受酷刑之后没有招供。法院主张:对证据进行保留,并罚他做船工7年。他向王室议会的高级法院上诉,这个案件被交到杰出的律法学家托马索·格拉马提科(Thomaso Grammatico)手中,他是议会的一员。托马索·格拉马提科报告:他历经酷刑而没有招供,并且否认了法庭扣押证据的权利,必须将他当作无辜者来考量。这展示了那时刑事法学古怪的逻辑。托马索·格拉马提科还总结说,马莱斯卡可以被交给群岛托管5年,尽管那不勒斯法律明确承认这么一项原则:只有在所控罪名刑罚重于放逐托管的时候,才能施用酷刑。使这一串法学智慧完整的、剩下的唯一要件,由议会提供,它将海事法院的判决弃置一旁,否认了他们的同僚的报告,并且判处囚犯做3年船工。[Thomæ Grammatici Decisiones Neapolitanæ, pp. 1275-6. (Venetiis 1582.) Cf. Scialojæ op. cit. c. i. No. 22.]在荒谬的复杂性上略逊一筹、但日期上却无可饶恕的,是1740年奥尔良法院作出的判决。一个名叫巴伯鲁斯(Barberousse)的人没有被拷问出任何口供就被判处终身做船工,因为,如判决所宣称的那样,他有重大的蓄意谋杀的嫌疑。[L'Oiseleur, Les Crimes et les Peines, pp. 206-7.]一个比较可

---

1 苏莲托(Sorrento),意大利南部地名。

以谅解、却更不理性的例子，发生在1729年的哈雷。那里有一个妇女被指控杀婴，她拒不招供，由于她在身体欠佳时分娩，使用酷刑可能危机性命，有关当局在必要的考量并咨询医生之后，使她免于刑讯拷打，没有定罪而直接将其放逐。[Braune Dissert. de Tortura Valetudinar. Halæ Cattor. 1740, p. 28.]

同样地，规避对酷刑一切限制的趋势，出现在荷兰。16世纪之前，荷兰对这种程序知之甚少，而只因1570年腓力二世的刑事司法法令，酷刑逼供被系统性地实施。一旦采用，它迅速蔓延直到几乎到处通行，在摆脱了西班牙桎梏的各省以及仍然保持忠诚的省份中都是如此。腓力施加其上的限制很快被逾越。他曾经在律令中将酷刑限制在那些有强烈的怀疑而没有绝对证据的情况。然而，由于在誊写和翻译的过程中，误抄律令的措辞，这等于是允许法官在任何案件中、不是怀疑被告是否有罪而是怀疑他是否无辜时采用它；并且，当这个错误被热心的法律历史学家发现时，法庭的这种习惯已是根深蒂固，变革的尝试成了徒劳。[Meyer, Institutions Judiciaires, IV. 285, 293.]

在德意志，1532年皇帝查理五世立法将酷刑削减成了这么一个制度，他的《加洛林刑事基本法》(*Caroline Constitutions*)包括了一部在这个问题上比以往更加完备的法典——除了宗教裁判所的记录。这一法典既前后矛盾又不合逻辑，援引了乌尔比安以证明刑讯诱导出来的证据的欺骗性；宣布酷刑是“针对可悲的情形，对人的身体极度危险，而且有时是致命的，其本身会导致死亡”[Legg. Capital. Caroli V. c. lx., lviii.]；在其某些规定中，表现出极度的小心翼翼和温情脉脉,试图防范滥用,可是实践中极为冷酷无情。在施刑期间招供是不应当被采信的,也不能在此基础上作出有罪判决[Ibid. c. XX.];而在脱离酷刑之后被告可能招出的口供,会被当作一个将死之人的证词,形成了完整的证据。[Ibid. c. lviii.]然而,这仅仅在对被告人不利时有效,一两天的间歇期后,他会被带到法官面前,如果他确认了供词,就会被定罪判刑,而如果他撤回了供词,就会立刻被重新架上拷问台。更进一步的是,在拷打之下招供时,他会受到密集的交叉盘问,并且供词中若被察觉到前后不一,他会立刻受到两倍于前的酷刑。[Legg. Capital. Carol. V. c. lv., lvi , lvii.]立法者就这样让受难者来为他自己的恶毒制度付出代价;受难者的磨难随着针对他的证据的缺陷程度而加重,而立法者却自我安慰说:受刑者是自作自受,"这要怪他们自己,而不是别人"(de se tantum non de alio quæratur)。为了补全法典的不一致性,还规定:招供不是定罪判刑的必要条件,无法反驳的外部证据则足以定罪,但是甚至当有了这样的证据时,法官还是有权利仅仅为了一些无关紧要的事而对他们进行刑讯。[Ibid. c. xxii, lxix.]然而,有一个对被告温情体贴的很好的规定,即当彼此矛盾的证据权衡后倾向于囚犯时,酷刑不得适用。[Ibid. c. xxviii.]两个对被告不利的证人,或是一个无懈可击的证人,是先决条件,而立法者将基于巫师术士声明的所有证据排除出去,这超越了时代。[Ibid. c. xxiii., xxi.]为了防止滥用,立法者付出了难以想象的努力,严格限定使用酷刑所需证据的确切质量和数量,而对于各种等级的犯罪,如杀人、谋杀儿童、抢劫、盗窃、收赃、投毒、纵火、叛国、巫术等犯罪,给出了最煞费苦心而细致入微的规定［Ibid. c. xxxiii.–xliv.］；而基于不充分的理由对无辜者施行酷刑的法官，必须对其因此所受的损害和伤害作出充分的补偿。［Ibid. c. xx., lxi.］再加上，严刑拷打的程度，须与承受者的年龄、性别和体力成比例；绝对不对怀孕期间的女性施以刑讯；而且在任何情况下都不能将其施行到造成永久伤害或致死的程度。［Legg. Capital. Carol. V. c. lviii., lix. Accusatus, si periculum sit, ne inter vel post tormenta ob vulnera expiret, ea arte torquendus est, ne quid damni accipiat.］

刑讯制度的最终形态

查理五世太过精明，以至于在他重建皇帝权威的谋划中，不会看不出来自罗马法教条的助力，而且他不失时机地将它们嫁接到了日耳曼法理学之上。然而，在他的《刑事基本法》(*Criminal Constitutions*)中，他劳心费力地大量收录了前人和同时代者的立法，而且尽管许多条顿王公贵族提出抗议，这部法典还是在1532年被在雷根斯堡召开的帝国会议(Diet of Ratisbon)所采纳，成为日耳曼普通法不可或缺的一部分。［Heineccii Hist. Jur. Civ. Lib. II. §§cv. sqq.——对于导致推翻通行德意志的旧体制的原因，梅耶(Meyer, Instit. Judiciaires, Liv. VI. chap, xi.)做了一个相当有趣的概述。他将其归功于皇帝和城邦的影响力，他们同样对封建贵族的权威嫉妒不已，并有律师们的帮助，他们成为受到认可的行业。这些律师们当然支持要求长久而特殊训练的法学，这使得他们成为一个格外重要和有影响力的阶层。］在这些影响之下，对刑法中酷刑所采取形式的清晰认识，可以参考 16 世纪到 18 世纪作为通行工作手册的法律课本。［我的主要根据有四：（1）何塞·丹霍德（Josse Damhouder）所写的《刑法实践》（*Rerum Criminalium Praxis*）。他是佛兰德斯的一位律师和颇有名望的政治家，曾在查理五世和腓力二世手下担任显赫的职务。他的作品在两个世纪的时间里，被全欧洲当作权威著述，版本甚多，从 1554 年比利时鲁汶的版本，到 1750 年安特卫普的版本。我所采用的是 1601 年安特卫普的版本。（2）1592 年由威腾堡（Wittemberg）[1] 的约翰·赞格出版的"*Tractatus de Quætionibus seu Torturis Reorum*"。他是当时的一位著名法律顾问，此书频繁重印。我所用的版本是 1730 年的版本，由博学的森肯伯格男爵（Baron Senckenberg）做注释，还有一个更晚近的版本，于 1763 年在法兰克福出版。（3）约翰·埃莫里希·冯·罗斯巴赫（Johann Emerich von Rosbach）所著的"*Practica Criminalis, seu Processus Judiciarius ad usum et consuetudinem judiciorum in Germania hoc tempore frequentiorem*"，于 1645 年在法兰克福出版。（4）海因里希·冯·博登（Heinrich von Boden）1697 年在哈雷发表的论文"*Tractatio Juridica, de Usu et Abusu Torturæ*"，与赞格的论文一起，在 1730 年由森肯伯格重印。］由于这些著作的几位作者似乎都谴责这一原则，不然就是悲叹酷刑的必要性，他们关于采用酷刑的指导意见大可被认为代表了那个时代通行的最人道和开明的观点。［Cum nihil tam severum, tam crudele et inhumanum videatur quam hominem conditum ad imaginem Dei ... tormentis lacerare et quasi excarnificare, etc.—Zangeri fract. de Quæstion. cap. I. No. I. Tormentis humanitatis et

1 威腾堡（Wittemberg，多拼作 Wittenberg），德国东北的地名。

religionis, necnon jurisconsultorum argumenta repugnant.—Jo. Emerici a Rosbach. Process. Crimin. Tit. v. c. ix. No. I. Saltem horrendus torturæ abusus ostendit, quo miseri, de facinore aliquo suspecti, fere infernalibus, et si fieri possit, plusquam diabolicis cruciatibus exponuntur, ut qui nullo legitimo probandi modo convinci poterant, atrocitate cruciatuum contra propriam salutem confiteri, seque ita destruere sive jure sive injuria, cogantur.—Henr. de Boden Tract. Præfat.]不过,很容易从中看出,尽管《加洛林刑事基本法》的规定大多依然有效,然而这种做法已经极大地自行扩张了,而且,保护无辜和无助者的限制性规则已经近乎形同虚设。

在罗马法理论的基础上,贵族和博学的专业人士曾主张自己豁免于酷刑,而罗马法激发了过于真诚的崇拜而无法容许否认这样的主张[Zangeri cap. I. Nos. 49-58.],可是律师们的匠心独具使得这项特权大打折扣,以至于实际上毫无价值。当然,对某些犯罪,譬如叛国罪(majestas)、通奸和乱伦,罗马法的权威不承认有任何例外,而且这些之外还迅速加上了其他的罪行,归类为例外犯罪(crimina excepta)或无法启齿的犯罪(crimina nefanda),它们几乎囊括了所有可判死刑的犯罪,其自身就在任何时候允许使用酷刑。于是,弑亲、杀妻、兄弟相残、巫术、邪法、伪造、盗窃、渎神、强奸、纵火、多次杀人等,都被囊括在这种例外中,而其中唯一允许贵族拥有的特权,就是他们不必受到"平民式的"酷刑。[Zangeri cap. I. Nos. 59-88.——克尼普希尔德(Knipschild)[1]在他的多卷本著作"Tract. de Nobilitate"

---

1 指菲利普·克尼普希尔德(Philipp Knipschild,亦写作Knipschildt,1595—1657年),德国法学家和法律历史学家。

(Campodun. 1693)中，极力尝试提高佩剑贵族和僧袍贵族的特权，却不得不承认在这些犯罪中，他们仍然必须承受严刑逼供，只是强调相对于平民，必须有更加确凿的证据才能对贵族用刑（Lib. II. cap. iv. No. 108－120）；虽然，在其他罪名的控诉中，法官若对贵族施刑，就必须被处死，而且对方有权用武力反抗法官这样的企图（Ibid. No. 103）。不过，他还表示，在法兰西、伦巴底、威尼斯、意大利以及萨克森不存在特权。（Ibid. Nos. 105－7）。夏洛亚（Scialoja）明确表示过（Praxistorquendi Reos c. xiii. No. 40－49, 55），在那不勒斯除了法官，无论世俗还是教会的贵族都无法免于酷刑逼供；君主的一道直接命令就令所有的特权被弃之一旁。] 我发现一个早至 1514 年的例子，表明这些特权在实践中何等无用。一位波本赞博士(Dr. Bobenzan)，他是声誉良好的市民兼埃尔福特的市政官，无论是从地位还是职业上看都属于特权阶级，当他因背叛城邦罪遭到指控并被提审时，得到提醒：他可以撤回刑讯逼供取得的供词。但他可悲地回复说："在我的讯问中，我曾有一次被在拷问台上拉扯了 6 个小时，而在另一次，我被小火灼烧了 8 个小时。如果我撤回供述，就会被这样反复地折磨。我宁愿死。"——于是他依法被吊死了。[Erphurdianus Variloquus, ann. 1514.]

当然，在天主教国家中，神职人员受到特别照顾，但是教会法所主张的豁免，被削减到了几乎与贵族们相差无几的地步。[Damhouder. Rer. Crimin. Praxis cap. xxxvii. Nos. 23, 24. Cf. Passerini Regulare Tribunal Quæst. xv. Art. ix. No. 117.] 然而，施加于他们身上的酷刑，相比世俗人士要轻一些，而且必须有更加决定性的证据才能合法地对他们用刑。作为对此的诠释，冯·罗斯巴赫评论道：如果一个世俗之人被发现在一个漂亮女人的家中,大多学者会认为这样的事实足以指控其犯有通奸罪而对其进行严刑拷打,但是神父们情况就不同了,即便发现他们怀抱女人,也会被推定为仅仅是为她祝福。[Emer. a Rosbach Process. Crimin. Tit. v, cap. xiv.]除此之外,即使要受刑,他们也有特权只受神职处刑人拷问。[Simancæ de Cathol. Instit. Tit. LXV. No. 50.]在信奉基督教新教的地区,对穿僧袍者的崇敬表现在:上拷问台或执行吊刑之前,先将他们降职。[Willenbergii Tract. de Excess. et Pœnis Cleric. 410. Jenæ, 1740, p. 41.]

尽管立法者为限制采用酷刑而努力建立的保护机制那么微弱,在竭力将疑难变成确定、而使一切取决于法官自由裁量权的体制中,它们几乎毫无实际价值。看清坚持强有力的前提性证据的必要性,是十分有益的[然而,在阴谋不轨和叛国案件中,连这也并非必须,"qui fiunt secreto, propter probationis difficultatem devenitur ad torturam sine indiciis."(Emer. a Rosb. Tit. v. cap. x. No. 20.)],并且阅读精心设置的、关于各种犯罪何等证词足以作为行刑根据的细节规定,然后发现普通的报告,或指控前莫名其妙的失踪,或盘问中的支吾搪塞,甚至于保持缄默,就足以使酷刑合法化;而且这些可怕的残暴是重点所在,当我们看到法官们被庄严地警告说:邪恶的举止,尽管可以泛泛地辩称确属凶恶,但不能确保在每个案件中都能推断出真实的罪行[Fama frequens et vehemens facit indicium ad torturam. (Zanger. c. II. No. 80.) Reus ante accusationem vel inquisitionem fugiens et citatus contumaciter absens, se suspectum reddit ut torqueri possit. (Ibid. No. 91. Cf. Simancæ Cathol. Instit Tit. LXV. Nos. 28 – 30.) Inconstantia sermonis facit indicium ad torturam. (Zanger. Nos. 96-99.) Ex taciturnitate oritur indicium ad torturam. (Ibid. No. 103.) Physiognomia malam naturam arguit, non autem delictum. (Ibid. No. 85.)这些规则的适用是多么过分松懈，可见于丹霍德的话中：尽管有传闻就足以合法地施刑，可是，一条相反的传闻能够使前一条无效，从而使得刑讯不再合宜。—Damhouder. Rer. Crimin. Praxis cap. xxxv. Nos. 14, 15.]；此语虽然苍白，却在很多情况下被认为是对适用酷刑的批准［Deinde a pallore et similibus oritur indicium ad torturam secundum Bartol. (Emer. a Rosbach Tit. v. c. vii. Nos. 28-31.)对此，冯·罗斯巴赫撰写了一篇很长的论文，以论述其苍白无力。]，即使在巫术嫌疑人的家里发现一个装满蛤蟆的罐子，都能使她被合法地送上拷问台。［Godelmanni de Magis Lib. III. cap. x. §29.]实际上，相对于其他比较容易取证的犯罪，巫术、投毒、拦路抢劫和其他难以取证的犯罪，被认为赋予了法官在审理中基于更轻微的迹象就对嫌犯刑讯拷打的权力。［Scialojæ Praxis torquendi Reos cap. iii. No. 5, 6.]思虑缜密的律师们就这样为讨论所有可能的蛛丝马迹而耗尽心力，而且形成了大量混淆不清的规则，在许多方面，各个权威彼此矛盾。在这样日益庞杂的复杂体制中，法官的裁量权最终成了唯一的实际指导，而且法学著作的作者们自身，也宣告这些如此辛苦建构起来的规则并无价值，以至于法官一个人的决断就可以决定这样的迹象是否足以准许施用酷刑。［Judicis arbitrio relinquitur an indicia sint sufficientia ad torturam. (Zanger. cap. II. Nos. 16-20.) An indicia sufficiant ad torturam judicis arbitrio relictum est.... Indicia ad torturam sufficientia relinquuntur officio judicis. (Emer. a Rosbach Tit v. c. ii. p. 529 ）确实，丹霍德声称无法构建任何规则——“neque ea ullis innituntur regulis：sed universum id negotium geritur penes arbitrium, discretionem ac conscientiam judicis." ——Rer. Crimin. Praxis cap. xxxvi. Nos. I, 2. Cf. Braune Dissert. de Tortura Valetudin. Halæ Cattor. 1740.］这种裁量权有多么绝对,它是如何被行使的,可见于丹霍德的著述。他宣称在他的时代,嗜血的法官们习惯于在没有充分证据和调查的情况下,采用最严厉的酷刑,还炫耀说这样一来他们什么供述都能逼得出来。［Sunt tamen nonnulli prætores et judices sanguine fraterno adeo inexsaturabiles ut illico quemvis malæ famæ virum, citra ulla certa argumenta aut indicia, corripiant ad sævissimam torturam, inclementer dicentes, cruciatum facile ab illis extorturum rerum omnium confessionem.—Damhouder. Rer. Crimin. Praxis cap. xxxv. No. 13.］这不是什么新鲜事,此种做法早已存在,我们可以断言,自从酷刑刚被引入就存在。在16世纪早期,希玻利托·戴·玛希格利提到了法官习惯性地在缺乏初步证据的情况下刑讯逼供,还进一步声言,以他那学术泰斗的至高权威来权衡,一位受到此等冤屈的受难者,即便杀掉了那位不人道的法官,都不应被认为犯有杀人罪,也不应因此杀戮被处以死刑。［Hipp. de Marsiliis Singularia, No. 455（Venet. 1555）.］这或许是为了避免导致那些狂热的无法无天之徒用最不正常的方式获取证据的责任。戈德尔曼和冯·罗斯巴赫都告诉我们:他们那个时代的地方法官,在毫无证据的情况下,有时会求助于巫师和各种形式的神明,以取得能让他们采用拷问台或吊刑架的证据。鞋子刚擦上猪油的男孩们,被认为有一种特殊的力量能探知巫师,而积极进取的法官们有时据此四处安插他们,适当地给他们的靴子涂膏之后，让他们站在教堂门前，以至于不走运的家伙们必定会被甄别出来，而无法平安走出。［Godelmanni de Magis Lib. III. cap. v. § 26.—Emer. a Rosbach Tit. v. c. X. No. 25.］

专断滥权到底多么令人震惊，在下面这一案例中得到了很好的诠释，该案发生在1580年左右的西班牙殖民地新格林纳达（New Grenada）[1]。圣达菲（Santafé）王室法院的法官们因残暴和贪婪而受人憎恶，某天早晨一些针对他们的讽刺诗被发现贴在了公共广场上。经过严加搜查没有找出作者，但是一个年轻的公证人被当作了牺牲品，其笔迹被认为与那无礼的诗稿有相似之处，于是立刻遭到逮捕。尽管根据民法毁谤并非犯罪，不可依法适用酷刑，他却被送上了拷问台，他庄严地警告被派来行刑的法官，如果他在拷打之下死去，他会在3天之内将行刑人召唤到上帝面前接受审问。这位法官受到了威吓，拒绝执行职务，但另一位更加铁石心肠的法官执行了这一工作，却没有逼出任何口供，于是被告被释放了。后来，有一个存心报私仇的人，宣称这首讽刺诗的笔迹与他的敌人相仿。胡安·罗德里格兹·德·洛斯·普尔托斯（Juan Rodriguez de los Puertos）这位不幸的人，遭到指认，并且全家随即被逮捕。他的一个私生子立刻遭到拷打，迅速招供说其父写了那首毁谤诗，并派他张贴。然后，胡安被送上了拷问台，尽管他抗辩称自己是无辜的，却乞求将他处死，因为他太老迈了，无法承受酷刑。于是他被处以绞刑，而他的儿子被鞭打了200下。几年之后，发生了使这种程序中隐藏

1　新格林纳达（New Grenada），南美洲地名。

的不公正大白于天下的事，当害怕第一位牺牲品上诉的法官因暗杀案而被处死时，在绞刑台上供认：他才是当年写诗毁谤同僚法官们的肇事者。[Groot, Historia Ecclesiastica y Civil de Nueva Granada, Bogotá, 1869, T. I. pp. 114-5, 116-20. Cf. Scialojæ Praxis torquendi Reos, cap. i. No. 25.]

这样的一个制度必然会自我扩张，因此不必惊讶于发现，援引酷刑帮助审案的现象在增加。拒绝开口的囚犯，无论是否有针对他的证据，总能被折磨到他不再顽固为止。[Rosbach Tit. v. cap. x. No. 2.] 甚至连证人都无法幸免，不论是在民事案件还是刑事指控中。[Ibid. Tit. V. cap. xiv. No. 16.—Goetzii Dissert. de Tortura, p. 54.] 在别无他法获知真相的情况下，由法官自由裁量是否对他们采用些许刑讯。地位低微的证人们总是会受刑讯，只为了补全因他们生活条件的低下而产生的证词缺陷。确实，一些法学者主张地位低微或低贱的证人都必须经过酷刑才能被听取证词，但是另外一些法学者坚持认为仅仅贫穷不足以使酷刑成为必要。名声不好的证人们的证词必须是经历酷刑的产物，那些良好市民只有在支吾其词或显然在作伪证时才受刑讯 [Scialojæ Praxis torquendi Reos cap. xiv. No. 5-20.—Jo. Frid. Werner Dissert. de Tortura Testium, Erford. 1724, pp. 72 sqq.]；但是，由于这必然要留给法官裁断，有规则指导他如何根据外表和举止进行判断，显示出整个案件多么彻底地取决于他的权威，而且他是多么容易就能取得使刑讯囚犯合法化的证据，然后再用同样的方法逼其招供。对于叛国罪的检控，所有的证人们，无论地位如何，都要被施以酷刑 [Passerini Regulare Tribunal, Quæst. xv.

Art. ix. No. 115. (Colon. Agripp. 1665.)]，以至于当庇护四世(Pius IV)[1]在1560年下定决心毁掉红衣主教卡洛·卡拉法(Carlo Caraffa)时，在审讯中毫不犹豫地对其友人和随从施以酷刑，以获得最终使其被处决的证据。[Process. contr. Card. de Carrafa (Hoffman. Collect. Script. I. 632).]有一条总的规则：被告被盘问之前，不得对证人施刑，因为如果被告招供，他们的证据就多余了。但是连这一规则也有例外，如果罪犯不在法庭权力所及范围内，就能在他缺席期间拷打证人们以获得罪证。[Scialojæ Praxis torquendi Reos c. xiv. No. 2.]确实，16世纪早期，博洛尼亚(Bologna)在针对酷刑滥用进行的改革中规定：如果有证据显示一个人知晓某项犯罪，他会被折磨以获取证据，据此进行指控，而且这种折磨在任何其他程序之前就已经针对这行为不良者开始了。[Statuta Criminalia Communis Bononiæ (Bononiæ 1525, p. 15 b)。]明显地，即使再坚定的立法者也无法对酷刑的采用加以限制。

还有一个具有独创性的计划得到采用，即当两名证人的证词彼此矛盾时，在双方在场的情况下，通过酷刑测试他们的相对信用。[Damhouder, op. cit. cap. xlvii. No. 3.]酷刑下得出的证据被认为是最好的一种，但这是刑法中永远反复无常的分支，它同时规定：一个举止端正的好公民的即席证词，其证据价值超过一个不名誉者在拷打之下得出的证词。[Passerini, loc. cit. Nos. 122-3.]然而，证人不能被折磨多于三次[Ibid. No. 118.]；而且这样得出的证据是否必不

---

1 庇护四世(Pius IV)，罗马教皇，1559—1565年在位。

可少，就像被告招供后需要进行确认一样，在法学家眼中，这是一个无意义的问题。[Simancæ de Cathol. Instit. Tit. LXV. No. 73.] 更有甚者，可见于罗马法残余中的这样一条规则：不能为使证人指证他七等以内的亲属、较近的姻亲、封建领主或其他类似者而被拷打。[Zangeri op. cit. I. No. 8-25.]

在年龄和体力上确实有一些限制。14 岁以下的儿童不能受酷刑，并且体力与这般苦难不相适的年长者也不受刑讯，但是后者可以被绑在拷问台上遭到最极端的恐吓。此规则的弹性在这样一个案例中显示出来，它在 18 世纪吸引了哈雷城居民的注意力，案中一个超过 80 岁的男人被断定适于承受刑讯，仅仅因侥幸先死而逃脱一劫。[Braune Diss. de Tortura Valetudinar.p. 32.] 疯癫同样也是一种保护，对聋、哑和盲是否须受刑有大量讨论。赞格断定，无论何时、无论作为当事人还是证人，都应当提供证据 [Zangeri op. cit. cap. I. Nos. 34-48.]；而且夏洛亚指出，尽管"聋哑人不受酷刑"是一条规则，因为他们不能口述口供，但是如果他们能读和写，因而能够理解指控并写出他们要说的话，那他们就可以成为行刑者的牺牲品。[Scialojæ Praxis torquendi Reos c. xiii. No. 21.] 怀孕的妇女也在离开产床后的 40 天内得以豁免，即便她们明摆着是为了拖延施刑而待在监狱里的。[Ibid. No. 24-30.] 有些种类的疾病同样享受豁免，而法律专家以他们一贯的谨小慎微，意在精确地限定使用酷刑的症状分类学，却导致了漫长冗余的讨论，而无法给出卓有成效的规则。例如，痛风引起了疑问，我们发现一些学者确信，在他们所知的一些案件中，痛风病人适用了刑讯室(marter-kammer)里各种酷烈刑具后会被治愈。[Goetzil Dissert. de Tortura, Lipsiæ, 1742, pp. 46-8.]另一些律法学家激烈争论:在癫痫患者的案件中,法官是否应该在脑海里谨记月亮的圆缺周期,以及春秋分和冬夏至点,因为在上述时刻此病的发作通常更加猛烈。对于那些因疾病逃脱酷刑的人,法律学家们用其惯常的方式,对他们判处一些其他刑罚,而不是法律对他们所被控而未被定罪的罪名规定的那些刑罚。[Braune Diss de Tortura Valetudinar. pp. 24, 43.]

毫无疑问地,罗马法是建立在良好理性的基础上的,得到近现代学者的普遍遵循,它规定当各方都在因同一指控受审时,行刑人应当从最脆弱最温驯的人开始,这被认为是最快逼出口供的方式。这种确保定罪判决的热切决心,引起了对残酷暴行的精细规定:如果夫妻一同受审,妻子应当先受刑,而且要当着她丈夫的面;而如果父子同时受审,儿子则要当着父亲的面受刑。[Zangeri cap. IV. Nos. 25-30.—Damhouder op. cit. cap. xxxvii. Nos. 15, 16.]

被告获得了一些辩护手段,但是在实践中,这些手段几乎都微薄得令人绝望。他被允许雇用律师,并且如果无力雇用律师,法官便有责任查看辩护词。[Zangeri op. cit. cap. III. No. 3.]当取得了所有反方证据,囚徒也已经受到审讯,他就可以要求查看程序记录,以便构思辩护词;但是,这个请求可能被拒绝,在这样的情况下,法官必须亲自筛选证据并且调查其有罪或无辜的可能。被告查看不利于他的证据的权利,在 1742 年都还是一个未决问题。戈茨

(Goetz)[1]认为有必要对其进行详细论证。[Goetzii op. cit. p. 36.] 赞格在这个问题上进行了精细的说明,认为该体制被公认会将趋向导致不利后果;而且他还警告说,不管刑讯逼供看上去多么正当有理,都不应该在对可能取得的、证明被告无辜的证据看也不看一眼的情况下采用刑讯。[Zangeri op. cit. cap. III. Nos. I, 4, 5-43.] 而冯·罗斯巴赫将其定性为当时审判机构最大的败笔,他们既忽视了将有利于被告的证据,也忽视了不利证词的取得和考量。[Process. Crim. Tit. v. cap. xi. No. 6.] 确实,当公众利益要求采用刑讯的情况下,所有对囚犯的保护措施都退让了。譬如,1719 年在萨克森颁布了一道强制性法令,宣称在盗窃和抢劫案件中,不承认辩护、例外以及推迟的权利。[Goetzii op. cit. p. 35.] 在一些特殊的案件中,法官可能允许被告与控诉人对质,但是这与纠问审判制度的神秘性如此格格不入,以至于有人警告他这是非常程序,而不会被轻易允许,因为它是不讨喜、不必要以及与审判无关的。[Zangeri cap. II. Nos. 49-50.—Cum enim confrontatio odiosa sit et species suggestionis, et remedium extraordinarium ad substantiam processus non pertinens, et propterea non necessaria.]

理论上说,有一种针对施刑命令的上诉权利,但即便被准许,通常也无法使被告免受多少罪,因为曾令基层法官满意的单方片面证词(ex parte testimony),在大多情况下当然也能在被呈送给高级法院确认时令他们满意,而囚犯们在求助无门时,无疑会感到:试图上

---

1 指约翰·克里斯托弗·戈茨(Johann Christoph Goetz),德国学者。

诉很可能只会加重自己不可避免的苦难。[Ibid. cap. IV. Nos. 1-6.]更有甚者,通过“若上诉属于无聊缠诉,囚犯的律师会被罚款或其他特殊刑罚”这样的规则,此类上诉被聪明而有效地阻止了。[Goetzii Dissert. de Tortura p. 34.]而且包括大名鼎鼎的卡普佐夫在内的某些权威,否认在纠问程序中有任何必要与被告交流、告之关于酷刑的命令,以及之后若受此处置允许他有时间上诉。[Braune Dissert. de Tortura Valetudin. p. 16.]

这些保护措施原则上非常有限,在实践中几乎扣减到形同虚设的地步。法庭自由裁量权遭到习以为常的可怕滥用实在太过明显,当时,冯·罗斯巴赫认为有必要抨击谴责法官普遍错误的这么一种观念,即认为采用酷刑完全在于法官对此兴味盎然,“大自然创造了囚犯的身体,任由他们肆意折磨”。[Process. Crimin. Tit. V. cap. ix. No. 10.]于是,有一条公认的规则:当罪行能够由证人们充分地证明时,不可适用酷刑。[Zangeri cap. I. No. 37.]丹霍德感到有必要惩治一些法官的做法,因为他们在有了足够的证据定罪之后,仍然习惯性地拷打罪犯,而且自吹自擂:他们从未在未逼出口供的情况下判人死刑。[Rer. Crimin. Praxis cap. xxxviii. Nos. 6, 7.]更有甚者,这种做法得以继续。我们已经提过它在14世纪巴黎的夏特莱得到习以为常地实行,在那里,一个人已然依法被判为死罪之后,还是要对他酷刑逼供以探查他是否犯有别的罪行。[Boden de Usu et Abusu Torturæ Th. XII. 丹霍德宣称这种做法尽管屡见不鲜,却并不公平。Rer. Crimin. Praxis cap. xxxvii. No. 12.]迟至1764年,贝卡利亚高调地反对它,认为它依然在被滥用,他恰如其分地将其归纳为无聊的猎奇心理,无意义地玩弄残暴的把戏。[他追忆了法官对其受害者的发言:"Tu sei il reo di un delitto, dunque è possibile che lo sii di cent' altri delitti: questo dubbio mi pesa, voglio accertarmene col mio criterio di verità: le leggi ti tormentano, perche sei reo, perche puoi esser reo, perche voglio che tu sii reo." —Dei Delitti e delle Pene, § XII.] 马丁·伯恩哈迪(Martin Bernhardi)于1705年写道:招供和定罪量刑之后的酷刑折磨,也被用于防止罪犯对判决提出上诉。[Martini Bernhardi Diss. Inaug, de Tortura cap. I. § 4.夏洛亚在1653年向我们保证,这种招供之后为防止上诉而进行的严刑拷打,在那不勒斯法庭中已不再使用,只有为了查明同谋时,才会这么做。(Praxis torquendi Reos. c. i. No. 8-10. Neap. 1653.)] 因此,尽管根据一般法律原则,一个人无保留地招供了罪行后就不得再被拷打,但是如果他的供述中有减轻处罚的情节,他仍然可能受到酷刑迫使他撤回它们 [Scialojæ op. cit. cap. i. No. 14.];更有甚者,如果他被怀疑有共谋者,而他拒绝供出他们的名字,他可能在法国法庭的先决性讯问中受到拷打。[Damhouder. Rer. Crimin. Prax. cap. xxxv. No. 9, cap. xxxviii. No. 14.—Werner Dissert. de Tortura Testium pp. 76 sqq.] 然而,由此获得的指控几乎没有什么价值,只能确保被指控者遭到逮捕而已,若无进一步证据,也不能刑讯此人。[Damhoud. cap. xxxix. No. 6.] 面对这一切,当发现冷酷的律法学家竟体贴地建议只在早晨施加拷打,以免囚犯因饭后受刑而损害健康,这简直就像是一种嘲弄。[Goetzii Dissert, de Tortura p. 26.]

另一个确定的规则是:酷刑只能在涉及生命和肢体的指控中适

用。[Zangeri Præfat. No. 31.]例如,“在各省中高利贷只能受到没收财产的惩罚而不能采用酷刑去求证”,但是在规定了某些肉刑的地方,被告可能就要上拷问台。[Scialojæ op. cit. cap. i. No. 27.]然而,当博洛尼亚设法消除对其酷刑制度的滥用时,仍然允许在涉及100里拉(lire)或以上的罚金的案件中采用它。[Staluta Criminalia Communis Bononiæ, p. 15 a.]鞭刑是肉刑的一种,不过是较之酷刑拷打轻得多的刑罚。律法学家们的分歧在于,是只把鞭刑作为刑罚方式的罪名,还是在审讯中也应用鞭刑刑讯被告;当局权衡之后,就像通常一样,倾向于任意采用拷问台的一方。[Goetzii Dissert. de Tortura pp. 52-3.]然而,所有这些精细界线的区别,都无足轻重,因为森肯伯格就他所知让我们确信,酷刑也被用于只涉及金钱的商业事项中[Zangeri Tract. Not. ad p. 903.];而商事法律的一条总的原则是:在破产欺诈案件中可以采用它。[Scialojæ op. cit. cap. i. No. 34. —Goetzii Dissert. de Tortura p. 53.——伯恩哈德(Bernhard, Diss. Inaug. de Tort. cap. I. §iv.)表示,在这些案件中,如果涉嫌隐瞒事实,不仅当事人,而且连证人也会受到刑讯。]

同样的,有这么一条箴言:由于酷刑的目的旨在确认罪犯而不是犯罪行为,因此只能在有肯定性证据证明发生了某些犯罪的情况下被采用。[Zangeri Præfat. No. 32.—Tortura enim datur non ad liquidandum factum sed personam.—Damhouder. Rer. Crimin. Prax. cap. xxxv. No. 7.]可是,冯·罗斯巴赫评论说,只要一有人声称失窃了任何东西,那时的法官们就会立刻拷打所有的嫌疑人,而不问盗窃行为是否真的如述发生。[Process. Criminal. Tit. v. cap. ix. No. 17.]而冯·博登宣称:许多法庭都习惯于采用酷刑,哪怕案件事后发展显示罪行并未真的发生,这样的程序被一位律师同侪诙谐地比作将大篷车放在马匹前方,然后拖着尾巴行进。[De Usu et Ab. Tort. Th. IX.—Qui aliter procedit judex, equum cauda frenat et post quadrigas caballum jungit.] 酷刑的历史充斥着这样的案例,证明如此这般使用时,它是多么有效。博伊文·杜·维拉斯(Boyvin du Villars)记述道:1559年在皮埃蒙特(Piedmont)[1]的战争中,他从马塞拉诺侯爵(Marquis of Masserano)的地牢中释放出了一名不幸的绅士。这名绅士已被秘密关押在那里18年了,起因是萨伏伊[2]公爵(Duke of Savoy)给这位侯爵送达了一份法律文书。此绅士的失踪自然被认为是有人加害。他的亲属指控了一个本家族的敌人,此君在酷刑拷打之下,情理之中地招供自己犯下谋杀之罪,并因此在马塞拉诺侯爵所居住的城镇被处决。[Boyvin du Villars, Mé moires, Liv. VII.] 戈德尔曼记述过在德意志地区的一座纪念碑,纪念一个案件中两名年轻的旅人出发去做一次平平常常的、周游全国之旅,最终却导致一个人遭受轮刑被碾死。起因是其中一个青年单独返乡,身上却穿着另一个青年的衣袍,于是被怀疑在途中杀害了对方。随后他遭到逮捕,在完全没有其他任何证据的情况下,旋即被施以酷刑,当他供出犯罪的所有细节后,被处以轮刑——不久之后,他的旅伴却回来了。

---

1 皮埃蒙特(Piedmont,意大利语 Piemonte),意大利西北部地区,位于瑞士及法国交界处,主要城市图林。

2 萨伏伊(Savoy),法国东部地名,处于法国、瑞士和意大利的交界处。

另一个案件,是一个住在不莱梅(Bremen)[1]附近的年轻人,他的寡母与一名仆人通奸。做儿子的与那人争吵,于是后者远走高飞另谋高就。仆人的父亲却不知道儿子的离去,指控这名年轻人犯有谋杀罪;并且通过酷刑很快从他口中榨出了完整的犯罪供述,包括他弃尸于威悉河(Weser)[2]的内容。他被处决后不久,那位通奸的仆役又出现了,于是与其父一起被依法处死,以弥补法律所铸成的大错。[Godelmanni de Magis Lib. III. cap. x.]

我们看到上文中提到,从理论上说,囚犯有权获得一份针对他的秘密证据的抄本。然而冯·罗斯巴赫宣称,法官们没有恩准这样做的习惯,尽管他们的拒绝于法无据。[Process. Criminal. Tit. v. cap. x. No. 7. 我们已经在前文中看到,在法国,不允许被告看到不利于他的证据;而且在佛兰德斯适用同样的规则。—"Toutes depositions de tesmoins en causes criminelles demeureront secré tes à l' é garddel' accusé ."—Coutume d' Audenarde, Stile de la Procedure, Art. 10.(Le Grand, Coutumes de Frandre, Cambrai, 1719, p. 103.).]而且半个世纪之后,这得到了伯恩哈迪的确认,他给出了一个理由,即不让被告了解程序进展,可以免去很多麻烦。[Diss. Inaug. cap. I. § xii.]甚至连发表辩护词这样不可或缺的权利都被许多法庭习惯性地剥夺了,法庭一听完对被告不利的证据就立刻开始用刑。这导致冯·罗斯巴赫和西曼卡斯倡导要对其残暴和不公加以限制,并大力论证这样做法的不正当性,而这恰恰显示它盛行一时。[Emer. a Rosbach

---

1 不莱梅(Bremen),德国西北部城市。

2 威悉河(Weser),德国北部河流。

Process. Criminal. Tit. v. cap. x. Nos. 8-16.—Simancæ Cath. Inst. LXV. 17.] 与此相同,法官们规避了对酷刑指令的上诉权,他们在没有初步的正式指令的情况下就将囚犯送上拷问台,从而剥夺他上诉的机会。[Bernhardi, loc. cit. 实践与法律原则的差异,可见于布鲁内曼(Brunnemann)在1647年写下的、与以上种种共存的规则。他教导说,诉讼程序应当向被告或他的朋友们展示,并且接着要服从于法学家协会,协会会决定刑讯的必要与否,而且他还警告后者,他们面对的是史无前例的重大问题——"Et sane nullam graviorem puto esse deliberationem in Collegiis Juridicis quam ubi de tortura infligenda agitur."—Brunneman. de Inquisitionis Processu cap. VIII. Memb. iv. No. 10; Memb. v. No. 1.] 确实,当时许多法学家都认为:法官可以任意拒绝允许上诉,而且绝不会为上级法庭的决定坐等10天以上。[Passerini Regulare Tribunal; Praxis, cap. viii. No. 170.]

如果通过纠问程序,将不负责任的权力置于法官们手中,并受到如此可怕的滥用,排除了法律规定的任何对囚犯的保护措施;那么,在无视对过度酷刑的限制方面,也是有过之无不及。一个普遍适用的既存规则是:拷打不能严重或漫长到危及生命和四肢的程度,也不得对承受者造成永久性的伤害。但是森肯伯格向我们担保:他亲自经历过这样的案件,案中虚假的指控导致无辜之人因酷刑而被永久性地致跛。[Not. ad p. 907 Zangeri op. cit.] 而温驯的耶稣会信徒德尔·里欧(Del Rio)在他写给宗教裁判官们的指导中,平静地遵循着肉体不得受伤、骨头不能折损的规则,但是酷刑不可能不或多或少地造成关节脱臼。[Del Rio Magicar. Disquisit. Lib. V.

sect. ix.］确实，在西曼卡斯给判官们的指导中，有一些非常具有提示性的东西，比如在被告被带入刑讯室时，他们应当警告被告，如果他被酷刑致跛或致死，是由于没及时供出真相，他自己必须为此负责。［Simancæ de Cathol. Instit. Tit. LXV. No. 56.］冯·博登更进一步非常公正地指出：不同体质的人承受能力如此不同，而处刑者有如此之多减轻或加重其痛苦的设备，并且五花八门的酷刑模式造成的苦难都被法律所允许，因此，不可能建立任何规则或限制。他甚至毫不犹豫地高呼：人类的心思不可能发明出比依法频繁采用的酷刑更加可怕的磨难，即便撒旦本人也无法再雪上加霜了。［De Usu et Abusu Tort. Th. XIII.从这里以及前文要义中可以推断出，冯·博登原则上并不反对刑讯。他主张在一定界限内使用它，而且他只是悲叹当时法庭过分滥用此法。］实际上，戈德尔曼总结道：适用酷刑的程度和次数必须由法官裁量，他要使其与被告的品质和嫌疑的大小成比例。［Godelmanni de Magis Lib. III. cap. x. §36.］

的确，使法官负有某些责任的旧有规则，名义上依然有效。当不经初步审查就下令酷刑拷打时，或是当酷刑太过分而造成永久性伤害时，当局就会认为法官恶意胡为，那么他的职位也无法保护他不受追偿。［Zangeri op. cit. cap. I. No. 42-44.］赞格也将罗马法当作依然有效的法律渊源引用，大意是：如果法官受贿或冲动行事而使被告死于刑讯，他的罪行可判死刑，而如果初步证据不足，对他的处罚就取决于自由裁量了。［Ibid. cap. in. No. 20-22.］然而，刑事审判的纠问性，简直给法官提供了一面无法刺穿的盾牌，而戈德尔曼向囚犯证明他曾受酷刑的各种证据的复述，表现出法庭的纠问性是多么的无隙可乘。[Godelmanni 1. c. §54.]根据丹霍德的说法,确实,法官能够通过声明他是依法行事并且未有欺诈或恶意,从而洗脱自己的罪责。[Cap. xxxviii. No. 18.]因此,我们颇为容易相信森肯伯格的主张,即保护囚犯的规则早已废置不用,并且他所见到的不少案例中,这些规则虽遭违反,却没有任何要法官负责的意思。[Zangeri cap. III. No. 20-22.]戈茨大体上也肯定了这种说法。[Goetzii Dissert. de Tortuira p. 74.]

的确,这套体制的邪恶之处,绝不仅仅在于它对法官自身不可避免的影响。法官因职位要求,必须于施刑时在场,而且亲自进行讯问。如此一来,无论是天生秉性或后天习得,对人类苦难的麻木不仁成了一种必须,而本应成为所有基督教法庭动人原则的敏感良知,则几乎不再可能。[这一点得到了如此彻底的承认,以至于在1668年拉辛(Racine)[1]描写了这么一位法官,他急于讨好一个年轻姑娘,而提出向她展示讯问的奇景,作为一种怡人的消遣。"DANDIN. N' avez vous jamais vu donner la question? / ISABELLE. Non, et ne le verrai, que je crois de ma vie. / DANDIN. Venez, je vous en veux faire passer l' envie. /

1 指让-巴蒂斯特·拉辛(Jean-Baptiste Racine,1639—1699年),法国著名剧作家,法兰西学院院士,与高乃依和莫里哀合称"十七世纪最伟大的三位法国剧作家"。这里作者提到的是拉辛唯一的喜剧作品《讼棍》(法文:Les Plaideurs,英文:The Litigants)的第三幕。法官丹丁(Dandin)讨好涉案小市民漂亮的女儿伊莎贝尔(Isabelle)。没有找到这部剧本的中译本,以下是大致的译文:

丹丁:你可曾看过在拷问台上讯问犯人?
伊莎贝尔:不,阁下,我想我没看过,将来也不会看。
丹丁:跟我来,我会为你展示这种景象。
伊莎贝尔:人怎能忍受眼睁睁看着他人受折磨?
丹丁:好吧!一两个小时就把他弄死。

ISABELLE. Hé ! Monsieur, peut-on voir souffrir les malhereux? DANDIN. Bon! cela fait toujours passer une heure ou deux." Les Plaideurs, Acte III. Sc. derniè re."]这还不是全部,即便一个有良知的法官,一旦为下令拷打同类而自负其责,他就会有一切动机施以严刑、逼出口供,以使得自己的行为合法化[福蒂斯丘(Fortescue)在他反对酷刑逼供的论述中承认:对囚犯施以酷刑后无罪开释,等于判法官有罪——"qui judex eum pronuntiet innocentem, nonne eodem judicio judex ille seipsum reum judicat omnis sævitiæ et pœnarum quibus innocentem afflixit?" (De Laud. Legg. Angl. cap. xxii.)];而且正是他可能被追责的想法,而不是保护囚犯的观念,成了使之受更多折磨的理由。确实,坚持进行刑讯直到获得供词的审慎态度,即使不被法学家们所建议,至少被他们承认,而在这一事项中提出这一观念实际上就等于推荐这种做法。[Occurrit hie cautela Bruni dicentis, si judex indebite torserit aliquem, facit reum confiteri quod fuit legitime tortus, de qua confessione facial notarium rogatum.—Rosbach. Process. Crim. Tit. v. cap. xv. No. 6.]法官的善恶之念将不幸之人摆弄于股掌之上。人性不应面对如此诱惑,以及激发使酷刑条例愈发无穷无尽的可怕心机,这证明了人性会何等彻底地屈从于从弱势方那里挤出有罪判决的渴望,而他在此本应是一个不受感情驱动的仲裁者,却变成了一个斗争者。从著名刑法权威法里纳齐(Farinacci)[1]玩笑般的评论中可以看出,囚犯就这样完全成了被追猎到死的目标,他表示:由玛西格利发明的禁

1 法里纳齐(Farinacci,1544—1618年),意大利法官和刑法学家,以心狠手辣的严酷判决而著称。

眠酷刑是最出色的,因为每一百个受刑者中只有不到两人挺住没有招供。[曾被引用于 Nicolas, Diss. Mor. et Jurid. sur la Torture, p. 21。这种酷刑模式是将被告置于两名狱卒之间，他一打瞌睡后者就猛击他，就这样循环往复，40 小时不让他睡觉。它的发明者认为它很人道，因为它既不危及生命，也不会造成肢体残疾，而它的有效性表明它能让囚犯痛苦至极。我一直刻意避免深入研讨各种酷刑的形式。对于考古学家而言它们可能很有趣，但是它们并不能表现原则问题，而且仔细描述这些人类的阴郁过往没有什么好处。那些对此好奇的人可以从以下著作中得到丰富的资料：Grupen Observat. Jur. Crim, de Applicat. Torment., 410., Hanov. 1754；Zangeri op. cit. cap. IV. No. 9, 10；Hieron. Magius de Equuleo cum Appendd. Amstelod. 1664，等等。根据伯恩哈迪的说法，约翰·格拉夫（Johann Graefe）列举了不少于 600 种不同的刑具，都是为刑讯逼供而发明出来的。丹霍德（Damhouder, op. cit. cap. xxxvii. No. 17-23）宣称，依据法律规定酷刑只能用绳索进行，然后描述了数种精巧的装置。其中一种，据他讲，能够造成不可忍受的痛苦而没有任何风险，那就是将囚犯双足浸盐水后，让一只山羊来舔他的脚底。]一旦卷入这种追诉之中,很少有人能指望着效法那位米兰法官的例子,他通过杀死一头心爱的母骡子,使得他的仆人受到指控,解决了他对刑讯取证有效性的疑虑。仆人当然否认这一罪行,随后被依法拷打,招出口供,即使酷刑结束后他依然坚持其招供。于是通过这个实验,这名法官相信如此体制存在谬误,他辞去不再符合他良知的职位,后来步步高升,做到了红衣主教。对待这些不幸结果的方式,在另一个多少有些相似的案件中得到诠释,此案是奥古斯丁·尼古拉(Augustin Nicholas)[1]在阿姆斯特丹时获知的,解释了为什么该城每逢行刑都必须从邻镇借调一个刽子手。一个阿姆斯特丹青年,狂欢滥饮到深夜,回家途中,他在一户门前台阶上醉倒睡着了。一个窃贼偷空了他的口袋,其中有一把匕首。几分钟之后,窃贼在口角中用这把匕首捅了一个人。窃贼返回那睡着的人身边,把沾血的凶器放回了原位。之后这个年轻人醒来,没走几步就被巡逻人员逮捕,他们刚刚得知发生了谋杀案。情况看上去对他十分不利,于是他遭到拷打,招了供,酷刑后依然坚持其供词,最后被依法吊死。不久之后,真正的罪犯因另一起犯罪而遭制裁,并揭开了上述犯罪的往事。于是,尼德兰联省大议会采用常规的刑法逻辑,剥夺了阿姆斯特丹城处刑人的权力,对这个体制下不可避免的结果进行了惩罚。[Augustin Nicholas, op. cit pp. 169, 178.]

理论上,被告只能被酷刑拷打一次,但是这就像其他的人道保护措施一样,几乎徒劳无益。重复酷刑可以是因为第一次的刑太轻或不足而被合法化;或为了取得新证据,允许第二次甚至第三次施刑;或酷刑之后不能坚持原供述,便会使重复受刑成为必须,甚至连对供词的一个变动,都必须用拷问台或吊刑台来加以确认。[Zangeri cap. v. No. 73-83.]事实上,某些当局竟将是否对被告施刑或者在没有新证据的情况下是否重复拷打,完全交给法官来自由裁

1 奥古斯丁·尼古拉(Augustin Nicholas,1622—1695年),博学多才的法国学者,精通法语、意大利语、西班牙语和拉丁语。曾著书大力抨击司法活动中的刑讯制度。

量，[Damhouder. op. cit. cap. xxxviii. No. 3, 4.—Rosbach. Tit. v. cap. xv. No. 14. ——然而，西曼卡斯宣称只允许施刑两次（De Cathol. Instit. Tit. LXV. No. 76, 81）。] 德尔·里欧提到过一个发生在威斯特伐里亚的案件，案中一个被指控身怀变身为狼人的法术（lycanthropy）的人，被拷打了 20 次。[Disquis. Magicar. Lib. v. sect. ix.] 而丹霍德认为有必要谴责某些法官为了逼出口供，过度热衷和习惯于对固执的囚犯处以过分漫长的饥渴之刑。[Cap. xxxviii. No. 13.]

使用酷刑的频率之高，可以用其低廉的费用做证明。在瓦朗谢纳，从 1538 年到 1573 年的市政记录中，为拷打每个人次的囚犯而付给处刑人的法定费用只有 2.5 苏，他还可以为了处刑时戴的白手套得到同样的金额，而刺穿舌头这样的轻松活计，则要付给他 10 苏。[Louïse, Sorcellerie et Justice Criminelle à Valenciennes. (Valenciennes, 1861, pp. 121-125.)]

在为从可怜的受难者口中挤出口供的努力中，所有这些累积的残酷暴行有增无减，孜孜以求的供词其实毫无价值。它不足以定罪，除非得到被告在离开刑讯室之后的 1—3 天间歇期的盘问中的确认。[Goetzii Diss. de Tortura p. 71.] 这一确认也绝对不是放之四海皆准，而且，对撤回招供的案件的处理是一个极富争议的题目。博丹在 1579 年抱怨，巫师们有时会否认他们在刑讯之下招出的口供，而迷惑不解的法官必须因此释放他们。[Bondin de Magor. Dæmonom. (Basil. 1581, p. 325.)] 不过，相对于体现那个时代刑事法学特点的、获取供词的决心，这样的结果与实际完全不相符，就这么耐心地屈服是不太可能的。由此，一般做法是：如果招供被撤回，被告就要再次遭受酷刑。而第二次招供和撤回,则给思虑缜密的法律顾问们出了一道格外古怪的难题。他们一致认为,制造了这么多麻烦之后不应当允许此人逃脱制裁。一些人主张对他的罪行处以常规刑罚,另一些人主张进行加重处罚;一些人倾向于再一次监禁他[Zangeri cap. v. No. 79-81.],另一些则认为他应当受到第三次酷刑,并且就像之前那次一样撤回供词才能免受进一步拷打,其令人肃然起敬的理由是:自然和正义都一样痛恨没完没了。[Bernhardi Diss. Inaug. cap. I. § xi.]对于一些将自由裁量权完全交给法官的法学家而言,这太形而上了,他们拥有无限延长招供与撤销交替轮回的权力,他们的行为无疑是基于这样的理论:大多囚犯都是希波利多·戴·玛西格利口中那样的流氓无赖,当被法官问起为什么撤回供述时,回答说他宁愿遭受千次肢体折磨也不愿引颈就戮,因为他很容易就能找个医生医好胳膊,却无法重新安上脑袋。[Emer. a Rosbach, op. cit. Tit. v. cap. xviii. No. 13.—Godelmanni de Magis L. III. cap. x. § 52.—Gerstlacheri Comment. de Quæst. per Tormenta p. 35. 贝卡利亚也持一样的说法。(Beccaria, Delitt. e Pene, § XII.)— "Alcuni dottori ed alcune nazioni non permettono questa infame petizione di principio che per tre volte; altre nazioni ed altri dottori la lasciano ad arbitrio del giudice."]在一些地方,当地法官们习惯于囚禁或流放这样的人,如此一来就可以不用定罪而处罚他们,而且会施以与其受指控的罪名不相适的刑罚。[这样的习惯在选帝侯辖区萨克森(Electoral Saxony)通行直至废止刑讯逼供(Goetzii Diss. de Tort. p. 33),在阿姆斯特丹尤其如此。根据梅耶(Meyer, Institutions Judiciaires, IV. 295)的记述，那里的记录显示：在受到刑讯拷打之后，几乎没有一个罪犯会被无罪开释。] 为解决这个令人纠结的问题，另一些人明智地建议：在对囚犯的罪行存疑时，应将其严刑鞭打，在他发誓不对施刑者提起非法监禁之诉后，将其释放。[Zangeri loc. cit.] 但是，根据一些权威的说法，这种也称为"厄费达"（urpheda）的誓言不具有法律效力。[Bernhardi, cap. I. § xii.—Goetzii op. cit. p. 74.—Cf. Caroli V. Const. Crim. cap. xx. § I.——前文中提到过的戈茨创造了这个词，"ur"意为"在……之前"，而"fede"意为"敌意"。] 然而，迈向酷刑制度的终结时，虽然不太合乎逻辑却更加人道的教条在德意志地区盛行，即撤回口供会使被告无罪开释，除非提出新的、不同的证据，而且这证据应比之前的更加有力和清晰，因为这时被告受到无罪推定原则的保护，酷刑为他洗脱了过去的嫌疑。[Goetzii Dissert. de Tortura p. 31.]

这种刑讯之后重复供词的必要，引起了另外一个问题，导致博士们之间相当大的意见分歧，即经过拷打的证人是否仍需对他们提供的证据进行事后确认，以及在他们撤回或提供全新证词时是否可以被重复拷打。就像通常那样，在与酷刑有关的疑问中，权威的分量都倒向支持其任意使用的一边。[Werner Dissert. de Tortura pp. 91–2.]

这个制度还有另一个奇特的不一致之处，更加清晰地显示了对酷刑取得的供词的真实评价。如果酷刑是由一个过分狂热的法官在没有恰当的初步证据时施行的，那么所取得的供词在法律上一文不值，即使后来发现了证据。[Zangeri cap. II. No. 9–10; cap. v. No. 19–28.—Damhouder. op. cit. cap. xxxvi. No. 36.] 另一方面，如果持有确凿和无可争议的有罪证据,而过度热衷酷刑的法官依然严刑拷打,却没有逼出供词,这就会引发酷刑制度下不可避免的、在法学专家间充满争议的另一个纠结点。一些人认为,他应被无罪开释,因为酷刑为他洗脱了所有指向他的证据;另一些则争辩道,他应当受该罪名项下的完整刑罚,因为酷刑是不合法而无效的;其他人再次采取了中庸之道,认为不应当对他适用其罪名项下刑罚,而是按照法官的自由裁量适用其他的刑罚。[Zangeri cap. v. No. 1-18.—Goetzii Dissert. de Tortura pp. 67-9.] 确实,根据法律,没有逼出口供的酷刑将会导致被告完全无罪的宣判;但是在这里,实践上的考量再一次摧毁了法学家仅有的一丁点人道主义精神,被告在这样的情况下依然被认为有嫌疑,并且随时可能因同一罪行受到再次审判。[Damhouder. op. cit. cap. xl. No. 3.偏执和迷信尤其不会轻易放过他们的牺牲品。在巫术罪指控中,如果情势不利于囚犯——也就是说,如果他名声不佳,如果他在受刑时没有掉泪,如果他每一次受刑后都迅速恢复——他不会因为没有招供就被释放,而是被关押至少一年,"squaloribus carceris mancipandus et cruciandus, sæpissime etiam examinandus, præcipue sacratioribus diebus."—Rickii Defens Aq. Probæ cap. I. No. 22.] 此外,假如,一对男女因受到通奸罪的指控而遭受酷刑,如果其中一人招供了而另一方没有,根据一些权威的说法两人都应当无罪开释,而另一些则认为招供者应当受到与法律规定不同的惩罚,而其共谋者发誓自己无罪之后应被释放。[Zangeri cap. v. No. 53-61.—Goetzii Dissert. de Tortura p. 57.] 想象不出有什么比这更加自相矛盾且于理不合的了。而且,仿佛是要为整件事戴上一顶荒谬之王的桂冠,竟允许定罪之后仍施加酷刑以防止上诉。并且,如果这不幸之人在行刑之地,胆敢乘机宣称自己无辜,他就会被立刻赶下绞刑架、放上拷问台,所依据的乃以下理论:招供不得撤回［Boden op. cit. Th. V. VI.］;尽管,如果法官已然对此有了警觉,并使供词依法经过公证人和证人们的证明,那么就可以避免这样的麻烦,而且囚犯会被立即处刑,哪怕他撤回供述。［Goetzii Dissert. de Tortura p. 72.］看到这一系列惨状,仁慈且虔诚的卫道士们却急于为罪犯的灵魂着想,要求此人应当被带去为他的罪行忏悔以确保永恒的救赎;对此我们恐怕会忍不住冷笑。［Boden op. cit. Th. V. VI.］此外,还有一处微小但仍不可容忍的不公正,即当一人遭受酷刑而未招供并因此被无罪释放时,他或他的继承人依然必须为检讼活动支付全部开销。［Goetzii Dissert de Tortura p. 76. 有时，涉及死亡或肉刑等重罪的情况与轻罪有所不同，但是戈茨宣称在他那一时代（1742 年）的萨克森，如上就是广受接纳的做法。］

所谓"刑事司法"这整个制度的暴虐,受到正直而义愤填膺的奥古斯丁·尼古拉的有力控诉,他在路易十四手下做司法工作时,有大量机会观察其实行及结果。"吊刑,在意大利如此普遍,在罗马法中却是被禁止的……西班牙的守夜人,迫使一个人为了避免坐到刺得他痛不欲生的尖利铁片上,仅仅依靠肌肉支撑了 7 个小时;佛罗伦萨或玛西格利的狱吏,上文已经描述过了;我们的铁凳被烧得通红,将可怜的、智力迟钝而被控为女巫的女性放在上面,她们被可怕的监禁消耗殆尽,在阴暗肮脏的地牢中逐渐腐坏,戴着枷锁,形销骨立,半死不活;而我们装作认为人类的躯壳可以抵挡这魔鬼般的行为,装作一切用于指控我们不幸的受害者的供述都是真的。”[Dissert. Mor. et Jurid. sur la Torture, pp. 36-7.]在这样一种法学机制之中,很容易明了和理解这样一位不幸农夫的案例。该农夫被判巫术罪,临刑前对教父忏悔时,承认自己是个巫师,而且谦卑地欢迎死亡的到来作为对他不可饶恕罪行的恰当报应,然而这颤抖的忏悔者同时令人悲悯地询问道:一个人是否能在不知什么是巫师的情况下成为一个巫师?[Ibid. p. 169.]

如果还需要任何东西来证明纠问式程序是多么彻底地不利于被告,可以参考丹霍德给出的奇妙建议。他建议囚犯们,当被要求进行辩护时,要防止法官利用任何可能的漏洞,例如在杀人指控中主张自己无罪时,还要加上:如果他被证明杀了人,便声称是出于自卫所为。[Damhoud. Rer. Criminal. Prax. cap. 34, §7.]

我们已经从上文看出,在封建法律的废墟上引入和塑造这整个酷刑制度的过程之中,宗教裁判所扮演了多么重要的角色。即便如此还是必须提到,在16世纪和17世纪欧洲法学重建期间,针对巫术的纠问程序的狂热,以及对这个纠缠基督教世界很久的问题的恐慌,影响巨大,使得酷刑在人们的思想意识中成为实现司法正义的必要工具,使得刑讯逼供被准许采用到我们今天无法想象的地步。

从很早的时候开始,酷刑就被认为是巫术和魔法罪的审判中不可或缺的程序。358年,君士坦丁乌斯的一条敕令规定,对于被指控犯有这般罪行的人,无论出身和职位如何高贵,都不能保护他免于适用最严厉形式的酷刑。[Const. 7 Cod. IX. xviii.]从梅里达(Merida)[1]会议666年的一条教令中可以清楚地看到,它的采用变得多么普遍,教令宣称:神父们生病时,有时会指控是教堂的奴隶们施行巫法所致,而且违反所有教规、毫不虔诚地拷打他们。[Concil. Emeritan. ann. 666, can. xv. 在13世纪中期,皇帝狄奥多·拉斯卡里斯为这种案件发明了一种新的酷刑。当时,他朝中的一位贵族女士被指控犯有巫术罪,他将她裸身置于一只装满猫的麻袋中。虽然严酷,但这等苦难并未成功地逼出她的供词。—Georg. Pachymeri Hist. Mich. Palæol. Lib. I. cap. xii.]因此,很自然地,所有这样的犯罪理所当然地被认为是特例,应当令所有嫌疑者受到极端的酷刑;而且在对女巫和巫师的审判中,它的采用是不可或缺的。

所有人都感到:有必要用冷酷无情的方式彻底根除这类犯罪,而且法庭多数倚仗的证词无形无状的特性,加深了传统上对酷刑的信赖。巫术罪被认为特别难以取证,结果酷刑成了为难的法庭的不败伎俩,而可怜的罪犯没有任何法律上的保障,并且允许采纳的证据范围极广。博丹明确地宣称:面对如此可怕的犯罪,没有任何必须遵守的程序规则。[Bodini de Magorum Dæmonoman. Lib. IV. cap. 2.]允许儿子指证父亲,年轻的女孩则被认为是指证她们母亲的最佳证人;证人的恶名昭著不妨碍对其证词的接受,连未到责任年龄的儿童,在他们能够确知誓言的性质之前,都被允许起誓,而使父母

1　梅里达(Merida),西班牙城市。

命悬一线。博盖特(Boguet)[1]在弗朗什-孔泰(Franche Comté)[2]地区主持的一次庭审中陈述这条规则时,讲述了他自己所审理过的最可悲的案件。一个名叫纪尧姆·维勒莫兹(Guillaume Vuillermoz)的人,因其12岁儿子的证词而被定罪,连铁石心肠的法官的神经都因这个不幸囚犯的绝望而大受触动。他与儿子对簿公堂,儿子带着一种只有神明方能解释的冷酷坚持讲着他的故事,孩子身上的一切天然感情都不见了,以对这一罪大恶极的罪行施以恰当的惩罚。[Boguet, Discours des Sorciers, chap. lv. (Lyon, 1610.)]路易斯(Louïse)[3]在1662年刊印了一份审判记录,案中菲利普·波鲁斯(Philippe Polus)因其女儿作证而被定罪量刑,除此之外,似乎没有其他任何不利于他的证据。而这孩子只有9岁,并且根据女孩自己的证词,她本人从4岁起就已经是个女巫了。[Louïse, La Sorcellerie et la Justice Criminelle à Valenciennes. (Valenciennes, 1861, pp. 133-64.)——其他类似案例,参见Bodin, op. cit. Lib. IV. cap. 1, 2。]连诉讼代理人和律师们都可能被强迫给出不利于客户的证据。[Bodin. Lib. I. cap. 2.]尽管有如此之广泛的途径定罪,在16世纪末巫术盛行时作为一名治安长官的雅各布·里齐乌斯,拥有这个问题上最全面的实践经验,却抱怨说:根本不能靠采信合法的证人来定罪。[Per legales testes hujus rei ad convincendum fides certa haberi non potest.—Rickii Defens. Aquæ Probæ cap. III. No. 117.]而德尔·里欧极

1 指亨利·博盖特(Henry Boguet,1550—1619年),法国法学家和著名法官。
2 弗朗什-孔泰(Franche Comté),法国东部一个大区的名称,东邻瑞士。
3 指提奥菲尔·路易斯(Theophile Louïse),19世纪的学者。

力主张因巫术罪极难取得证据、酷刑更适用于巫术而不是其他犯罪时,也只是表达了大众普遍的观点。[Idque facilius in excepto et occulto difficilisque probationis crimine nostro sortilegii admiserim quam in aliis.—Disquisit. Magicar. Lib. V. Sect. iii. No. 8.]

人们广泛地相信:撒旦会帮助他身处绝境的信徒们,使他们感知不到疼痛,却无法令猎巫者们懈于努力,虽然不可避免落得这样的结局——他们只是在惩罚无辜,而使有罪者逃脱制裁。博盖特似乎确实认识到了这种实践上的自相矛盾,而且尽管教会节庆时仍允许使用酷刑,他却建议法官不要依赖它,因为它是毫无益处的。[Boguet, Instruction pour un juge en faict de Sorcelerie, art. xxxii.]他的建议多么不受重视,以及自认可以不靠酷刑的法院何等之少,可见于1619年埃诺的宪章中,其中规定在这样的案件中,法庭有权为探究指控的事实真相,或者为了揭发共谋者,或是为"其他任何的目的"采用酷刑。[Soit pour ne trouver les dé litz suffisament vé rifiez, ou pour savoir tous les complices, ou autrement.—Chart. nouv. du Haynau, chap. 135, art. xxvi. (Louïse, p. 94).]在这样的两难境地中,各种方法都被采用,以构陷这样的公敌,其中最常被采用的是在行刑前先将囚犯全身毛发仔细剃光[Nicolas p. 145. 好奇的读者将会看到德尔·里欧(Del Rio, Lib. v. Sect. ix.)笔下,邪恶的魔君用各种方法保护他的信徒抵抗宗教裁判所的正义之举。],此程序常作为对女性囚犯施以下流暴行的借口。然而,无论最有经验的驱魔人何等小心警醒,我们仍发现在厄尔班·葛兰迪耶(Urbain Grandier)[1]的血腥闹剧中,最酷烈的严刑拷打也无损他崇高的精神和乐观的情绪。["Q' aprè s qu' on eut lavé ses jambes, qui avoient é té dé chiré s par la torture, et qu' on les eut pré senté es au feu pour y rapeller quelque peu d' esprit et de vigueur, il ne cess pas de s' entretenir avec ses Gardes, par des discours peu sé rieux et pleins de railleries; qu' il mangea avec apé tit et but avec plaisir trois ou quatre coups; et qu' il ne ré pandit aucuns larmes en souffrant la question, ni aprè s l' avoir souffert, lors mê me qu' on l' exorcisa de l' exorcisme des Magiciens, et que l' Exorciste lui dit à plus de cinquante reprises 'præcipio ut si sis innocens effundas lachrymas.' " —Hist. des Diables de Loudon, pp. 157-8.] 丹霍德用更长的篇幅记述了一个奇特的案件,此案就发生在当时作为布鲁日议员的他的眼皮底下,那时,他协助对一个顶着女巫之名却只用她的力量做善事的女性用刑。在三天的审讯中,她顶住了最严厉的酷刑而没有动摇,有时昏睡过去,有时反抗似地对着法官们把手指捏得关节噼啪作响。终于,在剃毛程序中,发现她身上藏了一小片布满神秘字码的羊皮纸,一把它拿走,她立刻承认了她与撒旦的契约。[Rerum Crimin. Praxis Cap. xxxvii. No, 21, 22. Cf. Brunnemannde Inquisit. Process. cap. VIII. Memb. v. No. 70.] 心慈手软的里齐乌斯坚决认为这个资料不可靠,对于因这类指控被带到来受审的、所有悲

1 厄尔班·葛兰迪耶(Urbain Grandier,1590—1634年),也译为"格朗迪埃",一位因被控与魔鬼订立契约、犯有巫术罪而被处以火刑的神父。但也有人认为这是因为这位神父与当时法国权臣红衣主教黎塞留政见不合。他在西方历史中广受关注。大仲马曾以他的名字写成历史小说。

惨的老年女犯,他习惯于进行冷水神判。但他小心地告诉我们,这也只是初步证据,为的是使他对那些傻傻地浮起来而没有沉下去的人用刑时,良心上更好过一些。[Rickii op. cit. cap. I. No. 24.]

从传说中古代卡帕多西亚人(the Cappadocians)[1]用酷刑磨砺其子女,以使之日后能进入假证行业牟利的时代开始,阅历丰富的人中就存在一个广泛共识,即所有罪犯都拥有使用麻药以抵御酷刑的秘诀,这些不幸者时而服用麻醉品以增强抵御能力并非全无可能。博盖特抱怨道,在当时,酷刑不仅对巫师几乎无用,对一般罪犯也没用。而丹霍德声称,职业罪犯习惯于相互拷打以增强抵挡司法审讯的能力,有鉴于此,他建议法官询问囚犯过去的经历,以便于权衡案中必须使用的酷刑的轻重程度。[Boguet, Instruction pour un juge, art. xxix.—Damhouderi Rer. Crim. Prax. cap. xxxviii. No. 19.]

匠心独具且态度决然的立法者们集中全副精力,依然无法用这种方式从手中捏拿的鄙贱小丑和长舌者那里逼出口供,这并不全是他们的错。13世纪宗教裁判所的古老教条还没有被废弃;他们被要求善待囚犯,向地牢中派遣一些讨人喜欢的执事者与囚犯交朋友,并诱导他作出他们想要的供述,还保证会向法官施加影响使其宽宥罪犯,此时法官进入牢房并保证开恩,而脑子里想的却是:他要对公众施恩,而不是对这囚徒。[Sprenger Mall. Maleficar. P. III. q. xvi.——这与民法律师们的箴言针锋相对。希波利多·戴·玛西格利断然表示,因得到宽赦的承诺而作出的供述,不得作对被告不利的用途

1 卡帕多西亚(Cappadocia),今土耳其小亚细亚东部的古国。

(Singularia, Venet. 1555. fol. 36 b)。然而,教会不认为自己受到常规法律或道德规则的约束。玛西格利在另外一篇(fol. 30 a)中写道,亚历山大三世曾私下承诺一位主教,如果他愿意公开承认自己有买卖圣职罪,就会得到豁免,而这位高级神职人员真的这么做时,却立即遭到了罢免。]或是,依然遵循古老的传统,将他和自称同为巫师的密探关在一起,以诱导他自陈其罪;或者告诉这不幸的家伙,他的同伙已经供出对他不利的证词,以便诱使他出于报复作出不利于彼的证词。[Bodin. Lib.IV. cap. I.]博盖特实在不认为用宽赦来误导被告人是正确之举,而且尽管被律法学者们认可,他还是决意反对它。[Boguet, Instruction, art. xxvii.]西曼卡斯也认为这样的诡计不合法,而且如此取得的供词可以被撤回。[De Cathol. Instit. Tit. XIII. No. 12.]另一方面,德尔·里欧在高尚地谴责司布伦格和博丹开诚布公地推荐的诡计的同时,还小心翼翼地划分了"妙计"(dolum bonum)和"骗局"(dolum malum)之间的界线。他禁止纯粹地撒谎,却推荐模棱两可和含混许诺,于是,如果囚犯上当,就只能怪自己。[Disquisit. Magicar. Lib. v. Sect. x.]实际上,这些人认为他们正亲自与撒旦正面交锋,而要战胜撒旦,只能以其人之道还治其人之身。

很容易理解,当法律如此无情地使受难者毫无机会时,没有几个人能逃过一劫。在这个问题上的普遍狂暴态度,导致人人自危,感到随时可能会被私敌提出控诉,或是出现在由拷问台上不幸地受拷打之人被逼公布可能在巫师集会上看到的人员名单中。由此,我们得以充分理解那些人的感受,他们生活在这样的不确定中,冷静而谨慎地提前下定决心,万一被认为有嫌疑,他们会立刻如讯问者所愿地承认任何事,比起漫长而且往往结果更不确定的选项,他们只求速死。[坦纳神父(Father Tanner)表示,这是他从博学且阅历丰富的人之中习得的。——Tanneri Tract. de Proc. adv. Veneficas, Quæst. II. Assert. iii. §2.]由小心谨慎的夸大而生长起来的邪恶,成长到如此巨大的程度,以至于坦纳神父写道,每天都有许多人在酷刑之下被当作巫师定罪。[Ibid. loc. cit.]这显然不是说说而已。某法官在一篇关于这个问题的论述中炫耀自己的热忱和经历,仅他那一个地区,就在15年内除掉了900个可怜人;另一个可靠权威自豪地记述道,仅科莫(Como)[1]主教区,就曾在12个月内就烧死1000人,而年平均超过100人。[Nicolas, p. 164.]

如果教会没有对这个制度给予稳定的支持,那么酷刑能侵入修道院回廊中宁静而神圣的幽居生活,就显得奇怪了。然而,在某种可能的情形下,它在修道院里的使用甚至比在世俗法庭中更加武断。虽然修士和修女们免受民事机关的管辖,却受盲从上级尊长们的誓言制约。于是,每一所修道院的领袖都成了一个独裁者,而且在调查他们治下的羔羊们的过失时,不受任何限制。他不仅能够任意下令拷打被告,而且对证人也一样,无论男女,都遭受同样的对待,除了对修女们,鉴于她们的脆弱性,建议不应采用不得体或过于严苛的酷刑。就像在其他各处一样,通常习惯是从最脆弱的证人或罪犯开始进行拷打。[Chabot, Encyclopé dic Monastique, p. 426 (Paris, 1827).]

---

1 科莫(Como),意大利北部城市。

英格兰和北方民族

在这段将残暴和谬误合法化的漫长历史过程中，北欧民族大多情况下是例外。然而值得一提的是，第一部接纳酷刑作为调查手段的普通中世纪法典，最出乎意料地，正是产生于这个民族而非其他。现存最早的冰岛法律，日期标注为1119年的《格拉加斯》（*the Grágás*）[1]，有一两处暗示它的存在，并且完全是当地原生而绝不可能是像欧洲其他地方那样由罗马法引入的这一点显得颇为有趣。确实，人民的性格，以及他们体制的性质，看上去与使用酷刑格格不入，因为几乎所有案件都交由附近地区审讯或陪审团决断，当这样不适合时，则诉诸神判。然而，这种习惯法土生土长的起源，见于以下事实。当它在极少集中事项中被使用时，最显著地受制于它的族群是怀孕的妇女，而在别的地方，即便最冷酷无情的法官也普遍同意对她们实行豁免。一个未婚先孕的女性，拒不指出诱惑者的姓名，便可能遭受一些不会使皮肤破损或变色的温和折磨以迫使她招供。［"Ita torquatur ut nec plagam referat nec color cutis livescat."—Grá gá s, Festathattr eap. xxxiii.］这么做的目的是使得家人能够从引诱者那里获得罚金，并且省去他们自己抚养这孩子的费用。然而，当母亲招供后，需要额外的证据方能给推定的父亲定罪。当一个地区的居民拒绝交出被另一个地区认为违法的人时，他们必须拷打他

1 《格拉加斯》（Grágás），古代冰岛的一部法律汇编，也被用于指代北欧挪威的法令集。"Grágás"这个词翻译成英文意为"灰鹅"（grey goose），因此也可能被译为《灰鹅法》（*Gray Goose Laws*）。

以确知所受指控的事实真相［Ibid. Vigslothi eap. cxi.］——这是一条无疑可由占据斯堪的纳维亚法律机制中重要部分的“宣告为非法”（outlawry）来加以诠释。这些是仅有的、允许使用酷刑的例子，而时而发生的滥用，在一个规定违法采用它的制裁措施的条款中得到印证。［Ibid. Vigslothi cap. lxxxviii.］更有甚者，冰岛人手下的奴隶们，就像在其他法典中一样，在法律上没有任何保障，并且听任其主人的处置。［Schlegel Comment. ad Grá gá s §xxix.］不过，这仅有的几个关于自由人的暗示，大约在欧洲其他地区开始采用酷刑的时候就消失了。在1258年挪威国王哈科·哈孔森为冰岛编纂的法典《雅恩熙达》（*the Jarnsida*）[1]中，完全没有提到它的使用。

作为一个整体，斯堪的纳维亚各国，没有将酷刑逼供纳入他们的法律体制。各种案件普遍采用陪审团机制，在公开审理取得证据不足之处，一直到相对晚近的时候，他们都允许被告通过圣餐脱罪，自陈其无辜。同此一例，在丹麦的瓦尔德玛二世标注日期为1240年的立法中，有一种叫作“桑德蒙德”（sandemend）的常设陪审团，还有一种称为“奈弗宁吉”（nefninge）的临时陪审团，而酷刑在司法程序中似无容身之地。［Legg. Cimbric. Woldemari Lib. II. cap i., xl.（Ed. Ancher, Hafniæ, 1783）.］这部法典一直有效，直到1683年克里斯蒂安五世（Christiern V）颁布新法。很可能酷刑的采用已然悄悄进入了德意志地区，只是并未被作为常规得到认可，因为我们发现克里斯蒂安也禁止采用它，除非是在叛国罪之中，而在他看来大量

1 《雅恩熙达》（*the Jarnsida*，原书索引中则写作 *Iarnsida*），13世纪后半期斯堪的纳维亚的立法文件。

犯罪都足以合法地打破一般原则。不过,他允许对被判处死刑的罪犯采用它,从而鼓励了对它的最严重的滥用。[Christiani V. Jur. Danic. Lib. I. cap. xx.(Ed. Weghorst, Hafniæ, 1698.)森肯伯格(Senckenberg, Corp. Jur. German. T.I. Præf. p. lxxxvi.)用丹麦文给法典《凯泽·雷腾》(*Keyser Retenn*)标注了章节标题,这是由安克尔(Ancher)提供给他的,其中第四章和第五章包括了刑讯施行方式的规定。这部法典是德意志法、民法体系和当地法的混合物,而且很可能是在丹麦的一些德意志省份有效。]

在有亲缘关系的弗里斯人之中,也有同样的趋势。他们1323年的法典是一部早期蛮族法学的忠实记录。它没有提到酷刑,而且除了盗窃,所有犯罪都靠"血钱"制度制裁,可以说有理由推定,刑讯逼供不是受认可的司法途径。[Legg. Opstalbomicæ ann. 1323(ap. Gärtner, Saxonum Leges Tres. Lipsiæ 1730).]

因此,在瑞典,编纂于1441年、一直到1614年都有效的《拉瓜尔德法典》(*the Code of Raguald*)经历了酷刑几乎在欧洲所有国家盛行的时期,却没有给它立锥之地。审判在12名"南普达理"(nempdarii)或者说陪审员面前进行,而在疑难案件中,被告被要求用誓言或共誓人来为自己洗清罪责。对于恶劣残暴的犯罪,刑罚是严酷的,譬如轮刑或火刑,但是这些都是施加于已被定罪量刑者身上的。[Raguald. Ingermund. Leg. Suecor., Stockholmiæ, 1623.]罗马法对这些辽远的地区渗透得很慢,而且陪审团审判是一种灵活的机制,本身就可以适用于任何案件。

英格兰普通法中刑讯逼供的缺失,也是同样的原因。与其他蛮族一样,盎格鲁-萨克森人对所有疑难案件都通过神判和宣誓断讼法解决,在被称为“亨利一世法”的法令集中,立下了一条与整个酷刑理论针锋相对的原则,无论是刑讯逼供还是取证,即因恐惧和欺诈取得的口供被宣布无效,而且一个招认己罪的人不能被采信来定他人之罪。[Ll. Henrici I. cap, v. §16. 威尔士的法律，十分奇特地忽视了这条原则，却规定当窃贼走上绞架时，在确定自己会被绞死的情况下供出同谋，就足以被接受作为证据，而无须指圣物起誓——而这是其他证据不可或缺的条件。然而，略有不同的是，共犯会因此被判卖身为奴，而不是判处绞刑。——Dimetian Code, Bk. II. ch. v. §9. (Owen I. 425).] 这样一条原则,与逐渐形成的陪审团审判制度一起,无疑捍卫了法律不受纠问程序的玷污,尽管就像我们看到的那样,在内乱时期,劫掠者和无法无天的贵族依然广泛采用刑讯逼供以榨取民财。格兰维尔没有提到,不过,布莱克顿显示出对复兴的罗马法的广泛了解,并且在有益处且与既存体制协调的事项上广泛地使用它,他仍小心翼翼地摒弃将酷刑引入刑事程序的做法。[罗马法影响英格兰法的许多有趣细节，可参见卡尔·古特伯克（Carl Gü terbock）旁征博引的著作《布莱克顿及其与罗马法的关系》(*Bracton and his Relation to the Roman Law*)，近来由布林顿·考克希翻译过来（Brinton Coxe, Philadelphia, 1866）。这一标题，应当得到比英国学者所为更加彻底的考量。很奇怪地看到，叛国罪（crimen læsæ majestatis）在布莱克顿（Bracton, Lib. III. Tract. ii. cap. 3. §I）的书中出现于13世纪中期，早于法国，就像我们看到的那样，法国是在1315年初次提及。罗马法对两国产生了如此不同的影响，这简直出乎意料。] 确实,《大宪章》(*Magna Charta*)[1] 中的一个条款是最高权力者抑制酷刑采用的规定,但是并没有直接提到这个主题,当时这并非一个现实问题,并且很可能参与此事的任何一方都没有想到它。[律师们所根据的段落在第30章,原文为"Nullus liber homo capiatur, vel imprisonetur, aut dissaisiatur, aut utlagetur, aut aliquo modo destruatur; nec super eum ibimus, nec super eum mittemus, nisi per legale judicium parium suorum, vel per legem terræ." 如果能够假定以上引用的亨利一世法令集中的法律在约翰王时期依然有效,那么可以想象会对酷刑逼供有些许提及;但是显然,如果酷刑是已然存在的苦难,就像宣告为非法、没收或监禁一样,那么男爵们一定会小心地将它纳入所列举的限制之中。更进一步说,《大宪章》本意在于削弱王权。而后来,当国王想要用拷问台来检验他亲爱的臣民的忍耐力时,却没有任何人借它来干预王权。] 实际上,英格兰法律的整体精神与严刑纠问程序的基本原则水火不容。当被告被带到法庭上,他是真的被要求不受遮挡地出庭,不得穿靴子、帽子或斗篷,以昭示他的耻辱。但是也有明文规定不应使他披枷戴镣,以免在辩护中他身上的枷锁使他无法泰然应对。而且他不应当被用任何形式强迫做任何非其本意的陈述。[Et come ascuns felons viendrount en Jugement respondre de lour felonie, volons que ils viegnent dechausses et descients sauns coiffe, et a teste descouverte, en pure lour cote hors de fers et de chescun manere de liens, issint que la peine ne lour toille nule manere de rason, selon par

1 《大宪章》(*Magna Charta*),由"无地王约翰"(参见前文第186页注2)在贵族们的逼迫下,于1215年签署的宪法性法律文件。其主旨是保障封建贵族独立性和限制王权,对日后英国君主立宪政体的形成具有重大意义。

force ne lour estouva mye respondre forsque lour fraunche volunte. —Britton, chap. v.] 那些能够编造出法学箴言的人们,是如此忠于他们的正义感,而且如此领先于时代观念,显然绝不会同意将法律的可靠性建筑于那些制度化地从孤立无援的不幸家伙口中榨出的供词之上。实际上,这样的做法被当时的法律学者归类为杀人犯罪 [Per volunté aussi se fait ceste pesché (homicide) si come per ceux qui painent home taut que il est gehist pur avouer pesché mortelment.—Horne, The Myrror of Justice, cap. I. sect. viii.——亦参见 Fleta, Lib. I. cap. xxvi. §5。];但是它却被列为对法官上诉的事由,这显示出它时而发生。[Ou faussement judgea Raginald .... ou issint; tant luy penia pur luy faire conoistre, approver que il se conoist faussement aver pesché ou nient ne pescha.—Horne, cap. II. sect. xv.]

因此,在英格兰普通法中,酷刑很恰当地并不存在,尽管金雀花王朝的君王们(the Plantagenets)[1]常常致力于此 [派克(Pike, Hist. of Crime in England I. 427)引用了一份 1189 年的文件,似乎间接表现出:若国王下令,就可以施行刑讯。这一表达有些含混不清,而且当时酷刑逼供尚未在欧洲的任何地区作为一种司法程序站稳脚跟,故而这份文件的内容很难作为刑讯合法性的证据。],但国家体制的特性却令罗马法兼收并蓄且中央集权化的浪潮靠岸不得。[参见 Fortescue de Laud. Legg. Angliæ. cap. xxxiii。——在议会 1388 年的一份声明中,体现了排斥罗马法入侵的那种猜忌和提防。"Que ce royalme d' Engleterre n' estait devant

1 金雀花王朝(the Plantagenets),英格兰 12—15 世纪的一个王朝,与法国的安茹王朝一脉相承,包括兰开斯特王朝和约克王朝均是其旁支。参见前文第 516 页注 1。

ces heures, ne à l' entent du roy nostre dit seignior et seigniors du parlement unque ne serra rulé ne governé par la ley civill." —Rot. Parl., II Ric. II. (Selden' s Note to Fortescue, loc. cit.)]它们却在法国被广泛地接受,而且对于那些意在行使绝对权力的人而言,它们的吸引力逐渐使君王和王家律师们习惯于认为酷刑可以根据君主的命令被实施。亨利六世(Henry VI)[1]的大法官(Lord Chancellor)约翰·福蒂斯丘(John Fortescue)爵士曾极其详尽地猛烈抨击法国法律的残暴程序,并且心满意足地将其与英格兰法律做对比[De Laudibus Legum Angliæ, cap. xxii.],不过,他并不否认酷刑在英格兰也偶尔被使用。的确,他曾向爱德华王子(Prince Edward)[2]宣讲,激烈反驳此制度,暗示了对这个问题上民法原则的扩张进行抵抗和斗争的急切心理,刑讯制度毫无疑问地受到安茹的玛格丽特(Margaret of Anjou)[3]势力的支持。实际上,1468年曾有一个适用它的例子记录在案,该案最终导致伦敦市长托马斯·柯克爵士(Sir Thomas Coke)被处决。[参见雅丁(Jardine)的《解读英格兰刑法中对酷刑的使用》(*Reading on the Use of Torture in the Criminal Law of England*)的第7页

---

1 亨利六世(Henry VI),英格兰国王亨利六世(1421—1471年),兰开斯特王朝末代君主。长期健康状况不佳,在玫瑰战争中败给了约克家族的爱德华四世。

2 爱德华王子(Prince Edward,1453—1471年),指英王亨利六世和王后安茹的玛格丽特的独子,后在战争中阵亡。

3 安茹的玛格丽特(Margaret of Anjou,1430—1482年),英王亨利六世的法国籍王后,以强悍不屈著称。在英国玫瑰战争期间,由于丈夫病弱、儿子幼小,她是兰开斯特家族的实际领袖,为捍卫丈夫和儿子的王位,领军长期对抗爱德华四世兄弟所领导的约克家族,最终兵败被俘,后被亲戚法国国王路易十一赎回,终老于法国。

(London, 1837),这是一份内容浓缩且足够完整的对都铎和斯图亚特王朝时期这个问题的论著。]而且在1485年,因对神职人员进行了鞭打、拷问和绞刑等某些司法活动,亨利七世(Henry VII)[1]曾受到英诺森八世(Innocent VIII)[2]的申斥。[Partim tormentis subjecti, partim crudelissime laniati, et partim etiam furca suspensi fuerant.—Wilkins Concil. III. 617.]

在亨利八世及其子女们统治的时期,王权大大扩张,这样一个教条流行开来:尽管根据法律规定不得刑讯逼供或取证,可是王权是凌驾在法律之外和之上的至高权力,枢密院(Privy Council)中国王签发的令状足以使得拷问台的使用和秘密纠问程序的引入合法化,不论它带来何等的残酷和不公。很难得以将生长在普通法开明而人道的司法环境中的人们,与颠覆他们所习得一切原则的制度调和起来。然而,此行业中最崇高者的名字,却与他们明知不符合此地法律的那些事项有关。

伊丽莎白时代法律界的标志人物之一,托马斯·史密斯爵士(Sir Thomas Smith)[3],将这种做法斥为既不合法也不合理。“根据他国民法或习惯法施行的拷打或讯问,……在英格兰不被使用……英格兰人的天性就是视死如归却不容拷问的;而且因此他会对任何事招出‘是’的口供,哪怕会使他自己的父亲被杀,也无法忍受拷打。”然而,数年之后,我们发现托马斯爵士在1571年写给伯格利勋

1 亨利七世(Henry VII),英格兰都铎王朝的首任国王,1485—1509年在位。
2 英诺森八世(Innocent VIII),罗马教皇,1484—1492年在位。
3 托马斯·史密斯爵士(Sir Thomas Smith,1513—1577年),英国学者和外交家。

爵(Lord Burghley)的信中,提到他奉伊丽莎白女王的命令,参与拷打两个不幸的家伙。[Jardine, op. cit. pp. 8-9, 24-5.我们应当为托马斯爵士说句话,他曾诚恳地请求伯格利勋爵不要让他参与如此不相宜的事务。]

类似地,爱德华·柯克爵士(Sir Edward Coke)[1]在他的《要义》(*Institutes*)中,宣称:"因此,由于在这片土地上没有令状实行酷刑的法律,如此晚近才被引入的它们,也不能被任何的法律规定合法化。"然而在1603年,有一份签发给分任总检察长和副总检察长的柯克和弗莱明(Fleming)的令状,命令他们对亨德斯登勋爵(Lord Hundsdon)的一个仆人适用酷刑。这名仆人的罪行在于说了些关于国王詹姆斯的闲话,而且得出的供词是由柯克亲笔书写的,表明他亲自监督了审讯过程。[Ibid. pp. 8, 47.]

柯克的劲敌培根勋爵(Lord Bacon)[2],与其同时代者一样屈意顺从。我们发现他在1619年任大法官期间,写给国王詹姆斯的信中,提到一名关押在伦敦塔内涉嫌叛国的囚犯——"如果别无他法,那么对皮考克(Peacock)施以酷刑就是合宜的。他就像皮查姆

1 爱德华·柯克爵士(Sir Edward Coke,1552—1634年),都铎王朝后期、斯图亚特王朝前期的英国大法官和政治家,普通法系历史上最著名的法学家之一。因主张以法治限制王权,而与詹姆斯一世发生过冲突。面对查理一世的狂征暴敛,主笔起草《权利请愿书》(*The Petition of Right*),成为英国宪法性文件之一。著有四卷本巨著《英格兰法律要义》(*Institutes of the Laws of England*)等,语言简朴,毫无矫饰,因而长印不衰。

2 培根勋爵(Lord Bacon),指弗朗西斯·培根(Francis Bacon,1561—1626年),英国著名的哲学家、科学家和文学家,同时也是一位大法官。1621年,培根因腐败行为接受调查,被送入伦敦塔监狱短期关押,之后被永远地开除了公职——书写控状的,就是爱德华·柯克。

(Peacham)一样罪有应得。”——皮查姆是一个不幸的教区牧师，在他的桌上发现了一份并未宣讲的布道文手稿，包含了一些对王权的批判性反思，权力者心怀憎怨地将他送上了拷问台。[Bacon’s Works, Philadelphia, 1846, III. 126.]

至于其他国家，就像在英格兰一样，酷刑一旦被引入，便迅速突破了罗马法为它设立的审慎界限。叛国罪是最有弹性的罪名，就像1553年，它被用作拷打一位名叫斯托宁格(Stonyng)的人的借口。此人是一名关押在马绍希监狱(the Marshalsea)的囚犯，因为他饶有兴趣地转述了狱友关于腓力二世(Philip II)[1]的讽刺性描述，当时此君与英格兰玛丽女王的婚姻颇为耐人寻味。[Strype’s Eccles. Memorials, III. 101.]但是，并不只是在叛国罪案件中王权才能越过法律的界限。确实，在那变幻不定的时代中，当诸王朝依靠教规而存时，宗教事务出现在谋划叛国的狡诈头脑之中，并且甚至被认为能成为折磨妇女的理由，就像在1546年的安·阿斯丘(Ann Askew)[2]案中一样[Burnet, Hist. Reform. Bk. III. pp. 341-2.]，而且连并无其他过错，只是试图通过虚假的奇迹保住他们修道院的修士们也不能幸免[根据尼坎德·纽休斯(Nicander Nucius, Travels,

---

1 腓力二世(Philip II,1527—1598年)，哈布斯堡王朝成员，西班牙国王(1556—1598年)，曾与英格兰女王玛丽一世(伊丽莎白一世的姐姐)结婚而获得英国王冠，但他长期不在英国，与玛丽的婚姻被认为纯属政治联姻，有名无实。在他统治期间，发生了尼德兰反抗西班牙统治的革命和西班牙无敌舰队被英国海军击败等事件。

2 安·阿斯丘(Ann Askew)，生活在16世纪前半期的英国女诗人和新教徒。她因宣传新教思想被逮捕和施刑，并被作为“异端”烧死在火刑架上。

Camden Soc. 1841, pp. 58, 62）的说法，对这些骗局的调查采用了最严厉的酷刑，显然这是通行的程序。]；但是许多使用它的案件被记录在案，再怎样足智多谋也无法将它们从最为普通的刑事案件中抹去。盗窃、谋杀、盗马、侵占以及其他类似罪行的嫌疑，足以将不幸的被告人交付拷问、“清道夫之女”（the Scavenger's Daughter）[威廉·斯凯文顿（Sir William Skevington）爵士，是亨利八世统治时期伦敦塔的一名中尉，由于受到一种古老的酷刑折磨而一命归西。该酷刑使用一只铁圈，令囚犯屈身其中，脚踝挨着臀部，胸部贴着膝盖，就这样遭到无情的碾压。它得名为“斯凯文顿之女”，却因读音相近，随着时间流转以讹传讹，成了“清道夫之女”。其他受此苦难的人中，有一位不幸的爱尔兰人，名叫米亚夫（Myagh），他在地牢墙壁上刻下了他的悲叹，至今仍是伦敦塔的牢城的一景：“托马斯·米亚夫，独卧于此，我的不幸，由此开始：酷刑加身，审问真相，然而自由，已是无望。1581 年，托马斯·米亚夫。”——Jardine, op. cit. pp. 15, 30.]以及镣铐——如果受害人有足够的势力取得一张工家令状的话，这些诉讼活动不仅限于伦敦塔的秘密地牢里，因为记录显示酷刑是在拘留所开始被习惯性地适用的。然而，雅丁声称这格外危险的滥用蔓延，似乎随着伊丽莎白女王的去世而停止了，1640 年之后就不再有酷刑的蛛丝马迹，哪怕是针对政治犯也不再使用。[Jardine, pp. 53, 57-8.]王权已经受到了太过严重的质疑，而无法使这么宣示王权的举措显得审慎，并且英国内战（the Great Rebellion）[1]最终确定了这方面的宪法性权利，其

1 英国内战（the Great Rebellion 或称 English Civil War），1642—1651 年发生在英王查理一世的支持者和反对者之间的内战。

基础如此牢固,以至于连复辟时期(the Restoration)[1]那些趋炎附势的政客们都不敢贸然变更之前的做法。然而,贵族血统者主张自己有权豁免于酷刑,而且法官承认这种主张是一种特权,可见它曾经差点儿被嫁接在这块土地的法律上。在什鲁斯伯里伯爵夫人(the Countess of Shrewsbury)案中,爱德华·柯克爵士是法官之一,宣称有一种"因贵族的荣誉和尊严而由法律赋予的特权,在逆君叛国罪中使他们的身体免受酷刑",并且没有任何反对这一主张的案例记载。[Op. cit. p. 65.]

然而,在下述犯罪中,酷刑一直被频繁使用,并且无须王权介入。在欧洲大陆,巫术和邪法被认为是格外严重的犯罪,激起了如此普遍和强烈的反感,以至于实践中嫌疑人都被置于法律保护范围之外,并且为了确保定罪,任何手段都不算过分,而在许多案件中想要作出有罪判决,就必须获得口供。我们已经看到在意大利酷刑的精致改良中,40个小时不准睡眠,被这方面最有经验的权威认为在严酷性和有效性方面首屈一指。它既没有使肉体受损、关节错位,也没有造成骨折,没什么东西比它更能蒙蔽智力、摧垮意志并将囚犯陷于会对刑讯者提出的任何问题做肯定回答的心理状态。在英格兰的巫师审判中,这种酷刑方法也不少见,而且与那些更有经验的意大利法学家不同,它没有时间限制。[Lecky, Hist. of Rationalism, Am. ed. I. 122.——在他十分有趣的作品中,莱奇(Lecky)先

---

1 复辟时期(the Restoration),1660年,英国人经历了克伦威尔清教徒式的严厉统治之后,迎回查理一世的长子回国继承王位,称查理二世。

生提到了一个案件，发生在克伦威尔统治的共和国时期，一位名叫洛威斯（Lowes）的年事已高的神职人员，在无可指责地担任了50年圣职之后，却遭到怀疑。“接连几个晚上，这位不幸的老人被禁止睡眠，被折磨到‘痛不欲生的地步，几乎对自己的所说所为无所知觉。’于是，他被扔进水里，判为有罪，并被吊死。”——同上 p. 126。］

大不列颠采用的另一种形式的酷刑，被证明行之有效而毋庸置疑，那就是采用“针刺”来发现不敏感的地方，根据通行看法，那正是巫师永久不变的标记。甚至有职业的“刺巫者”，在巫师审判中被当作专家传唤，并将长针插入被告的身体直到得到结果为止，无论是积极还是消极结果。［Cobbett’s State Trials, VI 686.——尽管表面上并非酷刑，这种针刺行为实际上还是被当作酷刑。就像在1677年苏格兰议会“发现他们（指下级地方官）不能使用任何针刺或禁止睡眠的酷刑”（loc. cit.）。］于是，1643年在爱丁堡，对简妮特·巴科（Janet Barker）的检控中，有记载说“她的左肩上有不同寻常的标记，使一位灵巧的刺巫者詹姆斯·斯科伯（James Scober）得以通过用大针刺其肩而发现她没有感觉，从而将她甄别出来”。［Spottiswoode Miscellany, Edinburgh, 1845, II. 67.］一个名叫金凯德（Kincaid）的刺巫者，曾经将落入他手的受难者们扒光，绑起他们的手脚，然后用针在身上到处刺，直到他们被这酷刑折腾得筋疲力尽哑口无言，当他们无力喊叫，于是他胜利地宣称他找到了巫师的标记。另一位刺巫者在绞刑架上供认，他通过针刺寻巫，非法杀害了120名女性。［Rogers’ Scotland, Social and Domestic, p. 266.］

在苏格兰，酷刑很迟才被作为一种司法调查的常规形式引入。

在斯奇尼(Skene)所编纂的各种法典中,从早期到15世纪纪初,对它都没有任何提及。这些法典的最后一部在1400年罗伯特三世(Robert III)[1]时期被苏格兰议会采纳,其中关于断讼决斗的条文显示,作为证据不足时的补充酷刑,它可能已经是多此一举了。[Statut. Roberti III. cap. xvi. (Skene).]不过,罗马法的影响尽管出现得晚,却最终深植于苏格兰,远胜其姐妹邻邦,而且结果酷刑成为处理疑难案件的常规方法。特别是在迫害巫师的行动中,苏格兰的做法酷烈至极,远超意大利和西班牙的宗教裁判所,酷刑被推向可怖的残暴之巅,远远越过了其他各地对它的限制。比如说,我们前面看到的单纯只是用最简单的方式使得被告40个小时不眠不休的看守们,在苏格兰却令人生畏地变得更凶恶,他们使用"驱巫辔"(witch-bridle),即将一片铁片围着贴在脸的四周,将四个分开的尖头插入口中。戴着这个东西,被告被固定在一面墙上动弹不得,根据记载有的案件中这种不可忍受的折磨被延长到5天甚至9天。在另一些案件中,重达25或30英石(stone)[2]的沉重铁箍和枷锁,会被加在承受者的身体上。[Lecky, op. cit. I. 145-6.—Rogers, op. cit. pp. 267-300.]确实,很难相信我们所看到的这些被记录下来的情况不是夸张。对于凭良心行事的迫害者而言,不存在过分的残暴,因为他相信自己是在为上帝复仇,而人的施刑能力是无限的,受难者的耐受力却并非无限;根据苏格兰巫师审判记录的可靠佐证,这些巫师们似乎超越了人类坚强的极限。[我引用莱奇(Lecky, p.

1 罗伯特三世(Robert III),苏格兰国王,1390—1406年在位。

2 英石(stone),英制重量单位,1英石相当于14磅,约合6.35千克。

147）先生的书，他用皮特凯恩（Pitcairn）的《苏格兰的刑事审判》（*Criminal Trials of Scotland*）作为佐证。"但是其他或许更坏的审判形式保存了下来。一贯适用的三种主要方法是：拧指刑、靴刑和铁腿刑。第一个是用螺丝拧拇指；第二种是将腿伸入一个框架中，再用铁锤钉入木楔，将腿钉烂；第三个也是将腿伸入一个铁框，铁框会反复在火盆上炙烤。有时会在受难者的身体上使用火柴。我们读到，在同时代的一份法律记录中，有人曾被铁腿刑'剧烈折磨'了48个小时；另一个人则被捆在同一种刑具中11天11夜，双腿被靴刑折磨了14天，还被鞭打得皮肉分离。"这些案件发生在1596年。这些可怕的事之外，还有另一个同等可怕的案子。一位菲安博士（Dr. Fian）被控招来暴风雨危及詹姆斯一世1590年从丹麦回国的航程。詹姆斯亲自监督了对这个不幸者施刑的过程，当施刑人使劲浑身解数终于黔驴技穷时，国王本人发明了新的酷刑。然而，一切都是徒劳，受难者没有招认自己的罪行，就被处以火刑。（Ibid. p. 123.）］另一方面，对这些巫师的审判以极度残暴为特征。在其他地方，就像我们看到的那样，有口供才能定罪，这就造成了酷刑总有各种借口。在苏格兰，刺巫者的证词就足够了，因此酷刑成了荒唐残暴者的余兴节目，使得可怜的受审者更加走投无路，如果屈服于折磨而招供，就会得到被慈悲地绞死、而不是烧死的恩典，那些面对酷刑坚持不屈的人则会被定罪并活活烧死。［Rogers, op. cit. p. 307.］

酷刑由此保住了它在苏格兰法律中的地位，一直到这个王国失去其自主立法权为止，尽管在与英格兰暂时统一于克伦威尔共和国之下时，似乎有人努力试图将其抑制下去。1652年，当英格兰的司法事务特派员们坐镇爱丁堡时，在被带到他们面前的刑事罪犯之中，有两名已经在苏格兰教会（the Kirk）面前供认过自己罪行的巫师。他们是六人一组的余孽，另外四个人死于刑讯逼供之下——比如手绑于背后再拎着拇指吊起、鞭刑、灼烧脚部和头部、将点燃的蜡烛放入口中、让他们穿上吸满醋的马尾毛织品“好剥下他们的皮”等等。另外一个女性被扒光衣物赤身裸体，放在一块冰冷的石头上，再盖一张粗砺的毛织物，就这样放了28个日夜，只喂她些水和面包。记载此事的日志作家们还说“法官们下决心过问此事，下令查明相关警长、官僚和行刑者是谁，以便为此等暴行向他们追责”。［Diurnal of Occurrences in Scotland.（Spottiswoode Miscellany，II. 90-91.）］在这样一个特殊的案例中，是什么引发了他们具有人道主义精神的努力，我不得而知，但是合法施行酷刑一直到联合王国的建立（the Union）才被废止，在1709年，联合议会第二次集会时就仅通过了一项“改善联合王国”的法案，将这种做法剔除出去。［7 Anne c. 21.——当为苏格兰的启蒙开化预留空间时，作为多数的英格兰人也小心保留了同等野蛮的做法——“强硬碾压刑”（peine forte et dure）[1]，这是在斯图亚特王朝时期无视普通法的原则而引入的（参见 Fleta，Lib. I. cap. xxxii. §33，亦见于 Home’s Myrror of Justice，cap. I. sect. viii。），它不是严格意义上的为调查而进行的酷刑，而是一种刑罚，施加在那些拒不招供有罪或无罪的人身上。从那时候开始，不幸的嫌犯不再有权申辩，而只能被监禁在高压之下直至死亡，“donec oneris，frigoris atque famis cruciatu extinguitur.”——参见 Hale，Placit. Coron. c. xliii。这种近现代野蛮的遗迹直到1772年才被废除（12 Geo. III. c. 20）。它在美国适用的唯

1　强硬碾压刑（peine forte et dure），用越来越重的硬物压在受刑者胸口直到其招供为止的酷刑。

一案件，据说是1692年巫术时代的吉尔斯·考利（Giles Cory）案。他知道审判不会有希望，拒绝做陈述，于是被依法碾压致死。（Cobett's State Trials, VI. 680.）］然而，导致酷刑滥用的那种精神，不是议会一道法令就能够抑制的。记录中有一个发生在1722年的案件，一个可怜的老年妇女已是年老昏聩，被判定为女巫而将要烧死。她竟然将枯瘦的双手伸向为毁灭她而点燃的火堆，并对这奇怪的温暖喃喃表达喜悦之情。［Rogers, op cit. p. 301.］

刑讯制度的衰落

如我们所见，在各地导致如此可悲结果的程序制度，几乎必然引起既不会屈从于庄严的先例，也不会受民众冲动摆布的思想家们的反对。因此，偶然会响起谴责酷刑的声音。作为16世纪最深刻的学者，胡安·路易斯·维乌斯（Juan Luis Vives）[1]，这位西班牙人曾斥其为无用而且灭绝人性。［他的论证受到西曼卡斯的引述和争论。Simancas, Bishop of Badajos, in his Cathol. Institut. Tit. LXV. No, 7, 8.］这个时代的怀疑论者蒙田（Montaigne）[2]，太冷静也太清醒，绝不可能对它所依据的那套邪恶原则视若无睹，而且他毫不犹豫地给它

---

1 胡安·路易斯·维乌斯（Juan Luis Vives，1493—1540年），西班牙学者和人文主义者。

2 蒙田（Montaigne，1533—1592年），法国人文主义思想家和文学家，30多岁开始隐居法国乡村（后来曾被迫担任公职），致力研究和写作。尤以其典雅深邃、旁征博引的散文著称。

盖上了“本人所反对之事”的大印。“说实话，这是一个充满不确定性和危害性的方法；为了逃避如此深重的苦难，我们有什么不愿意说、不愿意做的呢？由此会发生这样的情况：当一个法官为了不致使无辜之人冤死而对囚犯用刑时，他却会用酷刑将无罪的囚徒置于死地……为了避免此人无辜受戮，而对他施加比死刑更严重的伤害，难道有何公正可言吗？”[Essais, Liv. II. chap. v.——这篇文章几乎是照抄了圣奥古斯丁，de Civ. Dei Lib. XIX. cap. vi. ——蒙田进一步借傅华萨（Froissart, Liv. IV. ch. lviii）的一个故事阐明了自己的立场。故事讲的是，一个老妇人向巴雅泽（Bajazet）控诉一位士兵抢夺她的粮食。面对被告者的否认，土耳其首领立刻割开这名士兵的胃查看。他被证明有罪。——但是，如果他是无辜的，后果岂不是不堪设想？] 1624 年，博学的约翰·格拉夫在他的《法庭改革》（*Tribunal Reformatum*）一文中极力主张将它废除，就像他所说的那样，他有亲历荷兰加尔文派教徒迫害阿米尼乌斯派（Arminianism）[1] 的恐怖经验，而且他的书受到了充分的瞩目，多次重印。[Bayle, Diet. Hist. s. v. Grevius.—Gerstlacheri Comment. de Quæst. per Torment. Francof. 1753, pp. 25-6.] 1657 年，弗里德里希·凯勒（Friedrich Keller）在斯特拉斯堡大学（the University of Strasbourg）发表了一篇论据充分的论文敦促将它弃置不用，在 1688 年重印时，尽管他给标题加的前缀显示，他基本不敢为这不受欢迎的学说承担责任。[Frid. Kelleri Paradoxon de

1　阿米尼乌斯派（Arminianism，或译为“亚米纽斯”或“阿明尼乌”），指由荷兰神学家和教授雅各布·阿米尼乌斯（Jacobus Arminius，1560—1609 年）创立，对抗荷兰加尔文派的教派。

Tortura in Christ. Repub. non exercenda. Reimp. Jenæ 1688.]当法国的《1670年特别法典》仍在编写、准备中时,各地拥有最崇高品性和最大量经验的地方法官们都坚定地给出了他们的意见:酷刑毫无用处,它极少能成功地从被告口中逼出真相,应当被废止。[Dé claration du 24 Août, 1780 (Isambert, XXVII. 374).]到该世纪末,学者们开始讨论这一问题。其中最著名的,恐怕要数前文中多次提到的奥古斯丁·尼古拉,他所依靠的不是辩驳技巧,而更多地是以热忱和学识来驳斥这整个制度,特别对它在巫术案件的适用加以批判。[尼古拉小心细致地表达了他完全相信巫术的存在,并且诚挚地表示希望对它加以惩罚,同时,面对大众将期盼程序制度改革之人污蔑为“巫术的辩护人”的情况,他显得愤愤不平。]在1692年,前几页提到的冯·博登的著作中也提到了此事,并猛烈抨击其滥用行为,不过,还是承认它在许多种案件中的用处。不久之后,拜勒(Bayle)在他的《字典》(*Dictionary*)中用他惯用的含沙射影方式谴责了它。[Diet. Histor. s. v. Grevius.]1705年,在哈雷大学,波美拉尼亚的马丁·伯恩哈迪,一位博士学位的候选人,在他的就职论文中,大力主张将其废除,而其院系主任克里斯蒂安·托马斯(Christian Thomas)称其言之有理,尽管对迅速变革的可行性表达了怀疑。伯恩哈迪声称,在他所处的时代,荷兰已不再采用它,而对于在乌特勒支地区废除,他认为归功于这样一个案件,一个盗窃犯在依例受刑并招供时,诬赖了一位鞋匠,就只是为了报复这位鞋匠曾拒收了一双靴子,最后导致其被处死。[Bernhardi Diss. Inaug. eap. II. §§iv., X.——伯恩哈迪冒险地用果断决绝的言辞斥责这种制度。“Injustam, iniquam, fallacem, insignium malorum promotricem, et denique omni divini testimonii specie destitutam esse hanc violentam torturam et proinde ex foris Christianorum rejiciendam intrepide assero."(同上 cap. I §I.)]然而,他的主张太过宽泛,实际上直到1798年建立尼德兰共和国时,这种做法才被正式废除。[Meyer, Institutions Judiciaires, IV. 297. 然而,即便那时,严酷的纠问程序仍未废止,而刑事程序依然不公开。拷问台和吊刑架,被长久的监禁和其他审讯方式所替代;而在1803年的亨德里克·简森(Hendrik Janssen)案中,直接采用了酷刑,根据用牛鞭拷打逼出的有力供词,他在阿姆斯特丹被处死。]

这些努力收效甚微,但是他们体现了启蒙思想的进步,而且无疑为变革铺平了道路,特别是在普鲁士地区。然而在1730年,我们发现学识渊博的森肯伯格男爵重印了赞格的论著,这不仅出于考据的需要,而且是作为一部实用课本来指导律师和法官的工作。与此同时,这个制度的合理性仍然继续受到各学派的讨论,双方都大费周章、言之凿凿。[酷刑的反对者的名单,可见于 Gerstlacher's Comment, de Quaest. per Tormenta, pp. 24-30, 以及 Werner's Dissert, de Tortura Testium, pp. 28-31。]1733年,在莱比锡,莫里茨·奥古斯特·恩格尔(Moritz August Engel)宣读了一份大受追捧的论文,文中他为使用酷刑进行了辩护,驳斥了克里斯蒂安·托马斯近30年前的箴言。[M. A. Engel de Tortura ex Foris Christ, non proscribenda. Lipsiæ, 1733.]采用的论据是:基于当时的刑事法学理论,被告的罪行被认为是理所当然地加在他肩上的重担,他负担着自证清白的重任。恩格尔宣称,在所有秩序井然的国家,酷刑都被正当地采用着;

那些无辜者,以及仅因有嫌疑而蒙难受屈的人,只能怪自己不够谨慎,而且必须为人类理性的不完美买单。而对这个体制的不公正,他却轻描淡写,宣称国家不应当关注一个无罪者是否偶尔受到酷刑,因为凡人类的规条都不能指望是完美无缺的。同样立场的另一个辩论者附议道:个人敏感性不同,使得酷刑具有不确定性,并鼓吹说策尔布斯特公爵领(Duchy of Zerbst)[1]的行刑人发明了一种刑具,哪怕最顽强、最健壮的人在其淫威之下都会招供。[Jo. Frid. Werner Dissert, de Tortura Testium, Erford. 1724. Reimpr. , Lipsiæ, 1742.]然而,在这不久之后,改革进程正式启动了。腓特烈大帝在1740年5月31日继承了普鲁士王位。他那些博爱而充满哲思的人性化工程,在日益增强的帝王雄心之下,没有几项得以保留。不过,当他初掌大权时,就迫不及待地清除了这不可理喻的、残暴的余迹。这几乎是他最早的一道正式法令,因为废除酷刑逼供的内阁命令上的日期是6月3日。[Carlyle, Hist. Friedrich II. Book XI. ch. i.]然而,连腓特烈也不能完全地摆脱传统信念,即与国家或国家元首的安全相关时,酷刑是必要之举。叛国罪和叛乱罪以及其他一些穷凶极恶的犯罪,不在改革范围之列。1752年,在大法官柯瑟吉(Cocceji)的请求下,他下了一道特别诏令,对奥谢斯勒本(Oschersleben)[2]两个涉嫌抢劫的市民用刑。[这一条记载,我是在冈瑟(G. F. Günther, Lipsiæ, 1838)对萨克森地区废除酷刑的记录中找到的。]更有甚者,除了个别

---

1 策尔布斯特(Zerbst),德国中部地名。策尔布斯特公爵领,曾经出了一位索菲亚公主,后来成了俄国女皇叶卡捷琳娜大帝(参见后文第625页注1)。

2 奥谢斯勒本(Oschersleben),德国中部地名。

案例，酷刑以一种变体的形式在普鲁士长期被允许采用，它并不是作为一种严格意义上的调查方式，而是作为对顽固不化不肯招供的囚犯的一种惩罚，作为方便日后认出此人的一种标记手段。[Gü nther, op. cit.] 显然，废除酷刑并未带走严苛纠问程序的罪恶。

当这位欧洲王室中的哲学家就此止步不前时，毫不奇怪的是，这并未终结别处对废止酷刑的争论。日耳曼法律实际上规定了替代办法，严酷纠问程序练就的律学家们对于抛弃他们如此熟知的制度，进入一个既未被尝试过也没有制度化规定，且与本地旧有习惯不同的领域，难免摇摆不定。哥斯特拉彻(Gerstlacher)在他发表于1753年的、对酷刑有理有据有节的辩护中，表达了这些自然而然的疑虑。他列举了反对者们所提议的替代方法，他若是不能平心而论，当时的法官们自然会产生反感而不愿去实践如此残暴和不合理的事。当被告不能因外部证据而被判有罪时，为断案提供的这些选项，似乎自然减到只剩四项——一是既不判有罪也不判无罪，而直接将其释放；二是令他发誓以自证清白；三是在法律为该罪规定的刑罚之外另给他判个刑(意指，一个更轻的刑罚)；以及最后一个选项，即根据指向他的证据强度，将他囚禁或罚做船工或其他苦役，直到他招认为止。[Gerstlacheri Comment, de Quæst. per Tormenta, Francofurti 1753, p. 56.]

在萨克森州，早在1714年一部《选帝侯法令》(*Electoral Rescript*)就已将酷刑的管辖权限于莱比锡的地方法官们，所有刑事检控都必须被提交给他们审查，他们确认之后才能交由地方法庭采用刑讯。[Goetzii Dissert, de Tortura, Lipsiæ 1742, p. 24.] 这必然大大减少了这一制度造成冤案和苦难的数量，于是经过这样的矫正，它一直存续到1770—1783年间，萨克森刑事法律重新建构时，这整个机制被一扫而尽。在瑞士和奥地利，于大致同一时间，它面对着同样的命运。在俄罗斯，叶卡捷琳娜女皇(the Empress Catherine)[1]在1762年，从素来大肆恶意滥刑的初级法院那里剥夺了施用酷刑的管辖权；在1767年，根据一道密令，它的使用仅限于被告口供确实必不可少的情况下，而且即便在这种情况下，仍然只有各省省长才有权准许它的适用。[Du Boys, Droit Criminel des Peuples Modernes, I. 620.]在1767年，为构建一部新法典的框架，她作出了异常开明的指示，诚心诚意地批判了酷刑的使用，此举暴露了贝卡利亚的学说对她的影响。[Instructions addressé es par sa Majesté l'Impé ratrice de toutes les Russies à la Commission é tablie pour travailler à l'exé cution du projet d'un Nouveau Code de Lois Art. X. §§ 82-87. (Pé tersbourg 1769)——亦见于 Grand Instructions of Catherine II., London 1769, pp. 113-8]。这般兆头之下，刑讯几乎迅即被弃置不用，并最终在1801年被废止。然而，在中欧的某些国家中，文明开化的进程慢得不可思议。直到1806和1807年为止，在符腾堡(Wirtemberg)[2]和巴伐利亚，酷刑仍然是其法律制度上的污点。在

1 叶卡捷琳娜女皇(the Empress Catherine)，曾为沙皇彼得三世之妻，后发动政变夺取皇位，成为女沙皇，称为叶卡捷琳娜二世，1762—1796年在位。虽然是出身德国的公主，却善于笼络俄罗斯的人心，对内加强中央集权，镇压农奴起义，对外积极扩张，同时注重与西欧的启蒙思想家伏尔泰、狄德罗等人交流，赞助文化事业。死后，她被尊称为"叶卡捷琳娜大帝"。

2 符腾堡(Wirtemberg)，曾为符腾堡王国，位于德国西南部的施瓦本，今天巴登-符腾堡州的一部分。

其他国家，尽管拿破仑的战争将其暂时废止，但随着 1814 年他的倒台，酷刑实际上又死灰复燃了。然而，在 1819 年乔治四世（George IV）[1] 应其臣民所请，同意汉诺威（Hanover）[2] 免于实行此制度；而在巴登（Baden）[3]，它一直存续到 1831 年。然而，旧学院训练出来的律法学家们无法承认现代理念的公正可靠，而且在德意志的大部分地区，导致采用酷刑的那套理论依然盛行。秘密纠问程序，以及必须有被告人的口供才能定罪的原则，被保留了下来。要使这个制度的实行卓有成效，某些种类的酷刑是必要的，由此，尽管拷问台和吊刑台被废除了，它们的位置却被其他模式所取代，事实上残酷程度并未减轻。当局面不利于囚犯时，他会被无限期地关押，被其顽固不化激怒的官僚们会严加拷问。他被反复带到法官面前，受到最刨根问底的讯问，还会遭到威胁恐吓。律学家们可不愿放弃将所有被告人置于其股掌之间的那种强大武器，为了恢复它，他们再出新招。他们提出，每一名罪犯都应当对社会作出知无不言、言无不尽的招供。他的拒绝本身就是一种犯罪，因此，如果他的回答无法令法官满意，后者就可以藐视法庭、拒不服从的罪名，当场惩罚他。由这种惩罚通常采用的是鞭刑，这就可以看出所谓酷刑被废止，不过是一种幻象，而且它所引起的最恶劣的滥用行径，被小心地保住了。［Jardine, Use of Torture in England, p. 3.—Meyer, Institutions

1 乔治四世（George IV，1762—1830 年），英国国王兼德国汉诺威的君主，1820—1830 年在位。继位之前，因为其父乔治三世的身心健康状况不佳，而担任摄政王十年。

2 汉诺威（Hanover，亦写作 Hannover），德国北部地名。

3 巴登（Baden），德国地名。

Judiciaires, T. I. p. xlvi.—T. II. p. 262.]的确,如果我们照字面含义接受尤布尔-伊万斯(M. A. Eubule-Evans)在1872年伦敦《泰晤士报》上的说法,所谓"严格纠问机制"(德文:Untersuchungschaft)或者说"严刑审讯程序"在普鲁士一直沿用至19世纪的当下,其间不乏最可怕的滥用,有司布伦格和博丹的记录为证。被告在被监禁期间,受到肉体和精神上的双重折磨,以及密探的严密监视。在布鲁赫萨尔(Bruchsal)[1]的监狱中,有一种器械,使用时用皮带将囚犯的头部、躯干和四肢都绑在上面,绑得如此之紧,以至于血液循环受到阻碍,血液涌向嘴部和耳朵;或者可能一整个星期,都将他关在一个四壁和地板布满尖锐木楔的小房间里,简直堪比普鲁登修斯冠之以"最恶毒的折磨殉道基督徒方法"的碎瓷片之刑。

正如读者可能已经想象到的那样,西班牙并不急于改革它古老的程序制度。迟至1796年,在新格拉纳达(New Granada)[2]的总督辖区,当法国人革命的思潮开始影响社会时,在圣达菲出现的讽刺诗令政府颇为恼火。尽管总督埃兹佩莱塔(Viceroy Ezpeleta)被认为是一个异常开明的人,他还是逮捕了一批嫌疑者,对其中一人用刑以查明这可恶小诗的作者是谁。令人满意的是,尽管被告中有几个人被定罪,并送往西班牙长期服刑,但他们一到马德里就全部被释放,而且获得了补偿。[Groot, Hist. Ecles. y Civil de Nueva Granada II. 79-80.]不过在西班牙,酷刑没有从法律上被废除,一直到1812年。[Du Bois, Droit Criminel de l' Espagne, p. 720.]

---

1 布鲁赫萨尔(Bruchsal),德国西南部地名。

2 新格拉纳达(New Granada),巴拿马脱离之前哥伦比亚的旧名。

甚至连作为18世纪哲学思辨中心的法国,都保持着一种令人惊讶的保守态度。其主流作家们毫不犹豫地谴责它。在出版于1748年的《论法的精神》(*Esprit des Lois*)一书中,孟德斯鸠明示了他谴责这种制度的立场,带着一种平和淡定的郑重态度,显示出这一时代所有伟大的思想家都站在他这一边,作为他的后盾,他觉得再进行论证只是画蛇添足。[Taut d' habiles gens et tant de beaux gé nies ont é crtcentre cette pratique que je n' ose parler aprè s eux. J' allois dire qu' elle pourroit convenir dans les gouvernements despotiques; où tout qui inspire la crainte entre plus dans les ressorts du gouvernement: j' allois dire que les esclaves, chez les Grecs et chez les Romains —Mais j' entends la voix de la nature qui crie contre moi.—Liv. VI. ch. xvii.]伏尔泰(Voltaire)[1]不会放过它的荒谬无稽与自相矛盾。在1765年,他努力使德·拉·巴尔骑士(Chavalier de la Barre)[2]一案引起大众讨论。这位年轻的军官只有21岁,被指控吟唱了一首侮辱抹大拉的玛丽亚的歌曲,并在阿布维尔的桥上用剑砍断了一个木质十字架,随后受到严刑拷打并被处决。他做得更成功的一例,

---

1 伏尔泰(Voltaire),本名弗朗索瓦-马利·阿鲁埃(François-Marie Arouet, 1694—1778年),"伏尔泰"是笔名。法国启蒙思想家、文学家、哲学家、史学家和法社会学家,曾竭力为冤假错案中的蒙冤者大声疾呼(其中最著名的一案就是下文中的"卡拉斯案")。他善于针砭时弊,文风犀利幽默,影响非常深远,被称为"欧洲的良心"。

2 德·拉·巴尔骑士(Chavalier de la Barre),全名"让-弗朗索瓦·勒费夫尔·德·拉·巴尔"(Jean-François Lefevre de la Barre, 1745—1766年),一名非常年轻的法国下层贵族,据称因不遵循法国天主教仪规而受到指控、囚禁和拷打,最后被烧死,同时被焚烧的还有伏尔泰的《哲学辞典》。此案常被作为象征当时法国天主教会残暴而不宽容的案例。

是在1761年吸引了整个欧洲注意力的“卡拉斯事件”(affaire Calas)上,并提供了一个证实这个体制无用和残暴的著名例子。在那一年10月31日午夜时分的图卢兹,缢亡的马克-安东尼·卡拉斯(Marc-Antoine Calas)的尸体,在他父亲商店的后面被发现。这个家庭信仰新教,而这个被谋杀之人曾表示,他有意效仿他的弟弟,皈依天主教。细致的调查几乎毋庸置疑地得出结论,他的父亲就是出于宗教动机而杀人的凶手,于是被判了死刑。父亲上诉到图卢兹高等法院,在经历耐心聆讯之后,被判处轮碾死刑,并且判处“普通和特别讯问程序”以取得口供。他遭受了严酷至极的刑讯,以及活活被五马分尸的可怖刑罚,而丝毫没有顾及他的无罪抗辩。尽管两次审判都看似刚直不阿,欧洲的新教徒们却将此事看作宗教迫害的证据,发出了强烈的抗议之声。伏尔泰总是在密切注意着任何促进宽容和自由思想的机会,他以不知疲倦的精力抓住了此案,发起了如此强烈的鼓动,以至于在1764年,巴黎高等法院推翻这一判决,释放了这个家庭的其他成员——他们也遭受了各种刑罚,并恢复了已故卡拉斯先生的名誉。[Mary Lafon, Histoire du Midi de la France, T. IV. pp. 325-355.——此案辩方的意见是:被害人是自杀身亡的;但是这与证人证词不符。其中更多资料详见于玛丽·拉封(Mary Lafon)的著述,这位作者没有任何反对新教的倾向。] 在统治初期,路易十六建议引入早已成为必须的改革,伏尔泰抓住这个机会,在1777年向他恳请在改革措施之中加入停用酷刑这一条。[Ché ruel. Dict. Hist. des Institutions de la France. P. II. p. 1220.] 然而,直到1780年“预先讯问”才被一道王室敕令废除,几行字颇有分量,表示只是出于对传统的尊重,才将它保留了这么久。[Dé claration du 24 Août 1780 (Isambert, XXVII. 373).] 不过,这条敕令并未得到严格遵循,采用刑讯的案件依然时有发生。比如 1788 年在鲁昂,一位名叫玛丽·狄松(Marie Tison)的女子被指控谋杀了她的丈夫。当她的两个拇指被使用了拇指螺钉之刑,处悬吊之刑时,行刑者报告她两个肩膀都已脱臼之后,仍被允许再吊一个小时;然而所有这些却都不足以逼她招认。[Desmaze, Pé nalité s Anciennes, pp. 176-77.] 在同一年即 1788 年,显然颁布过另一道法令,以确保前一条被遵行。[Dé claration du 3 Mai 1788, art. 8. "Nôtre dé claration du 24 Août sera exé cuté e" (Isambert, XXIX. 532).] 实际上,当 1789 年召开三级会议(the States-General)时,瓦朗谢纳居民的那份《积弊清单》(the *cahier des doléances*)中,包括了废止酷刑的请求,可见那里到此时仍未停止使用它。[Louïse, Sorcellerie et Justice Criminelle à Valenciennes, p. 96.] 囚犯被定罪后还要遭受"确定性讯问"或"先决讯问"以揭发他们的同谋者,这一做法也一直延续到 1788 年才被废止,至少是暂时废止。它被宣称为对罪犯而言有不确定性,而且残忍;对法官而言太复杂,并且最重要的是危及无辜者,因为囚犯在极度痛苦之下为了让酷刑停止,可能说出名字,他可能坚持指控无辜者以使自己免受反复拷打。然而,将这项残暴的错事废止却仅流于条文而已,这既诡异又自相矛盾。后来若干年中,一直有如果法庭认为必要就会恢复酷刑的威胁存在。[Isambert, XXIX. 529.——值得注意的是,作为时代精神的标志,在最后贵族集会的前夜,这道引进了各种刑事程序改良措施,并承诺更加彻底改革的敕令,广泛邀请社会各界提出意见,以便在改革中能够落实公众意见。——“Nous élèverons ainsi au rang des lois les résultats de l’opinion publique.这纯属民主共和主义的一个非常规形式。这道敕令也表达了废除当时另一项刑事程序法缺陷的意图，而模糊地许诺允许囚犯有雇用律师的权利。] 当那短短的几年过去后，他们理解了新的法兰西，从此旧制度被除旧布新的大扫帚一扫而光；而酷刑作为刑事法学的一个要素，成了前尘往事。根据1789年10月9日的法令，它被永远地废止了。

在1764年的意大利，贝卡利亚借机贡献了其犯罪与刑罚论著中的几页篇幅，讨论了酷刑的议题，以无与伦比的简洁有力，将这种制度不可理喻的残暴性暴露出来。[Dei Delitti e delle Pene § XII.——普遍刑事程序中的基本错误，在贝卡利亚的论述中大大暴露出来：在解决刑事审判实质问题方面，即使一位数学家都比一位法律专家强。“Data la forza dei muscoli e la sensibilitá delle fibre di un innocente, trovare il grado di dolore che lo farà confessar reo di un dato delitto.”] 很可能正是由于这本著作激起的运动，1786年酷刑在托斯卡纳被正式废除。然而，意大利作为中世纪时最先复兴酷刑制度的国家，并不打算完全弃之不用。除非，我们都能够不去相信，从拿破仑到加里波第时期那些号称是为反对革命、保护正统而采取措施的种种说辞；否则，那不勒斯和巴勒莫(Palermo)[1]的地牢实在是残忍而不可理喻的暴力余毒的避难所。

不过，只要人性依然不完美，受到阻碍而急躁上火的强权者就

---

1 巴勒莫(Palermo)，意大利港口城市，位于西西里岛西北岸，濒临第勒尼安海的巴勒莫湾。

很容易向柔弱无助者进行报复。迟至1867年，在得克萨斯，《杰斐逊时代》（*the Jefferson Times*）中记载了一个案例，在军方当局的支持下，两名黑人因涉嫌从税吏那里盗窃了相当大一笔款项而遭受酷刑。更晚近一些的案例，发生在1868年9月，伦敦新闻界报道了罗马尼亚的邮政总局长，为了追踪抢劫邮包案的始作俑者而实施的可怕而野蛮的暴行。一个女性被吊在横梁上，两腋下各夹一枚烫鸡蛋；其他人被浇上油脂焚烧，另一些人则被绑在马尾上，拖过荆棘丛。还必须加上一点，这些肇事官员们立即被解职，并受到了审判。然而，最晚近的案例，是近来成为瑞士立法界议题的一件事，发生在楚格（Zug）[1]地区。根据法院的命令，为了逼一个涉嫌盗窃之人招供，从1869年10月26日到11月10他日只被允许靠面包和清水维持生命。此计不成后，他又遭受拧钻拇指之刑以及杖刑。

回顾这段残暴而不公的漫长历史，我们看到在福音真理被毫无保留地接受的基督教社会，却以一种连发明了刑讯的蛮族立法中都闻所未闻的、冷血而凶残的态度，将酷刑制度化。罗马法籍以保护被告利益的小心限制和保障措施——很奇怪地——与从13—19世纪一直令欧洲刑事程序含垢蒙羞的那种无视一切司法原则的惯例形成了鲜明对比。其中没有哪个种族或宗教能幸免于难。加尔文派教徒将自己在佛兰德斯遭受的待遇，又在荷兰施行于他人；天主教徒在意大利如何施为，在英格兰就要如何忍受；双方都不觉得如此作为，正使自己失去在倡导世界和平和人类友爱的神圣福音中的

1　楚格（Zug），瑞士中部地名。

份额。

人类良知和动机的神秘性，简直深不可测，我们可以得出惊人的断言，即这几个世纪的大错特错，可以间接追溯到以“爱邻如己”作为第二条戒律的那个宗教。不过，事实正是如此。当第一条诫命——全心全意爱神——被迷信引入歧途后，就成了对基督教义的古怪指导。很多年中，被认为百无一失的教会，导致人们认为诠释者比《圣经》经文本身还要重要。神圣文字的每一位解释者都在心底认为：只有他和跟随他的人，才能如神所愿地敬拜神，而除此之外所有的仪式，都是对神性的侮辱。他自己团体之外的人，全都会万劫不复、永堕地狱，而这狂热的宗教信念，使得“迫害”成了他对上帝和人类所负的天职。于是，就像我们所看到的那样，便有了宗教裁判所，试图完善一种纯属邪恶的制度。如此颂扬之下，当宗教改革的洪波涌起，唤醒了经年累月形成的思维习惯，这个制度便成为世俗法不可缺少的一部分。摆脱了罗马桎梏的、最勇猛的宗教改革派，一旦掌握了权力，便像罗马教廷一样，几乎毫不犹豫地使他们对神圣真理的解读变成了强制标准，在宗教事务和世俗事务中推行着那些他们学来的残暴教条。

不过，在导致并伴随宗教改革而来的大众启蒙运动中，造就中世纪僵硬体制的那种激情，逐渐退去了。那些体制已经完成了它们的使命，而那些斩断了破败的罗马文明的蛮族，最终成为前无古人、更高文明的适行者，在其中，福音书的戒律可能终于得到了实在的表达和践行。历史上前所未有地，在基督教的基础上，普世之爱和悲天悯人的情怀，被承认为西方社会应当以之为根本的基础。虽然我们脆弱而充满谬误，虽然我们依然离救世主的理想尚远，但我们正在向它前进——尽管我们的步伐既痛苦又踌躇。在几个世纪的缓慢演化过程中,只有通过与遥远的过去相比较,我们才能看到我们的进步;即使如此,进步还是存在的,或许,未来的世代能够将他们自己从迷信与暴力的残酷专断中完完全全地解放出来。

索　引

C

D

F

G

I

M

P

S

U

W